寫給香港人的中國現代史

從辛亥革命到聯俄容共

上冊

陳敬堂 著

中 華 書 局

□責任編輯：黎耀強
□裝幀設計：霍明志
□排版：漢圖美術
□印務：劉漢舉

寫給香港人的中國現代史・上冊
——從辛亥革命到聯俄容共

□
著者
陳敬堂

□
出版
中華書局（香港）有限公司
香港北角英皇道 499 號北角工業大廈一樓 B
電話：（852）2137 2338　傳真：（852）2713 8202
電子郵件：info@chunghwabook.com.hk
網址：http://www.chunghwabook.com.hk

□
發行
香港聯合書刊物流有限公司
香港新界大埔汀麗路 36 號
中華商務印刷大廈 3 字樓
電話：（852）2150 2100　傳真：（852）2407 3062
電子郵件：info@suplogistics.com.hk

□
印刷
美雅印刷製本有限公司
香港觀塘榮業街 6 號 海濱工業大廈 4 樓 A 室

□
版次
2020 年 3 月初版

□
規格
特 16 開（230 mm × 170 mm）

□
ISBN：978-988-8675-25-8

目錄

第四章　中國國民黨與帝國主義的鬥爭　315

總目錄

上冊：從辛亥革命到聯俄容共

中冊：從國共第一次合作到長征

下冊：從西安事變到新中國成立

前言

香港歷史教科書不會説的

「華人與狗，不得入內！」

這塊木牌高高懸掛在上海外灘公園門外，在中國土地上侮辱着每一位中國人。

有些人認為這只是電影《精武門》的煽情噱頭，並非事實。經過翻查史料和訪問歷史的見證者，這木牌存在的證據如下：

一、香港兵頭花園（今名為動植物公園）也掛上一塊寫了相同內容的木牌。筆者進行「東江縱隊港九大隊口述歷史計劃」時，當年八十多歲的劉培（前南海艦隊司令部顧問）解釋他參加革命的原因，是長兄帶他到兵頭花園看一看英國人如何侮辱中國人，讓他感受國家衰弱的恥辱，激發他立志獻身革命！另一位參加游擊隊的楊奇（前新華社香港分社秘書長），現年九十多歲，頭腦還十分清醒。筆者特別向他請教兵頭花園是否有這塊木牌。他説十歲多的時候，父親帶他到兵頭花園大門，指着那塊木牌，告訴他這是國家民族的恥辱。凡有血氣的中國人看了這塊木牌，莫不立下為祖國富強而奮鬥的決心。

二、1925 年 5 月 30 日，中國學生、工人和群眾在上海進行和平示威遊行，被英國巡捕開槍射殺，釀成五卅慘案。梁啟超等人勸學生群眾保持冷靜，等候法律裁決。學生洪筠痛罵梁啟超、丁文江等人為「高等華人」，從來沒有譴責帝國主義者侮辱國人，不當中國人是人。在上海黃浦灘上的公園門首掛了「華人與狗、不得入內」的牌子數十年，視若無睹，半句批評的話都沒有。這段史料證明這塊木牌確實存在。

三、郭廷以編寫的《中華民國史事日誌》一書，記錄了以下一段：國民革命軍北伐成功，英日帝國主義支持的軍閥勢力被消滅。1928 年 6 月 1 日，張作霖宣佈自北京撤出關外，外灘公園除下了「華人與狗，不得入內」的木牌。

毋忘國恥！各位同胞，我們今天能夠挺起胸膛「站起來」，得到外國人的尊重，是很多先烈犧牲了他們的寶貴生命和心力換回來的成果。

現時海峽兩岸三地，還有很多人相信英美是民主自由的國家，會幫助中國人爭取民主自由。這些人不想一想，近百年來為中國爭取民主自由而奮鬥的，有誰能超過孫中山？孫中山先後在美國和香港接受教育，聲稱他的三民主義就是美國林肯總統的「民有、民治、民享」主義。革命黨人就是要把美國政治制度引進中國。那麼，美國和英國是不是應該大力支持孫中山的革命，給予他龐大的經濟、軍事、政治和外交援助？可惜，歷史給我們的答案是沒有！美、英兩國的核心價值不是民主自由嗎？為什麼不支持爭取民主自由的孫中山？

原因很簡單，英、美兩國都是帝國主義國家，都是侵略中國權益，搶奪中國資源。孫中山要廢除不平等條約，收回租界，拒絕出讓國家利權，便引起英、美敵視。在港英政府時代，甚至今日的香港，都宣傳香港是孫中山的革命基地，這完全是騙人的謊言，因為孫中山堅決維護中國主權，拒絕匯豐銀行對廣東全省的鐵路和礦場的壟斷，英國於是把孫中山看成是敵人，收買吳佩孚、陳炯明對付孫中山；又慫恿匯豐銀行買辦陳廉伯組織商團軍，策動叛亂，以推翻軍政府。幸好，孫中山及時推行聯俄容共政策，建立黃埔軍校，蘇聯派紅軍教官到廣州，為孫中山訓練出一支精鋭的革命軍，並及時送來一船軍火，武力平定英國製造的叛亂。這就是英國對爭取中國權益的孫中山的歷史真相！孫中山病逝後，其號召的國民革命蔓延全國，國人日漸醒覺。英國大為恐慌，企圖用屠殺手段阻壓這股浪潮，對上街遊行示威的和平群眾開槍鎮壓，先後在上海、漢口、廣州和香港，開槍射殺手無寸鐵的平民百姓，在廣州沙面更用機關槍掃射遊行的學生隊伍和隨後而來的黃埔學生軍，當場射殺了五十餘名學生軍。

這幾段英國殺害中國人的血案，從來都不會出現在香港歷史的教科書上。有些人批評國民教育是洗腦教育，是！電腦感染了病毒，要清洗！人腦也一樣！中國歷史固然要認識，世界歷史也應該知道。

英、美兩國宣稱的民主自由只是騙人的謊言，這兩個國家都是侵略弱小國家和民族的帝國主義國家。白種人從歐洲渡過大西洋，登陸南北美洲，用現代化武器，對原居民——印弟安人進行種族滅絕的大屠殺，然後建立美國和加拿大，接着侵佔太平洋各島嶼，也是使用相同手段，對原住民趕盡殺絕。白種人所到之處，南北美洲、非洲和亞洲各地民族，無一倖免。英國更將非洲黑種人當牲畜一樣販賣，又販運鴉片來毒害中國人。世界歷史上只有英國政府容許國人公開做奴隸和販毒這兩種傷天害理的貿易，英國的法治真是值得學習！

各位請想一想，港英政府能容許大中小學教授這些歷史嗎？香港有學術自由教授這些歷史嗎？讀者可以查一查，各大學歷史系的課程、教授們發表的著作和論文，有多少篇是和中國現代史有關的，有多少篇是揭露帝國主義侵華暴行的？歷史系畢業生——中學教師具備這方面的知識嗎？上世紀八十年代，香港一群對中國近代史有興趣的朋友，籌組成立了「香港中國近代史學會」，香港各大學歷史系的近現代史教授和愛好者，很多都參加了這個學會，由於會員人數只有數十人，願意加入執行委員會的人不多。筆者曾經擔任執行委員，負責登記會員資料和研究範圍，當時統計：會員研究的範圍時段甚少到 1919 年之後，「國共關係」、「抗戰」和「內戰」等題目，比較少會員研究。他（她）們不研究，也不講授，所任教的大學圖書館自然缺乏相關藏書（上世紀七十年代末期），大學生在這方面的培訓相對比較缺乏。

在香港研究中國現代史優勝的地方

話雖如此，香港在研究和講授中國現代史方面，亦有比海峽兩地優勝的地方。雖然現在兩岸交往頻密，內地和台灣的學者可以到對方的地區參加會議、講學和看資料檔案等，但香港仍然有比兩岸略有優點的，是香港沒有政治限制和包袱，尤其是黨仇家恨的包袱。兩岸學者一般受國民黨或共產黨的意識形態局限，很多事情不便説，不好説的，香港便能夠客觀一點，以事論事。尤其是香港研究歷史的人可以同時接觸國民黨人、共產黨人，甚至是青年黨、民主同盟的人，不像中國中陸和台灣，對某些黨派的意識形態、思想感情欠缺深入的認識。

研究「國共問題」，若連一個國民黨人、一個共產黨人都不認識，會不會是瞎子摸象？所以，接觸交流是必須的。那不擔心被洗腦嗎？

上世紀九十年代之前，每年 10 月都可以看到一個現象，就是慶祝國慶。與今天不同的是，除了可以看到五星紅旗之外，也可以看到青天白日旗，只要相差幾天，便可以經歷兩個「國慶」。這個腦震盪，大概兩岸同胞沒機會經歷過。筆者在深水埗出世和長大，這是一個很有意思的地方。第一間就讀的小學是愛國學校，筆者有一次頑皮，被罰站在教員室。這幾十分鐘多無聊，教員室很靜，沒有什麼聲音和説話可聽，只餘下眼睛可以活動，從面前的書枱到牆壁，再望出窗外，結果發現了一個有趣的景象，這景象影響了筆者以後人生的道路。

為了慶祝國慶，教員室掛滿了很多小的五星紅旗。再看一看窗外——基隆街和石硤尾街交界的對面，另一間學校在窗外卻懸掛着一幅大的青天白日旗，校內好像也掛滿了小青天旗，他們也在慶祝「國慶」。真高興，我們比你多，竟然可以慶祝兩個「國慶」！於是好奇心之下，多口問一問老師：中國為什麼有兩個「國慶」？為什麼我們掛的旗跟他們的不一樣？為什麼……？這位女老師，竟然這樣回答：小孩子，這問題很複雜，告訴你也不懂！筆者當年還未念小學三年級，問題能有多複雜？不久，不知什麼原因，父親為我轉到隔鄰的大南街另一間小學就讀，今次，這間學校是掛青天白日旗的了，上音樂課的時候，老師教我們唱長城謠。又過了兩年，附近開了一間小學，有自己的籃球場，校舍更寬大得多了。不過，這間學校跟前兩間不同，在學校旗桿懸掛了一張米字旗，忘記了是校長室還是教員室掛了一張洋婦人的相片。由於曾經受過挫折，這次沒有問老師，為什麼學校掛米字旗，不掛紅旗，五星旗或白日旗都要比打叉的旗子好看。筆者在小學階段便經歷了共產黨、國民黨和港英政府的洗腦教育，洗完之後，過水再洗。還有一個腦震盪的景象，天天可以看到。筆者小時候住在欽州街和基隆街交界的唐樓，對面是深水埗軍營（今時已改建為西九龍中心），軍營之旁是警署，兩個地方的建築物都有懸掛米字旗。有時看一看窗外的街景時，可以看到英軍和警察的活動。香港五十年代出生後的都知道，當年的警察多神氣，但看見警察遇上英軍時，又發現英軍比警察更神氣。這個現象，真是不明白！

腦袋裝了這麼多不明不白的信息，問老師又得不到答案，於是只好到公共圖書館尋找，初中階段便看完成人圖書館所有名為近代史、現代史的書籍。但都找不到答案。高中選擇科目的時候，放棄了理組，選修了有歷史的文組。因為筆者看了很多一般人看不到、察覺不到的景象，如不能破解這個謎團，彷彿浪費了上天對我的特別照顧！於是進了大學，繼續用歷史解謎，似乎找到了一絲線索，發現腦子洗多幾次，謎團便似乎清晰一點。筆者在研究生階段，讀了一個碩士、兩個博士學位。論文指導教授分別是來自青年黨、國民黨和共產黨的老師。除了跟從不同黨派的老師學習外，又跑過香港、台北、北京和天津的大學圖書館、當地的檔案館、研究機構看資料和檔案，有機會閱讀許多內部發行，香港看不到的書刊資料，以及接觸很多人物，也有機會認識許多不同黨派的老師、同學和朋友。這是一個很好的洗腦機會，融和各黨各派的思想感情，腦中的謎團最後自己破解了。突然間，有如釋重負的感覺！洗腦，跟洗頭一樣，有什麼好怕？

清政府被推翻之後，帝國主義繼續侵略中國，肆意屠殺中國人民，霸佔中國土地，搶奪中國資源。中國現代史可以說是中華民族面臨「亡國滅種」，侵略和反侵略鬥爭的奮鬥史。本書帶各位讀者重回昔日中華民族苦難的歲月，看看我們的民族英雄如何艱苦奮鬥，帶領國家民族走上復興之路！

本書如何揭出那些被隱瞞、誤導的歷史真相？

辛亥革命之後，宣佈獨立的十八個省，組織臨時政府，並選出孫中山為臨時大總統。經常有人提出這個問題：孫中山為什麼把臨時大總統的職位讓給袁世凱？袁世凱不是在戊戌政變出賣光緒帝嗎？怎能把國家元首的大位讓給這樣的人？上冊第一章「中華民國成立與袁世凱當選總統」，引用一般書籍沒有提供的資料，特別是孫中山曾經寫信給朋友，解釋自己讓位的原因，這些資料被許多書籍忽略了。

民初政局混亂，世界各國有用總統制，亦有用內閣總理制，前者為美國，後者如英國，很難説孰優孰劣。臨時政府成立時，宋教仁主張採用內閣制，孫中山堅決主張用總統制。結果臨時政府採用了總統制，孫中山成為掌握大權的總統。但到孫中山辭任大總統，推選袁世凱接任為第二任臨時大總統，臨時參議院突然通過議案，改行內閣制，總統成為虛任元首，大權落在內閣總理。革命黨人任意變更國體，變相奪權，當然引起政爭！中國內爭不息之際，外患接迭而來。日本借參加第一次世界大戰的機會，搶奪德國在華權益，乘機入侵山東半島，強迫中國接受「二十一條」。中國鑒於軍事力量薄弱，只能抵抗四十八小時，在日本戰爭威脅之下，被迫妥協，簽訂《中日民四條約》。事後中國政府訓勉官員「日以亡國滅種四字懸諸心目」，又下令教育部把五月九日定為「國恥紀念日」，編入教科書，勸勉國人發憤圖強、力圖振作。誰人首先指出中國已到了「亡國滅種」的絕境？誰人把「國恥紀念日」編入教科書？可在本書上冊第二章「歷史逆流」找到答案。

政體的改變無法協助國家走上富強之路，於是志士仁人用教育救國、文化革新的方法進行嘗試。我們都知道北京大學是新文化運動的發源地，但很多人都不知道北京大學原本是一間臭名遠播的爛學校，學生胡混缺課、鬧事、迫走校長教師、打罵員工和嫖妓，什麼好事都幹得出。經過蔡元培兩年多時間的整頓，北京大學得以涅槃重生，變為一間受人景仰的大學，垂今百年不變。蔡元培辦理北京大學的經驗，值得香港教育界好好學習！

許多五四運動的回憶錄都説中國巴黎和會因為學生、工人、商人遊行示威，罷課罷工罷市，最後迫使政府拒簽和約。真相是否如此，還是有人邀功自我膨脹？

五四運動內容豐富，有爭回國家主權的愛國運動、新文化運動、婦女解放、平民教育等範疇，但很多書都忽略了「反基督教運動和收回教育權運動」，當時我國有影響力的教育家察覺到：教會學校透過宗教教育培養了一批「領袖」，取代中國傳統知識份子，協助帝國主義操控中國。胡適等人提出不得有宗教的教育的議案，宣稱「學校不是傳教的地方，初等學校，尤不是傳教的地方。利用兒童幼稚無知為傳教機會，是一種罪惡」。很多信教的歷史老師都省略這段重要的歷史，本書上冊第三章「五四運動」提供的資料，客觀公正地讓我們思索五四時期的文化思潮。

香港人都知道孫中山曾在美國檀香山讀書，最後在香港大學醫學院畢業，深受美英教育影響。為什麼他最後提出「聯俄容共」、「以俄為師」？英美國家不知道孫中山爭取民主自由嗎？沒有援助孫中山嗎？孫中山為什麼沒有「聯合英美」，取得英美援助？孫中山既然想把美國政制引進中國，應該號召國民黨人「以英美為師」，向民主自由的英美學習，卻反而號召國民黨向「萬惡」的共產黨祖國——蘇聯學習，沒有這回事。這肯定是共產黨偽造的歷史！這些問題都問得好！

本書上冊第四章「中國國民黨與帝國主義的鬥爭」，大量引用了台灣學者編纂的《國父全集》，用孫中山的文章解釋他當時的心腹大患是英國帝國主義者，而不是蘇聯。孫中山檢討中國革命屢次失敗的原因，是帝國主義害怕中國革命成功，引起其殖民地紛紛效法，宣佈獨立，因此扶植反革命勢力，破壞中國革命。孫中山倡導「國民革命」，提出了「打倒軍閥，打倒帝國主義」的口號。他講演三民主義的時候，多次指責白種人的暴行：「美洲的紅番經已消滅，非洲的黑人不久就要消滅，印度的棕色人正在消滅之中，亞洲黃色人現在受白人的壓迫，不久或要消滅。」警告同胞，中華民族有「亡國滅種」之禍。鑒於俄國革命成功，趕走了干涉俄國革命的帝國主義侵略軍，孫中山大受鼓舞；又見到俄國蘇維埃政府援助被帝國主義壓迫的國家和民族，幫助他們爭取獨立，於是孫中山和列寧結盟，一起反對帝國主義。孫中山得到蘇聯的支援後，立即發動與帝國主義的鬥爭，提出收回租界，廢除不平等條約。港英政府煽惑商團作亂，企圖推翻孫中山的革命政權。由於孫中山得到蘇聯的援助，武力平定暴亂，廣州政局轉危為安。孫中山逝世後，國民革命浪潮澎湃，帝國主義者大為恐慌，英帝國主義者在香港、上海、漢口肆意殺戮和平遊行示威的學生民眾，更在廣州沙面用機關槍射殺學生平民和黃埔學生軍的遊行隊伍，製造沙基慘案，藉此侮辱革命政府，以挑起戰爭來消滅革命力量。當時，國民政府繼續執行「聯俄容共」政策，接受蘇聯建議，以經濟戰爭代替武力對抗，發動省港大罷工，癱瘓香港航運，封鎖禁絕英貨買賣。蔣介石在沙基慘案周年紀念致詞時對聽眾振臂高呼：「不可忘記帝國主義去年今日慘殺的紀念日。我們要收回香港，打倒英帝國主義！」國共合作時期，廣州國民政府領導省港大罷工，重挫香港經濟，大滅英帝國主義者的威風，為全國死難同胞洗雪沉冤，全國熱血志士遂視廣州為革命聖地，紛紛投奔。

在中國首先提出「打倒帝國主義」這口號，以及領導國人與帝國主義鬥爭的，是孫中山先生！

國共合作之後，陳獨秀曾經發表兩篇文章，指責孫中山政策不當，令孫中山十分憤怒，向鮑羅廷警告，要開除陳獨秀出黨。這兩篇文章名為〈北京政變與國民黨〉及〈北京政變與孫曹攜手説〉。為什麼孫中山要聯合北洋軍閥呢？因為廣州軍政府的軍閥被北方軍閥收買，迫孫中山離開廣東。孫中山到上海後，調整革命策略，問張作霖借錢，重整軍力返回廣東。英國利用吳佩孚和陳炯明遏制孫中山，孫中山亦和張作霖、段祺瑞合作，組成粵皖奉三角聯盟，同時運動馮玉祥參加革命，集中力量擊敗吳佩孚。直奉第二次戰爭爆發，孫中山揮軍北伐。直奉兩軍在山海關血戰時，馮玉祥乘機發動首京革命，拘捕曹錕總統。吳佩孚首尾不能兼顧而大敗，北方勢力盡失。孫中山的威脅因此大減，而國民黨的勢力自此亦可重返北方。上冊第五章「孫中山晚年的革命策略：粵皖奉三角同盟」，闡述孫中山如何策劃和實施這個重振國民黨力量的重要策略。

孫中山倡導護法之役，討伐段祺瑞，又曾罵張作霖是日本帝國主義的狗。孫中山在困難時卻得到張作霖的接濟，平亂後，再向張作霖借了三十萬元援助他北伐。國民黨對這段歷史真的難以落筆，馮玉祥又常常與蔣介石對着幹，寫他發動北京革命，邀請孫中山北上共商國是，豈不是要抬舉馮將軍，那怎能罵他「倒戈」？所以這段歷史含含糊糊便過去了。「聯俄容共」更是孫中山晚年最重要的革命策略，必須交待，但因政治因素，許多書籍都只能依照指示表述。

孫中山接受英美教育，希望把西方民主政治制度在中國實施，最後放棄聯美聯英，必然經過詳細的考慮，絕不是草率或偶然的決定。孫中山為什麼採用「聯俄容共」策略，俄國為什麼以孫中山為反帝國主義的同盟，而放棄中國其他軍政領袖，其中有什麼考慮之處？上冊第六章「孫中山晚年的革命策略：聯俄容共」引用了大量孫中山、列寧的著作和近年中國學界翻譯的蘇聯檔案，介紹「聯俄容共」政策如何構思和形成。

有些書籍喜歡説中國人受騙，所以相信馬克思主義，而有些人收了共產國際的錢，於是成立共產黨。北京大學學者有研究結果，分析中國共產黨成立時的重要領袖，比例上大多數來自北京大學。如果我們承認北京大學是中國學術地位的權威，北京大學的教授和學生都是中華民族的精英，那麼他們的智慧和學問便不是一般販夫走卒那麼容易受騙，受人擺佈。他們（那麼多人）經過深思熟慮作出的決定，應該有其理由。中冊第七章「中國共產黨的成立與國共第一次合作」分別從中國內外的因素，探索中國共產黨成立的原因。

國共合作的最重要結果就是消滅北洋軍閥，完成國民革命。國民革命軍北伐戰爭中，哪一支軍隊打出革命軍的軍威，哪一支軍隊敗多勝少，被友軍藐視，潛伏了稍後的摩擦和紛爭。因此，有必要詳細介紹戰爭過程。一般書籍認為黃埔軍人戰功顯赫，這當然不容否認！但多數忽略了馮玉祥國民軍的貢獻。大部分研究這段歷史的工作者都不知道蘇聯援助中國的軍事項目、金錢和物資究竟有多少，所以描述不確。蘇聯檔案提供的資料是：除了為中國國民黨提供了一所黃埔軍校之外，也為馮玉祥的國民軍提供了兩所軍官訓練學校，也一樣供給大量蘇聯槍炮彈藥。其軍團的作戰能力雖未達歐洲軍團的水準，也足以擊敗張作霖的部隊。馮玉祥在得到蘇聯大力軍援時，其軍隊卻放棄京津，撤往南口，本人亦放棄軍隊，下野留俄。張作霖、吳佩孚見馮玉祥示弱，聯合對馮部窮追猛打，以消滅這個心腹之患。豈料這是馮玉祥和蘇聯定下的誘敵之計。蘇聯派出大量軍事顧問為馮軍在南口建築了大量現代化的鋼鐵水泥地堡和戰壕，內藏大小火炮和輕重機關槍，各以四通八達的交通壕相連，步兵戰壕外架有電網阻止步兵推進，令張吳五十萬聯軍對南口久攻不克。南口保衛戰牽制了吳佩孚主力，讓國民革命軍輕易打出湖南。中冊第八章「國民革命軍北伐」會為讀者們詳細分析，誰才是真正主導打敗軍閥的全盤戰略。

國共兩黨各有主義，面對共同敵人——軍閥和帝國主義，雖然能暫時合作，但消滅軍閥之後，如何分配軍閥遺留下的利益空間，到了「爭掌舵時候」，兩黨矛盾便無法化解。再加上共產國際總部和駐華代表的無知，以及帝國主義的挑撥，國民黨背叛了孫中山國民革命的原意——打倒帝國主義。中冊第九章「國共分裂」引用了大量蘇聯檔案，讀者對這段歷史將會有新的理解。

中冊第十章「十年內戰：國共內戰」，蔣介石在全國範圍內追殺和搜捕共產黨員，中國共產黨沒有退縮，放棄革命理想，進行多次起義，用武力建立蘇維埃政權，繼續革命。國民黨放棄保護工農利益，純用武力解決政治分歧，先後發動五次圍剿，迫中共放棄中央蘇區。中共長征只是一次戰略轉移，完成孫中山在中國西北建立革命根據地的戰略，並在各地播下了革命的種子。

孫中山道德高尚，大公無私，為了國家利益，能包容一切政敵，所以力量不斷壯大。孫中山逝世後，國民黨人缺乏孫中山的革命情操，不斷爭權奪利，內鬥不絕，致元氣大傷，最終輸了政權。中冊第十一章「十年內戰：國民黨的內鬨與大混戰」介紹這段國民黨書籍難以啟齒的歷史。

面對日本瘋狂侵略，國共兩黨領袖都明白只有放棄內鬥，團結合作，才有希望打敗這個強大而凶殘的敵人。第二次國共合作是怎樣形成的，是張學良的西安事變？中共的民族統一戰線？還是蔣介石的精神號召？最近蘇聯的解密檔案為我們提供很多重要的資料，改變了傳統歷史的認知。下冊第十二章「西安事變與國共第二次合作」，重新客觀介紹這個歷史的轉折點。

蔣介石在大陸兵敗，撤守台灣之後，解釋他戰敗的原因是國共談判，致貽誤戰機，失去剿滅中共的機會。本書下冊第十三章「抗戰之前的國共談判」、第十八章「抗戰時期的國共談判」、第十九章「重慶談判」、第二十章「馬歇爾調處國共衝突」等四章篇幅，詳細介紹歷次國共談判的來龍去脈，讓讀者從談判內容、過程，分析談判對國共內戰成敗的影響。若説和談是一個騙局，為什麼蔣介石還拍了三封電報，邀請毛澤東到重慶，上門來欺騙他？「騙局」是否站不住腳？還有，國共談判已經進行了多個階段，歷時十多年，蔣介石甚至派人山長水遠去到莫斯科，找中共駐共產國際代表，這麼有誠意找人欺騙他。蔣介石説受人欺騙，值得同情還是活該？

八年抗戰，全中國有 26 個省份的 1,500 餘市縣淪陷，淪陷區民眾在 2.6 億人以上。全國有 2,100 餘萬人死傷，1,000 餘萬人被殘害致死。不少人家破人亡、毀村滅族，家園財產、文化珍寶損失難以估計。作為中國人，面對日本法西斯主義再度抬頭的這一代中國人，不能不認識這段民族的慘痛歷史，否則很快會再次遭遇前人經歷的災難！本書下冊第十四章「八年抗戰之正面戰場」、第十五章「敵後戰場與海外戰場」、第十六章「日軍在華暴行及中國損失」、第十七章「中外關係與抗戰勝利」等四章，分別介紹中國軍民、香港和海外僑胞英勇抗戰的事蹟，沒有他（她）們的捨身報國，打退敵人，我們便沒有今天的安定生活。日本法西斯主義者現在又蠢蠢欲動，日軍在華的暴行和國人的嚴重損失，我們世世代代都不能忘記。因此，本書記錄包括香港在內的日軍侵華暴行，以及國人的損失，希望國人到日本旅行、吃日本菜和購買日本貨物之前三思。此外，八年抗戰是中外關係的照妖鏡，哪一個國家首先援助中國抵抗日本，它不是美國，而是蘇聯。日軍肆意在南京屠殺手無寸鐵的市民和姦殺婦女時，哪一個國家清楚知道日軍暴行，但卻袖手旁觀，懦弱畏縮不敢主持正義，甚至繼續售賣石油廢鐵給侵略者，成為日本侵華的幫凶？那是美國。八年抗戰最初四年，日軍飛機、坦克、戰艦和卡車所用的汽油，炸彈、大炮和機槍所用的子彈等戰略物資，大部分由美國供應。讀歷史必須注意事情發生的時間，1937 年盧溝橋事變至 1941 年太平洋戰爭爆發，這四年長，美國在中日戰爭扮演了什麼角色？民主正義的美國竟然是日本侵華的幫凶，是不是很意外？台灣出版的歷史書，能夠説，方便説嗎？香港出版的歷史書也怎樣説？

國共內戰的成敗結果已成定局，影響戰局發展和結果的因素在哪裏？蔣介石和相關書籍的解釋，能否令人信服？除參考國共談判幾章之外，下冊第二十一章「國共內戰 1946－1949」以內戰發展的幾個階段，簡介國軍和共軍的戰略、部隊的作戰技巧、兵力和士氣的變化，探索四百萬美式裝備、有飛機大炮和坦克的國軍，如何步向全面崩潰。香港為蔣介石戰敗的原因，提供了一個線索。香港的調景嶺和泰北山區，聚居了很多來自中國大陸的國民黨人，區內居民大部分是忠貞的國民黨人。不過，據台灣朋友的消息，這些人是禁止到台灣定居的。為什麼？曾為蔣介石打生打死的國民黨人，竟然會被禁止移居台灣？真令人愕然！筆者曾遇到一位國軍營長老兵，到死那一天，仍然是怨憤不平，無法解釋為什麼蔣介石禁止他們到台灣，要他們死守待援？忘記了自己是雜牌部隊的身份，不是蔣的嫡系，不是不知道得不到蔣介石的信任，有什麼好怨？

最後一章，下冊第二十二章「政治協商會議與新中國的成立」，介紹政治協商會議尋求和平解決中國問題的努力和成果，這個會議曾經是中國和平民主的希望，但國民黨放棄了這個機會！全國解放前夕，中國共產黨呼籲各民主黨派、各人民團體、各社會賢達迅速召開政治協商會議，討論並實現召集人民代表大會，成立民主聯合政府！各黨各派各團體和各社會賢達到達北平後，召開人民政治協商會議，積極進行分組討論，並通過建國綱領，建立新中國。自此，中國擺脱了百多年來帝國主義的壓迫和不平等條約的桎梏，中國歷史展開了新的一頁！

全書共過一百萬字，內容範圍從 1911 年武昌起義，到 1949 年新中國成立止，歷時約三十九年。因內容涉及許多政治問題和人物，與現存書籍的觀點和內容有頗大的差異，為表示有根有據，並非憑空偽造，於是大量引用檔案、資料集、報紙、論文、書刊等原文，沒有改寫濃縮，以茲徵信，以存真貌。當然，針無兩頭利，某些讀者或因而略嫌瑣碎煩雜，這也是無奈的！斷代史內容範圍比專史廣泛，處處兼顧，便處處遺漏，所以自然掛一漏萬。如護法之役、軍閥混戰等篇章，一般書籍都會介紹，這書便省略了。又如八年抗戰課題雖用了十餘萬字篇幅，但都未能詳細介紹所有戰事於萬一。許多壯烈犧牲的事蹟和英雄，連一段文字的描述都欠缺，實在十分遺憾！各抗日戰場中，正面戰場、敵後戰場、海外戰場之外，應該尚可以專章探討文化戰線。當年，中國有那麼多激勵士氣和人心的抗日救亡歌曲、戲劇、電影和木刻畫……等等，對抗戰都有很大貢獻，內容和作者都未能介紹，實為本書的最大缺點，希望將來搜集讀者意見後，再作補充！

為方便讀者查證資料來源，或進一步深入探討有關課題，於書後附錄「徵引書目」。「徵引書目」與「參考書目」分別之處，是本書引用原文或運用之資料。現在電子時代，隨時可以在互聯網或圖書館找到大批書刊和論文的名目，如果沒有看過內容，便推介給讀者，不太妥當！因此，很多書籍、論文等資料，便欠奉了。

希望讀者會樂於閱讀一本沒有誤導、隱瞞、欺騙，而忠於史實，基於海峽兩岸與香港的資料，客觀撰寫，海峽兩岸之外出版，站在國家民族立場而寫的中國現代史！

第一章

中華民國成立與袁世凱當選總統

1

2

3

1　袁世凱
2　孫中山
3　黃　興

4　伍廷芳
5　段祺瑞
6　黎元洪
7　馮國璋

一、武昌起義

清末革命，孫中山黃興領導的十次起義完全失敗，武昌起義卻能一舉成功。原因在十次起義以黨人為中心，依靠軍隊，力量不足，故失敗。武昌則以軍隊為中心，軍人即黨人，力量堅強，故成功。[1]

1911 年 5 月 11 日，湖北革命團體文學社和共進會達成協議，聯合進行革命。四川保路風潮掀起，武漢地區群情洶湧。7 月 17 日，革命黨在《大江報》發表時評〈亡中國者和平〉。26 日，再發表時評〈大亂者，救中國之妙藥〉。文末聲稱：「和平已無可望，國危如此，男兒死耳，好自為之！」公開號召起義，故清廷封閉《大江報》，逮捕主筆詹大悲、何海鳴。

9 月初，清廷派端芳率兵前往鎮壓四川保路運動。9 月 14 日，文學社和共進會開會，大家同意不分彼此，都以武昌革命黨人身份起義。推居正、楊玉如到上海迎黃興、宋教仁、譚人鳳到湖北主持大計。24 日，文學社和共進會在胭脂巷 11 號機關召開聯合大會，商量首義計劃。會議確定 10 月 6 日（中秋節）起義，推蔣翊武為湖北革命軍總指揮、孫武為參謀長。會後，武昌、漢口各機關加緊準備起義工作，趕辦佈告、符號、致各國領事照會、十八星旗、炸彈等物。

聯合大會當日下午，南湖炮隊士兵因猜拳鬥酒，與排長劉步雲衝突。霍殿臣、趙楚屏為首，號召同隊蜂擁至子彈庫，撞開庫門，拖出大炮，企圖攻城。但大炮既無撞針、又無炮彈，只好棄炮而走。滿清察覺起義跡象，瑞澂立調兵到省協防，令楚豫等兵艦夜間升火待命。同時下令收繳各營所有士兵子彈，各標營提前一日過中秋節。八月十五宣佈戒嚴，不准士兵外出。起義總指揮部以情況突變，決定改期在 10 月 11 日（農曆八月二十日）起事。

10 月 9 日，孫武在漢口俄租界寶善里 14 號總機關裝配炸彈，劉公弟劉同

1　張國淦：《辛亥革命史料》（1931 年完稿，台北：文海出版社，1975 年版），第 66－67 頁。

吸紙煙不慎，煙火觸火藥爆炸。孫武手和臉被燒傷，被人急忙送走治療。俄國巡捕聞聲趕至，發現是革命機關，把炸藥、旗幟、符號、文告、印信和新製中華銀行鈔票等物全部抄走，把捕獲的共進會總理劉公的妻子和劉同一併交給清方，起義秘密因此暴露。清廷乃在武漢三鎮大事搜捕革命黨人。[2]

是日晨，蔣翊武、劉復基、王憲章、彭楚藩等人在武昌小朝街 85 號總指揮部商討黃興將起義日期推遲到 10 月底的要求，以便與十一省同時發難。鄧玉麟等奔至報告總機關被破獲。蔣翊武猶豫不決，劉復基主張當機立斷，「與其坐而被捕，不如及時舉義」。蔣翊武遂以臨時總司令名義，發佈起義命令，規定在當夜 12 時，南湖炮隊鳴炮為號，城內外一齊動作。下午 5 點，命令分送到各標營。因城內戒備森嚴，鄧玉麟無法把命令送到南湖炮隊。負責分送子彈、炸彈的楊洪勝，首先被軍警察覺拘捕。晚上 12 點許，軍警突然破門衝入總部，在二樓的蔣翊武、劉復基、彭楚藩正準備出發，劉復基向樓梯下擲出一個炸彈，但為彈片所傷，當場被縛。蔣翊武、彭楚藩乘亂從屋頂逃，但跳牆而下時被捕。蔣翊武因穿長袍馬掛，拖着辮子，像個鄉村學究，軍警不以為意，讓他乘亂逃去。一日之間，武昌各機關全被破獲。清廷立即審訊彭楚藩、劉復基、楊宏勝三位革命黨人，他們都堅拒洩密，清廷無法，在 10 月 10 日黎明之前將之處決。[3] 南湖炮隊因收不到命令，沒有鳴炮，故 9 日並無起義。瑞澂責成部屬嚴為防備，盡力搜捕，以絕後患。

營內革命黨人知道名冊被抄，按名拿捕，絕難倖免。當時，革命指揮癱瘓，形勢極度危急。革命黨人認為與其逐一被捕殺，不如拚命一搏，死裏求生。各標營代表自動集議，決定按前定命令佈置，在即晚動手。

10 日晚 7 時左右，城外西北的塘角，李鵬升、李樹芬等到馬房縱火，附近的混成協第 21 營輜重隊、工程隊和炮隊見到火光，立即起義，向城內進

2 《辛亥革命史料》，第 60－63 頁；李新主編：《中華民國史》（1 下）（北京：中華書局，1987 年），第 614－623 頁。

3 蕭一山：《清代通史》（下）（台北：商務印書館，1980 年），第 2573－2578 頁；《辛亥革命史料》，第 70－72 頁。

發。同一時間，城內工程第 8 營排長陶啟勝搜查部下，發現士兵程正瀛的槍內裝有子彈，副隊目金兆龍亦擦槍裝彈。陶啟勝認為金企圖謀反，下令隨從將金綑綁。金大喝「誰敢綁？」陶怒斥他們企圖造反，言未畢，程正瀛從陶後用槍柄猛擊其腦袋，將之擊斃。左隊同志方興、馬榮等聞訊，出炸彈炸毀營房。炸彈爆響，全營知有變。據熊秉坤所撰的《辛亥武昌起義紀實》一稿，則說陶啟勝只被擊傷，並未死，受傷後捧頭向外逃，遇熊秉坤，再被熊槍擊，仍未中。逃出後，遇到代理營長阮榮發，被誤認為帶兵發難，向陶發三槍，腰股各擊中一槍，但陶仍能逃回家，翌日傷重不治。[4] 因黨人已經發難，熊秉坤率眾起義。代理營長阮榮發與右隊隊官黃坤榮、司務長張文濤拔刀阻止起義，均被兵士格殺。一般軍官不敢攔阻，紛紛逃避。各兵士將營內子彈搬取一空，但仍不敢出營。左隊司書生周定原對各人說：既已發難，當迅速到楚望台集合。楚望台是中和門附近一塊高地，是湖北儲藏槍械彈藥總匯。當夜由工程第 8 營左隊隊官吳兆麟（舊日知會幹事）駐守，工程營士兵約二百餘人到楚望台集合，熊秉坤以總代表名義指揮，宣佈起義部隊為湖北革命軍，推選吳兆麟為革命軍臨時總指揮。[5] 各營士兵聽到槍聲，紛起響應，紛紛奔向楚望台，清軍官無力制止，潛逃避難。

左旗營房 41 標和 31 標大部分已經外調，只留下約三百人，由黎元洪指揮。不久，後方蛇山傳來炮聲，黎元洪焦急萬分，急忙與其參謀劉文吉潛逃，隱匿其家。[6] 41 標士兵隨即參加起義。工程隊和炮隊繞道到中和門，到達楚望台後，進佔高地鳳凰山。

南湖炮隊 8 標是革命黨努力經營的隊伍，10 日晚上，城內傳來槍聲，革

4 熊秉坤：〈辛亥武昌起義紀實〉（稿本），陽海清、孫式禮、張德英編：《辛亥革命稀見史料匯編》（北京：中華全國圖書館古籍文獻編委會出版，1997 年），第 310－313 頁。

5 曹亞伯：《武昌革命真史正編》（上海：中華書局，1930 年），第 1－8 頁；胡鄂公：《辛亥革命北方實錄》（台北：文海出版社，1970 年），第 39－40 頁。

6 《武昌革命真史正編》，第 14－15 頁。

命黨人蔡漢卿立即奔呼集合，擊倒阻攔隊官起義，並派人通知附近的32標和馬8標響應，掩護炮隊進城。各路起義部隊陸續到達，分別在蛇山、鳳凰山和中和門城樓等地佈置了炮兵陣地，準備消滅城內的清軍大本營——湖廣總督署。清軍駐武昌城內外的兵力約有二十營，約九千多人。起義部隊約三四千人。

革命軍前後向督署發起了三次進攻。

第一次進攻在11時左右，以工程營為主力，兵分三路。第一路由鄺杰率領，經紫陽橋向王府口搜索前進。第二路由馬榮率領，進攻第8鎮司令部和督署背後。第三路由熊秉坤率領，向保安門正街搜索前進，進攻督署大門。因進攻兵力薄弱，缺乏情報，受敵人火力阻擊。

晚上12時，各路起義部隊全部出動，炮兵在蛇山上建立陣地，發動第二次進攻。但因陰雨密雲，全城黑暗，炮隊看不清目標，未能發揮火力。清軍更向革命軍發動了兩次反撲。為給炮兵照明轟擊目標，吳兆麟親率敢死隊在督署後方縱火，讓炮兵看清目標，大為提高命中率。各路隊伍士氣大振，第一、二路進攻部隊聯合猛攻第8鎮司令部。守衛部隊在巷口架起機關槍，猛烈掃射，革命軍難以推進。工程營隊伍有兩位勇士伏地蛇形前進，靠近後，躍起撲向機槍陣地。先躍起的勇士與敵人砍殺，另一勇士搶過機槍，倒轉槍頭猛射敵人，敵人大亂。革命軍乘機奮勇衝殺，攻佔第8鎮司令部。瑞澂發現督署後方失陷，文昌門的通路亦可能被截斷，便責成張彪固守，下令士兵在督署後牆打開一個洞，逃出城，奔上江邊楚豫兵艦。張彪見瑞澂逃跑，自己的司令部亦被攻破，於是命令教練隊留下死守督署，自己帶着輜重營逃往漢口劉家廟。

教練隊憑着督署牆垣向外密集掃射，頑強抵抗革命軍，熊秉坤率領敢死隊猛衝，未能攻入。41標士兵王世龍冒着彈雨，抱着一罐煤油衝到門前鐘鼓樓縱火，中彈犧牲。然大火照亮了署前的旗桿，蛇山和鳳凰山的炮兵遂看準敵陣，發炮猛轟。敵兵退入轅內，繼續用機槍從大堂內向外掃射。馬明熙、彭紀麟等十餘人衝進督署，被敵兵包圍。在這生死關頭，工程營士兵紀鴻鈞抱起煤油箱衝入門房縱火，引發大火燒到大堂，敵兵慌忙逃命，督署遂被攻下。自10月10日下午7時許，工程營發難，各軍協力，至11日早7時止，十二小時之內，起義部隊攻佔督署及武昌全城，死傷二十餘名，督署守兵死四十餘名，傷三十餘名。城內及蛇山東部各地旗兵被殲者五百名，俘虜三百餘。[7]

11日，漢陽文學社42標標代表胡玉珍知道革命軍已經佔領武昌，率部在晚上8時起義，派人打開子彈庫，分發子彈，迅速佔領了鋼藥、兵工兩廠，並把三門大炮拖上龜山。輜重8營清兵不敢抵抗，逃上楚材艦。12日拂曉，楚材艦向龜山方向行駛，發生炮戰，楚材艦艇連中數炮，落敗逃走，漢陽宣告克復。

同日上午，漢口革命黨人趙承武知道武昌黨人已經起義，便決定當晚與漢陽同時發動。晚上6時，向天鳴槍起義，左隊、後隊相繼出動，標統張永漢和陳鐘麟慌忙逃跑，漢口全市除劉家廟地區外，全被革命軍佔領。[8]

二、袁世凱集團的形成

1894年孫中山創立興中會，到1911年辛亥革命，期間革命黨人奔走宣傳，多次武裝起義，無數黨人為推翻滿清政府壯烈犧牲，最後建立了中華民國。孫中山被推選為臨時大總統，為何迅速辭職，讓位給袁世凱？這時，革命浪潮澎湃，各省紛紛獨立，滿清政權危如累卵，革命形勢大好，黨人為何不將革命進行到底？致令辛亥革命功虧一簣。一個舊官僚，能在這關鍵時刻將革命成果吞沒，取代領導革命十八年的孫中山，正式成為第一任中華民國

7　《辛亥革命史料》，第81頁。

8　《武昌革命真史正編》，第16－36頁；《中華民國史》（1下），第618－629頁；《清代通史》（下），第2578－2582頁。。

大總統。究竟他有什麼本領？

1. 軍事集團的形成

中國歷代開國之君沒有一個不是靠征戰得天下的，「槍桿子出政權」，沒有軍隊就沒有政權，就算登上了總統寶座，也是坐不穩，隨時被迫下台。

袁世凱深明此道，憑藉軍隊青雲直上。他長於練兵，1882 年 8 月 17 日隨吳長慶東征朝鮮，助韓王訓練「新建親軍」與「鎮撫軍」，相當成功。1884 年 12 月 4 日，開化黨洪英植、金玉均作亂，日使竹添進一郎脅持韓王。袁世凱當機立斷，率清軍和韓軍擊敗日軍，救出韓王，確保中國在朝的優越地位。[9] 可惜，滿清昏庸怯懦，導致甲午慘敗。

戰後，清廷認為需採西方練兵方式，兩江總督張之洞首先聘請德國教官，採德軍模式在吳淞練「自強軍」。同時，北洋胡燏棻聘德國人漢納根為教官，採用德軍制度，在天津小站招募壯丁，編練「定武軍」十營。不久胡燏棻調職，醇親王奕譞、慶親王奕劻、軍機大臣翁同龢、李鴻章、榮祿聯名保薦練兵有功的袁世凱接辦。1895 年 11 月 19 日（光緒二十一年十月二日）袁世凱奉旨督練此新建陸軍。他主持練兵事務後，奏請成立「新建陸軍督練處」，正式改「定武軍」為「新建陸軍」。袁又請徐世昌擔任參謀、唐紹儀擔任文案。因急需軍事幹部，他請天津武備學堂總辦蔭昌推薦軍事人材，蔭昌推薦了武備學堂的畢業生馮國璋、段祺瑞、梁華殿和王士珍四人。袁立即派馮國璋為步兵學堂監督兼督操營務處總辦，段祺瑞為炮兵學堂監督兼炮兵營統帶，王士珍為講武堂總教習兼工程營統帶。這三人既要帶兵，又兼管訓練，成為袁世凱練新軍的支柱，分別得到龍（王士珍）、虎（段祺瑞）、狗（馮國璋）的綽號，總稱「北洋三傑」。梁華殿因失足溺斃，未能發揮作用。此外，袁聘有歐籍教習十三人，協助訓練。軍隊除正規訓練外，設有德文、炮隊、步隊、

9　劉鳳翰：《武衛軍》（台北：中央研究院近代史研究所，1978 年），第 483 頁。

馬隊等隨營學堂與學兵營，負責官弁士兵新知啟發教育。[10] 新軍練成後，作戰兵力達 7,000 人，另有長夫、伙夫、馬吏 3,800 人。設有步兵 5 營、炮兵 1 營、騎兵 1 營、工程兵半營。火力相當強大，有重炮 18 門、快炮 24 門、馬炮 18 門。新建陸軍是中國近代首先採用西方陸軍編制的軍隊。

1898 年 9 月 28 日（光緒二十四年八月十三日）戊戌政變後七日，清廷命榮祿在軍機大臣上行走，節制北洋各軍。內包括宋慶、董福祥、聶士成、袁世凱，以及直隸之淮軍、練軍、綠營等部，共約五萬人。1899 年 3 月 31 日榮祿上奏成立「武衛軍」，以建立直接指揮各軍作戰的系統。武衛軍下轄前後左右中五軍，聶士成武毅軍為前軍、黃福祥甘軍為後軍、宋慶毅軍為左軍、袁世凱新建陸軍為右軍，榮祿自募萬人，組織武衛中軍。全軍兵力增加至七萬，成為當時唯一的一支對抗外敵，鎮壓叛亂的勁旅。[11] 可惜八國聯軍入侵，武衛軍在京津力抗強敵，傷亡慘重，只餘調往山東鎮壓拳亂的袁世凱武衛右軍未受損失，幸存下來，成為晚清的主力部隊。[12]

李鴻章臨終時推薦袁世凱繼任，1901 年 11 月 7 日（光緒二十七年九月二十七日），詔旨：「袁世凱署理直隸總督北洋大臣」。袁世凱接任後，管轄近七萬人的陸軍和幹部，以及北洋海軍的船艦、炮艇。

1902 年 6 月 9 日（光緒二十八年五月四日），袁世凱實授為直隸總督兼北洋大臣。6 月 25 日，袁世凱上奏《北洋創練常備軍營制餉章》，以徵兵方式招募新軍，分常備、續備、後備三種兵制。常備軍的編制以兩鎮為一軍，兩協為一鎮（兵力 12,512 人），兩標為一協（兵力 4,038 人），每標三營，每營四隊。每鎮還轄炮隊一標（兵力 1,756 人）、馬隊一標（兵力 1,117 人）、一個輜重營（兵力 754 人），一個工程營（兵力 667 人）。平時一軍約 2 萬人，戰時徵調續、後備兵，增至 38,000 餘人。為訓練新軍，創設直隸軍政司，由

10　丁中江：《北洋軍閥史話》（1）（北京：中國友誼出版公司，1992 年），第 48－54 頁。

11　《武衛軍》，第 67－68 頁。

12　《武衛軍》，第 786 頁。

袁兼軍政司督辦，下分三處：一、兵備處，總辦劉永慶；二、參謀處，總辦段祺瑞；三、教練處，總辦馮國璋。袁世凱編練新軍非常成功，常備軍成為近代中國正式陸軍之始。1905 年（光緒三十年）2 月，先後練成三鎮，全部德式武器裝備。

1902 年 12 月，清廷挑選八旗子弟三千人，交袁世凱負責訓練。袁世凱為減少清室對他的猜忌，奏請鐵良為京旗練兵翼長，在保定訓練。1903 年 12 月 4 日清廷在京師成立練兵處，命奕劻為總理練兵大臣，袁世凱為會辦大臣，鐵良襄同辦理，綜理全國練兵事務。袁自任奕劻副手，盡力消除滿人對他的猜忌。[13]

1905 年 7 月 3 日，練兵處奏報各省新軍皆名陸軍，鐵良在保定所練京旗常備兵為陸軍第一鎮，北洋陸軍（王英楷）第一鎮改為陸軍第二鎮，北洋陸軍（初為段祺瑞，後為曹錕）第三鎮仍為陸軍第三鎮，北洋陸軍（吳長純）第二鎮改為陸軍第四鎮，山東常備軍與武衛軍先鋒隊合編的陸軍第五鎮番號不變，武衛右軍與自強軍合編的北洋（段祺瑞）第四鎮，改為陸軍第六鎮。合稱「北洋六鎮」。[14] 1907 年 8 月 29 日清政府制定了全國分省編練陸軍三十六鎮的龐大計劃，限期完成，不得延誤。近畿四鎮，四川三鎮，其他省份各一鎮。唯武昌起義時，半數新軍仍未練成。[15]

袁世凱任直隸總督與北洋大臣後，以武衛右軍為核心，在慶親王奕劻總理練兵事務，他會辦練兵大臣的名義下，裁撤舊營、編練新軍。他創辦了一批新式陸軍學堂，掌控軍官培訓，培養出一大批效忠他個人的軍事幹部。主要軍校有：保定行營將弁學堂、北洋武備速成學堂、保定陸軍小學堂、北洋講武堂及著名的保定軍官學堂等。袁世凱盡量安插北洋幹部，當軍官因事去職後，設法助他開復原官，或設法保全，讓他們有機會表現實績，從而保

13 《北洋軍閥史話》（1），第 133 頁。

14 《武衛軍》，第 787 頁；楊東梁、張浩：《中國清代軍事史》（北京：人民出版社，1994 年），第 191－192 頁。

15 《中華民國史》（1 上），第 201－202 頁。

獎提升。於是北洋六鎮的統制、協統和標統，直隸、四川、甘肅、雲南、江北、江南等省的提督，與重要兵鎮的總兵都是袁氏的門生故吏。辛亥革命前夕，他的勢力範圍擁有東三省、熱河、直隸、山東全部，與江蘇、河南等地。[16]

袁世凱善用「千金買駿骨」之道。聶士成在天津保衛戰力抗八國聯軍英勇陣亡，袁世凱奏請清廷將聶的戰功宣付國史館立傳，並請加恩予謚，破格優卹。為英烈樹碑立傳，自然令烈屬後人和部下感激萬分，亦令其他文官武將敬佩不已！堪稱一時之雄。[17]

2. 逢迎滿清權貴

袁世凱盡力討好巴結皇室親貴，逢迎慈禧太后，厚賂李蓮英、榮祿和奕劻等人。光緒帝被幽禁後，袁世凱北洋一系認為慈禧最寵信奕劻，因此極力討好奕劻父子，希望藉擁立新君，獲得大富大貴。

當時，言官彈劾袁世凱等人的罪行如下：

1906 年 9 月 27 日，給事中陳田劾慶王奕劻收受山東巡撫楊士驤賄銀十萬兩（一說二十萬兩），由袁世凱過付。[18]

1907 年 5 月 7 日，御史趙啟霖奏劾段芝貴夤緣無恥，以天津歌妓（楊翠喜）獻於載振（奕劻之子），並以十萬金為奕劻壽禮。[19]

1908 年 10 月 3 日，御史江春霖奏劾袁世凱權勢太重，並與載振結拜兄弟。[20]

16 《武衛軍》，第 532、786－799 頁。

17 《武衛軍》，第 499－561 頁。

18 溥儀：《我的前半生》（北京：東方出版社，1999 年），第 19－20 頁；《近代中國史事日誌——清季》（2），第 1260 頁。

19 《近代中國史事日誌——清季》（2），第 1274 頁。

20 《近代中國史事日誌——清季》（2），第 1314 頁。

這方法令袁世凱官運亨通，青雲直上。甚至失勢之後，亦在奕劻力薦之下，重新任用。

3. 示好同僚故舊

多交朋友，少樹敵人。袁出任山東巡撫時，不斷大量提拔其部下有才幹的文武官員，向清廷保薦他們升遷為提督、總兵、副將、守備、按察使、布政使、知府、知縣等職位，一方面使之感恩圖報，另一方面，其被保薦的文武官員，任職地區不限於新北洋勢力範圍之內，而是遍及全國。很多被他保薦的人才，得到清廷破格擢用。論者說：「登進之人，半為世凱所薦拔，多才能，政令統一，威權不替。」[21] 如徐世昌是袁的莫逆之交，得袁的資助赴京應試，結果得中舉。袁在小站練兵時聘他為參謀，任山東巡撫時，上奏摺保薦賢才，請清廷破格擢用徐世昌等五人。此後，徐世昌步步高陞，先後任巡警部尚書、東三省總督、軍機大臣、內閣大學士、內閣協理大臣（副內閣總理）等職。徐世昌等人在袁的保奏、引薦，得以升遷，獲得高官厚祿，名義上是朝廷重臣，實際上與袁榮辱與共，屬於袁的家臣。袁世凱開缺回籍後，徐袁兩人保持聯絡。武昌起義後，奕劻派徐與袁談判。徐表面上為清廷辦事，但實際上是與袁密商，帶回袁復出的六項條件，勸說清廷接受。[22]

4. 結拜姻親義子門生

袁世凱除用送禮送錢討好權貴、升級保薦拉攏下屬外，也使用傳統手段建立人脈關係。袁官微職小時，用拜義父和當門生的方法，拉攏當朝權貴。成為當朝大臣後，對平級大員採取結拜兄弟和結為兒女親家的方法，先後與

21 尚秉和：《辛壬春秋》（1924 年版，台北：文星書店，1962 年影印版），第 141 頁。

22 《武衛軍》，第 532、786－799 頁；《我的前半生》，第 40 頁；丁中江：《北洋軍閥史話》（1），第 4－5、51 頁。

當時的尚書、督撫，如吳大澂、張百熙、端方、陳啟泰、孫寶琦、周馥、張人駿等結為兒女親家，拜把兄弟如徐世昌等，多不勝數。對下級便採取收乾兒子和師生關係，如段芝貴是他的乾兒子、段祺瑞是他乾女婿，北洋武備學生全都算是袁宮保的門人學生。他還安排大兒子袁克定與北洋諸將結為兄弟，揮金如土，廣交天下豪傑。[23] 以廣泛的人際網絡，建成一個龐大的利益集團。

5. 爭取立憲派

清末立憲運動時，袁世凱是一個改革的急先鋒。1905 年 7 月 2 日，與張之洞、周馥三人聯銜奏請在十二年後實行立憲政體。1906 年 8 月 12 日，袁世凱奏陳立憲預備：宜使中央五品以上官吏參與政務，為上議院基礎；使各州縣名望紳商參與地方政務，為地方自治基礎。25 日，清廷派醇親王載灃、軍機大臣、政務處大臣、大學士及北洋大臣袁世凱會議考察政治大臣條陳立憲各摺件。

9 月 1 日，清廷宣佈「預備立憲」，提出「大權統於朝廷，庶政公諸輿論」，遂掀起了清末立憲運動，全國各地紛紛成立立憲團體，數量高達八十個之多。2 日，清廷定官制，派載澤、世續、那桐、載振、鐵良、戴鴻慈、徐世昌、袁世凱等公同編纂。30 日，鐵良反對改官制，與袁世凱衝突。

張謇致函袁世凱：「公之功烈，昭然如揭日月而行。⋯⋯公之苦心毅力，如水之歸壑，萬折而必東，下走獨心喻之，億萬年宗社之福，四百兆人民之命，繫公是賴。」[24] 推崇袁在立憲的貢獻。

1906 年 12 月 16 日，上海紳商設立「預備立憲公會」，會長鄭孝胥、副

23 陶菊隱：《袁世凱真相》（北京：線裝書局，2008 年），第 56－57 頁。

24 張謇：〈為運動立憲致袁直督函〉（清光緒三十二年丙午），張怡祖：《張季子（謇）九錄》（台北：文海出版社，1965 年）第 127 頁。

會長張謇、湯壽潛。張謇認為：「立憲可以安上全下，國猶可國。」他反對革命，認為「革命有聖賢、權奸、盜賊之異。聖賢曠世不可得，權奸今亦無其人；盜賊為之，則六朝五代可鑒」。[25]

1907 年 7 月 28 日，袁世凱奏，事機危迫，請趕緊實行預備立憲，列陳十事：一昭大信（親詣太廟，昭告立憲），二舉人才，三振國勢，四融滿漢，五行賞罰，六明黨派，七建政府（採內閣合議制度），八設資政院（州縣設議事會，省設諮議局），九辦地方自治，十行普及教育。同日，另奏請簡派大臣，分赴日德各國，會同使臣，考察憲法。9 月 20 日，清廷下詔設立資政院，作為「輿論總匯之地」，派溥倫、孫家鼐為總裁，會同軍機大臣擬訂詳細院章。10 月 19 日，命各省督撫均在省會速設諮議局，由各屬合格紳民公舉賢能，作為該局議員，並命預籌各府州縣議事會。各省諮議局紛紛成立，立憲派活躍分子大多當選為議員，江蘇諮議局帶頭發起國會請願運動。其新當選議長張謇與江蘇巡撫瑞澂商議：由他出面聯絡各省諮議局，瑞澂出面聯絡各省督撫，分別請朝廷速開國會和速設責任內閣。

1911 年 5 月 8 日，頒佈內閣官制及內閣辦事暫行章程，設立責任內閣，以奕劻為總理大臣，那桐、徐世昌為協理大臣。細心分析內閣名單，成員共十三人，其中九人為滿蒙貴族，貴族中更有七人是皇族，這個不是責任內閣，而是「皇族內閣」。6 月 10 日，各省代表組成的諮議局聯合會呈請，親貴不宜充內閣總理，請實行內閣官制章程，另簡大員組織。7 月 5 日，諮議局聯合會再呈，皇族內閣不合君主立憲公例，失臣民立憲之希望，仍請另行組織。清廷駁斥：黜陟百司，係君上大權，不得率行干請。[26]

皇族內閣成立，清廷假立憲、真集權的虛偽，真相大白天下，幾年來一直為維護國家穩定而努力的立憲派徹底失望，革命浪潮已經無法阻擋。社會

25 《中華民國史》（1 下），第 433 頁。

26 《中華民國史》（1 下），第 436，483－484 頁；《近代中國史事日誌——清季》（2），第 1261－1395 頁。

上很多人都渴望袁世凱復出主持大局，紛紛寫信勸他出山。袁多婉拒：「甫逾五十，精力已衰，遺大投限，斷難勝任。」他愈是歸隱，呼籲他出山的聲音愈高。天津《大公報》和奉天《盛京時報》兩家報紙在袁退隱一段時期的統計，涉及袁「出山」的消息有六十四則之多。這些消息中，勸袁出山的人有皇族載濤、載洵、奕劻、載澤，內閣大臣那桐、徐世昌、鹿傳霖、唐紹儀、梁敦彥、盛宣懷、端方，地方封疆大吏趙爾巽、錫良、陳夔龍、孫寶琦，北洋將領姜桂題、王士珍、段祺瑞、馮國璋，立憲派領袖張謇等各界別要人。[27] 由此可知，這時袁在北方深受愛戴，有很高的聲望！[28]

1911 年 5 月，上海、天津、廣州、漢口四處總商會，公推張謇到北京陳請中美報聘團，合組航業銀行。多省諮議局代表要求張謇乘赴京之便，研究清廷動向，作為今後行動的參考。6 月 7 日，張謇自漢口乘火車北上。10 日，到彰德探袁世凱。袁在朝鮮吳長慶軍中時，曾跟張謇學八股文，執弟子之禮，尊敬如師。故袁派人到車站迎接，兩人分別二十八年，道故論時。最後，袁對張說：如果他將來再出，一定尊重各省諮議局，尤其是季老（張謇）的意見，請把他的誠意轉達各省諮議局。[29]

1911 年 10 月 16 日，程德全與張謇商討時局，張謇代程草擬《奏請改組內閣宣佈立憲疏》，請清廷「先將現任親貴內閣解職，特簡賢能，另行組織，代君上確負責任。⋯⋯ 提前宣佈憲法，與天下更始」，「用剿易散，用撫

---

27 湯伏祥：《袁來如此——袁世凱與晚清三十年》（北京：當代中國出版社，2011 年），第 186－187 頁。

28 〈嚴復來函〉（北京 1911 年 11 月 7 日給莫理循），〔澳〕駱惠敏編、劉桂榮等譯：《清末民初政情內幕——泰晤士報駐北京記者、袁世凱政治顧問喬・厄・莫理循書信集》（上）（上海：知識出版社，1988 年），第 784 頁。

29 張孝若：《南通張季直（謇）先生傳記》（台北：文海出版社，1980 年），第 144－145 頁；劉垣：《張謇傳記》，（台北：文海出版社，1976 年），第 181－182 頁；《北洋軍閥史話》（1），第 28 頁。

易安」。[30] 20 日，張謇用諮議局名義，要求宣佈立憲，開國會。上海光復，江蘇全境震動，程德全在張謇勸説下反正。立憲派本來反對革命，但各省既紛紛起義，立憲派便順應潮流，變臉成為革命派，並依靠其龐大政治和經濟力量，與革命黨人爭奪革命的果實，分享政權。立憲派人多受張謇影響，傾向擁護宣稱贊成君主立憲的袁世凱，以他建立一政治中心，抗衡革命黨。[31]

溥儀説：「那些由原先的立憲黨人變成的革命黨人，已經明白袁世凱是他們的希望；這種希望後來又傳染給某些天真的共和主義者。因此在民軍方面做出了這個決議：只要袁贊成共和，共和很快就可成功；只要袁肯幹，可以請袁做第一任大總統。」[32]

6. 輸誠革命黨

溥儀的回憶錄指責袁世凱與汪精衛兩人一拍即合，在袁主持下，汪與其子袁克定結為異姓兄弟。從此汪變成袁的謀士，也變成了袁世凱和民軍方面某些人物中間橋樑。民軍方面的消息經此源源地傳到袁世凱這邊。[33] 溥儀認為袁世凱秘密和革命黨人私通，背叛清室，迫他退位。

汪精衛是同盟會領袖，與袁世凱結交，為他辦事，是背叛革命？還是執行同盟會政策——運動新軍起義，策反清軍最具實力的將領，迫清帝退位？這是民國成立前後政壇的一大公案。

事緣汪精衛謀刺攝政王不遂被捕，清廷用安撫政策，將汪囚禁不殺，肅親王善耆更對汪特別照顧。武昌起義，清廷對革命黨示好，11 月 6 日釋放

30 張謇：〈代魯撫孫寶琦蘇撫程德全奏請改組內閣宣布立憲疏〉（清宣統三年辛亥），《張季子（謇）九錄：政聞錄》，第 178－179 頁。

31 《北洋軍閥史話》（1），第 196－197 頁；《中華民國史》（1 下），第 727、764 頁；郭廷以：《近代中國史綱》（香港：中文大學出版社，1979 年），第 413－414 頁。

32 《我的前半生》，第 41 頁。

33 《我的前半生》，第 41 頁。

汪精衛等人，汪隨即結交善耆等親貴。袁世凱就任內閣總理大臣，設法拉攏汪，借汪控制京津保地區的革命黨人，並獲知南方革命黨情報。

12 月 26 日下午 5 時，袁世凱在內閣總理官署見汪精衛，派汪到上海，「以革命黨人立場，斡旋於伍唐兩代表間，以免和議之局，因孫先生歸國而中變」。袁給汪精衛議和代表參贊的名份，盡力協助唐紹儀，但此委任對外秘不發表。同日下午 7 時，袁世凱在私邸設宴款汪。命其子克定與汪約為兄弟，對兩人說：「汝二人今而後異姓兄弟也，克定長，當以弟視兆銘（精衛）；兆銘幼，則以兄視克定。吾老矣，吾望汝二人以異姓兄弟之親，逾於骨肉。」兩人回答：「謹如大人命。」再向袁四叩首。當時，胡鄂公等部分北方革命黨人主張貫徹全國革命，反對中途與袁世凱議和，斥責汪袁勾結。[34]

不過，胡鄂公這段資料屬於孤證，沒有其他資料可資證明。疑點之一是消息來自趙秉鈞，趙秉鈞雖是袁世凱心腹，是否夠格出席袁的家宴，見證汪袁結拜還是一個問題。況且政潮洶湧，袁世凱內外政敵環伺，與革命黨私通，不會給滿清親貴清除他一個把柄嗎？這天大的秘密，趙秉鈞這特務頭子會笨到隨便泄漏嗎？疑點二，若汪在這時背叛革命，為什麼孫中山到病故那一天仍然信任汪，由汪執筆撰寫他的遺囑？胡漢民、李石曾、吳敬恆、廖仲愷等黨國元老會讓一個背叛革命的黨人繼續位居要職嗎？疑點三是胡鄂公知道袁世凱被行刺是汪精衛幕後下令幹的。

11 月 15 日，汪在天津召集北方革命黨人在俄租界旅舍開議，定名為京津同盟會，黨人公舉汪為會長，李石曾為副會長，黃以鏞負責黨務和經費；設立黨務、總務、參謀、軍事、財政、文牘、交通、婦女、諜查、暗殺等十部；分部辦事，各設部長。汪說：「北方事不易為，惟暗殺較有把握。其反對民黨，阻礙共和者，如袁世凱、蔭昌、馮國璋、載澤、載洵、良弼等，皆在所必鋤。然清人多無學識，障力尚小，惟袁在北方年深名盛，聲威勢力無出其右，若與清廷合力抗我，北事無可為也。北方根本不解決，演成南北局，

34　胡鄂公：《辛亥革命北方實錄》（台北：文海出版社，1970 年），第 103－104 頁。

致全國流血，禍無已時，外人乘此瓜分，是我國不亡於滿清，而亡於革命也。故吾黨目的尤以袁為要。」革命黨人都贊同汪的意見，認同汪為暗殺部部長，執行汪的命令。南北和談開始後，汪前往南京，北方事務由李石曾負責。1912 年 1 月 14 日，汪精衛從上海電告李石曾：「和議無成，可動則動。」16 日，暗殺部執行刺袁世凱的行動，但袁僥倖不死！[35]

當年參加南北和談的張國淦也詳細記錄了汪精衛與袁接洽情況。武昌事起，張國淦、魏宸組、胡秉柯等北方革命黨人秘密集議，計劃伺袁乘馬車進大內時，從其宅門旁的外務部高樓投下炸彈，以去革命障礙。「胡秉柯言此事當審量，不可孟浪，可與精衛謀之。」「經大眾討論，先以去袁留袁究竟於革命何者有利？結果認為袁有實力，在彰德時亦與民黨有往來，如利用袁未始不可促成革命，若去袁則北方實力無統率者，更不易征服。精衛主持尤力，遂決定利用袁，取消上次炸袁之議。」汪精衛開釋後，袁世凱「約汪到錫拉胡同（袁內閣辦公室）談論，汪每晚飯後 7、8 時謁袁，11、12 時辭出，初只言共和學理，談至三夜，漸及事實，汪言：『如須繼續談去，請求再約一人。』袁問何人，汪以魏宸組對，袁許可。次夜汪、魏同謁袁，討論中國於君主共和何者適宜。魏善於詞令，每以甘言餌之，袁初尚搭君主官話，連談數夜袁漸漸不堅持君主，最後不言君主，但言中國辦到共和頗不易。汪、魏言：『中國非共和不可，共和非公促成不可，且非公擔任不可。』袁初謙讓，後亦半推半就矣」。張國淦説袁本意在拉攏民黨，自與汪、魏接談後，已得進一步了解。故唐紹儀往南議和，汪、魏二人同行。[36]

兩段資料均説汪精衛等革命黨人本欲殺袁，因考慮策反袁對革命更為有

35 歐陽雲：〈炸袁世凱案〉，中華民國開國五十年文獻編纂委員會：《中華民國開國五十年文獻——革命之倡導與發展——中國同盟會三》，第一編第 13 冊（台北：正中書局，1964 年），第 717－719 頁；〈京津同盟會的組織及其活動 — 黨史會黃以鏞原稿〉，林能士：《辛亥時期北方的革命活動》（台北：正中書局，1993 年），第 131－133 頁。

36 《辛亥革命史料》，第 114－115 頁。

利，故改變策略。同時，參與游說者還有魏宸組，不是汪單獨一人。兩項資料鐵證如山，否定汪精衛受袁收買，背叛革命。

當時革命黨人普遍認為借袁之力推翻清廷，建立民國，最為有利。[37] 袁世凱洞悉其中利害，表示向革命黨輸誠，利用革命黨奪權。俟革命黨有求於他，自然需要用新政府「總統」這個代價，換取他放已掌清廷軍政大權的「內閣總理」一職。

7. 外人支持

鴉片戰爭之後，英國操縱了中國對外貿易，下表顯示：

中國輸入總值

年度	英國	香港	印度	合共
1868	33%	21%	36%	90%
1898	16%	44%	9%	69%
1913	16%	29%	8%	53%

1914 年英國在華投資約為 4 億美元，另加上對華借款 2.07 億美元，總額為 6.07 億美元，在當時外國在華投資總額 16 億美元中，佔 37.7%。[38] 武昌起義在長江流域發生，那裏佔英國在華投資的三分之二數額，故該區的戰亂嚴重危害其商業利益。英國認為清廷腐敗無能，對之已不存任何希望，但又不願革命黨得勢，在中國政壇中誰最具能力迅速恢復舊秩序呢？

袁世凱曾外派朝鮮、歷任山東巡撫、直隸總督兼北洋大臣，有豐富的外交經驗，在清末動盪不安的環境下，極力保護洋人利益的生命和財產安全，

37 胡繩武：〈孫中山讓位袁世凱的歷史環境〉，胡繩武：《清末民初歷史與社會》（上海：上海人民出版社，2002 年），第 326－330 頁。

38 黃德福：《袁世凱政權與英國——從辛亥革命到洪憲帝制》（台北：元氣齋出版社，1994 年），第 94－95 頁。

推行的一系列改革，且訓練了一支德式的現代化軍隊，故被英、美政府和駐華外交官視之為開明改革派和實力派官員。由在軍、政和外交各界都具相當高聲望的袁世凱復出秉政，可以穩定局勢。[39]

英國駐華公使朱爾典（John Jordan）與袁世凱在朝鮮時認識，是袁少有的幾個外國好友。1911 年 10 月 14 日，朱爾典自北京致電英國外交部格雷爵士（E. Grey）：「袁世凱已被任命為湖廣總督，並統率該省部隊，陸軍大臣與薩鎮冰提督所屬各軍將與袁世凱會同辦理。此項任命或許將保證北方軍隊的忠誠。因為他們的忠誠是令人懷疑的；它還將大大加強清政府處理這次危機的力量。」[40] 11 月 15 日，格雷覆電朱爾典說：袁世凱政府將得到英國能夠提供的一切外交上的支持。

10 月 17 日，美國國務院向其總統彙報中國政局，認為清政府重新起用袁世凱是「一個很有希望的跡象」。26 日，美國代辦衛理給國務院的報告指出：「如果袁世凱能夠掌權，並改組政府，將業已獨立的省份收復回來，那麼清朝政府將可得救。」駐華公使嘉樂恒（John William Calhoun）也認為袁是目前中國「惟一有所作為」的人，在袁世凱出任內閣總理後，即建議美國政府給予貸款支持。[41] 10 月 28 日，美國銀行團北京代表司戴德（W. Straight）認為「如清朝請一個強有力的人出來協助它，並同意一些憲法改革，則叛亂將

39 胡繩武：〈孫中山讓位袁世凱的歷史環境〉，《清末民初歷史與社會》，第 324－325 頁。

40 胡濱譯：《英國藍皮書有關辛亥革命資料選譯》（上）（北京：中華書局，1984 年），第 4 頁。

41 崔志海：〈美國政府對辛亥革命態度的再考察〉，中國社會科學院近代史研究所政治史研究室、蘇州大學社會學院編：《晚清國家與社會》（北京：社會科學文獻出版社，2007 年），第 385－386 頁。美國國務院給美總務報告引自 The Department of State to the President, December 17, 1911, DRS. 美代辦給國務院的報告引自 The American Chargé d'Affaires to the Secretary of State, October 26, 1911, Papers Relating to the Foreign Relations of the United States, 1912 (Washington: Government Printing Office, 1918), p. 52 嘉樂恒報告引自 W. J. Calhoun to the Secretary of State, November 15 , Novermber 17, 1911, telegrams, RDS.

失去它的矛頭而不久被粉碎。」法國代表賈思納同意戴德的意見。銀行團要求能有一個像袁世凱那樣的人來保證政府的穩定，新軍在需要用到它的時候證明是不可靠的。袁世凱負責訓練新軍，他是制止叛亂浪潮、爭回不忠誠的軍隊，以及同起義首領中的某些人達成協議的唯一人物。[42]

11 月 16 日，袁世凱成立「內閣」。23 日，嘉樂恒在公使團會議上建議「保證袁世凱的地位，並給他進行活動的可能性」。[43] 22 日，公使團依照嘉樂恒的主張，由朱爾典與袁商議，助他擴大其內閣的權力。朱爾典對奕劻說：革命的發生，是由於政治不良，政治不良是由於攝政王載灃措置不良。清廷如欲獲得外國援助，載灃必須辭去攝政王。12 月 5 日，格雷一面照覆倫敦日本代辦，一面訓令朱爾典與伊集院合作使載灃引退。[44] 因此，袁世凱能夠掌握內閣總理的實權，背後是有外國勢力發揮作用。

1912 年 2 月 12 日，清廷下詔宣佈退位，嘉樂恒立即電告國務院，建議「在南北方達成臨時共和政府時，應立即給予承認」。[45] 這決定支持袁世凱應付南方的壓力，順利鞏固政權。

日本認為中國愈亂對日本愈有利，企圖將中國分為華南、華中和華北，一方面爭取袁世凱，同時又計劃援助南方與清廷對付，日本且計劃出兵中國進行干涉，因英美反對，不敢付諸行動。[46] 日本武官青木宣純評價袁世凱，認為「他是皇室的唯一希望，他在中國有信譽，在外國有好名聲，是唯一可望

42 〔美〕李約翰著，孫瑞芹、陳澤憲譯：《清帝遜位與列強（1908－1912）》（北京：中華書局，1982 年），第 271－272 頁；《近代中國史綱》，第 412 頁。

43 崔志海：〈美國政府對辛亥革命態度的再考察〉，《晚清國家與社會》，第 396 頁。引自章開沅、林增平主編：《辛亥革命史》下冊（北京：人民出版社，1981 年，第 240 頁。

44 《近代中國史綱》，第 413 頁。

45 崔志海：〈美國政府對辛亥革命態度的再考察〉，《晚清國家與社會》，第 397 頁。引自 W. J. Calhoun to the Secretary of State, February 13 ,1912, RDS.

46 《近代中國史綱》，第 412－413 頁。

從目前的動亂中恢復秩序的一個人」。[47] 最後日本跟從列強行動，承認袁世凱政權。

三、袁世凱獨攬大權的經過

1. 從九死一生到東山再起

袁世凱勢力龐大，自然成為清廷的心腹大患。1906 年 9 月 28 日，御史蔡金臺奏：釐定官制，應將閣部督撫州縣之權予以限制。換言之，就是削弱位高權重漢族大臣的權力。袁世凱善觀形勢，主動交出兵權避禍。11 月 20 日，清廷准袁世凱開去各項兼差，把陸軍第 1、第 3、第 5、第 6 鎮交回陸軍部統轄（後交鳳山負責訓練），第 2、第 4 兩鎮暫由袁世凱調遣訓練。1907 年 7 月 12 日，御史趙炳麟奏劾袁世凱「權重勢高，並引年羹堯為比」。16 日，給事中陳田奏劾袁世凱，謂其「尚侍督撫，均屬其私人」。[48] 9 月 4 日，清廷頒令以袁世凱為外務尚書兼會辦大臣，撤去其北洋大臣兼直隸總督一職；同日授張之洞、袁世凱為軍機大臣，明升暗降，變相收回兩人軍權。次日，袁世凱請收回成命，命毋庸議。[49]

事隔數日，9 月 10 日，光緒帝病發，病情嚴重，清廷命各省推薦精通醫理人員來京。[50] 次年 6 月 6 日，光緒帝再次病發。[51] 因無子嗣，激發了新一輪

47 喬・厄・莫理循：〈致達・狄・布拉姆函〉（北京 1911 年 10 月 27 日），〔澳〕駱惠敏編、劉桂榮等譯：《清末民初政情內幕——泰晤士報駐北京記者、袁世凱政治顧問喬・厄・莫理循書信集》（上），第 767 頁。

48 郭廷以：《近代中國史事日誌——清季》（2），第 1258、1280 頁。

49 《近代中國史事日誌——清季》（2），第 1286 頁；《我的前半生》，第 20 頁。

50 《近代中國史事日誌——清季》（2），第 1286 頁。

51 《近代中國史事日誌——清季》（2），第 1306 頁。

帝位之爭。慈禧得到袁世凱準備廢光緒帝，擁戴載振為帝的情報。屢經政變的慈禧斷然行動，用調虎離山之計，11 月 7 日派奕劻往驗收普陀峪萬年吉地工程（東陵）。接着調段祺瑞第 6 鎮離開北京，派往淶水，調鐵良統轄的京旗第 1 鎮進京接防，控制宮禁。13 日，德宗病，太后懿旨：命醇親王載灃之子溥儀着在宮內教養，並在上書房讀書。同時授載灃（光緒之弟）為攝政王。14 日，德宗崩，太后懿旨，命以載灃之子溥儀入承大統為嗣皇帝，以攝政王為監國。15 日，太后懿旨，嗣後所有軍國政事，均由攝政王裁定。不久，慈禧崩。[52] 慈禧垂死仍盡最後一口氣把袁世凱排除於權力核心之外。

攝政王要爭奪軍政大權，鞏固其權力地位，必然要對付權傾朝野的袁世凱，並翦除袁氏一黨。袁的政敵肅親王善耆和鎮國公載澤向攝政王進言：「內外軍政方面，皆是袁之黨羽；從前袁所畏懼的是慈禧太后，太后一死，在袁心目中已無人可以鉗制他了，異日勢力養成，削除更為不易。」御史趙炳麟上書彈劾袁世凱：「樹植私黨，挾制朝廷，方今主少國疑，似此包藏禍心、罔知大義者，久在樞垣，他日必生意外之變。」亡命海外的康有為更通電討袁，一口咬定袁世凱毒殺光緒帝：「查大行皇帝之喪，實由賊臣袁世凱買醫毒弒所致。…… 袁世凱懼皇上一旦復權，己將不利。…… 及今年西后老病日篤，袁世凱毒謀益急，日偽傳上病，徵醫進藥。上常覆藥，曰朕躬無病。及西后彌留，袁世凱遂親入宮以辦大事。」[53]

袁的政敵想乘機除去他，攝政王、隆裕太后更想殺袁。溥儀的回憶錄說：一個未能證實的傳說，光緒留下殺袁世凱的硃諭給載灃，載灃遂召見滿漢軍機大臣，宣示先帝遺詔，老臣張之洞以「國有大喪，不宜誅戮大臣」為由反對，慶親王奕劻也表示反對。當天載灃還密電北洋系的漢族將領徵詢意見，第 4 鎮統制吳鳳陵、第 6 鎮統制趙國賢皆答：「請先免本人職，以免士卒有變，致負天恩。」溥儀的回憶錄說：「對我父親攝政王來說，最根本的失敗

---

52 《清代通史》（下），第 2488 頁。

53 康有為：〈清光緒帝上賓請討賊袁啟〉（1908 年 11 月），《萬木草堂遺稿》（油印本）。

是沒有能除掉袁世凱。⋯⋯最後讓父親洩氣的是奕劻的一番話：『殺袁世凱不難，不過北洋軍如果造起反來，怎麼辦？』結果，隆裕太后聽從了張之洞等人的主意，叫袁世凱回家去養『足疾』。」1909 年 1 月 2 日明降上諭：「袁世凱着即開缺，回籍養痾。」[54]

《辛壬春秋》亦有相同資料：「德宗之將崩也，以遺詔付皇后，敕誅袁世凱。至是太后出遺詔，命監國執行。慶親王聞之，諫曰：袁世凱勳高望重，中外係仰。今無故殺之，以何為名？名不正，則言不順，言不順則亂必起。且兩宮新逝，海內震動，豈宜再有此非常之舉哉？爭議久之，世凱遂免，罷歸。」[55]

罷退袁世凱後，攝政王隨即翦滅袁黨羽，集權中央。2 月開始，派錫良代徐世昌為東三省總督。錫良到任後，參劾袁的心腹黑龍江布政使倪嗣沖貪污，即行革職。又借口陳璧開支糜費革職，永不敘用，其郵傳部尚書一職由徐世昌取代。3 月，民政部侍郎趙秉鈞年老退休，其北京警務大權（特務機關）交由親貴接管。1910 年 1 月，唐紹儀被迫退休。2 月，梁士詒被撤去鐵路總局（擁大量財富）局長一職。[56]

攝政王曾出使德國，德王告訴他：「軍隊一定要放在皇室手裏」。他做得更徹底，不但抓到皇室手裏，而且還親手抓。1908 年 12 月 2 日，溥儀登基。4 日，御史趙炳麟奏請以攝政王總統禁衛軍。25 日，正式設立禁衛軍，攝政王親自統轄調遣，派貝勒載濤、毓朗，尚書鐵良專司訓練。禁衛軍的將領和士兵全屬滿人，待遇、訓練、裝備都好，負責拱衛京城。接着，次第裁撤全國綠營和巡防營。

成立陸海軍聯合參謀機構軍諮處，主持建軍，派滿族大臣毓朗、善耆、載澤、載濤、載洵等負責。其後擴大為軍諮府，作為參謀本部，以載濤、毓

54 《清代通史》（下），第 2493 頁；《北洋軍閥史話》（1），第 151－153 頁；《我的前半生》，第 20－21 頁。

55 尚秉和：《辛壬春秋》（1924 年版，台北：文星書店，1962 年影印版），第 142 頁。

56 馮年臻：《袁世凱真傳》（瀋陽：遼寧古籍出版社，1997 年），第 245－246 頁。

朗為軍諮大臣，良弼為軍諮使。稍後，接納良弼建議，軍諮府、陸軍部、練兵處等中央軍事機關的廳處長，均任用留日士官學校回來的畢業生，以抗衡北洋派軍人。據資料顯示，1901 年至 1910 年，從日本帝國軍事學院（又稱日本陸軍士官學校）畢業的士官生共六百二十名，大部分派到北洋各軍。[57] 不過此計愚不可及！因為留日學生多受革命思潮影響，加入了同盟會。換言之，重用革命黨人領導新軍，不但是引狼入室，簡直是吃毒藥毒老虎。北方灤州兵諫的山西張紹曾、藍天蔚、吳祿貞，山西起義的閻錫山都是士官學校歸國的畢業生。安排這些將領滲入北洋軍，以分其勢的效果不彰，卻讓革命黨人將領迅速掌控新軍，白送軍隊給革命黨起義。清廷又設立貴冑學堂培養滿族的高級人才，此後三十六鎮新軍的高級將領都由貴冑學堂畢業生擔任。1909 年 2 月 19 日，重整海軍，成立海軍部，以載洵為海軍大臣，派肅親王善耆、鎮國公載澤、尚書鐵良、提督薩鎮冰等籌劃。三個月之內，攝政王迅速從漢大臣手中重奪陸海兩軍的指揮權。[58]

不過由於措施推行過急，引起不滿和反對。1910 年春，軍諮處準備派參謀官到各省整理軍務，地方督撫明白這是奪權之舉，紛紛反對。海軍處同時下令，各兵艦未得海軍處命令，不准擅離原駐地。兩江總督張人駿、湖廣總督瑞澂致電質問海軍處：督撫不能命令管轄的兵艦，如何綏靖地方？1911 年皇族內閣成立，軍諮府再次提出派員到各省管理督練公所。朝廷和督撫爭奪軍權的矛盾白熱化。河南巡撫寶棻致電各省督撫，提議聯銜電駁。雲貴總督李經羲單銜致電軍諮府，聲稱：「如果實行軍諮使監視各省軍務，不受督撫節制，則督撫可一律裁撤。不然，則李某先不承認。」態度十分強硬。接着，

57 〔美〕恩斯特·楊、王小荷譯：〈袁世凱何以能夠登上總統寶座？〉，辛亥革命史叢刊編輯組：《辛亥革命史叢刊》（第四輯）（北京：中華書局，1982 年），第 260 頁；馬平安：〈北洋集團對清室軍權的侵奪及對清末政局的影響〉，《晚清國家與社會》，第 346－347 頁。

58 《我的前半生》，第 27 頁；《近代中國史事日誌——清季》（2），第 1319－1325 頁；《北洋軍閥史話》（1），第 155 頁。

兩江總督、兩廣總督、陝甘總督及山東、河南、陝西、安徽、江西、貴州等巡撫聯銜電駁，載灃全部軍權集中皇室的計劃失敗。[59] 中下級將領亦相當不滿，因為今後三十六鎮新軍的高級將領職位，非滿人不能出任，漢人晉陞無望，軍心動搖。[60]

攝政王集軍政大權於自己一家兄弟，和幾個皇族手中，激起多數督撫和大批滿漢官員不滿，自陷孤立，國人對清廷徹底失望，於是爆發了辛亥革命。兩個月之內，十四個省和一個市紛紛響應，建立革命政權，宣佈獨立：

1. 10月10日，湖北武昌起義，革命軍隨即佔領武昌、漢陽、漢口，成立軍政府，宣佈湖北獨立。

2. 10月22日，湖南新軍在長沙起義，次日宣佈獨立。

3. 同日，陝西西安獨立。河南、甘肅兩地清軍派兵前往鎮壓失敗。

4. 10月29日，山西太原獨立。

5. 10月30日，雲南昆明獨立。

6. 10月31日，江西南昌獨立。

7. 11月4日，上海獨立。

8. 同日，貴州貴陽獨立。

9. 11月5日，江蘇蘇州、無錫、松江、常州等地連日暴動，脱離清廷統治。

10. 同日，浙江杭州、寧波、紹興起義，浙江全境光復。

11. 11月7日，廣西桂林獨立。

12. 11月8日，安徽安慶獨立。

13. 11月9日，廣東廣州獨立。

14. 11月11日，福建福州獨立。

15. 11月27日，四川成都，四川完全光復。

---

59 《中華民國史》（1下），第462－463頁。

60 《袁世凱真相》，第73頁。

武昌起義的消息傳到北京後，令清廷大為震驚。清廷在全國各省共有十四個鎮（師）和十八個混成協（旅）新式陸軍，其中在南方各省軍隊多數加入革命，餘下可靠而又能夠調動的只餘北洋六鎮。10月12日，清廷宣佈將瑞澂革職，令其帶罪圖功，仍着暫署湖廣總督，以觀後效。派陸軍大臣蔭昌督兵迅速前往，所有湖北各軍及赴援軍隊，均歸節制調遣。海軍提督薩鎮冰統海軍艦隻，長江水師提督程允和率長江水師，水陸並進，平定革命。[61] 由於清廷被嚇得不知所措，政局動盪不安，北京爆發財政恐慌。[62] 國庫貯備白銀不足100萬兩，無力支付官員俸祿。富人以驚人的速度離開北京，連大學都受影響，許多課室幾乎空無一人。小商人也逃往鄉間。漢人害怕滿人報復，大批出走或將他們的家眷送走；滿人害怕革命軍殺到，也將家眷撤離。無論是漢人或是滿人都將他們一切財物撤離北京，運往他們認為安全的地方，如天津、上海、奉天的外國租界。攝政王、慶親王、那桐和一般人大量提款，只是慶親王便從大清銀行提取了25萬兩白銀，銀行遂發生擠提，市民無法提款，自然引起「市面恐慌，竟有不用該銀行紙幣之說。謠言四起，人心皇皇」。[63] 清廷被迫向四國銀行（法國東方滙理銀行、德華銀行、美國財團、滙豐銀行）借款1,200萬兩。武昌起義的第二日，四國銀行團美方代表司戴德認為只有袁世凱才能穩定局勢，領導新軍制止叛亂，以及同起義軍達成協議。於是，四國銀行團向清廷提出其考慮借款申請的唯一條件是：賦予袁世凱同革命黨人議和的全權，並進行革命黨人所要求的不論多大程度的改革。[64] 英國

---

61 清史館：《大清宣統政紀》（7）（台北：新興書局，1987年），第4041－4042頁；馮年臻：《袁世凱真傳》，第251頁。

62 喬・厄・莫理循：〈致埃・特・新常富函〉（北京1911年10月26日），《清末民初政情內幕——泰晤士報駐北京記者、袁世凱政治顧問喬・厄・莫理循書信集》（上），第765頁。

63 清史館：《大清宣統政紀》（7），第4101－4102頁。

64 喬・厄・莫理循：〈致達・狄・布拉姆函〉（北京1911年10月24日）及（北京1911年10月27日），《清末民初政情內幕——泰晤士報駐北京記者、袁世凱政治顧問喬・厄・莫理循書信集》（上），第764－765、768頁。

公使朱爾典多次拜訪奕劻，指出袁世凱是中國當代精通軍事的大員，一手練成北洋六鎮，只有他才能指揮如意。美國駐京公使嘉樂恒在公使團會議上，主張促使清廷起用袁，駐京公使團一致接受這個意見。他拜訪攝政王，請清廷重用袁世凱。[65]

10 月 14 日，清廷編組第 1、2、3 軍，派蔭昌率第 1 軍赴湖北，馮國璋率第 2 軍聽候調遣，載濤率第 3 軍守衛京畿。同一日，載灃在奕劻、那桐、徐世昌的壓力下，同意任命袁世凱為湖廣總督，岑春煊為四川總督，負責督辦剿撫事宜。

溥儀描述當時的形勢說：「武昌起義的風暴來了，前去討伐的清軍，在滿族陸軍大臣蔭昌的統率下，作戰不利，告急文書紛紛飛來。袁世凱的軍師徐世昌看出了時機已至，就運動奕劻、那桐幾個軍機一齊向攝政王保舉袁世凱。這回攝政王自己拿主意了，向『願以身家性命』為袁做擔保的那桐發了脾氣，嚴肅地申斥了一頓。…… 攝政王發完了威風，那桐便告老辭職，奕劻不上朝應班。前線緊急軍情電報一封接一封送到攝政王面前，攝政王沒了主，只好趕緊賞那桐『乘坐二人肩輿』，挽請奕劻『體念時艱』，最後乖乖地簽發了諭旨：授袁世凱欽差大臣節制各軍並委袁的親信馮國璋、段祺瑞為兩軍統領。」[66]

15 日，袁世凱回奏：「臣舊患足疾，迄今尚未大愈。去冬又牽及左臂，時作劇痛。此係數年宿疾，急切難望痊癒。然氣體雖見衰頹，精神尚未昏瞀。近自交秋驟寒，又發痰喘作燒舊症，益以頭眩心悸，思慮恍惚。雖非旦夕所能就痊。…… 困頓情形，實難支撐。已延醫速加調治，一面籌備佈置。一俟稍可支持，即當力疾就道。」總之，百病纏身，不能立即赴任。18 日，載灃發上諭給內閣，電寄袁世凱，「着即迅速調治，力疾就道。」19 日，又諭：

65 《袁世凱真相》，第 104－105 頁；侯宜杰：《袁世凱傳》（天津：百花文藝出版社，2003 年），第 182－183 頁；李宗一：《袁世凱傳》（北京：中華書局，1980 年），第 172－173 頁。

66 《我的前半生》，第 26 頁。

「袁世凱現已補授湖廣總督，所有長江一帶，水陸各軍，均着暫歸該督節制調遣，會同沿江各該督撫，妥籌辦理。」[67] 袁世凱立即致電內閣代奏，要求清廷撥款四百萬兩，在直隸、山東、河南等省招募壯丁 1.25 萬人，照武衛左軍現行營制，編集二十五營，作為湖北巡防軍，以應付戰爭需要。馮國璋、段祺瑞迅赴彰德面商一切。又將已被罷官的王士珍、倪嗣沖、段芝貴、張錫鑾、陸錦、張士鈺、袁乃寬等派往湖北前敵委用差遣，稍後增調海軍參領蔡廷幹隨營差遣。[68]

形勢不斷惡化，告急電報如雪花飛來，前線節節敗退。蔭昌先頭部隊到達劉家廟與張彪殘部會合後，後繼部隊慢慢前進，武勝關以南各站擠滿了兵車，擺成一字長蛇陣，前面的車子未開，後面的車便無法前進，蔭昌只能乾着急，無法發動攻勢。10 月 18 日，民軍與清軍在劉家廟戰鬥，一列清軍運兵火車到達劉家廟附近，預備停車。民軍炮隊集中火力猛轟，即將一列火車廂擊翻。民軍乘機衝鋒，車廂內清軍連忙爬出逃命，向後潰逃。正在散兵壕內作戰的清兵，見後面潰逃，亦向後退卻。民軍奮勇追殺，附近觀戰群眾，各持扁擔器具前來助戰，於是清軍大敗，被殲四百餘人，損失大量軍火。19 日，民軍渡江，佔領劉家廟，清軍敗退到三道橋。是日，清軍損失軍需火車十餘輛、馬百餘匹、軍米、子彈、帳篷等大量物資。20 日，革命軍繼續取得勝利。瑞澂急電軍諮府求援，請蔭昌、袁世凱迅速南下。[69]

一省接一省的宣佈獨立，像傳染病蔓延得那麼可怕。革命的聲勢一天大過一天，南方前線吃緊，北方各省也動盪不安。

20 日，奕劻派徐世昌到彰德會晤袁世凱，袁提出六項條件：

一、明年即開國會。

二、組織責任內閣。

---

67 《大清宣統政紀》（7），第 4105，4123 頁。

68 《大清宣統政紀》（7），第 4138－4140 頁，4152；馮年臻：《袁世凱真傳》，第 252－254 頁；《中華民國史》（1 下），第 654－658 頁。

69 《辛亥革命史料》，第 124－125 頁；《中華民國史》（1 下），第 656－658 頁。

三、寬容與此次事變有關之黨人。

四、解除黨禁。

五、須予以指揮水陸各軍及關於軍隊編制之全權。

六、供充足軍費。

袁提出前四項條件的目的是和緩人心，謀求與革命立憲兩派妥協，保存革命軍勢力，養敵自重，以免「狡兔死走狗烹」。後二項則是包攬軍事實權，以便內脅清室、外逼革命黨。其中組織責任內閣一條，最為重要，借此取消皇族內閣，奪取攝政王的權力。袁世凱估計當時除了他自己之外，沒有一個人敢坐上內閣總理大臣的寶座。無論革命黨是否願意妥協，滿清皇位能否維持，袁已經大權獨攬。因此，組織責任內閣對袁有極大作用，與立憲黨人要求的責任內閣內涵有天壤之別。聽了徐世昌宣讀袁的條件後，清廷要員都不贊成，照這六項條件，奕劻的內閣總理大臣和攝政王都要去職，所以無法接受。[70]

清朝皇室因驚慌而癱瘓，隆裕皇太后被迫交出內帑白銀五百萬兩。[71] 10月21日，清廷發上諭電寄袁世凱，同意飭度支部速撥款四百萬兩，給袁世凱召募壯丁 1.25 萬人，照武衛右軍現行營制，編二十五營，作為湖北巡防軍。軍諮府正使副都統馮國璋、江北提督段祺瑞迅赴彰德，與袁世凱協商佈置。王士珍、倪嗣沖、段芝貴、張錫鑾、陸錦、張士鈺、袁乃寬等即到湖北前敵隨營差遣。攝政王完全滿足了袁世凱第一次的要求。但對六條要求，仍然猶豫不決。

22日，湖南和陝西同日宣告獨立。23日，江西獨立。清廷正土崩瓦解，形勢很清楚，鎮壓革命，能調動的只餘下北洋軍。用北洋軍，便要袁出馬。攝政王別無選擇，只有接受了袁的所有條件。27日，攝政王連發三個上諭：

70 《清代通史》（下），第 2647－2648 頁；《中國近百年政治史》（上），第 309－310 頁。

71 喬·厄·莫理循：〈致達·狄·布拉姆函〉（北京 1911 年 11 月 7 日），《清末民初政情內幕——泰晤士報駐北京記者、袁世凱政治顧問喬·厄·莫理循書信集》（上），第 775 頁。

一、授袁世凱為欽差大臣，所有赴援湖北的海陸各軍，及長江水師均歸袁世凱節制調遣。軍諮府、陸軍部不為遙制。

二、命軍諮使馮國璋為第1軍總統，江北提督段祺瑞為第2軍總統，均歸袁世凱節制調遣。

三、命蔭昌將第1軍交馮國璋統率，俟袁世凱到後，即回京供職。

同日，隆裕皇太后懿旨發內帑銀一百萬兩濟湖北軍用。[72]

袁世凱東山復出，施展其縱橫捭闔的本領，建立袁氏政權。

2. 袁世凱責任內閣的意義

1911年10月29日，駐北京以東灤州（今河北唐山）第20鎮統制張紹曾（武衛右軍，日本士官學校第一期畢業）聯合奉天第2混成協統領藍天蔚（張之洞自強軍，日本士官學校第一期畢業）等聯名電奏「政綱十二條」，要求速開國會、制定憲法、組織責任內閣、削除皇族特權，大赦國事犯等，聲言「軍情浮動，向背可慮」，史稱「灤州兵諫」。

「灤州兵諫」對清廷而言，比武昌起義更嚴重，因為它在清廷心臟地帶，直接威脅北京。同日，山西宣佈獨立。兩消息傳到北京時，流言四起，人心浮動。北京危在旦夕，隆裕太后和載灃大為恐懼，特命錫良為熱河都統，預備逃往熱河。[73] 同時，迅速安撫灤州兵諫，翌日（30日），下罪己之詔：

一、承認「用人無方，施治寡術」：「計民財之取已多，而未辦一利民之事；司法之詔屢下，而實無一守法之人；馴致怨積於下而朕不知，禍迫於前而朕不覺。…… 此皆朕一人之咎也！茲特佈告天下，誓與我國軍民，維新更始，實行憲政，凡法制之損益，利病之革興，皆博采輿論，定其從違，以前

---

72 《大清宣統政紀》(7)，第4200－4202頁；《清代通史》(下)，第2647－2648頁；《袁世凱真相》，第104頁；《袁世凱真傳》，第253－257頁。

73 《北洋軍閥史話》(1)，第210頁；《清代通史》(下)，第2648－2650頁。

舊制舊法，有不合於憲法者，悉皆除罷。」

二、迅速擬齊憲法條文：命資政院總裁溥倫根據憲法大綱，「迅將憲法條文擬齊，交資政院詳慎審議」，等候欽定頒佈，以示開誠佈公，與民更始之意。

三、取消皇族內閣：俟事機稍定，簡賢得人，即令組織完全內閣，不再以親貴充國務大臣。並將內閣辦事暫行章程撤銷以符憲政而立國本。

四、解除黨禁：資政院奏請速開黨禁，以示寬大而固人心。清廷接受，「在昔日為罪言，而在今日則為讜論者。……所有戊戌以來，因政變獲咎，與先後因犯政治革命嫌疑懼罪逃匿，以及此次亂事被脅自拔來歸者，悉皆赦其既往。」「所有此次黨人，均着准其按照法律，改組政黨，藉以養成人才，收作國家之用。」

五、安撫灤州兵諫將士：統制張紹曾電奏具陳管見一摺，其間頗有可採擇之條，已歸入本日諭。[74]

11 月 1 日，准奕劻、那桐、徐世昌開去內閣總理大臣及協理大臣，載澤、鄒嘉來等開去國務大臣，皇族內閣解職，授袁世凱為內閣總理大臣。次日命資政院起草憲法，又命袁迅速來京組織完全內閣。3 日，資政院將所擬憲法重要信條十九條議決案奏上。清廷下諭予以公佈。[75]

袁世凱接到諭旨，仍故意作態，電辭不就。8 日，資政院依照新頒憲法十九信條，選舉內閣總理大臣。出席議員 87 人，李家駒任議長，用無記名投票法，袁世凱獲 78 票，當選為總理大臣。9 日，清廷上諭：「資政院奏，遵照憲法信條，公舉內閣總理大臣一摺，朕依憲法信條第八條命袁世凱為內閣總理大臣。」同日，電寄袁世凱，着即兼程北上。[76] 袁遂即日離漢口北上，13 日

74 《大清宣統政紀》（7），第 4243－4251，4319 頁；《清代通史》（下），第 2650－2651 頁。

75 《大清宣統政紀》（7），第 4275－4276 頁；《近代中國史事日誌 — 清季》（2），第 1414－1419 頁。

76 《辛亥革命史料》，第 111 頁。

率領衛隊入京。16 日，袁世凱內閣成立，組織人選如下：

內閣總理大臣　袁世凱

外務大臣　梁敦彥

民政大臣　趙秉鈞

度支大臣　嚴修

陸軍大臣　王士珍

海軍大臣　薩鎮冰

學部大臣　唐景崇

法部大臣　沈家本

郵傳大臣　唐紹儀

農商大臣　張謇

理藩大臣　達壽

內閣名單網羅了各派人才，如張謇是立憲派領袖，張謇入閣，對立憲派起安撫作用。委任維新黨梁啟超為法部次官，梁覆電「奏懇恩開缺」。清廷再次電梁，首先讚揚他「時以祖國存亡為念，乃朝廷所深知。現在政治更始，百端待理，着即遵旨迅速回國。國勢艱危至此，想亦不能忘情也」。12 月 2 日，清廷與袁世凱再次致電請梁回國任職。梁因政見與袁不合，拒絕入閣，這在袁估計之中，其目的只是顯示其大量，兼容各派而已。[77]

袁組閣後立即依據憲法重要信條十九條，全面行使責任內閣的職權。11 月 18 日，面奏清廷：「內閣現在業已成立，嗣後所降諭旨，凡關於某部事項，即着該國務大臣隨同總理大臣署名。」[78] 載灃同日下詔同意。22 日，袁又面奏《關於奏事入對暫行停止事項》：

謹按現在完全內閣，業經組織，各項制度，尚未規定，除各衙門辦事，仍暫照舊外，所有與立憲制度抵觸事項，擬請暫行，一律停止。

77　《大清宣統政紀》（7），第 4430 頁；《北洋軍閥史話》（1），第 214 頁。

78　《大清宣統政紀》（7），第 4406－4407 頁。

一、除照內閣官制召見國務大臣外，其餘召見官員，均暫停止。俟定有章制，再行照章辦理。

二、總理大臣不必每日入對，遇有事件奏召入對，並得隨時自請入對。

三、除照內閣官制，得由內閣國務大臣具奏外，其餘各衙門應奏事件，均暫停止。所有從前應行請旨事件，均咨行內閣覈辦。其必應具奏者，暫由內閣代遞。凡無須必請上裁事件，均以閣令行之。

四、其關於皇室事件，如宗人府、內務府、鑾輿衛、欽天監等衙門，暫仍照向章具奏。統由內務府大臣承旨署名。具奏後，仍即時知照內閣，但所奏以不涉及國務為限。

五、各部例行及屬於大臣專行事件，毋須上奏，其值日辦法，應暫停止。

六、向由奏事處傳旨事件，均暫停止，內外摺照題本舊例，均遞至內閣，由內閣擬旨進呈，再請鈐章。

內閣責任制落實，所有政令政務都集中到內閣，不再奏請皇帝批准。內閣總理主宰國家一切政務，皇權受到限制和削弱。慈禧太后逝世後建立的攝政王體制，形同虛設，攝政王只餘下鈐章一權。[79]

12 月 6 日，隆裕太后發佈懿旨：「據監國攝政王面奏：自攝政以來，於今三載，用人行政，多拂輿情，立憲徒托空言，弊蠹因而叢積，馴致人心瓦解，國勢土崩。以一人措施失當，而令全國生靈橫罹慘禍，痛心疾首，追悔已遲，……泣請辭退監國攝政王之位，不再干預政事。」同日，照允：「仍以醇親王退歸藩邸，不再預政，……嗣後再用人行政，均責成內閣總理大臣各國務大臣擔承責任。」[80] 於是用人行政大權，由總理大臣真正掌握。

袁世凱經資政院選舉成為內閣總理大臣有重要的歷史意義。

清末推行立憲的節奏明快有序，短短幾年便完成了全國範圍上下的諮議

---

79 《大清宣統政紀》（7），第 4424－4425 頁；《袁世凱真傳》，第 264－265 頁；《近代中國史綱》，第 411 頁。

80 《大清宣統政紀》（7），第 4501－4503 頁。

會組織，地方各省成立諮議會，中央成立資政院。地方選舉產生諮議會議員，再從當選議員推選出省代表，組成中央資政院的議員，最後投票選出內閣總理，再由內閣總理負責組成責任內閣。當然，這過程是波折的，清廷也不是真心下放權力，與民共享，否則也不至於爆發革命，最後被迫退位。不過，我們應該仔細觀察其過程，這段時間的政治改革，雖然有反覆，仍是不斷前進的，其中經驗值得我們深思。其過程簡介如下：

1905 年 7 月 2 日，袁世凱、張之洞、周馥三大臣聯銜奏請在十二年後實行立憲政體。

1906 年 8 月 12 日，袁世凱奏請立憲預備。9 月 1 日，清廷宣佈「預備立憲」。12 月 16 日，上海紳商設立「預備立憲公會」。

1907 年 7 月 28 日，袁世凱奏，事機危迫，請趕緊實行預備立憲。9 月 20 日，清廷下詔設立資政院，派溥倫、孫家鼐為總裁，會同軍機大臣擬訂詳細院章。10 月 19 日，命各省督撫均在省會速設諮議局，由各屬合格紳民公舉賢能，作為該局議員。

1908 年 7 月 22 日，頒行各省諮議局章程及議員選舉章程，限一年內辦齊。8 月 7 日，出使考察憲政大臣達壽奏：請改立憲政體，欽定憲法。國會年限，無妨預定，憲政預備，不可過遲。並請先立內閣，統一中央行政機關。24 日，清廷頒佈《資政院院章》四十三條，和議員選舉章程。根據章程內容，資政院係國會的雛型，是當時重大的政治改革。[81] 議員有欽選和民選兩種，各有 100 名。民選議員來自各省諮議局選出的議員。

1909 年 9 月 16 日，江蘇諮議局開會，張謇為議長。10 月 14 日，各省諮議局開幕。

1910 年 5 月 25 日，各省諮議局互選資政院議員一律選定。9 月 23 日，資政院召集議員，正式成立。因新疆諮議局尚未成立，缺少兩名民選議員，故欽選議員也減少兩名，合共有 196 名議員。10 月 3 日，資政院開院。22

81 《清代通史》（下），第 1365－1371 頁。

日，資政院接受國會請願代表孫洪伊等的要求，決議上奏，請速開國會。26日，資政院再奏請速開國會。28日，以順直各省諮議局各省人民代表等陳請速開國會，錫良等電奏組織內閣，欽頒憲法，開設議院。11月4日，清廷下詔在宣統五年（1913）實行開設議院，先將官制釐訂，預行組織內閣，編訂憲法，並命各省代表即日散歸。5日，命溥倫、載澤充纂擬憲法大臣。

12月18日，資政院奏劾軍機大臣奉職無狀，不負責任，有參預政務之名，無輔弼行政之實，持祿保位，背公營私，蹈常襲故，請迅即組織內閣，並於內閣未成立以前，明旨宣示軍機大臣必應擔負之責任。詔命毋庸議。19日，資政院決定再劾軍機大臣。

12月23日，清廷下令不准聚眾集議，解散請願同志會，如有糾眾違抗者，即查拏嚴辦。

1911年5月8日，清廷借立憲成立皇族內閣，集權於清室，令立憲派不滿而傾向革命。武昌起義後，同月29日，北京附近的灤州發生兵諫，山西同時宣佈獨立。30日，清廷為安撫民心，降諭取消現行內閣章程，實行改組內閣。11月1日，准奕劻、那桐、徐世昌開去內閣總理大臣及協理大臣職務，皇族內閣解職，授袁世凱為內閣總理大臣。

2日，命資政院起草憲法，又命袁迅速來京。

3日，資政院將所擬憲法重要信條十九條議決案奏上，並指出清廷上諭授袁世凱為內閣總理大臣違憲。攝政王收回上諭，等候資政院投票選舉結果。袁世凱以78票當選，清廷才能正式任命袁為內閣總理大臣。袁世凱的內閣總理經資政院投票選舉產生，在中國政治史有重大意義。

26日，監國攝政王告祭太廟，宣誓憲法信條。「由資政院諸臣，博採列邦君主最良之憲法，上體親貴不與政事之成規。先撰重大信條十九條。其餘未盡事宜，一併歸入憲法，迅速編纂，並速開國會，以符立憲政體。」

其中若干條文頗符合現代民主政治：

第三條：皇帝之權，以憲法所規定者為限。

第五條：憲法由資政院起草議決，由皇帝頒佈之。

第六條：憲法改正提案權，屬於國會。

第七條：上院議員，由國民於有法定特別資格者公選之。

第八條：總理大臣由國會公舉，皇帝任命。其他國務大臣，由總理大臣推舉，皇帝任命。皇族不得為總理大臣，及其他國務大臣，並各省行政長官。

第九條：總理大臣受國會彈劾時，非國會解散，即內閣辭職。但一次內，不得為兩次國會之解散。[82]

一、《憲法重要信條十九條》是中國第一部憲法綱領，實行英國模式的議會政治、虛君共和，徹底廢除了君主權力，一切權力全歸國會，在實質上達到了與民主立憲同等的程度。[83]

二、滿清政府依據《憲法重要信條十九條》，讓資政院議員用無記名方式，投票選舉內閣總理。袁世凱獲得出席議員 87 人中的 78 票，是高票當選的總理。孫中山的臨時大總統由全國各省代表 17 人選舉產生，這些代表來自革命軍控制的省份，並非全國，而袁世凱的總理由全國代表選出。

三、這是中國近代一個政權和平轉移的例子，滿洲皇族接受憲法的規管，和平地將政權移交給漢族大臣。

四、清廷和平移交政權給民主選舉產生的責任內閣，所有政令政務都集中到內閣，立憲派要求的內閣責任制到此實現。

中國的民主政治進程至此踏上一個新的台階，責任內閣由民意代表選舉產生，地方選出諮議會議員，各省諮議會代表組成資政院，資政院選出內閣總理，這是一個現代民主政治的模式。

---

82 《大清宣統政紀》(7)，第 4439－4454 頁。

83 侯宜杰：〈中國最早的議會——資政院〉，《中國人大》雜誌(2010 年第 2 期)。網址：中國人大網 www.npc.gov.cn 。

3. 盡攬兵權

政權需要軍隊才有真正的力量，袁世凱還沒忽略徹底掌握清廷軍權。這時北京城內仍有載濤（宣統的叔父）統率的禁衛軍。袁上奏：革命軍大敵當前，為了振奮軍心、鼓勵士氣，禁衛軍和皇族大臣應該為臣民表率，由一皇族大臣率領部分禁衛軍出討革命軍。這建議光明正大，但卻暗中針對統率禁衛軍的載濤。這人膽小如鼠，平時養尊處優，毫無軍事素養，早已被革命黨人視死如歸、與敵偕亡的壯烈精神嚇破膽。派他出征，隨時馬革裹屍而歸。於是立即求奕劻代向袁求情，免去這次「軍役」。載濤要求正中了袁的圈套，袁接受了載濤辭去軍諮府大臣職務，不必上前線。軍諮府大臣一職，由徐世昌繼任。調主張進兵武昌的馮國璋回京，統率禁衛軍。第 2 軍總統段祺瑞為湖廣總督，兼統馮的第 1 軍，全權負責武漢前線。袁借口禁衛軍準備作戰，調離北京城外駐紮，把自己帶進北京的衛隊編為拱衛軍，派段芝貴為統領，負責拱衛北京城。袁世凱完全操制了清廷的軍隊，不但光緒帝的孤兒寡婦孤立無助，四顧無人，只得任由擺佈。北京城內的滿清親貴亦在他監控之中，難有作為。[84]

4. 以戰逼和

1911 年 10 月 27 日，清廷授命袁世凱為欽差大臣，袁為顯示其實力，給民軍來個下馬威，示意馮國璋向民軍發動總攻。30 日，袁世凱從彰德進駐湖北孝感，親自督戰。

10 月 28 日，黃興趕到武昌。29 日，赴漢口督戰，守軍兵力不足萬人。同日，馮國璋到達漢口，接統第 1 軍，兵力約有二萬餘人。隨即以大炮機槍猛攻漢口，兩軍在劉家廟展開血戰，劉家廟數易其手。清軍以重炮、機槍猛

84 《清代通史》（下），第 2646－2663 頁；《北洋軍閥史話》（1），第 214－215 頁。

攻民軍，民軍火炮威力不及，炮隊指揮官蔡德懋陣亡。第二協標統謝元愷、敢死隊長馬榮、工程隊長李忠孝等同時陣亡，民軍傷亡二千餘人，大敗退入市區。11 月 1 日，馮軍攻入漢口，民軍在市區頑抗，俟機衝殺，馮軍頗有傷亡。馮國璋下令縱火，燒毀民房一段則推進一段，將漢口最繁華的歆生路燒為灰燼，市民逃徙殆盡。供民軍埋伏的房屋全被夷平，民軍紛紛向漢陽退卻。黃興親率敢死隊督戰，但無法挽回敗局。2 日，漢口失陷，民軍退守漢陽。[85]

袁多次與軍政府洽商和平解決受拒，認為民軍氣勢方盛，不將其重挫，不會議和。故回京時，傳令馮國璋攻下漢陽。[86] 其時，馮軍兵力共有三萬多人，在人數、武器和訓練上都佔着優勢。其機關槍每一分鐘連發四五百個子彈，可當一大隊之戰鬥力，能給民軍造成巨大傷亡。[87] 民軍兵力只有二萬，訓練不足，但士氣旺盛，並佔有漢陽龜山（大別山），炮火射程控制整個武漢。11 月 2 日，軍政府召集緊急會議，孫武、吳兆麟、楊璽章等人認為部隊新兵太多、缺乏火炮，不利進攻，主張堅守。黃興則認為漢口兵力較單薄，正是反攻漢口的良機，主張全力反攻。3 日，黃興被任為戰時總司令，行登壇拜將禮後，隨即往漢陽接防備戰。14 日，黃興總司令召集各部隊長官開軍事會議，規定攻擊計劃。除湘軍王隆中贊同外，其餘各部隊長官因部隊多是新兵而反對。吳兆麟向黃興陳述利害，恐進攻失敗，但黃興不理反對意見，決定反攻。

11 月 16 日夜 10 時，黃興指揮民軍在龜山炮火掩護下，架三座浮橋渡河進攻。右翼湖南王隆中部迅速攻潰清軍防線，推進到居仁門。但左翼預備隊湖北熊秉坤部新兵，未受訓練，遇猛烈炮火，便慌忙後退，黃興亦無法制

---

85 《辛亥革命史料》，第 140－147 頁；《中華民國史》（1 下），第 662 頁。

86 《清代通史》（下），第 2679－2681 頁；《近代中國史事日誌——清季》（2），第 1415－1424 頁；《中華民國史》（1 下），第 665－668 頁。

87 廖少游：〈新中國武裝解決和平記〉，中國社會科學院近代史研究所近代史資料編輯組編：《辛亥革命資料類編》（北京：中國社會科學出版社，1981 年），第 350 頁。

止潰兵。17 日，湖南第二協甘興典部首先潰散，士兵爭渡浮橋，五百餘人墮河溺死，在漢炮隊兩營全失。其他在南岸準備渡江部隊，亦被重炮猛轟之下，渡江失敗。是役，民軍傷亡慘重，犧牲官 57 人，士兵 792 人，失山炮 18 門，步槍 600 餘枝，子彈 2,300 餘箱。[88]

17 日，清軍分兵甲乙兩隊進攻漢陽。甲支隊由孝感攻辛集、湯家山、蔡甸，到十里舖與乙支隊會師。乙支隊由大智門攻美娘山、仙女山等地。

20 日，甲支隊吳金彪部到達漢陽門口之蔡甸，設司令部。21 日，佔領琴斷口，在三眼橋與民軍對峙。

22 日，清軍乙支隊馬繼增部，上午佔領美娘山，隨即炮轟三眼橋民軍，將之迫退。下午 6 時，清軍增援美娘山，攻佔鄰近之仙女山。民軍反攻失敗。仙女山有重要戰略價值，可瞰制漢陽，側擊大別山。漢陽形勢危險，若不能收復便失陷。於是黃興下令反攻。23 日，湘軍第一協統領王隆中潛逃，所部逗留不進，湘軍第二協甘興典見此情況亦停進。各軍官見統領隱匿，亦潛向後退。推進至仙女山附近之部隊遂孤立無援。黃興親往催令湘軍前進，因找不到王、甘兩人，在隊軍官皆不聽令，各兵自由後退。清軍遂佔鍋底山、扁擔山等要地。24 日，民軍劉玉堂率部反攻磨子山和扁擔山，被清軍機關槍擊中陣亡。

25 日，清軍甲支隊突破三眼橋防線，攻佔湯家山，進攻十里舖。26 日，乙支隊到達與甲支隊會合，渡過襄河，佔領黑山。民軍傷亡慘重，尚定邦、甘興典部先退。黃興下令斬殺後退者二十餘人，猶不能止。民軍全線動搖，清軍乘機推進，佔領十里舖，副參謀長楊璽章陣亡。

27 日拂曉，清軍兵分三路進攻龜山和漢陽。民軍精鋭傷亡殆盡，上午 11 時，龜山失陷。下午，漢陽失陷。漢陽之戰，革命軍前後共傷亡 3,300 人。

晚上，軍政府在武昌召開緊急會議。黃興愧對戰敗，建議放棄武昌，順流而下進攻南京，黎元洪贊同此議。與會中人，雖然諒解黃興不避炮火，親

88 《辛亥革命史料》，第 159－166 頁；《北洋軍閥史話》(1)，第 202 頁。

往前線督戰。但兵無訓練，多不用命，一方敗退，他方多自由撤退，甚至奉令增援部隊，見狀亦不復前進，且有向後撤退者，故一敗不可復振。但都強烈反對放棄武昌，因為武昌是首義之地，決心要與城共存亡。張振武當場出示手槍，大呼：敢再說放棄武昌，即屬漢奸，當場可擊殺之！全體掌聲雷動，一致贊成堅守武昌。其時，鄂軍十分憤怒湘軍擅自撤退，因而不滿黃興。是夜，黃興乘船去上海。[89]

馮國璋先後攻下漢口、漢陽，欲乘勝渡江奪取武昌，盡殲民軍。當時革命浪潮席捲全國，十四省紛紛宣佈獨立。武漢三鎮形勢雖然樂觀，但張勳已從南京敗退，清軍兵力全被吸引在京漢鐵路一線，士氣低沉；湖南、雲南和兩廣等省已經獨立，革命軍士氣高昂，不斷增援武昌，長此以往，形勢可能逆轉。故攻佔漢陽後，袁世凱立即親自長途電話制止馮國璋，並請駐北京英國公使朱爾典介紹兩方和議。朱爾典認同以和平解決，29 日電令漢口英領事葛福（H. Goffe），提議兩軍停戰議和。

30 日，清軍重炮猛轟武昌，次日都督府正廳中彈起火，黎元洪倉皇逃走，武昌大亂。英人帶來停戰協議，留守武昌的吳兆麟和孫武立即蓋印同意，此後多次延長停戰，展開和平談判。

5. 鎮壓北方

袁還沒有就任總理大臣，便面對北方軍心不穩和北方革命的問題。他手執清廷最高權力，命運與清祚連繫在一起。清廷崩潰，他的權勢亦隨之煙消雲散。革命黨人在北方不斷起義，令袁防不勝防。於是暗中利用汪精衛制止北方革命黨人的一切活動，用厚利和官職收買革命黨的動搖份子，對不受收買而繼續反袁的黨人，便派特務刺殺；誣衊北方各省民軍為「土匪」，派遣大軍將之趕盡殺絕。

---

89 《辛亥革命史料》，第 166－185 頁；《中華民國史》（1 下），第 671－675 頁。

（1）刺殺吳祿貞

藍天蔚、張紹曾、吳祿貞三人都留學日本陸軍士官學校，並稱「北洋士官三傑」。11 月 2 日，張紹曾、藍天蔚等再奏請改組內閣，由議院制定憲法，警告：「內閣一日不成立，即內亂一日不平息。」[90] 同日，吳祿貞在石家莊截留運往湖北前線武器的火車，一舉截斷北軍後路。吳並電請明降諭旨，大赦革命黨，速停戰爭，飭馮國璋軍退出漢口，並嚴劾在漢口燒殺之廕昌。（袁世凱電奏：一係土匪所縱，一係攻戰燒毀，一為民軍用炮轟焚，不盡由官軍所放。）3 日，清廷宣佈憲法信條 19 條，以示安撫。4 日，清廷採袁世凱安撫策略，令前敵各軍停進，以示和意。派吳祿貞署山西巡撫，明升暗降，削其兵權。吳借機到娘子關與山西都督閻錫山商組燕晉聯軍，夾攻北京。計劃迅速被內奸告密，袁世凱知道後，立即密電北方段祺瑞急調駐東北的第 3 鎮（袁的皇牌部隊）返回廊坊，切斷第 6、第 20 兩鎮的聯絡線。為除心腹大患，派人將吳祿貞殺掉。段祺瑞用二萬元收買被吳祿貞革職的前第 12 協協統周符麟，並許以事成之後官封原職。周符麟找到吳的衛隊營管帶馬惠田執行任務。7 日，馬惠田闖入石家莊司令部辦公室殺害吳祿貞，並捕殺革命派官兵，石家莊的山西軍隊遂撤回娘子關。第 20 鎮統制張紹曾見形勢不妙，「電奏因病，懇恩開去差缺，回津就醫。」[91]

袁殺吳除了公事之外，亦有私人因素。袁世凱復出之後，彰德家人得到消息說吳祿貞要殺害他全家，令全家上下驚慌萬分，為保安全，分批遷往天津，後再遷到北京。[92] 那麼為保家人生命安全，先發制人，這也毫不出奇。

另有資料說是北京的良弼、蔭昌得到吳起義的密報，為解北京之危，立

---

90 《大清宣統政紀》（7），第 4284 頁。

91 《大清宣統政紀》（7），第 4335－4362 頁；《近代中國史事日誌——清季》（2），第 1415－1424 頁；《袁世凱真相》，第 107－113 頁。

92 袁靜雪：〈我的父親袁世凱〉，中國人民政治協商會議全國委員會文史資料研究委員會編：《文史資料選輯》（74），第 138 頁。

即收買吳的部下馬惠田，許以事成之後，賞以萬金，[93] 而並非在南方前線的袁世凱指使。清廷對發動兵諫的吳祿貞、張紹曾、藍天蔚，都明升暗降，奪其兵權。此非遠在前線的袁能辦。故良弼聞吳夾擊北京，迅速將吳刺殺，亦有可能。

(2) 剿撫並用

1911 年 12 月 20 日，北方各革命小團體在天津舉行聯席會議，決定合併各黨團成立「北方革命協會」，以便統一行動，放棄同盟會對袁的妥協政策，在北方發動大規模武裝起義。

山西

山西獨立嚴重威脅北京安全，11 月 13 日，袁世凱到達北京。15 日，立即任命其心腹張錫鑾為山西巡撫，着手恢復山西統治。24 日，誣指山西、陝西民軍為土匪，派軍剿滅。12 月 1 日，派姜桂題攻大同、周符麟攻洛陽、潼關、曹錕率第 3 鎮沿正太路攻山西。12 日，曹錕、盧永祥攻佔山西娘子關。13 日，閻錫山化裝逃往保德，第 3 鎮未遇抵抗進入太原。袁世凱因兵力不敷應用，以山西都督一職收買閻錫山，閻遂背叛革命，解除了山西對北京的威脅。[94]

袁軍繼續進兵。16 日，陝西巡撫升允敗西路革命軍，佔長武。19 日，升允攻佔邠州，民軍退乾州。23 日，陝西提督張行志及甘軍崔正午攻佔陝西隴州。

東北

11 月 6 日，瀋陽革命黨人在北大營集會，推第 2 混成協統領藍天蔚為關外革命軍討虜大都督、張榕為奉天省都督兼總司令，計劃驅逐東三省總督趙爾巽，發動奉天獨立。7 日，趙爾巽獲密報，急調巡防營統領張作霖率所部

93 林能士：《辛亥時期北方的革命活動》，第 118－122 頁。

94 《袁世凱真相》，第 145－146 頁。

二千五百人入城戒備，接管防務，監視新軍。12 日，奉天諮議局和農工商學各團體代表舉行會議，決定成立奉天保安會。張作霖武力控制會場，保安會選出趙爾巽為會長，張作霖為軍事部副部長，奉天獨立計劃失敗。14 日，袁因張作霖支持趙爾巽鎮壓革命黨有功，奏請將張作霖「以總兵記名簡放」。接着，革除藍天蔚協統一職，削去其軍權，迫他離開東北。

17 日，張榕繼續組織革命黨人分赴各地策動武裝起義，並發行《國民報》，以關外大都督藍天蔚名義發佈檄文，號召收復東三省，共圖推倒清政府，建立共和民國。20 日，民軍開始行動。25 日，遼陽徐景清率巡警學生三十餘人起義，數百人進攻遼陽城，與清軍激戰數日後失敗。此外，寧遠、鳳凰城、奉天等地均有起義爆發，但都被張作霖等清軍平定。[95] 民國成立後，因張作霖投靠袁世凱，助他控制東北，於是袁任命張為陸軍第 27 師中將師長，鋪下張作霖稱霸東北之路。[96]

山東

武昌起義後，山東同盟會員計劃在濟南組織暴動，山東紳商勸巡撫孫寶琦宣佈獨立。孫寶琦密奏清廷：「東省紳商學界盛倡獨立之說，洶洶不可遏制，…… 萬不得已，擬即組織臨時政府，…… 一俟大局定後，中央政府完全無缺，即行撤消。」清廷批准。11 月 11 日山東宣佈獨立，諮議局推孫寶琦為山東都督。山東是袁世凱的老巢，潛勢力龐大。袁復出後，指使舊部迫走革命派軍官，迅速控制大局。27 日，孫寶琦宣佈取消獨立。山東從假獨立到取消獨立，為期只有半個月。孫引咎辭職，袁派胡廷樞署理巡撫，張廣建為布政使，展開整肅山東革命黨。[97]

---

95 《北洋軍閥史話》（2），第 330－333 頁；全樹仁、岳岐峰：《遼寧省志大事記》電子版（遼海出版社，2006 年）。

96 《袁世凱真傳》，第 268－269 頁。

97 《袁世凱真相》，第 99－100，144 頁。

直隸（1928 年改名河北省）

吳祿貞雖然被殺，但北方革命尚未平息。1911 年 12 月 24 日，胡鄂公、白逾桓、孫諫聲等在天津英租界組織「北方革命協會」。1912 年 1 月 4 日，「北方革命協會」策動灤州第 79 標 1、2 兩營官兵起義，宣佈獨立；佔領灤州縣城和車站，成立北方軍政府，以王金銘為都督、施從雲為總司令、馮玉祥為總參謀長，並計劃攻取天津。王金銘和施從雲被通永鎮總兵王懷慶引誘到古冶開會殺害，其他起義部隊被王懷慶的毅軍和第 3 鎮曹錕部隊圍攻，兩日血戰，孫諫聲等人力戰而死。9 日，革命黨在通州聯絡機關因叛徒告密被破壞，黨人蔡德辰等七人被捕殺，馮玉祥獲救逃離。

27 日，「北方革命協會」召集派往北京、通州、保定等處聯絡軍隊的代表，和被聯絡各軍所派的代表，在天津本部舉行秘密會議，議決組織三隊敢死隊，分途進攻直隸總督衙門。29 日晚，姜賜卿率 140 餘名敢死隊衝向總督衙門，直隸總督陳夔龍急令拉起吊橋，民軍無法衝入，最後力戰被殲。

「北方革命協會」秘密組織敢死隊，準備在北京暴動。1912 年 1 月 29 日敢死隊分五路進攻天安門、東華門和西華門。袁世凱早獲情報，佈置軍警分途圍捕，革命黨人全部犧牲。「北方革命協會」所佈置的京、通、保、灤軍事大暴動計劃全盤失敗。2 月 3 日，袁派其表弟張鎮芳署理直隸總督兼北洋大臣，嚴密控制直隸。[98]

(3) 收買分化

1911 年 12 月 10 日，南北和談開始，袁世凱派汪精衛到上海協助。袁問汪，現正進行和談，革命黨人為何仍在北方搞暴動？汪回答說，這些事與同盟會會員無關。袁於是給汪二十萬元，請他以同盟會北方支部長的地位，解散所有革命黨派。1912 年 2 月 13 日，清帝宣佈退位，袁世凱通電支持共和。15 日，南京臨時參議院選袁為臨時大總統。21 日，汪精衛在北洋醫學堂召集

---

98 《袁世凱真傳》，第 268、285－286 頁；《袁世凱真相》，第 141－143 頁；《北洋軍閥史話》(1)，第 233－235 頁。

各黨團舉行聯席會議，宣佈為了統一革命組織，各黨團一律解散，所有成員都可加入同盟會，但行動需受約束；不願加入者，一律給資遣散。[99] 這決定引起北方革命協會會員不滿，但清帝已經退位，革命的對象已經失去，不得不停止活動。

四、南北議和

1. 初步接觸

袁世凱東山復出時上奏：「此次之亂，非兵力所能伏，主撫不主剿。」1911 年 11 月 1 日，袁派黎元洪的同鄉舊交劉承恩致書勸和：「刻下朝廷有旨：(1) 下罪己之詔，(2) 實行立憲，(3) 赦開黨禁，(4) 皇族不問國政等因，似此則國事尚可有挽回振興之期也。…… 務宜設法和平了結，早息一日兵事，地方百姓早安靜一日。否則勢必兵連禍結，勝負未見，則不但荼毒生靈，糜費巨款。迨至日久息事，則我國已成不可收拾之國矣！況兵者漢人，受蹂躪者亦漢人，反正均我漢人吃苦也。…… 依弟愚見，不如趁此機會，暫且和平了結，且看政府行為如何，可則竭力整頓，否則再行設策以謀之，未為不可。…… 諸公皆大才槃槃，不獨不咎既往，尚可定必重用，相助辦理朝政也。」黎徵詢各人意見後，嚴詞拒絕。[100]

11 月 2 日，馮軍攻佔漢口後，袁世凱再命劉承恩致書黎元洪，仍不受理。3 日，黎元洪舉行拜將式，委任黃興為戰時總司令官。下午，黃興在漢陽西門外昭忠祠設立總司令部，率兵約二萬人保衛漢陽。4 日，清廷准袁世凱令

99 《袁世凱真相》，第 143 頁；《北洋軍閥史話》(1)，第 245 頁。

100 〈袁世凱囑劉承恩致黎元洪議和書〉(九月十一日)，榮朝申：《締造共和之英雄尺牘》(台北：文海出版社，1972)，第 48－49 頁；《辛壬春秋》，第 151 頁；《清代通史》(下)，第 2679－2680 頁。

前敵各軍停進，並命各路統兵大員宣佈朝廷恩德，妥速安撫。[101] 6日，開釋前謀刺攝政王載灃的汪精衛等人，袁再遣使致書黎元洪勸和。湖北軍政府一致認為，可以利用袁世凱反戈。8日，黎元洪覆函袁世凱，勸袁贊助民軍，推他為總統。9日，黃興致函袁世凱，勸他反正：「寡人政治之滿廷早已瓦解，明公即奮不世之威力，將何用？以明公個人言之，三年以前滿廷之內政、外交有起色者，皆明公之力。迨偽監國聽政，以德為仇，明公之未遭虎口者，殆一間耳。此段痛心歷史，回顧能不凄然！……興思人才原有高下之分，起義斷無先後之別。明公之才能，高出興等萬萬。以拿破崙、華盛頓之資格，出而建拿破崙、華盛頓之事功，直搗黃龍，滅此虜而朝食，非但湘、鄂人民戴明公為拿破崙、華盛頓，即南北各省當亦無有不拱手聽命者。」[102]

11日，劉承恩、蔡廷幹攜袁世凱手書到武昌談判。蔡廷幹是袁世凱的心腹，也是黎元洪的老上司。蔡任海軍正參領時，黎在他艦隊的魚雷艇上當三副。因此，蔡到武昌後，受到殷勤接待。黎元洪在軍政府召開全體大會討論，蔡力陳共和政體不適合中國國情，保留清朝而限制君權是維持中國統一的最好保障。革命黨人斥責清廷經常壓迫漢人，國人再不忍受其腐敗統治，國家唯一希望就是清除此禍根，清廷非引退不可。革命黨人決心要求成立一個共和國，政制部分仿效美國，部分仿效法國和瑞士。總統由人民選出，任期三年。蔡回答説：英國的君主立憲制，是最穩定的政體，是廉潔政府的最好例證，反而美國社會生活極端腐敗。[103] 宋教仁反建議袁倒戈，任革命軍汴冀都督。黎元洪又致書袁世凱，勸他反正。

101 《大清宣統政紀》（7），第4307－4308頁。

102 黃興：〈致袁世凱書〉（1911年11月9日），湖南省社會科學院編：《黃興集》（北京：中華書局，1981年），第81－82頁。

103 羅家倫：《國父年譜》（上）（台北：近代中國出版社，1994年），第515頁；喬·厄·莫理循：〈蔡廷幹上校來訪接談記錄〉（1911年11月16日），《清末民初政情內幕——泰晤士報駐北京記者、袁世凱政治顧問喬·厄·莫理循書信集》（上），第791－794頁。

14 日，武昌軍政府代表孫發、夏維松與袁世凱代表劉承恩在漢口俄領事館會面，未獲結果。

15 日，袁世凱支持立憲派楊度、同盟會汪精衛、汪大燮等，在北京組織「國事共濟會」，發表宣言：「北京政府與武昌軍政府，各以重兵相持，兩不相下。設必欲恃兵力以決勝敗，無論孰勝孰敗，皆必民生塗炭，財力窮困。以保一君主為目的，而使全國流血，君主立憲黨所不忍出也。以去一君主為目的，而使全國流血，民主立憲黨所不忍出也。設更不幸二十二行省中，有南北分立之事，又不幸而漢人圖為一國，蒙回藏遂以解紐。以內部離立之原因，成外部瓜分之結果。則亡國之責，兩黨不能不分擔之矣，豈救國之本意哉！……意在使君主民主一問題，不以兵力解決，而以和平解決，要求兩方之停戰，發起國民會議，以國民之意公決之。」宣言主張和平解決君主民主之爭，引起全國民眾，特別是知識份子的共鳴，對南北和議形成了輿論導向。[104]

16 日，孫中山自巴黎致電民國軍政府：「欣悉總統自當推定黎君，聞黎有請推袁之說，合宜亦善。總之，隨宜推定，但求早鞏國基。」[105]

24 日，伍廷芳、張謇、唐文治、溫宗堯聯名上奏攝政王，勸滿清退位。指出：「大勢所在，非共和無以免生靈之塗炭，保滿漢之和平。……是君主立憲政體，斷難相容於此後之中國。為皇上殿下計，正宜以堯舜自待，為天下得人。儻能幡然改悟，共贊共和，以世界文明公恕之道待國民，國民必能以安富尊榮之報皇室。」[106]

29 日，清廷接報攻克漢陽的奏報，發上諭，指責革命黨「一味恃強襲擊，竟迫成欲罷不能之勢，致使兵連禍結，舉吾民之生命財產，付諸灰燼

104《辛壬春秋》，第 153 頁；聞少華：〈國事共濟會資料：國事共濟會宣言書附簡章〉，中國社會科學院近代史研究所近代史資料編輯組：《近代史資料》（總 51 號）（北京：中國社會科學出版社，1983 年），第 114－115 頁。

105 孫中山：〈自巴黎致民國軍政府盼速定總統電〉（1911 年 11 月 16 日），秦孝儀：《國父全集》（4）（台北：近代中國出版社，1989 年），第 168－169 頁。

106《大清宣統政紀》（7），第 4435－4436 頁。

者，不知凡幾。…… 比月以來，鋒鏑交加，死亡枕藉，加以地方糜爛，元氣大傷，小民蕩析離居，轉徙溝壑，慘病情狀，至不忍言。」痛言戰爭的災禍，表示清廷已降詔旨改良政體，並停止進攻，呼籲民軍以和平方式解決國是。[107]

同日，袁克定密遣朱芾煌攜汪精衛親筆函到武昌，這信寫給武昌首義的革命同志，主張南北達成和議，聯合一致要求清帝遜位，並推舉袁世凱為臨時大總統。[108]

30日，袁世凱致電馮國璋：英國出面調停，令新任漢口兵備道黃開文同漢口英國領事商辦。但又令龜山清軍重炮猛轟武昌，繼續對軍政府施壓。12月1日，都督府正廳中彈起火，黎元洪倉皇出城，逃往武昌下游九十里的葛店，武昌城內亂成一片。漢口英領事葛福接北京公使團停戰三日電，即由萬國商會會長英人盤爾根送往武昌，交孫武。停戰協議：從12月2日上午8時起至12月5日上午8時止停戰三日，停戰期內雙方一律按兵不動，各守現據界限。留守的吳兆麟和孫武立即蓋印同意。停戰期滿後，多次延期，雙方代表開始和平談判。同一日，各省代表到達武漢，假漢口英租界舉行「各省都督府代表聯合會」。

12月2日，代表聯合會推定雷奮、馬君武、王正廷起草臨時政府組織大綱。聯合會又討論汪精衛的來信。部分代表認為清廷已名存實亡，今後和戰問題，並非民軍與清廷之間，而在於民軍與袁的北洋集團之間，若要避免漢人互相殘殺，最好的方法就是策反袁世凱，以漢人政權取代滿人政權。袁已是內閣總理，要拉袁反清，只有給予民國大總統之位才能打動他。於是決議：「如袁世凱反正，當公舉為大總統。」[109]

5日，袁世凱以停戰議和辦法四條電蔡廷幹劉承恩，繼續停戰十五日，各不進兵，派唐紹儀與黎元洪或其代表討論大局。

107《大清宣統政紀》（7），第4468－4469頁。

108《近代中國史事日誌——清季》（2），第1436頁。

109《國父年譜》（上），第525頁。

6日，隆裕皇太后懿旨，准監國攝政王載灃引咎退位，嗣後用人行政，均責成內閣總理大臣，各國務大臣擔承責任。7日，隆裕皇太后諭：「現在南北停戰，應派員討論大局。着袁世凱為全權大臣，由該大臣委託代表人，馳赴南方，切實討論，以定大局。」[110] 袁世凱委唐紹儀（因避溥儀諱，改名唐紹怡）為全權代表，嚴修、楊士琦為參贊大臣，遴選各省在京官紳張國淦、于邦華、周自齊、鄭沅、孫多森、朱益藩、章宗祥、傅增湘、馮耿光為參議員，前往上海與民軍議和。汪精衛往來京律，與袁、唐、嚴等人緊密接洽。

2. 唐伍和談

9日，十一省軍政府公推伍廷芳為民軍代表，與清內閣代表唐紹儀談判。雙方代表在漢口訂立停戰條款，自12月9日至24日，各省一律按兵不動。同日，黃興電覆汪精衛轉告楊度，如袁世凱能令中國為完全民國，決舉其為大統領。

12日，唐紹儀與黎元洪商定在上海會議。

18日，民清議和代表伍廷芳唐紹儀在上海英租界議事廳第一次會議，商定各處停戰。

20日，伍廷芳唐紹儀二次會議，兩軍停戰再展期七日，並擬定停戰規條。伍說：今日人心傾向共和，若非承認共和，別無議和之法。唐說欲和平解決，非共和不可。但須電達袁內閣，再行通知會議。

23日，唐私下對伍說：袁世凱不便公開支持共和，擬請先行召開國民會議，以公決君主、民主的辦法，解決國體問題。伍廷芳同意，唐即密電告袁。

26日，袁世凱命汪精衛赴上海斡旋南北和議，汪翌日出京南下。

27日，唐紹儀電袁世凱：「查民軍宗旨，以改建共和政體為目的，若我不承認，即不允再行會議。…… 此次和議一敗，戰端再啟，度支竭蹶可虞，

110《大清宣統政紀》(7)，第4510頁。

生民之塗炭愈甚，列強之分割必成，宗社之存亡莫卜。…… 現在停戰期間已促，再四思維，惟有籲請即日明降諭旨，命總理大臣頒佈閣令，召集臨時國會，以君主民主，付之公議，徵集意見，以定指歸。」[111]

28 日，袁世凱根據唐紹儀的來電上奏：「唐紹儀苦心焦思，以為只有速開國民大會，將君主民主問題付之公決之一法。其兩次來電略謂：彼黨堅持共和，不認則罷議，罷議則決裂，決裂則大局必糜爛。試思戰禍再起，度支如何？軍械如何？豈能必操勝算？萬一挫衄，敵臨城下，君位貴族豈能保全？外人生命財產豈能保護？不幸分崩離析，全國淪胥，上何以對君父？下何以對國民？如召集國會采取輿論，果能議決仍用君主國體，豈非至幸之事！就令議決共和，而皇室之待遇必極優隆，中國前途之幸當可希望，孰得孰失，情事較然。」太后立即召開御前會議，袁世凱自奏：「奉職無狀，罪萬死。」太后安慰他說：「卿勿爾，國家大事，既相付託，當勉為其難。即使挽回無術，吾決不咎卿也。將來皇帝成立，吾且以卿之忠藎艱難困苦情形告之。」言罷，與皇帝相抱而泣。諸大臣亦涕不可仰。袁世凱其後對人說：「吾其何以對此孤兒寡婦哉！」[112]

同日，隆裕皇太后發佈懿旨：「我國今日，於君主立憲、共和立憲二者，以何為宜？此為對內對外實際利害問題，固非一部分人民所得而私，亦非朝廷一方面所能專決。自應召集臨時國會，付之公決。茲據國務大臣等、奏請召集近支王公會議，面加詢問，皆無異詞。着內閣即以此意，電令唐紹儀轉告民軍代表，預為宣示。一面由內閣迅將選舉法妥擬，協定施行。克期召集國會，並妥商伍廷芳彼此先行罷兵，以奠群生而弭大難。」[113]

29 日，唐將隆裕懿旨轉告南方，伍廷芳唐紹儀第三次會議，商定：

111《辛亥革命史料》，第 293 頁；《清代通史》（下），第 2684 頁。

112《辛壬春秋》，第 144 頁；《清代通史》（下），第 2716，2684－2685 頁。

113《大清宣統政紀》（7），第 4568－4570 頁。

一、開國民會議解決國體。

二、國體未解決前，清政府不得提取已經借定之洋款，亦不得再借外債。

三、清帝待遇。

四、滿蒙回藏待遇。

五、山西、陝西、湖北、安徽、江蘇清兵於五日內退出原駐地百里。

同日，十七省代表會於南京，選舉中華民國臨時大總統。每省一票，孫中山得十六票，黃興得一票。孫中山當選，隨即致電袁世凱解釋必需組織臨時政府，而他「義不容辭，只得暫時擔任。公方以旋乾為坤自任，即知億兆屬望，而目前之地位，尚不能不引嫌自避，故文雖暫時承乏，而虛位以待之心，終可大白於將來。望早定大計，以慰四萬萬人之渴望」。[114]

30 日，伍廷芳唐紹儀第四次會議，商定召集國民會議辦法細則和各省代表名額四款：

一、國民會議由各處代表組織，每一省為一處，內外蒙古合為一處，前後藏合為一處。

二、每處各派代表三人，每人一票，若代表不及三人者，仍有投三票之權。

三、開會之日，如各處到會之數，有四分之三即可開議。

四、各處代表：江蘇、安徽、江西、湖北、湖南、山西、陝西、浙江、福建、廣東、廣西、四川、雲南、貴州由中華民國臨時政府發電召集。直隸、山東、河南、甘肅、新疆、奉天、吉林、黑龍江由清政府發電召集。並由民國政府電知該省諮議局，內外蒙古、西藏由兩政府分電召集。

臨時國會的開會地點，南方代表主張在上海，北方代表主張在北京，此項沒有達成協議。

這天，袁世凱同時收到臨時政府成立，孫中山當選臨時大總統的電報和

114 孫中山：〈致袁世凱告暫時承乏臨時大總統職電〉（1911 年 12 日 29 日），《國父全集》（4），第 171－172 頁。

唐紹儀的和談電報，十分憤怒。袁質問既已答允擁戴他做臨時總統，為何又選出孫中山來？那不是騙人？國會代表南方有十四省，北方只有八省，南北名額為三對二之比，南方控制大多數，這陷北方於不利。因此，袁世凱立即打電報斥責唐紹儀越權，未經他同意，不能認為有效。31 日，清代表唐紹儀以袁世凱不承認所定條款，電請辭職。袁立即批准，不再派代表，電請伍廷芳到北京與他直接談判。伍廷芳拒絕，請袁到上海重開談判，雙方相持不下，談判停頓。[115]

3. 秘密斡旋

袁世凱運用技巧，維持接觸。其幕友致書南京友人說：「君主政體，項城並不堅持。惟所處地位，不得不然。南中輿論，恆不諒解，疑忌甚深，不無誤會。某微窺其意。蓋始終不願以兵力從事。當官兵奪據漢陽後，前敵將士，急欲直攻武昌。項城連電止戰，始開和局。張少軒（勳）守南京，屢告急求援，京外各處，乞援者尤多。項城一再遷延，乃備援師，臨行忽又改命北往張家口，其用心究竟何在？雖難洞悉，要其不願兵連禍結，取怨國民之意，自可昭然。然南軍似不能深知此意。⋯⋯不留餘地，以致北方軍隊咸動公憤，聯絡反對，危機遍地，此不得不謂民軍之失策也。項城入京以來，其目光所注，專在外交及王公親貴。故其佈置亦惟對於二者，極力斡旋，卻未曾料其部下有反抗之舉。自初九日懿旨頒佈後，翌日舒清阿即慫恿張懷芝通電各鎮，聯名請戰，而馮華甫（國璋）既克漢陽，以不得進攻武昌，成就其蓋世之勳為恨，遂亦有意反對，鼓吹開戰。又資政院頑固議員，乘民選議員散去，亦開會演說，竭力主戰。項城出於不意，倉皇失措，不得不將唐少川（紹儀）代表撤銷。借國會地點，及開會日期，與伍秩庸（廷芳）往返磋商，

115《清代通史》（下），第 2687－2688 頁；《袁世凱真相》，第 131－132 頁；《袁世凱真傳》，第 278－281 頁。

借稽時日，乘間調處，而主戰派意氣激昂，幾難制止，仍擬具奏辭職。似此情形似覺無從收拾，若一旦閣令不行，各處軍隊，自由行動，則南北糜爛之局成，列國瓜分之禍至矣。此中消息未識南政府有所聞否？現果真心主張共和，為國造福，似宜迅速疏通北軍，以平其氣，以安北人之心。發表優待皇室條件，以釋親貴之疑。實行⋯⋯以示重人道之，如此則共和可望，而國家可全。」這信被上海檢查郵件者截獲，交報紙發表。於是南方了解北方情況，漸歸和洽。[116]

南北和談，實際上是有明暗多條渠道同時進行。明的是唐伍談判，暗的是密使、密電的往還洽商。同盟會北方會員秘密游説袁，汪精衛和楊度組織國事共濟會，從中斡旋，汪致電黃興告知袁的意向。12 月 9 日，黃興覆汪精衛電：「項城雄才英略，素負全國重望，能顧全大局，與民軍為一致之行動，迅速推倒滿清政府，令全國大勢早定，外人早日承認，此全國人人所仰望。中華民國大統領一位，斷推舉項城無疑。」他因組織臨時政府需要，而「暫充臨時大元帥，專任北伐。以待項城舉事後即行解職，便請項城充中華民國大統領，組織完全政府。此非興一人之言，全國人心皆有此意。⋯⋯興知全國人民決無有懷挾私意欲與之奪者。⋯⋯請以弟嘗與兄談心之『難可自我發耳，功不必自我成』一語以為證明」。[117] 此電報由汪轉楊度交袁世凱，黃興承諾以「中華民國大統領一位」，請袁世凱反清。

此外亦有仁人志士以個人名義從中調停，為和平作出貢獻。

12 月 3 日，保定陸軍小學堂總辦廖少游（宇春）、雲南總參議靳雲鵬、保定陸軍預備大學堂總辦張鴻逵等三人討論大局，廖警告：「時至今日，危亡即在旦夕，二君以為君主愈乎？共和愈乎？⋯⋯十九信條，若頒佈於革命起事之前，誠足以饜人心，乃不於其前，而於其後，際此天下擾攘，排斥君主

116《辛壬春秋》，第 157 頁。

117〈黃興致汪兆銘書〉，《締造共和之英雄尺牘》，第 26－27 頁；黃興：〈覆汪精衛電〉（1911 年 12 月 9 日），《黃興集》，第 94 頁。

之時代，雖百信條，亦不足取信人。」靳說：「吾亦知十九信條，於議和恐無效力，然欲北軍服從共和，談何容易？」廖說：「南北終於決裂，勢必兩敗俱傷，同歸於盡。」靳說：「北軍之主動在袁，北軍將士之感情亦在袁。倘南軍果能贊成推袁之舉，則最後之問題，某雖不敏，尚可以利害陳說當道，從此迎刃而解，亦未可知。」廖同意：「吾等所籌之計劃，果能如願，匪特中國可保，皇室克存，即項城與北軍諸將士之生命名譽，亦不至有所喪失，所謂一舉而三善備焉。但入手之策，須以國利民福為前提，游說於兩方面，必可得當。」

廖試立一假定議和條件：

一、保存皇室之尊榮。

二、組織共和政體，公舉袁項城為臨時總統。

三、優待戰時之將士。

四、恢復各省之秩序。

三人同意，分別進行游說。廖與夏清貽南下與南軍洽商。[118]

另一資料亦記錄當時三人的策略：「覆舊政府，立新政府，南北同趨。而南軍欲共和，北軍忠袁氏。南軍能推袁內閣為總統，則共和可望，而北軍易從。欲以此意疏達南北軍。」[119]

19 日，廖少游、夏清貽造訪民軍機關部，會晤蘇軍總參謀顧忠琛、元帥府秘書官俞仲還等十餘人。廖表示以個人名義，為同胞請命，目的在疏通南北感情，以求和平解決。雙方遂在上海文明書局開始密談。

俞仲還指出：「大權悉操項城之手，則南北所爭者，已不在滿而在漢。吾恐民軍將移其仇視滿族之毒，而加諸項城一人之身，毋惑舉世疑其意欲篡取天下於孤兒寡婦之手之非無因也。」廖解釋袁遲疑不決的心理：「中國人民程度，正在幼稚時代，教育尚未普及，一切徵兵、納稅之義務，亦未實行，一

118 廖少游：〈新中國武裝解決和平記〉，《辛亥革命資料類編》，第 351－353 頁。
119《辛壬春秋》，第 153－154 頁。

旦躐等而享共和，恐人民不就範圍，妄行不規則之自由，適足以擾亂治安，破壞秩序，此所以深思熟慮者一也。各省獨立，黨派紛爭，如湖南都督，兩次被殺，安慶都督，三易其人，九江馬、徐之傾軋，蕪湖孫、黎之自鬨，攘奪相尋，意氣用事，義務未盡，權利先爭，不能為共和之福，轉足為共和之害，萬一大總統所舉非人，大局更難收拾，此所以深思熟慮者二也。」

夏清貽說：「北軍欲掃蕩南省，南軍欲北伐中原，固是兩方面心理中應有之希望。然細加推測，萬難實行，其原因甚多，而大綱有四：一財政之難窘。二外交之棘手。三軍火之匱乏。四人心之厭亂。」「乘此時平和了結，節同胞之熱血，為一致之進行，中國尚可為也。否則鷸蚌相持，列強坐收漁人之利，吾恐四百兆神明之冑，將為奴為隸，萬劫不復矣。」

顧忠琛說：「總之項城贊成共和，則中國存，項城保持君主，則中國亡，存亡中國之權，悉繫於項城之手。⋯⋯聯軍北伐者數十萬，決無屈服君主問題之理，項城果能顛覆清廷，為民造福，則大總統一席，南軍願以相屬！」

夏清貽說：「項城只可居於被動地位，其主動須由北軍將士合力行之。所幸北軍中人，近來贊成共和，頗不乏人。顧不能無所疑慮者，正恐南軍所舉總統為何如人。⋯⋯苟公推項城，君知天與人歸，北軍定當樂於從事。」

眾人皆說：「吾黨欲公舉項城，正苦無階，此事全仗廖君毅力行之，可造中國無窮之福也。」

廖提出他兩人是私相計議，恐不足取信於人，「倘得黃元帥與程都督之同意，頒一紙證書，以為憑信，並訂立草約，攜之以歸，則進言較易，而實行可期。」[120]

21 日，廖少游和顧忠琛等人再次在文明書局會晤。顧忠琛立即將黃興的委任狀交付廖少游，並轉告黃興之言：「前次各省推舉某為臨時總統，某所以堅辭不受者，正虛此席以待項城耳。」各人隨即討論和平條款，議訂五條：

一、確定共和政體。

120 廖少游：〈新中國武裝解決和平記〉，《辛亥革命資料類編》，第 361－366 頁。

二、優待清帝。

三、先推覆清政府者為大總統。(決議袁項城一點，無須明言。)

四、南北滿漢出力將士，各享其應得之優待，並不負戰時害敵之責任。

五、同時組織臨時議會，恢復各省秩序。

以上各條件各書一紙，廖顧彼此簽名劃押、互換。[121]

23日，廖少游到漢口見段祺瑞陳述：「江南民氣激昂，所謂革命狂熱，已達極點，斷難和平解決，以大勢而論，保存君主，南軍必不甘心，勢必仍出於戰。當此民窮財盡，餉源已竭，戰則兩敗俱傷，同歸於盡，能贊成共和，和局自易就緒。又恐北軍不能屈於南軍勢力範圍之下，必有反抗舉動，惟推舉項城，則民軍之希望可達，北軍之威權不墜，兩方感情，自能融洽，救時良策，無善於此。」段祺瑞被打動。次日，廖密訪段，段指廖的建議很好，只是「項城立於最危險之境，不可不慎」。廖回答：「項城安危，視公而定。公肯為共和主，則項城為被動，其危立解。」段祺瑞同意。[122]稍後段聯合各將領通電要求共和。

1912年1月1日，廖少游見馮國璋，詳述南行密議情形。馮國璋說：「革命黨人多少年佻達，權利互爭，名為共和，甚於專制。以如斯人格，而謂能享共和幸福，其誰信之？且項城弗從。」廖少游解釋：「項城心然之，特口不能言耳！」馮追問其故：「何自知之？」廖說：「袁公子芸臺（克定）屢為余言之，且即不言。前者遣使議和，近者北軍退駐百里，皆傾向共和之明證。」

5日，袁克定應廖少游之約到達北京，袁說他們父子之隱衷，其舊部甚少明白，稱讚廖「誠屬解人」。是晚廖往晤馮國璋，辯論許久，終得馮答允：「事苟有可為，吾亦決不拘執。」

7日，靳雲鵬由孝感第一軍到達北京，告之廖少游，經多方運動，贊成共

121 廖少游：〈新中國武裝解決和平記〉，《辛亥革命資料類編》，第366頁。

122 廖少游：〈新中國武裝解決和平記〉，《辛亥革命資料類編》，第367－368頁；《辛壬春秋》，第155頁。

和的將校已達二百餘人。這次代表第一軍來京，聯合各軍，要求共和。

8 日，靳雲鵬謁見袁世凱，「力陳大局利害，不能再啟爭端，況宮保一身，關係國家安危，尤宜俯從民望。」袁說：「某為大清總理大臣，焉能贊成共和，以負付託。」靳說：「第一軍全體一致，主張共和，並議推舉宮保為臨時大總統。」袁驚說：「軍心胡一變至此，將置余於何地？若欲使余欺侮孤兒寡婦，為萬世所唾罵，余不為也。」靳說：「宮保為四百兆人民代表，現在大局已危急萬分，共和尚可圖存，倘絕對主張君主，必致國亡種絕而後已，宮保試思保全中國為重乎？抑保全一姓為重乎？且民軍倡言共和告成，皇室必加優待，正係兩全之計。」袁說：「馮軍統、張軍門均極力主戰，軍隊宗旨，斷難一致。」靳說：「宮保勿憂！某當憑三寸舌，以游說之，必令聯為一氣。」此後兩天，靳雲鵬分別游說王士珍和馮國璋。張志中赴禁軍與相知將校陳說利害。

12 日，夏清貽來京報告南方近況。孫中山當選總統，黃興曾以我任務已經達成的協議，轉告孫中山。故孫在被選時，即向參議院聲明暫行就職，俟政體解決，仍當遜位。並一面致電袁公，宣佈此意，似不至有違約之舉。[123]

經過南北內外協商，清帝退位之勢已成。

五、中華民國成立與清帝退位

1. 湖北軍政府的建立

1911 年 10 月 11 日上午，武昌革命黨人在閱馬場諮議局開會商議建立軍政機構。有人提議推舉一個德高望重、為全國所知的人，大家同意，遂請議長湯化龍出任都督。湯考慮一天後，翌日在諮議局說贊成革命，建議通電各

123 廖少游：〈新中國武裝解決和平記〉，《辛亥革命資料類編》，第 371－379 頁。

省，「請一致響應，以助大功告成。此時正是軍事時代，兄弟非軍人，不知用兵。關於軍事，請諸位籌劃，兄弟無不盡力幫忙。」[124] 於是有人提議改推黎元洪。

黎元洪是武昌地區僅次於張彪的清軍將領，善於治軍，平時注意籠絡士兵，故新軍士兵對他普遍存有好感，選了黎為都督，但黎當時堅拒，革命黨人將黎軟禁，用其名義發出《中華民國軍政府鄂軍都督黎佈告》：「今奉軍政府令，告我國民知之：凡我義師到處，爾等不用猜疑。我為救民而起，並非貪功自私。拔爾等出水火，補爾等之瘡痍。⋯⋯今滿政府，並非我家漢兒。⋯⋯宜速執鞭來歸，共圖光復事業，漢家中興立期。建立中華民國，同胞其毋差池！士農工商民眾，定必同逐胡兒。」

這是宣告滿清政府覆亡，號召建立中華民國的第一個佈告。因黎元洪頑固不任事，故蔡濟民提議組織謀略處，作為籌劃和決定軍政大事的機關。大家推選蔡濟民、吳兆麟、吳醒漢、張廷輔、胡瑛等人任謀略。10 月 11 日晚謀略處在諮議局開始辦公，決定：

一、湖北革命領導機關定名為中華民國軍政府湖北都督府，設於諮議局。

二、稱中國為中華民國。

三、改政體為五族共和。

四、規定國旗為五色，以紅黃藍白黑代表漢滿蒙回藏為一家。

五、以本年為黃帝紀元 4609 年。

六、以黎元洪為都督，佈告地方。

七、移檄各省，並照會各國領事，宣佈滿清罪狀。[125]

軍政府以都督黎元洪名義，照會駐漢各國領事，宣示革命宗旨：

一、所有清國前此與各國締造之條約，皆繼續有效。

124《辛亥革命史料》，第 83 頁；《武昌革命真史正編》，第 36 頁；《中華民國史》(1)下，第 630 頁。

125《武昌革命真史正編》，第 34－38 頁；《中華民國史》(1 下)，第 630－634 頁。

二、賠款外債，照舊擔任，仍由各省按期如數攤還。

三、居留軍政府佔領地域內之各國人民財產，均一律保護。

四、所有各國之既得權利，亦一體保護。

五、清政府與各國所立條約，所許之權利，所借之國債，其事件成立於此次知照後者，軍政府概不承認。

六、各國如有助清政府以妨害軍政府者，概以敵人視之。

七、各國如有接濟清政府以可為戰事用之物品者，搜獲一律沒收。

各國領事接此照會後，即電告各本國駐北京公使。初時各國公使奉令，除保護租界利益及僑民生命財產可間接商辦外，不得與革命軍政府公文往來。後因民軍全佔武漢三鎮，舉動文明，盡力保護各國僑民生命財產，各國領事認為滿意，開會討論，在 10 月 17 日，各國領事公派英人盤恩持公函送交武昌軍政府黎都督：「各國甚歡迎中國民軍之勇武文明，在武漢之外僑，又承軍政府之保護，極為感激，故特承認民軍為交戰團，各國嚴守中立。」黎元洪請代為向漢口各國領事致謝。黎立即派人準備答文送交漢口各國領事，次日，駐漢口英、俄、法、德、日等國領事佈告「嚴守中立」。[126] 軍政府在外交上取得勝利的第一步。

軍政府雖然成立和開始運作，但其組織和能力是薄弱的。首先是革命的領導權輕易斷送。武昌起義時，孫武被炸傷，劉復基等被捕殺，蔣翊武和劉公逃亡，故起義時群龍無首。同時湖北地區的革命力量尚未形成一個統一的、鞏固的、有威望的領導核心，起義前半個月，文學社和共進會才實現聯合，派別的成見使兩派不能選出一個軍政首腦。當時大家同意由黃興任首腦，但黃興遲遲未到，故起義之後，革命黨人缺乏一個有威望的、有號召力的人當領袖，只好迫着請黎元洪任都督。

126《辛亥革命史料》，第 101－103 頁。

2. 籌組臨時政府

11 月 9 日，黎元洪通電各省，請派全權委員到武昌會議組織臨時政府。11 日，江蘇都督程德全和浙江都督湯壽潛聯名致電滬督陳其美，提議在上海開會，籌建政權。13 日，陳其美通電各省代表到上海。15 日，浙江、江蘇、鎮江、福建、山東、湖南、上海七處代表在上海集會，成立「各省都督府代表聯合會」。於是，武昌和上海同時出現了兩個中心。

上海方面認為武昌的鄂軍都督府可以執行「中華民國中央軍政府」的政務，但代表會議則應在上海召開。武昌方面認為他們先發通電在先，且有些代表已經到鄂，故代表會議亦應在武昌召開。經過爭論，上海方面同意各省代表到武昌開會，但各省仍需留一人在上海聯絡。

11 月 30 日，武昌被清軍重炮猛轟的情況下，召開了第一次代表會議，推湖南代表譚人鳳為議長，議決在臨時政府未成立以前，由湖北軍政府代行中央軍政府職權。12 月 3 日，正式通過《中華民國臨時政府組織大綱》，規定：「臨時大總統由各省都督府代表選舉之，以得票滿投票總數三分之二以上者為當選，代表投票權每省以一票為限。」

權力鬥爭令政局變幻莫測，南北雙方各有盤算，北方清廷和袁世凱之間固然明爭暗鬥。民軍方面，武昌首義派與上海同盟會勢力亦不斷角力，湖北黨人以首義之功，欲在武昌建立中央政權；上海的代表陳其美、宋教仁等同盟會員，擔心武昌成為中央政府所在地，對同盟會不利。

12 月 2 日，蘇浙民軍攻佔南京。4 日代表會聞訊，即議決以南京為臨時政府所在地，限各代表在 7 日內齊集南京，如有十省以上的代表到達，即開臨時大總統選舉會。因武昌受清軍炮火威脅，湖北代表放棄前議。漢陽失陷時，黃興退到上海，上海都督陳其美認為北伐軍援鄂軍，急需統一，游說留滬代表在 4 日開共和聯合會大會，投票公舉黃興為「大元帥」，黎元洪為「副元帥」兼湖北都督。武昌代表會知道後，說留滬代表無組織臨時政府之權。12 月 8 日，黎元洪致電各省都督，反對設置大元師、副元帥。蘇浙民軍將領亦揚言不願隸漢陽敗將——黃興——之下，而屬意於黎元洪。12 日，十四省代表共三十九人齊集南京。14 日，全體代表會選出浙江代表湯爾和任議長，廣東代表王寵惠任副議長，並決議：12 月 16 日選舉臨時大總統。15 日，浙代表陳毅由鄂到達，報告袁世凱主張共和，所派的議和代表唐紹儀已到漢口，應維持 12 月 2 日在漢口所作的決議，虛位以待袁世凱。

各省會議決定延期選舉大總統，暫承認上海所舉的大元帥副元帥，並在臨時政府組織大綱追加一條：「臨時大總統未舉定前，其職權由大元帥暫任之。」16 日，武昌及江浙將領因黃興漢陽兵敗並主張棄守武昌，反對選黃為大元帥。17 日，黃興遂知難而退，發出「力辭」通電，並推黎元洪暫任大元帥。代表會接黃興電報後，即日改舉黎元洪為大元帥，黃興為副元帥。並決定大元帥不能在臨時政府所在地時，由副元帥代行職權。同盟會人認為將黃興由大元帥降為副元師，是極大侮辱，大聲叫囂。黃興亦辭職拒絕就任。21 日，黎元洪致電各省代表會議，接受大元帥名義，並委黃興代行大元帥職權。不到一個月，正副元帥職位倒置，如同兒戲。[127]

3. 孫中山當選臨時大總統

1911 年 12 月 25 日，孫中山從香港乘船到達上海外灘，十六鋪金利源碼頭擠滿了歡迎孫中山的群眾、各國領事和外國記者。當時中外各報皆傳言孫攜有巨款回國，以助革命軍。故孫中山剛登岸，記者們的第一個問題就是：你帶了多少錢來？孫中山斬釘截鐵地回答：「予不名一錢也，所帶回者，革命之精神耳！革命之目的不達，無和議之可言也。」[128]

26 日晚，同盟會主要負責人黃興、陳其美、胡漢民、汪精衛、張人傑、

127《辛壬春秋》，第 129－130 頁；《清代通史》（下），第 2691－2692 頁；《中華民國史》（1 下），第 768－772 頁。

128《國父年譜》（上），第 532 頁。

馬君武、居正等在孫中山寓所集會，商討政府組織方案。宋教仁主張內閣制，孫中山力持不可，說：「內閣制乃平時不使元首當政治之衝，故以總理對國會負責，斷非此非常時代所宜。吾人不能對於惟一置信推舉之人，而復設防制之之法度。余亦不肯徇諸人之意見，自居於神聖贅疣，以誤革命之大計。」

27日晚，黃興到南京江蘇諮議局各省代表會，提出三案：

一、改用陽曆；

二、起義時以黃帝紀元，今應改為中華民國紀元；

三、政府組織取總統制。

經眾人討論，第一、二案併為一案，全體贊成。總統制與內閣制案，宋教仁猶持前議，眾人多贊成總統制，並決定依照臨時政府組織大綱，隔日選舉臨時大總統。

28日，南京各省代表開臨時大總統選舉預備會，有候選資格者三人：孫中山、黃興、黎元洪。29日開正式選舉會，十七省代表四十五人到會。浙江代表湯爾和為主席，計共投十七票，投票結果，孫中山得十六票，黃票得一票，孫以超過投票總數三分之二以上，當選為臨時大總統。[129] 在上海的孫中山得知當選消息後，立即致電南京各省代表，表示接受：「光復中華，皆我軍民之力，文孑身歸國，毫髮無功，竟承選舉，何以克當。……諸公不計功能，加文重大之服務，文敢不黽勉從國民之後，當刻日赴寧就職。」[130]

孫中山又致電各省都督：「以諸公力戰經營，光復神壤，文得受賜歸國，且感且慚。今日代表選舉，乃認文為公僕，自顧材力，誠無以當。惟念北方未靖，民國初基，同濟艱難，國民有責，文敢不黽勉從諸公之後，當剋日赴

129《國父年譜》（上），第532－533頁；《中華民國史》（1下），第773－774頁。

130 孫中山：〈自上海致電南京各省代表告勉任臨時大總統電〉（1911年12月29日），《國父全集》（4），第171頁。

寧就職。」[131]

1912 年 1 月 1 日上午 10 時，孫中山由上海乘專車往南京，下午 5 時抵達南京下關車站。各界人士及各國領事均在車站迎接，隨即到總統府，晚上 11 時，在府內就臨時大總統職。孫中山宣讀誓詞：「顛覆滿清專制政府，鞏固中華民國，圖謀民生幸福，此國民之公意，文實遵之。以忠於國，為眾服務。至專制政府既倒，國內無變亂，民國卓立於世界，為列邦公認，斯時文當解臨時大總統之職，謹以此誓於國民。」[132]

1 月 5 日，孫總統發佈告友邦書，表示承認以前滿清所訂之不平等條約，和繼續償還外債。主要條文有四項：

一、凡革命以前所有滿政府與各國締結之條約，民國均認有效，至於條約期滿而止；其締結於革命起事以後者則否。

二、革命之前，滿政府所借之外債，及所承認之賠款，民國亦承認償還之責，不變更其條件；其在革命軍興以後者則否；其前經訂借事後過付者亦否認。

三、凡革命以前，滿政府所讓與各國國家或各國個人種種之權利，民國政府亦照舊尊重之；其在革命軍興以後者則否。

四、凡各國之人民生命財產，在共和政府法權所及之域內，民國當一律尊重而保護之。[133]

南京臨時政府成立，選舉孫中山為大總統，但各省糾紛如故。當是時握有重兵，可左右時局者，只有清內閣總理大臣袁世凱。民軍說袁能傾覆清室，日夜企望能爭取袁反正。[134]

---

131 孫中山：〈勉任臨時大總統致各省都督軍司令長電〉（1911 年 12 月 29 日），《國父全集》（4），第 172 頁。

132 孫中山：〈臨時大總統誓詞〉（1912 年 1 月 1 日），《國父全集》（9），第 257－258 頁。

133〈孫總統布告友邦書〉（1912 年 1 月 5 日），《革命文獻》（1），第 16 頁。

134《辛壬春秋》，第 151 頁。

4. 清帝退位

1912 年 1 月 1 日，孫中山就職之日，馮國璋、段祺瑞、姜桂題等大小將領四十餘人，電請內閣，誓死反對共和，向南方示威。奏摺又「請飭各親貴大臣將所存款項分別提回，接濟軍用。」太后懿旨：「着宗人府傳知各王公等將存放私有財產，盡力購買國債。…… 該王公等分屬懿親，與國家同休戚，所當懍多藏厚亡之戒，效毀家紓難之忠。想該王公等具有天良，深明大義，定能竭誠報效。」[135] 馮國璋等將領復致書王大臣：「前月各營，僅發半餉，現更艱難。查親貴大臣財貨寄頓外國銀行者數千百萬，若不盡買公債，以抒危難，非但財不能保，殺身之禍，且在目前。」親貴大臣聞訊大懼。不久，東三省總督趙爾巽、直隸總督陳夔龍、湖廣總督段祺瑞、熱河都統錫良、河南巡撫齊耀琳、山東巡撫胡建樞、吉林巡撫陳昭常合奏：「經費窘蹙，羅掘俱窮。而日使調查各親貴存儲外國銀行之銀，共三千餘萬兩，並指出某人於某銀行頓貲若干。今軍界迭電親貴大臣出銀餉兵。武人不恤生命，赤心報國，如再猶疑，禍且不測。且宗室王公，與國休戚。國存則款固有着，國亡則家亦隨之。即使善於儲藏，猶太富人亦可引為殷鑒。」言詞更為激烈，各親貴更恐懼，爭先奏上財產簿，自陳家貧，財產僅此而已。[136]

袁世凱的英籍顧問莫理循說：「他（袁世凱）星期二又從皇太后處得到三百萬兩銀子，這個數目在必要時可以支付軍隊和政府人員兩個月的薪餉，供政府開支六個星期則綽綽有餘。毫無疑問，在袁的完全同意下，十五位將軍向皇室的每個成員發出了警告信，要求他們對國家的需要作出貢獻，貢獻的方式就是認購愛國公債。利用這種方式，又取得近三百萬兩，因此，就財

135《大清宣統政紀》(7)，第 4589－4590 頁。

136《辛壬春秋》，第 145 頁。

政而言，袁世凱獲得了足夠三個月開支所需的錢。」[137]

同日，孫中山致電袁世凱，消除他的疑慮：「東南諸省之缺統一之機關，行動非常困難，故以組織臨時政府為生存之必要條件。文既審艱虞，義不容辭，祇得暫時擔任。公方以旋乾為坤自任，即知億兆屬望，而目前之地位，尚不能不引嫌自避，故文雖暫時承乏，而虛位以待之心，終可大白於將來。望早定大計，以慰四萬萬人之渴望。」[138]

2 日，袁覆電孫中山：「君主共和問題，現方付之國民公決，所決如何，無從預揣。臨時政府之說，未敢與聞。謬承獎誘，慙悚不敢當。」這時，南京臨時政府庫空如洗，軍乏餉。「袁內閣說親貴能集資 1,200 萬兩，足半年戰費，約計大局可粗定。」「而親貴應者鮮，惟慶親王慨捐十萬，餘則三萬兩萬，載澤主戰最力，僅允五千，且為次年三月期票。」袁世凱大為憤怒，面奏太后：「兵飢，虞譁變。」太后慰留，撥內帑黃金 80,000 兩充作軍費。[139]

清廷遜位之事久延不決，梁士詒授意駐俄公使陸徵祥聯合駐外各清使，在 3 日電請清帝遜位。[140]

因袁仍持懷疑態度，4 日孫中山再電重申相讓之意：「倘由君之力，不勞戰爭，達國民之志願，⋯⋯ 推功讓能，自是公論。文承各省推舉，誓詞具在，區區此心，天日鑒之。若以文為有誘致之意，則誤會矣。」[141] 同日，太后再發懿旨，給宗人府傳知各王公，請他們捐款濟困，朝廷希望他們「休戚相

137 喬・厄・莫理循：〈致達・狄・布拉姆函〉（北京 1912 年 1 月 5 日），《清末民初政情內幕——泰晤士報駐北京記者、袁世凱政治顧問喬・厄・莫理循書信集》（上），第 825 頁。

138 孫中山：〈致袁世凱告暫時承乏臨時大總統職電〉（1911 年 12 月 29 日），《國父全集》（4），第 171－172 頁。

139《辛壬春秋》，第 144－145 頁。

140 鳳岡及門弟子編：《三水梁燕孫先生年譜》（上）（缺出版資料，1939 年版），第 105 頁。

141 孫中山：〈復袁世凱解釋誤會電〉（1912 年 1 月 4 日），《國父全集》（4），第 174 頁。

闕，深明利害。務宜仰念時艱，竭誠圖報，以紓朝廷宵旰之憂」。[142]

同一天，袁世凱致電伍廷芳質問：「國體問題由國會解決，業經貴代表承認。現正商議正當辦法，自應以全國人民公決之政體為斷。乃聞南京忽已組織政府並孫文受任總統之日，宣示驅逐滿清政府，是顯與前議國會解決問題相背。特詰問貴代表此次選舉總統是何用意？設國會議決為君主立憲，該政府暨總統是否亦即取消？希速電復。」[143]

8 日，唐紹儀電清內閣，警告內外情勢緊迫，和議勿再遷延。

12 日，清王公會議，奕劻提出接受優待清室條件，清帝自動退位，以謀清室及滿人安全。載澤、載洵等反對。良弼、鐵良、載濤、毓朗、善耆、溥偉等組織宗社黨，與南方對抗。桂春宣稱，他已組織了滿族警察和貴胄學堂的學生，對北京城的漢人實行報復。

14 日，唐紹儀轉告伍廷芳北京密電：「現在清廷正商籌退處之方，此後如何推舉？苟不得人，則禍變益巨。前云孫君肯讓袁君，有何把握，乞速詳示。」伍廷芳立即電告孫中山黃興。16 日，孫中山以總統身份覆電：「如清帝實行退位，宣佈共和，則臨時政府決不食言，文即可正式宣佈解職，以功以能首推袁氏。」[144]

同日，袁世凱入宮在養心殿東暖閣，向隆裕太后直接提出了退位的問題。袁內閣和國務大臣合奏：「海軍盡叛，一旦所議不合，艦隊進攻，天險已無，何能悉以六鎮諸軍，防衛京津，而棄各戰地於不顧？……財賦省分，全數淪陷，行政經費，茫如捕風，蒐討軍實，餉源何出？……常此遷延，必有內潰之一日。雖效周室之播遷，已無相容之地。」袁指出民主潮流已無法拒阻：「狂醉心民主，兵力所能平定者土地，不能平定者人心。人心渙散如江河，莫之能禦。爵祿已不足以懷，刀兵莫知所畏。此億萬之所趨，豈一二黨

142《大清宣統政紀》（7），第 4594－4595 頁。

143 觀渡廬（伍廷芳）編：《共和關鍵錄》（台北：文海出版社，1981 年），第 88 頁。

144《共和關鍵錄》，第 99 頁。

人所能煽惑？」袁又說外交危機：「東西友邦，因此次戰禍，貿易之損，已非淺鮮。而尚從事調停者，以我只政治之改革而已。若其久事爭持，則難免無不干涉。」最後袁提出法王路易全家在法國革命遇害的例子，警告太后：「民軍亦必因此對於朝廷，感情益惡。讀法蘭西革命之史，如能早順輿情，何至路易之子孫，靡有孑遺也。民軍所爭者政體，而非君位；所欲者共和，而非宗社。我皇太后皇上，何忍九廟之震驚，何忍乘輿之出狩？必能鑒大勢，以順民心。且兵力庫藏悉數盤查，只有此數。敬繕清單，恭呈御覽，以盡有之國力，定和戰之大計。」又說：「帝位去留，邦家存否，則非總理大臣職任所能擅斷，其國務大臣，亦只能負其行政一部之責任，存亡大計，何敢思及？伏願皇太后、皇上召集皇族，密開果決會議，速定方策，以息兵禍而順民心。」太后見到此奏後，立即召開御前會議，貝子溥倫首先說：「我族再主中夏，固已絕望，即國民會議果開，於我亦決無利益。袁世凱雖力欲保存君主，而勢孤黨弱。……與待兵臨城下，服從武力，何若自行遜讓，愛莃長留。」奕劻十分贊同溥倫的說法。但溥偉、載澤反駁。爭論甚久。[145]

溥儀說他在東暖閣親眼目擊事情的經過。隆裕太后被嚇到哭個不停，連忙召集御前會議，要宗室貴族拿出主意。王公們聽到密奏的內容和袁世凱的危言，感到震動的不是法蘭西的故事，而是袁世凱急轉直下的變化。因為在南北和談中，袁世凱一直反對共和，堅決主張君主立憲，表示自己對清室忠心耿耿，決不辜負孤兒寡婦。現在南北交涉，國體問題還遠未解決，忽然出現了袁內閣要求清帝退位，自然使皇室大為震駭。小皇帝溥儀當時雖然年僅六歲，但迫宮一幕，卻在他腦海中留下深深的烙印。他長大後翻查資料，找出了合理的解釋。袁世凱的心腹趙秉鈞說：「項城本具雄心，又善利用時機。但雖重兵在握，卻力避曹孟德欺人之名。故一面挾北方勢力與南方接洽，一方面挾南方勢力，以脅制北方。項城初以為南方易與，頗側南方，及南方選舉總統後，恍然南北終是兩家，不願南方勢力增長，如國民大會成立，將終

145《辛壬春秋》，第 145－146 頁；《辛亥革命史料》，第 299－300 頁。

為其挾持，不能擺脱。乃決計專對清室着手，首先脅迫親貴王公，進而脅迫清帝，又進而恐嚇太后，並忖度其心理，誘餌之以優待條件，達到自行頒佈退位，以全權組織臨時政府。」[146]

滿清親貴還未對袁世凱動手，京津同盟會暗殺部便視袁世凱為阻礙共和之人，將他刺殺，以除障礙。因為北洋軍隊利用和談，攻下山西，用武力迫山東取消獨立，侵犯河南、陝西。和議停止，決裂開戰，迫在眉睫。於是暗殺部黨員與副部長李石曾議決，乘袁入朝伏擊。1912年1月16日，袁世凱奏請清帝退位那一天，革命黨人張先培、鄭毓秀等十二人，分為四個暗殺小組，第一、二組沿袁上朝必經之路——王府井丁字街兩旁設伏，等袁奏事完畢後用炸彈將他炸死。第三、四組在街道遊弋，俟機接應。第一組張先培在袁的馬車經過時，投彈稍慢，炸彈爆發時，馬車已過。第二組黃之萌向袁車投彈，炸死袁衛隊十多人，馬匹受驚狂奔而去，袁在衛隊保護下逃離，幸免於難。張先培受重傷被捕，供稱「自認為宗社黨，係載洵、載澤、良弼等，以廿萬金身價，買君以炸袁」。[147]

當年報紙對袁遭暗殺事有詳細報道，指出暗殺規劃極周密，多人多處設伏向袁施襲，並指控滿清親貴是主謀。「今日袁世凱赴宮會商遜位問題，歸途有人向擲炸彈一枚。衛兵兩名立斃，並傷警兵數人，惟袁世凱倖脱。」「滿親貴善耆、載濤、毓朗、及良弼、蔭昌、壽勳等連日密議謀害袁世凱，聞俟鐵良一到，即將實行暗殺。」[148]

行刺被捕者三人，「自認行刺不諱，且謂此次革命不得和平調停，實由袁世凱一人梗阻之，以是誓欲誅滅其人。」「炸彈製造極巧，為一長約三寸之銅管，管內實小彈，其力極猛。馬之死者三匹。一匹即死，其二狂奔數里，始

146《我的前半生》，第41－43頁。

147 歐陽雲：〈炸袁世凱案〉，中華民國開國五十年文獻編纂委員會：《中華民國開國五十年文獻——革命之倡導與發展：中國同盟會三》，第一編第13冊，第718－721頁；尚秉和：《辛壬春秋》，第147頁。

148《申報》，1912年1月17日。

倒斃於路旁。」「袁世凱為清內閣總理後，常有暗殺之危，無論滿人漢人皆謀置之死地。袁亦自知身入危境。故每至宮中，必繞道而行，且屢次易道。一路均有兵士站立，每每豫料其必行此道，而彼乃捨此就彼。」[149]「此次暗殺規劃似極周密，凡豫袁世凱必經之路，皆伏多數之人，挾彈以伺其至。」[150]

暗殺袁世凱事件在北京引起巨大震動，無論防備如何周密，都無法阻止行兇者與汝偕亡的併死一擊。所以，滿漢大員誰都有被刺危險，各人都膽顫心驚。早日宣佈共和，早日免除殺身之禍。

17 日，召開御前會議。袁乘機不上朝。奕劻和溥倫都主張從速退位以保皇室安全。載灃亦說：「事到如今，除此別無辦法。」肅親王善耆、恭親王溥偉和輔國公載澤都極力反對。太后無法定奪，伏案痛哭。

18 日，御前會議，奕劻宣讀南方承認的優待清室條例，有蒙古王公反對退位，會議無結果而散。

19 日，御前會議，外務部大臣胡惟德、民政部大臣趙秉鈞、郵傳部大臣梁士詒合奏：「人心已去，君主制度，恐難保全，懇贊同共和，以維大局。」[151]同日，出使俄國大臣陸徵祥奏請明降諭旨，慨允共和。

20 日，伍廷芳將南京臨時政府正式同意的優待清室條例電達袁內閣。為防袁世凱玩弄手段，孫中山把確定清帝退位和舉袁為臨時總統的五項辦法，在 23 日令伍廷芳電達袁世凱，同時送交報館披露。

一、清帝退位，由袁同時知照駐京各國公使，電知民國政府，現在清帝已經退位，或轉飭駐滬各國領事轉達亦可。

二、同時袁須宣佈政見，絕對贊成共和主義。

三、文接到外交團或領事團通知清帝退位佈告後，即行辭職。

四、由參議院舉袁為臨時總統。

149《申報》，1912 年 1 月 18 日。

150《申報》，1912 年 1 月 19 日。

151《三水梁燕孫先生年譜》（上），第 105 頁。

五、袁被舉為臨時總統後，誓守參議院所定之憲法，乃能接受事權。

孫中山指出：「袁斷絕滿政府關係，變為民國國民之條件，此為最後解決辦法，如袁併此而不能行，則是不願贊同民國，不願為和平解決，如此則所有優待皇室八旗各條件，不能履行，戰爭復起，天下流血，其罪當有所歸。」[152]

21 日，伍廷芳以唐紹儀北京密電轉呈孫中山：主張清帝退位後由袁世凱與南京協商組織一全國政府。

22 日，出使日本大臣汪大燮，出使義國大臣吳宗濂奏請宣佈共和。

23 日，英公使朱爾典會同法、俄、日公使聲明贊成清室退位。

同日，段祺瑞致電內閣，稱軍心動搖，共和思潮難以遏止。「且兵無餉補，餉械俱匱，戰守無具，敗亡不免，稍一遲回，東、皖、豫亦無完土，即皇室尊榮，勢必因之而減，瓜分慘禍，將在意料之中。」接着譴責恭王、澤公等親貴阻撓共和，各將領現憤憤不平。「壓制則立即暴動，敷衍亦必全潰，十九標昨幾叛去。」段祺瑞領銜電報和駐外使臣電報，全由梁士詒策劃。[153]

宗社黨致函袁世凱，痛斥他將清朝江山送予漢人，聲稱與他同歸澌滅。袁閱信後，暗調張勳率第 3 鎮精兵入衛。

26 日，太后懿旨，着錫封袁世凱一等侯爵。[154]

內閣以袁世凱、徐世昌、馮國璋、王士珍四人名義電告段祺瑞等，「務望剴切勸解，切勿輕舉妄動。聯奏一層，尤不可發，亦不能代遞，務望轉請諸將領三思。」同一日，段祺瑞不聽勸告，聯合了北軍將領五十人，代表各軍隊十四萬人，通電內閣、軍諮府、陸軍部、並各王公大臣：請即代奏清廷，明降諭旨，宣示中外，立定共和政體。電文指出清廷已定議立改共和政體，但為輔國公載澤恭親王溥偉等一二親貴阻撓，警告：「遷延數月，有兵

152《共和關鍵錄》，第 116－117 頁。

153《三水梁燕孫先生年譜》（上），第 106 頁。

154《大清宣統政紀》（7），第 4661 頁。

潰民亂，盜賊蠭起之憂，寰宇糜爛，必無完土，瓜分慘禍，迫在目前。……民軍籌餉增兵，佈滿各境，我皆無後援，力太單薄；加以兼顧數路，勢益孤危。……而餉源告匱，兵氣動搖，大勢所趨，將心不固，一旦決裂，何所恃以為戰？……而以人心論，則西北騷動，形既內潰；以地理論，則江海盡失，勢成坐亡。……故敢比較利害，冒死陳言：懇請渙汗大號，明降諭旨，宣示中外。立定共和政體，以現內閣及國務大臣等暫時代表政府，擔任條約國債及交涉未定各事項，再行召集國會，組織共和政府。」

同日，革命黨人彭家珍冒充良弼的好友奉天講武學堂總崇恭，往見良弼。恰巧良弼自肅王府歸，剛下車，僕從遞上崇恭名片，良弼見來客並非崇恭，才想查問，彭家珍已衝前擲出炸彈，自己當場身亡，良弼被炸斷左腳重傷，翌日死亡。

良弼被刺和五十名將領奏名通電同日發生，令清廷萬分震動。一方面顯示革命黨人已遍佈皇城，隨時刺殺親貴大臣，雖有衛隊，生命亦無保障。另一方面手執兵權的北洋將領已經動搖，隨時反戈。兩事把親貴王公嚇得魂飛魄散，紛紛離京到天津、青島租界避難。[155] 梁士詒、趙秉鈞、胡惟德入見太后，太后掩面哭着對三人說：「我母子二人性命，都在你三人手中，你們回去好好對袁世凱說：務要保全我母子二人性命。」[156]

27 日，袁世凱奏請收回封爵成命：

> 綿歷數月，寸效未收，國勢土崩，人心瓦解，千瘡百孔，無術補苴。……謹將微臣受任以來為難情形，為我聖上披瀝陳之：此次各省事變，始而軍隊興戎，繼而官員響應，未及一月，而淪陷者十有三省。甚至畿疆東夏，亦多離渙。朝廷俯順民情，允准資政院所奏，頒佈憲法信條，君權剝削殆盡，無復留轉圜之餘地。近人謂虛君共和

155《清代通史》（下），第 2722－2723 頁；《北洋軍閥史話》（1），第 239－242 頁。
156《三水梁燕孫先生年譜》（上），第 111 頁。

者，即同此意！臣入朝之初，抱定君主立憲宗旨，冀以挽救大局。雖近畿軍隊漸就範圍，山東一省取銷獨立，方謂初衷可期勉遂。乃漢口甫下，海軍繼叛；漢陽既克，金陵復失。友邦出而介紹，以尊重人道息戰和商為請。於是遣派代表，討論大局，磋商兼旬，迄無效力。民黨堅持共和，毫不通融；而順直河南諮議局，從而和之。腹地各省，時虞不靖。近則庫倫伊犁呼倫等處，亦相繼告變。以數百年之屏翰，亦有倒戈之形。……仰蒙慈聖召問，王公大臣詢謀僉同，遂奉召集臨時國會公決國體之旨。臣之初志，既已背馳，然尚望國會開成，或不至偏重共和，尚存君憲之望。乃召集地點，及正式選舉法，皆不克議行。而紛紛電請者，不獨素著時望之紳衿，曾立事功之督撫，洞達外勢之使臣，即各埠之商團公會等，亦多堅主共和。臣獨坐深思，每為涕下，誠不知人心何以如此乖離，國勢何以竟難維挽？……臣親赴前敵，激厲將士，規復漢口，若竟乘勢進取武昌，未必不下。其時院員建議，各界爭持，眾口一詞，皆請主撫。因之明詔疊頒，不以兵力從事。臣奉宣德意，停止進攻。自入都後，籌計餉需，蒐簡軍器，無一不形匱絀。借款屢議，迄無所成。乾隆新疆金川諸役，嘉慶川湖陝東豫之師，餉款合計，皆及萬萬。中興告功，而各路銷餉者至十萬萬。今兵位之籌備者，知本月而不知下月。幸荷慈施，屢發內帑，免於飢潰，而兵不能增，餉不能益。顧此失彼，左支右吾。江寧荊襄之不能救，弊皆坐此。兼之黨人到處煽動，土匪乘機竊發。失陷之地，既未易復，而安靖之處，亦難保無虞。民軍可隨時增加，我軍則只有此數。東三省組織之軍隊，徵調而弗能即至，秦晉皖豫環起之土匪，屢剿而尚未廓清，遂致軍事至今亦無起色。……軍事既屬困難，外交復形棘手，即如鐵路之運兵，關稅之抵款，及各外國商團，亦以條約失其效力，要求保護生命財產，皆事之尤為顯著者。曠日持久，枝節必多，理喻情求，幹施何術？[157]

袁世凱痛陳當時政治、軍事、外交局勢嚴重，他無力應付，只因累世受恩，不忍言去。

28日，內閣入奏段祺瑞和五十名將領聯名通電，隆裕太后以示各親貴，皆相顧愕然，不懽而散。

29日，孫中山致電伍廷芳，態度強硬說：

> 此次議和，屢次展期，原欲以和平之手段，達共和之目的，不意袁世凱始則取消唐紹儀之全權代表，繼又不承認唐紹儀於正式會議時所簽允之選舉國民會議以議決國體之法；復於清帝退位問題，業經彼此往返電商多日，忽然電稱並未與伍代表商及等語。似此種種失信，為全國軍民所共憤。況民國既許以最優之禮對待清帝及清皇室，今以袁世凱一人阻力之故，致令共和之目的不能速達，又令清帝不能享遜讓之美名，則袁世凱不特為民國之蠹，且實為清帝之仇。此次停戰之期屆滿，民國萬不允再行展期，若因而再啟兵釁，全唯袁世凱是咎，舉國軍民均欲滅袁氏而後朝食。[158]

30日，御前會議，各王公仍無決議。太后厲聲斥責各人：「爾等反覆推求，遷延不決，疑義繁生。將來必演出同室操戈，塗炭生靈之慘劇。此後茲事由我一人擔承。」[159]

2月3日，岑春煊、袁樹勛等暨出使大臣陸徵祥等，統兵大員段祺瑞等，電請速定共和國體，以免生靈塗炭。4日，隆裕太后召袁世凱入內，囑咐：

157《大清宣統政紀》(7)，第4670－4678頁。

158 孫中山：〈致伍廷芳宣佈袁世凱罪狀電〉(1912年1月29日)，《國父全集》(4)，第196頁。

159《辛壬春秋》，第149頁。

「諸事聽卿裁處，但求能保全余及皇帝之尊榮，亦無他求。」並令袁擬宣佈共和之詔，先交內閣尊藏，俟議妥優待條件，再行頒發。內閣令近支王公署名詔紙尾。[160] 諭內閣懿旨：「現在時局阽危，四民失業。朝廷何忍因一姓之尊榮，貽萬姓以實禍？惟是宗廟陵寢，關繫重要。以及皇室之優禮，皇族之安全，八旗之生計，蒙回蒙藏待遇，均應預為籌劃，着授袁世凱以全權，研究一切辦法，先行迅速與民軍商酌條件，奏明請旨。」[161] 袁世凱立即電告伍廷芳：「今日始有權討論優待皇室之事。」遂提出協商條件：關於清帝九款，關於皇族四款，關於滿蒙回藏七款。2 月 6 日，南京參議院修正條件，諮復臨時政府，電達袁世凱。[162]

5 日，清帝退位詔書受少數王公阻撓，仍未發出。段祺瑞、王占元、何豐林等九名將領，致電少數王公，聲言將率全軍入京，與王公痛陳利害。

> 因二三王公迭次阻撓，以致因旨不頒，萬民受困。現在全局危迫，四面楚歌。⋯⋯三年以來，皇族之敗壞大局，罪難髮數，事至今日，乃並皇太后皇上欲求一安富尊榮之典，而不見許。四萬萬人欲求一生活之路，而不見許，祖宗有知，能不痛乎？蓋國體一日不決，則百姓之困兵燹凍餓死於非命者，日何啻數萬？瑞等不忍宇內有此敗類也，豈敢坐視乘輿之危而不救？謹率全軍將士入京，與王公剖陳利害。[163]

同日，中華民國臨時參議院修正及議決清室優待條件。伍廷芳在次日致電告知袁世凱。

6 日，袁世凱召集各王公大臣，將段的電報交各人傳閱，各親貴嚇得手足

160 廖少游：〈新中國武裝解決和平記〉，《辛亥革命資料類編》，第 388 頁；《辛壬春秋》，第 149 頁。

161《大清宣統政紀》（7），第 4735－4736 頁。

162《清代通史》（下），第 2726 頁。

163《辛壬春秋》，第 158－159 頁；《北洋軍閥史話》（1），第 244 頁。

無措，知道無力逆轉大局，只得贊成共和。

10 日，南北雙方就優待條件多次洽商後，中華民國臨時參議院通過優待辦法。

11 日，袁世凱用內閣總理大臣身份署名，將宣佈清帝退位的太后懿旨電告唐紹儀、伍廷芳、孫中山總統、黎元洪副總統各部總長和參議院。同日，袁世凱另行致電伍廷芳轉達孫中山總統、黎元洪副總統各部總長和參議院：「共和為最良國體，世界之公認，今由帝政躍而踏及之，實諸公累年之心血，亦民國無窮之幸福，大清皇帝既明遜位，業經袁世凱署名，則宣佈之日，為帝政之終局，即民國之始基，從此努力進行，務令達到圓滿地位，永不使君主政體再行於中國。現在統一組織至重且繁，世凱極願南行，暢聆大教，共謀進行之法。只因北方秩序不易維持，軍旅如林，須加部署。而東北人心未盡一致，稍有動搖，牽涉全國。諸君皆洞監時局，必能諒此。」[164]

1912 年 2 月 12 日（宣統三年十二月二十五日），太后召近支王公大臣及內閣總理大臣國務大臣，開御前會議。太后哽咽流涕，各王公大臣亦皆哭失聲。久之，太后對皇帝說：「爾之所得有今日，皆袁大臣之力。」「即敕皇帝降御座致謝袁大臣。袁大臣惶恐頓首辭謝，伏地泣不能仰視。」[165]

2 月 13 日，清廷正式下詔退位：

> 朕欽奉隆裕皇太后懿旨：前因民軍起事，各省嚮應，九夏沸騰，生靈塗炭。特命袁世凱遣員與民軍代表討論大局，議開國會，公決政體。兩月以來，尚無確當辦法，南北睽隔，彼此相持。商輟於塗，士露於野。徒以國體一日不決，故民生一日不安。今全國人民心理，多傾向共和。南中各省既倡議於前，北方諸將，亦主張於後。人心所向，天命可知。予亦何忍因一姓之尊榮，拂兆民之好惡。是用外觀大

164《共和關鍵錄》，第 171 頁。

165《辛壬春秋》，第 149 頁。

勢，內審輿情，特率皇帝將統治權公諸全國，定為立憲共和國體。近慰海內厭亂望治之心，遠協古聖天下為公之義。袁世凱前經資政院選為總理大臣，當茲新舊代謝之際，宣佈南北統一之方，即由袁世凱以全權組織臨時共和政府，與民軍協商統一辦法。總期人民安堵，海宇乂安，仍合滿蒙漢回藏五族完全領土為一大中華民國。予與皇帝得以退處寬閑，優遊歲月，長受國民之優禮。親見郅治之告成。豈不懿歟！[166]

這詔書原文出自張謇手筆，南方將稿致電唐紹儀轉清內閣，袁世凱左右增加了「由袁世凱以全權組織臨時共和政府」一句。[167] 此句表示清政府授權袁世凱組織臨時共和政府，非孫中山把總統之位讓予袁。故孫中山看了退位詔書之後，大為憤怒，但袁及唐紹儀諉過於清廷，孫中山無可奈何！[168]

懿旨又向臣民解釋：「特飭內閣與民軍商酌優待皇室各條件，以期和平解決。」「並議定優待皇室八條，待遇皇族四條，待遇滿蒙回藏七條。」

甲、關於大清皇帝宣佈贊成共和國體，中華民國於大清皇帝辭位之後，優待條件如下（左）：

第一款：大清皇帝辭位之後，尊號仍存不廢。中華民國以待各外國君主之禮相待。

第二款：大清皇帝辭位之後，歲用四百萬兩，俟改鑄新幣後，改為四百萬元，此款由中華民國撥用。

第三款：大清皇帝辭位之後，暫居宮禁，日後移居頤和園。侍衛人等，照常留用。

166《大清宣統政紀》(7)，第 4760－4762 頁；《共和關鍵錄》，第 146－148 頁。
167《三水梁燕孫先生年譜》(上)，第 107－108 頁。
168《國父年譜》(上)，第 576-577 頁。

第四款：大清皇帝辭位之後，其宗廟、陵寢永遠奉祀，由中華民國酌設衛兵，妥慎保護。

第五款：德宗崇陵未完工程，如制妥修。其奉安典禮，仍如舊制。所有實用經費，均由中華民國支出。

第六款：以前宮內所用各項執事人員，可照常留用，惟以後不得再招閹人。

第七款：大清皇帝辭位之後，其原有之私產，由中華民國特別保護。

第八款：原有之禁衛軍，歸中華民國陸軍部編制，額數俸餉，仍如其舊。

乙、關於清族待遇之條件

一、清王公世爵，概仍其舊。

二、清皇族對於中華民國國家之公權及私權，與國民同等。

三、清皇族私產，一體保護。

四、清皇族免當兵之義務。

丙、關於滿、蒙、回、藏各族待遇之條件

今因滿、蒙、回、藏各民族贊同共和，中華民國所以待遇者如左：

一、與漢人平等。

二、保護其原有之私產。

三、王公世爵，概仍其舊。

四、王公中有生計過艱者，設法代籌生計。

五、先籌八旗生計，於未籌定之前，八旗兵弁俸餉，仍舊支放。

六、從前營業居住等限制，一律蠲除，各州縣聽其自由入籍。

七、滿、蒙、回、藏原有之宗教，聽其自由信仰。

以上條件列於正式公文，由兩方代表照會各國駐北京公使，轉達各該政府。[169] 這些條件文字，由北方梁士詒、唐紹儀居間傳達，南方汪精衛主稿，經往返商討數十次，而後定稿。原稿「禁衛軍歸民國陸軍部編制」一語，太后指出「編制」字樣，則將來之陸軍部隨時可將之改編解散，十分不妥。良弼統率之禁衛軍，阻力甚大。這些部隊駐紮京畿內外，有數十萬之眾，可東可西，必須妥為安撫，以免發生兵變。於是接納葉恭綽之議，加「額數俸餉仍如其舊」八字。[170]

宣統退位，滿清皇朝宣告結束，自順治入關，至宣統三年，國祚共 268 年。中國的君主制度到此亦宣告結束！

5. 袁世凱當選第二任臨時大總統

2 月 13 日，孫中山向參議院辭臨時大總統職，指清帝「既宣佈退位，贊成共和，承認中華民國，從此帝制永不留存於中國之內，民國目的亦已達到。當締造民國之始，本總統被選為公僕，宣言誓書，實以傾覆專制、鞏固民國、圖謀民生幸福為任，誓至專制政府既倒，國內無變亂，民國卓立於世界，為列邦公認，本總統即行解職。現在清帝退位，專制已除，南北一心，更無變亂，民國為各國承認，旦夕可期，本總統當踐誓言，辭職引退。為此咨告貴院，應代表國民之公意，速舉賢能，來南京接事，以便解職。

附辦法條件如左：

一、臨時政府地點設於南京，為各省代表所議定，不能更改。

二、辭職後俟參議院舉定新總統親到南京受任之時，大總統及國務各員乃行辭職。

三、臨時政府約法為參議院所制定，新總統必須遵守頒佈之一切法制章

169《大清宣統政紀》(7)，第 4764－4772 頁。

170《三水梁燕孫先生年譜》(上)，第 110 頁。

程」。[171]

同日，孫中山向參議院推薦袁世凱為臨時大總統：

今日本總統提出辭職，要求改選賢能。選舉之事，原國民公權，本總統實無容喙之地。惟前使伍代表電北京，有約以清帝實行退位，袁世凱君宣佈政見，贊成共和，即當推讓，提議於貴院，亦表同情。此次清帝遜位，南北統一，袁君之力實多，發表政見，更為絕對贊同，舉為公僕，必能盡忠民國。且袁君富於經驗，民國統一，賴有建設之才，故敢以私見貢薦於貴院，請為民國前途熟計，無失當選之人，大局幸甚。[172]

孫中山同時致電袁世凱：

文以菲材，辱膺國民推戴，受任以來，拮据張皇，力不副願，嘗恐覆餗貽羞，負國民委託之重。自慚受任無狀，日夜希冀推賢讓能，苟得如公者舉而自代，其締造國民幸福，當非意料所能預揣，文即引躬退在草野，為一共和國民，於願已非常滿足。無如時勢未來，形格勢禁，致公未得即遂共和進行之願，文實尸位至今，幸清帝遜位，民國確立，維持北方各部統一，此實惟公一人是賴。語云：英雄造時勢，蓋謂是也。文徒何功？過蒙獎譽，曷勝媿汗。新舊交替，萬機待舉，遺大投艱，非公莫辦，謹虛左位，以俟明哲，曷勝佇立翹望之至。[173]

171 孫中山：〈咨參議院辭臨時大總統職文〉（1912 年 2 月 13 日），《國父全集》（6），第 19 頁。

172 孫中山：〈咨參議院推薦袁世凱文〉（1912 年 2 月 13 日），《國父全集》（6），第 20 頁。

173 孫中山：〈復袁世凱表示虛位以待電〉（1912 年 2 月 13 日），《國父全集》（4），第 212 頁。

孫中山並致電袁世凱，歡迎其來南京：

> 北京袁慰庭先生鑒：真電及唐轉來真電具悉。清帝辭位，執事宣言贊成共和，民國從此大定，不勝忻慶，蓋全國人民之幸福也。現即報告參議院，提出辭表，推薦執事。至共和政府，不能由清帝委任組織，若果行之，恐生莫大枝節，執事明於理勢，當必知此，請即速來寧，以副眾望。如慮一時北方無人維持秩序，當可由執事舉人，電知臨時政府，畀以鎮守北方全權。謹佈候覆，併表歡迎之至意。[174]

14 日，孫中山致電袁世凱告知他已向參議院辭職並推薦其繼任臨時大總統：「今日文偕各部總次長到參議院辭職，已得承諾，以新總統接事為解職期。同時文推薦執事為臨時大總統，明日二時參議院開選舉會，先此電聞。」[175]

15 日，臨時參議院開臨時大總統選舉會，十七省代表人出席，每人一票，投票結果，袁得十七票，全票當選為中華民國第二任臨時大總統。孫中山立即電告袁世凱：「今日三點鐘由參議院舉公為臨時大總統，臨時政府地點定在南京。現派專使奉請我公來寧接事。民國大定，選舉得人，敬賀。」[176] 20 日，參議院公舉黎元洪任副總統。

---

174 孫中山：〈復袁世凱歡迎其來南京電〉（1912 年 2 月 13 日），《國父全集》（4），第 213 頁。

175 孫中山：〈致袁世凱告向參議院辭職並推薦其繼任臨時大總統電〉（1912 年 2 月 14 日），《國父全集》（4），第 217 頁。

176 孫中山：〈致袁世凱告其當選臨時大總統請到寧接事電〉（1912 年 2 月 15 日），《國父全集》（4），第 218 頁。

6. 定都北京

清帝退位，定都成為一個爭論的問題。以北京為首都，意味着舊政權仍然存在；定都南京或武昌，表示對新政權中革命血統的象徵性承認。不論誰當上總統，一個以長江沿岸任何一個省份作為首都的政府，將會受到南方領袖們的支配。在這地域，袁缺乏軍事和政治的影響力。相反，在北京，袁的權威不會被指定或選舉出來的官員所忽視。孫中山則希望以南京為都，以約制袁世凱和前清政府領導班子。

1912 年 2 月 7 日，黎元洪致電孫中山：「日本已派第 12 師團赴滿洲。此等舉動，關係民國全局至鉅。以鄙意忖度，蓋因俄國將援助蒙古獨立，擴張其勢力範圍，英國亦將擴張其勢力於西藏，日本此舉或欲延長其租借地期限，或擴其租借地域，或更佔領滿洲全境。為今之計，宜速促滿洲退位，恢復秩序，合力以排諸外國之要求，否則危險萬狀。敢祈速電袁內閣，早日決定大計，俾免各國乘隙伺窺。」[177]

2 月 9 日，朱芾煌、李石曾致電汪精衛，反對在南京組織政府，提出五條理由：「南京為十八省之中心，非全國之中心，政府在南，恐不便控制蒙、滿，一也。在北則官署、使館均可仍舊，在南非重新建築不可，兼顧之餘，籌款匪易，二也。肅（肅親王善耆）、澤（載澤）、恭（恭親王溥偉）、鐵（前軍機大臣鐵良）近均奔奉謀獨立，宣傳退位發表後，即擁恭為帝，趙為總理，袁本恐難鎮懾，有暴動必釀外患，三也。袁本不願赴南，其部下亦不願袁赴南，方則必於共和事業多生障礙，四也。日本租借關東條約期滿，屆時恐有戰事，政府一定不可屢遷，在南實不便預備，五也。」請汪精衛從中設法轉圜。[178] 10 日，朱芾煌、李石曾再致電汪精衛：「就事實言之，若袁南去，甚

177〈黎元洪致孫中山電〉（1912 年 2 月 7 日），黃彥、李伯新：《孫中山藏檔選編》（北京，中華書局，1986 年），第 119 頁。

178〈李石曾朱芾煌致汪精衛電〉（1912 年 2 月 9 日），《孫中山藏檔選編》，第 122－123 頁。

多危險：一、京中兵甚多，若袁離京，恐有擾亂；二、袁去則京中無主腦，外交界殊覺不宜。以上兩事，殊非民政府之利益。吾深欲進言孫公，遷就理論，顧全事實。」[179]

2月13日，章炳麟在上海《大共和日報》發表〈致南京參議會論建都書〉，力陳建都南京的五大害：

一、燕京適展中點，東控遼瀋，北制蒙、回，其力足以相及。若徙處金陵，威力必不能及長城以外。

二、北方文化已衰，幸有首都，為衣冠所輻湊，足令蒸蒸丕變。若徙處金陵，安於燠地，苦寒之域，必無南土足音，是將北民化為蒙古。

三、遜位以後，組織新政府者，當為袁氏，若迫令南來，則北方失所觀望。日、露（即俄國）已侵及東三省，而中原又失重鎮，必有土崩瓦解之憂。

四、清帝尚處頤和園，不逞之徒，思擁舊君以倡亂者，非止一宗社黨也。政府在彼，則威靈不遠，足以鎮制；若徙處南方，是縱虎兕於無人之地，非獨亂人利用其名，蒙古諸王，亦或陰相擁戴，是使南北分離，神州幅裂。

五、交民巷諸使館，物力精研，所費巨萬，若迫令遷徙，必以重資備償，民窮財盡之時，而復糜此巨帑，其害五也。[180]

宋教仁亦從防備俄日的角度，認為以南京為首都，即放棄滿、蒙。[181]

蒙古方面，庫倫在武昌起義後不久便宣告獨立，並屢次請求俄國將蒙古（最少外蒙古）歸入版圖。[182] 從庫倫逃回的辦事大臣三多說，俄國乘武昌事

179〈李石曾朱芾煌致汪精衛電〉（1912年2月10日），《孫中山藏檔選編》，第124頁。

180 湯志鈞：《章太炎政論選集》（下）（北京：中華書局，1977年），第562－563頁。

181 胡漢民：〈胡漢民自傳〉，《革命文獻》（3），第59頁；吳湘湘：《宋教仁：中國民主憲政的先驅》（台北：文星書店，1965年），第123頁。

182《德國駐俄大使Pourtalès伯爵致德國國務總理Bethmann Hollweg之檔》（1912年正月四日自聖彼德堡寄），轉引自王光祈譯：《辛亥革命與列強態度》（譯自德國外交檔彙編），中國史學會主編：《辛亥革命》（八），第435頁。

變，藉口保護僑民，不斷增兵分駐庫倫至西伯利亞鐵路沿線一帶，已將地變為俄國屬土。[183] 袁世凱察覺到外蒙古獨立的危機，認為「外蒙古之獨立與各省不同，各省係對於清廷獨立，外蒙則對於中國獨立，且其中尚有外人之暗助與各蒙王之外附，若不早定辦法，則蒙疆將至不可收拾」。[184]

滿洲方面，宗社黨垂死掙扎，計劃擁溥儀前赴東三省，聯合蒙古王公，邀請日俄保護，宣告獨立，並派人到東北聯絡佈置。[185] 消息說恭王、肅王、載澤及鐵良等到東北，「潛謀獨立，俟共和發表，即舉恭王即皇帝位，以趙爾巽為總理」。[186] 又有消息說肅親王勾結日本，策劃東北獨立。[187]

參議院在 2 月 14 日開會討論國都問題，議員谷鍾秀、李肇甫等認為：「臨時政府地點，為全國人心所繫，應設足以統馭全國之地。使中國能成完土，庶足以維繫全國人心，並達我民國合五大民族而為一大中華民國之旨。前經各省代表指定臨時政府地點於南京，係因當時大江以北尚在清軍範圍，不得不暫定臨時政府適宜之地。今情勢既異，自應因時制宜。」討論結果，用投票表決法，以二十票對八票，多數可決臨時政府地點設北京。[188] 孫、黃知道投票結果大怒，急召參議院中同盟會議員黃復生、鄧家彥、康寶忠、李伯中，嚴責他們甘為袁世凱應聲蟲，參議院不該通過此案。15 日，大總統孫中山諮文覆議，陸軍總長黃興聲言派兵包圍議院，在武力威嚇之下，參議院再次投票，以十九票對七票，決定臨時政府仍設南京。[189] 谷鍾秀對此結果很不滿意，

183 〈小幡駐天津總領事致內田外務大臣電〉(1912 年 1 月 15 日)，中國社會科學院近代史研究所中華民國史研究室主編，鄒念之編譯：《日本外交文書選譯 —— 關於辛亥革命》(北京：中國社會科學出版社，1980 年)，第 135 頁。

184 〈袁總統之注重外蒙〉，《大公報》，1912 年 2 月 24 日，第 2 張第 2 版。

185 〈宗社黨愈趨愈下〉，《申報》，1912 年 2 月 9 日，第 1 張第 3 版。

186 〈致內閣電〉，《光華日報》，1912 年 2 月 9 日，第 2 版。

187 〈大島關東都督致內田外務大臣電〉(1912 年 2 月 13 日)，《日本外交文書選譯 —— 關於辛亥革命》，第 79 頁；〈落合駐奉天總領事致內田外務大臣電〉(1912 年 2 月 21 日)，《日本外交文書選譯 —— 關於辛亥革命》，第 83－84 頁。

188 谷鐘秀：《中華民國開國史》(上海：泰東圖書局，1914 年)，第 80 頁。

189 《辛壬春秋》，第 159 頁；《國父年譜》(上)，第 578－579。

說：「以如斯重大問題，僅隔一宿，多數之參議員，其主張皆判若兩人，此亦立法史上之怪狀也。」[190]

15日，袁世凱致電南京，拒絕南下就職。指出「真（十一日）電業已聲明，然暫時羈絆在此，實為北方危機隱伏，全國半數之生命財產萬難恝置，並非因清帝委任也」。袁澄清「現北方各省軍隊暨全蒙代表，皆以函電推舉為臨時大總統」，並非清帝委任他組織政府，他沒有組織，是「特慮南北意見因此而生，統一愈難，恐非國家之福。若專為個人職任計，捨南而北實有無窮窒礙：北方軍民尚多紛歧，隱患實繁；皇族受外人愚弄，根株潛長；北京外交團向以凱離此為慮，屢經言及；奉、江兩省時有動搖；外蒙各盟迭來警告；內訌外患遞引互牽⋯⋯然長此不能統一，外人無可承認⋯⋯反覆思維，與其孫大總統辭職，不如世凱退居。⋯⋯今日之計惟有南京政府將北方各省及軍隊妥籌接收以後，世凱立即退歸田里⋯⋯決不欲以大總統問題釀成南北分歧之局」。[191]

袁世凱所言及的滿、蒙危機，確實存在，並非虛語。故袁的電報在同盟會喉舌《民立報》和全國各報刊發表之後，全國輿論幾乎一邊倒地支持定都北京。《民立報》評論說：「沒有一個有知識的人不會贊成以北京為首都。」

2月17日，孫中山致電袁世凱，仍請他薦人維持北方秩序，以便南來就職。[192] 18日，孫中山電告袁世凱：派蔡元培為歡迎專使，歡迎員宋教仁、魏宸組、鈕永建、劉冠雄等前往北京，迎袁南下就職。[193] 另電袁解釋南京建為新首都的目的是「以新國民暫時中央機關之所在，繫乎中外之具瞻，勿任天下懷廟宮未改之嫌，而使官僚有城社尚存之感」。永久的首都則留待正式國論，

190《中華民國開國史》，第80－81頁。

191《北洋軍閥史話》(1)，第269－270頁。

192 孫中山：〈復袁世凱盼薦人維持北方秩序電〉(1912年2月17日)，《國父全集》(4)，第222頁。

193 孫中山：〈復袁世凱告派定蔡元培等為歡迎專使電〉(1912年2月18日)，《國父全集》(4)，第223頁。

「至於異日久定之都會，地點之所宜，俟大局既奠，決之正式國論，今且勿預計也。」[194]

20日，唐紹儀致電孫中山，警告：日人表示臨時政府未獲承認，中國現為無政府之國，秘密支持土匪佔據東北城鎮，阻難華軍進城，一處有匪，一處干涉。「奉省危而大局將潰」！[195]

24日，浙軍司令朱瑞、粵軍司令姚雨平、第一軍團長柏文蔚、光復軍司令李燮和、第7師長洪承點、江北都督蔣雁行、鄂軍代表傅人傑、李正溶等人，以南京聯軍參謀團的名義通電：「宣佈共和以來已逾旬日，因爭持臨時政府地點，以致統治機關不能成立，對內對外危險異常。……統一政府暫設地點，若就現勢外交、經濟、地理、歷史種種關係言之，自以參議院第一次議決之案為適當。」[196] 陸軍部（黃興）大為不滿，下令解散參謀團，引致團中各統將群起不服，申言此項部令應不承認。[197]

25日，蔡等到達北京，袁世凱應唐紹儀請求，特開正陽門迎接，以示隆重。[198] 蔡元培等與袁會晤，袁並無拒絕之意。在此期間，各界紛紛通電主張建都北京。

一、上海民國公會致袁世凱蔡元培等電：「政府地點問題，就時勢論，自以北京為是。」[199]

二、京師商務總會呈蔡元培主張建都北京文：「若不確定首都，恐難收控御之效。南方各省，富庶有餘，而控制不足。以地理論，則北京為操縱自如之鄉；以建築論，則北京為完全無缺之地；以柔遠論，則蒙、滿、回、藏無

194 孫中山：〈勸袁世凱南下就職書〉（1912年2月18日），《國父全集》（4），第224頁。
195 〈唐紹儀致孫中山電〉（1912年2月20日），《孫中山藏檔選編》，第127頁。
196 〈南京聯軍參謀團電〉，《申報》1912年2月24日。
197 〈南京政府近聞紀要〉，《申報》1912年2月27日。
198 尚小明：〈論袁世凱策劃民元「北京兵變」説之不能成立〉，《史學集刊》2013年1期，第3－25頁。引自〈江甯專使晉京〉，《順天時報》，1912年2月27日，第7版。
199 〈上海民國公會致袁世凱蔡元培等電〉（1912年2月23日），《孫中山藏檔選編》，第128頁。

鞭長莫及之弊；以交通論，則中外水陸有朝發夕至之便。加以元、明建業均在北京，至今數百年來，土俗人情，安之若素。一旦棄而他徙，不特人心不定，蠢然思逞；即商業衰危，勢必一蹶不振。東三省即難約束，北口外必致他虞，一波未平，一波復起。北方風氣剛勁，倘變故突興，其禍有不堪設想者，悔之何及！況北京各使館及各部署完備，一經更動，於外交、財政均有極大關係。以大局論，以商務論，皆有不可改動之勢。」[200]

三、陳錫彝等山西軍政官員致袁世凱孫中山電：「以形勢論，以事實論，以經濟論，以對內對外論，目前自無捨北就南之理。既係眾議僉同，……倘爭持不已，既失南京參議院之信用，而於共和本旨亦恐非宜。」[201]

張勳、范國民（統領官）、王占元（第2鎮統制官）、陸軍第4鎮、鮑貴卿（保定各軍隊總司令官）、李純（第6鎮統制）、張錫元（第29協統領）、劉金標（武衛靡軍後路統領官）、趙德全（黔都督）、倪嗣沖（安徽布政使）、雷震春（河南護軍使）、潘矩楹（第20鎮統制）、盧永祥（山西軍務）等將領，均主張袁在北京受任，以免民心搖動。[202]

29日晚，北京發生兵變，東安門外一帶火光燭天，商被害者數千家。亂兵闖入蔡元培所住法政學堂，魏宸組踰垣走，蔡元培等藏於密室，熄燈靜待，避過一刼。翌日天津、保定亦有兵變。3月1日，袁立即致電孫中山解釋：「第3鎮駐城內兩營因誤聽謠言譁變，搶掠城內外街市，繼以放火，旋經彈壓，秩序業已回復。蔡專使所駐法政學堂，適在鬧事左近，亦被搶掠。蔡公及同行諸君均分途避出，幸各無恙，今晨移寓六國飯店。事出倉猝，又在夜間，防範不周，至為歉仄。」蔡元培亦電孫中山大總統、參議院，報告北

200〈京師商務總會呈蔡元培主張建都北京文〉（1912年2月26日），《孫中山藏檔選編》，第128－129頁。

201〈陳錫彝等致袁世凱孫中山等通電〉（1912年2月26日），《孫中山藏檔選編》，第129－130頁。

202《孫中山藏檔選編》，第130－140頁。

京兵變及迎袁諸代表倉卒出避情形。[203]

3 日，兵變蔓延，波及天津、保定。駐京外交團向袁提抗議。英美法德日俄各國增兵東交民巷和京津，北方形勢頓為緊張。

4 日，蔡元培電孫中山及參議院報告北京兵變詳情：北京兵變，外人極為激昂，設再有此等事變發生，即自由行動。培等睹此情形，集議以為速建統一政府，為今日最要問題，餘盡可遷就，以定大局。[204]

3 月 6 日，孫中山據蔡元培報告，諮請參議院審議允許袁世凱在北京受任臨時大總統職問題。參議院決定統一政府組織辦法六項，允袁在北京宣誓就職。孫中山即據決議電覆北京。8 日，袁世凱以誓詞電達參議院，在北京就職。10 日，袁在北京就任中華民國臨時大總統。4 月 2 日，孫中山通告全國人民，解除大總統職。參議院議決臨時政府遷至北京。[205]

1927 年 3 月 24 日，國民革命軍攻佔南京。4 月 18 日，南京國民政府正式成立。1928 年 6 月 8 日，革命軍和平開進北京。12 月 29 日東三省全境宣佈「易幟」，歸順中央，中國完全統一，自此南京成為國民政府治下的首都。國民政府定都南京期間，日本扶持前清廢帝溥儀成立偽滿洲國，將東三省自中國分裂出去。蘇聯以中國陷於長年內戰和日本侵略，乘機控制外蒙古。1945 年抗戰勝利前夕，大軍攻入東北，迫蔣介石以東三省主權承認外蒙古獨立。滿蒙終在國民政府治下失去其中一個！民國肇始，定都之爭，有識者已指出南京不便控制蒙、滿，應以北京為都，國民政府堅決選都南京。是非得失，歷史已有答案！

203《國父年譜》，第 582－583 頁。

204《辛壬春秋》，第 159 頁。

205 賴暋：《中華民國史事紀要》(2)(台北：國史館，1990 年)，第 1－33 頁。

7. 北京兵變之謎

一般說法是袁世凱指使曹錕第 3 鎮部下變亂，以借口拒絕南下就職。[206] 當時有論者詳細分析兵變原因：

一、軍紀敗壞：軍隊不施教育，多數腐敗，嚣張驕縱，見利忘義，徇私害公，積習相傳，南北同病。命令不能通達，軍紀等於弁髦。視焚殺為軍人當務之圖，視搶掠為戰後酬功之具。白晝兇行，恬不知恥。

二、總統南行問題：共和發佈以後，總統南行之說諠傳各處，專使北來益招疑懼。三鎮兵士曾經前敵，自恃戰功，滿望因功得賞。迨聞總統南行，自知所期難遂，不如遑此發財。故是晚變亂，但奪財帛，不傷人命。

三、淘汰兵將謠言：自共和發表後，前敵將士深抱不安。恐因抗戰之嫌，致有淘汰之患。淺人不察，惟信謠言，下級官中，未受軍事學識者，尤多疑懼，迨聞總統南行之信，益覺慄慄可危。南方公私團體中時復以文電，挑發抵抗民軍者之罪狀，益動北方軍人之懼。故其搶刦時有「不成了，不成了，國家也用不着我們了，與你們借些盤纏回家去」等語。[207]

在這時期，兵變是極為普遍的，無論是南北軍隊，均有發生。因為舊社會低下級的官兵質素低，缺乏教育。一般士兵因為生活困難，才當兵賺錢養家，沒有保家衛國這些崇高理想。下級軍官質素差，軍紀廢馳，軍官沒有權威。缺餉即兵變的情況普遍存在，民軍也有。1912 年 1 月初灤州清兵起義，請求南方支援糧餉。張謇致函黃興，警告「軍隊乏餉即潰」，1 月 6 日，黃興覆信張謇說，苦於無餉無械，當力籌之，請張謇盡力幫忙。民國成立後，1912 年 2 月和 9 月，湖北發生暴亂。4 月 11 日，駐南京的江西軍嘩變。8 月，姜桂題的北洋軍搶刦北京附近的通州。旁證了北京兵變，不是唯一的例子。有些研究北京兵變的學者分析，袁世凱不可能煽動北京兵變的原因有幾點！

206《國父年譜》，第 582 頁。

207 國事新聞社編：《北京兵變始末記》（台北：文星書店，1962 年影印版），第 4－7 頁。

一、袁世凱在國內外的威望在相當程度有賴於維持秩序，如在庚子拳變維持山東安寧。因此，袁沒有理由在北方製造混亂來破壞自己的威信和軍紀，讓外人質疑他已經無法再控制軍隊。

二、2 月 29 日，兵變發生之前，臨時政府參議院已在 14 日通過定都北京，全國輿論亦一面倒傾向維持不變。在這政治形勢之下，袁和他的部下確信北京仍會繼續是首都，無必要發動兵變來恐嚇南方。

三、外國強烈反對南京參議院把首都遷往南京，認為這是破壞了辛丑條約的精神，外交團向中國提出「繼續以北京為首都」的建議。當時，南北政府均爭取外國承認和提供貸款，無道理為自己製造麻煩，自陷外交困局。[208]

袁世凱不會自找麻煩，但他身旁的人為自己利益為慮，會不顧大局地蠻幹。袁世凱的女兒袁靜雪說：「這次兵變的把戲，是我大哥（克定）串通第 3 鎮統制曹錕搞起來的，我父親事先並不知道。」[209] 袁秘書張一麐說：「專使蔡元培、宋教仁入京就館。某公子者素選事，召各鎮中下級軍官開會密議，議決以兵入東華門，奪清帝位，效黃袍加身故事。是時禁衛軍為馮國璋所統，不與謀，故火焚東華門，禁衛軍抵禦不能入，兵無所洩，遂大掠東西二城，以及於天津。」這資料的某公子暗指袁克定。[210] 當時的形勢是袁若南下就職，不僅他個人會受制於南方，整個北洋系統的軍政人員，其原享的軍事、政治等權力地位和影響力也會隨之崩潰，其政府和軍隊的職位將被共和派取代，北洋集團甘心放棄嗎？歷史經驗告訴我們，任何改革傷害舊人的既得利益，無論新方案怎樣完美，都必定受到舊勢力的反對。

208〔美〕恩斯特·楊，王小荷譯：〈袁世凱何以能夠登上總統寶座？〉，《辛亥革命史叢刊》編輯組：《辛亥革命史叢刊》（4）（北京：中華書局，1982 年），第 267－268 頁；尚小明：〈論袁世凱策劃民元「北京兵變」説之不能成立〉，《史學集刊》2013 年 1 期，第 3－25 頁。

209 袁靜雪：〈我的父親袁世凱〉，《文史資料選輯》（74），第 140 頁。

210 張一麐：〈五十年來國事叢談〉，《心太平室集》（1），第 26 頁（原書缺出版資料，台北：文海出版社，1966 年影印版）。

六、孫中山讓位的原因

孫中山將臨時大總統職位讓給袁世凱，這是中華民國成立時最重大的歷史事件。不少人都認為袁世凱在戊戌政變出賣了光緒帝，為人反覆，不可靠。在山東鎮壓義和拳，崇洋媚外。甚者更說稱帝後的袁世凱是竊國大盜，禍從孫中山讓位之始。這些評論如果正確，換一個角度來說，就是譴責孫中山、革命領袖和臨時參議院所有議員失知人之明，將治國重任交予一個奸險小人。當世，所有政界領袖都要負起相同罪責。孫中山是否必須作出這樣的決定？

研究和討論這個問題的文章和學術著作相當多，孫中山讓位的原因如下：

1. 孫中山和革命黨人對袁承諾

革命的目的初時是種族革命，推翻異族的滿清政權，重新建立漢人的政權。1894 年 11 月 24 日第一個革命團體——興中會成立時，會員誓詞首兩句是「驅除韃虜，恢復中華」。[211] 1903 年秋，東京青山軍事學校誓詞修改為「驅除韃虜，恢復中華，創立民國，平均地權」。[212] 1905 年 7 月 30 日，孫中山和所有中國同盟會會員用下述盟書發誓：「當天發誓，同心協力，驅除韃虜，恢復中華，創立民國，平均地權；矢信矢忠，有始有卒，如或渝此，任眾處罰。」[213] 1906 年 5 月 7 日，中國同盟會總章第二條列明，本會以「驅除韃虜，恢復中華，創立民國，平均地權」為宗旨。[214] 這都顯示革命是要推翻滿清政府，建立漢人政權。奪取政權，需要力量，革命力量的來源是什麼？需要革命理論、經濟、軍事和政治等力量。革命最關鍵的力量是攻城掠地，佔領

211 孫中山：〈興中會會員誓詞〉（1894 年 11 月 24 日），《國父全集》（9），第 239 頁。
212 孫中山：〈東京青山軍事學校誓詞〉（1903 年秋），《國父全集》（6），第 549 頁。
213 孫中山：〈中國同盟會總理盟書〉（1905 年 7 月 30 日），《國父全集》（9），第 250 頁。
214 孫中山：〈中國同盟會總章〉（1906 年 5 月 7 日），《國父全集》（9），第 251－253 頁。

和擁有一個革命基地後，再動員全國力量，一起推翻滿清。攻城掠地要打敗敵人，大量義士流血犧牲，於是便策動原有的反清會黨，繼而新軍。由於屢次起義失敗，而對清廷不滿的漢人愈來愈多，那麼地方有影響力的士紳、官員、將領，只要他們都是漢人，都願意參加革命，是否都應該歡迎，或積極策反他們加入革命，以壯大革命陣營？

早在 1911 年 4 月文學社召集各標營代表開會，便提議推黎元洪為臨時都督。理由之一是黎是當時名將，用他可以懾服清廷，增加革命軍的聲威；理由之二是黎在湖北新軍中素得軍心，可以號召部屬附和革命。蔭昌率兵南下，路過項城，對袁世凱說：「武昌係烏合之眾，無人主持，不難撲滅。」袁答：「湖北以黎元洪為將，何謂無人？」[215]

10 月 11 日，武昌起義成功，籌組軍政府，革命黨人希望選舉一名德高望重、為全國所知的人為都督。有人提出湖南諮議局議長湯化龍，後湯以不知用兵婉拒，眾人改選黎元洪。這兩都不是革命黨人。

武昌起義當晚，吳兆麟派往 41 標和 31 標傳信起義的周榮棠越牆進入 41 標，被黎元洪目睹，問明是革命黨後，即拔刀親手將周斬死。革命黨人曹亞伯親見此事，曹在其《武昌革命真史》一書詳述了黎的暴行，故這書在黎掌權時不容於當局而被禁。[216] 黎元洪殺了兩名革命黨人，企圖鎮壓革命，後見形勢不妙潛逃，藏身在參謀劉文吉家裏。當他被革命黨人尋獲時，嚇得渾身打顫，被送到楚望台見吳兆麟，問吳：「為何要革命？殺全家的！」勸各人回營。馬榮在旁聞言怒罵黎元洪昨夜親手殺了周榮棠，痛罵黎是漢奸，不識抬舉，拔刀斫黎，被吳喝止。吳兆麟與黎元洪同學四年，以他甚得軍心，力勸黎出來主持大計。正午，諮議局開會，議決推黎為都督。黎固執不允。李翊東持槍指罵黎要殺他，被眾人制止，迫黎任都督。

這事件真的匪夷所思！有些革命黨人雖然憤憤不平，但為了革命前途着

215《辛亥革命史料》，第 87 頁。

216《武昌革命真史》（正編），第 14 頁。

想，爭取內外支持，必需挑選那些有資歷聲望和有社會地位的人來當領導，才能有號召力。顯示了辛亥是推翻滿清的種族革命，只要是漢人，不論是立憲派還是清廷官員，都有資格在漢人政權擔當要角。因此，一個殘殺革命黨人的清廷官員，瞬息之間，改頭換面，由殺人兇手被抬舉為革命領袖。[217]

一個省的中級軍官可以被抬舉為軍政府的都督，那麼手握十萬雄兵、滿清政府實權的內閣總理袁世凱，要不要爭取呢？新政府應該用什麼條件來爭取他反正呢？清廷再次起用袁世凱，並授以軍政大權，就是自知無力鎮壓革命，只能依靠袁世凱的力量來保存其政權，企圖重施「咸同故技，以漢殺漢」。

國人洞悉局勢的微妙在於袁氏向背，袁世凱投歸革命陣營，清廷必定覆滅；袁世凱若甘為鷹犬，革命雖或成功，但國家必會付出沉重代價，甚或招致外國乘機瓜分。因此，無論是公開的輿論，或是私人函電，都提出「推舉他為民國第一任大總統」這個條件，來爭取袁世凱反正。

總理河南革命事務朱覆胡致函袁世凱：「望公早帥六師，指日北伐，摧其巢穴，殲其渠魁，洗滌腥羶，光復漢族，第一次『中華國』大統領之得也，猶如反掌，不較之效忠清朝，受萬古之唾罵者強萬萬哉？」[218]

武昌起義後，上海革命黨人出版的《民立報》和《神州日報》便不斷鼓勵袁世凱反清。1911 年 10 月 28 日《民立報》一篇〈敬告袁項城〉短評勸袁：「人心歸漢，公不宜妄自菲薄，致辜物望。」希望他能「以渺然之躬，代表四萬萬眾，為第一期之大政長」。革命黨刊物公開用「第一期之大政長」高位爭取袁。

11 月 2 日，《神州日報》刊登了倫敦、德國、美國等地的華僑、留學生等的三封電報，呼籲袁做民國總統：

倫敦華僑：「袁世凱資格，適於總統，外論亦協，萬不可折入滿洲，存帝自擾。」

217《中華民國史》（1 下），第 631－632 頁。

218〈總理河南革命事朱覆胡致袁項城書〉，《締造共和之英雄尺牘》，第 51－52 頁。

留德學生：「主張自開國民會議，廢滿帝建共和，袁助民黨，中外歡迎，已電資政院。」

旅美芝加哥華僑：「項城宜於漢族總統，勿任滿洲利用以延虜祚。」

11 月 6 日，《神州日報》社論〈再告袁世凱〉：「今日為中國前途計，為萬民生命計，乃至為公個人、聲譽計、身家性命計，惟有聯合鄂軍，卷旗北向，…… 為中國共和國初開幕之第一任大總統，則國人感公，外人慕公。」

11 月 15 日，《神州日報》社論〈新國家建設之謀劃〉：「今日滿漢相持，其向背足為中外所重者，當推袁世凱。…… 吾中華民國能納袁氏則可杜外人干涉，速滿族之滅亡，免生靈之塗炭，目前之至計最要法着也。」

孫中山高瞻遠矚，早已考慮策反袁世凱的問題，1911 年 3 月 13 日，在加拿大華僑歡迎會演講，談及袁世凱的新軍，「此等軍人若盡入吾黨，則兵不血刃，而大功可成。」[219]

10 月 14 日，清廷起用袁世凱為湖廣總督，革命黨人認為袁影響大局。湖北政府派自日返國的朱芾煌到彰德游說袁世凱，但袁已南下，未見。朱與袁克定議妥：「覆清室，舉世凱為總統。」袁克定欲得書為憑信，朱芾煌復返武昌取證書，返途中被馮國璋捕獲，朱恐事洩毀證書而吞之。袁克定聞訊，電告馮國璋釋放朱芾煌。[220] 11 月 6 日，汪精衛被釋放。13 日，袁世凱自彰德返抵北京，汪精衛前往游說，開始了袁與民黨的接觸。

漢口血戰時，11 月 9 日，黃興致函袁世凱，勸他推翻滿清，「建拿破崙、華盛頓之事功。」11 日，袁世凱派人到武昌談判，黎元洪致函勸袁倒戈，指斥掌握政權的滿人，「非毫無智識之奴才，即乳臭未乾之親貴。…… 如執事豈非我漢族中之最有聲望，最有能力之人乎？一削兵權於北洋，再政柄於樞府。若非稍有忌憚漢族之心，已酉革職之後險有性命之虞，他人或有不知，

---

219 孫中山：〈中國之新軍與革命〉（1911 年 3 月 13 日），《國父全集》（3），第 21－22 頁。

220《辛壬春秋》，第 156 頁。

執事豈竟忘之？自鄂軍倡義，四方響應。舉朝震恐，無法支持，始出其咸同故技，以漢人殺漢人之政策。⋯⋯滿清實無抵抗之能力，其稍能抵拒者，惟有執事。然則執事一身繫漢族及中國之存亡，不綦重哉？設執事真能知有漢族，真能繫念漢人，則何不趁此機會攬握兵權，反手王齊，匪異人任。⋯⋯飛鳥盡，良弓藏，狡兔死，走狗烹矣。執事犯功高震主之嫌，雖再伏隱彰德而不可得也。隆裕有生一日，戊戌之事一日不可忘也！」[221] 袁黎兩人書信往還，開始接觸。

為爭取袁世凱，革命黨人吳敬恒（稚暉）等人提出了「能倒戈為漢滅清，當推袁為民國總統」。他們在 11 月 12 日孫中山到達歐洲時，建議用總統之位引誘袁世凱倒戈。孫中山遂自巴黎致電軍政府：「欣悉總統自當選定黎君，聞黎有推袁之説，合宜亦善。總之，隨宜推定，但求早鞏國基。」[222] 這是孫中山首次表示可推袁為總統。汪從北京獲釋後，找機會接近袁，直接游説他投誠。袁表達投誠意向後，汪電告黃興，詢問袁可得什麼報酬。12 月 9 日，黃興以臨時大元帥身份覆電汪精衛轉告袁世凱，承諾為推選他為「中華民國大統領一位」。胡漢民也知道汪對袁的工作。他説：汪首先秘密和袁克定（袁的長子）結交，袁世凱知道後，私下見汪，表示輸誠於民黨。袁對汪説：「非常之舉，非兒輩所知，而自輸誠於民黨。」[223]

12 月 21 日，孫中山到達香港，胡漢民和廖仲愷到香港迎接，商談革命策略。孫中山知道一般人「袁世凱不可信」的看法。不過，孫中山為胡、廖詳細分析其中利弊：「我因而利用之，使推翻二百六十餘年貴族專制之滿州，則賢於用兵十萬。縱其欲繼滿州以為惡，而其基礎已遠不如，覆之自易，故今且可見成一圓滿之段落。」[224] 同盟會重要領袖孫中山、黃興、胡漢民、廖仲

221〈黎都督致袁世凱書〉，《締造共和之英雄尺牘》，第 41－44 頁

222〈總理孫中山先生自巴黎致民國軍政府盼速定總統電〉（1911 年 11 月 12 日），《革命文獻》（1），第 1 頁。

223 胡漢民：〈胡漢民自傳〉，《革命文獻》（3），第 53－55 頁。

224 胡漢民：〈胡漢民自傳〉，《革命文獻》（3），第 54 頁。

愷、吳敬恆、李石曾、宋教仁和黎元洪等，都同意只要袁世凱反清，可以推之為共和國總統。[225]

時人指出當時的形勢：「自南京設立臨時政府，舉孫文為大總統，而各省之糾紛如故。當是時握有重兵，可左右時局者，厥惟清內閣總理大臣袁世凱。民軍謂世凱能覆清室，日夜企望；清室亦謂唯世凱能撲滅民軍也。」[226]「當是時清內閣袁世凱握文武全權，憚結怨國民，勒兵不戰，志覆清室，南京政府亦自知力不逮，許世凱以民國第一任大總統，建設統一國家及優待清室諸條件。」[227] 孫中山和革命黨人與袁約定，「先覆清室者為總統」。袁世凱既然做了，孫中山等革命黨人自然要履約。

2. 孫袁威信的分別

歷史在一個「變」字，國際關係、政黨、人物都不斷變化。現代中國的歷史便可以看到很多變的歷史，八年抗戰之初，美國出售石油、廢鐵給日本，縱容日本侵華。結果，日本侵佔美國在華利益，更發動太平洋戰爭，傷害了美國利益，於是美國便支持中國抗日。其後，中國社會主義革命成功，取消一切不平等條約，徹底廢除外國在華特權，美國又視中國為大敵。不到十年，中美關係幾經變化。人也是如此，行刺攝政王的汪精衛成為革命英雄，受世人景仰，誰料在八年抗戰期間，竟投日賣國，成立偽政權，把畢生功勳毀於一旦，留下千古罵名。

民國初立，孫中山和袁世凱兩人的威望有很大的分別，對孫中山讓位與袁有一定關係。袁世凱老邁昏庸，不顧歷史潮流，竟然復辟稱帝，遂大失人

225〔美〕恩斯特・楊、王小荷譯：〈袁世凱何以能夠登上總統寶座？〉，中南地區辛亥革命史研究會、武昌辛亥革命研究中心：《辛亥革命史叢刊》（4）（北京：中華書局，1982年），第257頁。

226《辛壬春秋》，第151頁。

227《辛壬春秋》，第130－131頁。

心，眾叛親離，憂憤而死，威名喪盡。若用這時的袁世凱評述清末民初的袁世凱行事，自然並不恰當。時人如張謇、嚴復都稱讚袁世凱。1906 年（清光緒三十二年）張謇致函袁世凱，推崇他苦心毅力為立憲作出貢獻：「公之功烈，昭然如揭日月而行。」1911 年 11 月 7 日，嚴復寫信給莫理循說：「這時袁在北方深受愛戴，有很高的聲望！」

袁世凱的聲望是來自實績的：

（1）軍事方面

創立常備和後備兵制，節省軍費：1902 年 6 月 9 日，袁世凱實授為直隸總督兼北洋大臣。25 日，袁世凱上奏《北洋創練常備軍營制餉章》：計丁抽練入伍，分常備、續備、後備。每兵均預儲軍械戰具，一有征伐，立時齊集。平時抽練，可省三分之一，戰時徵調，驟增兩倍之兵力。壯丁為常備兵，支給全餉，在營三年，退為續備，月支餉銀一兩，又三年，退為後備，月餉減半歸家。三年後，續、備有人，遇有戰事，即可徵調補足，六七年後，以五千之餉，可養二萬之兵，永無倉猝招募之弊。各武員皆係實缺，任專責重，絕無濫竽。這計劃得清廷批准，於是在天津省垣創設軍政司，負責全國武備。

奏請練兵處編列陸軍名號，通國一貫脉絡相連，將帥不得私立主名，行省不得自為風氣，所有北洋常備軍一律改為陸軍各鎮，以符名實。令軍隊成為國家的軍隊，不是將領的私兵。

定期進行軍事演習。1905 年 10 月 18 日，南北新軍在彰德會操，邀請有約國家派遣武官觀操，京司及各行省，亦派員參觀，為空前壯舉。未幾兩軍進行軍事演練，在湯陰東北聯合作戰，又在彰德城東對戰比武。列陣縱擊，盡極能事。演習完畢，依據戰理評判得失。尚武精神，聳動全國。

（2）教育方面

在直隸籌設全省學堂，以美人丁家立為西學總教習。1905 年 9 月 9 日，袁世凱奏請在保定設學校司，分置專門教育，普通教育，編課三處，並設師範學堂，考選舉貢生員作為學生。

在天津辦北洋大學（今名天津大學）、高等學堂、高等工業、農業、師範、北洋醫學各一所。初等農、工業暨藝徒學堂 21 所，初級師範及傳習所 89 所，中學堂 21 所，小學 180 餘所，初等小學 4,100 餘所。女師範一所，女學堂 40 所。學生共 86,652 人。天津成為全國各省教育最發達的地區。

首創釋囚教育，設天津習藝各局及罪人習藝所。凡徙流罪人免發配，收所習藝。俟刑滿出獄，可得一藝謀生。

（3）經濟方面

天津火車站鄰近租界，發展不便，於是與領事團協議另建新站。獲同意後，袁世凱從新站修築支路至西沽對岸，興建貨棧碼頭，面積有數十里之廣，天津租界商務漸轉移到這區，國人重新掌握天津經濟主權。中國商民對這項施政大為稱頌。

1905 年年 10 月 2 日，京張鐵路動工，英俄爭建，相持不下。10 月 23 日，袁世凱奏請以關內外鐵路餘利，年提銀百萬兩，中國自造，以詹天佑為督辦（總工程師），不用洋工程師。鐵路東起北京，西達河北張家口。張家口在居庸關外，是北京西北的軍事重鎮。京張鐵路是北京通往內蒙古的軍事、商旅要道。工程十分艱巨，特別是南口到八達嶺，需要越過燕山山脈。該區崇山峻領，峰巒環疊，古稱天險。外國工程界描述為難以完成的工程，嘲笑說：「能修築京張鐵路的中國工程師還沒有出世呢！」

詹天佑肩負了這項偉大的任務，1909 年 9 月 24 日全線通車。鐵路全長約 201 公里，工程費共為 500 萬銀兩。這是中國第一條不用外資及人員，國人自己設計和營運的鐵路，在中國鐵路史上寫下了光輝的一頁，為中國邁進了工業文明時代樹立了一塊里程碑。

（4）收回權益

八國聯軍之役時，外軍佔領了天津，並成立了都統衙門（英俄德法日義在天津臨時政府）管理天津，由於袁世凱在天津的文武發展規模成為各省之冠，治績成效日著，遂同意交還天津主權。但又以庚子條約刁難，不准華兵進駐天津二十里內。袁世凱密選部卒三千人，聘洋人教授巡警管理法，改穿警察服裝，進入天津。因紀律嚴明，維持治安，獲得中西商民交口稱譽。外國只得如約退兵，撤退天津。1902 年 8 月 15 日，袁世凱自北京到天津正式接收。天津士庶重見漢官，夾道歡迎！

八國聯軍入侵時，侍郎張翼恐懼直隸開平煤礦被俄人侵奪，奏請加招洋股，改為中外合辦。其後，袁世凱發現張翼受賄，出賣礦局予英商胡華。洋文合同載有礦地河道均行移交由接理人永遠執守。袁世凱認為國家土地被外人侵佔，張翼竟敢私賣國家礦產，奏請敕令外部向英使聲明，政府不承認胡華私人合約，如英商必欲合辦，應由外部另訂合同。清廷批准，勒令張翼限期收回礦權。張翼與英商在英國倫敦展開法律訴訟，獲勝，卒廢舊約。最後將開平有限公司註冊取銷，收歸國有。收復開灤煤礦主權，直隸民眾大為稱頌。

比利時商人向都統署（外人在津臨時政府）申請批准承辦天津電燈、電車，袁世凱以勢難阻止，於是按原約逐條批駁。歷時數月，最後合約定期五十年，贏利需繳交給天津地方政府 35%，再以餘利 20% 交給中國國家。期滿後一切產業歸直隸政府，並需先繳銀五萬兩。這合約令比商賺不到任何利益。

（5）外交方面

日俄戰爭結束，日本遣全權大臣小村壽太郎到北京，商議東三省善後問題。清廷下詔袁世凱入京參加會談。1905 年 11 月 17 日，中日北京會議開始，袁世凱與慶王奕劻、外務部尚書瞿鴻機為全權大臣，外務部右侍郎唐紹儀會同商辦。日方提出大綱十一條。清廷全部駁復，另提要求 7 項。每次開會，只有袁世凱與小村針鋒相對、嚴爭互駁，奕劻等不能贊一詞。12 月 22 日，中日東三省事宜善後條約在北京簽字。中國承認俄國讓與日本之滿洲各項權利，開奉天之鳳凰城、遼陽，吉林之長春、哈爾濱、吉林，黑龍江之齊齊哈爾、滿洲里等十六處為商埠。安奉鐵路仍由日本管理，以十五年為限，南滿鐵路護路軍隊將來日俄同時撤退。日人對條約大為震驚，日報批評小村失職，並繪嬰兒大人圖作為嘲諷，反映袁為中國爭回權益。

1906 年 12 月 6 日，中國根據中日新約，接收營口。營口被日軍佔領六年，至是交還，並繳還關稅銀 120 萬。當營口升起國旗，萬民歡慶。

八國聯軍後，美國在外交上經常幫助中國。故美總統羅斯福女兒愛禮斯經過天津時，袁世凱特別為她演劇歡迎。美艦隊來華，袁世凱請貝勒毓朗、侍郎梁敦彥隆重招待。唐紹儀至美，美總統對他說擬派遣大使駐華。袁世凱遂和慶王密謀，議定聯美政策，並先派大使以為禮先。這時中美幾乎聯盟。因樞臣與袁爭權，及太后德宗相繼駕崩，袁回籍養疴，中美聯盟因而中止。

袁世凱與英美建立良好關係，得到他們信任。武昌起義後四天（10 月 14 日），清廷任命袁世凱為湖廣總督，統率海陸軍對付起義部隊。朱爾典（John Jordan）自北京致電英國外交部格雷爵士（E. Grey）說：此項任命或許將保證北方軍隊的忠誠，大大加強清政府處理這次危機的力量。[228] 他讚揚袁世凱：「沒有人比他更適於充任漢人與滿清皇室之間的調人角色了。他是漢人中最受人信任的代表人物。」[229] 11 月 15 日格雷爵士覆電朱爾典：「我們對袁世凱懷有很友好的感情和敬意」，袁世凱的「政府將得到我們能夠提供的一切外交上的支持」，[230] 得到英國外交支持有何利益？

當時，清廷或是南京臨時政府都急需鉅款以支付軍餉和政費，而唯一可能得到的大宗收入就是海關關稅。武昌起義後，英國立即聯絡其他國家，控

228 胡濱譯：《英國藍皮書有關辛亥革命資料選譯》（上），第 4 頁。
229〔美〕李約翰著，孫瑞芹、陳澤憲譯：《清帝遜位與列強》（1908－1912），第 277 頁。
230《英國藍皮書有關辛亥革命資料選譯》（上），第 58 頁。

制關稅，防止革命黨人用作軍費，同時作為繼續向列強支付賠款的保證。孫中山當上臨時大總統後，便設法借貸以維持臨時政府，但得不到列強答應。相反，英國財團卻願意向袁世凱政府提供大額貸款。1912 年 2 月 28 日，得到匯豐銀行貸款 200 萬兩。此後，相繼得到四國銀行團、六國銀行團的 9,000 萬兩貸款，倫敦克利斯浦公司（C. Birch Crisp and Co.）和五國銀行團的 3,500 萬英鎊貸款。這些貸款有助袁政府度過經濟危機。[231] 無糧不聚兵，誰有錢，誰便能堅持到最後一刻。英國控制了中國大多數港口，它拒絕承認革命政府，令革命軍無法從海外運入武器，火力薄弱，無法向袁軍發動進攻。

1911 年 11 月 11 日，美國駐華公使嘉樂恒（W. J. Calhoun）致電美國國務院，強調革命黨人沒有前途，袁世凱代表唯一公認的政府，北洋軍隊在他的控制之下。孫中山以 16 票當選臨時大總統後，他認為南京臨時政府缺乏權威性和代表性，孫中山缺乏控制局勢的能力，「南方共和運動的弱點在於這場運動幾乎完全在廣東人的推動、支持和控制之下。……他對中國的內地，對中國人民的生活、性格傳統和習慣一無所知。中國各省之間，特別是內陸和沿海各省之間猜忌和敵對甚深。因此，在清朝勢力被驅逐之後，孫中山是否能夠控制形勢和贏得互相敵對的各種勢力的支持，是十分令人懷疑的。」

1912 年 1 月 16 日，嘉樂恒致電美國國務院，主張完全支持法國駐華公使幫助袁世凱，出面建議清帝遜位。2 月 13 日，清廷宣佈退位，嘉樂恒立即電告國務院，建議「在北方達成臨時共和政府時，應立即給予承認」。[232]

1911 年 12 月 23 日，袁世凱的英籍顧問莫理循對革命黨領袖們指出：「任命像孫中山或黎元洪這樣的領袖為民國的總統，決不能指望會得到列強的早日承認。孫中山對中國的情況一無所知，而黎元洪則在省外毫無地位。我對他們說，只有袁世凱才能得到列強的信任，因為他已經顯示出他的治理國家

---

231 楊天石：〈在華經濟利益與辛亥革命時期英國的對華政策〉，《從帝制走向共和——辛亥前後史事發微》（北京：社會科學文獻出版社，2002 年），第 269－270 頁。

232 崔志海：〈美國政府對辛亥革命態度的再考察〉，《晚清國家與社會》，第 383－397 頁。

的才能比中國當代的任何政治家為高。」[233]

當年的史書說：袁世凱於用人，重幹才，不避貪詐。一經賞拔，則顯達立至。所推舉督撫司道遍行省。病民之事，朝經察覺，夕必革除。雖朝旨部例，抗不遵從。於外交不避艱難，至力盡而止。新政尤能為各省倡，而始終重視練兵，六鎮將校千百人，皆手自拔，視若親子弟，人人能得其死力，以故北洋能遙執朝權。袁世凱以西法練兵，革新戎政，一切新政先天下並舉，遇外交尤能折衝。政府因特倚任大事，諮而後行，或竟委令處理，世凱亦沉毅敢為不避讓，北洋聲威震爍全國。[234] 對袁世凱給予很高的評價。

孫中山和革命黨人當時的表現是令人失望的，故聲望不如袁世凱。

（1）內爭劇烈

武昌起義陣營，文學社蔣翊武和共進會孫武，因爭功而摩擦，黎元洪乘機挑撥離間，打擊兩派，擴大自己的影響力。不久，武昌上海爆發了臨時中央政府所在地之爭，上海同盟會推黃興為大元帥、黎元洪為副元帥，鄂軍和江浙軍反對以敗軍之將為大元帥，力主黎元洪為大元帥，於是數日之內，正副元帥大位易人，臨時政府威信大受打擊。革命黨人更為了爭權奪利，暗殺政敵，開了民國政局的惡例。光復會領袖陶成章在上海設立光復義勇軍練兵籌餉滬局，公開招兵買馬，與滬軍都督陳其美爭奪地盤。陳其美不容異己，游說蔣介石行刺陶成章，指陶「蓄意破壞同盟會，擁戴章炳麟（太炎），抹煞孫、黃歷史，並謀刺陳其美，而以光復會代之為革命正統」。蔣介石「大駭。默忖其計果行，則滬軍無主，必復入混亂狀態，而當時東南人心未定，軍官皆清式遺孽，江浙仍將為滿清與袁賊所陷，熟權公私利害，決先除陶以定革命全局，事後自承其罪。蓋其心出於至誠，絕非對人有所好惡於其間，此為

233 喬・厄・莫理循：〈致達・狄・布拉姆函〉（北京 1911 年 12 月 23 日），《清末民初政情內幕 —— 泰晤士報駐北京記者、袁世凱政治顧問喬・厄・莫理循書信集》（上），第 818 頁。

234《辛壬春秋》，第 243－248 頁。

辛亥革命成敗最大關鍵，亦即公（蔣）革命重要歷史之一也」。[235] 毛思誠有機會審視蔣介石日記和檔案，其書不乏對蔣歌功頌德之辭，但細心審視內容，卻直書其事，毫不隱諱。如暗殺陶成章是民國成立不到半個月便發生的第一宗政治兇殺案，毛書簡明握要地簡介此案的來龍去脈：陳其美游說蔣介石為他殺死陶成章，蔣介石革命的重要歷史就是將盟友置諸死地，這真是「辛亥革命成敗最大關鍵」！

武昌起義後，清廷沒有處決行刺攝政王的汪精衛。下詔罪己，開放黨禁，「均着准其按照法律，改組政黨，藉以養成人才，收作國家之用。」陳其美、蔣介石殺害陶成章的借口，與清廷相比，是英明果斷的革命，還是凶殘殺戮的反革命，國人自能公斷。在 1936 年血腥鎮壓異己的年代，敢把真兇揭露，無私繩之於法，這種歷史「反筆」的描述技巧，真令後學敬佩！

1912 年 1 月 14 日，蔣介石到上海法租界廣慈醫院將陶成章殺死。因案情嚴重，孫中山立即致電要求陳其美緝拿兇徒：「閱報載光復軍司令陶成章君，於元月十四號上午兩點鐘在上海法租界廣慈醫院被人暗刺，槍中頸腹部，兇手逃去，陶君遂於是日身死，不勝駭異。陶君抱革命宗旨十有餘年，奔走運動，不遺餘力，光復之際，陶君實有鉅功，猝遭慘禍，可為我民國前途痛悼。法界咫尺在滬，豈容不軌橫行，賊我良士？即由滬督嚴速究緝，務令兇徒就獲，明正其罪，以慰陶君之靈，洩天下之憤。」[236] 陳其美沒有緝獲兇手，蔣介石也沒有「事後自承其罪」，3 月逃到日本暫避。[237] 陳其美用這種卑鄙的手段清除盟友，令同盟會和光復會的關係破裂，也令就職臨時大總統不到半個月的孫中山威信掃地。[238]

---

235 毛思誠：《民國十五年前之蔣介石》（4）（重慶：編者，1936 年石印本），第 32 頁。

236 孫中山：〈致陳其美令嚴緝刺陶成章兇犯電〉（1911 年 1 月 15 日），《國父全集》（4），第 180 頁。

237 秦孝儀編：《總統蔣公大事長編初稿》（1）（台灣，中國國民黨黨史委員會出版，1978 年），第 18－19 頁。

238《中華民國史》（1 下），第 678－679、816 頁。

（2）武力恐嚇參議院

民主政治的基礎是尊重法治，國會神聖莊嚴不可侵犯。臨時參議院就定都問題進行討論，考慮全國輿論主張定都北京，參議院進行投票表決，以大多票通過定都北京。孫中山、黃興不滿投票結果，急召同盟會參議員到總統府嚴斥，並諮文參議院要求覆議。黃興聲稱：「政府決不為此委曲之手續，議院自動的翻案，盡於今日。否則吾將以憲兵入院，縛所有同盟會員。」[239] 投票日，軍警包圍參議院，在武力威嚇之下，參議院再次投票，通過將臨時政府的地點由北京改為南京。以軍警威脅國會議員投票，為北洋軍閥作了個壞榜樣！

（3）屢改政體

民主政治體制有總統制和內閣制之分，無論行總統制還是內閣制，國家最高行政長官都是經由全民投票選出。其分別只在於管治大權屬於總統或內閣總理，總統制之總統擁有全國大權，內閣制則權在內閣總理，總統只是虛位，無實權。臨時政府籌備成立時，同盟會員討論國家應採何種政治體制。這時清廷資政院已經依照新頒憲法十九信條，用投票方式選舉袁世凱為內閣總理大臣，籌組內閣。在這政治背景之下，宋教仁雖然極力主張採用內閣制，但被孫中山反對，認為這時應該採用總統制。原因很簡單，袁世凱已經是執政的內閣總理大臣，若採用內閣制，那麼袁世凱什麼都不變，仍當他的總理。孫中山的總統便成為無實權的國家元首，革命黨人願意完全放棄執掌政權嗎？因此，臨時政府採用總統制，選出孫中山為臨時大總統。可惜，革命黨人既承諾推舉袁世凱為大總統，只要袁贊同共和，孫中山便讓位給他。但又不信任袁，於是在袁當選後，臨時政府在兩個月之內，迅速將總統制改為內閣制，企圖以此駕空袁世凱，讓他成為虛位元首。

「依據臨時政府組織大綱，採用美國總統制，故有國務員，而無內閣總

239《清代通史》（下），第 2736 頁。

理，及大勢所趨，袁世凱為總統。參議院即修改臨時政府組織大綱，而為臨時約法，採用法郎西（法國）內閣制。」[240] 政府體制隨時因人而變，這個政權還有威信嗎？這種衝着袁世凱而來的政制變改，能令衰心服嗎？原本擁有實權的袁世凱會甘心放棄權力嗎？

(4) 漢冶萍借款

臨時政府成立前已經存在財政困難，無法支付軍餉。1911 年 12 月 11 日，英國駐南京領事偉晉頌致電英國駐華公使朱爾典爵士說：「昨天，浙軍幾乎發生兵變，因為他們沒有得到餉銀，只是由於答應今天補發欠餉，才使他們平息下來。」[241] 臨時政府成立後，數萬各省軍隊聚集南京，支出龐大，但籌餉困難。孫中山聘請張謇出任財政總長，希望借他的財勢協助解決困難，但張拒絕，最後張只願意當實業總長，不過卻居住在上海，沒有到任。1912 年 1 月初，張謇致函黃興，轉述某軍官警告：「軍隊乏餉即潰，到那時只好自由行動，莫怪對不住地方。」1 月 6 日，黃興覆信張謇說他：「苦於無餉無械」，「當力籌之，並望公有以助我。」[242] 軍隊不斷來索餉，臨時政府囊空如洗，秘書長胡漢民說：「安徽都督孫毓筠以專使來，言需餉奇急，求濟於政府。先生（孫中山）即批給二十萬。余奉令到財政部，則金庫僅存十洋。」[243]

英國駐南京領事偉晉頌致電朱爾典說：「駐南京的其他部隊（除粵軍發足軍餉），包括浙江、江西、湖南等省部隊以及本地招募的士兵在內，都欠有二至四個月的餉銀。⋯⋯本月 17 日，發生了兩次小的兵變：一次發生在江西部隊中間，他們殺死了兩名軍官；另一次發生在總統自己的衛隊中間，它是由江蘇士兵組成的。」所以南京人都擔心類似北京的騷亂也可能在城內隨時爆

240 《辛壬春秋》，第 132 頁。

241 〈偉晉頌領事致朱爾典爵士函〉（1911 年 12 月 11 日），《英國藍皮書有關辛亥革命資料選譯》（上），第 300－301 頁。

242 黃興：〈覆張謇書〉（1912 年 1 月 6 日），《黃興集》，第 99－100 頁。

243 胡漢民：〈胡漢民自傳〉，《革命文獻》（3），第 59 頁。

發。[244] 朱爾典於是電告英國格雷爵士：南京城內「到處都有成群結隊的騷動的士兵，叫嚷發放欠餉」。[245]

孫中山雖然電催各省繳交稅款，但各省置之不理。於是與陸軍總長黃興、秘書長胡漢民密謀以漢冶萍煤鐵礦為質，向日本借款，將漢冶萍公司分與日人合辦，集股3,000萬元，中日各半，由公司轉借500萬元與政府，以應一時之急。臨時政府實業總長張謇在上海知道這事，認為「日人居心叵測，計算已久，合辦適投其所好，深恐影響國權，竭力反對」。張謇並辭實業總長職，出居上海租界，表示堅決。[246] 參議院大譁，嚴詞詰問，各界交相指責孫中山出賣國家權益。孫中山兩次咨參議院答覆漢冶萍借款並無違法，同時又致函章太炎解釋：

> 此事弟非不知利權有外溢之處，其不敢愛惜聲名，冒不韙而為之者，猶之寒天解衣付質，療飢為急。先生等蓋未知南京軍隊之現狀也。每日到陸軍部取餉者數十起，軍事用票，非不可行，而現金太少，無以轉換，雖強迫市人，亦復無益。年內無鉅宗之收入，將且立踣，此種情形，寓寧者俱目見之。召盛（宣懷）而使募債事，仍緩不濟急，無論和戰如何，軍人無術使之枵腹，前敵之士，猶時有嘩潰之勢。弟坐視克兄（黃興）之困，而環觀各省，又無一錢供給。以言借債，南北交相破壞，非有私產，無能為役。似此緊急無術之際，如何能各方面兼顧？[247]

244〈偉晉頌領事致朱爾典爵士函〉（1912年3月19日），胡濱譯：《英國藍皮書有關辛亥革命資料選譯》（下），第535－536頁。

245〈朱爾典爵士致格雷爵士函〉（1912年3月29日），胡濱譯：《英國藍皮書有關辛亥革命資料選譯》（下），第535頁。

246《國父年譜》（上），第552－553頁。

247 孫中山：〈覆章炳麟關於漢冶萍借款事函〉（1912年2月13日），《國父全集》（4），第214－215頁。

(5) 缺乏威望

時人說：「文威望無以懾服各省，號令不能下行。」[248] 蔡廷幹對莫理循說：在武昌時他曾問道孫中山在這場革命中起了什麼作用？人們告訴他，孫中山在起義中沒有起任何作用，起義純粹是軍事行動。與蔡廷幹會見的革命者以幾分蔑視談到他不過是一個革命的吹鼓手，沒有參加過任何實際行動。為了保住性命總是躲到一邊。他們說盡管在日本受過訓的人當中有一些曾是孫中山的黨人，但不能說孫中山在當前這場革命中起過任何作用。[249] 臨時政府毫無威信，各省都拒絕繳交稅款，反映這臨時政府得不到各省支持。

孫中山對革命黨人自相殘殺、借革命名義籌款十分痛心。這也是導致他決定讓位予袁世凱。除了陶成章一案外，同盟會內還有其他同志殺戮盟友之事發生。他寫信給鄧澤如解釋讓位的原因：指斥朱執信欺騙他，私到南洋籌款。

> 得權之時代，固執私見，妄殺多人，南洋同志亦有被其殺者。……革命之事本屬不難，而今日之紛亂，則同為革命黨各欲自樹一幟，大有不相下之勢，則他日之戰爭，不在殺敵為難，而實在自相殘殺之可畏也。……局外人不察，多怪弟之退讓，然弟不退讓，則求今日之假共和，猶未可得也。蓋當時黨人已大有爭權奪利之思想，其勢將不可壓，弟恐生出自相殘殺之戰爭，是以退讓，以期風化當時，而聽國民之自然進化也，倘袁氏不包藏禍心，恢復專制，則弟之退讓，實為不錯。[250]

248《辛壬春秋》，第 130－131 頁。

249〈蔡廷幹上校來訪接談記錄〉（1911 年 11 月 16 日），《清末民初政情內幕 — 泰晤士報駐北京記者、袁世凱政治顧問喬・厄・莫理循書信集》（上），第 795 頁。

250 孫中山：〈致鄧澤如論統一事權與統一籌款書〉（1914 年 10 月 15 日），《國父全集》（4），第 330－331 頁。

革命黨人爭權奪利，自相殘殺，喪失革命理想，令孫中山痛心！

七、辛亥革命的意義

辛亥革命雖然推翻滿清政府，成立中華民國，但束縛中國的不平等條約沒有廢除，國人在帝國主義侵略之下，仍然活在水深火熱之中，孫中山繼續為中國的富強而奮鬥，但到他生命之火熄滅那一天，「革命尚未成功！」雖然如此，辛亥革命是有其劃時代意義的。

1. 結束帝制

辛亥革命推翻了清王朝，結束了數千年來中國君主政治制度，建立了中華民國，產生了民主共和的政體。自此之後民主政治成為不可抗拒的歷史潮流，君主政制自此結束，任何人如想復辟稱帝，必然受到國人的反對而失敗。如袁世凱稱帝八十三天，眾叛親離而垮台。北洋舊例，將領見袁行跪拜禮。民國時段祺瑞反對還要曲膝，被馮國璋勸止。到袁拜年時，段、馮兩人向袁下跪行禮。袁立起身彎腰說：「不敢當，不敢當！」再至其子克定處，也行跪拜大禮。袁克定端坐不動，受之泰然。段怒氣沖沖，離去後埋怨馮：「我們做了上一輩子的狗，還要做下一輩的狗！」馮亦搖頭說：「我們不能再當一輩子狗了！」辛亥革命教曉國人不要再當狗奴材。稍後，張勳擁清廢帝復辟，不足半月而失敗，比袁的稱帝更短暫。此後，中國雖然仍有類似皇帝的獨裁者出現，但始終不敢稱帝，可見辛亥革命已將中國歷史推向民主政治前進了一大步。

2. 民族革命

革命黨以推翻滿清為職志，第一個革命黨興中會會員誓詞首兩句是「驅除韃虜，恢復中華」，誓要消滅滿人，建立漢人政權。孫中山和黃興十次革命的力量，全部依靠明末清初天地會、哥老會等會黨；華僑的樂於捐助軍餉，亦靠會黨幫忙。因此，孫中山在美國加入致公堂，受「大哥」一職，以便領導會黨起義。同盟會在武昌起義後，發表宣言，追溯革命源流，遠自鄭成功和洪秀全。歐洲大報不明中國歷史，都說中國革命，古無先例，不必經過大規模血戰，從 1894 年興中會成立，到 1911 年辛亥革命，首尾共十八年。武昌起義，不過三月，南京臨時政府便成立。再過百餘日，清帝便退位。革命步伐進程之快，令人讚歎不已！不知道中國革命，自天地會創設，至辛亥起義，已經歷時二百三十八年。一千多萬人已為反清而流血犧牲。[251]

清廷與民軍都同意和平解決政權轉移問題，民軍自然不能再建立漢人獨大的政權，把滿蒙回藏等民族排擠在中國境外。1912 年 12 月 29 日，唐紹儀、伍廷芳第三次會議，商定滿蒙回藏優待條件，提倡漢滿蒙回藏五族共和，臨時政府將各民族全部納入中華民族的大家庭裏，各族無分彼此，權利均等，沒有仇恨，互相尊重，中華民族到此溶成一體。此後英俄日雖想利用民族隔膜，謀我之新疆、西藏、東北，終於失敗。故可說是民族革命的成功。

3. 思想革命

辛亥革命不僅是推翻滿清皇朝，重新建立一個漢人管治的政權，而是結束了統治者受命於天、世代承繼的觀念。

251《清代通史》（下），第 2745－2753 頁。

孫中山在〈同盟會革命方略〉指出除驅除韃虜，恢復中華之外，「國體民生，尚當與民變革」，「其一貫之精神，則為自由、平等、博愛。故前代為英雄革命，今日為國民革命。所謂國民革命者，一國之人，皆有自由、平等、博愛之精神，即皆負革命之責任，軍政府特為其樞機而已。」

「今者由平民革命，以建國民政府，凡為國民皆平等以有參政權。大總統由國民公舉，議會以國民公舉之議員構成之，制定中華民國憲法，人人共守。敢有帝制自為者，天下共擊之。」

「文明之福祉，國民平等以享之。」

「四海之內，無一夫不獲其所。敢有壟斷以制國民之生命者，與眾棄之。」

「政治之害，如政府之壓制，官吏之貪婪，差役之勒索，刑罰之殘酷，抽捐之橫暴，辮髮之屈辱，與滿洲勢力同時斬絕。」

「風俗之害，如奴婢之畜養，纏足之殘忍，鴉片之流毒，風水之阻害，亦一切禁止。並施教育，修道路，設員警衛生之制，興起農工商實業之利源。」

「一國之政事，依於憲法以行之。」

「我漢人同為軒轅之子孫，國人相視，皆伯叔兄弟諸姑姊妹，一切平等，無有貴賤之差，貧富之別。」[252]

孫中山具體提出了國人都有平等的參政權利，總統和議會都由國民公舉，主權在民；國人無分貴賤，共享全國資源；並廢除畜奴、纏足、鴉片等惡習；提倡教育、建設、發展工農商業等。這些主張在臨時政府成立初時便相繼實施，國人思想因此潛移默化，新的生活帶來新的思想。

252 孫中山：〈同盟會革命方略：軍政府宣言〉（1908 年），《國父全集》（1），第 233－235 頁。

1906 年，孫中山提出「官吏是國家公僕」這個觀念。[253] 1911 年 12 月 29 日，他當選為臨時大總統那一刻，便自稱為「公僕」，沒有自稱國家最高元首。[254] 1912 年 2 月 13 日，孫中山咨參議院提出辭職，推薦袁世凱文說「舉為公僕」。[255] 孫中山的説話震撼了國人，國人仰視着這位新任的國家最高元首，竟然謙卑地自稱「公僕」，這讓國人根深蒂固的帝皇思想立即土崩瓦解、冰雪消融。國家最高元首不再是高高在上，而是全國民眾的僕人。君臨天下，俯視萬民的統治基礎不復存在了！中國傳統的五倫關係觀念因此動搖，袁世凱以為他有足夠的威望可以稱帝，忽略了國人的觀念已經轉變，沒有人再盲目效忠一個人，段祺瑞、馮國璋不願再當他的狗，更不願意當他兒子的狗。

五倫之首的君臣關係不復存在，皇帝沒有了，即是皇權沒有了，父權和夫權隨之大受衝擊，與此互為關係的家庭制度亦大受震盪，整個社會的結構為之改變。父兄既無法約束子弟，婦女亦再不是男性的附屬品，婦女地位不斷上升。人們的思想和行為完全擺脱傳統文化的束縛，自由尋求和接受各種新的思想，所以辛亥革命為稍後的新文化運動創造了良好的環境。

4. 列寧讚揚中國革命

辛亥革命摧毀了東方最大的古老帝國，並建立東方第一個民主共和國，對其他深受君主專制壓迫、帝國主義迫害的民族有很大的鼓舞作用。影響所及，不但亞洲的越南、印尼、菲律賓等國受到刺激，甚至俄國革命亦受影響。

1896 年孫中山在倫敦被清廷誘捕，引起了俄國革命者的關注。1897 年

253 孫中山：〈設立考試權糾察權以補救三權分立的弊病〉（1906 年 11 月 15 日），《國父全集》（2），第 413－414 頁；孫中山：〈三民主義與中國民族之前途〉（1906 年 12 月 2 日），《國父全集》（3），第 8－14 頁。

254 孫中山：〈勉任臨時大總統致各省都督軍司令長電〉（1911 年 12 月 29 日），《國父全集》（4），第 172 頁。

255 孫中山：〈咨參議院推薦袁世凱文〉（1912 年 2 月 13 日），《國父全集》（6），第 20 頁。

《俄國財富》雜誌第五期譯載了孫中山的《倫敦蒙難記》，孫中山遂為俄國革命者認識。他們十分關注中國革命，1911 年起布爾什維克的《星報》開闢了「中國革命」專欄，系統地報道中國政情。1912 年元旦，孫中山就任中華民國臨時政府大總統。四日之後，列寧領導召開的俄國社會民主工黨在布拉格舉行第六次代表大會，大會通過了由列寧起草的《關於中國革命的決議》，列寧高度讚揚孫中山，指出「中國人民的革命鬥爭具有世界意義，因為它將給亞洲帶來解放，並將破壞歐洲資產階級的統治，代表會議祝賀中國的革命共和派，表明俄國無產階級懷着極大的熱忱和深切的同情注視着中國革命人民獲得的成就」。列寧指出：「先進的文明的歐洲對中國的新生是不感興趣的。四億落後的亞洲人爭得了自由，覺醒了起來，參加了政治生活。地球上四分之一的人口已經從酣睡中清醒，走向光明、運動和鬥爭了。」[256] 稍後，李大釗撰文補充說：「孫中山先生便是亞洲人向着自由與光明奮鬥的領導者。」[257] 1911 年，中國革命推翻了滿清皇朝。六年之後，1917 年俄國革命爆發，沙俄皇朝亦隨之結束。

---

256 拉狄克：〈列寧與中國革命〉（1927 年 1 月 21 日），《1919－1927 蘇聯〈真理報〉有關中國革命的文獻資料選編》（1），第 261－262 頁；〈代表會議的決議：關於中國革命〉，中共中央馬克斯恩格斯列寧斯大林著作編譯局：《列寧全集》（1911 年 12 月－1912 年 7 月）（第 21 卷）（北京：人民出版社，1990 年），第 163 頁。

257 李大釗：〈中山主義的國民革命與世界革命〉（1926 年），《中文馬克思主義文庫》，網址：https://www.marxists.org/chinese/lidazhao/marxist.org-chinese-lee-1926.htm。

第二章

歷史逆流

1 宋教仁
2 張謇
3 熊希齡
4 張勳

孫中山說：「世界潮流，浩浩蕩蕩，順之則昌，逆之則亡。」[1] 世界潮流不斷前進，有時會遇到障礙物，擊起反彈，產生逆流，向後退卻。不過並不影響大潮流的趨勢，小小的逆流終於會被強大的潮流融合。秦始皇統一六國，廢封建，行郡縣，開啟了中國二千年大統一的局面。漢初倒行逆施，恢復封建，以為分封宗親，可以拱衛皇室，迅即導致七國之亂；晉代又恢復封建，結果又產生八王之亂；明代再次恢復封建，結果還是發生靖難之役，流血終局。證明恢復封建，城邦並立，是導致國家分裂、製造內戰的禍源，不符合中國大一統的歷史潮流。清末民初，世界潮流是共和政體，沒有人再相信真命天子、君權神授這回事，大多數人都認同主權在民這主張。無論是總統制，或是內閣制，國家元首都是由人民選出來的，雖然不是經過人民一人一票的直接選舉，而是代議政制，先由選民選出他們的代表——議員，再由議員投票選出國家元首。從清末資政院選出內閣總理袁世凱開始，中國便開始了民選國家領導人的政治模式。民國成立後，孫中山、袁世凱，都是根據憲法，經過選舉程序，成為國家元首的。任何一個國家元首，他的權力來源都是人民，不是天命。自此，任何一個人企圖違背歷史潮流，以為功高蓋世，足以稱帝者，必然失敗。袁世凱、溥儀，無一例外。

一、民國初年的亂局

1. 新政權的權力鬥爭

袁世凱是掌握清廷軍政財全權的內閣總理，南京臨時政府為爭取他，孫中山、黃興、汪精衛等革命黨人均承諾：若袁反清，則推舉之為大總統。臨時政府成立時，宋教仁力主內閣制，由內閣總理執掌全國大權；孫中山力主

1 〈國父墨蹟〉，秦孝儀：《國父全集》（9），第 633 頁。

總統制，由總統掌握全國大權。1911 年 12 月 27 日，各省代表會決定政府組織採用總統制。豈料袁世凱迫使清室退位，孫中山如約辭任臨時大總統一職時，他突然附加三項條件：

一、設臨時政府於南京；

二、新總統親到南京就任時，孫中山才正式辭職；

三、新總統須遵守《臨時約法》。

這三個條件顯示革命黨人完全不信任袁世凱，對他處處設防。尤其令袁世凱感到受騙的是：1912 年 2 月 15 日，臨時參議院全票選舉袁世凱為第二任臨時大總統。不足一個月，臨時參議院在 3 月 11 日公佈《臨時約法》，將政府體制由臨時政府議決採用的總統制，改變為總統沒有實權的內閣制。[2] 宋教仁說：「改總統制為內閣制，則總統政治上之權力至微，雖有野心者，亦不得不就範，無須以各省監制之。」[3] 不過，革命黨人無法解釋的是，內閣制既然是好的政體，清廷亦已經用選舉方法選出責任內閣大臣袁世凱，並委任他負責籌組內閣，為什麼不讓袁內閣繼續存在？臨時政府已經選出孫中山為臨時大總統，清帝退位，孫中山不必辭職，照舊當他的總統；袁世凱照舊當他的內閣總理，一切不變。為何不可？

可惜，革命黨人的國家體制因人而異，孫中山在位時，採總統制；換了一個袁世凱，便改為內閣制。[4] 那不是哄騙原本是內閣總理的袁世凱交出全權後，再安置他為虛位總統嗎？將政府體制作根本上的改變，變相把袁的大權奪去，袁世凱和北洋集團的文武官員甘心被騙嗎？他們甘心放棄原有的權力和地位嗎？北洋集團和所有舊政府勢力不願革命黨人搶奪其原有軍政大權，

---

2 羅家倫：《國父年譜》（上）（台北：中國國民黨中央委員會黨史委員會，1994 年），第 599 頁。

3 胡漢民：〈胡漢民自傳〉，羅家倫主編：《革命文獻》（3）（台北：中國國民黨中央委員會黨史史料編纂委員會，1953 年），第 63 頁。

4 楊天宏：〈論《臨時約法》對民國政體的設計規劃〉，《近代史研究》1998 年 2 期，第 101－108 頁。

權力鬥爭便必然爆發了！

北洋集團都明白，若新政府在南京成立，那麼除了袁世凱受制於人之外，北洋集團的影響力在新政府將不復存在，權力地位亦隨之而湮滅。因此，他們要繼續掌權，便要維持政治現狀，讓北京繼續成為政治中心。1912年2月15日，袁世凱致電南京，拒絕南下就職。25日，蔡元培等到達北京，迎接袁南下就職。29日晚，北京發生兵變。舊勢力紛紛通電，主張定都北京，不可改變。鑑於反對力量龐大，外國又有干涉的危機，孫中山和參議院只得同意袁世凱在北京就職，臨時政府遷至北京。袁世凱等舊勢力暫勝一仗。[5]

接着，新政府組織內閣，雙方又展開角力。3月13日，南北雙方同意委任唐紹儀為國務總理。15日，袁世凱向參議院提出十二部國務員名單，請求同意，該院以與十部不符，電請改正。雙方展開了內閣職位的激烈爭奪。袁稍作更動後，堅持外交、陸軍、內務、海軍等部的總長由他的親信出任，陸軍總長一位更成為雙方爭奪的焦點。南方將領強烈要求由黃興繼續擔任，袁堅持任命段祺瑞為陸軍總長。陸軍總長人選問題是由誰掌握軍權的問題，雙方都不願退讓。北洋集團絕不放棄掌握軍隊，北洋將領以「軍界統一會」名義致電參議院，聲稱如不以段祺瑞為陸軍總長，即「要求大總統另行組織政府」。最後，雙方妥協，袁世凱答應成立南京留守處，由黃興任留守，統率南方各省軍隊；任命王芝祥為直隸都督，以交換南方同意由段祺瑞任陸軍總長。王芝祥是直隸通縣人，曾任清廷廣西布政使，革命黨人認為王接近同盟會，由他任直隸都督，掌握軍權，可以抑制袁世凱。財政總長也是雙方爭奪的職位，最後由立憲派熊希齡擔任財政總長。

3月29日，臨時參議院通過唐紹儀提出的各部總長名單。30日，袁世凱正式任命各部總長：

外交　陸徵祥

內務　趙秉鈞

5　賴暋：《中華民國史事紀要》（2）（台北：國史館，1990年），第1－33頁。

財政　熊希齡

陸軍　段祺瑞

海軍　劉冠雄

教育　蔡元培

司法　王寵惠

農林　宋教仁

工商　陳其美

交通　唐紹儀兼，後以施肇基充任

參謀　黃興（但黃興拒不受命，最後由黎元洪領參謀總長事）

4 月 1 日，孫中山宣佈解除臨時大總統職務。同日，任命黃興為南京留守，仍統轄南方各軍。2 日，臨時參議院議決臨時政府遷往北京。23 日，直隸諮議局議員謁袁世凱，請以王芝祥為直隸都督，但受到京津軍界反對。5 月 26 日，王芝祥到北京謁袁世凱，準備就任直隸都督。袁表面上對王甚為禮遇，但密令北洋軍人通電反對。直隸是北洋六鎮的發源地，也是袁世凱的家底，怎可能讓外人染指？[6] 革命派妄想派人單刀赴會，和平接收袁的家底，政治考慮欠缺成熟，完全不切實際。袁借此表示不能委他為直督，改派王為南方軍隊宣慰使，協助黃興解散留守部隊。唐紹儀不同意，認為此事與內閣和政府威信有關，不能失信於順直議會和同盟會。袁直言：王係革命黨人，若使他督直，不啻引狼入室，將來他和南方聯合，我們還有餘地嗎？唐說：以前既已答應，現在就不能失信。堅持委任直督是責任內閣的職權，他一定要按原來的委任發表。袁說：這是你答應的事，我以前並不知道。內閣發的委任命令，我不蓋印。唐亦拒絕副署任命王芝祥為南方軍隊宣慰使的命令。6 月

6　唐在禮：〈辛亥以後的袁世凱〉，中國人民政治協商會議全國委員會、文史資料研究委員會編：《文史資料選輯》（53）（北京：中國文史出版社，1986 年），第 167－169 頁。

15 日，袁世凱把沒有唐副署的委任狀交給王芝祥。[7] 16 日，唐即提出辭職，不告而去。袁世凱在「王芝祥委任」一事，破壞責任內閣的副署制，首次擺脫《臨時約法》的約制。一般參議員和新聞記者缺乏政治素養和觸覺，忽略事情的嚴重性，不知道拒絕副署，總統單方面委任重要官員是破壞法治、「違憲」的大事。[8]

2. 南京兵變

袁世凱在殘酷的政治鬥爭環境中成長，知所進退。敵人力量雄厚時，便稍作退讓，蟄伏待機。敵人弱點暴露，便全力出擊，務求全殲敵人。武昌起義，各省紛紛宣佈獨立，革命浪潮席捲全國，民軍氣焰高張，不可一世。於是袁世凱稍避其鋒，表示傾向共和。其後發現臨時政府只是紙老虎，並無真正力量可以制衡他，就步步進迫，奪取一切權力。

一般書籍只記述北京兵變，借此抨擊袁世凱拒絕赴南京就職，不受孫中山和臨時政府約束，而忽略了南京兵變，一場瓦解同盟會政治威信和軍事權力的兵變。

革命黨人主張引進外國的政治制度來改革國家，但除少數領導有研究外國政治體制的內涵外，大多數革命黨人都缺乏民主政治的素養，只知道享有政治權利，忽略需要承擔義務。南方十七省代表鬧哄哄的選出了孫中山為臨時大總統，熱熱鬧鬧的組織了臨時政府和臨時參議院。不過，大多數革命黨人都只是為個人爭權奪利，霸佔地盤，搶奪官位，而忽略國家和政黨的長遠利益。試想一想，國人不交稅，政府能運作，軍隊能保存嗎？這是普通常識，誰都知道。可惜，令人莫明其妙的，就是參加臨時政府的南方十七省，

7 張煥宗：《唐紹儀與清末民國政府》（保定：河北人民出版社，1998 年），第 113－115 頁。

8 李劍農：《中國近百年政治史》（下）（台北：商務印書館，1969 年），第 375 頁。

全部都沒有向臨時政府繳交稅款，坐視不理臨時政府囊空如洗，財政部和孫中山多次致函各省都督催稅，都不予回覆。結果政府無錢運作，官員欠薪，士兵無糧無餉。孫中山和黃興為籌錢而大傷腦筋，被迫向外借債。十七省參議員徒發高論，指責孫中山出賣國家權益來借外債，完全不管政府缺錢的危機，沒有盡其應負的政治責任，督促本省上繳稅款。這種政治形勢，孫中山的臨時大總統還怎能當下去？

臨時政府北遷時，南北協議，任黃興為南京留守，繼續領導南方軍隊。無糧不聚兵，是參政者的普通常識。革命黨人對南京駐軍的無糧無餉，偏偏就是無動於衷。軍人不但欠餉兩至四個月，連飯也吃不飽，只能吃稀粥，稍後連稀粥也吃不上。臨時政府北遷早幾天，3 月 29 日，英國駐華大使朱爾典致電其外相格雷報告：大批駐南京未發軍餉的部隊連群結隊，到處叫嚷發放軍餉，令南京市民擔心類似北京的騷亂可能在城內隨時爆發。[9] 外國人都觀察到騷亂即要爆發的危機，革命黨人就是不管！南京——臨時政府政治中心——的安危，沒有革命黨人給予應有的重視。

4 月 6 日，黃興就任南京留守。11 日，到上海籌募軍費，是夜，俞應麓第 7 師第 14 旅（旅長鄧文輝）所轄之第 27、28 團，二三千人突然譁變，搶劫白門橋、太平橋一帶商民，並濫殺無辜。南京留守府總務廳長何成浚立即調城外駐軍王芝祥部入城，擊殺亂兵。至 12 日晨 8、9 點鐘平息。軍法局開具參加譁變者名單，黃興夫人徐宗漢沒有慎重審訊譁變士兵，查清主從刑責，便用黃興名義全部處決，大肆殺戮了七八百人。[10] 其鎮壓兵變手段之殘酷，

---

9 〈朱爾典爵士致格雷爵士函〉（1912 年 3 月 29 日於北京），胡濱譯：《英國藍皮書有關辛亥革命資料選譯》（上）（北京：中華書局，1984 年），第 535－536 頁。

10 李書城：〈辛亥革命前後黃克強先生的革命活動〉，中國人民政治協商會議編：《辛亥革命回憶錄》（1）（北京：中國文史資料出版社，1981 年），第 200－215 頁；辛亥革命網：《南京贛軍嘩變》，辛亥革命網址：http://www.xhgmw.org/html/xiezhen/licheng/2014/0715/721.html；金滿樓：〈辛亥革命後黃興留守南京為何功未成身先退？沒錢〉，人民網文史網址：http://history.people.com.cn/n1/2016/0317/c372327-28206712.html。

超過北京。黃興聞訊趕回南京，內疚萬分，只有盡快解散軍隊，以免再起兵變。14 日，黃興電請取消南京留守府，由江蘇都督程德全派軍移駐南京。22 日，黃興通電裁兵，先後裁撤第 2、5、26 師，及第 10 旅。6 月 4 日，袁世凱正式批准南京留守黃興銷職，所有軍隊分別歸陸軍部江蘇都督接管。[11]

有些人認為黃興解散軍隊削弱了革命力量，從權力鬥爭的觀點來說，是犯了極大錯誤，導致其後第二次革命失敗。[12] 這些人高談闊論，沒有探究為什麼十七省都不肯上繳稅款，認真檢討南京兵變的原因和惡劣影響。

（1）同盟會威信盡失

武昌起義時，清廷文武如嚴復和馮國璋對共和制度存疑，認為國人的政治水準尚未達到施行共和制度的時候。英美等國駐華公使評估南北政情，認為孫中山、黃興、黎元洪等人缺乏治國經驗和能力，不及袁世凱有實際管治國家的功績，遂支持袁世凱，拒絕承認孫中山領導的南京臨時政府。革命黨人沒有認真研究分析，沒有踏踏實實地幹出一番政績，來爭取國際的認同。大多數革命黨人缺乏危機意識和政治操守，只顧爭取個人利益，甚至破壞團結，暗殺盟友。同盟會陳其美竟然因為與同盟會內的光復會爭權，派蔣介石暗殺其領袖陶成章，這案發生於孫中山就任臨時大總統還只是半個月，怎能不讓中外震驚？南京是臨時政府的首都，中外觸目的地方，只有四個多月，便爆發了士兵譁變，武力鎮壓的慘劇。這顯示外國判斷正確，孫中山、黃興等同盟會人缺乏治理國家，穩定局勢的能力。同盟會在國內外的威信盡失。

---

11 郭廷以：《中華民國史事日誌》（1）（台北：中央研究院近代史研究所，1979 年），第 33－49 頁。

12 薛君度著、楊慎之譯：《黃興與中國革命》（長沙：湖南人民出版社，1980 年），第 137 頁；汪朝光：〈論民初裁兵問題及其與資產階級的關係〉，《近代史研究》（1986 年第 2 期），第 137－139 頁。

(2) 同盟會法治觀念薄弱

同盟會批評滿清專制獨裁，人治而非法治。到它掌權後，法治觀念還不如清廷。如國家政體，朝令夕改。孫中山就任為臨時大總統時，就推行總統制；到孫中山辭職時，臨時參議院就立即修改法例，把總統制改為內閣制，完全針對袁世凱當選臨時大總統就修改國家體制，國家大政隨意變更，這是尊重法治，還是藐視國法？

臨時參議院接受全國輿論，議決定都北京。孫中山、黃興不滿，斥責同盟會籍之參議員，迫他們翌日推翻前議，黃興更派軍警包圍議院，威嚇議員。這是尊重國法的好榜樣嗎？

南京兵變更犯下嚴重的司法錯誤。譁變士兵，未經正式軍法審訊，不分罪責輕重，便全部處死，這是革命政府的德政，還是清廷的暴虐無道？決定斬殺全部譁變士兵的是黃興夫人徐宗漢，當時徐宗漢以什麼身份——官職——負責審訊？根據哪一條法規授權她主持軍事法庭？一個留守夫人隨便下令斬殺數百名士兵，竟然有人執行其命令，卻沒人質疑其濫權。這算是尊重法治，以法治軍嗎？兵變之後，孫中山、黃興和同盟會各領袖，可有考慮南京兵變對法治的影響？

(3) 同盟會分崩離析

同盟會是清末革命團體的大聯盟，由廣東興中會（孫中山、胡漢民、汪精衛）、湖南華興會（黃興、宋教仁、陳天華）、上海光復會（章炳麟、陶成章、蔡元培）、湖北共進會（孫武、劉公、居正）、武昌文學社（蔣翊武、劉復基）等革命團體組成。這個革命聯盟的共同目的是推翻清廷，但各有其利益考慮，結盟不久，興中會與光復會便因日本捐款的問題發生衝突，陶成章發起輿論攻勢，誣告孫中山貪污；湖北共進會和文學社亦因爭奪起義的領導權不和。這都發生在武昌起義之前，軍政府成立後，共進會和文學社爭權奪利，黎元洪乘機挑撥離間，借孫武排擠蔣翊武，激化共進會和文學社的矛盾，誘發文學社暴動，迫孫武等人逃奔漢口，又追究策動暴動的文學社，進行血腥鎮壓，斬殺數十人。重創武昌革命力量，完全控制軍政府。[13] 為了爭奪革命的領導大權，上海同盟會人搶先選出黃興為大元帥，黎元洪為副元帥。因大元帥有組織臨時政府之權，這即是架空軍政府原有之權力。黎元洪當然反對，拒絕承認。武昌和江浙將領認為黃興是敗軍之將，棄守武昌，根本看不起他。最後，改選黎為大元帥，黃興降為副元帥。革命陣營權力鬥爭家醜外揚，令國人側目！臨時政府成立，產生各部長官，同盟會再次爆發權鬥，武昌首義會員認為上海會員壟斷臨時政府要職，相當不滿，尤以黃興任陸軍總長，反對任命孫武為次長，令武昌首義將士甚為憤怒，孫中山未能協調各方利益，導致各省離心離德，消極拒絕交稅，使臨時政府陷於癱瘓。十七省和同盟會領袖坐視南京兵變發生，讓黃興在中外注視下出醜。黃興無法收拾軍心，只是盡快進行裁軍，以免兵變再起，而非安撫眾將士。這樣刻薄寡恩，部下還會為他出生入死嗎？起義將士感受到殘酷的現實是：革命成功了，同盟會要員都跑到北京當官去。這班曾經為革命流血犧牲的士兵，卻被棄置不顧；糧餉被拖欠，無法養活家人，自己連飯都吃不飽；希望借鬧事，討點欠餉，卻被違法屠殺。在生的已經如此，陣亡和傷殘的軍人及其遺屬，怎會得到撫卹？追隨同盟會卻落得如此田地，令眾將士後悔不已。南京兵變指控同盟會的革命理想只是謊言，其威信和聲望因此破產，誰都不再信它。

政治鬥爭，沒有軍隊，就沒有力量。單憑一紙約法，數十張咀，就能擊倒袁世凱嗎？南京兵變顯示同盟會人對政治的無知和無能，忽略爭取軍人支持。有數十年政治鬥爭經驗的袁世凱，面對這樣的對手，豈會放過消滅它的機會？

3. 袁世凱孫中山黃興北京會談

袁世凱明白孫中山、黃興對革命黨人有巨大的影響力，想借兩人的聲望

13　李新：《中華民國史》（1 下）（北京：中華書局，1987 年），第 678－679 頁。

來鞏固自己的統治地位。故他就任臨時大總統不久，便致電孫中山，請他解職後，盡快北上擔任他的最高顧問，以後多次通過第三者和派專人、專車南下迎接。袁亦多次邀請黃興北上，但都被兩人謝絕。後唐紹儀、陸徵祥兩人的內閣先後解散，政局不穩。孫中山才同意接受袁的邀請，希望有助調處政局。

1912 年 8 月 24 日，孫中山到達北京，受到國家元首規格的隆重接待。晚上孫中山訪袁世凱，袁親到總統府大門迎接。28 日，袁為孫中山舉行盛大的歡迎宴會。袁盛讚：中山先生為民國第一首功。「此次來京，實為南北統一之一絕大關鍵，亦即民國前途安危之所繫。」最後，袁世凱高呼：「中山先生萬歲」！孫中山答謝辭也稱讚袁世凱「善於練兵」，「富於政治經驗」。最後，也高呼「袁大總統萬歲」！[14]

孫中山在北京的二十六天裏，與袁世凱晤談了十三次。他第一次與袁世凱會議完畢，出來對人說：「袁總統可與為善，絕無不忠民國之意。國民對袁總統萬不可存猜疑心，妄肆攻訐，使彼此誠意不孚，一事不可辦，轉至激迫袁總統為惡云。」[15] 與袁接談兩次後，9 月 8 日，致電黃興，促他到北京一行。

孫中山對與袁的談話感到十分滿意。10 月 6 日，他在上海國民黨歡迎會演講，讚揚袁世凱「有真實能力，勇於幹事，迴異常庸。彼在北洋練兵，卓著成效，故此人而入民國，亦必為重要人物」，與他討論國家大政策，亦精闢入微。所以他「信袁之為人，很有肩膀，其頭腦亦甚清楚，見天下事均能明徹，而思想亦很新。不過作事手腕，稍涉於舊，蓋辦事本不能全採新法。革命起於南方，而北方影響尚細，故一切舊思想，未能掃除淨盡。⋯⋯故欲治民國，非具新思想舊經練舊手段者不可，而袁總統適足當之」。現在黃興主張政黨內閣，邀請國務員加入國民黨，以調和各派意見，袁世凱十分贊成。現

---

14 李新：《中華民國史》（2 上），第 132－133 頁。引自〈總統公讌孫中山之詳情〉，《時報》，1912 年 8 月 30 日。

15 孫中山：〈國民勿迫袁總統為惡〉（1912 年 8 月 27 日），《國父全集》（2），第 467 頁。

在「國務員已入加本黨。是今日內閣，已為國民黨內閣，民黨與政府之調和，可謂躋於成功」。孫中山對黨員呼籲：「當以全力贊助政府及袁總統。袁總統既贊成吾黨黨綱及主義，則吾黨愈當出全力贊助之也。」[16]

經過黃興的調和，9 月 24 日，臨時參議院通過趙秉鈞國務總理的任命。國務總理和大部份內閣成員稍後都加入了國民黨。25 日，臨時大總統秘書廳通電公佈：

> 孫中山、黃克強（興）兩先生先後蒞京，過從歡洽，從容討論，殆無虛日。因協定內政大綱八條，質諸國務院諸公，亦翕然無間。乃以電詢武昌黎副總統，徵其同意。旋得覆電，深表贊成。其大綱八條如左：
>
> 1. 立國取統一制度；
> 2. 主持是非善惡之真公道，以正民俗；
> 3. 暫時收束武備，先儲備海陸軍人才；
> 4. 開放門戶，輸入外資，興辦鐵路礦山，建置鋼鐵工廠，以厚民生；
> 5. 提倡資助國民實業，先着手於農林工商；
> 6. 軍事、外交、財政、司法、交通，皆取中央集權主義，其餘斟酌各省情形，兼採地方分權主義；
> 7. 迅速整理財政；
> 8. 竭力調和黨見，維持秩序，為承認之根本。

袁世凱邀請孫中山、黃興到訪北京，得到很大的政治收穫。臨時參議院停止了對袁政府的抨擊，政局暫時得到穩定。

16　孫中山：〈國民黨當以全力贊助政府〉（1912 年 10 月 6 日在上海國民黨歡迎會演講），《國父全集》（3），第 94－95 頁。

1912 年 10 月 5 日英國《旁觀者》報道：「此間情勢已有驚人的進步，民眾對民國政府深為滿意，對臨時大總統的反對聲浪也沉寂下去了。」同一天，上海英文刊物《國民評論》周報：「黃興到北京後，繼續致力於消除黨派之間的猜忌和紛爭，其結果無疑加強了政府的力量。」[17]

4. 政黨政治與宋教仁案

清朝末年，影響政局的主要政治力量，有革命派、立憲派和北洋官僚派三股勢力。

革命派的行動常是激進的，主動的，不計當前利害的。

北洋官僚派的行動常是固守的，被動的，對於當前的利害計較最切的。

立憲派，其計較當前利害與北洋官僚派略同，但不如他們的固守，也不及革命派的激進，有時被動，有時也主動。

立憲派善於看風駛艃。武昌起義時，各省紛紛宣佈獨立，革命形勢大好，立憲派領袖如湯化龍、張謇等紛紛參加革命。當北洋派取得全國政權，立憲派隨即轉而與之合作。[18]

清末開放黨禁，於是政黨如雨後春筍，紛紛湧現。據統計，武昌起義到 1913 年底，新興的政治黨會有 312 個，連同聯誼、實業、公益、學術、教育、慈善、軍事、宗教、國防、進德等類別的黨會，共有 668 個。學者認為這些政黨成立的目的有以下三種：

一、為了擁護一個領袖共謀富貴；

二、為了乘機湧進行政機關，爭取幾個人的地位；

三、為了對抗其他集團而組織。[19]

17 薛君度著、楊慎之譯：《黃興與中國革命》，第 138－144 頁。

18 《中國近百年政治史》（下），第 361－362 頁。

19 張玉法：〈民初政黨的調查與分析〉，張玉法：《中國現代史論集 4：民初政局》（台北：聯經出版事業公司，1980 年），第 33－35 頁。

1912年4月29日，臨時參議院正式在北京復會，議員126人，所屬的政黨主要有五個：

一、中國同盟會：原為秘密革命組織，1912年3月3日在南京改為公開政黨。孫中山為總理，黃興、黎元洪為協理，胡漢民、汪精衛、宋教仁、張繼等為幹事。

二、統一共和黨：1912年4月11日在南京成立，領袖是吳景濂、谷鍾秀，政見接近同盟會。

三、統一黨：1912年3月2日在上海成立，領袖為同盟會內光復會章太炎、立憲派張謇。政見與同盟會對立。

四、民社：1912年1月16日在武昌成立，後在上海設立總部。由武昌首義份子孫武、藍天蔚、劉成禹組成，擁護黎元洪為領袖，與同盟會爭權。

五、共和建設討論會：1912年4月13日在上海成立，由原立憲派份子組成，領袖湯化龍、林長民。

上述各黨派不斷分化重組，1912年5月9日，統一黨、國民協進會和民社在上海結合為共和黨，後將本部設在北京。黎元洪為理事長，張謇、章太炎為理事。

8月25日，同盟會與統一共和黨等在北京合組國民黨，選孫中山為理事長，黃興、宋教仁、吳景濂為理事。

9月27日，共和建設討論會聯合其他小黨派組成民主黨，選湯化龍為幹事長。

北京臨時參議院的政爭主角是共和黨和同盟會，同盟會以民權黨自命，共和黨則以國權黨自居；同盟會對袁世凱處處防制，共和黨則常常擁護之；前者詆後者為御用黨，後者則詆前者為暴民黨。因共和黨得到袁世凱軍閥官僚勢力支援，故參議院的行動常被共和黨操縱。北京臨時參議院的主要工作是制定法規、通過內閣人事任命，並監督施政。如第一屆內閣組織的程序，先由臨時大總統袁世凱在北京提名唐紹儀為內閣總理，咨請南京參議院同意。3月13日，參議院通過唐組織內閣案。29日，唐到南京參議院報告施政，提出閣員名單徵求同意。經參議院修改人選後，30 日，由袁正式發表。4 月 21 日，唐返回北京。23 日，國務院正式成立。

1912 年底到 1913 年初，根據國會組織法、眾議院議員選舉法、參議院議員選舉法等法規，進行國會選舉。國會由參、眾兩院組成。眾議院議員依照人口多少比例選出，參議院議員由各省省議會選出。當時全國人口 4 億 1 千萬人，合格選民約 4,300 萬人。眾議院在 1912 年 12 月 10 日初選，1913 年 1 月 10 日覆選。參議院蒙古、西藏、青海在 1913 年 1 月 20 日選舉，其餘省份在 1913 年 2 月 10 日選舉。

全國選舉結果，眾議院 596 席，國民黨 269 席，共和黨 120 席，統一黨 18 席，民主黨 16 席，跨黨及未定黨籍者 173 席。參議院 274 席，國民黨 123 席，共和黨 55 席，統一黨 6 席，民主黨 8 席，跨黨及未定黨籍者 82 席。國民黨在參眾兩院均佔 45%，成為國會第一大黨。[20] 為了和國民黨對抗，共和、統一、民主三黨合併為進步黨。因為革命的勝利，讓立憲派陷入「若喪家之狗，無所歸宿，言之氣結」的窘境，唯一的出路就是與袁世凱結成同盟。1912 年 3 月 24 日，梁啟超向袁世凱建議由他聯合舊立憲派和革命派中分化出來的份子，組織一個「健全之大黨」，以與國民黨為「公正之黨爭」。袁欣然接受梁的獻策，答應為新黨提供活動經費二十萬元。1913 年初，國民黨在國會大選中處於領先地位，三黨不聯合，將難與國民黨對壘；袁世凱不趕緊組織一個為己所用的政黨，亦不能有效控制國會。於是三黨在梁啟超的活動下，迅速合併。1913 年 5 月 29 日，進步黨正式成立。理事長黎元洪，理事梁啟超、張謇、伍廷芳、孫武、那彥圖、湯化龍、王賡、蒲殿俊、王印川等九人。這是一個由袁世凱幕後策劃和支持成立的政黨。[21]

國會選舉結果一方面催生了進步黨，同時也引爆一場嚴重的政治危機，

20 《中國近百年政治史》（下），第 362－364 頁；張玉法：《中華民國史稿》（台北：聯經，1998 年），第 62－66 頁。

21 李新：《中華民國史》（2 上），第 248－251 頁。

宋教仁立即為國民黨草擬了《國民黨大政見》，1913 年 4 月 2 至 7 日在《民立報》發表，極力主張責任內閣制，「責任內閣制之要義，即總統不負責任，而內閣代總統對於議會負責任是也。今吾國之現行制，責任內閣制也。然有責任內閣制之名，而無責任內閣制之實，故政治因之不舉。吾黨主張將來憲法上仍採用責任內閣制，並主張正式政府由政黨組織內閣，實行負責任。凡總統命令，不特須閣員副署，並須由內閣起草，使總統處於無責任之地位。」[22] 這主張清楚明白要由「政黨組織內閣」，取消總統原有委任內閣總理和各部總長的職權，令「總統處於無責任之地位」。換言之，不但袁世凱的權力被剝奪，其委任的總理、各部總長，亦樹倒猢猻散，權力地位化為烏有。國民黨乘國會大選獲勝的機會，企圖改變原來的政治生態，一舉奪取北洋派全部權力，自然立即掀起了新一輪的國民黨和北洋軍閥及官僚的權力鬥爭。

宋教仁以組織內閣的候補者自居，到處演説宣傳國民黨政綱，批評時政得失。孫中山派宋教仁到北京代理國民黨理事長，袁世凱大受威脅，想用金錢收買宋，給他銀行支票簿，令自由支用，宋不為所動。袁與北洋派官僚軍閥無法消除其奪權的威脅。1913 年 3 月 20 日 22 時 45 分，宋教仁準備從上海乘車到北京，步入上海車站時，遭埋伏的殺手槍擊重傷，延至 22 日，傷重不治。24 日，捕獲兇手武士英、應夔丞兩人，並在應宅搜出謀殺證據多種，內有應夔丞與國務院秘書洪述祖和內閣總理趙秉鈞的往來電報和函件，全國大為震驚。[23]

5. 二次革命

孫中山知道宋教仁被刺身亡，極為悲悼。立即在長崎致電國民黨本部及

22 〈宋遯初先生所草國民黨大政見之露布〉，《國父全集》(2)，第 36 至 42 頁。引自《民立報》(1913 年 4 月 2－7 日)。

23 《國父年譜》(上)，第 675－676 頁；《中國近百年政治史》(下)，第 383－391 頁。

上海交通部，令黨人合力查出宋教仁被害原因，以謀昭雪，並立即起程回國。3月25日到達上海，當晚即與黃興、陳其美、居正、戴傳賢等人，會商應付辦法。孫中山主張即起兵討袁，與黃興有所爭執。黃興說：「民國已經成立，法律非無效力，對此問題宜持以冷靜態度，而待正當之解決。……以為南方武力不足恃，苟或發難，必至大局糜爛。」[24] 黃興負責大裁兵，知道國民黨無餉無兵，無法對袁用武。

4月24日，刺殺宋教仁兇手武士英在上海獄中暴斃。25日，江蘇都督程德全與民政長應德閎奉袁世凱令調查宋教仁被刺案，在是日將所獲證據全案宣佈，並致電袁世凱、參眾兩院及國務院，及通電各方，主張徹底訊究。證據顯示，由大總統袁世凱嗾使國務總理趙秉鈞，趙秉鈞嗾使內務部秘書洪述祖，洪述祖嗾使應夔丞行兇。26日，孫中山與黃興聯名通電各省都督，主張嚴究主名。[25] 5月1日，國務總理兼內務總長趙秉鈞因宋案受各方攻擊，稱病辭職（1914年2月26日，在天津直隸都督官署中風病逝。1998年5月20日，其孫趙純佑給族人的信，說其先祖是中風，腦溢血而死，非時人所稱之七孔流血暴斃）。5月6日，上海地檢廳向北京地檢廳發出傳票，請傳解宋案嫌疑犯趙秉鈞到上海候質。但趙秉鈞以曾在北京法國醫院診治，現舊病復發，拒絕到上海。5月30日，上海廳開庭審訊。原告代表律師因宋案要犯未到案，請求緩期開庭公判，強烈要求上海廳發出提票，強行拘傳趙、洪等到案。被告律師宣稱現任本庭法官未奉大總統、司法總長任命，不符合《臨時約法》的規定，沒有開庭的資格。由於雙方律師抗告，上海地審廳未經審案，宣佈退庭。黃興等人的法律解決，完全成為空談。[26]

宋案發生時，國民黨的形勢如下：

一、孫中山、李烈鈞始終堅持武力倒袁政策。其餘領袖，或反對，或游

---

24 《國父年譜》（上），第678－679頁。

25 《國父年譜》（上），第685頁。

26 李新：《中華民國史》（2上），第273－275頁。

移不定；

二、北京國會中大部分國民黨員想與進步黨合作，以法律制袁；

三、南方各省的實力，湖北雖為革命發祥地，但此時完全被黎元洪把持，而黎已被袁拉攏，為袁效力。湖南雖在國民黨手中，譚延闓態度游移畏葸，軍隊不和。安徽柏文蔚態度與譚相同，部下也不一致。南京自留守府撤銷後，蘇督程德全首鼠兩端，軍隊動搖。廣東則胡漢民、陳炯明對立，軍隊紊亂。只有江西李烈鈞可控制局面。其他各省也是局勢混沌不明。因此，國民黨實是缺乏討袁的軍事力量。[27]

袁世凱早已作了武力統一的準備。1912 年 8 月，密令「各軍統制，一律招足十成，不准缺少一名」，又秘密傳諭各鎮初級以上軍官：「一、袁總統為北方各軍之父母，無論何人，有與袁總統反對者必出死力與之抵抗；二、大總統有統轄海陸軍全權，凡我軍人，只知有總統，不知其他；三、凡我軍人當絕對的服從總統命令。」從者簽名，不從者用武力對付。袁又大量充實軍備。據天津海關一口輸入的軍火，1912 年為 272 萬兩，1913 年為 480 萬兩。經過補充整編，袁世凱的總兵力超過 15 萬人，分佈京津及監視南方的前線要地。[28] 1913 年 4 月 26 日，袁世凱與英、法、德、俄、日五國銀行團訂立善後大借款 2,500 萬英鎊，年息五厘，以鹽稅、關稅作擔保，作為支持其政權及準備與國民黨戰爭之用。

柏文蔚立即向孫中山建議首先在安徽發難，討伐袁世凱。孫中山認為：「皖省（安徽）逼近北方，且可拱衛南京，似不宜先動；最好先由廣東、湖南、江西各地先行獨立，迨袁氏兵力前往，再由皖省腰截，一戰可以成功。」但黃興力主以法律和平解決，不主張用兵。徵詢廣東胡漢民、湖南譚延闓意見，亦回覆未能動兵。[29] 28 日，安徽都督柏文蔚通電反對袁世凱違法借款，指

27 《中國近百年政治史》（下），第 394－395 頁。

28 李新：《中華民國史》（2 上），第 242－244 頁。

29 《國父年譜》（上），第 687 頁。

責袁：「政府借款，不由議院議決通過。」「蔑視議會，秘借巨款，不明用途。」29日，國會參議院開會，通過反對大借款案。

5月1日，廣東都督胡漢民通電反對袁世凱違法借款。3日，袁世凱明令痛詆第二次革命之密謀，嚴捕圖謀作亂黨徒。通令各省，維持治安。申明宋案應俟司法機關判決。4日，黎元洪通電支持袁世凱處理宋案及借款事。5日，代理國務總理段祺瑞出席眾議院，聲稱大借款案木已成舟，無庸再議。參眾兩院議員通電，否認善後大借款。同日，湖南、江西、安徽、廣東四省都督聯名通電，反對政府違法借款。

袁世凱先發制人，借口直隸、奉天、山西、山東、河南、陝西等省都督聯名通電批評黃興，撤銷黃興陸軍上將銜。5月19日，馮國璋等八十二人通電，決以武力對待傾覆政府、破壞共和之人。30日，黎元洪及直隸都督馮國璋、奉天張錫鑾、山東周自齊、雲南蔡鍔、貴州唐繼堯、廣西陸榮廷、四川胡景伊、河南張鎮芳、吉林陳昭常、黑龍江宋小濂、陝西張鳳翽、山西閻錫山、新疆楊增新、江蘇程德全、浙江朱瑞、熱河熊希齡等電責國會反覆。

袁世凱立即行動，先後解除國民黨江西李烈鈞、廣東胡漢民、安徽柏文蔚、湖南譚延闓等四省都督職位。6月9日，免去江西都督李烈鈞職位，派黎元洪兼署。14日，派陳炯明取代胡漢民為廣東都督。30日，任命孫多森取代柏文蔚為安徽都督。[30]

7月12日，李烈鈞在江西湖口宣佈獨立，通電討伐袁世凱。駐德安之桂軍第1旅長林虎，與第6師李純部團長張敬堯在沙河鎮開戰。二次革命爆發。13日，江西省議會推李烈鈞為江西討袁軍總司令，歐陽武為都督。15日，黃興入南京，迫都督程德全獨立，稱江蘇討袁軍總司令，派第1（章梓部）、第8（陳之驥部）兩師北上，協助徐州第3師師長冷遹抵禦南下北軍，江寧要塞司令吳紹璘被殺。16日。袁世凱任命段芝貴為第1軍軍長兼江西宣撫使，李純為左司令，王占元為右司令。

30 《國父年譜》（上），第684－700頁；《中華民國史事日誌》（1），第86－99頁。

17 日，安徽安慶獨立，柏文蔚為都督（由胡萬泰代理），祁耿寰為討袁軍總司令。江蘇松江獨立，鈕永建任松軍司令。但被迫獨立的程德全離開南京前往上海。同日，國民黨推岑春煊任討袁軍大元帥。

18 日，廣東都督陳炯明獨立，宣佈討袁。同日，上海獨立，陳其美任駐滬討袁軍總司令。

20 日，福建都督孫道仁，第 14 師長許崇智宣佈獨立，任討袁軍總司令。浙江都督朱瑞宣佈中立。

21 日，上海討袁軍佔領吳淞砲臺，居正任要塞司令。

22 日，孫中山致電袁世凱，勸他辭職以避免內戰：「宋案發生，證據宣佈，愕然出諸意外，不料公言與行違至於如此，既憤且懣。而公更違法借款，以作戰費，無故調兵以速戰禍，異己既去，兵釁仍挑，以致東南軍民荷戈而起，眾口一辭，集於公之一身。…… 為公僕者受國民反對，猶當引退，況於國民以死相拚。…… 公今日捨辭職外決無他策。昔日為任天下之重而來，今日為息天下之禍而去。」最後，孫中山警告：「若公必欲殘民以逞，善言不入，文不忍東南人民久困兵革，必以前此反對君主專制之決心反對公之一人，義無反顧。」[31]

同日，孫中山致電北京參議院、眾議院、國務院、各省都督、民政長、各軍師旅長，請他們「一致以討袁為標識」，「以民命為重，以國危為急，同向袁氏說以早日辭職，以息戰禍。…… 使袁氏執拗不聽，必欲犧牲國家與人民以成一己之業，想諸公亦必不容此禍魁。文於此時，亦惟有從國民之後，義不反顧。」[32] 同日，孫中山為袁氏叛國發佈對國民宣言：「袁氏專為私謀，倒行不已，以致東南人民荷戈而逐，旬日之內相連並發。大勢如此，國家安危，人民生死，胥繫於袁氏一人之去留。為公僕者，不以國利民福為懷，反

31　孫中山：〈勸袁世凱辭職電〉（1913 年 7 月 22 日），《國父全集》（4），第 303－304 頁。

32　孫中山：〈望各省一致聲討袁氏通電〉（1913 年 7 月 22 日），《國父全集》（2），第 48－49 頁。

欲犧牲國家與人民，以爭一己之位置，中華民國豈容開此先例。願全體國民一致主張，令袁氏辭職，以息戰禍。」[33]

孫中山的兩份電報和宣言無法迫使袁世凱辭職。這一天，江蘇、上海爆發激烈的戰鬥。江蘇討袁軍冷遹第 3 師被北軍楊善德及施從濱旅擊敗，退出徐州；上海討袁軍陳其美第 61 團鈕永建松軍、劉福彪福字營蔣介石進攻上海製造局，被鄭汝成及軍艦擊敗，陳其美退往閘北。23 日，袁世凱任命馮國璋為第 2 軍軍長，兼江淮宣撫使。25 日，江西宣撫使段芝貴等部攻湖口，討袁軍敗退。

7 月 25 日，湖南都督譚延闓、譚人鳳、程潛等宣佈獨立，推蔣翊武為總司令。不過，袁世凱早已對湖南展開行動。本月 7 日，派人燒毀湖南長沙荷花池軍裝局所有軍火，令湖南軍隊陷於癱瘓。所以譚延闓實際上不想獨立，只是被譚人鳳、蔣翊武等壓迫附和討袁。他早已秘密向黎元洪通報，得黎指示：「暫為一時權宜之計，陽為附和，徐圖敉平。」[34]

7 月 25 日，程德全通電聲明南京獨立係黃興、陳之驥所為，他現正亟圖恢復，並在 28 日通電宣佈江蘇都督行署移設上海，29 日，江蘇通告取消獨立，江蘇討袁軍總司令黃興及章梓、洪承點於是離南京乘日艦赴上海。上海陳其美討袁軍屢攻製造局不下，只得撤離。

7 月 31 日，袁限國民黨於三日之內宣佈將黃興、李烈鈞、柏文蔚、陳炯明、陳其美除名。同時懸賞緝拿黃興、陳其美、黃郛、李書城等人。8 月 3 日，國民黨被迫將李烈鈞、黃興等五人除名。4 日，熊克武在重慶宣佈西川獨立。袁世凱立即派雲南都督蔡鍔率軍入川鎮壓。又命江蘇都督拿辦鈕永建、劉福彪、黃郛、沈葆義。黎元洪電令廣西都督陸榮廷進兵湖南。翌日，電貴州唐繼堯進兵。

33 孫中山：〈為袁氏叛國對國民宣言〉（1913 年 7 月 22 日），《國父全集》（2），第 48 頁。
34 李新：《中華民國史》（2 上），第 291 頁。

在袁世凱優勢兵力打壓和厚利引誘之下，江西、江蘇、安徽、湖南、廣東、福建、四川等七省討袁軍，戰鬥了兩個月便失敗。

8月4日，陳炯明被粵軍師長蘇慎初、張我權、鍾鼎基等迫走，廣東取消獨立。6日，陳炯明自香港赴新加坡。8日，廣東省議會解散。

8月6日，安慶柏文蔚被師長胡萬泰迫走，安徽獨立取消。

8月9日，福建都督孫道仁宣佈取消獨立，許崇智出走。

8月11日，鈕永建部被上海鎮守使鄭汝成擊敗。13日，退往嘉定。

8月12日，龍濟光擊敗粵軍師長蘇慎初、張我權，佔領廣州；湖南都督譚延闓取消獨立，並自請辭職。

8月2日，李純部攻佔江西德安。4日，袁世凱任命李純為江西護軍使，李廷玉襄辦江西軍務。6日，袁世凱命解散江西省議會。9日，討袁軍江西都督歐陽武自南昌走吉安。15日，李烈鈞自南昌出走，輾轉前往上海。

9月1日，張勳攻佔南京。11日，熊克武放棄重慶逃亡。12日，蔡鍔部入重慶。二次革命完全失敗。

袁世凱軍事獲勝後，下令通緝各起義將領和有關人士。8月4日，孫中山、胡漢民自福州乘日輪赴基隆。5日，從基隆前往日本。其他討袁軍領袖亦紛紛出國暫避。[35]

6. 中華革命黨的成立

國民黨在二次革命失敗，所有軍事、政治、經濟實力喪失殆盡。袁世凱乘勢誅鋤異己，支持起兵討袁的議員，被視為附逆份子，遭到追殺和緝捕，被迫亡命海外。其餘國民黨議員，有登報申明脫離黨籍，以圖苟全；有離京避禍，銷聲匿跡；有見風轉舵，改入他黨，甚至賣身投靠，成為袁氏爪牙。

---

35 《中華民國史事日誌》(1)，第101－113頁；李新：《中華民國史》(2上)，第276－320頁。

在此艱難時期，國民黨在國內仍有少數黨員暗中集結，在各地孤軍奮戰，繼續起義或暗殺袁部要人，給袁政府一定打擊。不過，兵微將寡，無法影響大局。

國民黨絕大部份黨員逃出國門。孫中山、黃興等多數黨員流亡日本；蔡元培、吳敬恆、汪精衛前往歐洲；陳炯明、何子奇、古應芬等逃往南洋群島。孫中山等人到達日本後，曾爭取日本經濟和軍事支持，但被袁世凱制止，未能成事。這時，亡命海外的國民黨人，大多數身無分文，無法應付食宿開支，前路茫茫，悲觀失望，士氣一蹶不振，革命陷入最艱難困苦的時期。

為尋找出路，解決問題，國民黨人檢討二次革命失敗的原因。孫中山分析失利的主要原因：

第一、黨員不服從黨魁領導。

「黨事之不統一，負責之無人，至以全盛之民黨，據有數省之財力兵力，而內潰逃亡，敵不攻而自破。」[36] 孫中山曾多次寫信給友人解釋他所面對的困難。他當選為臨時大總統時，各省拒絕交稅給臨時政府，財政總長陳錦濤雖然「通電催解，而各該省迄未照解前來」，惟有請求大總統令行各省都督，「將應解部款，從速催繳。」但各省仍然沒有上繳一文錢稅款。[37] 黨員全不聽他的號令，孫中山這位黨魁只是木偶、傀儡。因此，今後他希望成為真黨魁，不欲為假黨魁。[38] 孫中山函告鄧澤如：「第一次革命之際及至第二次之時，黨員皆獨斷獨行，各為其是，無復統一，因而失勢力、誤時機者不少，識者論吾黨之敗，無不歸於散渙，誠為確當。即如南京政府之際，弟忝為總統，乃同木

36 孫中山：〈覆楊漢孫論統一黨權與服從命令書〉（1915 年 8 月 4 日），《國父全集》（4），第 362－363 頁。

37 孫中山：〈飭各省都督將解部各款從速完繳令〉（1912 年 3 月 31 日），《國父全集》（6），第 90－91 頁；孫中山：〈覆章炳麟關於漢冶萍借款事函〉（1912 年 2 月 13 日），《國父全集》（4），第 214－215 頁。

38 孫中山：〈覆黃興解釋其遭陳其美誤會一事函〉（1914 年 5 月 29 日），《國父全集》（4），第 313－314 頁。

偶，一切皆不由弟主張。……第二次革命之前，有宋案之發現，弟當時即力主開戰，克強（黃興）不允，卒遷延時日，以至於開戰即敗。可知不統一服從，實無事不立於敗衂之地位。」[39] 另一函致南洋同志說：「曩同盟會、國民黨之組織，徒以主義號召同志，但求主義之相同，不計品流之純糅，故當時黨員雖眾，聲勢雖大，而內部份子，意見紛歧，步驟凌亂，既無團結自治之精神，復無奉令承教之美德，致黨魁則等於傀儡，黨員則有類散沙，迨夫外侮之來，立見摧敗，患難之際，疎如路人，此無他，當時立黨，徒眩於自由平等之說，未嘗以統一號令、服從黨魁為條件耳。」[40] 孫中山除了無法在國民黨發揮領導作用外，亦得不到國民黨人的尊重。孫中山致函黃興，「望禁止兄之親信部下，對於外人，自後絕勿再言『中國軍界俱是聽黃先生之令，無人聽孫文之令者。孫文所率者，不過一班之無知少年學生及無飯食之亡命耳。』」[41] 黃興立即覆信孫中山，借口「平等自由」，拒絕孫中山請他約束部下勿胡言亂語的要求；說他沒有部下，那些都是昔日之同志；對孫清楚表示不能贊成他「統一號令、服從黨魁」的主張，認為這是「以人為治」，「以權利相號召」。[42] 曾是孫中山重要盟友的黃興，曾經領導革命軍奮戰多年的將領，竟然忘記了「軍令如山」的基本法則，縱容親信部下公開藐視最高領袖，視孫中山如無物，國民黨黨魁還有何威信可言？還如何領導全黨去奮鬥？

第二、國民黨員爭權奪利。

孫中山指出二次革命時的形勢很好，「第二次南方有兵十五六萬，有財數千萬，有土地六七省，已宣佈獨立，其未宣佈者尚多，然不待袁兵之到，已

---

39 孫中山：〈在日本組織中華革命黨致鄧澤如函〉（1914 年 4 月 18 日），《國父全集》（4），第 309－310 頁。

40 孫中山：〈致陳新政暨南洋同志論組織中華革命黨之意義書〉（1914 年 6 月 15 日），《國父全集》（4），第 315－316 頁。

41 孫中山：〈覆黃興解釋其遭陳其美誤會一事函〉（1914 年 5 月 29 日），《國父全集》（4），第 313－314 頁。

42 黃興：〈覆孫中山書〉（1914 年 6 月 1 日），《黃興集》，第 356－358 頁。

紛紛潰矣。即如廣東，初則陳炯明利用袁之力而奪漢民之位，其後則鍾鼎基欲與陳爭都督，蘇慎初與鍾爭，張我權復與蘇爭，紛紛相爭相殺，而龍濟光乃得收漁人之利。是吾黨之敗，自敗也，非袁敗之也。」除了爭權之外，更有黨人借用為革命名目籌款，中飽私囊。孫中山公開指責朱執信允諾不到南洋籌款，但違反諾言，是欺騙他。

孫中山確信「第三次革命為不可少之舉，但必須淨本清源，將不良之份子大加淘汰，而第一辦法，則須統一。乃朱執信首為反對，此實大礙進行也。倘不能統一，則必不可再事革命也」。[43]

國民黨名存實亡，黨員不受指揮而失敗，孫中山於是定下三條建黨方針作為補救：

一、黨員必須絕對效忠黨魁，以改變不統一服從的惡習。

二、建立嚴密的黨組織，培養黨員奉令承教，以改變其一盤散沙的態度。

三、正本清源，屏斥官僚，淘汰偽革命黨。即海外人士，亦需嚴加審別。防止立憲派、保皇黨混入。[44]

孫中山解散國民黨，重新組黨，汰舊納新，吸納新的革命力量，繼續領導革命。他指出：「袁氏以武力剷除國會，憲制蕩然，政治不容人民置喙，本黨早已失其作用，袁氏即不迫令解散，亦已名存實亡。……今國民黨雖被解散，而一般革命之精神，日久彌篤，未稍磨滅，有今日破壞之能力，始有他日建設之餘地，因時權宜，方不失之膠固。」[45] 有些黨員如黃興，堅持保全國民黨，認為「當時亡命日本的國民黨員，都是參加討袁，且被通緝的，不應該這時對他們嚴加整肅」，應該「廣通聲氣，團結感情，庶同舟共濟，奮力與

43 孫中山：〈致鄧澤如論統一事權與統一籌款書〉（1914 年 10 月 20 日），《國父全集》（4），第 330－331 頁。

44 孫中山：〈中華革命黨成立宣言〉（1914 年 9 月 1 日），《國父全集》（2），第 51－52 頁。

45 孫中山：〈國民黨改組為中華革命黨致壩羅同志函〉（1914 年 12 月 30 日），《國父全集》（4），第 339－340 頁。

專制魔王搏鬥」。[46] 程潛、熊克武、冷遹等人支持黃興。孫黃兩派各持己見，最終分道揚鑣。

孫中山籌組中華革命黨，黃興拒絕加入。1914 年 5 月 29 日，孫中山致函黃興，說他準備發動三次革命，由他完全指揮，願入黨者，需打指模，向他宣誓效忠。「願附從者，必當純然聽弟之號令。今兄主張仍與弟不同，則不入會者宜也。」孫中山請求黃興，「望兄讓我幹此第三次之事，限以二年為期，過此猶不成，兄可繼續出而任事，弟當讓兄獨辦。」[47] 6 月 3 日，孫中山再致函黃興，請他暫停活動兩年，切勿破壞他的三次革命。「弟甚望兄能靜養兩年，俾弟一試吾法。若兄分途並進，以行暗殺，則殊礙吾事也。蓋吾甚利袁之生而撲之，如兄計劃成功，袁死於旦夕，則吾之計劃必壞。」[48] 孫中山又邀請李烈鈞、柏文蔚、譚延闓、陳炯明入黨。但李、譚兩人認為宣誓效忠孫中山，是「以犧牲一己自由附從黨魁為屈辱」；柏文蔚受盟立誓後，為人動搖，不過問黨事；陳炯明則拒絕加入。孫中山認為：「察此數人之言，大抵謂以黨魁統一事權，則近於專制；以黨員服從命令，則為喪失自由。夫一國三公，祇足敗事，政治上專制之名詞，乃政府對於一般人民而後有之，若於其所屬之官吏，則惟有使服從命令而已，不聞自由意思也。」孫中山並不勉強這些人入黨，堅決為革命奮鬥，傾全力創建中華革命黨。孫中山要求黨員填寫誓約，以示向他宣誓效忠，目的是「統一事權、服從命令」，「凡入黨各員，必自問甘願服從文一人，毫無疑慮而後可。若口是心非，神離貌合之輩，則寧從割愛，斷不勉強。」[49] 孫中山還要求入黨黨員宣誓時按指模，因為中華革命

46 天懺生：《黃克強軼事》，沈雲龍：《近代中國史料叢刊》(50)，第 35 頁。

47 孫中山：〈覆黃興解釋其遭陳其美誤會一事函〉(1914 年 5 月 29 日)，《國父全集》(4)，第 313－314 頁。

48 孫中山：〈覆黃興望勿妨礙討袁計劃函〉(1914 年 6 月 3 日)，《國父全集》(4)，第 314 頁。

49 孫中山：〈覆楊漢孫論統一黨權與服從命令書〉(1915 年 8 月 4 日)，《國父全集》(4)，第 362－363 頁；孫中山：〈致陳新政暨南洋同志論組織中華革命黨之意義書〉(1914 年 6 月 15 日)，《國父全集》(4)，第 315－316 頁。

黨為招募新黨員，提出了獎勵辦法：

中華革命黨總章「第十一條凡於革命軍未起義之前進黨者，名為首義黨員；凡於革命軍起義之後、革命政府成立以前進黨者，名為協助黨員；凡於革命政府成立之後進黨者，名曰普通黨員。第十二條革命成功之日，首義黨員悉隸為元勳公民，得一切參政、執政之優先權利；協助黨員得隸為有功公民，能得選舉及被選權利；普通黨員得隸為先進公民，享有選舉權利。第十三條凡非黨員在革命時期之內，不得有公民資格。必待憲法頒佈之後，始能從憲法而獲得之；憲法頒佈以後，國民一律平等」。[50] 換言之，不同性質的黨員和非黨員，享有不同的政治地位。孫中山指出第一次革命成功後，將全國人民名之為「國民」，這是錯誤的。國人必須有心贊成共和，宣誓註冊，才可名之為「國民」。有「國民」身份，才有參政和執政權。為免第三次革命成功之後，有巧詐之徒冒充為首義黨員，騙取元勳公民身份，俟機把真心原始的革命黨推翻。如第一次革命的官僚劣紳，冒認為老革命黨人，到他們把持一方權力時，便反對革命，殺戮黨人。故為防假偽黨員，必須以指模為識別。孫中山警告真正黨員，「無指模為憑，則自誤也」。[51]

距二次革命失敗不足一個月，孫中山成功召收黨員。1913 年 9 月 27 日，王統、黃元秀、朱卓文、陸惠生、馬素等五人最先在東京立下誓約，由孫中山主盟，加入中華革命黨。

王統的誓約如下：

立誓人王統，為救中國危亡，拯生民困苦，願犧牲一己之身命自由權利，附從孫先生，再舉革命，務達民權、民生兩目的，並創制五權

50 孫中山：〈中華革命黨總章〉（1914 年 7 月 8 日），《國父全集》（9），第 300－306 頁。

51 〈批釋加蓋指印之意義〉（1914 年 12 月 5 日），《國父全集》（6），第 102－103 頁；中國社會科學院近代史研究所中華民國史研究室、中山大學歷史系孫中山研究室、廣東省社會科學院歷史研究室合編：《孫中山全集》（3）（北京：中華書局，1984 年），第 141－142 頁。引自《中央黨務月刊》（特載）（1928 年第 1 期）。

憲法，使政治修明，民生樂利，措國基於鞏固，維世界之和平，特誠謹矢誓如左：一、實行宗旨；二、服從命令；三、盡忠職務；四、嚴守秘密；五、誓共生死。從茲永守此約，至死不渝，如有貳心，甘受極刑。中華民國浙江省永嘉縣王統。民國二年九月二十七日。其餘誓約除姓名、籍貫外，均相同。[52]

自此之後，入黨人數不斷增加，到 1914 年 4、5 月間，黨人約有四五百人。7 月 8 日，中華革命黨在日本築地精養軒開成立大會，三百餘人到會，孫中山就任總理。在胡漢民主盟之下，孫中山當眾宣誓加盟，自蓋手印。[53]

同日，發佈《中華革命黨總章》，條文列明：

第一條：本黨名曰中華革命黨。

第二條：本黨以實行民權、民生兩主義為宗旨。

第三條：本黨以掃除專制政治、建設完全民國為目的。[54]

8 月 23 日，中華革命黨本部通告，發出約束黨員之規則四條：

一、不得以個人自由意思行動，加入其他之團體或集會。

二、不得受外界之搖動，有違背本黨之行為。

三、不得以個人名義，發表違反黨義之言論。

四、不得以違反黨義之言論行動，煽惑本黨同志。[55]

52 《國父年譜》（上），第 735 頁。

53 《國父年譜》（上），第 758 頁。

54 孫中山：〈中華革命黨總章〉（1914 年 7 月 8 日），《國父全集》（9），第 300－306 頁。

55 《國父年譜》（上），第 764 頁。

孫中山一方面重建國內黨組織，同時派骨幹成員到海外籌建支部。9月1日，中華革命黨發佈成立宣言：

> 自中華革命黨成立之日，凡在國內所有之國民黨本部、支部、交通部、分部被袁氏解散者，不能存在無論矣；所有海外之國民黨，除在日本東京已宣告解散外，其餘美洲南洋各地未經解散者，希即一律改組為中華革命黨。（黨為秘密團體，與政黨性質不同，凡在外國僑居者，仍可用國民黨名義，內容組織則更張之，即希注意。）各黨員必須履行總章第七條（凡進本黨者必須以犧牲一己之身命、自由、權利而圖革命之成功為條件，立約宣誓，永久遵守。）之手續書寫誓約。[56]

經過一番努力，中華革命黨吐故納新，在國內十八個省成立了支部，海外建立了三十九個支部和四十五個分支部。孫中山親自委任各省和海外支部長，及相關負責職位。黨員發展到一萬多人。[57]

二、袁世凱攬權與「二十一條」

1. 進步黨內閣

袁世凱給梁啟超二十萬元活動經費，支持他籌組進步黨，目的是培養他的政治勢力，扶持一個可以同國民黨對抗的政黨，為他效命。進步黨成立後，趙秉鈞因宋案辭職，段祺瑞暫代內閣總理。7月初，袁世凱請進步黨熊希

---

56 孫中山：〈中華革命黨成立宣言〉（1914年9月1日），《國父全集》（2），第51－52頁；孫中山：〈國民黨改組為中華革命黨致壩羅同志函〉（1914年12月30日），《國父全集》（4），第339－340頁。

57 李新：《中國民國史》（2下），第564頁。

齡組織內閣。7 月 20 日，進步黨在北京召開會議，梁啟超認為這是擴張黨勢的大好時機，極力慫恿熊希齡就任。7 月 31 日，袁世凱特任熊希齡為國務總理。8 月 26 日，熊希齡就職。28 日，內閣總理熊希齡赴參眾兩院發表施政演說。

9 月 11 日，國會通過國務員名單，並由袁世凱任命。袁特任孫寶琦為外交總長，朱啟鈐為內務總長，梁啟超為司法總長，汪大燮為教育總長，張謇為工商總長兼農林總長，周自齊為交通總長，熊希齡兼財政總長，段祺瑞為陸軍總長，劉冠雄為海軍總長。閣員共九人，進步黨四人，其餘五人都是北洋派。由於梁啟超、汪大燮、熊希齡和張謇，都是社會名流和著名的實業家，時人稱之為「第一流人才內閣」，亦即進步黨內閣。[58]

2. 攫取正式大總統職位

國會成立後，便着手制定憲法和選舉正式大總統。但這兩項工作的先後次序，卻發生爭執。袁世凱極力主張先選總統，因為沒有正式總統，列強不承認，民國隨時有被瓜分或清帝復辟的危險。北洋派和部分進步黨議員附和其說。制憲派認為總統的地位和權力都根據憲法產生，只有依據憲法選舉總統，才能使民國步入法制正軌。國民黨議員支持這觀點。1913 年 6 月 15 日，梁啟超發表政見：主張仍推袁為總統。先定憲法，後選總統。進步黨接納此意見，遂與國民黨趕制憲法。

6 月 30 日，參眾兩院開會，按《國會組織法》由參眾兩院分別選出三十人，組成憲法起草委員會，負責制定憲法。選舉結果，國民黨員三十三人，進步黨人十八人，共和黨員八人。國民黨與共和黨是政府的反對黨，主張監督袁政府。遂令袁政府大感不安。

7 月 12 日，憲法起草委員會在眾議院會堂成立。19 日，第四次會議，改

58 李新：《中華民國史》（2 下），第 424－425 頁。

在天壇召開，故其制定的憲法稱為「天壇憲法草案」。同日，二次革命爆發。參議長張繼等國民黨議員南下參加討袁軍。袁對這些國民黨籍議員視為附亂份子，殘暴鎮壓。23 日，下令逮捕馮自由等人。袁的血腥鎮壓令國民黨人大起恐慌，紛紛逃離北京，國會有迅即瓦解的趨勢。[59] 梁啟超連忙上書袁世凱，請安國民黨籍議員之心，勿使離散，以便乘時「使內閣通過，憲法制定，總統選出」。他同時派人勸說國民黨議員：「苟非有附逆實據，政府必不妄逮捕，脫有誤捕，本黨任為保結。」袁世凱只是想迫議員屈服，以便利用他們選自己做大總統，故樂於接受梁的建議，公開發佈保護國會和議員的命令，將二次革命的責任完全推給孫中山、黃興和起義各省的國民黨人身上。31 日，軍警傳詢國民黨本部負責人吳景濂等，在三日之內表明態度，將黃興、李烈鈞、柏文蔚、陳炯明、陳其美等一律除名。8 月 1 日，國民黨人伍持漢在天津被捕，翌日被處決。吳景濂、王正廷等召集國民黨人商議，決定「遵政府命令辦理」，以保存國民黨。3 日，國民黨將李烈鈞、黃興等五人除名。於是，北京國民黨人得以繼續活動，其議員照常出席國會。[60]

4 日，袁政府通緝居正、胡秉柯、楊士杰、田桐、白逾桓、劉英等人。憲法起草委員徐秀鈞、褚輔成、張我華、劉恩格、趙世鈺等亦被捕。5 日，黎元洪及各省都督聯名通電請國會先制訂總統選舉法。19 日，政府以憲法研究會制定之憲法草案大綱提交憲法起草委員會。27 日，袁政府逮捕眾議員褚輔成、常恒芳、劉恩格，參議員丁象謙、趙世鈺、朱念祖、張我華、高蔭藻（內四人為憲法起草委員）。30 日，黎元洪電梁啟超、湯化龍，主先舉總統。進步黨人鑑於形勢，贊同先選總統。9 月 1 日，張勳率軍攻佔南京，二次革命完全失敗。國民黨員為避禍，紛紛脫黨。有些更與國民黨劃清界線，說「足也未至黨門一步」。有些則轉投以前從國民黨分化出來的政友會、相友會、超然

59　王葆真：〈民國初年國會鬥爭的回憶〉，中國人民政治協商會議全國委員會、文史資料研究委員會編：《文史資料選輯》（82）（北京：中國文史出版社，1986 年），第 137－163 頁。

60　李新：《中華民國史》（2 下），第 428－431 頁。

社等小派，甚至加入進步黨。3日，參加反袁軍的參議院議長張繼去職，王家襄繼任。5日，眾議院通過先選總統後制憲法案。國民黨衰落後，進步黨勢力增強，袁世凱為免養虎為患，又指使梁士詒出面另組御用黨派。7日，梁士詒活動山西同志會、潛社、集益社等小黨派組成公民黨，宣言要「選舉正式大總統」，又通電各省都督，請一致擁護袁世凱為正式大總統，黎元洪為副總統。12日，國會決議由憲法起草委員會在五日之內制定出總統選舉法。19日，憲法起草委員會完成憲法草案。10月4日，憲法會議公佈制定之大總統選舉法七條。

10月6日，國會召開總統選舉會，王家襄為主席。袁世凱派京師警察廳和拱衛軍聯合派出軍警保衛國會。拱衛軍司令李進才和後路統領劉金標改穿便服，率便衣軍警千餘人組成的「公民團」，將國會嚴密包圍，所有入場人士，許進不許出。王家襄也宣佈：議員不得自由離去。根據《總統選舉法》，候選人必須獲得總票數的四分之三絕對多數，才能當選。當天到會議員共759人，第一輪投票，袁世凱得471票，黎元洪得154票，伍廷芳33票，段祺瑞16票，孫中山13票，康有為11票。因無人得法定當選票數，只好進行第二輪投票。結果袁得497票，仍差63票才能當選。時已過午，有些議員要求回家吃飯。「公民團」大聲叫嚷：「今天不選出我們中意的大總統，就休想出院。」議員們在壓力之下，只能妥協，第三輪投票，袁世凱以507票當選。日、奧、荷、葡等國隨即承認中華民國。7日，黎元洪當選為正式副總統。英、俄、法、德、義、比、瑞典、丹麥、西班牙承認中華民國。8日，瑞士承認。9日，美總統威爾遜電賀袁世凱就任總統。10日，袁世凱、黎元洪就總統副總統職。駐華外交官參加袁氏就職典禮。[61]

---

61 李新：《中華民國史》（2下），第432－433頁；《中華民國史事日誌》（1），第97－118頁。

3. 解散國民黨、取消國會和步向獨裁

1913 年 2 月 4 日，國民黨、統一黨、共和黨和民主黨四大黨為制定憲法，共選派議員十八人，組成四黨憲法討論會，定期討論憲法相關問題，同時醞釀制定憲法。4 月 1 日，此會結束。[62]

6 月 27 日，參議院議員互選憲法起草委員三十人；次日，眾議院亦互選憲法起草委員三十人。國會遂由參眾兩院選出的六十名議員，組成憲法起草委員會。8 月 19 日，袁世凱派官員將其扶持成立的憲法研究會制定的「憲法大綱草案」提憲法起草委員會。此大綱旨在擴大總統權力。

10 月 14 日，天壇憲法草案脫稿。16 日，袁世凱咨眾議院請增修約法，內容主要為提升大總統權力：有權制定官制官規、任命文武官吏、宣戰媾和及締結條約等，均無須經國會同意；在國會閉幕期間，大總統有權制定與法律有同等效力之教令及臨時財政處分權等。17 日，熊希齡、梁啟超、張謇謁袁世凱，商大政方針。

18 日，袁世凱為立法權限事詢憲法會議，並擬派員列席，陳述意見。

21 日，為表示制憲決心，國民黨張耀曾、谷鍾秀、湯漪、楊永泰、孫潤宇、沈鈞儒與進步黨丁世嶧、藍公武、劉崇佑、汪彭年等合組民憲黨，以「保障共和、擁護憲政」為宗旨，公開聲明：「對於國家負忠誠之義務，有搖撼吾民主國體者，必竭力以維持之、保護之。」22 日，袁世凱派施愚等八人至憲法會議陳述意見，被拒。這時國民黨國會議員尚有四十餘人，仍企圖控制立法權，建立法制的國家，以維持民國以來的政治局面，故堅決拒絕「八欽差」出席，指出按會章規定，「除兩院議員外，其他機關人員不但不能出席，即旁聽亦不可。」

袁世凱聞訊大怒，25 日，袁世凱通電各省都督、民政長，要他們對憲法

---

62 趙林鳳：《中國近代憲法第一人：汪榮寶》（台北：秀威資訊科技，2014 年），第 326－328 頁。

草案逐條研究，「於電到五日內迅速條陳電覆，以憑採擇。」指責國民黨人託名政黨，為虎作倀，危害國家，顛覆政府。「此次憲法起草委員會，該黨議員居其多數，聞其所擬憲法草案，妨害國家者甚多。……倘再令照國會專制辦法，將盡天下之文武官吏皆附屬於百十議員之下，是無政府也！」最後一句指出他們的權力地位將受制於國會，各省都督、民政長明白利害所在，紛紛覆電反對。

28 日，直隸馮國璋通電：指責國民黨人「破壞行為，未得志於南方，今又肆毒憲法」。29 日，浙江朱瑞和通電：「吾國現狀非有強有力之政府，必不足以振興內治，抵御外侮。欲有強有力之政府，則斷不可使行政權受國會束縛。」河南張鎮芳通電：要求將國會中「凡在國民黨籍者概行開除，或即另行改造，佈告各省，嚴行取締，停止國民黨人被選舉權」。湖南湯薌銘通電：要求袁世凱毅然獨斷，解散國會，「切實搜捕亂黨，以斷根株，庶幾海宇澄清，治安可保。」31 日，張勳通電指責憲法草案「謬點甚多，摘不勝摘」。只有立即宣佈作廢，並解散國會。此外，廣東龍濟光、江西李純、廣西陸榮廷、雲南唐繼堯、貴州劉顯世及湖北黎元洪，紛紛通電附和。同日，憲法起草委員會在北京天壇第三讀通過憲法草案。史稱《天壇憲法草案》。

11 月 1 日，黎元洪通電請將憲法草案重行釐定。3 日，憲法起草委員會將憲法草案移送憲法會議。4 日，袁世凱借口查獲李烈鈞與國民黨議員徐秀鈞等往來密電，下令解散國民黨北京本部及各地國民黨機關，並取消國民黨籍之國會議員，追繳議員證書及徽章者百餘人。時人稱為「袁世凱政變」。5 日，袁世凱第二次追繳國民黨籍國會議員證書徽章，先後共四百三十八人。被取消議員資格的人數超過國會議員總數之半，國會從此不足法定開會人數，只得停會。

6 日，進步黨討論時局，許多人都希望設法維持國會，要求袁世凱保留已經脫離國民黨籍的議員，使國會能有開會的必要人數。7 日，梁啟超、張謇謁袁世凱，商維持國會，主召集候補議員。袁世凱答要俟調查之後，才能決定。袁提交國務院解決，國務院推說調查困難，無法辦理。

10日，憲法起草委員會因不足法定人數，自行解散。12日，袁世凱從黎元洪請，取消各省議會國民黨籍議員。本日湖北國民黨籍省議員均被強制追繳證書徽章。13日，國會不足法定人數，停止開會。17日，眾議院議員一百九十四人質問政府取消國民黨議員，破壞國會。

26日，袁世凱下令組織政治會議，作為政府諮詢機關。派李經羲、梁敦彥、樊增祥、寶熙、馬良、楊度、趙惟熙、許世英、饒漢祥、楊士琦等為政治會議議員，另由各部院及各省派代表參加。12月3日，參議院議員六十一人質問政府取消議員資格，破壞國會。15日，政治會議開幕，到會委員六十九人，覲見袁世凱，袁致訓詞。

18日，各省都督黎元洪等電袁世凱謂立法機關成績綦少，請諮詢政治會議以救國大計及增修約法程序。23日，國務總理熊希齡覆參眾兩院議員質問取消國民黨議員資格書，謂事關國家治亂，不能執常例相繩。

1914年1月9日，政治會議議決停止現有國會議員職務。10日，袁世凱下令停止國會全體議員職務，每人發旅費四百元，飭令回籍。民國第一屆國會被正式取消。[63] 國會是國家憲政的重要基石，無論是總統制或內閣制的執政者，都受國會的制約。國會有立法權、財權、人事權、彈劾權、條約批准權以及調查權。其中最主要的就是財權，總統或內閣總理每年要向國會提交財政預算，經國會審核通過，如果國會不同意撥款，有關項目便不能辦。因此，國會對總統有很大的制約能力。現在國會被取消，意味着失去了制約和監督袁世凱的重要力量，他可以肆意走上專制獨裁之路！

1月24日，政治會議議決特設「約法會議」，作為造法機關。26日，公佈約法會議組織條例，並下令組織約法會議。根據條例，議員共六十人，其中京師四名，每省兩名，蒙藏青海共八名，全國商會聯合會四名。實際上所有議員都是袁世凱指定或同意的。2月4日，袁世凱交政治會議議決解散省議

---

63 李新：《中華民國史》（2下），第440－448頁；《中華民國史事日誌》（1），第99－130頁。

會案。28 日，下令解散各省省議會。3 月 14 日，公佈「約法會議」當選議員共五十七人，北洋派官僚佔絕大多數。18 日，約法會議在前參議院會場舉行開幕典禮。20 日，袁世凱以增修約法大綱案咨約法會議。約法會議推定由施愚、顧鰲等七名議員起草，迅即完成了共十章六十八條的《中華民國約法》，內容主要採取集權於袁世凱一人，完全否定了民國以來的民主主義精神。

5 月 1 日，公佈約法會議決議的《中華民國約法》，廢止 1912 年 3 月 11 日之《臨時約法》；取消內閣制，實行總統制；總統府下設政事堂，政事堂以國務卿為首腦，特任徐世昌為國務卿。[64] 3 日，公佈大總統府政事堂組織令。任命張一麐為政事堂機要局長，吳廷燮為主計局局長。4 日，政事堂成立，裁撤總統府秘書長。8 日，公佈陸海軍大元帥統率辦事處組織令。26 日，參政院成立，停止政治會議，黎元洪、汪大燮任參政院正副院長。參政員為陸徵祥、李家駒、呂海寰、梁士詒、趙爾巽、錫良、蔭昌、李經羲、熊希齡、梁啟超、王家襄、陳國祥、寶熙、汪榮寶、蔣尊簋、蔡鍔、嚴復、勞乃宣等七十三人。任命張國淦為參政院秘書長，由林長民代理。6 月 20 日，參政院舉行開院禮。7 月 9 日，政事堂設立法制、政治、財政討論會。

12 月 28 日，參政院代行立法院期滿閉會。約法會議通過總統選舉法修正案。29 日，公佈修正大總統選舉法，總統任期十年，得連任，由大總統推薦三人為候選人。換言之，袁世凱把總統任期改為無限次連任，成為終身總統。更可以指定繼任人，變相把總統大位傳子及孫，開始走上了獨裁之路。[65]

---

64 朱漢國、楊群：《中華民國史》（1）（成都：四川人民出版社，2006 年），第 47 頁。

65 李新：《中華民國史》（2 下），第 453－459 頁；《中華民國史事日誌》（1），第 131－170 頁。

4. 袁世凱與「二十一條」

有些書籍指責袁世凱為了稱帝，出賣國家主權以爭取日本支持，因而簽定了喪權辱國的「二十一條」。「此次交涉，明知陷穽，竟甘一蹈，明知鴆毒，竟甘一飲。若非為私慾所蔽，其昏憒當不至如是。」[66] 袁世凱是否甘心出賣國家主權？當時負責外交的中國官員是否跟隨袁世凱一起賣國，甘心成為民族罪人呢？其他北洋派文武官員，是否全都是賣國賊，全都是民族罪人呢？

1914 年 7 月 28 日，第一次世界大戰爆發，日本乘機侵略中國。8 月 2 日，日本外務省宣稱履行英日同盟之義務出兵山東。4 日，英國照會日本，如英德戰爭波及遠東，盼日本援助威海衛、香港。日本聲明：如英國投入戰爭，日本以協約關係，將採必要措施。6 日，中國以歐戰擴大，公佈局外中立條規。外交部分別向日美詢問，希望共同勸告交戰國限制戰區，勿波及遠東。7 日，美國務院贊同在華租界及租借地中立。英國照會日本，只希望日本艦隊消滅德國武裝船隻，以保護遠東自由貿易。8 日，日本拒絕中國限制戰區之建議，派出軍艦到達青島附近。9 日，曹汝霖告日代使小幡酉吉，如日本對亡命亂黨（逃亡日本的國民黨人）斷然處置，使退離日本，願以許可日軍登陸青島為交換條件。

8 月 10 日，日本通知英國，說日本參戰，並不威脅中國，無損英國貿易。英國通知日本，取消 8 月 7 日之通知，換言之，不再限制日本行動。11 日，外交部分電駐日、美公使取消限制戰區建議。美對英、德表示，希望維持中國現狀。中國設立中立辦事處，由政事堂、統率處、外交部、陸軍部、海軍部、交通部合組。12 日，各國承認中國中立。英對日表示，如能限制戰區，即同意日本參戰。同日，山東將軍靳雲鵬電請收回青島及膠濟鐵路。日本企圖乘出兵中國的機會霸佔中國土地和權益，故反對限制戰區，並在 8 月

66　李毓澍：《中日二十一條交涉》（上）（台北：中央研究院近代史研究所，1966 年），第 246 頁。

13 向外交部抗議。中國先與美國商洽限制戰區問題。但日本又欺騙英國，保證限制戰區。

8 月 15 日，日本向德發出最後通牒，要求德軍艦退出日本、中國海面，並於 9 月 15 日前將青島交與日本，限 8 月 23 日正午以前答覆。日本通告中國，如德不允接受其條件，即開戰，請信任日政府，如中國發生內亂，願助中國平定。日本向美國聲明德國須無條件交出青島，以便最後歸還中國，並表示對中國無土地野心，願與美合作。中國外交部向德使館試探收回青島及膠濟鐵路，日代辦小幡知道後，即向外交部質問。因為如中國直接收回德國在中國的租借地，日本便失去出兵侵佔中國土地的借口。

8 月 16 日，德國代辦馬爾參向外交部表示願交還青島及膠濟鐵路。外交部參事顧維鈞訪英使朱爾典，談日軍進攻青島事。可惜，英國縱容日本侵略，說即令德國交還青島，他國亦不承認。17 日，英國宣佈，日本軍事行動將不越出中國海至太平洋，除東亞大陸之德國佔領地外，亦不侵犯任何外國領土。18 日，外交部電駐德公使顏惠慶，商勸德國交還膠州灣。日本代辦小幡酉吉警告外交部，勿與德國暗洽收回膠州灣事。英日聲明保護遠東共同利益，尤注意於中國之獨立與完整。19 日，北京德國使館向外交部表示，願直接交還膠州灣。外交總長梁敦彥秘密告訴美使館代辦馬慕瑞：日方說日、德事與中國無關，中國應嚴守中立，如中國發生內亂，日、英即予平定，梁建議由美國向英、德商洽將青島轉讓美國後，立即交還中國。20 日，美國務院拒絕中國建議。同日，日代辦照會外交部，膠州事件與中國無關，請守中立，即拒絕承認中國在膠州灣的主權。

8 月 21 日，日本《朝日新聞》刊載所謂中日新議定書，洩露日本侵略中國之野心。「膠州灣問題不過給根本解決中國問題以可以利用的時機」，「如果不在這時解決成為遠東根本問題的中國問題，確定國家的永久基礎，就大概不會再有這樣的機會了」。[67] 23 日，日本對德宣戰，與英艦聯合進攻青島。25 日，日、英聯軍封鎖青島。26 日，英國通告日本，注意中國主權領土完整，除佔領德在東亞大陸外，不得超出任何外國領土。28 日，美國通知日本，不得在中國拓張領土，重提門戶開放政策。中國允日本要求，撤退山東萊州駐軍。29 日，日使要求允日軍在中立地上岸。外交部抗議日本派兵駐紮鄭家屯。31 日，外交部照會各國公使，請尊重膠澳及其附近地區中國官民財產。

9 月 1 日，日使日置益晉見袁世凱，說明日本對華無領土企圖，僅欲保全東亞和平。2 日，日軍萬人突然在德國租借地不遠的後方山東龍口等處登岸，向青島推進。事先日本政府並未通知中國，到日軍在龍口登陸，才由駐北京公使館告知中國政府。嚴重侵犯中立國領土，完全違犯國際公法。袁世凱急忙在總統府召集會議，所有內閣部長都出席，三位參事都被邀與會。袁世凱宣佈開會後說：邀請三位參事與會，是因為他們曾在三個不同的國家留學，學過法律，懂得國際法；議題是如何對付日本對中國領土的侵犯。他首先要聽取三位法學家的意見。袁世凱首先叫顧維鈞發言，顧維鈞是美國法學博士，他首先說：「日軍在龍口登陸是公然違犯國際法的行動，因為中國已宣佈對歐戰保持中立；根據國際法，交戰國雙方應尊重中國的中立。因此，為了表示中國確在盡其中立國的責任，有義務保衛國土以維護其中立立場。因此，抵御日本侵略，理由至為明顯。」袁世凱接着請伍朝樞發言，說願意聽聽研究國際法的留英學生的意見。伍朝樞是前中國駐華盛頓公使伍廷芳兒子，在倫敦大學學法律，畢業後進入劍橋大學研究生院，取得律師資格，倫敦林肯法學協會會員。他簡捷地說他的觀點完全與顧相同，認為中國必須履行其中立的義務，才能按照國際法保障中立國的權利。如中國不保衛其中立，沉默即使不是承認，也等於是默許日本的行動。袁世凱又叫金邦平發表意見。金邦平在日本早稻田大學畢業，他回應說日本造成的局勢越乎常規，他實難

67 朱漢國、楊群：《中華民國史》（1），第 51 頁。引自《日本陸軍和大陸政策》，第 166－167 頁。

以表示明確的意見。

袁世凱轉向問陸軍總長段祺瑞，想知道中國軍隊能採取哪些行動。段回答說：部隊可以抵抗，設法阻止日軍深入山東內地。不過由於武器、彈藥不足，作戰將十分困難。袁世凱直截了當地問他抵抗可以維持多久？段立即回答說四十八小時。袁問他四十八小時以後怎麼辦？段說：「聽候總統指示。」袁世凱再問外交總長孫寶琦，孫支支吾吾，沒法作答。再環顧左右，均沉默不語。袁世凱長嘆一聲說：「很明白根據國際法、法學家們認為我國應該怎樣做的意見，然而我國毫無準備，怎能盡到中立國的義務呢？」只好參照日俄戰爭的經驗，劃出「交戰區」，日本可通過「交戰區」的走廊進攻青島，中國不干涉日本在此區內通過，在此地區以外中國仍保持中立。袁叫在場的法學家立即起草劃定所謂交戰區的文件，以及在此區外保持中立的條例。[68]

9 月 3 日，外交部照會各公使，以山東龍口萊州及接連膠州灣附近各地為各交戰國行軍區域。5 日，外交部照會各交戰國保護膠澳中國人民生命財產。9 日，陸宗輿照會日外務省，要求放逐居留日本之中國革命黨，以示互助之意。日本步步進迫，乘機侵佔中國領土，搶奪中國資源，勞役中國人民。10 日，日軍佔領山東平度，拘捕縣知事，強徵牛畜糧食，槍殺人民。12 日，日軍佔領即墨。15 日，日軍在山東發行紙幣，毀傷米稻，虐待居民。外交部向日使提出交涉。18 日，日軍在山東勞山灣上岸。20 日，日軍逐龍口中國稅關人員。21 日，中德商定膠濟路線歸中國保管。日軍在山東平度繼續強徵食用各物，槍殺人民。23 日，英軍在山東勞山灣登岸，助日軍攻青島。25 日，日軍侵佔山東濰縣車站，捕捉華人，並傷路工。26 日，日軍猛攻防守青島之四千德軍。27 日，外交部再向日使抗議日軍侵佔濰縣車站。28 日，日使覆外交部，謂膠濟鐵路係德國產業，將按站佔領。29 日，外交部令駐日公使陸宗輿切實交涉日軍侵佔膠濟鐵路事。30 日，外交部駁日使謂膠濟鐵路係中德商辦產業。

---

68 《顧維鈞回憶錄》(1)(北京：中華書局，1983 年)，第 119－121 頁。

10月1日，外交部照會日德使，要求軍隊不得佔領電局，檢查郵件，劫拿庫銀，逮捕華人，脅其充兵。交通總長梁敦彥訪美使芮恩施，盼美商同英國阻止日本擴大山東戰區。2日，日使覆外交部，謂膠濟鐵路乃青島租借地不能判分之一部分。外交部照會英美公使，請設法阻止日軍擴大行軍區域。是日袁世凱復以此意面告美使。4日，德國允將膠濟鐵路讓交中國接管，候戰後解決。日反對。5日，日軍侵佔青州車站，飛機在青島偵察投彈。日使再覆外交部抗議，謂凡德人在東方所有之權利，日本均可以兵力攻得。參政院為日軍侵佔膠濟鐵路事，全體通過向政府提出質詢，並請向日英抗議。參政梁啟超提議，蔡鍔、徐紹楨、趙惟熙、王揖唐附議，蔡鍔主質詢政府對於軍事財政準備及所作決定。6日，日軍侵佔濟南車站，侵佔釁山煤礦。7日，外交部為日軍侵佔膠濟鐵路沿線，再向日使抗議，謂日侵犯中國中立，已達極點。8日，日使覆外交部，謂日政府對於山東膠濟鐵路有管理必要，佔領濟南車站乃軍事預定計劃。9日，外交部再向日使抗議侵佔濟南車站，仍不得要領。10日，外交部向英使抗議日軍佔據膠濟鐵路。日軍侵佔山東博山煤礦。11日，英使照覆外交部，謂日軍佔據膠濟鐵路，乃正當防衛。

當日軍在中國橫行霸道的時候，中國軍人沒有俯首屈服，也群起指責。10月16日，各省將軍以日軍侵佔濟南車站，電請政府嚴切交涉，即行撤退，倘再有意外行動，惟有最後對待。袁世凱覆令鎮靜以待。17日，青島德國魚雷驅逐艦擊沉日本巡洋艦「高千穗」號，艦長以下官兵271人死亡。此艦是中日戰爭時日本旗艦，日俄戰時，曾參加旅順之役。19日，外交部為日軍司令在平度出示威脅華人，向日使抗議。21日，濰縣日軍侵入華軍警戒線。23日，日本在濟南設立領事署。25日，山東當局與日本訂立膠濟路臨時條約。31日，日軍開始向青島總攻擊。11月7日，日軍司令神尾光臣攻陷青島，俘德軍2,300人，德總督華德克降。

日本外務大臣加藤高明認為擴大日本在華勢力的機會來臨，10日，日本閣議決定對華交涉案（二十一條要求）。同日，德人讓渡青島與日本。15日，外交部照會日使，要求青島關局仍歸中國管理。16日，日本正式接管青島。

17 日，外交部電令陸宗輿要求膠濟路日軍退入膠州租借地。12 月 2 日，日本天皇裁可 11 月 10 日閣議通過之對華交涉案。3 日，日本外相加藤高明以「二十一條」要求全文交日置益，令相機向中國政府提出。10 日，日本拒絕中國改派青島税務司。29 日，外交次長曹汝霖與日公使日置益商取消戰區，並令陸宗輿正式通知日外務省。30 日，日外務次官松井語陸宗輿，戰區須雙方商妥後方能取消。英使朱爾典勸告曹汝霖，對取消戰區，須謹慎將事。

1915 年 1 月 7 日，外交部照會英日公使，取消前所劃定山東特別行軍區域。8 日，日本外務大臣加藤高明電令日置益盡速照「二十一條」原案向袁世凱進行交涉。9 日，日使照覆外交部認中國取消山東特別行軍區域為未當，日軍不受影響與約束。16 日，外交部覆日使，中國有單獨取消山東特別行軍區域之權。

1 月 18 日，日本公使日置益直接向袁世凱當面遞交覺書「二十一條要求」，並威脅說：「中日兩國間，近來真意殊欠疏通，⋯⋯對兩國邦交時肇意外之危險。」「今次如能承允所提條件，則可足徵日華的親善，日本政府對袁總統，亦可遇事相助。」「日本輿論激昂，民間有力之人士倡援助革命黨推翻袁政府之議。」最後要求袁政府「絕對保密，盡速答覆」。[69] 袁世凱說：「中日兩國親善，為我之夙望，但關於交涉事，應由外交部主管辦理，當交曹次長帶回外部，由外交總長與貴公使交涉。」說完便將日使覺書向桌上一擱，並未展閱。日置益辭出後，袁世凱對曹汝霖說，日本覺書，留在這裏，容我細閱。[70]

「二十一條」分為五號，第一號是關於山東的，第二號是關於滿洲的，第三號是關於長江流域的，第四號是關於福建省的，最後一號是有關中央政府聘用日本顧問、中國軍隊武器的標準化以及全國警察聘用日本教官等問題。

全文如下：

69 《中日二十一條交涉》（上），第 217－218 頁。

70 曹汝霖：《曹汝霖一生之回憶》（台北：傳記文學出版社，1970 年），第 89 頁。

第一號：

日本國政府及中國政府互願維持東亞全局之和平，並期將現存兩國友好善鄰之關係益加鞏固，茲以定條款如下：

第一款、中國政府允諾，日後日本國政府擬向德國政府協定之所有德國關於山東省依據條約或其他關係對中國政府享有一切權利利益讓與等項處分，概行承認。

第二款、中國政府允諾，凡山東省內並其沿海一帶土地及各島嶼，無論何項名目，概不讓與或租與他國。

第三款、中國政府允准，日本國建造由煙臺或龍口接連膠濟路線之鐵路。

第四款、中國政府允諾，為外國人居住貿易起見，從速自開山東省內各主要城市，作為商埠，其應開地方，另行協定。

第二號：

日本國政府及中國政府因中國向認日本國在南滿洲及東部內蒙古享有優越地位，茲議定條款如下：

第一款、兩訂約國互相約定，將旅順大連租借期限並南滿洲及安奉兩鐵路期限，均展至九十九年為期。

第二款、日本國臣民在南滿洲及東部內蒙古為蓋造商工業應用之房廠，或為耕作，可得其需要土地之租借權或所有權。

第三款、日本國臣民得在南滿洲及東部內蒙古任便居住往來，並經營商工業等各項生意。

第四款、中國政府允將在南滿洲及東部內蒙古各礦開採權，許與日本國臣民。至於擬開各礦，另行商訂。

第五款、中國政府應允關於下開各項，先經日本國政府同意而後辦理。

一、在南滿洲及東部內蒙古允准他國人建造鐵路，或為建造鐵路向他國借用款項之時；

二、將南滿洲及東部內蒙古各項稅課作抵由他國借款之時。

第六款、中國政府允諾，如中國政府在南滿洲及東部內蒙古聘用政治財政軍事各顧問教習，必須先向日本國政府商議。

第七款 中國政府允將吉長鐵路管理經營事宜委任日本國政府，其年限自本約畫押之日起以九十九年為期。

第三號：

日本國政府及中國政府顧於日本國資本家與漢冶萍公司現有密切關係，且願增進兩國共通利益，茲議定條款如下：

第一款、兩締約國互相約定，俟將來相當機會，將漢冶萍公司作為兩國合辦事業，並允如未經日本國政府之同意，所有屬於該公司一切權利產業，中國政府不得自行處分，亦不得使該公司任意處分。

第二款、中國政府允准所有屬於漢冶萍公司各礦之附近礦山，如未經該公司同意，一概不准該公司以外之人開採。並允此外凡欲措辦無論直接間接對該公司恐有影響之舉，必須先經該公司同意。

第四號：

日本政府及中國政府為切實保全中國領土之目的，茲定立專條如下：

中國政府允准所有中國沿岸港灣及島嶼概不讓與或租與他國。

第五號：

第一款、在中國中央政府，須聘用日本人充為政治財政軍事等各顧問。

第二款、所有中國內地所設日本病院寺院學校等，概允其土地所有權。

第三款、向來日中兩國屢起警察案件，以致釀成轇轕之事不少，因此須將必要地方之警察，作為日中合辦，或在此等地方之警察官署須聘用多數日本人，以資一面籌劃改良中國警察機關。

第四款、由日本採辦一定數量之軍械（譬如在中國政府所需軍械之半數以上），或在中國設立中日合辦之軍械廠，聘用日本技師，並採買日本材料。

第五款、允將接連武昌與九江南昌路線之鐵路及南昌杭州南昌潮州各路線鐵路之建造權，許與日本國。

第六款、在福建省內籌辦鐵路礦山及整頓海口（船廠在內），如需外國資本之時，先向日本國協議。

第七款、中國允認日本國人在中國有佈教之權。[71]

袁世凱看完「二十一條」之後，大為憤怒。1月19日早晨，袁世凱召集國務卿徐世昌、外交總長孫寶琦、次長曹汝霖、陸軍總長段祺瑞、稅務督辦梁士詒等人到總統府。袁世凱說：「日本這次提出的覺書（指二十一條），意義很深，他們趁歐戰方酣，各國無暇東顧，見我國是已定，隱懷疑忌，故提此覺書，意在控制我國，不可輕視。至覺書第五項，竟以朝鮮視我國，萬萬不可與他商議。又說，容我細閱後再交部。」[72] 袁世凱深知中國的貧弱，洞悉日本的擴張政策，故雖然同意與日本舉行談判，但沒有放手讓外交部去辦，而是親自主導了整個對日交涉的策略和全部過程。[73] 外交次長曹汝霖說袁世凱「隨時指示，余每晨入府報告，7時到府，總統已在公事廳等着同進早膳，報告昨日會議情形，討論下次應付方針，有時議畢又入府請示。陸閏生公使（宗輿）又時以日本內情電告。陸外長確能恪遵總統批示，決不越出批示範圍」。[74]

20日，袁召見曹汝霖，說他已逐條細閱，並用硃筆批示。

對第一條，批此本於前清中俄協定東三省會議時，已允繼續俄國未滿之年限，由日本展續滿期，今又要重新更定。但將來若能收回，對於年限沒有多大關係，此條不必爭論。對承認德國利益問題，批應雙方合議，何能由日

71 王芸生：《六十年來中國與日本》（6）（北京：三聯書店，1980年），第73－76頁。

72 《曹汝霖一生之回憶》，第89頁。

73 《顧維鈞回憶錄》（1），第121－127頁。

74 《曹汝霖一生之回憶》，第98頁

本議定，由我承認，這是將來之事，不必先行商議，可從緩議。對於合辦礦業，批可答應一二處，須照礦業條例辦理，愈少愈好，可留與國人自辦。對於建造鐵路，批須與他國借款造路相同，鐵路行政權，須由中國人自行管理，日本只可允與以管理借款之會計審權，惟須斟酌慎重。對於開商埠，此須用自開辦法，並應限制，免日本人充斥而來，反客為主。對漢冶萍鐵礦廠，批這是商辦公司，政府不能代謀。浙閩鐵路，批須查卷，似與英國有關。對福建讓與，批荒唐荒唐，領土怎能讓與第三國。對內地雜居，批治外法權沒收回之前，不能允以雜居。至第五項，批此項限制我國主權，簡直似以朝鮮視我，這種條件豈平等國所應提出，實堪痛恨。日本自己亦覺不妥，故註希望條件，不理可也。萬萬不可開議。切記切記（兩句加誅筆密圈）。指示曹汝霖和陸徵祥具體商議的辦法。開議時，應逐項逐條商議，不可籠統並商。[75]

袁世凱定了四大策略，處理這次嚴重的外交危機。

（1）策略一：拖延戰術

日本要求談判盡快得出結果，在最短時間內簽訂條約。袁世凱則極力拖延，希望得到外國的外交援助，特別是美國的支援。

日本提交「二十一條」要求兩日後，日使日置益以電話詢問外交次長曹汝霖何時開議。曹以日本欲開元首直接交涉之惡例，回答：「總統並未交下何等文件，本部無從開議。」日置益說：「條款已遞總統。」曹答：「總統無直接交涉之權。」日置益語塞。立即派員至外交部說：「條款遞交總統，與遞交外交部無異。」又被駁覆。1 月 21 日，日置益才到外交部，向外交總長孫寶琦補送同樣條款。孫不懂外交，稍一展閱即大發議論，並將各條一一指摘，加以評論。孫寶琦與日使會談筆記呈交袁世凱，袁世凱閱後認為不妥，說已囑咐不要籠統商議，慕韓（孫寶琦字）何以如此糊塗，初次見面即逐條指摘，

---

75 《曹汝霖一生之回憶》，第 89－90 頁。

發議論，以後何能繼續商議。慕韓荒唐，太粗率，不能當此任，當晚即徵得陸徵祥同意。22 日即令陸徵祥任外交總長，調孫寶琦為稅務處督辦。[76] 並指示陸徵祥，要他盡量拖延，陸徵祥想出了許多巧妙的計策來拖延談判。「日本要天天談，每週五次，陸則提出每週開會一次，並和顏悅色地和日方爭辯。他說他很忙，有許多別的外交問題等他處理，他還要內閣的會議。日本公使多方堅持，最後達成妥協，每週會談三次。⋯⋯每次會議都在下午 3 時至 5 時召開，但陸徵祥使用了一些手法來拖延。當會議開始時，他的客套話會長達 10 分、15 分甚至 20 分鐘。客套話後又命獻茶，儘管日本公使不悅，陸徵祥還是盡量使喝茶的時間拖長，而日置益也知道這是東方待客的禮節，無法加以拒絕。爾後在討論中，一切必須由日文翻譯成中文，及由中文翻譯成日文。陸徵祥習慣於講究辭藻，出言文雅，輕言慢語，譯員施履本有時聽不清陸徵祥言語，有需請他複述一遍。遇到困難時，陸徵祥即向日方提出：『我將就此報告大總統，下次會議時給貴方答覆。』」[77] 靠這些手段，陸徵祥與日本代表纏磨了三個多月，從 2 月 2 日拖到了 5 月 7 日，日本向中國遞交最後通牒前夕為止，這多次外交會談，為袁世凱派人赴日摸清日本底線，發動國內報刊攻勢，以及聯合美英俄等列強對日本施加壓力，贏得了時間。

(2) 策略二：偵察日本

袁世凱迅速啟動外交部和總統府明暗兩條管道，同時謹慎、周密地展開對日交涉的鬥爭。[78] 1915 年 1 月 19 日，袁世凱召開會議後，隨即派國務院參議兼總統府秘書曾叔度（曾彝進）往訪其日籍法律顧問有賀長雄，向他查詢對日內閣提出「二十一條」是否知情，以及日內閣意圖究竟何在。有賀回答不知內容，談不到答應或駁回。晚飯後，曾叔度再訪有賀，有賀告之日本政

76 《曹汝霖一生之回憶》，第 90－91 頁；《六十年來中國與日本》（6），第 82－83 頁。

77 《顧維鈞回憶錄》（1），第 121－123 頁。

78 〈日本對華「二十一條」的提出與中日交涉〉，黃紀蓮：《中日「二十一條」交涉史料全編（1915－1923）》（合肥：安徽大學出版社，2001 年），第 20－22 頁。

情：「日本完全由幾位元老當家，大隈伯爵（總理大臣大隈重信）雖任內閣總理，但外交、軍事最後決定，即外交應否決裂，決裂後如何遣兵調將，大權尚在天皇，而其實權仍操之於元老。日本現在元老，以松方侯爵及山縣公爵為最有權，若此二人不允許外交決裂，不允許用兵，大隈內閣一點辦法沒有。」有賀又根據日本憲法解釋，「日本立憲時，統率大權仍保留在天皇手中，並未與其他統治權一併交與內閣。陸軍大臣、海軍大臣，其實只是陸軍糧台、陸軍司務廳、海軍糧台、海軍司務廳而已。統率大權在天皇，輔之以參謀本部之帷幄上奏，而不輔之以內閣。極端言之，內閣總理大臣及陸軍大臣、海軍大臣，不能以命令遣一兵調一將，令其向某處開一槍。例如英國，只須總理大臣及閣員全體同意，即能遣兵調將，向外國開戰用兵。而日本不然，日本天皇經帷幄上奏，已同外國開戰用兵，甚至總理大臣及陸、海軍大臣尚不知。」[79]（按：有賀長雄對日本憲法的解釋，說明了日本天皇才是侵華的罪魁禍首，不是一般資料所說的日本軍閥。）

當天袁世凱深夜召見曾叔度，曾回答不得要領。袁世凱卻說：「聽他的憲法論，我已略得要領。」次日，袁世凱再派曾叔度與有賀談話，請他即日回國一趟，「直接見松方侯爵及山縣公爵，把大隈提出的二十一條要求，及他叫日本公使不守國際間通行禮貌，直接向一國元首提出無理要求的情形，告訴元老，並詢諸位元老的真意。」有賀考慮到袁世凱決心全部駁回，若一旦決裂，兵連禍結，兩國都不利。同意回國一趟。袁世凱知道後，令曾叔度領取一萬元，送有賀作路費。21 日，袁極為慎重、隱秘、迅速地令交通部專門安排了一節車廂，派便衣憲兵二名護送有賀至瀋陽，再轉船回日本。有賀首見井上馨，直率陳述其意見，井上馨認同有賀主張，囑他再為山縣有朋說一遍。山縣有朋聽了有賀之言後，囑其轉告松方正義侯爵，告知「二十一條」內容，松方才知此大事。「松方正義侯最關心中國情形」，認為此事並未經過御

79 曾叔度：〈我所經手二十一條的內幕〉，榮孟源、章伯鋒：《近代稗海》（3）（成都：四川人民出版社，1985 年），第 280－281 頁。

前會議，批評「大限重信言大而誇」，請有賀「快回華告訴袁世凱，滿洲係我帝國臣民以血肉性命向俄國人手裏奪過來的，應當予帝國以發展的機會。至於滿洲以外中國領土上的主權及一切，帝國毫無侵犯的意思。大限的要求，是他大限重信的要求，帝國臣民不見得都支持他的要求。」[80] 松方隨即召見加藤外相，詰問他覺書中有第五項，何以沒有報告？加藤說，這是希望條件。松方即說，既然只是希望條件，對方不願開議，即不應強迫開議，設若交涉決裂，你將何以處置？加藤答，不惜使用武力，「不出三個月，中國可完全征服」。松方笑說：「莫要把中國看得太輕，若用武力，恐三年未必成功，遑說三月，應速自行善處。」[81] 有賀如實回報，袁世凱對這情報很滿意，但又不盡信，再派參事金邦平攜帶有賀介紹信去日本拜見松方。松方對金所談，與有賀所言完全一致。日本國內元老院和內閣兩政治勢力存在矛盾，遂令袁世凱有信心應付日本的無理要求。[82]

此外，袁世凱派曾叔度專責聯絡日本浪人，揮金與交。選定了六、七人之後，最高者月給五百元，至少者亦月給二百元，成為中國收買的日本間諜。因事涉機密，只有袁、曾兩人知道。袁世凱指示曾叔度：「現在正當緊要關頭，你務必常跟他們聯絡，無論何種情報，是真是假，是虛是實，是大是小，都來報告我，並且你見了他們，應該說什麼話，也要斟酌。你預先來問我，我告訴你。」曾叔度竭力搜求日本公使館的內部情形，但毫無所得，於是想解除此項任務。袁世凱說：「我所欲知者，不專指日本使館內部情形，我要知道日本商民之動靜。例如最近來的日本人多，還是回國的日本人多，以及他們為什麼要來，為什麼要走。走時是否把家財一齊賣盡，有無一去不復返之勢。是否接到日本公使館或領事館的命令，勸他們回國。」曾叔度查探後，日本僑民安靜如常。

---

80 曾叔度：〈我所經手二十一條的內幕〉，《近代稗海》（3），第 282－283 頁；《六十年來中國與日本》（6），第 171－172 頁。

81 《曹汝霖一生之回憶》，第 126 頁。

82 〈我所經手二十一條的內幕〉，《近代稗海》第 3 輯，第 284 頁。

袁世凱繼續與有賀緊密接觸，獲得有賀提供大量日方情報，讓中國能夠及時掌握日本元老與日內閣間的政情變化，及時掌握日方要求的底線，哪些條款可讓，哪些條款可以堅持。由於松方等元老介入交涉，並在御前會議中向大隈施壓，最終迫使大隈內閣在損害中國主權最甚的第五號商談上退讓。[83] 袁世凱掌握日本國內情報，指示和動員總統府和外交部眾人，有理有節地與日本交涉，最終能夠解決弱國外交面對的窘局。

(3) 策略三：爭取民意

袁世凱從有賀長雄得到日本政壇情報，知道元老院害怕強迫中國接受不合理的要求，只會導致中國人民仇恨日本的反效果。於是不管日本要求保密，秘密安排顧維鈞、陸徵祥、莫理循、端訥等將「二十一條」相關內容和惡果洩漏給美、英、俄等國使館和中外記者，一方面讓英美等國家出面壓制日本的侵華野心，以免傷害其在華權益；同時，借用中國民營報刊掀起反日輿論，利用民意作為後援。

1 月 29 日，各省將軍馮國璋等聯電反對日本要求。「二十一條」的消息傳開後，反日輿論頓時沸騰起來。上海、北京、天津、杭州等地商民、學生和海外華僑紛紛集會，或投書報刊，或通電全國，一致抗議日本的侵略行徑，要求袁政府拒絕日本無理要求，及表示支持政府，不惜一戰。1 月底至 2 月初，各地商會已經發出五百餘件電報，直至 5 月 9 日，外交部仍然收到支持抗日的電報。今引述數則如下：

一、出口公會陸維鏞等電：「如有能為政府後盾者，雖犧牲生命亦不足惜。務望堅持到底。」[84]

二、安徽進步黨、省教育會、商會電：「嚴詞拒絕，並無討論餘地。即有

83 〈我所經手二十一條的內幕〉，《近代稗海》(3)，第 283－287 頁；陸宗輿：《陸閏生先生五十自述記》，《北京日報》1925 年承印，第 15 頁。

84 〈外交部收出口公會陸維鏞等電〉(1915 年 2 月 9 日)，《中日「二十一條」交涉史料全編 (1915－1923)》，第 250 頁。

意外，吾民願與政府共之。」[85]

三、奉天農工商學各總會電：「請嚴重交涉，早日解決，以保國體而安群情，則國家幸甚，人民幸甚。」[86]

四、上海洋貨商業公會電：「商等愚昧，對於此事寢食不安，務乞據理交涉，暫勿承認。」[87]

五、浙江杭州商務、教育等會電：「擬懇擇示綱領至要，共圖對付之方。如其勢逼不已，情有難堪，令我忍無可忍，則毀家紓難，正國民應盡之義，商民等寧以身殉，不求苟安。」[88]

六、浙江紳民電：「如其逼人太甚，望速決定大計，國民等忘身憂國，毀家紓難，義所當然，理無偷避。」[89]

七、浙江寧波商務總會等電：「日人要求，據西報所傳，條件嚴酷，無磋商餘地。果如所言，國家存亡，關係甚巨，凡有血氣，同深憤恨。應請政府代表民意，堅持最後主義，嚴厲拒絕。」[90]

八、上海張照等電：「寧拋全國生命，不失一分主權。」[91]

85 〈外交部收安徽進步黨、省教育會、商會電〉（1915 年 2 月 13 日），《中日「二十一條」交涉史料全編（1915－1923）》，第 250 頁。

86 〈外交部收政事堂交奉天農工商學各總會電〉（1915 年 2 月 24 日），《中日「二十一條」交涉史料全編（1915－1923）》，第 252 頁。

87 〈外交部收上海洋貨商業公會電〉（1915 年 2 月 17 日），《中日「二十一條」交涉史料全編（1915－1923）》，第 253 頁。

88 〈外交部收浙江杭州商務、教育等會電〉（1915 年 2 月 20 日），《中日「二十一條」交涉史料全編（1915－1923）》，第 260 頁。

89 〈外交部收浙江紳民電〉（1915 年 2 月 22 日），《中日「二十一條」交涉史料全編（1915－1923）》，第 261 頁。

90 〈外交部收浙江寧波商務總會等電〉（1915 年 2 月 28 日），《中日「二十一條」交涉史料全編（1915－1923）》，第 262 頁。

91 〈外交部收上海張照等電〉（1915 年 2 月 28 日），《中日「二十一條」交涉史料全編（1915－1923）》，第 254 頁。

九、上海沈朱軾等電：「關繫存亡，萬勿遷就。」[92]

十、上海國民大會電：「本日經上海國民大會五萬餘人表決，死不承認，懇政府本國民之決心，背城一戰，民等願毀家捐軀，後援政府。」[93]

此外，南昌、湖南、成都、廣東、廣西等地商會、教育會均電請外交部嚴詞拒絕。海外商會、華僑，如日本神戶中華總商會、橫濱華僑親仁會、印尼僑民、爪哇峇厘華商總會、泗水商務總會、爪哇巴鄰傍埠商會、小呂宋華僑救亡團、怡朗中華總商會、留英學會、墨國磨詩耀埠全僑、舊金山商會、舊金山中華會館、波特蘭中華會館、檀香山少年演説社、檀香山義興總會、溫哥佛華僑救亡會、域多利中華會埠華商總會、溫尼浦華僑等紛紛致電外交部表示支持、拒簽。

通電表態支持之外，反日愛國團體紛紛出現，上海成立了國民對日同志會、外交後援、救國急進會，杭州有愛國會，山東有救亡團，江西有婦女救國會，廣東有中華商務救亡會，四川有國事研究會等。各地同時掀起了抵制日貨運動。3 月 16 日，上海商會組成勸用國貨會。18 日，紳、商、學各界聯合在張園召開反對「二十一條」要求的國民大會，到會者近四萬人，大會通過提倡國貨，設立公民捐輸處等項決議。23 日，外交部及統率處電各省報告中日交涉情形。25 日，袁政府為應付日本，下令禁排斥日貨。但抵制日貨運動如火如荼，怎能迫國人購買日貨？[94] 3 月 29 日，上海舉行第二次對日國民大會。學生更熱血沸騰，走上街頭，散發傳單，發表演説，講解「二十一條」的禍害。

海外僑生愛國不甘後人，2 月 11 日，東京中國留學生千餘人舉行大會反對，並請駐日大使陸宗輿致電袁世凱：「鄰邦乘間要挾，志在役服我國，苟曲

---

92 〈外交部收上海沈朱軾等電〉（1915 年 3 月 20 日），《中日「二十一條」交涉史料全編（1915－1923）》，第 255 頁。

93 〈外交部收上海國民大會電〉（1915 年 5 月 9 日），《中日「二十一條」交涉史料全編（1915－1923）》，第 258 頁。

94 李新：《中華民國史》（2 上），第 507－508 頁。

予承諾，即主權利權兩失，民命何依。大總統受民付託，豈忍以國為犧牲，乞嚴正拒絕。倘或稍失利權，即傷國體，生等痛切剝膚，義難緘默，願與國人一志保國，為外交後盾。」[95] 李大釗以留日學生總會名義，發出警告全國父老書，指出：「二十一條」，「任允其一，國已不國。況乃全盤托出，咄咄逼人，迫之以秘密，脅之以出兵，強之以直接交涉，辱我國體，輿論激昂，則捏詞以誣之；國民憤慨，則造謠以間之。……日本既發此大難，中國不敢於坐，日復一日，勢必出於決裂。彼有強暴之陸軍，我有犧牲之血肉；彼有堅巨之戰艦，我有朝野之決心。」「有國可亡，有人可死，已無投鼠忌器之顧慮，宜有破釜沉舟之決心。」痛斥日本已為「吾四萬萬同胞不共戴天之仇讐」，號召「舉國一致，眾志成城」，不怕犧牲，去保衛此錦繡江山。[96]

在國人的支持下，中國增加了對日談判的籌碼。3 月 3 日，陸徵祥在第六次會議，對日置益解釋他不能讓步的原因，就是「國民必起反對」。旅順大連的租借地原約為 25 年，「擅自讓步至 99 年，一般國民及外國人均將猜疑，謂何以展條約以外之期限？故將收買期限照舊，亦可以對付國民。」否認拒絕讓步是「為本國極力主張」，而是「國民不能原諒」。[97]

3 月 29 日，中國借民間反日，游說日本元老迫內閣讓步，取消第五條要求。4 月 9 日，曾叔度致電有賀請他活動元老，訓令日使讓步；借口國人排日，「俾親善方針得早進行，兩國交親，重在永久之感動，不在目前之快意。諒各元老與有同情。目下排斥日貨，以政府之力業已鎮壓，而日本國在奉天山東方面驟加軍隊，以處肇衅，人民驚疑，益形憤激，實非兩國前途之。並祈各元老維持大局，特加注意。」[98] 由於元老施壓，最後日本大隈內閣主動撤

95 〈中國外交部收駐日本公使陸宗輿電〉（1915 年 2 月 13 日），《中日「二十一條」交涉史料全編（1915－1923）》，第 286 頁。

96 李大釗：〈留日學生總會警告全國父老書〉（1915 年），《中日「二十一條」交涉史料全編（1915－1923）》，第 275－283 頁。

97 《六十年來中國與日本》（6），第 162－169 頁。

98 《六十年來中國與日本》（6），第 209－210 頁。

回第五號要求。

(4) 策略四：爭取美英支持

袁世凱非常重視了解重要的世界政治輿論，常常閱讀路透社報道和外國報章重要評論和新聞的譯本。顧維鈞任科長的外交部翻譯科，下設助理八至十人。每天早晨將日文、德文、法文及英文報章擇其重要條目譯成中文，下午譯完，供袁世凱次日閱讀。袁十分注意國外輿論和外國報紙有關中國的評論，以及各國所推行的對華外交政策，也極願意徵求駐外使館意見，不論是有關歐戰形勢的問題還是其他重要問題，總要發通電給各使館，在一些未設使館的國家，則發電給總領事館，要求就當地輿論和對華態度，以及對北京政府最終將作出的決定可能有何反應提出報告，而且要在收到國外報告之後，方作最後決定，以便能夠了解外界主要國家的輿論趨勢。[99]

袁世凱對國際形勢瞭如指掌，對日本「二十一條」的提出並不感到意外，早已料到日本會借歐洲發生戰爭，向中國苛索利權。他說：「日本現在可以把自己的意願強加給中國了，不必擔心西方列強的任何干涉和阻撓。只有美國會反對它。」[100]

這時，北京急需從國際上獲得外交方面的支持。雖然中國許諾將此事保守秘密，不讓其他國家知道，但顧維鈞向袁世凱和外交總長說明：「這種許諾是在威脅之下做出的，中國沒有義務遵守。根據世界的形勢，唯一能給中國以外交和道義上的支持的是美國，我看有必要讓華盛頓了解二十一條的內容，也應告知倫敦。因為英國的在華，特別是在長江流域的利益是很大的。儘管英國正在進行着生死攸關的戰爭，我相信它不會不慎重考慮，採取措施，防止中國給予日本以過多的利益而影響它在中國的既得利益。中國保護自己的唯一手段是盡力爭取盎格魯撒克遜國家（英語系國家）的支持，因為其它有在華利益的國家無力干預亞洲的事務。法國正日夜忙於對德作戰，俄國

---

99 《顧維鈞回憶錄》（1），第 392－393 頁。

100《顧維鈞回憶錄》（1），第 390 頁。

也已成為德奧發動戰爭的受害者。」由於關於「二十一條」的消息少量而不斷地出現在外國的報紙上，引起了各國，特別是華盛頓和倫敦的關注。顧維鈞徵得袁世凱和陸徵祥的完全同意，和英美公使保持接觸。顧每次在外交部開完會後，如不是當天下午，至晚在第二天便去見美國公使芮恩施和英國公使朱爾典。中日談判正式開始之前，中國已開始展開爭取國際支持的行動。1 月 22 日，美使芮恩施得知「二十一條」大概內容。日本駐英大使井上只將「二十一條」的一至四號通知英外交部。同日，北京報紙刊出日本要求消息。24 日，美使芮恩施電國務院，日本對華要求危及中國獨立及西方國家之機會均等。25 日，美國務院商討中日問題，認為日本行動違反門戶開放政策。英法俄三使訪日置益，探詢對華要求內容。日本在國際壓力下，外相加藤高明電令日置益警告中國政府不可洩露條款內容。

1 月 26 日，加藤高明再電令日置益迅速解決中日交涉，並要求中國政府對全部條款作原則上之諾否表示。27 日，美使芮恩施向國務卿白萊安建議，要求中國將「二十一條」通知美國，美應與英取得諒解。美國總統威爾遜函國務院，注意日本目前在華地位及意向。不過，日本繼續對英美否認向中國提出「二十一條」要求。28 日，中國新任外交總長陸徵祥到部。29 日，陸徵祥拜會外交團。同日，各省將軍馮國璋等聯電反對日本要求。31 日，日置益為報紙刊載日本對華要求消息，再向曹汝霖警告。2 月 3 日，日外務省否認有侵害中國領土完整及外國在華權利之要求。4 日，日本以「二十一條」一至四號通知法俄兩國，但仍然沒有提交第五號。東京甚至沒有將「二十一條」的性質及談判進展等詳情通知其駐外使館，據報日本駐華大使完全不知道所謂的第五號。8 日，日本以「二十一條」一至四號通知美國務院。美總統函芮恩施，對中日談判暫不干涉。不過，「二十一條」第五號終於泄露，10 日，英以日本未將「二十一條」第五號見告，表示遺憾。11 日，北京英記者端訥將「二十一條」原件發出，東京中國留學生舉行大會反對「二十一條」要求。同日，曹汝霖告小幡酉吉，拒絕商談第五號。12 日，陸宗輿晤加藤，加藤堅持商談第五號條款。

16 日，日置益訪陸徵祥，迫令對第五號作議或不議之答覆。17 日，日置益電日本外務省，主先退還中國之修正案，示以最後決心，迫令中國對第五號先允作大體的商議。中國露出「二十一條」要求全文。19 日，中國駐美公使以「二十一條」全文通知美國務院。同時，袁世凱指示顧維鈞把有關「二十一條」的消息也透露給英美記者，以達到借英美輿論給日本施壓的目的。20 日，美對日詢問，美國務院出示了「二十一條」的全文副本，使日本大使非常難堪，日本外相亦感到如繼續否認「二十一條」及其第五號的存在，殊非明智之舉。22 日，日本以「二十一條」之第五號七款通知美國，說第五號條款只是請求或希望，並非要索。同日，英國對日本表示，希望尊重英國在華既得權利及中國獨立。國際形勢對日本愈來愈不利，日本談判代表遂對中國政府不斷施壓，企圖迅速簽訂條約，結束談判。[101]

3 月 13 日，日本增兵山東、滿洲、天津約三萬人。美國務卿白萊安致日本駐美大使珍田備忘錄，申述美國在遠東政策，美國條約權利必須尊重，但不反對「二十一條」中之一、二兩號，承認日本對山東滿蒙之特殊關係。3 月 27 日，英擬斡旋中日交涉，日本拒絕。29 日，美對日表示，不反對其關於福建之要求。4 月 10 日，中日第 21 次會議，中國拒絕第五號。12 日，駐美公使夏偕覆函外交部，請英美勸說日本，使知斂戢。14 日，威爾遜函白萊安，謂日本對華要求違反中國行政獨立自主及門戶開放。18 日，美使照會，決不拋棄在華利益。

5 月 1 日起，總統府連日會議。5 月 4 日上午，日本內閣會議決定對華發最後通牒。駐日公使陸宗輿以中日最近交涉情況告英使。英駐日大使警告日外相加藤，勿因對華之第五號要求而招致中日交涉破裂。下午，日本元老大臣會議決定對華發最後通牒。晚上，日本內閣會議決定於最後通牒中刪除第五號要求。總統府召開緊急外交會議。6 日，日本御前會議決對中國發最後通牒。袁世凱召開會議，決再對日讓步，即由曹汝霖通知日方。英駐日大使照

101 《顧維鈞回憶錄》（1），第 123－125 頁。

會日外交部，對華交涉如訴諸強硬手段，應先諮詢英國意見。美向英法俄提議，共同干涉中日交涉，三國不同意。7 日，下午 3 時日使日置益向外交部提出最後通牒，限 5 月 9 日下午 6 時前答覆。8 日，英使朱爾典勸中國接受日本要求。袁世凱召集黎元洪、徐世昌及各部總長會議，決接受日本要求。9 日，夜 11 時外交部照會日置益，承認日本之最後通牒。11 日，美政府致牒中日兩國，不得成立有礙美國及其人民在華之條約權利，及中國領土完整、門戶開放之協定。13 日送達外交部。

6 月 2 日，袁世凱批准中日條約與換文，史稱《中日民四條約》。8 日，中日新約互換。9 日，中日新約正式發表。[102]

5. 五九國恥

有些書籍用帶有政治偏見的觀點，未審先判，因為袁世凱稱帝便指控袁世凱爭取日本支持，而答應此喪權辱國的無理要求。當時北京政府文武官員，真的是全都是漢奸走狗嗎？不容否認，當時中國極之貧窮落後，在日本橫蠻的軍事威脅下，不答應，便只有武力抵抗。陸軍總長回答袁世凱的查詢，答案是只能抵抗日本四十八小時，之後，怎麼辦？外交總長陸徵祥回答參政院的質詢說：最後通牒送致之前一日，即 5 月 6 日，「日本政府已下動員令，頒佈關東戒嚴令，而山東奉天之日軍為作戰之預備，艦隊出發各埠，日商紛紛回國，而最後通牒即於 5 月 7 日下午 3 時送致我政府矣。⋯⋯南滿山東日本已長驅直入，屯駐大軍，我之實力，尚未充足，且南滿方面，日人樹植勢力範圍，已非一日，喧賓奪主，十餘年於茲矣。按事實論，南滿權利早已所存無幾，值此積弱之時，而求復已失之權利，其勢有所不能。迨一經決裂，必無幸勝，戰後之損失，恐較之現在所要求重加倍蓰，而大局糜爛，生靈塗炭，更有不堪設想者。在京友邦駐使，亦多來部婉勸，既與中國主權內

102《中華民國史事日誌》(1)，第 151－187 頁。

政無損，不可過為堅執。政府反覆討論，不得不內顧國勢，外察輿情，熟審利害，以為趨避。」[103]

弱國外交，「能挽救一分，即收回一分之權利。」[104] 袁世凱與外交部費盡心力與日本周旋，可說已經盡力！若將北京政府和南京政府比較，日本從南京政府手中奪取的土地和主權，不會比北京政府少。這些書籍並無全面探索和比較近百年來中日外交的成敗得失，只是片面指責北京政府喪權辱國，並不客觀。

最有資格評論民國外交的權威人物是顧維鈞，他在其回憶錄自稱他「畢生致力中國對外關係」，他客觀地比較了 1912 年至 1928 年的北京政府，和 1928 年後的南京政府處理外交不同之處。南京政府非但不屑於徵求中國外交代表的意見，而且常常在做出決定時除通知那些駐在直接有關的外交代表外，對駐其他國家的外交代表甚至連通知都不給。顯然國民黨的領導者們自己已懂得外交，他們熟悉情況。因之駐外代表的地位就降為僅僅是外交部的代理人，而發自南京的公文一向都用「飭」字，意為直接命令。與此相反，在北京政府中，公使們自前清時起，都自認為是與外交總長平起平坐的。外交總長對公使行文一向都用「咨」字。因為公使代表總統，就像總長本人代表總統一樣。⋯⋯ 前清遺留下來的傳統：駐外公使如「欽差」，有權直接向皇帝上疏。國民黨政府成立後，公使降為外交部長的代理人，再也沒有人向他徵求意見，外交部甚至常常在不完全了解國外反應的情況下即做出決定。

顧維鈞又說在民國的各位元首中，袁世凱可說是例外。他對處理對外關係頗有經驗：「當他任總統時，實際上同時又是外交總長。不論是有關帝俄對外蒙的要求，或因西藏涉及與大不列顛的關係，或是關於日本提出的二十一條，袁世凱總統都是幕後的真正談判者。在中日交涉中，不僅是何者可接受

103〈外交總長陸徵祥對參政院之答覆〉，《中日「二十一條」交涉史料全編（1915－1923）》，第 203 頁

104〈大總統袁世凱致各省電〉（1915 年 5 月 6 日），《中日「二十一條」交涉史料全編（1915－1923）》，第 233 頁

何者應拒絕等原則問題由他決定，他而且還規定了對付日本公使的戰略。」顧維鈞說所有交涉事宜的晤談，「均有秘書作談話紀錄，每次紀錄都是一式三份——一份呈總統，一份呈外長，一份歸我本人。總統對交給他的一份紀錄閱讀非常仔細，不時用他的紅藍色鉛筆將需要特別注意之處一一劃出，並作批注，指出下次會議應說些什麼，有時還和我一起閱讀。簡言之，袁總統在對外關係上是煞費苦心的，對政府所做的一切親自承擔了責任。」[105]

袁世凱在日本最後通牒之下，被迫簽訂了《中日民四條約》，他視之為「奇恥大辱」。5 月 8 日，袁世凱在國務會議說：「此次日人乘歐戰方殷，欺我國積弱之時，提出苛酷條款，經外部與日使交涉，歷時三月有餘，會議至二十餘次，始終委曲求全，冀達和平解決之目的。但日本不諒，強詞奪理，終以最後通牒迫我承認。我國雖弱，苟侵及我主權，束縛我內政，如第五號所列者，我必誓死力拒。…… 我國國力未充，目前尚難以兵戎相見。……為權衡利害，而至不得已接受日本通牒之要求，是何等痛心！何等恥辱！語云：無敵國外患國恒亡。經此大難以後，大家務必認此次接受日本要求為奇恥大辱，本臥薪嚐膽之精神，做奮發有為之事業。舉凡軍事、政治、外交、財政，力求刷新，預定計劃，定年限，下決心，群策群力，期達目的。則朱使所謂埋頭十年與日本抬頭相見，或可尚有希望。若時過境遷，因循忘恥，則不特今日之屈服奇恥無報復之時，恐十年以後，中國之危險更甚於今日，亡國之痛，即在目前。我負國民付託之重，決不為亡國之民。但國之興，諸君與有責，國之亡，諸君亦與有責也。」[106]

5 月 14 日，袁世凱密諭全國凡百職司，儆以國亡無日，勉以發憤圖強。密諭說：

105《顧維鈞回憶錄》（1），第 382、390－393 頁。

106〈袁世凱之言〉（1915 年 5 月 8 日），黃紀蓮：《中日「二十一條」交涉史料全編（1915－1923）》，第 234 頁。

日本利歐洲列強之相持，乘中國新邦之初建，不顧公法，破壞我山東之中立。⋯⋯又提出酷烈要求之條款。⋯⋯直以亡韓視我。如允其一，國即不國。牛馬奴隸，萬劫不復。⋯⋯飭外人員堅持磋商。此外凡損失利權較重者，均須逐字斟酌，竭力挽回。⋯⋯經此次交涉解決之後，凡百職司，痛定思痛，應如何劇鉥心神，力圖振作。儻仍復悠忽，事過輒忘，恐大禍轉瞬即至。⋯⋯我國官吏，積習太深。不肖者竟敢假公濟私，庸謹者亦多玩物喪志。敵國外患，漠不動心，文恬武嬉，幾成風氣。因循敷衍，病在不仁。發墨針肓，期有起色。所望凡百職司，日以亡國滅種四字懸諸心目，激發天良，屏除私見，各盡職守，協力程功。同官為僚，交相勖勉，苟利於國，死生以之。⋯⋯但能治人者事事以循名責實為歸，受治者人人以視國如家為志，能由此道，則中國可強。我人民及身與子孫可免亡國之痛。[107]

袁世凱訓勉百官發憤圖強，以「亡國滅種」四字懸諸心目。又裁可教育部將五月九日定為「國恥紀念日」，將之編入教科書，警醒國人。[108] 有些資料說上海實業界人士穆藕初致電正在天津參加全國教育聯合會會議的全體代表，力請教育界人士聯合反對「二十一條」，電文稱：「交涉蒙恥過去，國民教育方亟，請各代表通告各本省大中小各校員，研究此次交涉理由充史輿資料，喚起國民自覺，為救亡圖存整備，願大家毋忘五月七日之國恥。」全國教育聯合會積極回應這呼籲，決定設立「五九國恥日」以砥礪國人，並覆電江蘇省教育會並請轉告穆藕初：「本會已議決每年五月九日開會為國恥紀念，並經通電全國教育界，喚起自覺心。」[109] 不過，「國恥紀念日」是經過教育部編入教科書，得到袁世凱的裁可、參政院的議決等相關程序。單憑全國教育

107〈大總統密諭〉，《六十年來中國與日本》(6)，第258－261頁。

108〈排日運動〉，《六十年來中國與日本》(6)，第283頁。

109 蘇全有：〈從《申報》的報道看「五九國恥紀念日」的興衰〉，《開封大學學報》，2011年第3期，第50－55頁。

聯合會的力量便可以法定「五九」為「國恥紀念日」嗎？該會只是決定「每年五月九日開會為國恥紀念」，並無權力把「國恥紀念日」編入教科書，兩者有些微分別。分別在事由袁世凱決定。

5月21日，袁世凱申令百官：「若復上下恬嬉，毫無振作，叫囂淩競，事過輒忘，則前途何堪設想？歷觀史冊，興亡之故，不在外禍之可慮，而在內政之不修。我文武百僚，應念列國之何以富強，我國之何以貧弱，勿咎人之侮我，而思我之何以受侮。」勸喻百僚「失嘗膽臥薪之志，當救焚拯溺之時，予與文武百僚，責無旁貸」。[110]

外交部亦發各省將軍、鎮守使、巡按使、特派員、交涉員代電，承認交涉失敗，呼籲團結發奮圖強：「本部對於此次交涉，不能滿意解決，實深慚疚。……值此創巨痛深之際，益當全國一心，人人有忍辱負重之志，庶幾有轉弱為強之時。」[111]

7月22日，國務卿徐世昌奉袁世凱面諭：「近自中、日交涉，全國恐慌，若事過境遷，仍復泄沓，亡不旋踵，實可預言！……其毋忘五月七日之事！去矜去惰，勇猛精進，挽回氣運，以保子孫。」[112] 袁政府多次發表言論，表示不忘恥辱，希望國人奮發圖強，似乎不應視為惺惺作態。

曹汝霖說袁世凱「發表告誡百僚書後，一時曾力圖振作，於興利除弊應行建設之事，指示周詳，以期百廢俱舉。於國務會議時，時時警惕，現於辭色。每次會議，必有新案提出討論，且令各部按照新案，剋期擬成計劃，付之實行。尤其對於軍事，格外注意，謂當歐戰之時，不能有外力援助，只有自己努力進行，籌建煉鋼廠，添置鞏縣兵工廠，整頓各兵工廠，福建造船廠，又練模範團三混成旅。對於整理財政，發行國內公債，改革幣制（廢兩

110〈大總統申令〉（1915年5月21日），《中日「二十一條」交涉史料全編（1915－1923）》，第238頁。

111〈中國外交部發各省將軍、鎮守使、巡按使、特派員、交涉員代電〉（1915年5月26日），《中日「二十一條」交涉史料全編（1915－1923）》，第247頁。

112 白蕉：〈袁世凱與中華民國〉，《近代稗海》（3），第111－112頁。

為元），整頓稅收。請各國退還庚子賠款，專辦學校，有已施行，有在籌備，各部亦振作精神，努力從事，一時頗有朝氣。嗣以日本議院，抨擊政府對華政策之失當，西報亦有誇獎袁總統以弱國外交，得此結果，總算勝利。」袁世凱在解決「二十一條」之後，很快「產生自滿之心，加以左右逢承，以為日本伎倆不過如此，只要用心對付，不足為慮。且忽作奇想，以為環顧世界，除美國外，君主國多，日本與中國同處亞洲，種族相同，我改共和，與日本政體不同，易生隔閡，帝制自為之思想，從此醞釀於胸。加以張勳、倪嗣沖之流，常言地方民情與共和制度格格不入，楊皙子（度）等又以中國行共和制度尚早，引古德諾之話為證。項城受此浸潤之言，政事漸生懈意。曾幾何時，朝氣又成暮氣矣，真是可惜！」[113]

三、洪憲帝制

中國聖賢有很多修身、齊家、治國、平天下的道理留存下來，值得我們，尤其是政治家的參考。《大學》説：「止於至善」。一個政治家、一個官員，奮鬥到某一個階段，他的功勳再高，也應該「止於至善」，不能超越應有的身份和地位，否則便會有反效果。清末民初，袁世凱在國內國際都比孫中山有更高的聲望，他當時能取代孫中山當上臨時大總統之位，是實至名歸的。可惜，清除國民黨，登上大總統之位後，再沒有軍事和政治力量足以制衡他，讓他的權力野心極度膨脹得不可控制，慾望蒙蔽了理智，看不到歷史潮流不可逆轉，看不到他的榮華富貴已經走到盡頭。當上終身總統，還想成為皇帝，結果墮落稱帝的地獄，令畢生功業迅即煙消雲散，成為千夫所指、後世唾罵的民族罪人！

113《曹汝霖一生之回憶》，第 102 頁。

1. 復辟帝制的經過

1913 年 3 月 14 日，美國教士李佳白在上海尚賢堂講演，主張清帝復辟。一度引發清帝復辟的政潮，但迅速被袁世凱抑制。「二十一條」交涉結束後，中國再次出現「共和不適於中國國情」的言論。1915 年 8 月 3 日，袁世凱的憲法顧問美國博士古德諾（Frank Johnson Goodnow）在《亞細亞日報》發表〈論共和與君主〉一文，分析推行共和制度的條件：

> 第一、行共和制者，求其能於政權繼承之問題有解決之善法，必其國廣設學校，其人民沐浴於普通之教育，有以養成其高尚之智識，而又使之與聞國政，有政治之練習，而後乃可行之而無弊。第二、民智低下之國，其人民平日未嘗與知政事，絕無政治之智慧，原率行共和制，斷無善果。蓋元首既非世襲，大總統承繼之問題，必不能善為解決，其結果必流於軍政府之專橫。…… 中國數千年以來，狃於君主獨裁之政治，學校闕如，大多數之人民智識，不甚高尚，而政府之動作，彼輩絕不與聞，故無研究政治之能力。四年以前，由專制一變而為共和，此誠太驟之舉動，難望有良好之結果也。…… 中國之立憲，以君主制行之為易，以共和制行之則較難也。…… 中國百姓，習於君上，鮮有知道大總統者，故君主恆為人所尊敬。…… 蓋繼承確定一節，實為君主制較之共和制最大優勝之點也。[114]

〈論共和與君主〉一文掀開了帝制運動的帷幕。

8 月 14 日，楊度在袁世凱的暗示下，與孫毓筠、嚴復、劉師培、李燮和、胡瑛通電全國，發表籌組「籌安會」宣言，引用古德諾的文章說：「君主實較民主為優，而中國則尤不能不用君主國體。」因此，「糾集同志，組成此

114〈袁世凱與中華民國〉，《近代稗海》（3），第 121－112 頁。

會，以籌一國之治安，將於國勢之前途，及共和之利害，各攄所見，以盡切磋之義，並以貢獻於國民。」[115]

23日，籌安會正式成立，致電各省將軍、巡閱使、巡按使、都統、護軍使、各省城商會、上海漢口商會等，說「研究君主民主國體二者，以何適於中國」，「事關根本安危，應合全國上下，共同研究，擬請派遣代表來京，加入討論。」[116] 24日，段芝貴、袁乃寬看風駛舵，發起「特開軍警大會」，討論所謂「籌安事宜」，參加者都是北洋軍警要人，如雷震春、張懷芝、盧永祥、李長泰、蔣雁行、張敬堯等四十九人，出席者均一致「贊同君主」，此外，北京警察廳內外城二十個區的區長，各軍隊旅長以上，拱衛軍團長以上都有人代為簽名，一致贊同君主。文武官員亦紛紛上密呈給袁世凱，請願實行君主。當時官場迫人人表態，許多人雖心以為非，口卻不敢不附和。[117]

各省紛紛覆電籌安會表示贊成，答應派代表入會。不久，湖南、吉林、安徽、南京等處相繼組織分會。對於籌安會的活動，袁世凱向人表示：「我以大總統之地位，實難研究及此；但學者開會討論，根據言論自由之原則，政府無從干涉。…… 我個人既不想做皇帝，又不願久居總統之位，洹上秋水，無時去懷，無論他們主張如何，均與我不相涉。…… 此舉可視為學人研究，倘不致擾害社會，自無干涉之必要。」

籌安會成立之後，原定計劃是組織各省代表前來北京，向代行立法院的參政院請願，要求變更國體，但因為參政院要在9月1日開會，各省代表來不及全體到京，只好改由各省旅京人士組織「公民團」分途向參政院請願。所有請願書均由籌安會代擬。9月1日參政院開會時，便有山東、江蘇、甘肅、雲南、廣西、湖南、新疆、綏遠等省區代表，紛紛呈遞請願書。籌安會自成立到組織請願團，前後不到十天，效率相當高。6日，袁派政事堂左丞參

115〈袁世凱與中華民國〉，《近代稗海》(3)，第129－130頁。

116〈籌安會致各省通電〉，籌安會編：《君憲問題電彙編》(台北：文海出版社，1972年)第3－4頁。

117 李新：《中華民國史》(2下)，第524－526頁。

楊士琦出席參政院，代表他發表對於變更國體的宣言如下：

> 本大總統受國民之付託，居中華民國大總統之地位，……即有救國救民之責，始終貫徹，無可委卸，而維持共和國體尤為本大總統當盡之職分。近見各省國民紛紛向代行立法院請願改革國體，於本大總統現居之地位似難相容。然本大總統現居之地位本為國民所公舉，自應仍聽之國民。且代行立法院為獨立機關，向不受外界之牽掣，本大總統固不當向國民有所主張，亦不當向立法機關有所表示。惟改革國體於行政上有絕大之關係，本大總統為行政首領，亦何敢畏避嫌疑，緘默不言！以本大總統所見，……認為不合時宜；至國民請願，不外乎鞏固國基，振興國勢，如徵求多數國民之公意，自必有妥善之上法，且民國憲法正在起草，如衡量國情，詳晰討論，亦當有適用之良規，請貴代行立法院諸君子深注意焉！

許多人看出籌安會借學術討論製造恢復帝制輿論的陰謀，紛紛反對。其中以梁啟超在 1915 年 9 月 3 日在北京英文《京報》中文版發表的〈異哉所謂國體問題者〉一文，最為傳頌一時。數日間，《國民公報》、《時報》、《申報》、《神州日報》、《大公報》、《覺報》等紛紛轉載，迅即傳遍全國各大城市，對籌安會和袁稱帝的打擊，不下於蔡鍔領導的護國之役。[118]

辛亥革命之後，梁啟超開始與袁世凱合作。袁世凱的目的是借梁啟超的聲望來鞏固他的權位；梁啟超解釋立憲派同袁世凱舊官僚合作的原因：「吾黨一面既須與腐敗社會（舊官僚派）為敵，一面又須與亂暴社會（革命派）為敵。彼兩大敵者，各皆有莫大之勢力，蟠亙國中，而吾黨以極孤微之力與之奮鬥，欲同時戰勝兩敵，實為吾力之所不能逮，於是不得不急其所急，而先戰其一。……先注全力以與抗，而與第二敵，轉不得不暫時稍為假借。……

118《北洋軍閥史話》（2），第 74 頁；李新：《中華民國史》（2 下），第 519－521 頁。

革命之後，暴民政治最易發生，而暴民政治一發生，則國家元氣必大傷而不可恢復。⋯⋯不得不先注全力以遏亂暴派之謀破壞者。」有鑒於當時中國「處列強環伺之衝，苟秩序一破，不可收拾，則瓜分之禍，即隨其後」，國中能取代袁世凱處理危局者無人，唯有「不惜竭吾才力，且犧牲一切，以謀輔翼袁氏」。[119] 1915 年 6 月底，馮國璋見完袁世凱後，對梁啟超説袁並無稱帝的野心，梁於是安心返回天津。豈料籌安會突然成立，公開打出帝制旗號，梁啟超判定袁已無藥可救，對袁的幻想頓成泡影，遂立即與他決裂，走上積極反袁之路。

梁啟超文章一開始便説，他作為立憲黨的政論家，反對在共和國體之下鼓吹他種政體。他指斥武昌起義時，「識時務之俊傑，方日日以促進共和為事，謂共和為治安之極軌，謂共和為中國歷史所固有也」。現在卻批評共和，説共和足以亡國，「則須知當公等興高采烈，以提倡共和促進共和之日，即為陷中國於萬劫不復之時」。他又嘲笑：「謀推翻共和者，乃以共和元勳為之主動，而其不識時務，猶稍致留戀於共和者，乃在疇昔反對共和之人。天下之怪事，蓋莫過是，天下之可哀，又莫過是也！」他揭發籌安會的謊言：「所謂君主立憲者，豈非以君主無責任為最大原則，以建設責任內閣為必要條件耶？」「然則將使大總統在虛君之下，而組織責任內閣耶？」質問籌安會是否想組織責任內閣，將大總統變為無實權的虛君？[120]

蔡鍔原本是袁世凱的支持者，和他的老師梁啟超同樣希望借他的勢力以「奠定國基，振興中華」。二次革命時，曾奉袁世凱命令，率部入川鎮壓熊克武的討袁軍。1913 年 10 月奉調入京。「二十一條」簽訂時，曾致函好友曾叔式説：「主峰（袁世凱）曾語兄（蔡鍔自稱），交涉完須咬定牙根，思一雪此恥，此言若信，誠吾國無疆之福，兄誓以血誠報之，即仍舊貫，則惟飄然遠

119 轉引自胡平生：《梁蔡師生與護國之役》（台北：國立台灣大學文學院，1976 年），第 51－57 頁。

120 梁啟超：〈異哉所謂國體問題者〉，梁啟超：《護國之役電文及論文》（台北：文海出版社，1967 年），第 122－144 頁。

引，打個人之窮算盤已耳。」可惜，希望愈大，失望愈大，蔡鍔最終一改其擁袁的初衷，走上反袁之路。[121]

2. 護國戰爭

1915年8月14日籌安會宣告成立，次日，蔡鍔到天津與梁啟超研究反對帝制，共同商定具體行動。

8月25日，蔡鍔返京約集袁世凱心腹唐在禮，和其他在京高級軍官孫武、蔣作賓、蔣方震、陳儀等十二人舉行贊成帝制的簽名活動。28日，籌安會聲明，古德諾對於君主或共和問題，除呈送總統之節略外無他意見。在這帝制的潮流之中，亦有人不以帝制為然。國務卿徐世昌不僅拒絕領銜勸進，對袁克定說：「我不阻止，亦不贊成。」最後提出辭職，離開北京。段祺瑞稱病退居西山，拒不勸進。29日，袁世凱正式下令免去段的陸軍總長職，由王士珍接替。湯化龍、周樹模、張謇等辭職，黎元洪、周學熙等反對君憲。馮國璋對袁世凱欺騙他不稱帝感到寒心，對親信說：「我跟老頭子這麼多年，犧牲自己的主張，扶保他做元首，對我仍不說一句真話，鬧到結果，仍是帝制自為，傳子不傳賢，像這樣的曹丕，將來如何侍候得了。」張勳傾向清室復辟，對袁世凱帝制自為有反感。馮張兩人是北洋大將，擁重兵坐鎮江淮，舉足輕重。30日，另一北洋將令段芝貴等密電各省長官，以公民名義向參政院上請願改革國體書。

9月1日，參政院代行立法院開會，沈雲沛、周家彥、馬安良、蔡鍔等請願改變國體。同日，貴州巡按使龍建章首先起來反對帝制，密電徐世昌「請求中央取消籌安會，以釋群疑」，又痛陳變更國體的危險。3日，梁啟超發表〈異哉所謂國體問題者〉，反對帝制。蔡鍔說其老師梁啟超不識時務。6日，

121《梁蔡師生與護國之役》，第60頁。

直隸將軍朱家寶致電政事堂表示：「茲事體大，不得不審慎。」[122] 同日，袁世凱派左丞楊士琦在代行立法院宣稱，改變國體聽之國民。該院推聯芳、梁士詒、陳國祥、汪有齡等審查 9 月 1 日之請願。11 日，雲南唐繼堯召集軍官會議，準備反對帝制。16 日，蔡鍔與田中玉、唐在禮、蔣作賓等將領設宴款待各省應籌安會請來的赴會代表八十餘人。表面上又與名妓混在一起，醇酒美人，樂不思蜀。但暗中聯絡國內反袁力量，並通知在美國的黃興，提出在西南發難的計劃。

袁世凱得到諜報：雲南與北京電報往來頻繁，北京發出之電報來自蔡鍔主管的「統率辦事處」。10 月 14 日，袁派人抄查蔡宅，士兵一無所獲，辯稱一場誤會。蔡鍔知道袁世凱已起疑心，於是設法離京。[123] 30 日，蔡鍔稱病請假五天。11 月 11 日，蔡鍔出京赴天津養病。21 日，梁啟超請辭參政，袁世凱令給假二月。30 日，蔡鍔呈稱赴日本療養，得到袁世凱批准。12 月 2 日，蔡鍔離天津赴日本。到日本後，經上海、香港、轉赴越南河內，直奔雲南。

蔡鍔準備反袁之際，帝制運動繼續進行。9 月 20 日，參政院代行立法院建議於年內召集國民會議，或另籌徵求民意善法，以解決國體問題。袁世凱令憲法起草委員會照原定順序進行。28 日，參政院議決以「國民代表大會」解決國體，指定梁士詒、汪有齡、陳國祥、蔡鍔、王劭廉、施愚等起草辦法。29 日，朱啟鈐、梁士詒、周自齊、張鎮芳等十人密電各省長官設法操縱利用國民代表。

10 月 3 日，統率辦事處密電各省當局，詢治安及國體問題意見。各省電覆，均稱治安無問題，主君主立憲。7 日，朱啟鈐、梁士詒、周自齊等十人密電各省長官，國民代表大會應明白推戴袁世凱為帝，並委託參政院為總代表。同日，雲南軍官二次會議，決以武力反對帝制。12 日，唐繼堯請早定國體，以圖永治久安。12 月 11 日，國民會議決定行君主立憲，各省國民代表共

122 李新：《中華民國史》（2 下），第 525－529 頁。

123 《北洋軍閥史話》（2），第 134－136 頁。

1,993 人，贊成君主立憲票正好 1,993 張，推戴袁世凱為中華帝國大皇帝。12 日袁世凱經推讓後宣佈正式接受帝位，改國號為中華帝國，定 1916 年元旦登極，改元「洪憲」。

12 月 19 日，蔡鍔返抵昆明。21 日，蔡鍔、唐繼堯、李烈鈞等雲南軍政界重要人物召開緊急會議，決定雲南起義。先以唐繼堯、任可澄名義致電袁世凱，令其取消帝制。屆時無圓滿答覆，即以武力解決之。23 日，反帝制電報發出。25 日，政事堂電覆唐繼堯、任可澄 12 月 23 日電，謂未便轉呈。蔡鍔、唐繼堯、李烈鈞等軍人宣佈雲南即日獨立，維持共和，組織「護國軍」，推唐繼堯為雲南都督。[124]

12 月 26 日，蔡鍔任護國軍第 1 軍總司令，進向四川（左翼劉雲峰梯團，出昭通，取敘州，中路趙又新、顧品珍梯團，出永寧，取瀘州，蔡鍔率之，右翼戴戡梯團，自貴州出松坎，取重慶）；李烈鈞為第 2 軍總司令，進向廣西（轄張開儒、方聲濤、何國鈞三梯團）；唐繼堯任第 3 軍總司令（轄六個梯團）兼雲南都督，留守。27 日，袁世凱派張敬堯第 7 師入川。29 日，唐繼堯致書孫中山，盼號召討袁，並派李宗黃為駐上海代表。

1916 年 1 月 1 日，袁世凱公佈「洪憲元年」度預算，改總統府為「新華宮」。4 日，袁派兵三路攻滇。第 6 師長馬繼曾為第一路司令，出湘西；第 7 師長張敬堯為第二路司令，出四川；第 3 師長曹錕為兩路總司令。另以粵桂軍為一路，出桂西，龍覲光為總司令。8 日，段芝貴、陸榮廷、趙倜、孟恩遠電請袁世凱早正大位。10 日起，王占元、湯薌銘、靳雲鵬、朱慶瀾、閻錫山、陳宧、張勳等將領相繼電請袁世凱早登大寶。

1 月 20 日，護國軍左翼劉雲峰部克四川敘州，川軍師長劉存厚先行引退，北軍旅長兼川南鎮守使伍祥楨退走。四川第 2 師師長劉存厚在敘永響應護國軍。

1 月 24 日，護國軍右翼戴戡率滇軍千人到貴陽。27 日，貴州護軍使劉

---

124 李新：《中華民國史》（2 下），第 644－650 頁。

顯世宣告獨立，自任都督，以戴戡為護國第 1 軍右翼總司令進向四川，王文華為東路軍總司令，進向湖南。31 日，護國軍中路趙又新、顧品珍入四川永寧，左翼劉雲峰擊敗反攻敘州之北軍馮玉祥。2 月 2 日，劉存厚參加護國軍，宣佈就任四川護國軍總司令。6 日，劉存厚敗北軍熊祥生（原為劉部）馮玉祥旅，會合滇軍進攻瀘州。10 日，劉存厚在瀘州失利，第一路司令團長陳禮門戰歿。

2 月 14 日，護國軍右翼（黔軍）熊其勳團自貴州松坎進攻四川綦江。王文華部三路（共三團）進攻湘西。15 日，王文華部克湖南麻陽。17 日，佔領湖南芷江，與袁軍第 6 師馬繼曾相持。18 日，蔡鍔以羅佩金為護國第 1 軍左翼總司令。20 日，護國軍第 2 軍總司令李烈鈞自昆明出發，取道蒙自進向廣西。23 日，蔡鍔抵四川納溪督戰，趙又新、顧品珍部會同川軍劉存厚，與北軍熊祥生、李炳之旅、張敬堯師、川軍周駿師激戰。26 日，北軍第一路司令兼第 6 師長馬繼曾在辰州自殺。27 日，北軍張敬堯援瀘州，與護國軍趙又新、顧品珍激戰。29 日，護國軍在四川納溪擊敗北軍張敬堯部。3 月 3 日，北軍馮玉祥旅再佔四川敘州，滇軍劉雲峰退橫江。6 日，北軍第一路司令第 6 師師長周文炳攻佔湖南麻陽。同日，蔡鍔因補給困難，敘州又失守，率部自納溪南退敘永。7 日，北軍第二路司令張敬堯，旅長吳佩孚佔四川納溪。10 日，蔡鍔、劉存厚兩部分別退集敘永大洲驛及古宋安寧橋。12 日，護國軍第 2 軍李烈鈞聯合桂軍旅長馬濟、陸裕光大破龍覲光於百色。13 日，北軍第一路司令周文炳攻佔湖南麻陽。同日，蔡鍔致電促北軍旅長馮玉祥、伍祥楨迫陳宧獨立。16 日，滇軍張開儒、趙世銘擊敗龍體乾，解蒙自圍。因戰況不利，袁世凱在 17 日召見梁士詒，商撤消帝制。

3. 取消帝制

護國軍聲勢日益壯大，多個省份相繼獨立。列強亦由中立態度，轉而傾向反對帝制。3 月 20 日，袁世凱發現馮國璋、張勳、李純、靳雲鵬（山東）、朱瑞（浙江）等聯合各省速行取消帝制之密電。袁世凱立即召國務卿、各部總長、參政等商撤消帝制。原擬立即下令，但袁克定阻止。21日，袁世凱召徐世昌、段祺瑞、黎元洪會商，但黎不到。22日，宣佈撤消帝制，結束他八十三天的皇帝夢。但他仍企圖保留總統一位。23日，袁世凱廢止「洪憲」年號，仍以本年為民國五年。徐世昌、段祺瑞、黎元洪電陸榮廷、唐繼堯、梁啟超、蔡鍔請先取消獨立，撤回滇黔桂三省部隊，派遣代表來京，共圖善後。

3月26日護國軍提出停戰條件，要求袁世凱應即日退位。同日，唐紹儀電斥袁世凱不得再居總統之職，總統繼承應依約法規定。27日袁世凱愧憤成疾。28日，梁啟超自鎮南關電陸榮廷等，請堅持袁世凱退位主張。30日，四川將軍陳宧電蔡鍔，贊成倒袁，行聯邦制，舉馮國璋、段祺瑞、徐世昌一人為總統。

4月1日，北京拱衛軍一部譁變。2日，四川北軍旅長馮玉祥與蔡鍔聯合，謀倒袁擁馮（國璋）。蔡鍔電覆黎元洪等，勸袁世凱引退。6日，廣東將軍龍濟光被迫宣佈獨立。7日，護國軍蔡鍔、北軍陳宧各派代表在納溪會議繼續停戰。12日，四川第2旅長鍾體道在南充獨立。

4月16日馮國璋電袁世凱，隱諷其退位。17日，馮國璋、張勳宣佈調停時局辦法大綱八條：一、承認袁仍居總統之位，二、慎選議員，三、重開國會，四、懲辦奸人，五、編定軍隊，六、遵守元年約法，七、各省將軍巡按使照舊供職，撤回川湘前敵各軍，八、大赦黨人。

4月18日，唐繼堯、劉顯世、陸榮廷等宣佈袁世凱已喪失總統資格，應由副總統黎元洪繼任。22日，特任段祺瑞為國務卿（徐世昌因謀和不成，辭職）。23日，特任段祺瑞兼陸軍總長，陸徵祥為外交總長，王揖唐為內務總長，孫寶琦為財政總長，張國淦為教育總長，金邦平為農商總長，曹汝霖為交通總長（大半由梁士詒決定），王士珍為參謀總長，莊蘊寬為審計院長。25日，馮國璋電未獨立各省，互相聯絡，再事調停。26日，馮國璋電黎元洪、段祺瑞、徐世昌等，勸袁敝履尊榮，亟籌自全之策。27日，唐繼堯電覆馮國璋堅主袁世凱退位。28日，馮國璋電勸獨立各省罷兵。29日，山東將軍靳雲鵬電勸袁世凱辭職。30 日，長江巡閱使張勳電唐繼堯，主袁世凱留任總統。

5 月 1 日，馮國璋修正其 4 月 17 日之八條主張，要點為袁暫任總統至國會開幕，嚴定國會議員資格，修改民元約法等。旅滬各省人士唐紹儀、譚延闓、湯化龍、胡景伊、谷鍾秀、張耀曾、唐文治、張其鍠、吳景濂等通電駁斥。

5 月 3 日，四川將軍陳宧電勸袁世凱退位。同日，梁啟超電黎元洪及各都督總司令堅持袁世凱退位，由黎繼位。4 日，梁啟超電勸段祺瑞出以果斷，勸袁世凱退位。6 日，袁世凱電陳宧，允退位，惟須先商善後辦法。7 日，蔡鍔電覆陳宧，袁世凱退位後可暫以黎元洪繼任，再召集民國二年國會，選段祺瑞為總統。同日以此議電告梁啟超。8 日，孫中山在上海宣言，與各方協同一致討袁，尊重約法，正式提出民族、民權、民生三大主義。9 日，蔡鍔電覆段祺瑞、王士珍：一、袁立即退位由黎元洪繼任；二、如黎難勝任，可託辭辭卸，以國務總理攝政；三、撤退前敵軍隊，南北共商善後；四、以特別條件規定選新總統。

5 月 12 日，四川將軍陳宧再電袁世凱，請即日宣告退位。16 日，袁世凱患腰痛及枕骨痛，飲食銳減，不能成寐。17 日，江蘇、安徽、江西、山東、河南、直隸、奉天、吉林、黑龍江、湖北、湖南、山西、福建、熱河等十七省區代表應馮國璋電召，會議於南京，多主袁世凱退位。袁世凱電馮國璋、張勳、倪嗣沖，盼切實研求善後辦法，速定方針。19 日，山東將軍靳雲鵬電勸袁世凱退位。20 日，馮國璋電勸袁世凱退位。22 日，四川將軍陳宧宣佈與袁世凱斷絕關係，改稱四川都督。24 日，袁世凱病，未視事。25 日，張勳、倪嗣沖通電擁護袁世凱，否則以兵戎相見。

6 月 1 日，蔡鍔電馮國璋允停戰，如袁退位，不為已甚。5 日，袁世凱猝暈，逾時始平，即召段祺瑞、徐世昌、王士珍口述遺令，遵照約法，以副總統繼任。6 日，袁世凱病死，年五十八歲，帝制結束。國務院通電，遵袁世凱遺令依約法（新約法）以副總統代行職權。7 日，副總統黎元洪就大總統任。

令京外文武官吏仍舊供職。[125]

袁世凱的女兒袁靜雪為父親的稱帝辯護，是受了長子袁克定誤導。袁克定知道袁喜歡看日人所辦的漢文《順天時報》，在公餘之暇，總是專門看它。於是糾合一班人製造了一份假版的給袁世凱全家人看，讓袁誤以為中外輿論都支持他稱帝。結果，袁靜雪一個女僕回家探親，買了一大包五香酥蠶豆給她。這包蠶豆用整張《順天時報》包着帶回來，袁靜雪無意中看到這份舊報紙的論調，與她們平時看的《順天時報》不同。詢問她二哥，亦發現外間的《順天時報》與府中的報紙內容不同，遂告之父親。袁世凱遂發覺被袁克定所騙，把他痛罵和毒打一頓。[126] 女兒為父親說句好話，人之常情。不過，是非功過，總有客觀論斷。親自目睹清皇朝崩潰，帝裔風雨飄搖，隨時全家滅絕，這種生活，是否好過，已經心裏有數。選擇萬世景仰，還是遺臭萬年，都是自己選擇，可以怨誰？

袁世凱利慾薰心，看不清世界潮流已起劇變。中國進入共和之後，大總統四年一任，不少文武大員都希望自己有一天輪到，坐上元首之位，其部下亦可跟從進入各部門擔任要職，分享政權。袁世凱將總統任期改為終身制，已令許多人大為失望。何況袁氏稱帝，將政權由一姓獨霸，當然遭受所有人反對。[127] 當時參加護國戰役的士兵表示：「不願做一家一姓的奴才，自願來打倒袁皇帝，將來做一個民主自由的人民，雖死也是甘心情願。」[128] 世襲的獨裁制度，已經在中國歷史終結，共和民主思想已經鑄刻入國人的腦海裏，妄想稱帝者必遭全國人民唾棄！

125《中華民國史事日誌》(1)，第 190－244 頁。

126 袁靜雪：〈我的父親袁世凱〉，《文史資料選輯》(74)，第 144－146 頁。

127 唐在禮：〈辛亥以後的袁世凱〉，《文史資料選輯》(53)，第 225 頁。

128 金漢鼎：〈雲南護國親歷記〉，《文史資料選輯》(1)，第 123 頁。

四、軍閥割據

自袁世凱死後到1928年國民政府成立前的十二年間，共有六位總統，二十五屆內閣相繼上台。北京政壇更迭頻繁，大大小小的軍閥割據一方，為爭奪地盤連年戰爭，政局動盪不安，建設停滯，人民生活於水深火熱之中。

1. 府院之爭

袁世凱死後，黎元洪繼任總統，馮國璋為副總統，段祺瑞任國務總理。段祺瑞意圖擴張國務院的權力及皖系兵力，與黎元洪爭權，遂形成「府（總統府）院（國務院）之爭」。

府院之爭由段祺瑞和黎元洪兩人的私怨開始。黎元洪根據約法規定繼任為總統，但有聲望卻沒有實力，既非北洋系，亦不是國民黨人，段祺瑞根本瞧他不起。因為在清朝時，段曾做過統制、軍統、提督、湖廣總督等職位，黎不過是一個協統；到了袁世凱時代，段則是袁一人之下，北洋系首屈一指的大將，而黎雖是副總統，在段眼中，不過因緣時會，竊取辛亥革命果實的政治揩客。袁死後，黎的總統是段一手「提拔」起來的，如果段不支持黎，黎根本登不上總統的寶座。黎對段亦懷恨在心，當黎以副總統身份兼領湖北都督時，段奉袁密令以綁票方式，把黎從武漢押上火車送返北京，結束了黎在湖北獨攬大權的局面，從此成為袁世凱的政治傀儡。加上與段敵對的顧命大臣張鎮芳從中挑撥，對黎的親信哈漢章說：「我們在項城袁的靈前討論總統問題時，老段反對黃陂黎繼任，是東海徐世昌竭力促成的。」所以黎非常恨段。[129]

除了黎段兩人私怨難解之外，兩人的心腹部下——總統府內務總長孫洪伊與國務院秘書長徐樹錚——也鬥過你死我活。當時中國銀行為兌現，借到美金

129《北洋軍閥史話》（2），第276－277、303－304頁。

五百萬元，言明按九一交款。此事由內閣會議秘密通過，黎元洪亦贊成。但孫洪伊將消息泄漏，令市面原來的中國銀行票價，由四五折左右，陡漲至八折以上。徐樹錚查得情報，孫洪伊搶先用賤價收買中票，然後泄漏秘密，使中票暴漲，從中獲取厚利。所以，段祺瑞認為此人不能任事，決意除之。黎元洪亦不滿徐樹錚，亦想除之。最後，兩人均被免職。[130]

不久，兩人因為爭奪權力，爆發了衝突。段擁黎為總統只是要他當蓋章的傀儡，不是請他來壓在頭上當指揮！黎自然拒絕，其軍事幕僚哈漢章、金永多、蔣作賓等力主黎必須掌握兵權：「責任內閣制是指政治而言。軍事方面總統既然是全國陸海軍大元帥，就不能不管軍事，大元帥沒有軍權，總統有什麼做的價值？」黎把自己和袁世凱做總統時候一比，袁當時何等威風，自己今日何等可憐，自己雖不想大權獨攬，可是要制止軍人專橫跋扈，便要把軍權抓在自己手上。段祺瑞以內閣總理身份掌握全國政權，又以陸軍總長身份掌握全國軍權。他之所以能控制住北洋系，就因他有軍權。如果讓總統管軍權，他變成無兵司令，總統一紙命令就可以廢了他，所以軍權是誓死必爭的。

北洋時代的軍閥割據局面，北洋政府並不願見。無奈軍人霸佔地盤後，政府的利益和他們的一致時，就奉行命令，不一致時，就不理睬，於是漸漸形成割據之局。黎元洪和段祺瑞都想阻止這形勢發展，要求所有軍隊都應接受北京政府的直接管理。但誰管呢？黎認為：總統以陸海軍大元帥地位管理軍事，內閣總理則專管政務。軍權既要集中於中央，總統的權力就要提高，使總統在實際上具有指揮全國軍隊和任免全國軍事長官的大權；段認為：全國軍權都應該由陸軍部掌握，所謂中央就是責任內閣，並不是總統。

府院之爭最激烈的是對德宣戰問題。1914 年第一次世界大戰爆發，國際政局醞釀巨變。1916 年 10 月，日本大隈內閣倒台，寺內繼任首相，他高唱日「支」親善，派外相後藤邀晤中國公使章宗祥，希望解決中日懸案，願借款支

130 曹毓雋：〈黎段矛盾與府院衝突〉，《文史資料選輯》（35），第 1－3 頁。

持中國政府。曹汝霖得到章宗祥的密訊，向段進言，建議「攘內」必先「安外」，必須借外援統一這個四分五裂的中國，有了借款和軍火供應，才可以鎮壓國內的反對力量。日使直接對段說：「中國政府倘欲實現統一，日本願借款和供給餉械，先成立模範軍（注：就是後來的參戰軍）為中央直接之武力，借此可作統一中國的力量。」段正苦於自己的政權不穩，財政已經山窮水盡，對外借款困難重重；軍事力量已無法控制南方，甚至北洋派亦不受控制；加上總統和國會又處處和他為難，所以被日本打動，決定親日。1917 年 2 月 3 日，美國參戰，正式宣佈對德絕交。4 日，美國照會中立各國政府，歡迎和美國採取一致的行動。美國駐華公使芮恩施竭力勸告中國政府響應美國的號召，以加強中美合作關係。外交總長伍廷芳主張親美，以爭取美國對中國在經濟和政治的援助，抵制日本侵略，並在戰後國際和平會議上有發言權。黎元洪表示贊同。

中國政府外交部向美國公使芮恩施提出四點詢問：

一、美國政府能否保障中國陸海軍和兵工廠不受外國勢力的控制？

二、美國政府能否保障中國得出席戰後的和平會議？

三、協約國規定不得單獨媾和的倫敦協定，與其他未參加協定的參戰各國具有何種關係？

四、希望美國借款給中國，使中國能夠擔負起對德絕交的各項任務。

2 月 8 日，美國公使答覆中國外交部：「美國必將設法援助中國，使中國能負起對德絕交的責任，而不致影響中國對於軍事設備及一般行政的統制權。」

2 月 9 日，段內閣閣議通過，中國政府向德國致送通牒，要求德國取消潛艇政策，否則中國將和德國絕交。同時，伍廷芳又用外交部名義答覆美國公使 2 月 4 日的照會，聲明中國將和美國採取一致行動。段祺瑞並派汪大燮到日本公使館，陸徵祥到英、俄兩國公使館分別聯繫。

美國駐華公使芮恩施曾由伍廷芳陪同謁見黎元洪，商討中國和美國採取一致的行動後，義務與權利問題。芮恩施代表美國政府希望中國至少應派陸軍三個師兵力到歐洲參戰。關於中國要求停付各國庚子賠款、增加關稅、撤銷領事裁判權、撤退各國駐兵等問題，都可以通過協商途徑解決。

2 月 28 日，段命陸徵祥以總理代表的名義與駐京協約國公使商談中國參戰後的權利與義務問題。權利方面，中國提出：

一、逐步提高關稅，中國方面改訂貨價表後，關稅由原有的值百抽五增為值百抽 7.5，裁撤厘金後，再增為值百抽 12.5；

二、緩付庚子賠款，除德國賠款永遠撤銷外，協約國賠款緩付十年，在此時間內不加利息；

三、廢止《辛丑條約》關於軍事的部分，即廢止天津周圍 20 里內不得駐紮中國軍隊，中國不得在大沽口修建炮台，各國得在使館區域及京奉路馬家堡至山海關之段駐兵等條款。

關於義務方面，根據日本政府的指示，中國不派兵到歐洲，而只擔任以原料及勞工供給協約國。

3 月 4 日，段偕同全體閣員到總統府，請黎在政府向國會提出對德絕交案的諮文上蓋印，同時請黎把留中的給駐日公使電報發出去。不過，黎卻拒絕：「這是一個有關國家命運的重大問題，我們不可草率將事，因此要多加考慮。」並強調：「各省軍人都反對對德宣戰，對德絕交就是宣戰的先聲，應當先統一全國軍人的意見，然後才能決定。」段與協約國各駐京公使談妥中國參戰條件後，黎元洪竟然拒絕簽字，令段祺瑞即時發火：「協約國方面不止一次地催促我們對德絕交。」黎也激動地回話：「如果我們聽從協約國的命令，我們就不是一個有自主權的獨立國了。根據《約法》，大總統有宣戰媾和的特權，我今天既然是總統，就該對一切負責任。」段也火了，說：「總統既然不信任我，事事和我作梗，國會又處處找我麻煩，和我背道而馳，這樣的國務總理我是沒法幹下去了。」於是段站了起來，向黎半鞠躬，然後退出，全體閣員也跟着退出。晚上，段即由京赴津，並擬就辭職出京通電，請各省軍民長官一評曲直，向黎施壓。段的電報還未發出，各省軍閥已有通電到北京，要求挽留段。總統府的幕僚以為可以借外交問題推翻段，但無人願意接任，黎只得派眾議院議長湯化龍赴天津勸段回京，但失敗。5日，派馮國璋到天津說段。6日，馮偕段一同回到北京。7日，馮陪同段到總統府謁黎，段解釋對德絕交後，協約國方面承認緩付庚子賠款、修正《辛丑條約》及提高關稅等好處。9日，段在迎賓館招待國會議員，解釋對德絕交案。10日，段出席眾議院，提出《對德絕交案》，眾議員以331票對87票表決通過。11日，參議院議員以158票對35票表決通過。[131]

3月19日，英、法、日、俄、義、比、葡七國公使致外交部覺書，勸中國加入協約國。21日，協約國各公使照會外交部，中國加入協約後，各國將以善意商中國所提條件。26日，梁啟超致書國際政務評議會，主速向德奧宣戰。

4月6日，美國對德宣戰。15日，各省督軍及代表二十餘人應段祺瑞召，相繼到京出席軍事會議。25日，軍事會議（督軍團）開幕。26日，經段向督軍團解釋中國實際不會派兵出戰，他們不必赴歐參戰，不會戰死異域。督軍團遂一致主張對德宣戰。27日，段祺瑞電令章宗祥以各省督軍贊成宣戰案通知日本。5月2日，英、日、法、俄公使訪外交部，促速決定參戰方針。督軍團代表倪嗣沖、張懷芝、李厚基等晉見黎元洪請求對德宣戰。3日，段祺瑞讌國會議員疏通對德宣戰案。同日，日公使林權助謁黎元洪，謂中國參戰須舉國一致，如發生政變，日本亦同其利害。4日，督軍團倪嗣沖、張懷芝、王占元等讌國會議員，由李厚基致詞，主對德宣戰。6日，國民外交後援會在北京中央公園開演說大會，朱念祖、張嘉森、湯化龍、孫潤宇、李厚基等均主對德國宣戰。但亦有如王正廷、褚輔成等人反對參戰。

5月7日，國務院向眾議院咨送對德宣戰案。8日，眾議院開秘密會議，商對德宣戰案。梁啟超發表《外交方針質言》，主對德奧宣戰。10日，眾議院開全院委員會，審查對德宣戰案。靳雲鵬、傅良佐指揮「公民請願團」包圍眾議院，迫議員在當日通過該案。請願「公民」毆打反對派議員，百端辱

131《中華民國史事日誌》(1)，第281－289頁；《北洋軍閥史話》(2)，第344－352頁。

罵。因已有袁世凱先例，議員並不害怕，眾院立即改開大會，請段祺瑞等出席，公民團始被驅散。11 日，黎元洪下令究辦在眾議院滋事之人。外交總長伍廷芳、司法總長張耀曾、農商總長谷鍾秀、海軍總長程璧光因國會議員被辱事，提出辭職。孫中山、岑春煊、唐紹儀、章太炎、溫宗堯等聯電黎元洪請懲辦滋擾眾議院之偽公民。12 日，國務會議例會不成。督軍團集議，決定留京。13 日，督軍團分別邀宴各省國會議員，盼通過參戰案。15 日，國務院再以對德宣戰案咨眾議院，未通過。16 日，黎元洪商請王士珍組閣，王謝絕。17 日，督軍團代表李厚基、張懷芝謁黎元洪，請求解散國會。18 日，國務院第三次以對德宣戰案咨眾議院，請速決。19 日，眾議院以內閣閣員大多辭職，且催議咨文乃用國務院名義，非總統提出，於法不合，議決緩議對德宣戰案，須先改組內閣。督軍團二十一名督軍聯名請國務院轉呈總統，解散國會，改制憲法。同日逮捕英文《京報》主筆陳友仁，因早一天的《京報》刊載段祺瑞與日本接洽一萬萬元借款（二千萬由日人代行整理兵工廠，八千萬請日本軍官練兵），指日本參謀次長田中義一來華，與此事有關云。20 日，張勳通電，響應督軍團改組國會主張。段祺瑞對各督軍解散國會呈文，決定不退亦不批。黎元洪與國會各政團領袖湯化龍、谷鍾秀、吳景濂、王正廷等商討督軍團呈文。

21 日，黎元洪認為解散國會於法無據，惟有請段祺瑞辭職。督軍團與段祺瑞會議，當晚即出京赴天津轉往徐州。23 日，黎元洪免國務總理兼陸軍總長段祺瑞職，令外交總長伍廷芳暫行代理國務院總理，張士鈺代理陸軍總長。又致電各省述免段職原因，並聲明請徐世昌出任總理，王士珍繼任陸軍總長。段祺瑞通電免職令未經副署，將來地方及國家因此發生影響，一概不能負責，隨即出京赴津。

倪嗣沖、張懷芝、趙倜、李厚基等自天津到徐州，與張勳會議，段祺瑞之代表徐樹錚亦參加。24 日，張勳電黎元洪，說各省以中央首先破壞法律，群情憤激，惟有自由行動。25 日，黎元洪向國會提出李經義為國務總理。26 日，眾議院通過李經義為國務總理，翌日參議院亦通過。安徽省長倪嗣沖宣稱段祺瑞免職為非法，即行獨立與中央脫離關係。此後，各省紛紛宣佈獨立。29 日，陝西督軍陳樹藩、河南督軍趙倜、省長田文烈宣告與中央脫離關係。30 日，浙江督軍楊善德、省長齊耀珊宣告獨立；奉天督軍兼省長張作霖宣告與中央脫離關係。31 日，山東督軍兼署省長張懷芝，黑龍江督軍兼署省長畢桂芳，幫辦軍務許蘭洲宣告獨立。6 月 1 日，直隸督軍曹錕、省長朱家寶、福建督軍李厚基、上海護軍使盧永祥、第二十師師長范國璋宣告與中央脫離關係。徐州十三省區聯合會電請黎元洪退職。3 日，山西督軍閻錫山獨立。各省督軍宣佈獨立，乘機截留中央稅收，拒受中央政令，集省軍、政大權於一身，開始了北洋軍閥割據之局。

國會議員紛紛宣告辭職或離去。研究系、交通系議員均離開北京。研究系的眾議院議長湯化龍和參議院議長王家襄，分別在 5 月 31 日及 6 月 6 日辭職。黎元洪企圖電請梁啟超來京支持大局，邀請徐世昌、王士珍組織內閣，均被拒絕。迫於無奈，受勸請求張勳幫忙調停。[132]

2. 張勳復辟

1917 年 6 月 1 日，黎元洪召安徽督軍張勳來京，共商國是。2 日，張勳電黎元洪，以解散國會為罷兵交換條件。7 日，張勳率部五千餘人自徐州北上，並通電獨立各省，盼一致進行。8 日，張到天津，要求黎元洪於三日內解散國會，否則不負調停之責。9 日，張勳率兵二千自天津開赴北京。13 日，黎元洪無法，只好同意張勳條件，下令解散國會，並通電宣佈苦衷。14 日，張勳自津到京。15 日，晤黎元洪，商定解決時局辦法——組織責任內閣，召集憲法會議，改良國會規則，赦免政治犯，摒退公府僉士。倪嗣沖反對黎元洪 13 日通電，認黎無悔禍誠心。

張勳表面中立，實際上極端頑固保守，仍然效忠滿清，嚴禁其部下剪

132《中華民國史事日誌》(1)，第 291－306 頁；《北洋軍閥史話》(2)，第 365－405 頁。

辮，所部被稱為「辮子軍」，他號稱「辮帥」。張勳一直等待恢復大清江山，借黎元洪請他進京調停之便，與效忠光緒帝的康有為密謀復辟。

6月16日，張勳着紅頂花翎黃馬褂，謁清帝溥儀。18日，張勳電各省取消獨立。次日直隸、河南、安徽、陝西聲明取消獨立。20日，奉天、山東、山西、浙江聲明取消獨立。其他福建、甘肅等省相繼響應。27日，康有為秘密到北京，30日，張勳、康有為等在清宮會面。

7月1日，晨4時張勳偕陸軍總長王士珍、步軍統領江朝宗、警察總監吳炳湘、第12師長陳光遠、第13師長李進才，及康有為、劉廷琛、沈曾植、勞乃宣等擁清帝宣統復辟。梁啟超立即通電反對，總統黎元洪避入日本使館，通電各省出師討伐張勳。次日，黎元洪特任段祺瑞為國務總理，便宜處理，並電請副總統馮國璋暫代大總統職務。段祺瑞、梁啟超到馬廠，號召駐軍第8師師長李長泰部討逆。3日，段祺瑞、馮國璋通電討伐張勳。4日，段祺瑞於馬廠誓師，並與馮國璋聯電數張勳八罪，即以討逆軍總司令名義派段芝貴為東路司令，曹錕為西路司令，倪嗣沖為皖魯豫聯軍司令，分兵進討。孫中山與程璧光、唐紹儀、孫洪伊、章炳麟等商移政府於上海，迎黎元洪南來，並發討逆宣言。5日，討逆軍西路司令曹錕佔盧溝橋，東路馮玉祥第16混成旅、李長泰第8師佔黃村，段祺瑞自馬廠返抵天津。6日，張勳通電申述徐世昌、馮國璋前均贊同復辟，徐州會議各省督軍亦曾決定。7日，代理總統馮國璋褫張勳長江巡閱使安徽督軍各職，特任倪嗣沖兼署安徽督軍，齊耀琳兼代江蘇督軍，曹錕兼署直隸省長，並令各省軍隊各駐原防，不得藉端號召。段祺瑞亦電各省，勿移師北來，並不得另立名目，添募軍隊。是日，馮玉祥第16混成旅在廊房迎擊張勳軍隊。張勳致電參加徐州會議各督軍飛速贊成復辟，以踐前約。8日，張勳見形勢不利通電辭職，並率部回徐州。康有為避入美使館。

7月10日，張勳通電，斥徐世昌、馮國璋、段祺瑞及各督軍背信賣友，派部隊佔據北京南池子備戰，並答段祺瑞，謂清室帝號不能取消，所部必返徐州，否則決死一戰，並宣佈復辟內幕。11日，段祺瑞通告公使團，明日進攻北京，砲擊天壇及皇城附近張勳部。12 日，討逆軍師長李長泰、陳光遠，旅長馮玉祥、吳佩孚、王承斌等克復北京，張勳避入荷蘭使館。是日，張勳部死傷僅數十人，天壇張部繳械，每兵發路費 60 元。皇城張部至 7 月 15 日始繳械，每兵發路費 80 元。13 日，宣統第二次宣佈退位。[133]

3. 護法運動

7 月 14 日，段祺瑞入京復任總理，總統黎元洪自日使館回邸，通電宣佈去職。段祺瑞認為他迫清帝再次退位，恢復中華民國是「再造共和」，因為舊國會已被解散，原有法統亦已不再存在，於是與梁啟超等組織臨時參議院，成立新政府。當段祺瑞與督軍團威脅要解散國會時，孫中山觀察到正總統黎元洪或者「降伏」叛逆，副總統馮國璋或者「通同謀叛」，完全喪失了充當國家元首的資格，因此有建立一個「護法政府」的必要，宣言擁護國會，而非擁護總統。[134]

孫中山迭電段祺瑞和黎元洪尊重約法，並電西南各省共同擁護國會。1917 年 5 月 22 日孫中山與岑春煊、唐紹儀、章炳麟等聯名致電段氏及參眾兩院議員，促速解決外交問題。6 月 6 日，孫中山與章炳麟聯名致電兩廣巡閱使陸榮廷、雲南督軍唐繼堯及西南各省督軍師長，共起討逆救國。[135] 6 月 13 日，黎元洪被張勳要脅解散國會。次日，孫中山立即派胡漢民到廣州，與西南各將領商討護法討逆。7 月 1 日，張勳復辟。4 日，孫中山與程璧光、唐紹儀、孫洪伊、章炳麟等會商決定，將國民政府移設上海，請黎元洪南下，繼續行使大總統職權。又通電兩院議員：「此次時局陡變，暴力之下，已無國會

133《中華民國史事日誌》(1)，第 304－317 頁；《北洋軍閥史話》(2)，第 405－453 頁。

134 李新：《中華民國史》(3)，第 126 頁。

135《國父年譜》(下)，第 919、922 頁。

行使職權之餘地，亟應全體南下，自由集會，以存正氣，以振國紀。」[136]

7月17日，孫中山到廣州，倡導護法。[137] 18日，進步黨梁啟超、湯化龍等商組織臨時參議院，不再恢復國會。國會議員130餘人發佈宣言，在粵開非常會議。孫中山電促岑春煊、伍廷芳、唐紹儀等來粵。19日，孫中山電請國會議員在廣東、雲南、湖南各省擇地開會，另電忠告段祺瑞。21日，海軍總司令程璧光響應護法號召，發表宣言，否認約法毀棄、國會解散後的政府。次日，率所屬艦隻自吳淞赴廣東。孫中山倡導護法後，國會議員陸續南下。25日，國會議員在廣東開非常會議，商組軍政府。8月11日，雲南督軍唐繼堯通電擁護約法，聲明：

一、總統如不復職，須向國會辭職；

二、恢復國會；

三、國務院非得國會同意無效；

四、懲辦稱兵抗命禍首。

8月18日，到粵國會議員150餘人舉行談話會，商開設國會，組立政府，決定開非常會議。25日，國會議員在廣州舉行非常會議，吳景濂為議長，商議組織政府。29日，北京通緝廣州之國會議員。31日，廣州國會非常會議通過《中華民國軍政府組織大綱》，共十三條，主要內容如下：中華民國為戡定叛亂，恢復《臨時約法》，特組織中華民國軍政府；軍政府設大元帥一人，元帥三人，由國會非常會議分次選舉之；《臨時約法》之效力未完全恢復之前，中華民國之行政權由大元帥行之；大元帥代表中華民國；軍政府設立外交、內政、財政、陸軍、海軍、交通六部；軍政府設都督若干員，以各省督軍贊助者任之。[138]

9月1日，廣州國會非常會議選舉孫中山為軍政府海陸軍大元帥。次日，

136 孫中山：〈致兩院議員盼毅然南下護法電〉（1917年7月4日），《國父全集》（4），第492－493頁。

137《國父年譜》（下），第932頁。

138 李新：《中華民國史》（3），第131頁。

選舉唐繼堯、陸榮廷為元帥。唐繼堯是實力派，力量比孫中山大，擁有八省聯軍總司令稱號，他支持護法，只是意圖發展個人勢力，主張聯省自治以便割據稱霸，不是真心護法。陸榮廷亦秘密與馮國璋和段祺瑞接觸，無意與北方作戰，消耗自己實力。故唐、陸兩人，都不受元帥之職。[139]

9 月 10 日，孫中山在廣州就大元帥職，以廣州南士敏土廠為大元帥府，發佈就職通告：「國會開議，以文為海陸軍大元帥，責以戡定內亂，恢復約法，奉迎元首之事。…… 與天下共擊破壞共和者。」是日，發佈大元帥令，任王正廷為外交次長，居正為內政次長，外交總長伍廷芳未到任前，由王正廷暫行代理；內政總長孫洪伊未到任前，由次長居正暫行代理。財政唐紹儀（未就，9 月 22 日由廖仲愷代理後由伍兼），陸軍張開儒，海軍程璧光，交通胡漢民（9 月 25 日以馬君武代理），司法徐謙（翌日，由孫中山正式任命）。孫大元帥任李烈鈞為參謀總長，章炳麟為大元帥府秘書長，許崇智為參軍長，林葆懌為海軍總司令，方聲濤為衛戍總司令，李福林為大元帥府親軍總司令。12 日，孫大元帥任陳炯明為軍政府第 1 軍總司令。15 日，孫中山任汪兆銘代理大元帥府秘書長。9 月 22 日，改以徐謙代，原任章炳麟赴雲南，促唐繼堯就元帥職。同日，廣州國會承認對德宣戰案。26 日，廣州軍政府佈告對德宣戰。[140] 29 日，北京政府令各省選派參議員，於一個月內到京組織臨時參議院，並令內務部籌備國會選舉事宜。同日，北京政府通緝孫中山、吳景濂。

10 月 3 日，孫大元帥通電反對北京另組國會。同日，唐繼堯通電北伐。段祺瑞為實現武力統一計劃，派兵進入湖南，向廣東施壓。6 日，護法軍湘軍指揮部成立，以程潛為總司令。同日，護法軍與北洋軍在湘潭接戰，護法戰爭正式爆發。此後，兩軍在衡山、寶山一帶相持近一月，戰況十分激烈。

139 詹秉忠：〈護法期間唐繼堯與孫中山的矛盾及其演變〉，《文史資料選輯》（30），第 113－114 頁。

140《國父年譜》（下），第 940－947 頁。

7 日，孫大元帥宣佈北京政府之悖謬，並下令討伐段祺瑞、倪嗣沖、梁啟超、湯化龍等。11 月 18 日，護法軍佔領長沙。此時，各省護法勢力也紛紛響應。12 月初護法軍攻佔了重慶。同月陝西、河南、山東等省也有護國軍相繼起事。在短短的三四個月內，護法運動就遍及到十幾個省份。

馮國璋的直系為了牽制皖系的力量，增強與皖系爭權的實力，於是高喊「和平統一」，主張保持西南各省的勢力。由於直系暫佔上風，11 月 16 日段祺瑞被迫辭職。馮國璋勸說西南軍閥放棄武力，「和平解決」。西南軍閥本來就不是真心護法，只是借護法來維持西南獨立，與爭取孫中山的捐款而已。故表面同意北伐，而暗中卻與北洋軍閥往來，並排擠孫中山。唐繼堯、陸榮廷兩人始終承認馮國璋代理總統的合法地位，僅對段祺瑞總理表示反對，故拒絕就職。當時的廣東代理督軍莫榮新說：「孫某之政府，空頭之政府也。」「彼無兵無餉，吾輩但取不理之態度，彼至不能支持之時，自然解散而去。」這表明軍政府成立後，實權就被西南軍閥所操縱，形成了「軍政府有政府而無軍，軍閥有軍而無政府」的局面。

西南軍閥的地盤和實力得到馮國璋承認後，便和直系軍閥勾結，反過來破壞護法運動。12 月，陸榮廷、唐繼堯未經孫中山同意，自行在湖南、四川兩條戰線宣佈單方面停戰。1918 年 1 月，西南軍閥於軍政府之外另組「中華民國護法各省聯合會」，以岑春煊為議和總代表，謀求與北洋軍閥妥協。孫中山堅決反對妥協。為了把孫中山排擠出護法運動，西南軍閥又進一步收買了非常國會。3 月，段祺瑞重新上台，組織北洋軍大舉南攻，護法軍在湖南失利。4 月 10 日，非常國會通過《中華民國軍政府組織大綱修正案》，決定改組軍政府，將大元帥制改為總裁合議制。孫中山堅決反對這一決定。次日，向國會指出擅行改組軍政府是非法的，並堅決表示：「即於改組後有欲以為總裁者，亦決不就之。」5 月 4 日，孫中山向非常國會提出辭職，通電揭露西南軍閥破壞護法運動的種種罪行，向國民沉痛宣告：「吾國之大患，莫大於武人之爭雄，南與北如一丘之貉。」5 月 20 日，非常國會不顧孫中山的警告，改組軍政府，選舉唐紹儀、唐繼堯、孫中山、伍廷芳、林葆懌、陸榮廷和岑春煊等七人為總裁，以岑春煊為主席總裁，廢除大元帥制。至此，護法軍政府完全被西南軍閥所控制。21 日，孫中山離開廣州，前往上海。

孫中山高舉護法旗幟，其目的是維護中國法治，反對武人亂政。「國法不容妄干，而人治斷無由再復也。」[141]「納舉國之人於法軌，以自進於文明。」[142] 護法運動雖然失敗，但歷史巨輪不斷向前，雖或有停滯，法治的潮流是不會逆轉的！

---

141 孫中山：〈中華民國七年元旦大元帥佈告〉（1918 年 1 月 1 日），《國父全集》（2），第 68－69 頁。

142 孫中山：〈辭大元帥職後通告海外同志書〉（1918 年 8 月 3 日），《國父全集》（5），第 83－84 頁。

第三章

五四運動

1 蔡元培
2 魯迅
3 李大釗
4 胡適

5 陳獨秀

6 威爾遜

7 克里孟梭

8 勞合喬治

5 6 7 8

9

10

11

9 陸徵祥
10 顧維鈞
11 五四群眾集會

12　五四商界遊行

13　五四運動

12

13

14

15

16

14 天安門學生遊行隊伍

15 被關押在北大法科教室的學生

16 被捕的北大學生

一、引言

「五四運動」一詞，最早出現於 1919 年 5 月 18 日北京學生聯合會的「罷課宣言」巧電中，電文首稱：「外爭國權，內除國賊，五四運動之後學生等以此呼籲我政府，而號召我國民蓋亦數矣。」五四當天，起草〈北京學界全體宣言〉傳單的羅家倫，在 5 月 26 日出版的《每週評論》第二十三期中，以筆名「毅」寫了一篇〈五四運動的精神〉，他在文中首先界定什麼叫做「五四運動」：「民國八年五月四日北京學生幾千人，因山東問題失敗，在政府高壓的底下，居然列隊示威，作正當民意的表示。這是中國學生的創舉，是中國教育的創舉，也是中國國民的創舉。」研究五四運動的周策縱認為「五四運動」應包括「五四」以前之新文化運動。1919 年 9 月，第一本有關五四運動史料之《五四》，在北京出版，編者之一的楊亮功，在 1983 年 5 月重印此書的序中說：「此一小書為記載五四運動最早出版的一本書。…… 此一運動，與所謂新文化運動，或任何外在因素，完全無關。」

上述資料說明五四運動有狹義的「五四愛國運動」，範圍只局限於 1919 年 5 月 4 日北京和全國學生為爭取山東權益，爆發遊行請願示威的愛國行動。與此同時，文化界掀起批評傳統風俗和文化、宣傳科學和民主的思想，史稱「新文化運動」。而廣義的「五四運動」，則包括了爭取山東權益的愛國運動，與及後來的「新文化運動」。[1]

1　陶英惠：〈蔡元培與五四愛國運動〉，陳敬堂：《跨世紀：建國五十周年暨五四運動八十周年紀念專號》（香港，2000 年），第 258 頁。

二、背景

1. 政治背景

(1) 改革圖強的延續

鴉片戰爭後，愛國志士不斷因應列強入侵而尋求富國強兵之路。自強運動、戊戌維新、辛亥革命等軍事、經濟和政治改革都未能收效。因此，有人提出了「教育救國」的主張。自強運動時，薛福成提出：「學校之盛有如今日，此西洋諸國所以勃興之本原歟？」[2] 鄭觀應主張：「學校者，造就人才之地，治天下之大本也。」[3] 戊戌變法時，康有為在《上清帝第二書》指出外國富強的原因是教育普及，藏書豐富。「泰西之所富強，不在炮械軍兵，而在窮理勸學。彼自七八歲人皆入學，有不學者責其父母，故鄉塾甚多。其各國讀書識字者，百人中率有七十人。其學塾經費，美國乃至八千萬。其大學生徒，英國乃至一萬餘。其每歲著書，美國乃至萬餘種。其屬郡縣，各有書藏，英國乃至百餘萬冊。所以開民之智者亦廣矣。而我中國文物之邦，讀書識字僅百之二十，學塾經費少於兵餉數十倍，士人能通古今達中外者，郡縣乃或無人焉。」中國只有兩成的人口能讀書識字，外國卻有七成以上，而且著作數量龐大，藏書豐富。「才智之民多則國強，才智之士少則國弱。」所以康有為建議清帝「令各省、州、縣遍開藝學書院。凡天文、地礦、醫律、光重、化電、機器、武備、駕駛，分立學堂，而測量、圖繪、語言、文字皆學之」。[4] 1898 年 5 月，康有為奏呈早日成立京師大學堂，強調：「今變法百事可急就，而興學養才，不可以一日致也，故臣請立學宜亟也。」[5] 自此，開始了中國教育的現代化之路，開始了以新式教育作為國家富強的根本大計。

---

2 薛福成：《出使四國日記》，《北京大學史料》（1）（北京：北京大學出版社，1998 年），第 3 頁。

3 《盛世危言 · 學校上》，《鄭觀應集》（上）（上海：人民出版社，1982 年），第 245 頁。

4 康有為：〈上清帝第二書〉（1895 年 5 月 2 日）。

5 康有為：《請開學校折》，《戊戌變法》（2）（北京：神州國光社，1953 年），第 219 頁。

辛亥革命後，滿清政府雖然被推翻，但中國隨即進入了袁世凱專制、軍閥混戰的亂局。於是如吳敬恆、李石曾、蔡元培等革命黨人研究新的方法，為中國尋求出路。他們認為救國的唯一方法是提倡教育，使有志青年從事學問研究，從而改良社會風俗習慣，[6] 希望從提高民眾道德、改良社會風俗的途徑，解決中國問題。吳敬恆認為可用教育從事革命，他說：「其實則日日教育，亦即日日革命。教育之效果小著，略改社會之小習慣，即小革命。……教育之效果大著，驟然全體爭取易其舊習慣，即大革命。」[7]

蔡元培是革命救國論者，也是教育救國和學術救國論者。他長期留學德國，德國史學家蒙森（Theodor Mommsen）主張「大學、軍隊和關稅聯盟等量齊觀，認為它們是德國民族振興的關鍵因素」。[8] 蔡元培對德國大學在其國家崛起中的關鍵作用，及其在社會中所享有的崇高地位羨慕不已。他將德國教育救國成功的典範寫信與汪精衛分享：「吾人苟切實從教育着手，未嘗不可使吾國轉危為安。……改良大學教育，卒有以救普之亡。而德意志統一之盛業，亦發端於此。」[9] 蔡元培深受德國教育經驗影響，他藉着接受北京大學校長職務的機會，引進德國高等教育的經驗，努力在中國辦理一間世界第一流的大學，通過「改良」北大來改良社會。[10]

當時主張教育救國的人很多，如魯迅、李大釗、胡適、陳獨秀等。

1907 年，魯迅在〈文化偏至論〉一文提出：中國的出路「首在立人，人

6　吳敬恆：〈記居正、鈕永建等守吳淞江灣及上海黨人活動與石曾、孑民談救國方法等事〉，《吳敬恆選集：政論一》（台北：文星書局，1956 年），第 74 頁。

7　吳敬恆：〈無政府主義以教育為革命說〉，《吳敬恆選集：政論一》，第 78 頁。

8　陳洪捷：《德國古典大學觀及其對中國大學的影響》（北京：北京大學出版社，2006 年），第 153 頁。

9　蔡元培：《致汪兆銘函》（1917 年 3 月 15 日），高叔平編：《蔡元培全集》（3）（北京：中華書局，1984 年），第 26 頁。

10　朱成甲：〈北京大學與五四運動〉，《跨世紀：建國五十周年暨五四運動八十周年紀念專號》，第 270 頁。

立而後凡事舉」，[11] 認為培養人才就是救國和建國之道。

1914 年 8 月，李大釗對中國政壇黑暗、人心墮落、民族精神嚴重危機，痛心地說：「哀莫大於心死，痛莫深於亡群。」不過，李大釗認為政治雖然腐敗不堪，但發展教育可以救國。「群樞傾於朝，未必不能興於野；風俗壞於政，未必不可正於學。」「時至今日，術不能制，力亦弗勝，謀遏洪濤，昌學而已！」[12]

胡適亦認同教育救國的主張，他引述宋代大儒李覯的學說：「非教化則性不成。⋯⋯導民以學，節民以禮，而性成矣」，認為人「須要有教育禮法的制裁，然後可為成材」。[13] 張勳復辟後，他「決心在思想文藝上替中國政治建築一個革新的基礎」。[14]

陳獨秀認為中國要獨立富強，要實現近代化，首先要以西方的「民主」和「科學」為武器，進行一場思想革命，改造中國人的國民性質。他把拯救中國的希望寄託在青年人身上，希望通過這個運動，推倒舊文化，建立新文化，用以造就一代又一代「新青年」。1915 年 9 月 15 日，陳獨秀在上海創辦了《青年雜誌》，他在創刊號撰寫了〈敬告青年〉一文，讚揚「青年之於社會，猶新鮮活潑細胞之在人身」。若然中國社會被陳腐朽敗之份子充塞則社會滅亡，所以希冀中國能脱胎換骨，惟有屬望於「新鮮活潑之青年，有以自覺而奮鬥」，「從根本上徹底改造舊中國，實現中國的近代化。這新青年的標準是：(1) 自主的而非奴隸的；(2) 進步的而非保守的；(3) 進取的而非退隱的；(4) 世界的而非鎖國的；(5) 實利的而非虛文的；(6) 科學的而非想象的。」[15]《青

11 魯迅：〈文化偏至論〉，《魯迅全集》(1)（北京：人民文學出版社，1982 年），第 57 頁。

12 李大釗：〈風俗〉(1914 年 8 月 10 日)，中國李大釗研究會編注：《李大釗文集》(1)（北京：人民出版社，2006 年），第 88－92 頁。

13 胡適：〈記李覯的學説〉，《胡適文存二集》(1)（上海：亞東圖書館，1922 年），第 58 頁。

14 胡適：〈我的歧路〉，《胡適文存二集》(3)，第 91 頁。

15 陳獨秀：〈敬告青年〉，任建樹、張統模、吳信忠編：《陳獨秀著作選》(1)（上海：人民出版社，1993 年），第 130－135 頁。原刊於《青年雜誌》第 1 卷第 1 號（1915 年 9 月 15 日）。

年雜誌》創辦後，因和其他刊物雷同，故在次年改名為《新青年》。1917 年 1 月，在蔡元培校長支持下，陳獨秀和《新青年》移到北京大學，吸收李大釗、胡適、魯迅、錢玄同、劉半農等加入《新青年》編輯部，形成新文化運動陣營，經過幾年的奮鬥，使中國思想界發生了翻天覆地的變化。

面對列強的侵略，中國嘗試用經濟、軍事、政治等方法進行改革，但都實踐失敗。愛國之士於是便從思想文化方面進行新的改革，嘗試培養新一代的青年，讓他們肩負救國的使命。五四運動可說是國人改革圖強的其中一個努力。

(2) 巴黎和會失敗的影響

1918 年 11 月 11 日，歐戰結束的消息傳到中國。蔡元培和北大年輕教授們將歐戰的結束，認為是世界大變局的起點，也想抓住它作為推動中國社會政治的起點。11 月 15 日在天安門舉行的慶祝協約國戰勝的演說會中，蔡元培演講〈黑暗與光明的消長〉，他說：「現在世界大戰爭的結果，協約國佔了勝利，定要把國際間一切不平等的黑暗主義都消滅了，別用光明主義來代他。」並舉了四個交換的主義作例證：

第一是黑暗的強權論消滅，光明的互助論發展。

第二是陰謀派消滅，正義派發展。

第三是武斷主義消滅，平民主義發展。

第四是黑暗的種族偏見消滅，大同主義發展。

在結語中他說：

> 世界的大勢已到這個程度，我們不能逃在這個世界以外，自然隨大勢而趨了。我希望國內持強權論的，崇拜武斷主義的，好弄陰謀的，執着偏見想用一派勢力統治全國的，都快快拋棄了這個黑暗主義，向光明方面去呵！[16]

---

16 蔡元培：〈黑暗與光明的消長 — 在慶祝協約國勝利大會上的演說詞〉（1918 年 11 月 15 日），中國蔡元培研究會編：《蔡元培全集》（3）（杭州：浙江教育出版社，1996 年），第 457－460 頁。

蔡元培滿懷樂觀，期望美國威爾遜總統（Woodrow Wilson）十四原則及公理戰勝強權的實現，一般青年學生也懷着同樣的期望。豈料 1919 年 4 月底，在英、法、美、日四國相互勾結下，巴黎和會決定將德國原在山東的一切權益，全部讓予日本。中國代表的要求，遭到了拒絕。威爾遜的理想主義完全被現實政治的妥協主義打消了！強權主義終於勝利了！日本人自由支配山東半島的要求居然到手了！原來的樂觀頓成泡影。孫中山指出民族自決和帝國主義利益的衝突太大，根本是謊言、是個騙局。[17] 國人的幻想破滅，尤其是青年人受不住這個打擊，於是爆發了一場壯烈的愛國運動。[18]

(3) 軍政力量的制衡

五四愛國運動爭取山東主權，北京各大中學校學生上街遊行示威，得到各地學界和工人、商人支持，罷課、罷工、罷市，結果北洋政府拒絕簽署巴黎和約，稍後時間，中國最終能夠收回山東主權。當年曾經參加五四運動的很多同學在回憶錄中都是這樣說。罷課、罷工、罷市是否能夠收到這樣重大的效果？憑學生的力量就能夠使北洋政府屈服？同學們似乎忘記了北京大學校長蔡元培被迫辭職的事情，也忘記了周恩來因率領同學到天津直隸公署請願而被判囚的事情。學生的回憶錄只敘述了整個五四運動的片段，而非事情的全貌。爭取山東主權如果沒有軍政力量的參與，北洋政府內的親日派怎會向群眾屈服？學生力量真的那麼強大，便不必國民革命軍流血犧牲去打倒軍閥政權了！

北洋軍閥雖然力量強大，但內部派系爭權奪利，互相制衡。1917 年 3 月 1 日，段祺瑞以參加歐戰為名，籌建了「參戰督辦處」，自任督辦，大力編練嫡系武裝——參戰軍，圖以武力消滅南北異己勢力。段祺瑞秘密向日本進行

17 孫中山：〈民族主義〉（1924 年 2 月 17 日第四講），《國父全集》（1）（台北：近代中國出版社，1989 年），第 29－37 頁。

18 陶英惠：〈蔡元培與五四愛國運動〉，《跨世紀：建國五十周年暨五四運動八十周年紀念專號》，第 263 頁。

大借款。1917 至 1918 年間，與日本寺內正毅的親信西原龜三直接或參與的借款就有八項，共 1.45 億日元。這些借款用途有二：一、收買軍人實力派、官僚、政客，組成安福系，控制國會，操縱選舉，合法地捧他為大總統；二、由日本軍官幫助編練其參戰軍（歐戰結束後改稱邊防軍）。[19]

1917 年 7 月 12 日，張勳復辟失敗，黎元洪辭任大總統，馮國璋任代總統，段祺瑞組織新內閣。段祺瑞得到梁啟超為其出謀獻策，改組舊國會，重組新國會，制定新憲法。19 日，孫中山反對解散舊國會，通過上海、天津各家報館邀請國會議員南下護法。21 日，海軍總長程璧光和第一艦隊司令林葆懌由吳淞率艦到粵參加護法。25 日，孫中山組織的「中華民國軍政府」在廣州宣告成立；同日，國會非常會議在廣州正式揭幕。29 日，馮國璋通電宣稱在 31 日自寧出發至京就代總統職，提出「和平統一」政策，用保全西南軍人地盤和武裝權力的交換辦法，得到西南軍人的支持。於是開始了南北兩個國會、兩個政府的格局。北洋軍閥亦開始了皖（段）、直（馮）間的明爭暗鬥。兩派在用人、武力、地盤等方面的爭奪異常激烈。

10 月 1 日，段祺瑞派直系曹錕、吳佩孚部隊「出師剿滅」西南護法的「討逆」各軍。馮國璋密令吳佩孚持「適可而止，不為他人作嫁」的宗旨，拿下湖南以顯示吳軍威風，殺殺南軍銳氣，以勝言和，擴張本（直）系地盤與實力。1918 年 2 月 2 日，吳軍進入湖南。3 月 11 日，攻佔往武昌的咽喉要道羊樓洞，突破了西南聯軍第一道防線。18 日，進佔岳陽，湘、粵、桂聯軍內訌，吳佩孚乘勝追擊。24 日，聯軍總司令譚浩明棄長沙而逃。26 日，吳軍唾手而得長沙。吳佩孚連戰皆捷，卻引起段祺瑞疑懼，派嫡系張敬堯率四倍於吳氏的兵力，以援吳為名隨吳入湘，以監視和爭功，並借機擴張皖系實力和地盤。4 月初，段祺瑞定下「武力統一」的方針：一個月定湖南，三個月平兩廣，半年統一全國。北軍兵分三路前進。右翼第 7 師進攻湘鄉、寶慶。中路吳佩孚奉命進攻衡陽，南平廣東。4 月 24 日，西南聯軍統帥譚浩明再次主

19 郭劍林：《吳佩孚傳》（上）（北京：北京圖書館出版社，2006 年），第 128－129 頁。

動撤回廣州，吳佩孚不廢一兵一卒進入衡陽。但左翼第二路軍張懷芝進攻醴陵、攸縣，輕敵前進，湘桂聯軍聯合反攻，在黃土嶺大敗而逃。南軍收復醴陵、攸縣。北軍自此不敢深入，南軍也不敢反攻。

吳佩孚洞悉段祺瑞派他「平南」，只是讓他與南軍兩敗俱傷的陰謀，故藉口衡州、永州等地，山峰奇險，道路曲折，易守難攻，需派軍探查明情況後，再行前進。隨即在衡陽頓兵不前，拒絕再戰。5 月 25 日湘軍譚延闓代表與吳佩孚代表秘密議和，6 月 15 日成立了停戰協定，從此湖南戰火平息。此時，粵軍攻佔龍岩、龍溪，威脅廈門，張懷芝無力再戰，段祺瑞武力統一全國的夢想幻滅。[20]

7 月 3 日，衡陽各界人士在吳佩孚鼓動和支持下，舉行「罷兵息爭」大會，鼓吹南北議和。8 月 7 日，吳佩孚致電本系蘇督李純，痛斥段祺瑞武力統一的亡國政策，反對包辦民意的選舉，和以外力為背景的內戰，通電：「兵連禍結，大亂經年，耗款數千萬，靡爛十數省，有用之軍隊破碎無餘，精良之器械損失殆盡。至若同種殘殺，尤足痛心。」「中央誤聽宵小奸謀，堅持武力，得隴望蜀，援粵攻川，直視西南為敵國，竟以和議為逆謀。……國亡於外敵，固軍人之罪，國亡於內亂，亦軍人之羞。此次中央平川援粵，實亡國之政策也，軍人雖以服從為天職，然對內亦應權其輕重利害而適從之，非抗命也，為延國脈耳！」電文警告：「我國對德奧宣戰，若以兵力從事內爭，重輕倒置，貽笑外人，日本乘我多難要求出兵，而喪權協定以成，內爭不息，外患將不可圖。」痛斥段祺瑞「內爭年餘，軍費全由抵借，以借款殺同胞，何異飲鴆止渴？」[21] 吳佩孚這個提倡南北和平的電報，毫不留情地痛罵段祺瑞，嚴重打擊了段的威信。8 月 21 日，吳佩孚領銜趙春廷、張宗昌、陳德修、馮玉祥、王承斌、閻相文、蕭耀南、張學顏、張福來、潘鴻鈞、張克瑤等將領，發表請馮國璋下令主和的馬電：「大總統媾和宣戰之權為《約法》所允許，對外尚然，而對內主和尤不得謂為非法。懇請我大總統仍根據《約法》之精神，頒佈全國

20 丁中江：《北洋軍閥史話》（3）（北京：中國友誼出版公司，1992 年），第 80 頁。

21 《北洋軍閥史話》（3），第 55 頁。

一致罷戰之明令，俾南北軍隊留有餘力一致對外。」「然新舊國會分立，南北既無統一精神，焉有真正民意！」「若當此兵戈未息之時，驟行選舉，不但於法理不合，且恐促民國分裂。」西南將領譚浩明、譚延闓等人立即致漾電（23日）吳佩孚，推崇他「大義凜然，同深贊服！」表示他們會「通電西南各省，以為洛鐘之應」。吳的電文令段祺瑞大為光火，8月24日電斥吳不應「受人煽惑，不服從中央政府的命令」。張作霖、倪嗣沖等皖系將領亦紛紛譴責。不過，吳佩孚完全不理，因他看透段祺瑞在北洋派中只是一個虛張聲勢的領袖，缺乏強大實力。其他督軍都自私自利，只會聲援，不會真動刀槍。所以他有膽說：「如不允下停戰令，師長等回防待罪，請即派員接替。」[22]

段祺瑞缺乏實力對付吳佩孚，被迫推遲其武力統一政策。8月31日，國務會議決定命令前敵各軍暫取守勢。同日，段發出世電（31日）宣佈本人將在政府改組後引退。以退為進，先表示下野，迫馮國璋實踐同時引退的諾言。而他下台後，繼續保留了參戰督辦的職務，並操縱新選的總統，故雖說下台還是在台上，但是馮國璋代總統下台，不再參選總統，就是真的下台了。

段祺瑞這時把徐世昌捧為大總統的原因，徐在前清時代，外任總督，內輔軍機，是北洋元老和重臣。民國時以超然姿態在直皖之外，卻是政治上另一股力量。故段祺瑞企圖利用徐世昌，促成以他為中心來統一北洋派，從而把直系瓦解。段認為徐是個文人，沒有兵權，無法與他爭權奪利。可惜，段低估了徐世昌的政治智慧和能力，豈會甘心當段的傀儡。徐世昌從當選總統那天起，就機密地安排舊交通系領袖梁士詒、周自齊等聯合新國會中的非安福系份子，組織另外一個政治小集團，以對抗多數黨的安福系。徐不止是拉壟曹錕吳佩孚，拉壟直系，同時拉壟舊交通系和研究系，兩系對段都無好感，故支持徐抗衡段。

9月26日，湖南前線南軍將領譚浩明、譚延闓、程潛、馬濟、李書城、韋榮昌、張其鍠、林俊廷、陸裕光、趙恒惕、林修梅、黃克昭、馬鋆、宋鶴庚、廖家棟、魯滌平、王得慶等，北軍將領吳佩孚、李奎元、楊春普、馮玉祥、張

22 《北洋軍閥史話》（3），第58—59頁。

宗昌、王承斌、閻相文、蕭耀南、張學顏、張福來、潘鴻鈞、張克瑤等聯名發出寢電，請「馮代總統頒佈停戰命令，東海先生出任調人領袖，曹經略使、長江三督帥及岑、陸兩總裁同擔調人責任」。這個電報將北京政府與軍政府平列在前面，是吳佩孚向南軍將領建議，南北軍人聯合起來，第一次反對北洋派領袖的通電。故通電到達北京時，安福系份子大為震動，段祺瑞氣得無話可說。這不是主和主戰問題，而是北方將領背叛、通敵、降敵的問題。他要以通敵有據的罪名下令討伐吳佩孚，但被左右勸阻，因他們已無兵可用，不能真的動武。[23]

1918年10月10日，徐世昌就任大總統，發表宣言：

今我國民心目之所注意，僉曰南北統一，求統一之方法，固宜尊重和平。……國人果能一心一德以赴時機，亦何至擾攘頻年，重傷國脈？世昌以救國救民為前提，竊願以誠心謀統一之進行，以毅力達和平之主旨。

10月24日，徐世昌以大總統身份下令尊重和平。令曰：

吾國二十餘省，同隸於統治之權，雖西南數省，政見偶有異同，而休戚相關，奚能自外？本無南北之判，安有畛域之分？試數十年以來，幾經戰伐，罹鋒鏑者孰非胞與。糜餉械者皆我脂膏，無補時艱，轉傷國脈，則何不釋小嫌而共匡大計，蠲私忿而同勵公誠，俾國本系於苞桑，生民免於塗炭。……況兵事糾紛，四方耗斁，庶政擱滯，百業凋殘，任舉一端，已有不可終日之勢，即無對外關係，詎能長此搘持？所望邦人君子，戮力同心，幡然改圖，共銷兵革，先以圖國家之元氣，次以圖政策之推行，民國前途，庶幾有豸！[24]

23 《北洋軍閥史話》（3），第71頁。
24 《北洋軍閥史話》（3），第58－59頁。

徐上台後，作法與馮國璋大同小異，仍要走和平之路，並非傀儡總統，令段始料不及。

由於第一次世界大戰爆發，英美法德意忙於應付戰事，無暇東顧，日本乘機運用借款給段祺瑞的策略，誘使段祺瑞政府和日本政府簽訂中日《陸軍共同防敵軍事協定》和《海軍共同防敵軍事協定》，兩協定比《二十一條款》更嚴重喪失主權，准許大批日軍開入中國東北和蒙古，並可以指揮有關中國軍隊。協定又規定段祺瑞政府聘請日本人擔任政治、財政和軍事顧問，並由日本軍官訓練中國軍隊，使日本在華勢力迅速膨脹。日本的行動打破了第一次世界大戰前帝國主義列強共同控制中國的局面，威脅了它們的利益。美國遂改變對華政策，支持徐世昌「和衷共濟、統一南北」，用破壞段祺瑞武力統一政策的策略，來削弱日本對華的影響力。10 月 23 日，社會名流熊希齡、張謇、蔡元培、王寵惠、孫寶琦、周自齊等 24 人，通電宣告成立「和平期成會」，這個新政黨是國民黨、政學系、研究系和擁護黎元洪、馮國璋等各黨派的大結合。北方督軍們召開了兩次會議，同意和平。11 月 16 日，北京政府下令前方軍隊罷戰退兵。19 日，英、美、法、意、日五國駐廣州領事，奉各國政府訓令，向廣東軍政府遞送一項照會，勸告南方接受徐世昌的呼籲，罷戰息兵。22 日，南方通令休戰。[25]

南北軍人、政治力量和外國勢力的反對內戰，要求和平，對段祺瑞的武力統一和親日賣國政策起了極之重要的制衡作用。

2. 新舊思想的激盪

春秋戰國時代，學術思想百家爭鳴，其中的一個原因就是東周王朝政權衰壞，禮崩樂壞，無法制止列國兼併，傳統的禮樂制度解決不了當世各項問題，於是思想家各自提出其主張，九流十家思想百花齊放，成為中國學術思

25 《北洋軍閥史話》(3)，第 67－89 頁。

想最興盛的時代。自此之後，中國治亂交替，統治者雖然改名換姓，但經濟民生社會結構並無改變，傳統的一套典章制度仍然有效。但近世外力入侵，至晚清時候，中國所面對的是千年未有之變局，內憂外患，國弱民貧，學術界有理想之士紛紛提出其匡救時弊的主張，遂出現了思想界百家爭鳴的盛況。

英法聯軍和八國聯軍兩次戰爭，洋人軍隊把莊嚴無比的帝都攻陷，皇帝落荒而逃，尊嚴大受打擊。同盟會成立之後，更以皇權為攻擊的目標，至高無上的皇帝成為革命黨冷嘲熱諷的對象。辛亥革命推翻了君主獨裁政治，中國從此沒有了皇帝，傳統的倫理道德觀念隨之而動搖，思想受到巨大的衝擊。

三綱中的君權倒下了，隨之而倒下的便是父權了。父權隨之大受衝擊，與父權互為關係的家庭制度亦大受震盪，整個社會結構為之改變；男女的地位亦隨着夫權的沒落而轉變，男女平等成為了新的社會觀念。中國家族制度的基礎是建築在宗法制度和農業經濟制度之上。自秦始皇廢封建行郡縣制後，宗法制度因沒有爵位和封邑的繼承而漸失其作用，演變成為敬宗合族的精神以維繫着家族的團結。此外農業經濟為家族制度提供了一個安定不變的環境，年長的一輩因熟悉農村的簡單不變生活規律，其經驗可以成為青少年的導師。不過，新政治局勢、新都市、新工業、新事物和新思潮的出現，對穩定不變的農業社會起了很大的衝擊，年長的對新事物茫然無知、手足無措，於是喪失了對青少年指導的能力，失去了領導青少年的權威。新的一代遂完全擺脱傳統文化和家庭的束縛，自由追求和學習各種新的思想。清末民初時，許多青年已有勇氣不理父兄阻止，拋棄家庭，私自逃往上海北京讀書。[26] 辛亥革命所革的不單是君主制度，也把傳統的思想文化束縛革掉！舊的不合用，自然需要新的。

擺脱傳統，學習新生事物，是困難的。秦始皇廢封建，行郡縣，確立中央集權制度，奠下中國千年大一統之局。推行這制度時，宰相王綰主張恢復封建，秦始皇認為重新封建是「樹兵」，即重新在全國各地建立武裝力量，潛

26 李璜：《學鈍室回憶錄》（香港：明報月刊出版社，1979 年），第 18－21 頁。

伏將來列國並立，互相攻伐，分裂國家的危機，故堅決廢除封建制度。以後歷朝若有恢復封建，必生內亂。由此觀之，政治制度如有重大改變，必然出現反動。法國大革命推翻波旁王朝，拿破崙和拿破崙三世先後稱帝，法國才進入民主政治。滿清皇朝崩潰，民國建立，中國君主專制政治結束，遺民故老仍然無法清除腦中封建遺毒，仍然俟機恢復帝制。袁世凱和溥儀都借用儒家思想的三綱五常、君臣大義來欺騙國人，企圖復辟帝制。不過儒家的「愚忠」主張已經不符合世界民主潮流，反令儒家等傳統思想備受質疑，於是產生了思想界的新舊之爭。

蔡元培認為大學是囊括大典，包羅眾家之學府，故他依照各國大學通例，循思想自由原則，取兼容並包主義，無論何種學派，苟其言之成理，持之有故，尚不達自然淘汰之運命，即使彼此相反，也讓其自由發展。因為他相信學術上的派別是相對的，不是絕對的；而真理愈辯愈明，只有使各種不同的主張並存，才能使學生有自由選擇的餘地，不致抱專己守殘之陋見。要開拓學生的眼界，惟有培養自由研究學風，使各種學說自由發展。他這種休休有容的態度，令北京大學，特別是文科所在地的「漢花園」，氣象為之一新。因此，也使北大成為守舊人士非議和攻擊的目標、政治勢力干預和壓迫的對象，必欲去之而後快。

當時反對北大改革運動的急先鋒——林紓（琴南），在 1919 年 2 月 17 日上海《新申報》發表了一篇文言小說〈荊生〉，暗喻用北洋軍閥來鎮壓北大陳獨秀、錢玄同和胡適三人；又在 3 月 18 日的《公言報》發表給蔡元培的公開信，嚴詞指責北大新文學運動：「大學為全國師表，五常之所繫屬。……有恶乎闒茸之徒，因生過激之論，不知救世之道，……若盡反常軌，侈為不經之談，……必覆孔孟，鏟倫常為快。」「天下惟有真學術、真道德，始足獨樹一幟，使人景從，若盡廢古書，行用土語為文字，則都下引車賣漿之徒，所操之語，按之皆有文法，不類閩廣人為無文法之啁啾。據此，則凡京津之稗販，均可用為教授矣。若《水滸》、《紅樓》，皆白話之聖，並足為教科之書。」最後更嚴詞指責蔡元培：「大凡為士林表率，須圓通廣大，據中而立，方有率由無弊。若憑位分勢利而施趨怪走奇之教育，則惟穆罕默德左執刀月而右傳教，始可如其願望。今全國父老以子弟託公，願公留意，以守常為是。」[27]

林琴南在另一致蔡元培的公開信指責北大新文化運動領袖和《新青年》雜誌：

> 國立北京大學，自蔡孑民氏任校長後，氣象為之一變，尤以文科為甚。文科學長陳獨秀氏，以新派首領自居，平昔主張新文學甚力。教員中與陳氏沆瀣一氣者，有陳獨秀、胡適、錢玄同、劉半農和沈尹默等。學生聞風興起，服膺師說，張大其辭者，亦不乏人。其主張，以為文學須順應世界思潮之趨勢。若吾中國歷代相傳者，乃為雕琢的、阿諛的貴族文學，陳腐的、鋪張的古典文學，迂晦的、艱澀的山林文學，應根本推翻。代以平民的、抒情的國民文學，新鮮的、立誠的寫實文學，明了的、通俗的社會文學。此文學革命之主旨也。自胡適氏主講文科哲學門後，旗鼓大張，新文學之思潮，亦澎湃而不可遏。既前後抒其議論於《新青年》雜誌；而於其所教授之哲學講義，亦且改用白話文體裁；近又由其同派之學生，組織一種雜誌曰《新潮》者，以張皇其學說。《新潮》之外，更有《每周評論》之印刷物發行。其思想議論之所及，不僅反對舊派文學，冀收摧殘廓清之功。即於社會所傳留之思想，亦有直接間接發現其不適合之點，而加以抨擊。蓋以人類社會之組織，與文學本有密切之關係，人類之思想，更為文學實質之所存，既反對舊文學，自不能不反對舊思想也。

最後，林琴南警告：「日前暄傳教育部有訓令達大學，令其將陳、錢、胡三氏辭退。但經記者之詳細調查，則知尚無其事。唯陳、胡等對於新文學

27 〈林琴南致蔡元培函〉（1919 年 3 月 18 日《公言報》），《蔡元培全集》（3），第 577－580 頁。

之提倡，不第舊文學一筆抹殺，而且絕對的菲棄舊道德，毀斥倫常，詆排孔孟，並且有主張廢國語而以法蘭西文字為國語之議。其鹵莽滅裂，實亦太過。」[28]

蔡元培為表示北京大學真相，不能不有所辯正。他致函《公言報》記者，公開回答林琴南的詰難，指出林琴南所責備者，不外兩點：一曰「覆孔、孟，鏟倫常」；二曰「盡廢古書，行用土語為文字」。

對於第一點，蔡問林：甲、北京大學教員，曾有以「覆孔、孟，鏟倫常」教授學生者乎？乙、北京大學教員，曾有於學校以外，發表其「覆孔、孟，鏟倫常」之言論者乎？大學講義涉及孔孟者，只有哲學門中之中國哲學史。已出版者，為胡適之君的《中國上古哲學史大綱》，請詳閱一遍，是否有「覆孔、孟」之說？特別講演的出版者，有崔懷瑾君之《論語足徵記》、《春秋復始》，梁漱溟君提出「孔子與孟子異同」問題，與胡默青君提出「孔子倫理學之研究」問題，多是尊崇孔子，怎能說覆孔？

若大學教員於學校以外自由發表意見，與學校無涉，本可置之不論。惟《新青年》雜誌中，偶有對於孔子學說之批評，亦是對於孔教會等託孔子學說攻擊新學說者而發，非直接與孔子為敵。

「鏟倫常」之說，其中君臣一倫，不適於民國，可不論。其他父子有親、兄弟相友、夫婦有別、朋友有信，在中學以下修身教科書中已有詳述。從未有以父子相夷，兄弟相鬩，夫婦無別，朋友不信，教授學生的。北大近年在教科以外，組織一進德會，其中基本戒約有不嫖、不娶妾兩條。不嫖之戒，決不背於古代之倫理。不娶妾一條，較諸孔、孟之說更嚴。至於五常，則倫理學中之言仁愛、言自由、言秩序、戒欺詐，而一切科學皆為增進知識之需，怎會有「鏟倫常」之理？試問有誰何教員，曾於何書、何雜誌，為父子相夷，兄弟相鬩，夫婦無別，朋友不信的主張？曾於何書、何雜誌，為不

---

28 《公言報》：〈請看北京學界思潮變遷之近狀〉（1919 年 3 月 18 日），《蔡元培全集》（3），第 577－580 頁。

仁、不義、不智、不信及無禮的主張？

對於第二點，先為三種考察：

甲、北京大學是否已盡廢古文而專用白話？

乙、白話果是否能達古書之義？

丙、大學少數教員所提倡之白話的文字，是否與引車賣漿者所操之語相等？

「北京大學是否已盡廢古文而專用白話？」大學預科中，有國文一課，編為課本的，有模範文，和學術文，都是古文。每月練習的文章，都是文言。本科、預科都有文字學，編成講義而付印的，都是文言。《北京大學月刊》，其中亦多是文言作品。只有胡適之君的《中國古代哲學史大綱》一書是白話體，但其中所引古書，多屬原文，不全是白話。

「白話果是否能達古書之義？」大學教員所編之講義，固然都是文言。但上講壇後，決不能以背誦講義塞責，必有賴於白話的講。難道講演的內容，必須全編為文言方可？我們少時，讀《四書集注》、《十三經注疏》，若塾師不用白話講演，我們豈能了解？

「大學少數教員所提倡之白話的文字，是否與引車賣漿者所操之語相等？」白話與文言，形式不同而已，內容一也。蔡元培指出少仲馬、迭更司、哈德等所著小說，全是白話。而林琴南譯為文言，能高出原本嗎？蔡元培又為胡適之、錢玄同申辯，「胡君家世漢學，其舊作古文，雖不多見，然即其所作《中國古代哲學史大綱》，其了解古書之眼光，不讓於清代乾嘉學者。錢君所作之文字學講義、學術文通論，皆大雅之文言。」

最後，蔡元培重申他在北京大學有兩種主張：

一、對於學說，仿世界各大學通例，循「思想自由」原則，取兼容並包主義。無論為何種學派，苟其言之成理，持之有故，尚不達自然淘汰之運命者，雖彼此相反，而悉聽其自由發展。

二、對於教員，以學詣為主。在校講授，以無背於第一種之主張為界限。其在校外之言動，悉聽自由，本校從不過問，亦不能代負責任。例如復辟主義，民國所排斥也，本校教員中，有拖長辮而持復辟論者，以其所授為英國文學，與政治無涉，則聽之。籌安會之發起人，清議所指為罪人者也，本校教員中有其人，以其所授古代文學，與政治無涉，則聽之。嫖、賭、娶妾等事，本校進德會所戒也，教員中間有喜作側艷之詩詞，以納妾、狎妓為韻事，以賭為消遣者，苟其功課不荒，並不誘學生而與之墮落，則始聽之。「人才至為難得，若求全責備，則學校殆難成立。且公私之間，自有天然界限。」「革新一派，即偶有過激之論，苟於校課無涉，亦何必強以其責任歸之於學校？」[29]

被林琴南點名公開指責的陳獨秀撰文反駁，他首先引述北京、上海各報的評論：

上海《時事新報》說：「今以出版物之關係，而國立之大學教員被驅逐，則思想自由何在？學說自由何在？以堂堂一國學術精華所萃之學府，無端遭此侮辱，吾不遑為陳、胡諸君惜，吾不禁為吾國學術前途危。願全國學界對於此事速加以確實調查，而謀取以對付之方法，毋使莊嚴神聖之教育機關，永被此暗無天日之虐待也。」

上海《中華新報》說：「北京大學教授陳獨秀等創文學革命之論，那般老腐敗怕威信失墜，飯碗打破，遂拼命為軌道外的反對，利用他狗屁不值人家一錢的權力，要想用『驅逐』二字嚇人。這本來是他們的人格問題，真不值污我這枝筆。」

《中華新報》說：「北京非首善之區乎？大學校非所謂神聖之學府乎？今之當局者非以文治號召中外者乎？其待士也如此。」「自此事之起，輿論界及一般新教育界，當然義憤之極，以為這是辱沒了學者，四君等當然不能受此奇恥。惟記者以為究竟是誰的恥辱？⋯⋯毋寧曰施者之恥辱。」

上海《民國日報》說：「自蔡孑民君長北京大學而後，殘清腐敗，始掃地

29 蔡元培：〈答林琴南的詰難〉（1919 年 3 月 18 日），《蔡元培全集》（3），第 571－576 頁。

以盡。⋯⋯ 而其出版品如《新青年》、《新潮》等，尤於舉世簡陋自封之中，獨開中國學術思想之新紀元。舉國學者，方奔赴弗遑，作同聲之應，以相發輝光大，培國家之大本，立學術之宏基，不圖發軔方始，主其事者之數人，竟為惡政治勢力所擯，而遂棄此大學以去也。」

《北京晨報》說：「思想自由，講學自由，尤屬神聖不可侵犯之事。安得以強力遏抑？稍文明之國家，當不至有此怪謬之事實。⋯⋯ 不過因頑舊者流，疾視新派，又不能光明磊落在學理上相為辯爭。故造此流言，聊且快意而已。」

北京《國民公報》說：「今日之新思想，實有一種不可過抑之潛勢力。必欲此勢力而與之抗，徒然增一番新舊之衝突而已。⋯⋯ 果使舊思想在今日有可以存之理由，記者亦將是認之，而無如其否也。」

陳獨秀說上海、北京各報都說得很痛快，無須他再說。只是對於國故黨造謠的心理，他卻有點感想：「就是中國人有『倚靠權勢』『暗地造謠』兩種惡根性。對待反對派，決不拿出自己的知識本領來正正堂堂的爭辯，總喜歡用『倚靠權勢』『暗地造謠』兩種武器。民國八年以來的政象，除了這兩種惡根性流行以外，還有別樣正當的政治活動嗎？」

最後陳獨秀說，《新青年》所討論的，不過是文學、孔教、戲劇、守節、扶乩這幾個很平常的問題，盼望大家只可據理爭辯，不用那「倚靠權勢」、「暗地造謠」兩種武器。[30]

林琴南是當時整個封建統治階級和守舊勢力的總代表，站在他背後的，是一股龐大的勢力。就在他向蔡元培及北大進攻的同時，安福系參議員向教育總長傅增湘示意，如果不立即撤去蔡元培的校長職務，並將陳獨秀、胡

30　陳獨秀：〈關於北京大學的謠言〉，任建樹、張統模、吳信忠編：《陳獨秀著作選》（1）（上海：上海人民出版社，1993 年），第 503－505 頁。引自《每周評論》第 13 號（1919 年 3 月 16 日）。

適、錢玄同等人逐出北大，就要進行彈劾。[31] 不過，蔡元培堅決維護其「思想自由」的辦學宗旨，無懼壓力與舊思想、舊勢力對抗。五四運動爆發前夕，中國學術思想界已經燃點起新舊兩派衝突的火花。

3. 西方思潮的衝擊

梁啟超將中國近代變法圖強的奮鬥過程有清晰的描述：

> 近五十年來，中國人漸漸知道自己的不足了。……第一期：先從器物上感覺不足，這種感覺，從鴉片戰爭後漸漸發動，到同治年間借了外國兵來平內亂，於是曾國藩李鴻章一班人，很覺得外國的船堅炮利，確是我們所不及，對於這方面的事項，覺得有捨己從人的必要，於是福建船政學堂上海製造局等等漸次設立起來。……第二期：是從制度上感覺不足，自從和日本打了一個敗仗下來，國內有心人，真像睡夢中着了一個霹靂。因想道堂堂中國為什麼衰敗到這田地，都為的是政制不良，所以拿「變法維新」做一面大旗，在社會上開始運動，那急先鋒就是康有為梁啟超一班人。……第三期，便是從文化根本上感覺不足。第三期所經過時間，比較的很長——從甲午戰役起到民國六七年間止，約二十年的中間，政治界雖變遷很大，思想界只能算同一個色彩。簡單說，這二十年間，都是覺得我們政治法律等等，遠不如人，恨不得把人家的組織形式，一件件搬進來，以為但能夠這樣，萬事都有辦法了。革命成功將近十年，所希望的件件都落空，漸漸有點廢然思返，覺得社會文化是整套的，要拿舊心理運用新制度，決計

31 陶英惠：〈蔡元培與北京大學，1917－1923〉，《中央研究院近代史研究所集刊》第5期（台北，1976年5月），第263－312頁。

不可能，漸漸要求全人格的覺悟。[32]

一批曾經前往外國遊歷或學習的知識份子，親自見識外國社會的文明進步和現代化的力量，知道只有徹底改革中國老朽的傳統文化，才能適應這個現代化的世界。於是，積極引進西方的學術思想來改造老舊的中國。如在英國倫敦格林威治皇家海軍學院畢業的嚴復，翻譯了英國生物學家赫胥黎的《天演論》，提出了「物競天擇、適者生存」，「時代必進，後勝於今」的主張，作為救亡圖存的理論依據，在當時產生了巨大的影響。戊戌變法後，他致力翻譯西方哲學、社會學及自然科學著作，是中國近代一位重要啟蒙思想家。由於當時中國民智未開，故嚴復認為中國若要實行君主立憲，必須開民智之後才能實行。而推行的辦法，就是先辦教育，「教育救國論」是嚴復的重要主張。他致力翻譯西方經典學術名著，對中國知識份子影響甚大，著名作品有：赫胥黎《天演論》，亞當．斯密《原富》(即《國富論》)，約翰．穆勒《穆勒名學》和《群己權界論》，斯賓塞《群學肄言》，甄克斯《社會通詮》，孟德斯鳩《法意》，耶方斯《名學淺說》等。辛亥革命後，京師大學堂改名為北京大學校，嚴復出任首任校長。

梁啟超亦致力介紹外國的學術思想，如撰述了《生計學學說沿革小史》(內有重商主義、重農主義、斯密亞丹學說)、《論希臘古代學術》、《倍根學說》、《笛卡兒學說》、《天演學初祖達爾文之學說及其略傳》、《法理學大家孟德斯鳩之學說》、《樂利主義泰斗邊沁之學說》、《近世第一大哲康德之學說》和《政治學大家伯倫知理之學說》等。這些西方名著都令國人眼界大開，視野擴闊。

留學德國的蔡元培，參考德國大學的模式來改革北京大學，提倡學術自由；禮聘陳獨秀、胡適和李大釗等學者到校任職。西方思潮和新文化運動先

---

32 梁啟超：〈五十年中國進化概論〉，梁啟超：《飲冰室合集》(14)(北京：中華書局，1932年)，第39－47頁。

驅匯聚北京大學，新文化運動的重要發源地於是形成。

4. 學潮的醞釀

甲午戰爭後，國勢日危，朝野多以發展教育為號召，翻譯外文書籍和出版事業日見興盛。1898 年清廷下詔設立京師大學堂，1901 年將同文館併入京師大學堂，設置管學大臣管理，規模更為完備。開始了中國新式大學的創辦。1905 年清廷停止科舉，設立學部，以學校教育取代科舉制度。新設立的學校採取標準課程和新教育制度，培養了大量新知識份子，學生人數大量增加。如下表：

中國學生人數統計[33]

年份	人數
1902	6,912
1903	31,428
1904	99,475
1905	258,876
1906	468,220
1907	883,218
1908	1,144,299
1909	1,526,909
1912－3	2,933,387
1913－4	3,643,206
1914－5	4,075,338
1915－6	4,294,251
1916－7	3,974,454

在短短的十五年內，學生人數由 1902 年的七千人，激增至 1917 年的四百萬人，學生人數增加了六百多倍。

民國成立後，大中小學校不斷建立，學生人數隨之大幅增加，如下表：

33　古楳：《現代中國及其教育》（下）（上海：中華書局，1934 年），第 349 頁。

民國初年大學校大學生人數統計

年份	人數
1912	2,076
1913	3,084
1914	3,205
1915	3,458
1916	3,609

民國初年中等學校學生人數統計

年份	人數
1912	98,045
1913	117,332
1914	119,057
1915	126,455
1916	111,078

民國初年小學校學生人數統計[34]

年份	人數
1912	2,776,373
1913	3,466,273
1914	3,899,683
1915	4,119,399

1916 年大學生人數有 3,609 人，中學生有 111,078 人。學校一方面成為傳播學術思想、新思潮的重要場所，同時亦成為學生運動的基地。1903 年，上海南洋公學首先發生學潮。一位學生放了一瓶墨水在教授的坐椅上，引致教授弄得滿身墨跡。學校將幾個嫌疑較大的學生開除，於是爆發學生會和學校當局之間的衝突，最後全體學生離開學校。接着浙江省立高等學堂亦發生學潮，起因是一位學生與來校視察巡撫的一名轎夫發生齟齬，結果全校罷課，學生全體離校。類似的事件相繼在其他學校發生，學潮迅速蔓延到全國。學生的反抗運動可以説是新興的知識份子對傳統舊士大夫階級的反抗，對社會和政治的反抗。自從強調「物競天擇、適者生存」的進化論及其他科學觀

34 《現代中國及其教育》（下），第 351 頁。

念輸入中國以後，年輕一代的思想已經起了急劇的變化。再加以革命浪潮澎湃，衝擊舊有政治制度和學術思想，年青的一代在時代洪流的沖洗下，從馴服轉變為叛逆。他們看到中國受帝國主義的侵略，全國普遍陷入擾攘不安的狀態。貧窮、飢餓、瘟疫、貪污、內戰、外患，都使青年們不能忍受，被迫害壓力不斷增加，隨時轉變為破壞力量。新式學校的設立，讓這群憤怒青年聚在一起，互相刺激，自然產生事端。[35]

「放墨水瓶」、「與轎夫齟齬」這些小事只是導致學潮爆發的導火線，如果沒有足夠的爆炸品，怎能掀起風潮？那麼，爆炸品是什麼呢？那便是國家的出路問題，和自己的出路問題。辛亥革命為國家炸開了一個出口，滿清政府被推翻了，皇權也崩潰了，政治上那口烏氣也吐出了。再沒有什麼值得罵的目標。可是，自己的出路呢？還是一個問題！

當時，中國知識份子的出路實是有限，而新教育卻製造了大批知識份子出來。科舉制度尚存的時候，他們可以希望當官。現在科舉制度廢止了，入仕之途亦隨之而堵塞。要從事工商業嗎？中國的實業在帝國主義壓迫下，正苟延殘喘，容納不了這許多人材。要回鄉務農嗎？簡直是學非所用，埋沒人材。在這情況下，便做成了知識份子沒有出路的悲劇。

如尹民說：

> 知識愈高，苦悶愈多。為什麼呢？他們種田的農民，做工的勞動者，誠然也十分可憐，但是生活簡單，感觸較少；一旦失業，有的是氣力，肩擔負販，都可以勉強糊口，稍為活動的，着實可以圖個溫飽。獨有知識階級，就不然了。西洋化的生活過慣了，享用慾非常發達，和西洋人差不多。知識愈高，感觸也就愈大。講到出路，依我國的現狀而論，文化經濟如此落後，總不外乎下列幾項：一是做官和政府機關的公務員；二是學校的教職員；三是近乎專門的律師、醫師、

35 蔣夢麟：《西潮》（缺出版資料，1957 年），第 6 章。

會計師、工程師；四是新式大企業，如同銀行、公司、大商店、工廠的職員；五是書局和報社的編輯和主筆；六是在帝國主義者權力之下討生活的翻譯和寫字者；七是服役於海關郵務的職員；八是交通機關的從業員。這八條路看來已經非常開闊，可以任憑知識階級選擇一條。可是仔細研究起來，幾乎沒有一條路是平正通達的。……知識階級的出路如此，所受的苦悶，豈言語所可形容呢？[36]

《大公報》警告知識份子普遍失業的隱憂：「畢業生無出路，為近年一大嚴重問題，而今歲尤甚。蓋由內戰頻發，赤熖高張，生產破壞，公私竭蹶。政局不定，則政府不能實施建設；人心不安，則社會不能發展企業。凡百停滯，機能失效；舊人無淘汰之方，新人無登進之路。長此壅塞，將使才智之士，益入歧途，此真國家社會之大憂也！」[37] 何長工說：「因為畢業就是失業，沒有一個年輕人不為自己的出路感到恐慌！」[38] 青年學生的彷徨和恐懼便是學潮爆發的火藥。

個人的遭遇和國家的命運是連在一起的，這時的學生已留心國事。袁世凱為了稱帝，接受日本二十一條件，許多同學對二十一條的恥辱接受，在課室內同聲痛哭。對北洋軍閥及其政客深惡痛絕。[39] 1918 年 5 月，留日學生為反對段祺瑞與日本訂立賣國軍事協定，組織排日運動，被日本政府打壓，留日學生於是罷學返國。5 月 3 日，東京各官立學校留日學生決議罷課，各私立學校暨日本各地中國學生相繼響應，至 15 日止，日本警視廳調查資料，約 96% 全體中國學生罷課。6 月 12 日，日本警視廳調查結果，有 1,207 名學生離日返國。而中國方面統計，有 3,548 人（內有女生 67 人）留學日本，歸國者達

36　《現代中國及其教育》（下），第 93－97 頁。

37　《現代中國及其教育》（下），第 96 頁。

38　何長工：《勤工儉學生活回憶》（北京：工人出版社，1958 年），第 1－2 頁。

39　李璜：《中國現代人文四講》（台北：冬青出版，1976 年），第 11－12 頁。

2,506 人（女生 39 人）。[40]

5 月 5 日，留日學生正式成立「留日學生救國團」，決定在上海設立本部，並推舉王兆榮為幹事長，張有桐、阮湘為副幹事長。歸國學生曾琦說：「予當時所以毅然輟學歸國，尚非僅為一時之外交問題，而實重在重振中原之士流，以期外抗強權，內除國賊。故留日學生救國團發起之初，予即立主歸國運動之目標，宜特別注重於學界；一則以學生連絡學生，其勢順而易。二則以純潔無染之青年，容易激發其良知也。」

留日學生隨往天津和北京學界活動，得到北京大學學生易克嶷響應。5 月 20 日北京各校學生假北京大學組織救亡會，並議決向大總統請願。21 日上午，北京大學、高等師範學校、高等工業學校、法政大學等校學生二千餘人，齊集總統府前，謁見總統馮國璋。這次請願雖然沒有挽回軍事協定之簽字，卻震動全國，開始了學生運動的重要一頁。

10 月，全國學生召開「學生救國會」籌備大會，誕生了全國性的學生組織，為五四運動作了重要的組織準備。[41]

5. 資訊交通的發達

近代報章雜誌由外國傳教士引入，後來報章雜誌不斷發展，成為宣傳政治和引進新思潮的媒介，如梁啟超辦《時務報》鼓吹維新變法，孫中山等革命黨人辦《民報》鼓吹革命。兩派就「立憲」和「革命」展開大論戰，為中國政治體制改變奠下了思想基礎。民國成立後，《申報》、《民國日報》、《大公報》等報紙流行全國，為國人提供了重要的國際和國內的政治、社會、經濟訊息。

40 黃福慶：〈五四前夕留日學生的排日運動〉，張玉法：《中國現代史論集 6：五四運動》（台北：聯經出版事業公司，1984 年），第 150－152 頁。

41 黃福慶：〈五四前夕留日學生的排日運動〉，《中國現代史論集 6：五四運動》，第 152－165 頁。

知識份子繼續利用報章雜誌宣傳其主張，如陳獨秀辦《新青年》推動新文化運動，林琴南投書《公言報》，指責蔡元培縱容新文化運動，揭開新舊文化之爭，國人思想因而大受衝擊，有利於擺脱盲目崇拜權威的束縛。

此外，新聞報道能力和成績不斷進步，有助國人掌握時事的最新發展和動向。1917 年《大公報》記者胡政之獨家採訪了在天津馬廠誓師反對張勳復辟的段祺瑞。1919 年，他在巴黎報道了和會的情況，讓國人知道中國山東主權在巴黎和會交涉失敗之事，促成了五四運動的爆發。

電報科技在中國普及後，有前瞻能力的政治家懂得運用電報進行宣傳其政見，前述吳佩孚便是電報戰的高手，拍電報給全國報章，宣稱罷戰主和，得到全國紛紛響應，摧毀了段祺瑞「武力統一」的野心。五四運動爆發後，迅速蔓延全國，也是因為電報把消息立刻傳遍全國，中國內外各界即時紛紛響應，北洋政府窮於應付。此外，鐵路鋪設之後，交通方便，各地學生可以輕易進京支持北京學運。

6. 北京大學的改革與創新

(1) 臭名遠揚的北京大學

戊戌維新時，康有為奏請成立京師大學堂，以培養人材作為強國之本。但因學生多是貴族子弟，一向桀驁不馴，令學校教務部門難以管理。1907 年 11 月中旬，京師大學堂教務提調張某以「學業未進」為由，準備開除兩名學生，引發學生集體抗議。11 月 14 日晚，三百多名學生開會，決定公佈教務提調張某的「若干劣跡」，請求北京大學堂總監督（後稱校長）更換教務提調。[42]

民國成立後，1912 年 5 月 1 日，教育總長蔡元培呈請臨時大總統袁世凱發佈命令，改京師大學堂為北京大學校，委任嚴復署理校長。嚴復雖然有心

42 〈大學堂之風潮〉，《申報》1907 年 11 月 29 日，第 12 版。

改良北大弊端，但積習難改，遂在 10 月 7 日辭職。[43] 9 日，袁世凱任命章士釗為北大校長，被婉拒；18 日，袁世凱又任命馬相伯代理北京大學校長。[44] 馬相伯是著名教育家，他對於北京大學的惡劣學風深惡痛絕，故在就任的當日，召集北大學生發表演說：「所謂大學者，非校舍之大之謂；非學生年齡之大之謂；亦非教員薪水之大之謂；係道德高尚學問淵深之謂也。諸君在此校肄業，須尊重道德，專心學業，庶不辜負大學生三字。」[45] 11 月 2 日，馬相伯代理校長剛及半個月，便與北大學生發生衝突，北大學生「破口叫其滾蛋，且有欲用武者」，[46] 這種情況下，馬相伯再無法戀棧下去。北京政府任命何燏時為北京大學校長，1913 年 5 月校方根據教育部規定，下學年分科招生，預科學生需「參加入學試」，合格者才能進入北大本科。5 月 28 日，北京大學預科二、三年級學生發起集會抗議，逼迫校長何燏時辭職。29 日，何燏時向教育部請辭。不過，教育部認為北大預科學生目無法紀，侮辱師長，無理取鬧。請何繼續任職。同日，何燏時發佈命令，將聚眾鬧事的預科學生賈德潤、林肇煌、秦汝翼、許元瀚、張瑞春、洪宗淵、許之鐵、宋黻等八人開除。[47] 開除佈告發佈後，北大預科學生群情激憤，當日即到校長辦公室抗議，未果，再去教育部抗議。教育部態度強硬，分別在 5 月 29 日和 31 日連發三道訓令，要求北大校長何燏時「查明為首之人，立即斥退，其餘實係被脅者，應飭令遵守校規，照常上課」。[48]

袁世凱對於北大學潮十分不滿，批評國內學校「大都敷衍荒嬉，日趨放任，甚至託於自由平等之說，侮慢師長，蔑棄學規」。[49] 9 月下旬，新任教育總

43 孫應祥：《嚴復年譜》（福州：福建人民出版社，2003 年），第 387－404 頁。
44 〈命令〉，《申報》1912 年 10 月 20 日，第 2 版。
45 〈代理大學校長就任之演説〉，《申報》1912 年 10 月 29 日，第 3 版。
46 《嚴復年譜》，第 404 頁。
47 〈北京大學風潮聲中之教育部〉，《申報》1913 年 6 月 6 日，第 6 版。
48 〈訓令〉，《申報》1913 年 6 月 6 日，第 6 版。
49 〈命令〉，《申報》1913 年 6 月 5 日，第 2 版。

長汪大燮以「學生屢起風潮」為由，提議停辦北京大學。校長何燏時立即抗議，並向袁世凱提交《呈請維持北京大學的意見書》。眾議院羅家衡和汪建剛等眾議員亦向政府質問，袁世凱遂否決了教育部停辦北京大學的意見。何燏時雖然保住了北京大學，但改變不了北大校風，心力交瘁，提出辭呈。1913 年 11 月中旬，北京政府准許何燏時辭職。[50] 1914 年 1 月，北京政府任命胡仁源署理北京大學校長。[51]

1915 年春，教育總長湯化龍派人到北京大學秘密視察，調查報告説，「北大教員曠職，諸生廢學」，尤以北京大學預科學生風氣最差。學生某某等「每日必到北京著名戲院廣德樓，聽尚小雲演劇」，「某學生等數人，則心醉劉喜奎。每至夜深人靜時，北大預科學生中的戲迷在宿舍中，集合一處，討論戲曲。他們甚至在興高采烈時，高唱二黃和西皮。」這令湯化龍「異常惱怒」。[52]

北大的校風更是糟糕透頂。北大學生繼承了京師大學堂的傳統。京師大學堂的學生很多是達官貴族子弟，民國初年，這種學生仍然不少。他們生活闊綽，飽暖思淫欲，常去八大胡同尋花問柳，是北京「八大胡同」最受歡迎的、重要的顧客。北大學生在「腐」的方面，又分成兩類：上乘的腐化學生的做法是「組織同鄉會，運動做一任會長，或是幹事，藉以接近學校當局，作畢業後升官的地步」；下乘的腐化學生的做法是通過「嫖、賭和唱唱舊戲」來結交人；總之，北大學生是沒有「研究學問的風氣」的。[53]

（2）北京大學的涅槃重生

1916 年 7 月，新任教育總長范源濂致電遠在法國的蔡元培，請他擔任北京大學校長一席。范源濂和蔡元培都是主張教育救國的教育家，清末任學部

---

50 〈命令〉，《申報》1913 年 11 月 15 日，第 2 版。

51 〈命令〉，《申報》1914 年 1 月 8 日，第 2 版。

52 〈北京學校鏡〉，《申報》1915 年 4 月 3 日，第 6 版。

53 許德珩：〈吊吾師蔡孑民先生〉，陳平原、鄭勇：《追憶蔡元培》（北京：中國廣播電視出版社，1997 年），第 178－179 頁；陶希聖：〈蔡先生任北大校長對近代中國發生的巨大影響〉，同前書，第 212 頁。

主事。1909年，范源濂創辦殖邊學堂，培養了一大批建設西北的人才。後任清華學堂校長。故蔡元培很欣賞范源濂，出任教育總長時便邀請范出任教育部次長，他說：「現在是國家教育創制的開始，要撇開個人的偏見、黨派的立場，給教育立一個統一的智慧的百年大計。⋯⋯教育是應當立在政潮外邊的。我請出一位異黨（范是共和黨）的次長，在國民黨裏邊並不是沒有反對的意見；但是我為了公忠體國，使教育部有全國代表性，是不管這種反對意見的。⋯⋯我之敢於向你提出這個請求，是相信你會看重國家的利益超過了黨派的利益和個人的得失以上的。」[54] 范源濂被蔡的誠意打動，出任教育部次長。兩人惺惺相識，現在范源濂要整頓北京大學，自然想起蔡元培。1916年8月26日，范源廉由外交部代拍電報給旅居法國的蔡元培：「現以首都最高學府，尤賴大賢主宰，師表人倫。⋯⋯用牋專電，敦請我公擔任北京大學校長一席，務祈鑒允，早日歸國，以慰瞻望。」[55] 9月1日蔡元培接到電報，隨即啟程返國。

當時頗多蔡元培的朋友勸他不必就職，說北大太腐敗，進去了，若不能整頓，反於自己的聲名有礙；也有少數的說，既然知道它腐敗，更應進去整頓，就是失敗，也算盡了心。[56] 最後，蔡元培決定返國，到北京後，與教育總長范源濂、教育司司長沈步洲討論數次，覺北京大學雖聲名狼藉，然改良之策，亦未嘗不可一試，遂同意接任。[57] 12月26日被正式任命為北大校長，1917年1月4日到校就職。1919年五四運動爆發，蔡元培被迫在5月8日辭職，9日晨5時30分，悄然離開北京前往天津。

---

54 蔡元培：〈邀范源濂任教育部次長的談話〉，中國蔡元培研究會編：《蔡元培全集》（2）（杭州：浙江教育出版社，1996年），第44頁。

55 駐法公使館抄送原電報。引自陶英惠：〈蔡元培與五四愛國運動〉，《跨世紀：建國五十周年暨五四運動八十周年紀念專號》，第259頁。

56 蔡元培：〈我在北京大學的經歷〉，《東方雜誌》1934年第31卷第1號。

57 蔡元培：〈覆吳敬恆函〉（1917年1月18日），高平叔編：《蔡元培全集》（3）（北京：中華書局，1984年），第10頁。

蔡元培留學德國，他翻譯了包爾生〈德意志大學之特色〉一文，推介德國教育救國的經驗，此文非常強調學者在德國復興中的作用：「德國凡大學教授，為認真研究學問者。（此）所以定國民他日地位勢力之左券。…… 擴展德意志之國運者，亦悉為大學教授。」[58] 大學的學者對於民族振興發揮重要作用。[59] 此外，蔡元培在譯學館的時候，就知道北京學生的習慣。他們平日對於學問上並沒有什麼興會，只要年限滿後，可以得到一張畢業文憑。教員是自己不用功的，把第一次的講義，照樣印出來，按期分散給學生，在講壇上讀一遍。學生覺得沒有趣味，或瞌睡，或看看雜書，下課時，把講義帶回去，堆在書架上。等到學期、學年或畢業的考試，教員認真的，學生就拼命的連夜閱讀講義，只要把考試對付過去，就永遠不再去翻一翻了。要是教員通融一點，學生就先期要求教員告知他要出的題目，至少要求表示一個出題目的範圍；教員為避免學生的懷恨與顧全自身的體面起見，往往把題目或範圍告知他們了。於是他們不用功的習慣，得了一種保障了。尤其北京大學的學生，是從京師大學堂「老爺」式學生繼續下來（初辦時所收學生，都是京官，所以學生都被稱為老爺，而監督及教員都被稱為中堂或大人）。他們的目的，不但在畢業，而尤注重在畢業以後的出路。所以專門研究學術的教員，他們不見得歡迎；要是點名時認真一點，考試時嚴格一點，他們就借個話頭反對他，雖罷課也所不惜。若是一位在政府有地位的人來兼課，雖時時請假，他們還是歡迎得很，因為畢業後可以有闊老師做靠山。這種科舉時代遺留下來的劣根性，對求學很有妨礙。所以蔡元培到校後第一次演說，就說明「大學學生，當以研究學術為天職，不當以大學為升官發財之階梯」。然而要打破這些習慣，只有從聘請積學而熱心的教員着手。[60]

58 巴留岑著、蔡元培譯：〈德意志大學之特色〉，《蔡元培全集》（9），第 1 頁。引自《教育雜誌》第 2 年第 11 期，第 91－92 頁。

59 馬建標：〈道德救國：蔡元培與北京大學的政治參與〉，《安徽大學學報》（2017 年第 2 期），第 90－99 頁。

60 蔡元培：〈我在北京大學的經歷〉，《東方雜誌》1934 年第 31 卷第 1 號。

蔡元培就任北大校長後，第一件工作就是聘請有真才實學的學者到北大任教。1917 年 1 月 18 日，他寫信給吳敬恆邀請他到北大任教和組織言語學研究所，認為延聘純粹之學問家到北大，一面教授，一面與學生共同研究，便可以改造大學為純粹研究學問的機關；同時，延聘學生的模範人物任教，可以整飭北大學風。但吳沒有接受邀請。[61]

蔡元培拜訪北京醫專校長湯爾和，向他請教。湯說：「文科預科的情形，可問沈尹默君；理工科的情形，可問夏浮藥君。」又說：「文科學長如未定，可請陳仲甫君；陳君現改名獨秀，主編《新青年》雜誌，確可為青年的指導者。」並取《新青年》十餘本給蔡。蔡元培早已聽聞陳獨秀，在蕪湖有白話報發行，發起的若干人都因困苦及危險而散去，只剩下他一個人支持了好幾個月。現聽了湯爾和的建議，又翻閱了《新青年》，決意聘他來北大任文科學長。[62] 1917 年 1 月 15 日，蔡元培以校長名義在校內正式公佈聘陳獨秀為北大文科學長。陳獨秀連同他所辦的《新青年》一起遷到北京，歸屬於北京大學。因在《新青年》鼓吹文學革命，蔡元培高度讚賞胡適「舊學邃密」而且「新知深沉」。7 月，胡適從美國回國。9 月 10 日，蔡元培即請他到北大任教授。1918 年 1 月，李大釗受聘任北大圖書館主任，1920 年 7 月為教授。1920 年下半年開始聘魯迅在北大任教，講授中國小說史。[63] 胡適一方面與沈尹默、兼士兄弟，錢玄同、馬幼漁、劉半農等人以新方法整理國故，一方面整理英文系。原任理科學長的夏浮藥，原任教授的沈尹默，繼續任職。蔡元培廣延積學與熱心的教員，認真教授，遂令學生研究學問的興趣大為提升。

蔡元培為培養北大學術風氣，一方面聘請具真才實學的學者來校任教，同時也辭退不稱職的教員，以保證教學質量和改善教員的結構。蔡元培說：「那時候各科都有幾個外國教員，都是託中國駐外使館或外國駐華使館介紹

61　蔡元培：〈覆吳敬恆函〉（1917 年 1 月 18 日），《蔡元培全集》（3），第 11 頁。

62　蔡元培：〈我在北京大學的經歷〉，《東方雜誌》1934 年第 31 卷第 1 號。

63　朱成甲：〈北京大學與五四運動〉，《跨世紀：建國五十周年暨五四運動八十周年紀念專號》，第 272 頁。

的，學問未必都好，⋯⋯ 我們斟酌了一番，辭退幾人，都按着合同上的條件辦的，有一法國教員要控告我；有一英國教習竟要求英國駐華公使朱爾典來同我談判，我不答應。」[64] 蔡元培態度強硬，頂住外力的干涉，把不稱職的教員辭退，確保北大的教學質素。學術自由並不包容不學無術的教員！

蔡元培與教授們商定整頓北大的辦法，對學校的領導體制和行政組織進行了改組，包括成立評議會，負責制定與審核學校各種章程條例，決定學科的廢立，把北大的三科界限撤去，列為十四系，廢學長，設系主任；審核教師學術與學生成績，提出學校預算；仿照德國大學以教授治校，組織各門教授會，由各教授與所公舉的教授會主任分任教務，負責公舉每年一換的學長、校長；設立行政會議，由各專門委員會的委員長和教務長、總務長組成，校長兼議長，為全校最高行政機構與執行機構。[65] 校長由神學、醫學、法學、哲學四科之教授輪值，真正做到了教授治校，使學校決不因校長一人的去留而起恐慌。

蔡元培認為要開拓學生的眼界，惟有培養自由研究學風，使各種學說自由發展。最明白的例子，是胡適之與錢玄同等絕對的提倡白話文學，而劉申叔、黃季剛等人仍極端維護文言的文學；那時候就讓他們並存。[66] 由於蔡元培這種休休有容的態度，的確使北大，特別是文科所在地的「漢花園」，氣象為之一新。[67]

蔡元培又針對北大學生各種惡習分別予以整頓，1917 年 1 月 9 日，他發表到校後第一次對學生的演說，對學生提出三項要求：

一、抱定宗旨：蔡元培認為首先要糾正北大學生的錯誤觀念，當時北大

64 蔡元培：〈我在北京大學的經歷〉，《東方雜誌》1934 年第 31 卷第 1 號。

65 陶英惠：〈蔡元培與五四愛國運動〉，《跨世紀：建國五十周年暨五四運動八十周年紀念專號》，第 260－261 頁。

66 蔡元培：〈我在北京大學的經歷〉，《東方雜誌》1934 年第 31 卷第 1 號。

67 陶英惠：〈蔡元培與五四愛國運動〉，《跨世紀：建國五十周年暨五四運動八十周年紀念專號》，第 261 頁。

學生仍然視學校為變相的科舉，認為上大學只是謀個人入仕途出身的途徑。蔡元培希望學生「來此求學，必有一定宗旨」，「大學者，研究高深學問者也。外人每指摘本校之腐敗，以求學於此者，皆有做官發財思想，故畢業預科者，多入法科，入文科者甚少，入理科者尤少，蓋以法科為干祿之終南捷徑也」，要求學生「為求學而來。入法科者，非為做官；入商科者，非為致富。宗旨既定，自趨正軌……若徒志在做官發財，宗旨既乖，趨向自異」。蔡校長痛心疾首的批評這些學生：「平時則放蕩冶游，考試則熟讀講義，不問學問之有無，惟爭分數之多寡；試驗既終，書籍東之高閣，毫不過問，敷衍三四年，潦草塞責，文憑到手，即可借此活動於社會，豈非與求學初衷大相背馳乎？光陰虛度，學問毫無，是自誤也。……將來萬一因生計所迫，出而任事，擔任講席，則必貽誤學生；置身政界，則必貽誤國家，是誤人也。誤己誤人，又豈本心所願乎？」

二、砥礪：蔡元培接着針對北大學生嫖妓的惡習，指出北京社會道德淪喪，「敗德毀行之事，觸目皆是，非根基深固，鮮不為流俗所染。」勸誡肄業北大的學生「束身自愛。……以身作則，力矯頹俗」。你們然為大學生，「地位甚高，肩此重任，責無旁貸，故諸君不惟思所以感己，更必有以勵人。」「以正當之娛樂，易不正當之娛樂，庶於道德無虧，而於身體有益。」「品行不可以不謹嚴」。

三、敬愛師友：蔡元培最後針對學生經常用各種手段迫走盡責教授、甚至校長的惡行，勸喻同學敬愛師友，「以誠相待，敬禮有加。至於同學共處一堂，尤應互相親愛，庶可收切磋之效。不惟開誠佈公，更宜道義相勖。同處此校，毀譽共之。同學中苟道德有虧，行有不正，為社會所訾詈，己雖規行矩步，亦莫能辯，此所以必互相勸勉也。」

蔡元培又針對學生的學習風氣提出兩項計劃：

一、改良講義：蔡元培明白學生依靠講義來應付考試，教員的講義不但無助學生學習，反而妨礙學生自主學習，故勸誡北大學生，既然是研究高深學問，「自與中學、高等不同，不惟恃教員講義，尤賴一己潛修。以後所印講義，只列綱要，細微末節，以及精旨奧義，或講師口授，或自行參考，以期學有心得，能裨實用。」

二、添購書籍：北大圖書館書籍雖多，但缺乏新書，「苟不廣為購辦，必不足供學生之參考，刻擬籌集款項，多購新書，將來典籍滿架，自可旁稽博採，無虞缺乏。」[68]

訓勉學生之後，蔡元培為培養學生的學習風氣，在北大實行選科制，讓學生選修個人有興趣學習的專業和課程；創辦各科研究所，為師生提供進一步研修的學術機構，不僅使大學畢業生有深造的機會，也可以避免教員陷於抄發講義、不求上進之陋習；又創辦各種刊物，如《北京大學日刊》、《北京大學月刊》，《國學季刊》等。傅斯年等新潮成員創辦《新潮》雜誌時，蔡元培更撥款二千元資助。這些刊物為師生發表學術研究成果提供園地，有助提高北大學習風氣。蔡元培又提倡課外的高尚娛樂，組織各種社團，使學生藉其所參加的社團來互相砥礪，借此消除北京學生惡習。如針對學生嫖妓成風，成立「進德會」，其中基本戒約有不嫖、不娶妾兩條，希望會員以身作則，成為社會的模範。通過這些舉措，校園的學術風氣漸趨濃厚。[69]

是否蔡元培的一番訓話和這些舉措便足以令北京大學起死回生呢？事情沒有這麼簡單。

蔡元培要辦好北京大學，讓它成一間世界一流大學，要把大學成為教育救國基地。但他接辦的卻是一間臭名遠播的大學，學生不但是敷衍混張文憑，且道德有虧，嫖妓鬧事，迫退校長和教員。這樣一間爛大學，經過蔡元培一連串重大而新穎的改革，在短短兩年多的時間內，把北京大學整頓為一間受人景仰的大學，領導新文化運動的中心。迄今百年，仍為全國以至全世

---

68 蔡元培：〈就任北京大學校長之演説〉（1917 年 1 月 9 日），《蔡元培全集》（3），第 8－11 頁。

69 陶英惠：〈蔡元培與五四愛國運動〉，《跨世紀：建國五十周年暨五四運動八十周年紀念專號》，第 260 頁；歐陽哲生：《五四運動的歷史詮釋》（台北：秀威資訊科技股份有限公司，2011 年），第 81 頁。

界的學術重鎮，其成就不能不令世人敬佩！黃季陸讚譽他：「這是一次真正的文化的首都革命。」[70] 蔡元培多次寫文章和講演都有介紹他改革北大的經驗，不過有些話是蔡校長不便說也不願說的，就是他如何處理那些不學無術的教員和不長進的北大學生？蔡元培怎好說在他兩年多的任內嚴懲了多名學生，把近百名曠課的同學記過一次，又把記過三次的同學趕出校，把搞罷課、辱罵教員、考試作弊的同學即時下令退學？

「嚴師為難，師嚴然後道尊，道尊然後民知敬學。」蔡元培治校的法則，就是一個「嚴」字。首先開除那些不稱職的教員，就算是洋教習也不例外。接着嚴格收取學生，[71] 依照校規懲治曠課、缺課、態度惡劣的學生。蔡元培指出：「所謂自由，非放恣自便之謂。」[72] 學術自由，並不容許教員和學生有荒廢學業的自由。教育部派人到北大視察，報告說：「法科大學各班缺席較多，甚有逾全額半數者。又教員上堂過遲，甚有遲至打鐘後三十餘分鐘，始上課者。視察時並見有學生一人，在堂閱覽《秋水軒尺牘》，足徵管理教授，均不甚認真。」教育部遂訓令北大「即從嚴整頓，以肅學風」。蔡元培於是發出佈告：「自佈告之日起，所有法本、預科各生，於打上堂鐘後十分鐘內，均須上堂歸座，教員來遲，亦須靜待。其過十分鐘方始上堂者，及未打下堂鐘而隨意下堂者，均以曠課論。學生在授課時間內，除本門之講義課本外，不得攜帶他種書籍。經此次告誡後，倘仍有以上情事，應由管理職員呈明學長（後改稱系主任），按照本校懲戒規則嚴辦，以肅校風。」[73]

1918 年 1 月 11 日，蔡元培發佈告：

---

70 黃季陸：〈蔡元培先生與國父的關係〉，《傳記文學》（5），第 3 期，1964 年 9 月。

71 蔡元培：〈對大公報記者談話〉（1917 年 2 月 5 日），《蔡元培全集》（3），第 36－37 頁。

72 蔡元培：〈在保定育德學校的演說詞〉（1918 年 1 月 5 日），《蔡元培全集》（3），第 222 頁。

73 〈校長佈告一〉，《北京大學日刊》（1）（1918 年 2 月 7 日），第 66 號，第 1 頁。

聞各科學生近來對於職員時有無禮情事。查本校懲戒規則第二條第三條內載學生若對於職員無禮，其情節較輕者，由學長譴責，命其悛改。其情節較重或已經譴責，仍不悛改者，應即記過。第四條凡學生有記過時，應將詳細情由宣佈校內，並函告該生家屬及保證人。第五條犯第二條者，扣學年平均分數三分，以後遇有學生對職員無禮情事，查明後定當照章懲戒，斷不姑容。[74]

蔡校長在就職演説時痛心的告誡北大同學，外人指摘北大腐敗，應立志求學，切勿誤己誤人；又三令五申，佈告懲處。可惜，仍有不少學生桀驁不馴，挑戰校規。翻查《北京大學日刊》校長佈告，內有記過、休學、除名和退學等多宗懲治學生記錄。

A. 記過

1918 年 5 月 13 日：北大在本年 3 月 23 日經評議會議決：凡學生一學期內曠課至十小時以上者，應即記過。

法本科四年級政治門學生徐文緯，曠課 12 時，記過 1 次。

法本科四年級經濟門學生劉文晉，曠課 23 時，記過 2 次。

法本科一年級法律門學生穆成華，曠課 27 時，記過 2 次。

法本科一年級政治門學生張濟民，曠課 13 時，記過 1 次。

法預科三年級甲班學生陶匯曾，曠課 13 時，記過 1 次。

法預科三年級乙班學生陸式蘅，曠課 11 時，記過 1 次。[75]

1918 年 5 月 15 日：預科三年級學生陶述曾、吳肇基；二年級學生詹天覺、沙曾煒、陳存莊；一年級學生王文彬、宋安堯等七名，本學期曠課均至十小時以上，應各記過一次，以示薄懲。[76]

---

74 〈校長佈告〉，《北京大學日刊》（1）（1918 年 1 月 11 日），第 43 號，第 1 頁。

75 〈校長佈告〉，《北京大學日刊》（1）（1918 年 5 月 13 日），第 135 號，第 1 頁。

76 〈校長佈告〉，《北京大學日刊》（1）（1918 年 5 月 15 日），第 137 號，第 1 頁。

5 月 17 日：文本科三年級學生孫世揚，一年級學生劉燕賓，預科一年級學生盧居貞等三名，本學期曠課均至十小時以上，應各記過一次，以示薄懲。[77]

5 月 29 日：文本科三年級國文門學生常庸，一年級英文門學生黃𦾔源，本學期曠課均逾十小時以上，照章應各記過一次。[78]

6 月 6 日：理預科三年級學生曾昭德、二年級學生王學彬，本學期曠課均至十小時以上，各記過一次；一年級學生宋安堯，自 5 月 14 日起至 5 月底止，曠課時間又在十小時以上，應再記過一次。[79]

7 月 1 日：法本科四年級政治門學生徐文緯、一年級政治門學生張濟民、法預科二年級德文班學生趙廷光、二年級英文甲班學生陳沙、二年級英文乙班學生成延愷等，本學期曠課均在十小時以上，照章應各予記過一次。[80]

1919 年 4 月 12 日：法本科三年級經濟門學生李四杰，二年級法律門學生汪張驥、胡彥，經濟門學生喻玉田，一年級政治門學生馮嗣賢，法預科三年級乙班學生徐希稚、卞敬廉，二年級乙班學生劉瑞樵、尹懷珍，一年級乙班學生周泰隆、徐長吉等，在上學期內曠課時數均在十小時以上，照章應記過一次。[81]

4 月 30 日：法本科學生安奠彝及法預科學生羅榮等 40 人，在上學期內曠課時數，均在十小時以上，照章應令記過一次。[82]

短短兩年，有近百名學生因曠課超過十小時而被記過一次，甚者有曠課超過七十一小時而被下令退學的，可見當時學生學習態度散漫。此外，學生繼續出言無狀，行為放肆，不遵教誨。蔡元培不得不紀律懲處。

---

77 〈校長佈告〉，《北京大學日刊》(1)(1918 年 5 月 17 日)，第 139 號，第 2 頁。
78 〈校長佈告〉，《北京大學日刊》(1)(1918 年 5 月 30 日)，第 150 號，第 1 頁。
79 〈校長佈告〉，《北京大學日刊》(1)(1918 年 6 月 8 日)，第 158 號，第 1 頁。
80 〈校長佈告〉，《北京大學日刊》(2)(1918 年 7 月 6 日)，第 178 號，第 2 頁。
81 〈校長佈告〉，《北京大學日刊》(3)(1919 年 4 月 12 日)，第 350 號，第 2 頁。
82 〈校長佈告〉，《北京大學日刊》(3)(1919 年 5 月 2 日)，第 367 號，第 2 頁。

1918年5月29日：預科一年級丙班學生盧植琦，於本日歷史堂點名時，並未到堂，下課即向教務處要求取銷曠課記號，出言極其無狀。該生似此放肆，實屬玩視校規，應予記過一次，俾免效尤。[83]

B. 休學

1917年12月3日：理預科二年級學生李葆和，曠課時間已逾本學期授課時間三分之一，照章應令休學。[84]

1918年5月17日：本科英文門三年級學生譚貽蓀成績過劣，依懲戒規則第九條第四項，應令其休學一年。[85]

1919年4月9日：本校法本科預科學生孫毓址等十一人，本學年第二學期請假過多，學業荒廢，應令休學。[86]

學生若學習態度散漫，成績過劣，達不到大學為國家培養人材的要求，校方便處以休學懲罰，甚者除名和下令退學。

C. 除名

1917年12月3日：理預科一年級學生徐濟堂，曠課時間已逾本學期授課時間三分之一，照章應予休學。惟該生迄未遵章填寫保證書志願書，前經理科學長暫令停學，日久置之不理，當認為非本校正式學生，徐濟堂着即除名。[87]

D. 退學

1918年3月23日評議會規定，凡一年內記過三次者，應令退學；開課起二十日內未到校亦未請假者，均應令退學。

---

83 〈校長佈告〉，《北京大學日刊》（1）（1918年5月30日），第150號，第1頁。

84 蔡元培：〈對學生李葆和應令休學的批示〉，《蔡元培全集》（3），第191頁。

85 〈校長佈告〉，《北京大學日刊》（1）（1918年5月17日），第139號，第2頁。

86 〈校長佈告〉，《北京大學日刊》（3）（1919年4月9日），第347號，第2頁。

87 蔡元培：〈對學生徐濟堂違章除名的批示〉，中國蔡元培研究會編：《蔡元培全集》（3），第190頁。

5月13日：法預科學生李廣勛曠課71小時，又柯廷楨、王苐川、馬汝駿等，由本學期開課起至今未曾到校，亦未請假，均照章應令退學。[88]

5月15日：理預科二年級學生虞克梁，一年級學生張子明、徐寶翰、張桐實等四名，由本學期開課起，迄今尚未到校，亦未請假，均應令其退學。[89]

5月17日：文本科三年級學生孫世揚、一年級學生劉燕實，本學年內記過已經三次，均應令其退學。[90]

11月5日：法科三年級政治門學生項鎮藩等名，均已逾開課二十日尚未到校，亦未請假或假期已滿而未續假，均照章令其退學。[91]

11月6日：法預科三年級法文班學生李良驥，因點名事於功課鐘點中間上講台演説，鼓動同班罷課，與教員為難，又面向教員表示抵制，行為不法，大壞秩序，應即令退學。[92]

11月26日：法本科一年級政治門學生徐章序，久未到校，照章應令退學。[93]

1919年2月14日：本科二年級法律門學生簡金培等六人，或逾開課二十日之期未曾到校，或假期已滿未續假，亦未繳費，均應照章令其退學。[94]

3月14日：理預科三年級乙班學生蔣志澄、趙廷芬於12日下午上化學課時，大聲辱罵教員。查校章第6章第46條，凡學生有不法行為，校長認為與本校秩序或名譽有重大關係者，應令退學。該生蔣志澄、趙廷芬，辱罵教員不法已極，應即令退學。[95]

---

88 蔡元培：〈對學生李廣勛等應令退學的佈告〉，中國蔡元培研究會編：《蔡元培全集》（3），第324頁。

89 〈校長佈告〉，《北京大學日刊》（1）（1918年5月15日），第137號，第1頁。

90 〈校長佈告〉，《北京大學日刊》（1）（1918年5月17日），第139號，第2頁。

91 〈校長佈告〉，《北京大學日刊》（2）（1918年11月5日），第245號，第1–2頁。

92 〈校長佈告〉，《北京大學日刊》（2）（1918年11月6日），第246號，第1頁。

93 〈校長佈告〉，《北京大學日刊》（2）（1918年11月27日），第260號，第1頁。

94 〈校長佈告〉，《北京大學日刊》（3）（1919年2月14日），第308號，第2頁。

95 〈校長佈告〉，《北京大學日刊》（3）（1919年3月15日），第333號，第2頁。

3月26日：本月25日上午，法預科補試期考時，有二年級英文甲班學生呂繩曾、屆時未親自出席，由該生同班學生李應珣頂名代考。查該生等於考試時竟敢行使頂替冒充之弊，違犯考試通則，實為不法行為，照章均應令其退學，以肅校風。[96]

學生記過三次、考試作弊、辱罵教員、鼓動罷課和嚴重破壞校規者，北大立即將之開除，以肅校風。

北大對學生學業有嚴格要求，成績欠佳者補考，補考不合格者留級，留級學生全體要求變通辦理，被北大評議會否決，無可通融。

1918年10月4日：理科本學年留級各生，迭請變通辦理一節，曾經理科聯席教授會議否決，並已佈告在案。近復有此類函件，或全體列名或個人發起，分投於各教授會主任，請再付評議會討論。…… 其結果又經否決，無可通融。[97]

經過蔡元培和北大仝寅的努力，慢慢改變了學生囂張、曠課、學習態度懶散的惡習，北京大學得以涅槃重生，肩負起教育救國的大任！新文化運動的中心於是形成。

三、五四運動爆發的導火線

五四運動的導火線是因巴黎和會對山東問題的無理決定，中國代表爭取山東主權失敗，導致北京學生上街遊行示威。

96 〈校長佈告〉，《北京大學日刊》(3)(1919年3月26日)，第342號，第2頁。
97 〈校長佈告〉，《北京大學日刊》(2)(1918年10月4日)，第219號，第1頁。

1. 山東問題

1914 年 6 日，日本乘第一次世界大戰爆發，德、奧為首的同盟國和英、法、俄為首的協約國在歐洲混戰，無暇顧及遠東，日本認為是它侵略中國的良機，遂以英日同盟為幌子，積極展開參戰活動。日本向英國表示，不會損害英國的貿易，英國遂贊成日本參戰。8 月 15 日，日本向德國發出最後通牒，要求德國在中日兩國海面上的軍艦一律撤退或解除武裝，將膠州灣租借地無條件交給日本。德國在青島駐軍僅有五六千人，知道無力抵抗。其駐華使館參贊馬爾參（Baron Maltzan）與袁世凱交涉，圖將膠州灣直接歸還中國。袁世凱因日本阻撓和威脅，不敢接收，暗中要求美國接管，將來再交給中國。美國不想得罪日本，拒絕考慮，只發表聲明：各國應確保中國領土完整及機會均等主義，將來應將膠州灣歸還中國。袁世凱宣佈中國中立立場，要求參戰諸國不在中國領土領海以及各國租借地內作戰。9 月 2 日，日軍在山東龍口登陸。17 日，佔膠州火車站。日軍佔領中國領土，強行拉伕徵糧，驅逐軍警，侵犯中國主權，袁世凱無力反抗。23 日，英軍由天津出發，登陸山東嶗山灣，參加圍攻青島。10 月 30 日，日軍總攻青島。11 月 7 日，德軍戰敗投降。日本單方面宣告接管德國在山東的一切權益，乘機佔領了大半個山東省，對青島和膠濟鐵路實行軍事統治，拒不撤兵，並乘袁世凱推行帝制，威迫利誘袁世凱接受「二十一條」。由於國人強烈反對，袁世凱事後聲明此項條約是由日本最後通牒而被強迫同意的。此後歷屆北洋政府亦始終未承認為有效。[98]

1917 年 3 月 1 日，段祺瑞以參加歐戰為名，籌建了「參戰督辦處」，大力編練嫡系的參戰軍，企圖武力統一全國；秘密向日本進行大借款，與日本西原龜三洽談的借款共 8 項、1.45 億日元，事為「西原借款」。1918 年 5 月 22 日日本總理寺內正毅親擬《借款問題及其他》的文件，交西原到北京與

---

98 《中華民國史》（2 編 1 下）（北京：中華書局，1987 年），第 550－567 頁。

曹汝霖會談，文件列記了對華交涉的各項經濟案件，以及解決山東問題的重點。8月6日，雙方談畢並交換了合同和議定書。關於山東問題，段祺瑞北京政府同意：日在青島和濟南駐軍，中日合辦膠濟鐵路等。9月24日，雙方互換照會，駐日公使章宗祥竟在覆照中說：「中國政府對日本上列之提議，欣然同意。」此項照會遂成為日後日本在巴黎和會上堅持侵佔山東的藉口。[99]

2. 巴黎和會的交涉

1917年8月14日，北洋政府宣佈對德奧宣戰。1918年11月2日和5日，眾議院和參議院均全體通過該議案。1918年11月11日，德國與協約國簽署了停戰協定，歐戰結束，中國南北停戰，讓國人對戰後時局充滿樂觀估計。尤其是美國總統威爾遜在1918年1月發表了著名的十四條宣言，對戰後的國際關係準則提出了一系列新的規定：國與國之間不得訂立任何秘密協議，外交公開，成立國際聯盟，以維護各國的政治獨立和領土完整。同年9月，威爾遜又說：「將來議和，應以無偏倚之公道為原則。」威爾遜的言論引起中國各界人士的熱烈反響。代總理錢能訓在眾議院說：「我國所主張，即以美國威大總統所主張為主張，亦即以世界人類共同之主張為主張。此次戰後外交情形迥異曩昔，凡損人利己之外交一定失敗，且凡陰謀詭密之外交，亦無良好之結果。」陳獨秀亦公開稱讚威爾遜是世界上第一個好人。北京大學在天安門搭台演講數日。蔡元培校長發表了題為〈黑暗與光明的消長〉的演說，對中國前途滿懷樂觀。國人對和會充滿樂觀與希望，沉浸在「公理戰勝強權」的幻想之中，他們期待即將召開的巴黎和會可以為中國討回公道。

巴黎和會由參戰國家派出代表組成，會議規定美、英、法、意、日五國可派五名代表，巴西等三名，中國二名。中國派外交總長陸徵祥為首席代表，駐美公使顧維鈞、駐英公使施肇基、駐比利時公使魏宸組、廣東軍政府

99 《中華民國史》（2編2卷），第219－231頁。

代表王正廷等共五位代表，代表團全部五十二人，其中專家十七人，外籍顧問五人。中國代表向和會提出了收回山東權利、取消中日二十一條款、廢除列強在華特權等三項提案。

巴黎和會的決策機構是最高會議，類似今日聯合國大會中的安全理事會。最高會議設議長一人，由法國總理克里孟梭（Benjamin Clemenceau）兼任，議員有美國總統威爾遜（Woodrow Wilson）、國務卿藍辛（Robert Lansing）、英國首相勞合喬治（Lloyd George）、外長貝爾福、法國總理克里孟梭、外長畢勛、意國首相奧蘭多（Orlando）、外相沙尼福、日本西園侯爵和牧野男爵。會議的實權完全操縱在法、美、英、意、日五國手中。會議的場所亦不在凡爾賽宮或法國外交部的正式會場舉行，而是在克里孟梭的私邸，或威爾遜和勞合喬治在巴黎的臨時官邸，可見大會議程均由五巨頭或三巨頭閉門私議取決而已！[100]

1918 年 12 月 1 日，陸徵祥啟程離京，經日本、美國赴法。9 日，陸徵祥在駐日公使章宗祥陪同下，拜會日本外相內田。內田說：「日政府將來必照前定交還中國之精神進行，惟照法律手續，形式上須俟日本向德取得後，再行交還中國。」其實質是企圖繼續保持其在山東的勢力範圍。1919 年 1 月 18 日，巴黎和會在巴黎法國外交部大廳舉行開幕式，陸徵祥和王正廷代表中國出席。因五名代表已全部到達巴黎，於是每次會議僅由其中兩召出席，其他小國大多採取這一辦法。

和會開幕之初，五強國在如何分配德國殖民地問題上發生激烈爭執，在 1 月 27 日上午的五強最高會議上，臨時改議日本代表提出的繼承德國在中國山東的權益要求，美國代表表示應聽取中國方面的說明，於是會議決定中國代表當日下午出席最高會議。中國代表團在中午時接到 3 時開會的通知，因責任重大，時間緊迫，陸徵祥疾病纏身，無法赴會。眾人最後決定，由顧、王出席，顧維鈞代表中國發言。日代表牧野伸顯首先發言，提出：「膠州租借

100《北洋軍閥史話》(3)，第 121 頁

地、鐵路及其他德國在山東所享有之各種權利」，「要求德國以無條件之手續讓與日本」，對於「山東交還中國一層，一字不提」。會議主席法國總理克里孟梭請中國代表團考慮是否對日本聲明作一答覆，抑或需要一定的時間以作準備。顧維鈞對主席說由他答覆日本聲明，但需要時間準備。克里孟梭同意翌日再聽取中國代表發言。[101] 當晚，陸徵祥與顧維鈞約請美國遠東司長威廉士密商對策，美方一再詢問中日間有無秘密協定，陸徵祥只得承認。美方遂表示無力協助。[102]

1 月 28 日，顧維鈞在最高會議慷慨陳辭，他果斷地採取了一項對策，撇開中日間一切密約的束縛，而從山東的歷史、文化等方面闡述中國對於山東的不容爭辯的主權，爭取列強的同情。

顧維鈞說：「所有德國州租借地、膠濟鐵路、及其他權利，即應直接歸還中國。該地為中國領土完全關係，不可稍有虧損。人民 3,700 萬，自有歷史以來，為中國種族，操中國語言，奉中國宗教。⋯⋯ 以形勢言，膠州為中國北部門戶，為自海至京最捷之徑路。蓋膠濟鐵路與津浦鐵路相接，可以直達首都。僅為國防計，中國代表斷不能聽任何他國於此重要地點有所爭持。以文化言，山東為孔子降生之地，即中國人民所視為神聖之地。中國進化，該省力量居多。故該省為中國全國人民目光之所集。以經濟而言，該省地狹而民庶，面積不過 2.5 萬英方哩，人口多至 37 兆。人煙稠密，競存不易。設有他國侵入其間，不過魚肉土民而已，亦不能為殖民也。故以今日和會所承認之民族、及領土之完全，各原則言之，則該地歸還中國，實為應得之權利。⋯⋯ 若竟割讓中國人民天賦之權利，以為酬報，由此再釀後日紛爭之種子，不但中國之不幸，亦世界之不幸也。中國全權深信和會於德國在山東租地、及他項權利之處置，必能重視我中國之政治獨立，及領土完全之無上權

101 中國社會科學院近代史研究所譯：《顧維鈞回憶錄》（1）（北京：中華書局，1983 年），第 183－185 頁。

102《中華民國史》（2 編 2 卷），第 398 頁。

利。」

顧維鈞又說：「關於交還膠州灣一事，中國代表與日本代表意見不同。蓋中國深信日本必能履踐其對於世界之宣言，將膠州灣交還中國。但交還方法有直接間接之別，中國寧願直接交還。誠以其事至便也。」「至於日本代表所引中日已有成約之說，想係指 1915 年 21 條要求所發生之條約及換文而言。…… 經日本最後通牒，中國不得已而允之，只得作為戰時之臨時辦法，不應有效。蓋此約章為戰事所發生之問題，應由和會為最後之審查解決也。且中國既對德宣戰，情形即大不同，該條約既不能使中國不得加入戰局，又不能使中國不得加入和會，當然不能阻中國要求德國將中國固有之權利，直接交還中國矣。況中國對德宣戰時，已聲明所有中德條約，全數因戰爭地位消滅，則德國在山東所享租借地，及他項權利，在法律上已中歸中國矣。借曰租借之約，不因宣戰廢止。然原約內既有不准轉交他國之明文，則德國斷無轉交他國之權無疑也。」[103]

顧維鈞的演說深深打動了與會的各國代表，顧一講完，中國代表團就鼓起掌來。美國總統威爾遜、國務卿藍辛；英國首相勞合喬治、外長貝爾福等大國代表相繼跑來向顧祝賀，都說這一發言是對中國觀點的卓越論述。中國代表團離開會場時，許多與會者紛紛將中國代表團圍住，向顧維鈞表示祝賀。輿論一時倒向中國，扭轉了過去的被動局面。當時有大批中國政治家來到巴黎，他們是專為來觀察和會向代表團獻計策的，其中有許多是各政黨的首腦人物，如國民黨的汪精衛、張靜江、李石曾，研究系梁啟超，還有稍後成立中國青年黨的曾琦和左舜生。這些政黨領袖初時大都認為中國將在此案中獲勝。[104]

中國代表王正廷在和會外對新聞記者揚言：關於 1918 年 9 月間中日密

103《北洋軍閥史話》(3)，第 122－128 頁；劉彥：《中國外交史》(台北：三民書局，1979 年)，第 558－560 頁。

104《顧維鈞回憶錄》(1)，第 185－186，190 頁。

約，中國代表隨時可以予以公開；指出中日密約是在1918年9月24日中國駐日本公使章宗祥答覆日本外務大臣後藤新平的照會。日本的照會要求中國政府「欣然同意」，故中國政府由章宗祥依照日本的照會「欣然同意」。新聞記者立即追問內容，但王正廷並未作答。2月2日日本駐北京公使小幡代表日本政府向中國代理外長陳籙面交抗議，指責中國代表告新聞記者，「謂無論何時，可以將1918年關於山東之中日密約文書發表。此舉違反外交慣例，頗予日本政府不快之感，且使日本不能維持相當之國際地位。……中國代表之行動手續上甚為不合。」小幡又向陳籙口頭提出：中國政府應該立即訓令中國代表團，一切問題，非經日本同意，不得在巴黎和會提出；並恐嚇中國：「日本陸軍有精兵百萬，而海軍也有五十萬噸。現在無地用武，中日兩國地在近鄰，有糾紛應自家解決，不可依賴歐西列強。因為歐西列強遠隔重洋，要想過問遠東問題是為力不從心的。中國不是有句俗話：雖鞭之長不及馬腹嗎？」

小幡和陳籙的對話沒有第三者在場，但消息迅速外洩。美國人辦的《華北明星報》揭露了小幡這番威脅口吻的談話。接着英國人所辦的《英文導報》也著論要求日本政府撤換這個沒有禮貌的駐華公使。美英駐華公使均赴外交部質問日本抗議內容。美國駐華公使芮恩施正式發表聲明：遵守威爾遜總統十四項原則，決定支持中國。中國朝野對日本在巴黎和會舉行之際，干涉中國代表發言，十分憤怒，輿論沸騰，西南方面、上海和會、各省官吏、民間團體紛紛致電北京政府，要求勿受日本無理恐嚇。北京政府研究後，公佈小幡的抗議內容。同時聲明：各國代表在巴黎和會席上顧本國利益，是正確的主張，是一個獨立國家為了自己生存應有的權利，他國絕無干涉之理由；指示和會代表，可以斟酌客觀情勢決定是否發表中日密約。1919年2月12日，中國代表在巴黎和會上公佈了中日密約。日本代表被迫把中日密約提交和會的最高會議。

不過，因美國總統返美，法國總理克里孟梭遇刺，和會最高會議暫時停頓。4月，和約內容差不多完成，只餘下山東問題。4月22日上午，美國威爾遜總統、英國勞合喬治首相、法國克里孟梭總理、意大利首相奥蘭多四巨頭開會，意國代表因為爭阜姆問題未達目的，憤而退出最高會議，使巴黎和會發生裂痕。日本乘機敲詐，如果山東問題不能滿意解決，必要時日本代表根據本國政府訓令可以退出會議。同時，日本代表將 1917 年日本與英、法、意等國所訂有關山東問題的密約公佈出來，這密約上英、法、意都默認日本有繼承德國在山東的權利。這時大家害怕若日本代表也退出和會，和會便等於瓦解，對戰後國際合作損害很大，於是只有犧牲中國利益。[105]

當日下午，中國代表團接到通知說：威爾遜總統、勞合喬治首相、克里孟梭總理約見中國代表團，陸徵祥和顧維鈞到美國代表團威爾遜總統的寓所參加了會議。這會議僅有五人參加——美國總統、英國首相、法國總理、英文翻譯漢基將軍、法文翻譯是一名法國海軍上校（顧維鈞已忘記其名字）。威爾遜說山東問題是一個最困難的問題，法國和英國以前曾答應支持日本要求，意大利則已退出和會。顧維鈞坦率地告訴威爾遜，這種方案只能使中國人民大失所望，而且無疑將在亞洲播下動亂的種子。由於英、法承認被縛住了手足，不能給予中國以支持，美國亦無能為力。於是中國代表團內部討論，爭取保留山東問題方案，若被拒絕是否拒簽等問題。無人贊成無保留簽字。施肇基、王正廷和顧維鈞都態度鮮明：贊成拒簽。[106]

3. 和會消息的報道和反應

「巴黎和會」的召開吸引着國人的注意力，天津《大公報》主筆胡政之親自前往巴黎採訪。此外，有些報刊約請留法學生撰寫通訊，周太玄和李璜是報道和會新聞的主力，他們成立的巴黎通信社為北京和上海報章提供了大量和會的重要消息。

李璜自上海震旦大學畢業，1919 年 3 月 5 日到法國巴黎大學讀碩士。這

105《北洋軍閥史話》（3），第 128－132 頁

106《顧維鈞回憶錄》（1），第 185－202 頁。

時巴黎和會剛在 1 月 18 日開幕，吸引了李璜的注意，每日均努力閱讀巴黎各大報紙。3 月底，周太玄自上海來到巴黎，說京滬各報需要巴黎和會的消息甚急。他來的時候，曾琦囑他為上海《新聞報》與《申報》長期通信，願按月酬報通信稿費。王光祈來信也說北京各報需要和會消息。於是李璜與周太玄創辦了「巴黎通信社」，由李璜翻譯法文報章，周太玄撰稿。每週發稿一次，特別注重巴黎和會的一切動態，這便成為引起國內是年「五四」運動的發生源頭之一。因上海《新聞報》要搶先發表巴黎和會重要消息，並特約為之通訊，匯來預付的稿費，遂逼李璜去凡爾賽宮親自採訪！幸得中國代表團王正廷幫忙，為李璜在代表團弄得一個記者名義，以中國記者身份隨時進入凡爾賽宮，與各國記者交往。於是李璜的資料比只翻譯法報較為深入，且消息靈通一些。若得到比較特殊的消息，便跑回家與周太玄商量，用十字碼電拍給上海《新聞報》，使該報在 1919 年 4 月中之後，銷路為之大增。[107]

與此同時，到巴黎觀察和會進程的中國各界人物，亦將和會消息告知國內朋友。4 月 24 日，梁啟超自巴黎拍電報給林長民，說和會將把青島直接交日本。林長民據此消息撰〈山東亡矣〉一文，在 5 月 2 日《晨報》發表，最後兩句為：「國亡無日，願合四萬萬民眾誓死圖之。」[108] 與林長民同在國民外交協會當理事的蔡元培，聽聞消息後，即召集北大學生代表開會，講述巴黎和會犧牲中國主權的事，號召大家奮起救國。

1919 年 5 月 3 日晚，北大學生在法科大禮堂召開全體大會，並通知其他大專學校學生參加，議定進行辦法四條：(一) 聯合各界一致力爭；(二) 通電巴黎專使堅持不簽字；(三) 通電各省於 5 月 7 日國恥紀念舉行遊街示威行動；(四) 定於 4 日與各校學生齊集天安門舉行學界之大示威行動。在會場中，有數人演說，激昂慷慨，聲淚俱下，而法科學生謝紹敏當場咬破中指，

107 李璜：《學鈍室回憶錄》增訂本上卷（香港：明報月刊社，1979 年），第 57－58 頁。

108 梁敬錞：〈我所知道的五四運動〉，《傳記文學》（8 卷 5 期）（台北：傳記文學出版社，1961 年），第 4 頁。

血書「還我青島」四字，全場更為之淒涼悲壯。蔡元培獲知學生示威遊行計劃後，囑遊行途中須嚴守秩序。[109]

四、五四運動的經過及結果

5月4日上午，北大、高等師範、法政專門、醫學專門、工業專門、農業專門、鐵路管理、警官學校、稅務學校、中國大學、民國大學、朝陽大學、匯文大學等十三所學校代表（清華後來加入）在法專集議，商討遊行辦法。商議既定，各自回校準備白旗，上書標語，於下午1時許齊集天安門。參加的學生三千餘人，標語有「取消二十一條」、「還我青島」、「誓死力爭」、「頭可斷青島不能失」、「賣國賊曹汝霖、章宗祥、陸宗輿」等字樣。學生一面遊行，一面散發傳單，高叫「外爭主權，內除國賊」的口號。在行經使館區東交民巷時，欲要求各國主持公道，被軍警阻止前進，遂激起學生的憤怒，乃轉向直奔趙家樓曹汝霖住宅，曹宅大門緊閉，有學生從窗口爬進去，打開大門，大家一哄而入。章宗祥從屋內出來，各人都以為是曹汝霖，都上去打。其後有學生取下客廳裏掛的曹汝霖大相一對，才知打錯人。不久曹宅起火，原因不明，至今共有五說：（1）有說是北大學生黃堅點火的。（2）有說是曹家自己放的。一放火，造成學生的刑事犯罪，可以將之逮捕法辦。或冀驚散眾人以免曹氏於難。（3）群眾覓曹氏不得，故縱火毀其宅以洩忿。（4）群眾

109 陶英惠：〈蔡元培與五四愛國運動〉，《跨世紀：建國五十周年暨五四運動八十周年紀念專號》，第264頁；楊亮功：〈五四〉，周玉山編：《五四論集》（台北：成文出版社，1980年），第241－242頁；《北洋軍閥史話》（3），第140頁；楊晦：〈五四運動與北京大學〉，中國社會科學院近代史研究所編：《五四運動回憶錄》（上）（北京：中國社會科學出版社，1979年），第223－227頁。

毀曹傢具，洩電起火。(5) 曹宅僕人乘亂竊物，放火滅跡。[110]

曹宅起火後，大隊軍警即趕到，捕去落後之學生三十二人，其中北大二十人，高師八人，法專兩人，中國大學兩人。當天晚上 7 時，北大學生齊集法科大禮堂，會商如何營救被捕學生，並請蔡校長設法。蔡謂：「今日所發生的事，乃屬愛國運動，此種運動在各國是最平常的事，大家不必驚慌，我當負責營救。」

5 月 5 日上午 9 時，各校代表開會，議決各校一律罷課至被捕同學回校為止等七項辦法。下午，蔡元培等十四校校長在北大開會，組成校長團，議決：此事乃多數市民運動，不可讓被拘之少數學生負責，即推蔡元培（北大）、陳寶泉（高師）、湯爾和（醫專）等七人為代表，往警察廳要求釋放學生；如不允，則往教育部；教育部不允，則往國務院及總統府。但各單位均託詞不見。

這時，全國各地議會、教育會、商會及各民眾團體與社會名流紛紛致電政府，要求釋放學生。政府見民心憤慨，輿論激昂，且恐五七國恥紀念日北京市民舉行國民大會時，與學生合流釀成激變，內閣乃於 5 月 6 日晚召開臨時會議，專為討論學生問題。蔡元培即約各校長同至警察廳坐候消息。閣議散後，吳炳湘向各校長提出保釋的兩個條件：一、明日不許學生參加國民大會；二、明日各校須全體上課。

蔡校長等承諾願以身家作保。5 月 7 日，在蔡元培等的勸說下，學生恢復上課，被捕的學生均獲釋返校。

「五四」最初的重心雖在北大，但迅即瀰漫到全國。因為段祺瑞對學潮非常震怒，認為此事全由北大學生所主持，必係出於蔡元培之嗾使，遂指使安福系份子大理院院長姚震提出，必須查明為首滋事學生，依法予以制裁。同

110 楊亮功：〈五四〉，《五四論集》，第 244 頁；〈五四運動與北京大學〉，《五四運動回憶錄》（上），第 224－225 頁；許德珩：〈五四運動六十周年〉，《文史資料選輯》（61），第 22 頁。

時授意安福系閣員，提出必須整頓學風，首先撤換北大校長蔡元培。安福系政客想乘機奪取此一最高學府，而少數以衛道自命之士，亦欲去蔡以打擊新文化運動，遂頓使北大和蔡校長成為攻擊的目標。[111]

5 月 4 日、5 日，錢能訓總理在官邸召集緊急會議。有人建議解散北大，教育總長傅增湘表示拒絕副署這個命令。於是有人主張撤北大校長蔡元培的職。傅增湘也予以拒絕。北京政府對這個空前未有的學潮，處理意見並不一致，徐世昌一派主張採取緩和手段，段祺瑞一派則主張採取嚴厲手段。[112] 謠言紛起，或謂曹、章行將報復，一面以三百萬金購人刺蔡，一面派人焚北大校舍，殺北大學生；或謂將由反對新文化運動的馬其昶繼任北大校長。5 月 8 日，頒佈整飭學風、告誡學生之令文，蔡校長成為眾矢之的，處境至為危險！蔡元培為了保全無辜之學生及北京大學，又不令政府為難，在當晚遞出辭呈：「近日本校全體學生又以愛國熱誠，激而為騷擾之舉動，約束無方，本當即行辭職；⋯⋯今被拘各生業已保釋，全體學生均照常上課，茲事業已告一段落。元培若再尸位本校，不特內疚無窮，亦大有累於大總統暨教育總長知人之明。敬竭誠呈請辭職，並已即日離校。」[113] 蔡的辭職使風潮更形擴大，北大學生一面要求教育總長明令留蔡，一面通電全國請求支援。北大教職員也在當晚召開緊急會議，決議要求政府留蔡，如蔡不留，即一致總辭。學生則決定以全體罷課相抵制，而全國其他各地學生也紛起聲援。北京各大專學校校長繼蔡元培之後全體辭職。政府在師生和社會輿論的強大壓力下，被迫讓步，5 月 14 日，徐世昌以大總統名義指令慰留。可是政府在挽留蔡之同時，也挽留了曹、陸、章，並下令嚴禁學生糾眾滋事，以及更換各教育負責人。因此，激起許多師生更大的憤怒，北京學生聯合會決定自 5 月 19 日起全體罷課。各校學生既罷課，乃連日至街頭演講，推行國貨，發行日刊，並創

111 陶英惠：〈蔡元培與五四愛國運動〉，《跨世紀：建國五十周年暨五四運動八十周年紀念專號》，第 264－269 頁；《北洋軍閥史話》（3），第 167 頁。

112 《北洋軍閥史話》（3），第 145 頁。

113 蔡元培：〈辭北京大學校長職呈〉（1919 年 5 月 8 日），《蔡元培全集》（3），第 623 頁。

辦護魯義勇隊。全國各地學生紛起聲援，學潮因之更形擴大，不可收拾。

5月下旬，段祺瑞公然通電主張簽字巴黎和約。6月1日，總統下令為曹、陸、章辯護，並切責學生，軍警嚴格取締學生活動，更進一步下令全國學校即日復課。學生不但未被這道命令嚇倒，反而更加堅定。北京學生決定從6月3日，發動一波又一波的演講隊，堂堂皇皇地舉行演講。並準備若第一天的演講學生全數被捕，則第二天用加倍的學生去街頭演講，若第二天亦全數被捕，則第三天更加一倍。3、4兩日，學生被軍警拘捕約千人，因警察廳看守所收容不下，只得解往北大法科看守。不久，北大法科也無法容納，又借用了北大理科作為臨時監獄。

北京女學生自五四後屢欲加入男生團體，但北京高等女師範校長和北京女學生家長多是頑固之徒，故女同學忍而又忍。忍至6月4日已無可忍，於是結隊遊行，是日午後3時，共十五間學校約六百名女生，齊集天安門後，列隊前往總統府，舉出代表五人求謁徐總統，徐派秘書二人接見，至4時許始全體退出。然後分頭講演以示繼續男生之意，軍警僅予干涉，未予逮捕。

6月5日，北京中等以上學校學生聯合會再發宣言，重申「外爭主權，內除國賊」，並抱定「真理所在，死生以之」的決心。是日，五千多位學生背着包袱出發，沿途市民熱烈致敬，無數市民受了感召，自動參加遊行行列。他們唱着歌、呼口號，直奔北大法科。這時看守法科的軍警不敢對他們採取行動。

上海全體罷市，工人發動大罷工，參加的各業工人、店員等，達十多萬人。政府窮於應付，不敢繼續鎮壓，盡釋被拘學生，並任學生自由演講。6月10日，罷工達到高潮。滬寧、滬杭、淞滬等鐵路工人，舉行總罷工。上海水陸交通全部斷絕。接着，唐山、天津、長沙、濟南、南京、武漢、杭州等地工人，也相繼舉行遊行和罷工。上海和全國各重要城市商人也舉行罷市。[114]

其他政治力量亦紛紛表態要求爭取山東主權，支持學生。5月5日，山東

114《北洋軍閥史話》(3)，第172－175頁；楊亮功：〈五四〉，《五四論集》，第256頁。。

省議會兩議長同山東外交協進會兩代表聞訊後，星夜趕到北京，與參眾兩院山東議員在 5 日下午 1 時開會，議四項辦法：一、參眾兩院議員中派二人同山東省議會兩議長謁見總統，求速釋被捕學生；二、到警廳與步軍統領衙門安慰被捕學生；三、參議兩院提案對於二十一條、順濟鐵路合同誓不承認，請各公使轉各國政府；四、彈劾內閣為山東問題失敗。新國會議員張濂、葉雲表等共署名提出質問書：質問政府如何究查曹、陸、章賣國之嫌，並要求政府對被捕學生原情寬宥。[115] 5 月 6 日，南方和議代表唐紹儀致電徐世昌，警告：「政府將擬學生死刑，解散大學。果爾，恐中國大亂從此始矣！」北方代表朱啟鈐同時致電錢能訓總理和巴黎中國代表：「向和會力爭，非達目的不可簽字。⋯⋯還請將被捕之人迅速分別從寬辦理，以保持其愛國之精神，而告誡其過分之行為。」[116] 同日，康有為通電，此次學生舉動為稀有盛舉，請即釋放被捕學生，誅賣國賊曹汝霖、章宗祥。汪大燮、王寵惠、林長民三人呈請警廳，請求交保釋放學生。5 月 9 日，廣州國會通電各省，要求北京即釋被逮學生，嚴懲曹汝霖、章宗祥、陸宗輿。

5 月 9 日，孫中山與岑春煊等致電徐世昌呼籲平情處置因山東問題被捕之北京學生：「頃聞北京學生，為山東問題警告曹汝霖、章宗祥、陸宗輿諸人，發生傷燬之舉，有將為首學生處以極刑，並解散大學風說，不勝駭詫。青年學子以單純愛國之誠，逞一時血氣之勇，雖舉動略逾常軌，要亦情有可原。⋯⋯但藉淫威以殺一二文弱無助之學生，以此立威，威於何有，以此防民，民不畏死也。⋯⋯宜為平情之處置，庶服天下之人心。」[117]

5 月 10 日，南北和議南方總代表唐紹儀提出恢復舊國會，裁廢參戰軍、國防軍，不承認歐洲和會所定解決山東問題辦法，宣佈一切中日密約無效，

115 楊亮功：〈五四〉，《五四論集》，第 247－248 頁。

116《北洋軍閥史話》(3)，第 146－147 頁。

117 孫中山：〈與岑春煊等致徐世昌呼籲平情處置因山東問題被捕之北京學生電〉(1919 年 5 月 9 日)，《國父全集》(5)，第 140 — 141 頁。

並嚴懲關係人，承認徐世昌為臨時總統，至國會選舉正式總統為止。[118]

吳佩孚是山東人，自然更要表示態度。他一方面與山東教育界往返商榷，以圖善後之策。同時聯絡同鄉軍官，通電政府，力爭山東主權。6 月 9 日，發出青電反對逮捕學生，主召開國民大會，請政府宣示外交，力爭收回青島。接着又有佳電主張取銷段祺瑞所承認的中日密約，並請罷免曹陸章，懲辦國賊。[119]

北洋政府在全國工、商、學、軍、政壓力之下，10 日，下令批准曹汝霖、陸宗輿、章宗祥三人辭職。但引起安福系不滿，認為徐世昌不該逼迫自己人辭職。5 月 14 日，陸徵祥有密電向徐世昌請示：「國人目前之清議可畏，將來之公論尤可畏。究竟應否簽字？⋯⋯是否決計不簽。時間日迫，關係至鉅。⋯⋯萬祈速即裁定，立即電示。」但徐世昌沒有明確答覆，只是要代表團「相機處理」。[120]

1919 年 6 月 28 日下午 3 時，二十七國協約國代表，禮服禮帽出席法國凡爾賽宮明鏡殿，簽署《凡爾賽和約》，中國代表缺席。換言之，中國沒有在《凡爾賽和約》上簽字。[121]「外爭主權，內除國賊」的五四愛國運動，可以說已達到了目的。而蔡元培在各方懇切的挽留勸說下，同意回任，9 月 10 日，蔡元培自杭州北上，12 日夜抵北京，20 日到校辦事，重新主持北大校務。[122]

118《中華民國史事日誌》（1），第 437－440 頁。

119 瀨江濁物：《吳佩孚正傳》（上海：國史編輯社，1920 年），第 96－97 頁。

120《北洋軍閥史話》（3），第 180－183 頁。

121《顧維鈞回憶錄》（1），第 209 頁。

122 陶英惠：〈蔡元培與五四愛國運動〉，《跨世紀：建國五十周年暨五四運動八十周年紀念專號》，第 264－269 頁。

五、五四運動的影響和意義

五四運動是國人自發捍衛國家主權的一次愛國運動，是一種民族自覺的具體表現，對當時的知識份子和群眾有深刻的衝擊，其影響遍及政治、經濟和文化等各個方面，其象徵意義和精神更是劃時代的。

1. 中外文化的激盪與社會主義大論戰

思想改造是在一社會制度久已成為定型時，其精神必趨衰落，只餘形式的束縛，於是便有一班人出來向傳統挑戰，加以價值的否定，另樹新的作風與新的人生觀。這社會現象，中國早已存在。魏晉時的清談風尚，挑戰漢以來的儒家禮法和思想，拋棄世務，專尚玄理。唐代外來佛教盛行，也曾否定中國倫理價值，另立教宗，改易世法。宋明兩代，佛家哲學直滲入儒家思想，成為盛極一時的理學。清末，康有為、梁啟超受香港漢譯英國政治經濟書籍影響，主張維新變法，改變了部分士大夫的思想；孫中山受美法思想影響，主張創立民國，其革命主張產生了巨大思想改造的力量，令許多青年志士前仆後繼，效死無悔，卒將滿清推倒，並廢棄君主專制，建立民國。五四時期新文化運動的思想改造，其挑戰的對象直指中國社會的基層組織——家庭制度及其傳統的家族主義。四川人吳虞因家庭醜事，毆打父親，被父親向成都府控告忤逆不孝。吳虞遂無法立足成都教育界，離川到北京，後受聘於北京大學，曾為文主張「打倒孔家店」，胡適為吳虞的文錄作序，稱道吳虞是「四川省隻手打孔家店的老英雄」。自此展開了新舊兩派思潮之爭。[123]

五四前後流行的新文化運動，首倡者是陳獨秀和胡適，其中尤以胡適的影響最大。1918 年 8 月《新青年》四卷六號，胡適主編的易卜生專號，刊載了他的〈易卜生主義〉一文，及他譯載的〈娜拉〉與〈國民公敵〉等篇，都

123《學鈍室回憶錄》，第 18－20 頁。

給予當時及後來的青年拋棄家庭及婦女解放有很大影響。1919 年，胡適又提出了「大膽假設、小心求證」這八個字的科學方法，使青年知識界不單不再隨便信從傳統的人物及其學說，而且可使有志於學者去求所以自立之道。陳獨秀和胡適兩人所主張的自由主義與科學主義，具體言之：民主與科學（當時稱為德先生與賽先生）。[124]

五四新文化運動像維新運動和革命運動，都是取法西方。1929 年胡適曾在〈中國今日的文化衝突〉主張「全盤的西化，一心一意的走上世界化的路」，後因避免批評，改為「充分世界化」。[125] 問題是「西化」、「世界化」，哪一個西方國家的政治制度和思想適合中國國情，能夠解決中國貧窮落後、免受帝國主義欺凌的問題？英國、美國、德國、法國、日本，還是蘇聯？中國的知識份子逐漸以社團的形式組織起來，研究問題，尋找出路，形成了追求真理、追求解放的熱潮。據《五四時期的社團》一書收錄資料，當時最活躍和具影響力的社團共有二十三個：少年中國學會、新民學會、互助社、利群書社、國民雜誌社、新潮社、北京大學平民教育講演團、北京大學馬克斯學說研究會、覺悟社、工讀互助團、工學會、平民教育社、曙光雜誌社、少年學會、青年學會、覺社、浙江新潮社、永嘉新學會、批評社、新人社、改造社、共進社、合作主義及無政府主義的小團體。[126] 這些團體各有不同主張，有些經過實踐後，證明理論失敗而解散。有些團體的成員，因觀點並不一致，最後成員分裂，團體結束活動。

在這新舊中外思潮激盪的年代，中國知識份子因體會各異，出現了用什麼主義改造中國社會的激烈論爭。對此次論爭，有些觀點認為是學術界客觀、友誼地討論問題；另外有些觀點則認為是中國馬克思主義者，與各種反

124《學鈍室回憶錄》，第 32－33 頁。

125 胡適：〈充分世界化與全盤西化〉，《胡適文集》(5)，第 453－455 頁。原載 1935 年 6 月 23 日天津《大公報・星期論文》。

126 張允侯、殷敘彝、洪清祥、王雲開：《五四時期的社團》(1)(北京：生活・讀書・新知三聯書店，1979 年)，第 1－7 頁。

馬克思主義者的大論戰。

1919 年 7 月 20 日，胡適在《每週評論》第三十一號發表〈多研究些問題，少談些「主義」！〉一文，批評輿論界有些人「不去實地考察中國今日的社會需要究竟是什麼東西。那些提倡尊孔祀天的人，固然是不懂得現時社會需要。那些迷信軍國民主義或無政府主義的人，就可算是懂得現時社會的需要麼？」胡適說社會嘲笑安福俱樂部首領王揖唐主張民生主義的演說是種假充時髦的行為，這事給了我們三種教訓：第一，「空談好聽的『主義』，是極容易的事，是阿貓阿狗都能做的事，是鸚鵡和留聲機都能做的事。第二，空談外來進口的『主義』，是沒有什麼用處的。⋯⋯我們不去實地研究我們現在的社會需要，單會高談某某主義，好比醫生單記得許多湯頭歌訣，不去研究病人的症候，如何能有用呢？第三，偏向紙上的『主義』，是很危險的。這種口頭禪很容易被無恥政容利用來做種種害人的事。歐洲政客和資本家利用國家主義的流毒，都是人所共知的。現在中國的政客，又要利用某種某種主義來欺人了。」「我因為深覺高談主義的危險，所以我現在奉勸新輿論界的同志道：『請你們多提出一些問題，少談一些紙上的主義。』更進一步說：『請你們多多研究這個問題如何解決，那個問題如何解決，不要高談這種主義如何新奇，那種主義如何奧妙。』」[127]

8 月 17 日，李大釗發表〈再論問題與主義〉一文回應胡適的文章。李文開始先寫一短函給胡適，說看了他的文章後發生了一些感想，「其中有的或可與先生的主張互相發明，有的是我們對社會的告白」，請胡適指正！李大釗認為：「社會運動，一方面固然要研究實際的問題，一方面也要宣傳理想的主義。這是交相為用的，這是並行不悖的。」「這一點我的意見稍與先生不同，但也承認我們最近發表的言論，偏於紙上空談的多，涉及實際問題的少，以後誓向實際的方面去作。這是讀先生那篇論文後發生的覺悟。」接着，李大

127 胡適：〈問題與主義〉，歐陽哲生編：《胡適文集》（2），第 249－251 頁。原載 1919 年 7 月 20 日《每週評論》第 31 號。

釗表述他對馬克思主義的觀點：

《新青年》和《每週評論》的同人，談俄國的布爾什維主義的議論較少。仲甫先生和先生等的思想運動、文學運動，據日本《日日新聞》的批評，且說是支那民主主義的正統思想。一方要與舊式的頑迷思想奮戰，一方要防過遏俄國布爾什維主義的潮流。我可以自白，我是喜歡談談布爾什維主義的。當那舉世若狂慶祝協約國戰勝的時候，我就作了一篇〈Bolshevism 的勝利〉的論文，登在《新青年》上。當時聽說孟和（陶履恭）先生因為對於布爾什維克不滿意，對於我的對布爾什維克的態度也很不滿意（孟和先生歐遊歸來，思想有無變，此時不敢斷定）。或者因為我這篇論文，給《新青年》的同人惹出了麻煩，仲甫先生今猶幽閉獄中，而先生又橫被過激黨的誣名，這真是我的罪過了。不過我總覺得布爾什維主義的流行，實在是世界文化上的一大變動。我們應該研究他，介紹他，把他實像昭佈在人類社會，不可一味聽信人家為他們造的謠言，就拿兇暴殘忍的話抹煞他們的一切。……就以俄國而論，羅曼諾夫家沒有顛覆，經濟組織沒有改造以前，一切問題，絲毫不能解決。今則全都解決了。依馬克思的唯物史觀，社會上法律、政治、倫理等精神的構造，都是表面的構造。他的下面，有經濟的構造作他們一切的基礎。經濟組織一有變動，他們都跟着變動。換一句話說，就是經濟問題的解決，是根本解決。經濟問題一旦解決，什麼政治問題、法律問題、家族制度問題、女子解放問題、工人解放問題，都可以解決。[128]

李文結束的時候重申他的意見有的和胡適的「意見完全相同，有的稍相

128 李大釗：〈再論問題與主義〉（1919 年 8 月 17 日），中國李大釗研究會：《李大釗全集》（3）（北京：人民出版社，2006），第 1－7 頁。

差別」，「如有未當，請賜指教。」胡適和李大釗的文章各自發表其個人意見，雖然有不認同他人意見之處，但措辭客氣，用語溫和，純屬思想交流，說不上什麼激烈的大論爭，及誰勝誰負的問題。兩人都是北京大學教授，北京大學校長蔡元培主張學術自由，新舊思想兼容並包，北京大學師生都已習慣了學術上的君子論爭，並形成傳統，這是北大成為新文化運動中心的基石，有些資料忽略了這種學術辯論正是北大的傳統！

1918 年 3 月，張東蓀以「促進教育、灌輸文化」，「屏門戶之見、廣商權之資」，「非為本報同人撰論之用、乃為社會學子立說之地」為宗旨，創辦《時事新報》副刊《學燈》。《學燈》在張東蓀積極經營之下，與北京《晨報》副刊《副鐫》，《民國日報》副刊《覺悟》、《京報》副刊齊名，成為民國時期介紹新思潮的四大副刊之一。1919 年 9 月，張東蓀在上海創辦《解放與改造》雜誌，自任主編，他親自撰寫了創刊「宣言」，發表題為〈第三種文明〉的社論，表示要致力於社會的解放與改造，培養「第三種文明」。1920 年 9 月，張東蓀陪同英國哲學家羅素到湖南等省演講，回到上海後，在《時事新報》上發表〈由內地旅行而得之又一教訓〉的時評，認為救中國只有一條路，即開發實業，發展資本主義。文章引起陳望道、李達、邵力子、陳獨秀等人的反駁，展開了五四時期著名的「社會主義論戰」。張東蓀連續發表了〈大家須記羅素先生給我們的忠告〉、〈答高踐四書〉、〈長期的忍耐〉、〈再答頌華兄〉等文章進行反駁。1920 年 12 月 25 日，他發表了〈現在與將來〉的長文，全面闡述了基爾特社會主義的改良思想。1921 年 1 月 19 日，梁啟超寫了〈覆張東蓀書論社會主義運動〉，贊同並支持張東蓀的觀點。[129] 梁啟超以為「我國今日之大患，乃在全國人民十中八九欲求一職業以維持生命且不可得」，故爭取勞工福利、每日工作八小時、增加工錢等要求，簡直是真「何不食肉糜」之類也。「吾以為社會主義所以不能實現於今日之中國者，其總原因在於無勞動

129 左玉河、王瑞芳：〈張東蓀傳略〉，《民國檔案》（1997 年第 1 期）（南京：中國第二歷史檔案館，1997 年），第 132－133 頁。

階級。」大部分人都屬於無業遊民。「勞動階級之運動可以改造社會，遊民階級之運動只有毀滅社會。」「歐洲工業革命之結果，昔之恃手工業小商業自養之人，次第失職，驅而走集於都會工廠，變成仰傭錢為活之一階級。……而世界工業革命之禍殃，乃以我為最後之尾閭。……對於外部壓制者掠奪者絲毫不能抵抗，而惟內部之被壓制被掠奪者互爭錙銖之短長，終復何益！」梁啟超又批評社會主義家提出將原有生產機器交在該機關內服勞役的人共同管理，這方法在今日中國而言，生產事業一無所有，「雖欲交勞動者管理，試問將何物交去？」另外清末國營鐵路一例便說明政治腐敗，國有資產盡入貪官袋中，對國人不一定有利。最後，梁啟超批評「今之社會主義運動家，或以熱心太盛之故，深嫉乎有產階級智識階級之腐敗不足與語也，又見乎勞動階級之人少而力微，且性質亦帶保守，不易鼓動也，於是『為目的不擇手段』，轉而思利用遊民」。[130]

陳獨秀匯集了雙方的文章和他本人的文章共十三篇，冠以「關於社會主義的討論」總標題，刊於《新青年》第八卷四號。陳獨秀並旗幟鮮明地表示他對馬克思主義的信仰。1920 年 9 月 1 日，他在《新青年》八卷一號上發表了〈談政治〉一文，猛烈批評無政府主義和國家社會主義，並為馬克思主義辯護說：「若不經過階級戰爭，若不經過勞動階級佔領權力階級地位底時代，德謨克拉西必然永遠是資產階級底專有物，也就是資產階級永遠把持政權抵制勞動階級底利器。」[131] 針對張東蓀的基爾特社會主義的主張，陳獨秀在〈獨秀致羅素先生底信〉說：中國發展教育及工業是頂重要的事，不必討論。關鍵是用資本主義發達教育及工業，或是用社會主義？陳獨秀駁斥羅素的主張說：「資本主義雖然在歐洲、美洲、日本也能夠發達教育及工業，同時卻把歐、美、日本之社會弄成貪鄙、欺詐、刻薄、沒有良心了；而且過去的大戰

130 梁啟超：〈覆張東蓀書論社會主義運動〉（1921 年 1 月 19 日），張品興主編：《梁啟超全集》（11）（北京：北京出版社，1999 年），第 3329－3334 頁。

131 陳獨秀：〈談政治〉，（1920 年 9 月 1 日），任建樹：《陳獨秀著作選》（2）（上海：人民出版社，2009 年），第 154－164 頁。原刊《新青年》第 8 卷第 1 號。

爭及將來的經濟的大革命都是資本主義之產物。…… 幸而我們中國此時才創造教育工業在資本制度還未發達的時候，正好用社會主義來發展教育及工業，免得走歐、美、日本的錯路。」[132] 陳獨秀又在〈獨秀覆東蓀先生底信〉一文分析資本主義發展實業的惡果：「富豪拿資本在通商口岸與都會辦工廠，機器所到的地方手工業之破壞好像秋風掃落葉一般，且因資本生產製造成物價昂貴的結果，中產社會漸漸都淪為無產者而且是失業者。因為資本家兼併土地和資本家利用機器（由外國資本家用機器製造的輸入商品包含在內）打倒手工業底原故，社會上困苦的失業者已普遍都會與鄉間了。這種現像是資本主義生產制下機器工業代替手工業時必然發生的，因此可以説資本主義生產制一面固然增加富力，一面卻也增加貧乏。」「資本主義生產制下，無論資本家是外國人，或是本國人，決不能夠使多人都得着人的生活。」陳獨秀問張東蓀：「像中國這樣知識幼稚沒有組織的民族，外面政治的及經濟的侵略又一天緊迫似一天，若不取急進的 Revolution，時間上是否容我們漸進的 Evolution 呢？」「中國勞動者沒有組織，沒有階級的覺悟，不能作階級的爭鬥來抵抗資本家，所以生活極苦而工價極賤，造成外國資本家群來掠奪底好機會；他們始而是經濟的掠奪，接着就是政治的掠奪，漸漸就快做中國底主人翁了。」「這種狀態，除了中國勞動者聯合起來組織革命團體，改變生產制度，是無法挽救的。中國勞動（農工）團體為反抗資本家資本主義而戰，就是為保全中國獨立而戰。」[133] 陳獨秀這篇文章指出機器工業令小工業經濟破產，無產階級生活痛苦，只有組織革命團體，改變生產制度，才能挽救這種狀態。陳獨秀這種觀點完全是恩格斯和列寧的主張。

1921 年 1 月 15 日，陳獨秀在廣州公立法政學校演講「社會主義批評」，他旗幟鮮明地批評無政府主義者用從前人口稀少農業時代的理想來改造現代人口發達的工業社會，是不懂現社會經濟的事實。「現社會不安底原因，完全

132 陳獨秀：〈致羅素先生底信〉，《陳獨秀著作選》（2），第 206－207 頁。

133 陳獨秀：〈覆東蓀先生底信〉，《陳獨秀著作選》（2），第 207－212 頁。

是社會經濟制度——即生產和分配方法——發生了自然的危機，要救濟他的危機，先要認明社會底經濟的事實，在這個事實的基礎上面，來設法改造生產和分配底方法。因此可以說馬格斯（馬克思）以後的社會主義是科學的是客觀的是建設在經濟上面的，和馬格斯以前建設在倫理上面的空想的主觀的社會主義完全不同。」陳獨秀認為：「在生產方面廢除了資本私有和生產過剩，在分配方面廢除了剩餘價值，才可以救濟現代經濟的危機及社會不安的狀況。」[134] 接着，陳獨秀提出五個講述社會主義的理由，且有急於講社會主義的必要。當時在中國流行的社會主義可分為五派：一、無政府主義；二、共產主義；三、國家社會主義；四、工團主義；五、行會社會主義。只有共產主義最適合中國國情，陳獨秀詳細介紹了馬克思主義的階級鬥爭學説、無產階級革命學説、無產階級專政學説和無產階級國際主義。在各馬克思主義國家之中，「只有俄國底共產黨在名義上，在實質上，都真是馬克斯主義。」「中國底改造與存在，大部分都要靠國際社會主義的運動幫忙，這是不容諱飾的了。」[135]

參加中國社會主義大論戰的各派，都有其報章刊物，擁有一定數量的讀者群，故能引起輿論的關注。但如果我們深入考察這些爭論的內容，便會發現各派的論據都缺乏世界和中國的資料，如世界各地和中國的鋼鐵、棉麻、紡織品的生產量和價值；中國城市、農村人口的變化；農村副業產銷的變化；外國商品、銀行、金融在中國的壟斷數據，如何影響中國經濟等等，完全沒有實質資料，與列寧著作所提出的數據相比，簡直不是同一個層次，這些高談闊論都屬空論。此外，論戰涉及的仍爭論用什麼主義來解決中國問題，爭論內容都只局限於經濟。五四運動高呼的「外抗強權、內除國賊」，涉

134 陳獨秀：〈社會主義批評——在廣州公立法政學校演講〉，《陳獨秀著作選》（2），第241－256頁。原刊《廣東群報》（1921年1月19日），《新青年》（1921年7月1日）第9卷3號。

135 陳獨秀：〈社會主義批評——在廣州公立法政學校演講〉，《陳獨秀著作選》（2），第256頁。

及軍閥暴虐，列強侵略、取消不平等條約、瓜分危機等實質問題，便談也不敢談。因此，爭論過後，有些人繼續著述，有些人便實事實辦，組織政黨，為自己信奉的主義奮鬥。共產主義便由傳播的階段進入組織政黨，進行革命的階段。

2. 文學革命

（1）白話文文學的理論和普及

胡適留美多年，體驗西方社會生活，能夠直接讀西書，故對西方文化認識較陳獨秀為深，他對新文化運動的貢獻亦較大。白話文運動由胡適提倡，1918 年 4 月《新青年》雜誌四卷四號他發表了〈建設的文學革命論〉一文，其所說的「國語的文學與文學的國語」，無疑是仿自西方，是西化的一種。他是有感於十四世紀以至文藝復興後期西歐所突起的「民間文學」（Popular Literatures）這一情勢而生反應的。當時意大利的但丁（Dante）放棄了拉丁文，而以他家鄉的佛羅倫斯（Florence）口語來寫詩劇，創了先例。所謂國語文學（Vernacular Literatures）便隨即萌芽生長。文藝復興初期，拉丁文在學術著作上雖仍佔優勢，但到了十六世紀，國語文學大為抬頭，意、西、葡、法、英等國先後產生其各自的國語文學的名家及其傑作，於是西歐的國語文學終於取代了拉丁文。經胡適大力推動後，白話文漸成為北京青年知識界寫作的風尚，特別是翻譯西洋文史名著作品更為方便，所以李璜等留學外國的學者，歸國任教西洋歷史與社會科學，都用白話文編講義。[136] 當然，由於中國近代產業發達，人口集中，白話文完全是應這個需要而發生而存在的。[137]

1917 年 1 月，胡適在《新青年》發表〈文學改良芻議〉一文，開始了文學革命，此文提出八項主張：「一曰，須言之有物。二曰，不摹仿古人。三

136《學鈍室回憶錄》，第 33－35 頁。

137 胡適：〈新文學的建設理論〉，蔡元培等著：《中國新文學大系導論集》（上海：良友圖書公司，1945 年再版），第 31－32 頁。

曰，須講求文法。四曰，不作無病之呻吟。五曰，務去爛調套語。六曰，不用典。七曰，不講對仗。八曰，不避俗字俗語。」胡適分析：「以今世歷史進化的眼光觀之，則白話文學之為中國文學之正宗，又為將來文學必用之利器，可斷言也。以此之故，吾主張今日作文作詩，宜採用俗語俗字。與其用三千年前之死字，不如用二十世紀之活字；與其作不能行遠不能普及之秦、漢、六朝文字，不如作家喻戶曉之《水滸》、《西遊》文字也。」[138]

2月陳獨秀在《新青年》發表「文學革命論」，提出三大主張：

一、推倒雕琢的阿諛的貴族文學，建設平易的抒情的國民文學。

二、推倒陳腐的鋪張的古典文學，建設新鮮的立誠的寫實文學。

三、推倒迂晦的艱澀的山林文學，建設明瞭的通俗的社會文學。[139]

兩人都認為文學作品不應只講求形式，應該內容充實，具有創意，表達明確，情感真摯；作品應該普及行遠、家喻戶曉。胡適說中國新文學運動的中心理論只有兩個：一個是建立一種「活的文學」，一個是建立一種「人的文學」。[140]

此後，大量以白話文寫作的小説、散文、新詩、和戲劇創作出來，據不完全的統計，從1922年到1925年，是青年的文學團體和小型的文藝定期刊物蓬勃滋生的時代，先後成立的文學團體及刊物不下一百餘個（種），遍佈北京、天津、江蘇、上海、浙江、廣東、湖南、四川、雲南、河南、江西、山西、安徽、東北等地。至1924年上半季，全國的文藝刊物尚有週刊15種，旬刊10種，半月刊2種，月刊3種，季刊10種，不定期刊13種，共53種。[141]

---

138 胡適：〈文學改良芻議〉，《胡適文集》（2），第6－15頁。原載1917年1月1日《新青年》第2卷第5號。

139 陳獨秀：〈文學革命論〉，《陳獨秀著作選》（1）（上海：上海人民出版社，1993年），第260－261頁。原載1917年2月1日《新青年》第2卷第6號。

140 胡適：〈新文學的建設理論〉，《中國新文學大系導論集》，第35頁。

141 茅盾：〈現代小説導論〉（1），《中國新文學大系導論集》，第87－92頁。

（2）小說

1918 年 1 月魯迅的《狂人日記》首先在《新青年》雜誌發表，掀開了中國現代小說創作新的一頁。1919 年《新潮》雜誌發刊，1921 年 1 月《小說月報》特設「創作」一欄，兩刊為小說作品提供了發表的園地，於是嘗試創作小說的人漸多，但缺乏佳作。1921 年《小說月報》統計，那年的 1 月到 3 月，約有七十篇小說發表，4 月到 6 月，創作的短篇小說增加到 120 餘篇。[142] 稍後小說作家不斷增加，著名的有：

冰心，她的作品除散文外，小說和新詩的創作也很有成就。1919 年 8 月她用「冰心」這個筆名在《晨報》上，發表她的第一篇散文〈二十一日聽審的感想〉和第一篇小說〈兩個家庭〉。由於作品直接涉及到重大的社會問題，很快受到注目。之後所寫的〈斯文人獨憔悴〉、〈去國〉、〈秋風秋雨愁煞人〉等「問題小說」，反映了封建家庭對人性的摧殘、面對新世界兩代人的激烈衝突、以及軍閥混戰給人民帶來的痛苦。冰心小說集共收錄了二十八篇小說，大部分作於 1919 到 1923 年，內容主要提出一個問題——人生究竟是什麼？支配人生的是「愛」呢，還是「憎」？在當時一般青年的心裏，正是一個極大的問題。冰心在小說《超人》回答：世界上人「都是互相牽連，不是互相遺棄的」。她稍後更進一層說：「地層如何生成，星辰如何運轉，霜露如何凝結，植物如何開花，如何結果⋯⋯這一切，只為着『愛』！」[143]

老舍的作品以諷刺幽默和詼諧輕鬆的風格，贏得了讀者的喜愛。內容多以城市人民生活為題材，愛恨分明，有強烈的正義感，人物性格鮮明，細節刻畫真實，能純熟地運用北京話表現人物、描寫事件，使作品具有濃郁的地方色彩和強烈的生活氣息。代表作：《駱駝祥子》、《四世同堂》、《茶館》。

沈從文是傑出的小說家和歷史文物研究家，共創作過三十多部短篇小說集和六部中長篇小說，結集約有八十多部，是現代作家中著述最多的其中一

---

142 茅盾：〈現代小說導論〉（1），《中國新文學大系導論集》，第 84 頁。

143 茅盾：〈現代小說導論〉（1），《中國新文學大系導論集》，第 104－105 頁。

位，也是少數享譽世界的作家之一。其小說作品充滿了對人生的憂患和對生命的哲學思考，以浪漫主義的創作風格，融寫實、夢幻、象徵於一體，語言古樸，單純厚實，樸訥傳神，具有濃郁的地方色彩，突出鄉村人性獨有的風采。代表作：《邊城》。

張恨水是中國現代文學史上最多產的作家，他完成的作品不下三千萬言，中、長篇小說逹一百一十部以上。他的作品屬於章回小說，是鴛鴦蝴蝶派代表作家。作品內容情節曲折複雜，結構佈局嚴謹完整，將中國傳統的章回體小說與西洋小說的新技法融為一體，故被尊稱為現代文學史上的「章回小說大家」和「通俗文學大師」第一人。代表作：《春明外史》、《金粉世家》、《啼笑因緣》、《八十一夢》、《水滸新傳》。

巴金是中國當代文壇的巨匠，五四新文化運動以來最有影響的作家之一。其代表作長篇小說「激流三部曲」——《家》、《春》、《秋》，是中國現代文學史上最卓越的作品之一，有力地批判中國傳統家庭制度的陰暗面。

錢鍾書在文學創作和學術研究兩方面均有卓越成績。他的長篇小說《圍城》風格幽默，妙譬可人，內涵充盈，兼以理勝於情，被譽為小說中的宋詩，成為現代文學經典，甚至有論者認為是現代中國最偉大的小說之一。代表作：《圍城》、《管錐編》、《談藝錄》、《寫在人生邊上》、《人· 獸· 鬼》。

張愛玲是中國近代最負才情的女作家，一個善於將藝術生活化、生活藝術化的享樂主義者，又是一個對生活充滿悲劇感的人。作品世俗而又自我，陰柔而又冷漠，善感而又超脱，用古典筆觸寫出現代情感，雅俗共賞。她的小說，無論結局是好是壞，都給人以一種悲涼的感覺。代表作：《金鎖記》、《傾城之戀》、《半生緣》、《紅玫瑰與白玫瑰》、《小團圓》。

（3）散文

《辭海》對散文有如下的定義：中國六朝以來，為區別韻文與駢文，把凡不押韻、不重排偶的散體文章（包括經傳史書），統稱「散文」。後又泛指詩歌以外的所有文學體裁。隨着文學概念的演變和文學體裁的發展，散文的概念也時有變化，在某些歷史時期又將小說與其他抒情、記事的文學作品統稱為散文，以區別於講求韻律的詩歌。現代散文是指除小說、詩歌、戲劇等文學體裁之外的其他文學作品。其本身按內容和形式的不同，又可分為雜文、小品、隨筆等。[144]

中國現代散文的成績，以魯迅、周作人兩人的作品為最豐富、最偉大。他們的作品風格各具特色。

魯迅被推崇為中國現代文學的奠基人。他的文體簡煉得像一把匕首，能以寸鐵殺人，一刀見血。重要之點，抓住了之後，只消三言兩語，就可以把主題道破；次要之點，或者也一樣的重要，但不能使敵人致命之點，他是一概輕輕放過，由牠去而不問的。魯迅用他辛辣和尖銳的文字，撕破了五千年文明的虛偽面孔，刺痛了億萬國民久已麻木的神經，催人奮進，發人猛醒。代表作：《吶喊》、《彷徨》、《朝花夕拾》、《野草》、《華蓋集》、《中國小說史略》。

周作人被推崇為中國「現代散文開山大師」。他最早從西方引入「美文」的概念，提倡敍事抒情散文，對現代散文的發展起了積極的作用。其文章來得舒徐自在，信筆所至，初看似乎散漫支離，過於繁瑣，但仔細一讀，卻覺得他的漫談，句句含有分量，一篇之中，少一句就不對，一句之中，易一字也不可，讀完之後，還想翻轉來從頭再讀的衝動。代表作：《近代歐洲文學史》、《藝術與生活》、《談虎集》。

冰心散文的清麗，文字的典雅，思想的純潔，在中國算是獨一無二的作家。她撰寫的《寄小讀者》的通訊散文，成為中國兒童文學的奠基之作，年僅二十歲的冰心，已經名滿中國文壇。她的作品多圍繞着母愛、童心、對人生的感悟和自然四大主題，構築成她思想核心——「愛的哲學」：對父母之愛，對小弟兄小朋友之愛，以及對異國的弱小兒女，同病者之愛，使她的筆底有了像溫泉水似的柔情。她對異性愛的文字不多，寫自己的兩性間的苦悶

144 網址：https://baike.baidu.com/item/ 散文 /104524。

的地方獨少的原因，一半是因為中國傳統的思想在那裏束縛她，但一半也因為她的思想純潔，把她的愛宇宙化了、秘密化了。讀了冰心的作品，就能夠了解中國一切歷史上的才女的心情：意在言外，文必已出，哀而不傷，動中法度；是女士的生平，亦即是女士的文章之極致。

豐子愷的散文，清幽玄妙，靈達處反遠出他的畫筆之上。他對小孩子的愛，與冰心女士不同，是一種體貼入微的愛，尤其是他散文的特色。

林語堂受中西文化薰陶，用幽默的筆調道出了中國人的道德和精神狀態，以及中國的社會文藝與生活情趣。代表作：《京華煙雲》、《吾國與吾民》、《生活的藝術》、《老子的智慧》。

朱自清雖則是一個詩人，可是他的散文，仍能夠滿貯着那一種詩意。除冰心女士外，文字之美，要算他了。

許地山久居極南，研究印度哲學，玄想自然潛入了他的作品。

茅盾閱世深了，所以行文每不忘社會。他的觀察的周到，分析的清楚，是現代散文中最有實用的一種寫法。然而抒情練句，妙語談玄，不是他的所長。試把他前期所作的小品，和最近所作的切實的記載一比，就可以曉得他如何的在利用他的所長而遺棄他的所短。中國若要社會進步，若要使文章和實際生活發生關係，則像茅盾那樣的散文作家，多一個好一個。否則清談誤國，辭章極盛，國勢未免要趨於衰頹。[145]

(4) 新詩

清末夏曾佑、譚嗣同已經提出「詩界革命」。黃遵憲主張用俗話作詩，「我手寫我口」——一面試用新思想和新材料——所謂古人未有之物，未闢之境——入詩。對於 1918 年的新詩運動，在觀念上，在方法上，給予很大的影響。

梁實秋説外國的影響是白話文運動的導火線。美國印像主義者六戒條裏也有不用典，不用陳腐的套語。新式標點和詩的分段分行，也是模倣外國。

145 郁達夫：〈現代散文導論〉(下)，《中國新文學大系導論集》，第 216－228 頁。

而外國文學的翻譯，更是明證。

新詩第一次出現在 1916 年 7 月出版的《新青年》四卷一號上，胡適、沈尹默、劉半農三人共發表了九首新詩。胡適在〈談新詩〉一文具體主張：消極的不作無病之呻吟，積極的以樂觀主義入詩。提倡說理的詩。音節全靠：(1) 語氣的自然節奏，(2) 每句內部所用字的自然和諧，平仄是不重要的。用韻有三種自由：(1) 用現代的韻，(2) 平仄互押，(3) 有韻固然好，沒有韻也不妨。方法須要用具體的做法。

這些主張大體上似乎為新青年詩人所共信。《新潮》、《少年中國》、《星期評論》，以及文學研究會諸位作者，大體上也這般作他們的詩。〈談新詩〉差不多成為詩的創造和批評的金科玉律。

胡適不單在新詩創作理論有很大的貢獻，而且實際進行創作。1920 年，他出版了《嘗試集》，把他在《新青年》雜誌上發表的白話詩彙集成書，成為中國現代文學史上第一部白話詩集。內容共三編：第一編作品多是脫胎於舊詩詞，第二、三編嘗試運用自由詩體和音韻節奏的改革。《嘗試集》顯示了五四時期新詩從傳統詩詞中摸索、蛻變、嘗試、創新的艱難過程。

1922 年 3 月，聞一多寫了〈律詩的研究〉，有系統地研究新詩格律化理論。他主張：節的勻稱、句的均齊，音尺重音、韻腳。詩該具有音樂的美，繪畫的美，建築的美。音樂的美指音節，繪畫的美指詞藻，建築的美指章句。聞一多、徐志摩等人主辦了北京《晨報》副刊《詩鐫》，1926 年 4 月 1 日面世。《詩鐫》編輯和作者每週有詩會，或討論，或誦讀。真研究、真試驗，梁實秋讚揚：「這是第一次一夥人聚集起來誠心誠意的試驗作新詩。」《詩鐫》雖然只出了十一號，影響卻很大，那時大家都做格律詩，以前極不顧形式的，也規矩起來，作些格律詩。[146] 聞一多的代表作有《七子之歌》和《死水》，前者寫出中國被列強擄掠的七片土地的聲音，後者表達了他的愛國主義激情。

---

146 朱自清：〈現代詩歌導論〉，《中國新文學大系導論集》，第 349－355 頁

徐志摩在文藝界是一個活躍的人物，曾參加「文學研究會」等多個團體，創辦和主編了多個刊物：《現代詩評》週刊、《新月》雜誌、《詩刊》季刊，《晨報》副刊《詩鐫》，是新月派的重要作家。胡適說徐志摩的人生觀是一種「單純信仰」，裏面只有三個大字，一個是愛，一個是自由，一個是美。他一生的歷史，只是他追求這個單純信仰實現的歷史。因此，他的詩受西方世紀末唯美主義、印象主義思潮較多影響，作品內容主要舒發寫個人的感情，想像豐富，比喻生動，重視意境的創造。由於受英美詩歌影響，着重格律的建設，講究語言的音樂美，文筆濃艷華美而嫵媚，具有一種溫柔清新的風格。

徐志摩的詩寫得很好，如《再別康橋》的「悄悄的我走了，正如我悄悄的來；我揮一揮衣袖，不帶走一片雲彩。」寫得多瀟灑！不過，實情是他這時為了追求林徽音，竟然要求懷了次子的元配張幼儀墮胎離婚。張拒絕，徐竟然拋妻棄子，不顧而去。徐志摩的確是「悄悄的我走了」，的確是「不帶走一片雲彩」！不久，徐又見異思遷，追求名媛陸小曼，並請老師梁啟超為他們證婚，豈料梁啟超證婚時在大庭廣眾之下大罵徐志摩：「你這個人性情浮躁，所以在學問方面沒有成就，你這個人用情不專，以致離婚再娶。⋯⋯以後務要痛改前非，重作新人。」這樣品德的一個人，胡適還讚揚他的詩追求什麼「善」和「美」，胡適之言如果不是反話，就是同流合污！其著名作品：《翡冷翠的一夜》、《再別康橋》、《沙揚娜拉》、《雪花的快樂》、《偶然》、《我不知道風是在哪一個方向吹》和《猛虎集》等。[147]

1918 年北京大學學生康白情、傅斯年、羅家倫等組織「新潮社」，創辦《新潮》月刊。康白情任《新潮》的幹事，先後發表了《草兒在前，鞭兒在後》、《朝氣》、《和平的春天》、《別少年中國》、《女工之歌》等白話詩。康白情著作甚多，但質素參差，有些甚至難以界定為詩。1922 年許德鄰編的「分類白話詩選」，收錄白話詩作近 70 家 300 首，除了胡適，入選詩作最多的

---

147 宋炳輝：《徐志摩傳》（上海：復旦大學出版社，2011 年）；網址：維基百科 https://zh.wikipedia.org/wiki/ 徐志摩。

就是康白情了。從詩選分析，可看出康白情創作的豐富。[148]

郭沫若在 1921 年發表第一本新詩集《女神》，這書洋溢着強烈的浪漫主義氣息，是中國新詩的奠基之作。同年又和郁達夫等人創立「創造社」，1922 年 3 月 15 日《創造季刊》面世。郭沫若對推動新詩創作和新文化運動有重要貢獻。《女神》是郭沫若 1918 年至 1921 年留日期間的作品，共收詩五十七首（含三齣詩劇）。論者認為郭沫若的詩以浪漫主義為基調，受到泛神論與美國詩人惠特曼（Walt Whitman）的影響。其特色在於氣象宏大，風格狂飆激烈，強調衝破傳統的禁錮以追求理想，相當震撼人心。聞一多說：「五四時期的青年心裏只塞滿了叫不出的苦，喊不盡的哀。他們的心也快塞破了。忽地一個人用海濤的音調，雷霆的聲響替他們全盤唱出來了，這個人便是郭沫若。」

胡適的《嘗試集》是中國新文學初期的第一部白話詩集，其寫法過於追求白話語言，過分直白，從而犧牲了詩歌的重要特徵——韻味與意境。郭沫若的《女神》把詩意帶入不受空間拘束的寫作形式，很多新詩便受到《女神》寫作形式的影響，從而產生了自由派。這派可以說是新文學運動中創立最早、成績最大、影響最深的一個詩歌派別。自由派詩人打破古詩語言、格式、平仄和押韻等的束縛，創作以白話為語言的不拘格律的自由新詩。自此新詩進入全面的創建時期。朱自清認為，「五四新詩革命與近代詩界革命的一個重要區別，就在於新詩從詩體解放下手。」郭沫若就是把詩體解放的第一人。

（5）戲劇

梁啟超亡命日本時，已經把文學看做宣傳的工具，而尤其注重用白話寫的戲曲小說。他也寫了一些如《新羅馬傳記》，《新中國未來記》等。錢玄同推崇梁啟超「視戲曲小說與論記之文平等，此皆其識力過人也」。梁啟超〈論小說與群治之關係〉一文對此已有詳盡分析。新文化運動以前，用白話寫成小說，以諷刺或暴露時代醜惡為主，如《官場現形記》、《老殘遊記》、《活地

148 許德鄰：《分類白話詩選》（上海：崇文書局，1922 年）。

獄》、《二十年目睹之怪現狀》等。

舊戲中最早能夠自己創作劇本，發揮他個人的感時傷世的心懷，面對觀眾為「發聾振聵」的呼號的，便是汪笑儂。民國初年，他的戲不主張政治的或社會的革命，但是影射時事譏刺當局的意義十分濃厚。那時候的中國人，外有列強加緊侵略，又面對政府的極端無能與腐敗，稍為有點知識的，都不免有「國亡無日」之慨。所以看了他的《哭祖廟》——劉阿斗投降的故事，寫亡國的慘痛；《六軍怒》——唐明皇寵用楊國忠的故事，斥寵倖的專橫；《桃花扇》——罵奸佞的誤國；《張松獻地圖》——嘆恨一國的重臣，暗中賣國等，都會受感動而起憤激。由此可見汪創作的戲劇是有鼓吹改善政治的目的。[149]

不過，當時傳統的戲劇缺乏好的劇本和演員，被新文學家極力反對，錢玄同極端反對皮黃戲和崑劇，指出：「今之京劇，理想既無，文章又極惡劣不通，固不可因其為戲劇之故，遂謂為有文學上之價值也。（假使當時編京調劇本者能全用白話，當不至濫惡若此。）又中國舊戲，專重唱工，所唱之文句，聽者不本求甚解，而戲子打臉之離奇，舞台設備之幼稚，無一足以動人情感。」

胡適主張：學習西洋戲劇的方法，寫作白話劇，改良中國原有的戲劇。他的目的，是要想把戲劇做傳播思想、組織社會、改善人生的工具。他誠然沒有很明顯地把這個目的，在他的文字裏說出過；但在他的重視易卜生這個事實，完全可以看出他的用意了。易卜生是挪威十九世紀末的一個劇作者，主張個人主義的人生觀，主張擺脱那社會上不良的，但是傳統的道德法律和成見風俗等的束縛。胡適讀了他的戲劇，寫了一篇〈易卜生主義〉，竭力推崇。

傅斯年同意胡適「戲劇是工具」的主張，「把改良戲劇，當作社會問題，討論一番。舊社會的窮凶極惡，更是無諱言；舊戲走舊社會的照相，也不消説；當今之時，總要有創造社會的戲劇，不當保持舊社會創造的戲劇——使得中國人有貫澈的覺悟，總要借重戲劇的力量；所以舊戲不能不推翻，新戲不

149 洪深：〈現代戲劇導論〉，《中國新文學大系導論集》，第 238 頁。

能不創造。換一句話來説，舊社會的教育機關，不能不推翻，新社會的急先鋒，不能不創造。」

1921 年 5 月，沈雁冰、鄭振鐸、陳大悲、歐陽予倩等十三人，組織了一個民眾戲劇社，宣言：「戲場是宣傳主義的地方」，「當看戲是消閒的時代，現在已經過去了。戲院在現代社會中，確是佔着重要的地位，是推動社會使前進的一個輪子，又是搜尋社會病根的 X 光鏡；又是一塊正直無私的反射鏡；一國人民程度的高低，也赤裸裸地在這面大鏡子裏反照出來，不得一毫遁形。」

這時有些作者從文學走向戲劇，成仿吾在〈新文學的使命〉一文説：「文學是時代的良心，文學家便應當是良心的戰士。」郭沫若在〈我們的文學新運動〉高呼：「我們反抗資本主義的毒龍。我們反抗不以個性為根底的既成道德。我們反抗否定人生的一切既成宗教。我們反抗藩籬人生的一切不合理的畛域。我們反抗由以上種種所產生出的文學上的情趣。我們反抗盛容那種情趣的奴隸根性的文學。我們的運動要在文學之中爆發出無產階級的精神，赤裸裸的人性。我們的目的要以生命的炸彈來打破這毒龍的魔宮。」

郭沫若寫了《卓文君》、《王昭君》、《聶嫈》三個歷史劇，將之結集成書，並寫了一篇長文〈寫在三個叛逆的女性〉放在書前，鼓吹女性起來反抗。「女子和男子也同是一樣的人，一個社會的制度或者一種道德的精神是應該使各個人均能平等地發展他的個性，平等地各盡他的所能，不能加以人為的束縛而於單方有所偏袒。⋯⋯ 她們不是因為才力過人，所以才成為叛逆；是她們成了叛逆，所以才力才有所發展的呀。」[150]

抗戰時期，郭沫若擔任國民政府軍委會政治部第三廳廳長，他組織了武漢抗戰文化運動，發動歌詠、話劇、電影等各界一同宣傳抗戰。他親身士卒，創作了大量話劇劇本，鼓舞民心士氣，包括《屈原》、《虎符》、《棠棣之花》、《南冠草》、《孔雀膽》、《高漸離》六齣歷史悲劇作品，其中以《屈原》

---

150 洪深：〈現代戲劇導論〉，《中國新文學大系導論集》，第 244－284 頁。

最受歡迎。

曹禺，天津出生，1922 年插班進入南開中學讀二年級。1925 年（十五歲）加入南開新劇團，先後參加了《壓迫》、《玩偶之家》（扮演主角娜拉）、《國民公敵》、《織工》等劇的演出，改編並參加演出了《財狂》、《爭強》。南開新劇團奠下了他戲劇藝術的基礎。1928 年入讀南開大學政治系，次年轉入清華大學西洋文學系。這年，父親去世，讓他體驗到世人的真面目。論者推崇他是中國現代話劇史上成就最高的劇作家。作品有強大藝術感染力，其作品《雷雨》被公認為是中國現代話劇真正成熟的標誌。此外尚有《日出》、《原野》、《北京人》等經典劇作，使中國現代話劇藝術得以確立和走向成熟。[151]

歐陽予倩是中國近代著名的劇作家、戲劇教育家、導演和演員。1907 年留學日本時參加春柳社，演出文明戲。1911 年歸國後，與春柳社的老友陸鏡若等組新劇同志會，在上海、江蘇演出鼓吹革命反對封建的新劇。稍後與陸鏡若組織春柳劇場，劇場解體後，他在較早時因拜師學京劇青衣，遂轉為正式京劇演員，演出十四年之久，與梅蘭芳齊名，有「北梅南歐」的美譽。1914 年至 1928 年，他編寫了京劇劇目十八齣，自導自演京劇劇目二十九齣，改編傳統劇目或文學作品的京劇劇目約五十齣，其中以《紅樓戲》最有特色，包括《黛玉焚稿》、《王熙鳳大鬧寧國府》等劇。1918 年到南通籌建伶工學社，經過三年的努力，培養出一批有文化的年輕演員及新型樂隊。1922 年，參加了戲劇協社，創作了獨幕話劇《潑婦》、《回家以後》。1926 年進入電影界，為上海民新影片公司編寫了《玉潔冰清》、《三年以後》、《天涯歌女》等劇本。1929 年，應廣東省政府主席陳銘樞的邀請，到廣州創辦廣東戲劇研究所，下設戲劇學校及音樂學校，並且出版了大型刊物《戲劇》、報紙副刊《戲劇週刊》。1937 年抗日開始，上海淪陷。歐陽予倩、洪深、鄭伯奇、于伶等人在租界主持上海戲劇界救亡協會。歐陽予倩主持歌劇部（京劇），演出了《梁紅玉》、《漁夫恨》、《桃花扇》等京劇，受到觀眾的熱烈歡迎，但因觸怒了租界

151 網址：https://zh.wikipedia.org/wiki/ 曹禺。

當局，便被迫停演，歐陽予倩生命受到威脅，遂從上海前往香港。在香港期間，編寫了電影劇本《木蘭從軍》，由上海華成影片公司拍攝。1938 年，為在香港的中國旅行劇團導演《流寇隊長》、《一心堂》、《欽差大臣》、《日出》、《油漆未乾》等劇目。1939 年秋，歐陽予倩赴廣西桂林從事桂劇改革及話劇工作，創辦了桂劇學校，整理了許多桂劇保留劇目，培養了一批青年桂劇演員。[152]

1912 年田漢入讀長沙師範學校，校長徐特立，與毛澤東是校友。1916 年入讀東京高等師範學校學教育，熱心於戲劇，和郭沫若、左舜生、張資平等結為摯友。1920 年因舅父易象在長沙被刺，回國，次年在上海中華書局任編輯，和妻易漱瑜創辦《南國月刊》，發表劇作。1925 年，田漢創辦「南國社」，拍攝了自己編劇的電影《到民間去》。1927 年上海清共後，曾短期在中國國民黨總政治部宣傳處工作，負責電影戲劇方面事務。1928 年，擴大「南國社」，分文學、繪畫、音樂、戲劇、電影五部，並成立南國藝術學院。1935 年為電影《風雲兒女》譜寫主題曲《義勇軍進行曲》，途中被國民政府拘捕，歌詞寫在香煙盒上交予聶耳譜曲。1937 年作《四季歌》、《天涯歌女》歌詞，成為《馬路天使》的主題曲。1941 年在大後方桂林組建新中國劇社。田漢是現代戲劇運動的開創人和戲劇改革的先驅者。在他的戲劇中，現實主義和浪漫主義達到了統一，洋溢着濃郁的詩意，充滿着豐富的戲劇性，又善於捕捉人物的內心世界和感情變化。話劇代表作有《咖啡店的一夜》、《名優之死》、《月光曲》、《亂鐘》、《獲虎之夜》、《回春之曲》、《麗人行》、《關漢卿》、《文成公主》及改編戲曲劇本《武則天》、《江漢漁歌》、《白蛇傳》、《金鱗記》、《西廂記》、《謝瑤環》等。《關漢卿》代表田漢話劇創作的最高成就。他一生從事文藝事業，創作話劇、歌劇六十餘部，電影劇本二十餘部，戲曲劇本二十四部，歌詞和新舊體詩歌近二千首。其中《義勇軍進行曲》經聶耳譜曲後定為

152 網址：https://zh.wikipedia.org/wiki/ 歐陽予倩。

中華人民共和國國歌。[153]

3. 女權運動

談人權、女權是近百年來的事，而且是爭來的。傳統上婦女的社會地位被「三從」之説束縛着，男女不平等，女性沒有獨立的社會地位。清代曾有少數男性知識份子為婦女的待遇叫屈，如李汝珍、俞正燮、龔自珍等首先提出「廢纏足」。維新運動時，康有為首創不纏足會，也禁止女兒纏足，並主張一夫一妻制。可惜自己卻一妻六妾，未能身體力行達致男女平等。甲午戰後，「興女學」被當作維新事業之一。梁啟超認為女子能成詩詞集數卷，只能是「才女」，算不上「女學」。雖然梁啟超認同女子應該有學識，但其目的是「婦學為保種之權輿也」。辦女學的主要目的有三個：保國、保種、保教。其好處是：「上可相夫、下可教子、近可宜家、遠可善種。」[154] 嚴復、林紓亦持相同觀點，提出：「母健而後兒肥，培其先天而種乃進。」於是提倡女子受教育的目的只是為了「相夫教子」、「強種保國」，「母苟蠢頑靈氣失，胎教之言人不知，兒成無怪為書癡。」1905 年《順天時報》一篇文章〈女子為國民之母〉説：多開女學，可以破除纏足的惡習，讓女子可以練習體操，增強體質；學習算術、輿地、格致、製造等科，提高知識，「做女子時強，做母時也必強，母強子必強，種強國必強。」這時的女學只是「國民母」，培養女子為優良人種的生產機器。

有論者認為這時的婦運與其説是解放婦女，毋寧説是解放男子。過去女子依賴男子過日子，被視為天經地義之事。如今男子抱怨女子「全屬分利，而無一生利者」。男子對傳統的「三從」視為「三累」，「未嫁累其父，既嫁

153 網址：https://zh.wikipedia.org/wiki/ 田漢。

154 梁啟超：〈倡設女學書〉，《飲冰室合集：文集二》（台北：中華書局，1960 年），第 19 頁。

累其夫，夫死累其子。」過去「女子無才便是德」的說法，現在變為「女子不學則害男子之生計」。

直至辛亥革命前夕，女子自覺和主動努力，才改變男性思維的女權運動。1907 年秋瑾在上海創辦《中國女報》，倡論男女平權、注重女子體育、主張社交公開、婚姻自由、參與政治、投入革命等。黃公在《中國女報》發表〈大魂〉一文，提出：女權為國之「大魂」，號召女子爭取女權，與男子「共爭主權於異族」。女界開始提出「養成國民資格」、「完全的國民」等議題，內容包含要求男女平等、爭取自由、民主等範疇，樹立新的「女德」，以慈愛、高尚、俠烈、勇毅取代傳統的幽、淑、貞、靜。秋瑾以行動實踐理論，她要「和男人一樣」，為男性所當為。自己身體力行，在 1907 年安慶、紹興之役中殉難，成為「中國女界革命流血第一人」。秋瑾為革命和女權運動獻出了寶貴生命，其事蹟對把婦女從家庭推向社會和國家起了示範作用。

民國成立之初，女子便積極爭取參政權。1911 年 11 月社會黨女黨員林宗素發起「女子參政同志會」，她訪問孫中山大總統，獲得男女平等參政的承諾。可惜民初政局混亂，民主政制屢受挫折，男子都未能公平的參與政治，女子自不例外！[155]

五四時期，胡適翻譯了易卜生戲劇《玩偶之家》，劇中主人公娜拉經歷家庭變故之後，看清了丈夫的真面目和自己在家中所扮演的「玩偶」角色，於是她大澈大悟，聲稱「我是一個人」之後，離開家庭，要去看看「究竟是我錯，還是世界錯」。對中國婦女來說，娜拉象徵婦女對傳統社會的「反抗」、「解放」與「覺醒」。五四時期知識份子視「婦女解放」為「社會改造」的重要內容，大量書刊介紹婦女問題，引進了外國的書籍，如瑞典愛倫凱（Ellen Key）的《戀愛與結婚》、日本廚川白村的《戀愛與自由》、謝野晶子的《貞操論》、美國紀爾曼（Charlotte Gilman）的《婦女與經濟》、英國嘉本特（Edward

155 呂芳上：〈近代中國婦女史研究〉，《民國史論》（上）（台北：商務印書館，第 2013 年），第 257－274 頁。

Caperter）的《愛的成年》、德國倍倍兒（August Bebel）的《婦女與社會主義》等。中國報刊也增設專欄探索婦女問題，如《晨報》副刊有《婦女問題、家庭問題》專欄，《星期評論》進行「女子解放從那裏做起」的討論，《民國日報》副刊《覺悟》設「廢除婚姻問題的討論」欄，《少年中國》有《婦女號》、《婦女評論》登載「婦女經濟獨立」、「男女社交」問題。這時的報刊對女子教育、戀愛與婚姻、家庭、女子社交公開、女子參政問題，都有熱列的討論，對推動女權運動起了很大的作用。[156]

五四時期，女生繼男生之後走上街頭遊行示威，展示了女子的愛國熱情。女權運動進入了新的台階，她們首先要求男女教育平等，主張「男女共學」。1844 年英國基督教東方女子教育協進社翡特稅（Aldersey）在寧波創辦女校，為中國首間創辦的女子學校。1897 年經元善在上海創立經正女學，為國人辦理的第一所新式女子學堂。1907 年清廷學部奏定了「女子師範學堂章程」、「女子小學堂章程」，女子教育正式列入學制。不過在傳統男女大防的限制下，女子學堂有「男人勿入」的規定，堂長、教習須由女子擔任，庶務人員用男子必需五十歲以上。1912 年，蔡元培任教育總長，決定小學可男女同校，但大學和中學的女禁並未開放。於是「男女同校」便成為五四女權運動爭取的目標。[157]

胡適主張大學開女禁，鼓吹女子自強自立，做好入大學的資格。1919 年 4 月甘肅女學生鄧春蘭寫信給北大校長蔡元培，要求北大開放女禁。她的主張在京滬各報刊登後，引起了社會各界的熱列反應。蔡元培一向支持男女共學，故聲明：「倘有程度相合之女學生，盡可投考，如程度及格，亦可錄取也。」學校有人擔心社會抗拒。蔡校長說：「歐美各國大學沒有不收女生的。我國教育部所定的大學規程，並沒有專收男生的規定。不過以前中學畢業的女生，並不來要求我們，自然沒有去招尋女生的理，要是招考期間有女生來

156 呂芳上：〈近代中國婦女史研究〉，《民國史論》（上），第 292－294 頁。

157 呂芳上：〈近代中國婦女史研究〉，《民國史論》（上），第 295－297 頁。

考，我們當然派考，考了程度適合，我們當然准入預科，從前沒有禁，現在也沒有開禁的事。」1920年年假過後，王蘭第一個叩門進入北大當旁聽生，接着有包括鄧春蘭在內的八位女生相繼入校，此後各大學相繼招收女生，男女同校，減少男女之間的隔膜和意識分歧，大大推動男女平等的觀念。[158]

不過，男女真正的平等，還需要女子負起「國家興亡」的責任，與男子一起上戰場為保衛國家而戰，最少也需懂得為保護自己而戰。馮玉祥提出中國婦女應該放棄大家閨秀的觀念，像西方婦女一樣學習打靶，射殺入侵的敵人，這樣才能夠保護自己所愛的人，提高國家抵禦外侮的能力。可惜，馮玉祥這個前瞻性的建議不受重視，八年抗戰期間，國人因而受到慘痛的教訓！

4. 平民教育

晏陽初說：根據「中華教育改進會」估計，中國人有八成不能識字，就是全國四億人中間有三億二千萬個不識字的人。這些不識字的人裏面，至少有一億是二十歲至二十五歲的人。倘若大多數中國人是文盲，民國的基礎能夠鞏固嗎？現中國內亂危機四伏，工商業不能發達，推其原因，皆緣多數國民未受相當的教育，無職業知識以維持生活。不幸者，即流為盜匪。[159] 國人欠缺知識，無法發展科技，國弱民貧，自然受外敵侵凌。中國很多知識份子都明白教育和國家富強的關鍵，身體力行地推行教育。蔡元培接任北京大學校長的目的，就是要為中國創辦一間世界第一流的大學，為中國復興建立一個高深學問的基地。他除了積極培養有高深學問的優秀人材，也重視平民教育。他在北京大學開辦校役夜校，讓校役可以在工餘上課，增進知識。一方面可以增加他們對學校的歸屬感，就算離校另覓他職，亦因學識增加，較為

158 呂芳上：〈近代中國婦女史研究〉，《民國史論》（上），第300頁；黃嫣梨：〈五四新婦學的實踐及其評價〉，《文史十五論》（北京：北京大學出版社，2001年），第175頁。

159 晏陽初：〈中華平民教育促進會宣言〉，《晏陽初選集》（成都：教育出版社，1990年），第308－309頁。

容易。[160] 北大學生在校長的薰陶下，亦在北大開辦了平民夜校。蔡元培為這平民夜校作開學日演說：「此事不惟關係重大，也是北京大學准許平民進去的第一日。…… 大學中無論何人，都有了受教育的權利。不過單是大學中人有受教育的權利還不夠，還要全國人都能享受這種權利才好。」蔡元培解釋：「『平民』的意思，是『人人都是平等的』。從前只有大學生可受大學的教育，旁人都不能夠，這便算不得平等。現在大學生分其權利，開辦這個平民夜校，於是平民也能到大學去受教育了。」最後，蔡校長鼓勵北大同學，繼續開辦平民夜校，「把你們所已知的傳達給他們——你們的親戚朋友——使他們的子弟也入他們附近的平民夜校去求學。」[161]

不久，「北京大學平民教育團」成立，他們基於「共和國家以平民教育為基礎」的信念，用「露天演講、刊佈出版物」等方法教育平民，以補助學校教育之不及，達到「教育平等」，改造社會的目的。北京高等師範同學目睹貧寒子女無力上學的痛苦，創辦貧民學校，不收學費，並發給課本和石板文具。後因「貧」字不好聽，改為「平」。稍後發展為「平民教育社」，目的在通過普及教育來改造社會和救國圖強。

1920 年秋，北京共產主義小組成立，李大釗派鄧中夏等以「提倡平民教育」為名，到長辛店開辦勞動補習學校，1921 年 1 月 1 日宣告成立並正式開學。勞動補習學校分為日班和夜班兩部。日班是為小孩子開辦的，主要招收工人子弟及附近兒童入學，夜班則專收工人。兩校的學生一律免學費，經濟困難者還由學校酌情補助書籍文具費用。為工人開辦的夜班，共有學員八十人左右，該班設有「國文」、「科學常識」、「社會常識」、「工廠和鐵路知識」等課程。這學校成為共產黨開展工人運動的第一項工作。[162]

---

160 蔡元培：〈北京大學校役夜班開學式演說詞〉，《蔡元培全集》(3)，第 285－286 頁。

161 蔡元培：〈北大平民夜校開學日演說詞〉(1920 年 1 月 18 日)，《蔡元培全集》(3)，第 380－382 頁。

162 祝彥：〈評 20 世紀 20 年代的平民教育運動〉，《黨史研究與教學》2006 年第 2 期，第 61 頁。

除了蔡元培之外，中國當時有兩位身體力行的平民教育家：陶行知和晏陽初。

晏陽初說：「什麼是平民教育呢？平民教育就是開發民力的運動，也就是一種開腦礦的運動。」「這種教育，就是一種平等教育。有了這種平等教育，然後才可能平天下之不平。」他指出：「文化是衡量一個國家的天平。但文化不能被少數人所獨佔，不論富貴貧賤的中國人，在人格上是平等的，受教育的機會也應該是平等的。有飯大家吃，有書大家讀，這是最公平合理的要求。文化絕不能被一小撮人所得而私有。」[163] 因此晏陽初提出了「平民教育運動的使命：(1) 養成有知識、有生產力、有公共心的整個人；(2) 養成社會健全的份子，發展社會的事業；(3) 養成建設國家的國民，增高國際的地位」。

1920 年，晏陽初從法國回到中國，他首先在上海基督教青年會全國協會智育部主持平民教育工作，期間編製刊行了《平民千字課》，作為推動平民教育的教材。1922 年晏陽初發起全國識字運動，號召「除文盲、做新民」。3 月他到湖南長沙推行《全城平民教育運動計劃》，他將長沙分為 52 個單位，發動 400 名小學教師宣傳平民教育，籌款組建了 200 所平民學校，先後招生 2,500 餘人。平民教育理論的第一次大規模實驗，在長沙取得了重大的影響，當年毛澤東曾以義務教員身份參加過這次平民教育運動。

1923 年 8 月 23 日，晏陽初在北京與國務總理熊希齡及夫人朱其惠，社會改革家、中華教育改進社幹事陶行知，中華職業教育社會長黃炎培，教育部前副部長袁希濤，南開大學校長張伯苓，東南大學教授、著名白話文語言學家陳鶴琴等人，成立了「中華平民教育促進會總會」(簡稱「平教會」)，由朱其惠任董事長，晏陽初任幹事長，陶行知等任幹事，負責具體部門工作。「平教會」成立後，立即根據中國平民的實際情況和中國的歷史文化特點編寫教材。晏陽初、陶行知與陳鶴琴等人從中國常用漢字中選擇最常用的一千三百個，編成四冊《平民千字課》，每冊二十四課，每晚學習一課，為一小時，共

163 晏升東、孫怒潮：〈晏陽初與平民教育〉，《文史資料選輯》(95)，第 22 頁。

九十六小時學完四冊，就能看書讀報了。後來，又根據實際情況編成《市民千字課》、《士兵千字課》在城市和部隊中推行，收到了良好的效果。

「平教會」選河北定縣為「平民教育」計劃的實驗縣。晏陽初認為，「要想普及中國平民教育，應當到農村去」，提出了「除文盲，作新民」的口號，對四十萬定縣農民進行以掃盲為目的的「識字教育」。

晏陽初根據他所總結出的中國普通老百姓存在的「愚、貧、弱、私」四大病症，提出以「學校式、社會式、家庭式」三大方式結合並舉，「以文藝教育攻愚，以生計教育治窮，以衛生教育扶弱，以公民教育克私」，四大教育連環並進的農村改造方案。它的目標有三：其一是養成自讀、自習、自教的能力；其二是灌輸公民常識，培養國民應有的精神和態度；其三是實施生計教育，補助、指導、改善平民的生活。[164] 由於「平教會」的推動影響，以及各地有心人士的參與，平民教育運動在全國各地蓬勃開展起來。

另一位平民教育家陶行知認為中國教育主要的問題是：「任何教育都為着少數有錢人的子弟，多數沒錢的非富貴子弟，完全沒有受教育的福氣。」他分析說：自從清末廢除科舉興學校以來，中國的一般教育總逃不出日本和歐美的資產階級教育的圈子。這種教育還有一個更根本的限制，就是只有少數有錢人家的子弟才能夠上學校，廣大的貧苦人民及其子弟還是和在封建社會裏差不多，照樣地被關在教育的門外。陶行知還說：「中國是以農立國的，百分之八十以上都住在鄉村，大多數鄉村農民更沒有受教育的權利，因而必須教育下鄉。」

所以，陶行知主張「生活即教育，社會即學校」，強調「教學做合一」。他特別提倡鄉村教育，希望能培養一百萬個鄉村教師，辦一百萬個鄉村學

164 祝彥：〈評 20 世紀 20 年代的平民教育運動〉，《黨史研究與教學》2006 年第 2 期，第 61 頁；姜榮耀：〈試論晏陽初平民教育思想的特點〉，《四川師範大學學報：社科版》（1995 年 1 期）（成都：四川師範大學，1995 年），第 63－69 頁。

校，改造一百萬個鄉村，以此來救中國。[165]

5. 反基督教運動和收回教育權運動

西力東漸後，洋人便用文化侵略的策略來影響中國。英國長老會傳教士韋廉臣觀察到：「中國人最大的特徵就是注重學問以及他們對之所樹立的榮譽。他們的英雄人物不是武士，甚至也不是政治家，而是學者。……凡欲影響這個帝國的人必定要利用出版物。」「士大夫們充斥在帝國各地而且受到高度的尊敬，事實上他們乃是這個帝國的真正的靈魂，並實際地統治着中國。這就很明顯，如果我們要影響整個中國，就必須從他們下手。」於是他在1887年發起成立「同文書會」，1888年成立董事會，推海關總稅務司赫德、英國駐滬總領事福克為正副會長。「同文書會」在1892年改稱「廣學會」，成為基督教在中國設立的最大出版機構，專責出版刊物向中國介紹經過傳教士選擇和加工過的「西學」，目標是打破中國的「外殼」，解決中國的政治和經濟問題，把中國人的思想開放起來。

韋廉臣1890年病逝，赫德推薦英國傳教士李提摩太接替，他對全中國的各級文武官員、秀才和應試的書生作一統計，共得出44,000人。李提摩太聲稱：「要把這批人作為我們的學生，我們將把有關對中國最重要的知識系統地教育他們，直到教他們懂得有必要為他們苦難的國家採用更好的方法時為止。」他領導下的廣學會出版了大量書籍，對當時中國有一定影響。廣學會又接辦了《萬國公報》，李提摩太提出《萬國公報》要成為一份維新運動的刊物，宣傳傳教士對中國「維新」的主張。「我們認為一個徹底的中國維新運動，只能在一個新的道德和新的宗教基礎上進行。……每一個與廣學會有關的人士，他的最大目標就是推廣基督教文明，只有耶穌基督才能提供給中國

165 劉季平：〈回憶我與陶行知先生及曉莊師範的關係〉，《文史資料選輯》（72），第172頁。

所需要的這個新道德的動力。」不過，傳教只是侵略的美麗外衣，英國人只是想征服中國，將之變為英國的殖民地。1891 年李提摩太會見張之洞時就提出讓英國來治理中國。1895 年再次向張之洞、李鴻章提出讓中國變為英國的「保護國」。《萬國公報》的主編林樂知是美國監理公會傳教士，1896 年發表了〈印度隸英十二益說〉，提出：「先於東南方遴選二省地，租歸英治，凡有利弊，聽其變置。⋯⋯本昔之治印者，一一移而治華。如是上下五十年間，彼童而習之者，將見心思辟矣，耳目開矣。⋯⋯地則猶是中國之地，而民則已為特出之民矣。」[166] 說到底，傳教士想用哄騙的技巧，企圖不廢一兵一卒，便將中國變為英美的殖民地。

帝國主義的侵略技巧是多方面的，軍事、政治、經濟、文化互相配合。英法聯軍之役後，傳教士憑着根據不平等條約的庇護，擅自添加了可在「各省租買田地，建造自便」的條文，大批地深入中國腹地霸佔土地、干涉內政和包庇教民，清政府無力阻遏，百姓深受其害，民怨沸騰，教案不斷發生，終釀成庚子拳變。義和團事件使外國教會勢力受到沉重打擊，北京一帶的教會幾乎全部鏟平，直隸（河北）、山西、山東的教會勢力受到致命打擊，蒙古、奉天、吉林、黑龍江、河南的教會勢力受到不同程度的打擊。總的估計，全國基督教勢力約被削弱三分之一。

八國聯軍統帥瓦德西在 1900 年 12 月 26 日的日記寫道：

> 中國排外運動之所以發生，乃係由於華人漸漸自覺，外來新文化實與中國國情不適之故。⋯⋯歐洲商人時常力謀損害華人以圖自利。此種閱歷，又安能使華人永抱樂觀。至於一二牧師，作事毫無忌憚，以及許多牧師，為人不知自愛，此固吾人不必加以否認疑惑者。⋯⋯美國方面，常有一種巨大錯誤，⋯⋯即所委任之牧師，往往其人德性方面既不相稱，職務方面亦未經訓練，此輩常以服務教會為純粹麵包問

166 顧長聲：《傳教士與近代中國》（上海：上海人民出版社，1981 年），第 156－164 頁。

題，凡認為可以賺錢之業務，無不兼營並進。此所以牧師地位因而為之降低，並使教會仇敵得以從事鼓動。……許多牧師兼作他項營業，譬如買賣土地投機事業，實與所任職務全不相稱。

海關總稅務司赫德認為應對中國人覺醒的辦法：

唯一根治的辦法是迅速傳播基督教。……將來一定會有一個需要對付的「黃種人」問題——也許就是「黃禍」問題——就像太陽明天一定會出來一樣。怎樣能推遲或阻止它的出現，或現在應採取什麼行動，使它轉移到無害的道路上去呢？除了瓜分（這是一個困難而不大可能達到的國際協定）或是基督教取得奇蹟般的廣傳（這是一個雖然不是絕對不可能，但也很少有希望的宗教勝利外）之外，再也沒有其他辦法可以推遲或避免那個結局了。

八國聯軍攻陷北京後，1900 年 9 月 21 日，美國國內十七個重要基督教差會負責人在紐約召開聯席會議，決定局勢一旦許可，立即把在華教會事業迅速恢復，加派傳教士前往中國，積極地擴展教會勢力。[167]

鴉片戰爭之後，傳教士在不平等條約的掩護下在中國傳教，建立傳教據點，並陸續創辦洋學堂，公然侵犯中國教育主權，佔領中國的教育陣地，以適應侵略的需要而辦教育。到 1875 年左右，教會學校總數約增加到八百所，學生約二萬人，其中基督教開辦的約有三百五十所，學生約六千人，其餘均為天主教開設。美國基督教各差會在中國開辦教會學校是最積極而且一直是領先的，其次是英國。教會教育是為了傳教和配合帝國主義侵略的需要，故用宗教課和宗教活動，嚴格控制學生的思想，對牧師的說教絕對不能提出異議，若有越軌活動，輕則處以體罰，停止領聖體或不給飯吃，重則開除教

167 顧長聲：《傳教士與近代中國》，第 219－222 頁。

籍、開除學籍和追回學雜費。

美國狄考文牧師明確地說出教會學校的企圖：

> 真正的教會學校，其作用並不單在傳教，使學生受洗入教。他們看得更遠，他們要進而給入教的學生以智慧和道德的訓練，使學生能成為社會上和教會裏有勢力的人物，成為一般人民的先生和領袖。……作為儒家思想支柱的是受過高等教育的士大夫階層，如果我們要對儒家的地位取而代之，我們就要訓練好自己的人，用基督教和科學教育他們，使他們能勝過中國的舊式士大夫，從而能取得舊式士大夫所佔的統治地位。

上海聖約翰大學校長卜舫濟清楚的説：「我們的學校和大學就是設在中國的西點軍校。……我們的教育機關正在訓練着未來的領袖和司令官，他們在將來要對中國同胞施加最巨大和最有力的影響。」傳教士在中國辦學的主要目的是奪取舊式士大夫在中國的統治地位。[168] 用教會學校透過宗教教育培養一批「領袖」，取代中國傳統知識份子，協助帝國主義操控中國。事實上，這個策略是成功的。帝國主義者曾經成功培養出一位中國領袖，把滿清政權推翻，並努力引進西方政治制度到中國。不過，帝國主義只想利用中國的貧窮和落後來謀取利益，強大的中國並非他們所欲見到的，所以這位基督徒不但得不到培養他成長的帝國主義國家支持，反而因為他拒絕出賣祖國權益，被帝國主義國家打壓和迫害，這位基督徒就是畢生為中國富強而奮鬥的孫中山先生！

外國教會在華大量開辦學校，這些學校絲毫不受中國政府監管，於是教會學校在中國教育體系之外，憑其組織、制度與雄厚的財力、物力，發展其以傳教為主要目的的教育事業。教會的教育工作擴大至一切教育體系——從幼稚園到大學，總共 7,382 所基督教學校，214,254 名學生。另據中華教育改

---

168 顧長聲：《傳教士與近代中國》，第 227－234 頁。

進社報告：全國 1,375 所中等以上的學校，外人設立者佔 162 校；男女學生 269,108 人中，外人所設學校之學生佔 28,534 人。教會在中國的大學，遍佈全國，著名高等學府中有幾所是基督教書院：上海聖約翰大學和復旦大學、廣州基督書院、燕京大學、金陵大學等。

1919 年至 1926 年，基督教學校約有 6,000 所，包括 16 所大學，200 所中學，5,000 餘小學，學生約 30 萬。天主教學校約 9,000 所，包括 3 所大學，200 餘所中學，其餘為小學和神學，學生約 50 萬。到 1926 年，基督教和天主教學校總數約達 15,000 餘所，學生總數約 80 萬。[169]

教會辦學的目的既然是為教會服務，故學生必須參加宗教儀式和修讀宗教課程。雖然教會學校教授本國的傳統觀念、教育方法和科目，[170] 但外國學科若與其教義違背，便不會教授。上海天主教耶穌會震旦大學畢業的李璜說：該校本耶穌會的教育傳統，該校教師完全是神父或修士，但不強誘學生去信教。對青年學生態度誠懇，辦事不苟且，對有病學生之照料周至，難能可貴，非為賺錢而辦學的中國人所能及。不過，教科學的神父們學問都不算合格，特別是用一個義大利籍的神父來教第二外國語——英文，「發音之生硬，真是害人之至！」法國文學講到浪漫派的淵源，便因宗教的偏見，不提及盧梭，只從拉馬爾丁說起。講法國文學集時，也把伏爾泰和盧梭兩人的選篇刪掉。當時震旦大學的住宿生，也採隔離的辦法，把信教的和未信教的分開來食住。[171]

1922 年，教會刊印了兩份調查報告：《中國基督教的事工（The Christian Occupation of China）》內容強調在二十世紀頭二十年間，中國之教會活動及教徒人數急劇增長；《中國基督教教育（Christian Education in China）》呼籲加緊教會教育工作之聯絡，並切實把基督精神融貫於整個教育計劃。這兩份

169 顧長聲：《傳教士與近代中國》，第 336 頁。

170 陳獨秀：〈投降條件下之中國教育權〉，《陳獨秀著作選》（2），第 670 頁。原載 1924 年 4 月 30 日《嚮導》週報第 63 期；羅滋著、馮鵬江譯：〈中國民族主義與 1920 年代之反基督教運動〉，《中國現代史論集：五四運動》（6），第 221 頁。

171 李璜：《學鈍室回憶錄》（上），第 29－30 頁。

報告馬上引起中國人對一個宣揚外國意識形態的獨立自主的教育系統恐懼。

在新文化運動中，中國民族主義者曾質問宗教在現代社會的用途。李璜以及少年中國學會的巴黎分會向數位巴黎大學的教授徵求意見。他們全都認為基督教對現代化的中國沒有多大貢獻。《少年中國》連續三期討論「宗教的問題」，撰稿人包括蔡元培、茅盾、王星拱、周太玄、屠孝實、李達、惲代英、李石曾、羅素等。他們都指出，很多基督教的教義已被科學證明是假的，知識份子毋須對它產生迷信。宗教已變得毫無意義，更糟的是，它阻礙轉變，窒息新思想，妨礙個人及民族的發展。基督教是一個偏狹的信仰，是為西方擴張主義者服務的。[172]

1922 年 3 月蔡元培發表了〈教育獨立議〉一文，主張教育不受各派教會和政黨影響：「教育是幫助被教育的人，給他能發展自己的能力，完成他的人格，於人類文化上能盡一份子的責任；不是把教育的人，造成一種特別器具，給抱有他種目的的人去應用的。所以教育事業當完全交與教育家，保有獨立的資格，毫不受各派政黨或各派教會的影響。」[173]

3 月 9 日，反基督教學生同盟宣言：

> 現代的社會組織，是資本主義的社會組織。⋯⋯一方面有掠奪階級，壓迫階級，他方面有被掠奪階級，被壓迫階級。而現代的基督教及基督教會，就是「幫助前者掠奪後者，扶持前者壓迫後者」的惡魔。⋯⋯我們認定這個「助桀為虐」的惡魔——現代的基督教及基督教會，是我們底仇敵，非與彼決一死戰不可。世界的資本主義，已由發生、成熟而將崩壞了。各國資本家——不論是英，是美，是日，是法，因而大起恐慌，用盡手段，冀延殘喘於萬一。於是，就先後擁入

172 羅滋著、馮鵬江譯：〈中國民族主義與 1920 年代之反基督教運動〉，《中國現代史論集：五四運動》（6），第 213－214 頁。

173 蔡元培：〈教育獨立議〉（1922 年 3 月），《蔡元培全集》（4），第 177 頁。

中國，實行經濟的侵略主義了。而現代的基督教及基督教會，就是這經濟侵略底先鋒隊。[174]

3 月 21 日，北京非宗教大同盟宣言：「我們自誓要為人類社會掃除宗教的毒害。我們深惡痛絕宗教之流毒於人類社會，十百千倍於洪水猛獸。有宗教可無人類，有人類應無宗教。宗教與人類，不能兩立。人類本是進化的，宗教偏說『人與萬物，天造地設』。人類本是自由平等的，宗教偏要說：束縛思想，摧殘個性，崇拜偶像，主乎一尊。」[175] 大同盟印了一張統計地圖，繪出教會工作在中國的分佈情形，其標題是「宗教毒素之蔓延」。

許多中國有影響力的知識份子都支持這個運動，梁啟超批評基督教之唯我獨尊，和利用教育來達到傳教目的。胡適、丁文江和陶孟和在中華教育改進社第一次年會聯合提出：凡初等學校（包括幼稚園）概不得有宗教的教育（包括理論與儀式）之議案，宣稱：「學校不是傳教的地方，初等學校，尤不是傳教的地方。利用兒童幼稚無知為傳教機會，是一種罪惡。」[176] 汪精衛、陳啟天、余家菊等認為：在這個時代，中國應該用科學之力消除一切迷信，反對宗教自由的並非是反基督教份子，野心勃勃的基督教傳教士才是真正的罪人，因為他們自認基督教為唯一真理。[177]

這時，孫中山領導的國民革命得到蘇聯的援助，要求收回關餘，正面與

---

174 張欽士：《國內近十年來之宗教思潮》（北京：燕京華文學校，1927 年），第 187－188 頁；山本達郎、山本澄子：〈中國的反基督教運動〉（1922－1927），《中國現代史論集：五四運動》（6），第 204 頁。

175 山本達郎、山本澄子：〈中國的反基督教運動〉（1922－1927），《中國現代史論集：五四運動》（6），第 196－197 頁。

176 楊翠華：〈非宗教教育與收回教育權運動〉（1922－1930），《中國現代史論集：五四運動》（6），第 236 頁。

177 山本達郎、山本澄子：〈中國的反基督教運動〉（1922－1927），《中國現代史論集：五四運動》（6），第 199 頁；羅滋著、馮鵬江譯：〈中國民族主義與 1920 年代之反基督教運動〉，《中國現代史論集：五四運動》（6），第 218 頁。

帝國主義鬥爭，排擠中國文化的教會教育成為眾矢之的。各黨各派都不約而同地提出收回教育權。

中國共產黨社會主義青年團批評基督教青年會：「無疑的基督教已成為資本主義的護身符，帝國主義的先鋒。基督教青年會借着提供教育、娛樂而吸引中國青年人，使他們成為美國資本主義的附和者。他們為了美國銀行和公司的利益，加開了一些商業方面的課程，並且訓練學生；又宣傳中美間的友誼，以擴大美國資本主義的市場。」[178]

1924 年，中國國家主義青年團決議：「我們堅決反對基督教教育，它摧毀了我們同胞的民族精神，而且進行損害中國文明的文化計劃。」

4 月 30 日，陳獨秀引述 1923 年上海三育大學的美國人說：「既入教會讀書，應當斷絕國家關係，『愛國』二字斷無存在之餘地。」今年廣州聖三一學校的英國人又說：「這是英國人的學校，有英領事在廣州，斷不能徇你們的請，任從你們中國人的自由。」英美人這樣反覆聲明他們在中國辦教育的宗旨，就是要為帝國主義者培養他們的走狗。[179] 8 月全國學生聯合會在第六次大會上，指控教會機構消蝕中國青年之民族意識，使他們成為帝國主義者的「走狗」。聯合會要求關閉所有基督教學校，中國學生要接受摒除一切宗教思想之民族教育。

國人由言論發展為行動，「反基督教運動」演變為「收回教育權運動」。國人提出一個民族有其主權的權利去組織民族的學校體系。而教育的首義是協助國家求取權力和統一。獨立自主的基督教機構侵犯了中國的主權，而且它們宣揚排他性的異族教條，損害了中國人民的忠心與統一。西方人操縱的教會不可能宣揚中國之民族主義。[180] 陳啟天說：「一個國家的教育宗旨至少要

---

178 山本達郎、山本澄子：〈中國的反基督教運動〉（1922－1927），《中國現代史論集：五四運動》（6），第 207 頁。

179 陳獨秀：〈投降條件下之中國教育權〉，《陳獨秀著作選》（2），第 669 頁。

180 羅滋著、馮鵬江譯：〈中國民族主義與 1920 年代之反基督教運動〉，《中國現代史論集：五四運動》（6），第 223－224 頁。

培養本國國民，延長本國國命，光大本國國運。任何特殊教育宗旨不可與此國家教育宗旨衝突，致減少國家教育的效率，抹殺國家教育的根本。」[181]

五四運動時，一般教會學校學生因學校的干預，很少參加遊行示威。五卅慘案發生，教會不但沒有譴責帝國主義的暴行，更嚴禁其學校學生參加示威遊行和聲援運動，證明了外國教會是帝國主義侵華的「先鋒隊」，是「助桀為虐」的惡魔。教會學校學生起來反抗教會的禁制，為捍衛國家民族的尊嚴而戰，許多教會學校爆發學潮、學生退學。上海聖約翰大學有學生向其他同學報告其目睹五卅慘案情形，竟然被校長呵責，並驅逐出校。同學們大為不滿，組成學生會宣告罷課。校長恐嚇同學「罷課則不能留住宿舍」，宣佈放假一星期，企圖解散及壓抑學生會的行動。學生會決定下半旗哀悼被害華人，校長竟把中國國旗搶去，令學生極為憤怒，先後退學者超過八百人，全都宣誓永不回校。退學風潮發生後，該校中國教員蔡觀明等十七人響應學生，通告辭職。教會學校學生愛國情緒激昂，以行動證明他們也是中國人，不是洋人的「走狗」！此後半年內，全國各地有四十多所教會學校都因校長禁止學生參加五卅運動而退學，主要省份有江蘇、河北、河南、湖北、湖南、廣東、福建、江西等地。

宣傳「神愛世人」的教會坐視慘案不斷發生，沒有站出來譴責英帝國主義的暴行，沒有伸張教條所說的「公義」。作為基督徒的中國人，對信奉基督的帝國主義者屠殺國人，有何回應？

基督徒馮玉祥準備了兩份電報，在 7 月 1 日分致：世界真正熱心之基督徒、世界被壓迫的基督徒，籲請他們主持正義。這位基督徒將軍以為大多數教會裏的英美朋友都是同情中國的，教會不是常說：所有人都是上帝子民，都是兄弟嗎？豈料他的呼籲如石沉大海，沒有反響。後來，一位與馮玉祥認識多年的美國牧師古約翰（John Goforth）來訪，談起五卅慘案，古約翰竟指斥學生都是亂黨，英人開槍是對的。惹得馮玉祥大怒，痛斥這位多年舊交：

181 陳啟天：〈我們主張收回教育權的理由與辦法〉，《中華教育界》1925 年第 8 期。

「我被你騙了，你是冒充教徒！你其實倒是帝國主義者最凶惡的走狗！」[182] 英美法等帝國主義國家多次在全世界各地屠殺落後地區的人民，教會從來都是袖手旁觀。這樣的一個教會，還怎可讓它控制中國教育大權？

1926 年 3 月 9 日，胡適發表了他的〈今日教會教育的難關〉一文，文章是追記他在 1925 年在燕京大學教職員聚餐會的談話。胡適在講話中指出今日的傳教事業有三個新難關，教會不容易打過去。

第一是「新起的民族主義的反動」（A New Nationalistic Reaction）。

辛亥革命與民國成立鼓起了中國人的勇氣，喚醒了民族的自覺心。干涉與瓜分的噩夢漸漸遠了。歐戰之後，國際形勢大變，俄國革命，德國、奧國的衰敗，使中國對列強的怕懼心理漸漸減低，自覺的心理漸漸發展，結果就是一種新的民族主義的反動。這種反動的表現如：收回租借地、廢止不平等條約等運動。他們又提出：收回教育權，禁止外人在中國傳教。他們為什麼不許外人在中國傳教辦學呢？因為他們相信凡帝國主義文化侵略的唯一方法是佈宗教、開學校，另一方面又是帝國主義侵略殖民地之探險隊、先鋒軍。

這種反動是不可輕視的。他們的理由就是八十年來列強欺侮壓迫中國人的歷史；他們的證據就是外國人在中國取得的種種特權和租界。這些不公道一日不除，這些不平等的情形一日不去，那麼，這些反動的喊聲一日不能消滅。「這種民族主義的反動是很自然的，很正當的。」「這是強權不能壓倒，武力不能剷除的。」

第二是新起的理性主義（Rationalism）的趨勢。

西洋近代科學思想輸入中國以後，中國固有的自然主義哲學逐漸回來，這兩種東西的結合就產生了今日自然主義的運動。這種新的理性主義的根本態度是懷疑：他要人疑而後信，他的武器是「拿證據來」！因此，基督教的教義與信條也免不掉被批判與攻擊。

第三個關是傳教士在中國的生活安逸。以前來中國傳教是很困難、很危

---

182 馮玉祥：《我的生活》，第 529－534 頁；簡又文：《馮玉祥傳》上冊，第 228 頁。

險的事，所以當年來的傳教士至少須具兩種資格：第一要有非常深摯的宗教信心，第二要有百折不回的犧牲精神。現在來傳教的人都不用經過那嚴刻的天然淘汰，所以什麼樣子的人都跑來了。有些人是不必來的；有些人是不配來的。

最後，胡適提出兩個疑問：

第一，教會能不能集中一切財力人力來辦極少數真正超等出色的學校，而不去辦那許多中等下等的學校？這些三等四等學校我們一定會不要的。

第二，教會學校能不能拋棄傳教而專辦教育？

胡適也知道，勸教會學校拋棄傳教的目的，比勸張作霖、吳佩孚裁兵還要難的多。但他有兩個理由，不能不說：

(1) 利用兒童不能自己思想的時期，強迫他做宗教的儀式，勸誘他信仰某種宗教，那是不道德的行為。教育是為兒童的幸福的，不是為上帝的光榮的。學校是發展人才的地方，不是為一宗一派收徒弟的地方。用學校傳教，利用幼稚男女的簡單頭腦來傳教，實行傳教的事業，這種行為等於欺詐取利，是不道德的行為。

(2) 為基督徒計，「早年受勸誘入教的人，中年智識開發之後，往往要起反感。天才高的也許要變成福爾泰（Voltaire）一類的革命家；中下等的也許放恣流蕩，打破一切教義的拘束。倒是那些中年以後信教的人，信心不易減退，宗旨不易變遷。

教會學校必須拋棄傳教，專辦教育。具體做到：

(1) 不強迫做禮拜；

(2) 不把宗教教育列在課程表裏；

(3) 不勸誘兒童及其他父兄信教；

(4) 不用學校做宣傳教義的機關；

(5) 用人以學問為標準，不限於教徒；

(6) 教徒子弟與非教徒子弟受同等待遇；

(7) 思想自由、言論自由、信仰自由。[183]

作為主張全盤西化的胡適都斥責那些傳教士缺乏宗教熱誠，是不必來、不配來的；教會辦學來勸誘年幼無知的兒童信教，是「不道德的行為」。可見「收回教育權運動」在五卅運動之後，已經成為中國的潮流。

俄國革命後，土耳其在蘇聯支持下，擺脱了殖民地統治，收回了司法權和關税權，更努力收回教育權。歐戰以前，列強在土耳其遍設大中小學和女子學校。它們和在中國的教會學校一樣，都是培養奴隸人才，為帝國主義服務。歐戰後，土耳其否認了以前與列強所定的條約，先後關閉了法、德等國在土耳其設立的學校。1924 年 5 月，勒令停辦一切外人在土耳其的學校，甚至是美國新在君士坦丁堡設立之醫學校及女子專門學校。而中國教育深受列強侵略，全國大一點的城鎮幾乎無處沒有教會學校。這些學校不服中國政府管理，而且用耶教經典代替中國的倫理道德功課。故外電説：「國際間尚受投降條件之支配者現惟有中國一國。」因此，陳獨秀呼籲：「勿讓收回教育權不受投降條件之支配的土耳其人專美於前。」[184]

收回教育權運動得到教育界、國民黨、共產黨和青年黨的支持，1925 年 2 月出版的《中華教育界》定為「收回教育權運動號」，刊載了十一篇專論，詳細説明收回教育權的必要與方法。楊效春指控：「基督教在我國辦學是侵我國主權完整，破壞我國教育統一，擾亂我國學生思想，而根本危及我國運命之生存，延續及昌榮。」[185] 這份專刊得到教育界的廣泛重視。

五四時期，民族意識高漲，中國政府無論是北京政府還是廣州國民政府都採取行動，收回辦學主權。

1921 年，北京政府教育部頒佈《教會所設中等學校請求立案辦法》，規定「學科內容及教授方法，不得含有傳教性質」。1925 年 11 月，北京政府教

183 胡適：〈今日教會教育的難關〉（1926 年 3 月 9 日），《胡適文集》（4），第 634－640 頁。

184 陳獨秀：〈投降條件下之中國教育權〉，《陳獨秀著作選》（2），第 669－673 頁。

185 楊效春：〈基督教之宣傳與收回教育權運動〉，《中華教育界》第 14 卷 8 期。

育部頒佈了《外人捐資設立學校請求認可辦法》，明確規定：「學校不得以傳佈宗教為宗旨」，學校課程「不得以宗教科目列入必修科」、「校長原係外國人者，必須以中國人為副校長，即為請求認可時之代表人」、「學校設有董事會者，中國人應佔董事名額之過半數」。[186]

1925 年 7 月 1 日，國民政府成立，「收回教育權」成為教育政策的主要內容。教育行政委員會委員兼廣東省教育廳長許崇清擬具的《教育方針草案》，明白指出：國民政府當在可能的範圍內，力謀「宗教與教育的分離，外人經營學校的取締」。另一委員兼江蘇省教育廳長張乃燕在上海《申報》發表〈革新教育十大原則〉，指明國民政府應力圖收回教育主權，其理由及辦法如下：

> 帝國主義，在滿清時代所攫取不平等條約之權利，遺害吾民，垂八十餘年。就中尤以外人個人及教會，能在內地自由設立學校一節，為吾民附骨之疽。此種學校之目的，只在養成教徒及買辦；對於學生，威脅利誘，無所不為。吾黨既以取消不平等條約為口號，當及早預籌收回教育權之辦法。其第一步應謀自辦學校之優良鞏固，並宣佈教會學校之黑幕，俾青年自知所擇，而家屬亦不致以無處求學為藉口。其在國民政府統屬下之教會學校，則須派專家嚴行視察，並分別取締之。至宣佈取消不平等條約時再實行，將各校收回自辦，則事屬易行。

教育行政委員會通過了教育方針草案，強調應努力收回教育權，「現在外人所辦的學校既沒有在我國的政府立案，又不受我國教育行政機關的監督，顯係藐視我國主權。為收回教育權起見，我們須立刻制定取締外人所辦學校的規程嚴厲執行，更須積極將外人所辦的學校收回自辦。⋯⋯教育應與宗教

186 朱有瓛：《中國近代學制史料》第 4 輯（上海：華東師範大學出版社，1983 年），第 783、784 頁。

分離。……教育萬不能依附宗教而存在，我們應該取締一切教會學校，不准在校內有宗教的宣傳、宗教的儀式和宗教的課程。」[187]

1927 年北伐期間，反帝國主義浪潮高漲，3,000 多名傳教士被迫離華，不但幾所教會大學被迫停辦，就是教會中小學亦難以維持。1922 年教會中學學生數為 11,000 人，至 1927 年已減為 5,500 人。醫院亦關門或留給中國職員。[188]

國民政府奠都南京後，成立「大學院」，為全國最高學術及教育行政機關，反對宗教教育最力的蔡元培為大學院院長，正式將教會學校納入私立學校系統，以政府的監督、管理和各項條例限制，規定宗教與教育分離，校長得由中國人充任，外國人不得為董事長或校董會主席，校董會須向大學院立案。

1929 年 4 月，教育部公佈《取締宗教團體私立各學校辦法四條》；9 月，《呈請取締基督教之文化侵略案》，通令各省市嚴厲制止外國人及教會所立學校作宗教宣傳。1930 年教育部嚴禁：小學不得設宗教科目、舉行宗教儀式或宣傳宗教。8 月，國民政府又公佈了新的《私立學校規程》，重申不得由外國人擔任校長和不准以宗教科目為必修課，還特別強調既不能強迫，也不能「勸誘」學生參加宗教儀式。[189]

國民政府一方面對教會學校嚴厲取締，中國教育界仝寅努力創辦和改革了幾所可以同世界一流大學比美的大學，北京大學、清華大學和南開大學的表現堅定了國人收回教會學校自辦的信心，收回教育權運動在全國各界的共同努力下得以成功。

---

187 楊翠華：〈非宗教教育與收回教育權運動〉（1922－1930），《中國現代史論集：五四運動》（6），第 262－264 頁。

188 楊翠華：〈非宗教教育與收回教育權運動〉（1922－1930），《中國現代史論集：五四運動》（6），第 259 頁；山本達郎、山本澄子：〈中國的反基督教運動〉（1922－1927），同前書，第 194－195 頁。

189 楊翠華：〈非宗教教育與收回教育權運動〉（1922－1930），《中國現代史論集：五四運動》（6），第 269 頁。

6. 政治方面

（1）中國拒簽和約

一般觀點認為北洋政府在國內輿論和政治壓力下，拒絕簽署對德和約，使山東問題成為懸案。國人的抗爭，令北洋政府不得不讓步。

不過，若從北洋政府當時的政治環境分析，事情沒有這麼簡單。當時北洋政府在軍事上主要分為段祺瑞的皖系和馮國璋的直系（吳佩孚為直系的後起之秀）。段祺瑞借日本的錢來擴軍和收買政客，目的就是用武力消滅包括馮國璋在內的南北異己，統一全國，登上總統之位。因此山東問題、中日密約問題，全部都由段祺瑞引起。段祺瑞的皖系和他操控的安福系政客主張簽字，企圖繼續依靠日本力量對付異己。同時，捧出一個沒有軍事實力的徐世昌當總統，讓他成為段的傀儡，為其背上賣國之罪。徐世昌能清末亂局屹立不倒，自然具備高明的政治智慧，明白既不能得罪段祺瑞一伙，以免走上黎元洪的下場；也不能成為全國人民的眾矢之的，成為千古罪人。所以他小心翼翼，面面俱圓，既不得罪皖系，也不獲咎國人，成功地取回山東權益。試看看徐世昌的巧妙安排：

一、直系吳佩孚通電反對段祺瑞武力統一政策，提出罷兵言和，得到南北軍人響應，令段祺瑞圖謀失敗。徐世昌即位總統後，沒有順從段祺瑞，反而繼續推行馮國璋的和平主張，呼籲「和衷共濟、統一南北」。美國因日本企圖獨霸中國，損害它的利益，遂改變對華政策，支持徐世昌以遏制段祺瑞，以削弱日本對華影響力；勸喻南方軍政府停戰，與北方言和，開始了南北議和。在這全國罷兵言和的大氣候之下，徐世昌讓南方派出王正廷作為出席巴黎和會中國代表，於是除了北洋政府代表掌握中日密約外，南方軍政府亦獲悉詳情，王正廷安排李璜為和會中國記者，報道巴黎和會動向，使國人得以完全掌握和會最新消息。

尤其值得留意的是中國出席和會的代表，完全沒有一個親日派，他們忠心為國家力爭山東主權。顧維鈞雄辯滔滔，贏得世界輿論同情，大挫日本氣焰。王正廷更在和會外對記者揚言，中國代表隨時可以公開中日密約，一方面讓國人知悉段祺瑞一伙親日派賣國的罪行，並向世界暴露日本的侵華野心。徐世昌聰明地站在一旁，讓別人說他所想說的話，讓別人做他所想做的事。

日本沒有看清國際政治形勢的變化，橫蠻地向中國施壓。其駐北京公使小幡恐嚇中國代理外長陳籙，要求中國訓令代表團，一切問題，非經日本同意，不得在巴黎和會提出，並警告：日本有強大海陸軍，隨時可以入侵中國。這番話隨即外洩，引起全中國各界人民的憤怒，和美英的責難。小幡焦頭爛額，只得辯稱未受日本政府正式訓令，自己承擔一切責任。此事一挫日本驕橫的氣焰，也給親日派一個當頭棒喝。試想想：一個代理外長有膽量洩漏如此機密的談話內容嗎？誰人能夠接觸這些高度機密和敏感的資料？誰有權安排適當的人士在適當的媒體發表？除了徐世昌大總統之外，還有何人？

二、徐世昌為增加自己的實力，借口推動全國和平，10 月 23 日，組成了國民黨、政學系、研究系和社會名流熊希齡、張謇、蔡元培等二十四人的新政黨——「和平期成會」，聯合擁護黎元洪、馮國璋等各黨派的力量抗衡段祺瑞和安福系。巴黎和會召開期間，傳言梁啟超被徐世昌總統派往法國，取代患重病的陸徵祥為代表團團長。「事實上，總統和總理從前曾電告陸氏，梁先生與和會籌委會來往密切，一直在研究對中國有影響的種種問題。而陸總長總是設法讓梁充分了解正在處理的問題情況。並想讓梁參閱包括機密文件在內的全部文件。」由於「梁在北京是總統的親密顧問」，[190] 徐世昌這樣的安排必有用意。

清末民初，梁啟超的政治取態有別於孫中山的革命黨，與袁世凱、段祺瑞的關係良好，成為研究系的領袖。但梁啟超又絕不出賣國家權益，袁世凱推動帝制運動，便令其學生蔡鍔組織護國軍反袁；張勳復辟，其師康有為扶持宣統，梁啟超則游說段祺瑞馬廠誓師，討伐張勳，使復辟失敗。因此，梁

190《顧維鈞回憶錄》（1），第 191－192 頁。

啟超從歐洲拍回和談失敗的電報，引爆了五四愛國運動，背後可以看到徐世昌的影子。

國內《大公報》、《新聞報》都有報道和會的消息，一般人看了之後，會有什麼反應？會組織起來上街遊行示威嗎？當年的中國人還沒有這麼高的覺醒程度。唯獨愛國青年早已有多次反對日本的愛國運動，而北京大學是領導學生運動的重要基地。因此，由梁啟超把和會失敗的消息傳給林長民，再由林長民轉告蔡元培，就是要蔡元培點起五四愛國運動之火。沒有五四運動的遊行示威、罷課、罷工、罷市，全國各界的怒火怎能燃燒起來？

三、和會失敗，親日派成為眾矢之的，段祺瑞企圖用高壓手段平息學潮。5 月 13 日，堅決拒絕南方代表的和平條件，撤回北方代表，終止和平談判。又對徐世昌大施壓力，迫他在 15 日罷免拒絕撤換蔡元培的教育總長傅增湘。總理錢能訓以無力處理亂局，向段祺瑞表示願意下台，於是北京政府差不多處於真空狀態。5 月下旬，段祺瑞公然通電主張簽字巴黎和約。[191] 6 月 12 日，徐世昌自呈辭職書，以咨參、眾兩院，其呈辭的原因：「外交不簽字，國家無自存之望，而民氣被人煽惑，⋯⋯連國會亦有反對之説」；「和會（南北上海和會）因法律問題，雙方均無讓步誠意，難期統一。」徐世昌呈辭之舉頗「得全國工商學界之傾心，其聲名遂洋溢於全國，無人不望風采，而稱之為救時之偉人」。張作霖聞訊，立即電告曹錕，要他以北洋領袖資格「早日合詞籲懇元首，力任艱危，勿萌退志」。曹錕雖然同意挽留徐世昌，但不敢表態支持或反對簽約，而曹錕的部下吳佩孚卻清楚明白的通電支持學生愛國運動，主張嚴懲賣國賊。[192]

6 月 16 日，吳佩孚聯合西南將領譚延闓、趙恆惕等六十一人，發表著名「刪電」。力陳外侮在即，應早定南北議和，共同對外，反對簽約。「聖賢桑梓，染成異族腥膻；齊魯封疆，遍來淫娃木屐。⋯⋯與其一日縱敵，不若鋌

191《北洋軍閥史話》(3)，第 167－169，172 頁。

192《吳佩孚傳》(上)，第 134 頁。

而走險；與其強制簽字，貽羞萬國，毋寧悉索敝賦，背城借一。」「在山東問題上，對日本需以相當兵力，作最後之解決。」24 日，吳佩孚致電國務院，正告當局：如果對人民實行高壓，後果將是「大獄之興，定招大亂。」27 日，再次致電北洋政府要求釋放愛國學生：「如必謂民氣可抑，眾口可緘，竊恐眾怒難犯，專欲難成。」徐世昌辭總統職的訊息是反對段祺瑞破壞南北和平談判，繼續打內戰，承認中日密約。他雖然沒有明確回覆陸徵祥拒絕簽字，着代表團「相機處理」，「總統辭職了」！代表團自然明白其中含意。28 日，中國代表團缺席和會簽字大會，並致電政府，引咎辭職：「此事於我國領土完全，及前途安危，關係至鉅。⋯⋯竊查祥等猥以菲材，謬膺重任，來歐半載，事與願違，內疚神明，外慚清議。由此以往，利害得失，當難逆睹。要皆由祥等奉職無狀，致貽我政府主座及全國之憂。乞即明令開去祥外交部長委員長及正廷、維鈞、震組等差缺，一並交付懲戒。」[193] 代表團辭職拒簽，執行了徐世昌暗示的指令。

6 月 30 日，北京政府發表了陸徵祥的電報。為了防止親日派補簽和約，吳佩孚繼續施壓，7 月 1 日，再聯合譚浩明、馮玉祥、李奎元等通電反對簽字：「如果簽字，直不啻作繭自縛，飲鴆自殺也。」7 月 2 日，北京政府在總統府召集重要會議，研究陸徵祥來電。徐樹錚主張撤回陸徵祥，改派胡惟德為首席代表，兼程赴巴黎補簽和約，未被徐世昌接受。6 日，吳佩孚致電徐世昌，請召集國民大會宣佈最近外交經過情形。7 日，徐覆電吳佩孚說此會與立法機關不合，召集徒經手續，將用命令方式，公佈此次拒簽和約經過。10 日，徐世昌正式下令說明中國代表未簽字和約。13 日，吳再次通電反對補簽和約，指出：「此後如再有勾串外人，仍請簽字割地者，以賣國論。」「日人對華，向用威嚇手段，我政府應鎮靜以待，勿為所屈。」吳並解釋他「以全勝之師，遽爾罷戰主和，休養兵力者，正為今日」，「謹勵戎行，敬待後命，

193《北洋軍閥史話》(3)，第 185 頁。

急難有用，敢效前驅。」[194]

單憑學生運動，罷課、罷工和罷市便能成功爭取山東主權，那是不成熟的觀點。在日本帝國主義侵略者手中奪回山東權益，是需要執政者結合全國各界人民的努力，利用國內外有利的環境，幾經爭取，才能取回的。

(2) 美日衝突的伏線

巴黎和會期間，美國總統威爾遜提出十四項原則，反對秘密外交、主張民族自決等，並積極調處山東問題，主張各國放棄在華特權。巴黎和會雖然屈從日本的要求，但是山東問題因中國拒簽成為懸案。

美國為抵制日本對華的擴張，反對段祺瑞北洋政府投靠日本，支持徐世昌、吳佩孚等反日反段。由於美國參議院認為在山東問題上美國對日本讓步過多，對美不利，1919 年 8 日，美國參議院通過一項對《凡爾賽條約》的保留案，對日本繼承德國在山東的權利不予同意：「美國對德和約第 156 條、157 條、158 條之規定，不予同意。」[195] 1921 年美國總統哈定在華盛頓召開會議，邀請中、日、英、法、意、荷、比、葡等八國出席，締結《九國公約》，解決山東問題，並規定美英日的主力艦比列為 5：5：3。日本認為《九國公約》限制了它在中國的特殊權益，在《田中奏摺》中指出：「吾人非與美國衝突不可。⋯⋯吾人若欲於將來控制中國，必先打倒美國。」[196] 因此，美國積極參與中國事務，遂伏下美日衝突的遠因。

(3) 吳佩孚崛起與直皖戰爭

辛亥革命時，吳佩孚為曹錕第 3 鎮第 1 協第 3 標炮兵第 1 營管帶。在娘子關平定山西革命軍有功，升為第 3 標標統。民國之後，鎮改為師，標改為團。吳任第 3 師第 3 團團長。二次革命時，率部入湘，未經激戰，佔領

194《吳佩孚傳》（上），第 135－136 頁；《北洋軍閥史話》（3），第 185－186 頁。。

195《吳佩孚傳》（上），第 176 頁。

196《田中奏摺原文》（1927 年 7 月 25 日），何應欽：《八年抗戰與台灣光復》（台北：黎明文化，1981 年），第 119－123 頁。

岳陽。遂被曹錕重用，急升為第 3 師第 6 旅少將旅長，統兵六千人。袁氏稱帝時，1916 年 2 月 6 日佔領瀘州，10 日攻佔蔡鍔、劉存厚控制瀘州屏障月亮岩，經數日激戰，以一千二百人兵力，破滇川軍約兩萬之眾。是役以少勝多，表現了吳佩孚的軍事才能。曹錕以為護國軍殘弱不能戰，輕敵進攻納溪，被困重圍。吳佩孚率少數騎兵奮勇衝入，救出曹錕。曹錕此後銘記吳的「救駕」之恩。吳奮勇作戰，力抗護國軍，袁世凱接戰報，授吳代理北洋陸軍第 3 師師長，三等男爵，中將銜。7 日，北洋軍佔據納溪。曹錕發現段祺瑞和馮國璋兩北洋系巨頭均不支持袁世凱稱帝，「決不能當人家兩代的狗」。於是頓兵不前，秘密聯絡反袁各方，以求後路。袁世凱稱帝失敗病亡後，形成了群龍無首的政治新格局。段祺瑞、馮國璋、王士珍、徐世昌等北洋元老，誰都樹不起新的權威，亦不可能和衷共濟，馮國璋直系集團與段祺瑞皖系集團兩派爭權奪利，水火不容。馮段兩人均爭取曹錕，默許他擴大兵力。曹遂派吳佩孚在保定大募新丁，訓練軍隊。吳佩孚在一年半時間內迅速擴建了九個混成旅，兵力劇增了三倍半。為避免舊軍隊的惡習，吳佩孚要求各軍恪守軍紀，嚴格訓練。其第 3 師遂成為屢戰屢勝的北洋勁旅。[197]

吳佩孚雖然是曹錕愛將，但不盲從段祺瑞的指揮。段祺瑞為對付護法軍政府，1918 年 2 月 2 日，派吳佩孚率兵進入湖南，對湘、粵、桂聯軍作戰。5 日，段祺瑞任吳署中央陸軍第 3 師師長。吳軍連克要地。18 日進佔岳陽，26 日佔長沙。4 月 24 日，佔衡陽。27 日，段祺瑞任命嫡系張敬堯為湖南督軍，同時命吳率部南下，向湘南及兩廣進軍，為他打天下。這時馮玉祥首先抗拒內戰，頓兵不前，通電休戰主和。段下令查辦馮玉祥，惟馮部下表示寧與旅長同死，請將全旅官兵 9,553 人一律槍斃，以謝天下。段無法制裁。吳看清段讓他孤軍深入，與南軍互相殘殺，以「驅虎鬥狼」之計，消滅異己，讓自己嫡系部隊坐收漁利，擴大勢力，遂決定「不可再戰」、「罷戰主和」。

8 月 7 日，吳佩孚通電提倡南北和平，痛罵段祺瑞，重挫段的威信，使其

197《吳佩孚傳》（上），第 44－53 頁。

「武力統一」的計謀破產。五四運動爆發時，吳佩孚多次通電呼籲爭取山東主權，要求釋放學生，反對簽署和約，獲得時人稱讚為「愛國將軍」。[198] 吳佩孚多次破壞段祺瑞的好事，播下了直皖戰爭的種子。

(4) 提高學生及民眾的政治意識

五四運動同時激發青年學生及社會各階層人士關心政事和社會的意識，學生組織如「救亡會」、「學生救國團」、「全國學生聯合會」相繼成立，這些組織一方面協助國人維護山東主權，另一方面令政黨認識了青年學生的力量，吸納這股新生力量。孫中山十分重視這股新興革命力量，於是改組國民黨，予以吸納。稍後成立黃埔軍校，招收了大批學生，為北伐作出了重要貢獻。中國共產黨成立初期的重要幹部，如陳獨秀、李大釗、毛澤東、周恩來等，大多數是五四運動或學生運動的領袖。

五四時期，工人罷工支持學生爭取山東權益，工人愛國意識亦大為提高，工人運動因而蓬勃發展起來。工人群眾不但為自己的福利而鬥爭，也為國民革命和社會主義革命、打倒軍閥和帝國主義作出重要貢獻。1922 年 1 月，香港海員進行大罷工，令 250 多艘輪船滯留在港，海上運輸全面癱瘓了數週之久，英帝國主義威風盡失。

(5) 新舊政黨的成立與改革

有人認為五四運動本來是一個救國的運動，當時北京學生運動的口號是「內除國賊，外爭國權」。但後來這運動被某些人解釋為單純的思想文化運動，以後的方向也專從學術文化研究入手，對實際政治問題不聞不問。不過，文化運動與政治脫節，是不切實際的。面對帝國主義侵略，軍閥橫行肆虐，如何拯救國家民族於危亡，是許多愛國青年腦海中的主要課題。新文化運動空洞不着邊際，故決心投入實際政治，為改造中國努力。當時中國流行三大政治潮流——三民主義、國際主義和國家主義。

198《吳佩孚傳》(上)，第 127 頁。

在革命中屢受挫折的孫中山，密切注視五四愛國運動的洪流，他指出群眾已經覺醒，「前回『五四』運動，就是幾十個學生，能夠把三個賣國賊革了去」，「好像『五四』的運動，賣國政府也怕起來，把三個賣國賊趕掉去。這就是諸君的公理打倒強權的明證了。」[199] 他讚揚新文化運動非常重要、影響巨大：「自北京大學學生發生五四運動以來，一般愛國青年無不以革新思想，為將來革新事業之預備，於是蓬蓬勃勃，發抒言論，國內各界輿論，一致同倡，各種新出版物為熱心青年所舉辦者，紛紛應時而出，揚葩吐豔，各極其致，社會遂蒙絕大之影響，雖以頑劣之偽政府，猶且不敢攖其鋒。……輿論放大異彩，學潮瀰漫全國，人皆激發天良，誓死為愛國之運動。倘能繼長增高，其將來收效之偉大且久遠者，可無疑也。吾黨欲收革命之成功，必有賴於思想之變化，兵法攻心，語曰革心，皆此之故，故此種新文化運動，實為最有價值之事。」於是下令黨人集資辦出版機構以宣傳革命。[200] 並改組國民黨，吸納愛國青年，壯大國民革命的力量。

俄國十月革命成功後，宣佈支持世界一切被帝國主義壓迫的國家和民族，又宣稱放棄沙俄時期在中國取得的特權。此宣言令深受帝國主義壓迫的中國深受感動。李大釗撰文讚揚俄國革命是「庶民的勝利」，積極把馬克思主義介紹到中國。李大釗、陳獨秀為首等知識份子相信馬克思主義是帶領建立新中國的學說。1920 年，在蘇聯共產黨的協助下，中國第一個共產主義小組在上海成立，翌年正式成立中國共產黨，自此展開了社會主義革命的新篇章。

辛亥革命之後，中華民國成立，提出五族共和，排滿的民族主義不適合國情，中國的革新運動已需要從「民族本位」進化為「國家本位」。民初政黨如進步黨及共和黨在政綱中均有「採取國家主義」的字樣。日本侵佔青島，國人鑑於國勢危急，爆發了全民——學生、商人、工人、政界和軍界——參與

199 孫中山：〈孫中山先生在寰球學生會的演說詞〉（1919 年 10 月 18 日），《國父全集》（3），第 202－207 頁。

200 孫中山：〈為創設英文雜誌及印刷機關致海外同志書〉（1920 年 1 月 29 日），《國父全集》（5），第 190－193 頁。

的五四愛國運動，全民國家意識因而覺醒。曾琦、李璜等人認為舊政黨令國人失望，於是結集同志組織新政黨。1923 年 12 月 2 日在法國巴黎近郊之玫瑰泉創立「中國青年黨」，提出宗旨：「本國家主義之精神，採全國革命的手段，以外抗強權、力爭中華民國之獨立與自由；內除國賊，建設全民福利的國家。」其後回國發展，成為國共兩黨之外的第三大黨。[201]

五四運動之後，中國知識份子又走回政治改革的道路，組織政黨，結集力量，有計劃地建立政權，然後實施其強國的藍圖！

7. 經濟方面——抵制日貨

全國在反抗日本掠奪山東主權的同時，掀起抵制日貨運動，以反對日本對華經濟侵略，這是五四運動其中一項重要內容。抵制日貨的行動持續了一段時間，對日本在華貿易具有一定的阻遏作用。

1919 年 11 月 16 日，福州學生表演日本侵害中國為主題的新劇。日本領事署警察長江口善海率領百多名日本浪人鬧事，上台痛打演員，在街毆打青年學生，甚至開槍射擊趕到調解的警察。中國警察因奉令不准對外人開槍，只能增援，以大量人力控制亂局。最後雖然把故意挑釁的日領署職員擒獲，因他們有外交身份，只得電請外交交涉員轉告日本領事署，請他們派人來把這群鬧事的浪人領回。17 日，福州各學校一致罷課，各商店一致罷市，抗議日本人的暴行。福州日人暴行引起全國的震動和憤怒。29 日，北京學生發動示威遊行，北京中等以上學生三萬餘人在天安門集合，出發遊行講演，軍警未加干涉。12 月 3 日，上海學生會舉行愛國講演，並且組織抵制日貨委員會以抗議福州日人的暴行。7 日，北京學生聯合會、各界聯合會、福建同鄉會等

201 《學鈍室回憶錄》（上），第 156－159 頁；沈雲龍：《中國青年黨黨史．政綱》（台北：中國青年黨中央黨部，1983 年），第 8－11 頁。

十七個團體在天安門舉行國民大會，與會人士約十萬人，公推商會會長安迪生為主席。安迪生在群眾壓力下，承諾商界全體在三天內將現存日貨封存不賣。北大成立了抵制日貨委員會，從 10 日起派人到稅關檢查進口貨。各業商人在商會集體宣誓，永遠不進日貨，並且用電報通知日本退貨。日本工商界看出中國人抵制日貨的決心，於是要求其政府改善中日關係。[202]

1920 年 1 月 15 日，吳佩孚發「敬電」，支持抵制日貨，痛斥日本：「我國發生排斥日貨風潮，致發生福州案件之結果。……我有排貨之舉動，彼應有凶毆之報復。……查萬國公法通商條例，並未載有甲國不用乙國之貨，乙國應有毆擊之對待；亦未有甲國提倡國貨，不能自由，而異國強迫毀棄，橫來干涉者。日本自號文明，尤不應出此野蠻行為，而違背萬國公法。」[203] 國人明白軍事力量無法抵抗日本的侵略，於是發動抵制日貨運動，倡用國貨，用經濟手段打擊帝國主義侵略者，是國人最有效的武器。稍後香港的海員大罷工、省港大罷工便用罷工、罷市手段，重創港英經濟，令一件有英國商標的貨物都不能在廣州販賣，大滅英國威風。

202《北洋軍閥史話》(3)，第 196－200 頁。

203《吳佩孚傳》(上)，第 144 頁。

第四章

中國國民黨與帝國主義的鬥爭

1 孫中山
2 1923 年孫中山與香港大學
3 海員大罷工
4 五卅慘案

5　馮玉祥

6　胡漢民

7-8　沙基慘案

5

6

7

8

9

10

11

12

9 廖仲愷

10 蔣介石

11 省港大罷工

12 軍閥和帝國主義壓迫下的中國人民

中國國民黨兵敗大陸，撤退到台灣，為得到美國庇護，自稱為自由世界的橋頭堡。否認曾經與英美帝國主義鬥爭的歷史，否認國民革命是世界革命的一部分，否認國民革命的首要任務是打倒軍閥及其背後的帝國主義。[1]

無論是孫中山還是蔣介石反對帝國主義的言行，都全部刪除。凡不符合政治環境的書籍，就算是中國國民黨黨史委員會出版的書籍，都打為「禁書」，不准公開發售。黨史委員會編輯的《總統蔣公大事長編》是記錄蔣介石一生事蹟的重要書籍，便因此被禁。

國民黨是否曾經與英美帝國主義有激烈的鬥爭？

孫中山和蔣介石是否曾經主張國民革命是世界革命的一部分？

國民黨與帝國主義鬥爭的歷史是光輝的一頁，還是應該洗淨的污跡？

以下引述孫中山和蔣介石當年的著述、講話和行事，讓國人客觀評價。

一、孫中山領導的反帝國主義鬥爭

1912 年 10 月 23 日，孫中山講演，説辛亥革命，成立中華民國，是我四萬萬同胞，應「世界革命」的潮流。[2] 孫中山首先指出辛亥革命是順應世界革命潮流，是世界革命的一部分。

孫中山的革命進程可以分為三個階段：第一個階段是成立革命黨，推翻滿清政府及君主專制制度；第二個階段是反對軍閥專制，為建立民主政治而鬥爭；第三個階段是採取聯俄容共政策，打倒軍閥、打倒帝國主義，取消不平等條約和列強在華特權，把帝國主義驅逐出中國。三個階段的最終目標都

1　蔣永敬：〈鮑羅廷與中國國民黨之改組〉，中華民國建國史討論集編輯委員會：《中華民國建國史討論集——北伐統一與訓政建設史》（3）（台北：中華民國建國史討論會，1981 年），第 75 頁。

2　孫中山：〈同胞要同心協力做建設事業〉（1912 年 10 月 23 日），秦孝儀：《國父全集》（3）（台北：近代中國出版社，1989 年），第 123－125 頁。

是建立一個民主富強的中國，共同敵人就是帝國主義者。孫中山在第一、二階段都沒有正式提出打倒帝國主義，因為這時革命黨人力量薄弱，敵人力量龐大，如果過早提出打倒帝國主義，他和革命黨人連在中國租界活動都困難。直至他進行聯俄容共政策，得到蘇聯政治、軍事和經濟援助，孫中山才有力量公開向帝國主義宣戰，號召國人廢除不平等條約，打倒軍閥和幕後破壞中國革命的帝國主義。帝國主義是外部力量，是不是屬於世界範圍？以下介紹孫中山第三階段的革命活動。

1. 帝國主義屢次破壞孫中山革命事業

孫中山領導國人進行國民革命共約四十年，屢次受挫，導致深受國人責難。他檢討了革命失敗的原因：

1923 年 11 月 25 日，他在〈中國國民黨改組宣言〉說：「自革命同盟會以至中國國民黨，由秘密的團體而為公開的政黨，其歷史上之經過垂二十年，⋯⋯ 然綜十數年已往之成績，而計效程功，不得不自認為失敗。滿清鼎革，繼有袁氏，洪憲墮廢，乃生無數專制一方之小朝廷，軍閥橫行，政客流毒，黨人附逆，議員賣身，⋯⋯ 使國人遂疑革命不足以致治。」[3] 1924 年 1 月 20 日，孫中山在廣州中國國民黨第一次全國代表大會演講：「我們自辦同盟會以來，有很大的力量表現出來，就是把滿洲政府推倒。但推倒之後，官僚之流毒日益加甚，破壞雖成功，建設上卻一點沒有盡力。這十三年來，政治上、社會上種種黑暗腐敗，比前清更甚，人民困苦日甚一日，故多數反革命派即以此為口實，而攻擊革命黨，謂只有破壞能力，而無建設能力。此種話我們革命黨雖不肯承認，然事實上確是如此，⋯⋯ 中國自革命後並無進步，反為退步。但此並非革命黨之初心，今人民皆以此歸咎於革命黨，我黨亦不

3　孫中山：〈中國國民黨改組宣言〉（1923 年 11 月 25 日），《國父全集》（1），第 124－125 頁。

能不受。…… 人民均急希望革命之能成功，視革命二字為神聖。成功後不能如其所期，頓使失望，此種事實誰負其責？革命黨不能不負其責。人民以各種痛苦歸咎於我們，我們實難辭其責。」[4]

「大抵我們革命，在起初的時候，奮鬥均極猛烈，到後來結果，無一次不是妥協。即舉『排滿』、『倒袁』、『護法』三役而言，我們做革命都是有頭無尾，都是有始無終，所以終歸失敗。」所以孫中山要國民黨重新擔負革命的責任，進行徹底革命，把軍閥推倒，反抗帝國侵略主義，解放中國和世界受帝國主義所壓迫的人民。[5]

孫中山找到革命失敗的原因，就是帝國主義的破壞。孫中山說：「中國革命十三年，每每被反革命的力量所阻止，所以不能進行，做到徹底成功。這種反革命的力量，就是軍閥。為什麼軍閥有這個大力量呢？因為軍閥背後，有帝國主義的援助。」[6] 為什麼帝國主義破壞中國的革命？孫中山分析帝國主義和軍閥破壞中國革命的原因：「革命之目的，在實現民有、民治、民享之國家，以獨立自由於大地之上。此與帝國主義，如水火之不相容，故帝國主義遂與軍閥互相勾結，以為反動。」[7]

孫中山首先指出日本是破壞中國革命的罪魁：「我們革命失敗，全是日本搗鬼。起初助袁世凱以摧殘民黨，後來經民黨多方運動，不助袁氏，乃又偏偏要抬出岑春煊來扶植官僚勢力。」[8] 除了日本帝國主義之外，歐洲帝國主義

4 孫中山：〈廣州中國國民黨第一次全國代表大會演講〉（1923 年 11 月 25 日），《國父全集》（3），第 410－412 頁

5 孫中山：〈在廣州中國國民黨第一次全國代表大會演講〉（1924 年 1 月 23 日），《國父全集》（3），第 419 頁。

6 孫中山：〈在神戶東方飯店對東京大阪神戶中國國民黨歡迎會演講〉（1924 年 11 月 25 日），《國父全集》（3），第 527－535 頁。

7 孫中山：〈為實現民治告粵民三事文〉（1924 年 9 月 10 日），《國父全集》（1），第 167－169 頁。

8 孫中山：〈在上海中國國民黨本部會議的演說〉（1920 年 11 月 4 日），中山大學歷史系孫中山研究室、廣東省社會科學院歷史研究所、中國社會科學院近代史研究所中華民國史研究室合編：《孫中山全集》（5）（北京：中華書局，1985 年），第 394 頁

亦忌恨中國革命。孫中山從全球戰略的角度分析：「中國（原文作支那）之革命，為歐洲列強所最忌者，蓋中國革命一旦成功，則安南、緬甸、尼泊爾、不丹等國，必仍願歸附為中國之屏藩；而印度、阿富汗、亞剌伯、巫來由等民族，必步中國之後塵離歐而獨立，如此則歐洲帝國主義與經濟侵略，必至失敗，是故中國之革命，實為歐洲帝國主義宣佈死刑之先聲也。」[9]「中國革命宣判歐洲帝國主義死刑！」這就是孫中山對帝國主義破壞中國革命的結論！中國革命與歐洲帝國主義是否勢不兩立？

因此，孫中山在他最後的革命歲月裏制定了「聯俄容共」政策，改組國民黨，領導國人進行打倒「帝國主義」的鬥爭。孫中山強調：「國民黨之惟一職任，在領導全國國民作反抗軍閥及帝國主義之運動，鑒於歷年之失敗，欲重新整齊其紀律，堅強其組織，以應全國國民革命之需要。」[10]「繼續辛亥事業，以底於完成，使中國脱除軍閥與夫帝國主義之壓迫，以遂其再造。」[11]

1924 年 3 月 28 日，孫中山發表了〈國民黨致各界書〉，闡述了國民黨的奮鬥目標：「本黨為救國之政黨，為中國之主權而奮鬥，為青年國民之利益而奮鬥，為全體國民脱離軍閥壓迫、外國帝國主義壓迫而奮鬥。」[12]「現時國民革命的口號是『打倒軍閥，打倒帝國主義』。」[13] 孫中山認為民國成立十三年

9 孫中山：〈致犬養毅請擺脱列強影響毅然助成中國革命函〉（1923 年 11 月 16 日），《國父全集》（5），第 490－494 頁；孫中山：〈致犬養毅書〉（1923 年 11 月 16 日），《孫中山全集》（8），第 404 頁。

10 孫中山：〈國民黨上海執行部重要聲明〉（1924 年 3 月 5 日），《國父全集》（1），第 142－143 頁。

11 孫中山：〈覆蘇俄代表加拉罕謝其祝賀全國代表大會電〉（1924 年 1 月 24 日），《國父全集》（5），第 501－502 頁。

12 孫中山：〈國民黨致各界書〉（1924 年 3 月 28 日），秦孝儀：《國父全集》（1），第 145－146 頁。

13 孫中山：〈中國國民黨為九七國恥紀念宣言〉（1924 年 9 月 7 日），《國父全集》（1），第 163－167 頁。

來的戰禍，「直接受自軍閥，間接受自帝國主義，明明白白，無可疑者。」[14]「中國現在禍亂的根本，就是在軍閥和那援助軍閥的帝國主義。我們這次來解決中國問題，在國民會議席上，第一點就要打破軍閥，第二點就要打破援助軍閥的帝國主義。打破了這兩個東西，中國才可以和平統一，才可以長治久安。」「這兩個禍根：一個是軍閥，一個是帝國主義。這兩個東西和我們人民的福利，是永遠不能並立的。」[15] 孫中山多次振臂高呼：必須打倒帝國主義和軍閥。「不驅除列強對中國的壓迫，中國的軍閥將永不可能根絕。因此今天我們應奉為口號的是：對外打破帝國主義，對內打破軍閥，這是我們的主張。」[16] 孫中山強調：「國民革命之目的，在造成獨立自由之國家，以擁護國家及民眾之利益。此種目的，與帝國主義欲使中國永為其殖民地者絕對不能相容。……換言之，北伐之目的，不僅在推倒軍閥，尤在推倒軍閥所賴以生存之帝國主義。」[17]

孫中山熱血沸騰、慷慨激昂地對群眾高呼「打倒帝國主義」，為什麼那些書找不到這些言論？原因在於北伐之後，軍閥固然沒有被徹底消滅，執政的國民黨人更投靠帝國主義，成為孫中山的叛徒，破壞孫中山苦心經營的「聯俄容共」政策，拋掉「打倒帝國主義」的大旗，媚外賣國，讓共產黨獨佔領導國人「打倒帝國主義」的政治道德高地。放棄國民黨與帝國主義鬥爭的光輝歷史，實在可惜！

14 孫中山：〈中國國民黨北伐宣言〉（1924 年 9 月 18 日），《國父全集》（1），第 169－171 頁。

15 孫中山：〈國民議會為解決中國內亂之法〉（1924 年 11 月 19 日），《國父全集》（1），第 623 頁。

16 孫中山：〈在神戶與中外商業新報特派記者高木的談話列強的態度〉（1924 年 11 月 24 日），《國父全集》（1），第 631－633 頁。

17 孫中山：〈北上宣言〉（1924 年 11 月 10 日），《國父全集》（1），第 173－176 頁。

2. 孫中山與帝國主義的鬥爭

孫中山解釋他為什麼要與帝國主義鬥爭：「現時所謂列強，他對於美洲的紅人是怎樣？對於非洲的黑人是怎樣？對於澳洲的棕色人是怎樣？對於亞洲的印度人是怎樣？世界上五大洲的土地，被他改換了三大洲有半的顏色。五大人種，被他剪滅或奴隸了三大人種有半。我們想想，中國能在例外嗎？」「自從鴉片戰爭以來，強迫中國定了種種不平等的條約，領事裁判權啊，租借地啊，稅關權啊，已築就了經濟上財政上侵略的基礎。於是大發揮其對於殖民地之策略，將中國做成他的商場，源源不絕的消售商品，一方面又將中國的土地出產及人民勞力，來滿足他掠奪原料，搾取勞力的欲望。這樣絕人生計滅人種族的政策，在美、非、澳諸洲都是百發百中的，不怕中國會逃到那裏去。」「十三年來，帝國主義者對於中國有一件鯁心的事，便是中國忽然成了中華民國，有一班革命黨，要實行他的革命主義，將中華民國造成在世界上獨立自由的地位。帝國主義者對之，自然是眼中釘，肉中刺了。這個原因，說來卻甚簡單，帝國主義者，要將中國來做他的殖民地，革命黨要將中國造成在世界上獨立自由的地位，這不是和他利益正正的衝突麼？他如何容得過。所以立定主意，利用中國一般官僚武人來做他的傀儡，對付革命黨。試看看有民國二年袁世凱和革命黨作戰，便有五國銀行團的大借款。有民國六年馮國璋和革命黨作戰，便有日本的大借款。近年有曹錕、吳佩孚和革命黨作戰，便有無數零星雜湊的大小借款。現時國民革命的口號是『打倒軍閥，打倒帝國主義』，其實拆穿西洋景，軍閥便是帝國主義的傀儡，帝國主義便是軍閥的牽線。十三年來，自袁世凱以至曹錕、吳佩孚先後傀儡登場，一個傀儡撲了下去，又一個傀儡矗了起來。傀儡所以如此層出不窮，是有人在後台牽線的緣故。」「如今站在我們面前，壓在我們頭上的，是帝國主義，以上所說已極明白；二是慎選方法，帝國主義的勢力如今還是不可嚮邇，我們要打倒帝國主義，必須有全盤的計劃準備，決不是輕舉妄動所可以奏效，也不是僥倖嘗試所可以成功。」[18]

孫中山畢生為革命事業奮鬥，畢生與帝國主義作鬥爭，這是國民黨公認的。1925 年 5 月 24 日中國國民黨第三次中央執行委員會全體會議發表〈中國國民黨接受總理遺囑宣言〉，多次推崇孫中山與帝國主義鬥爭的貢獻。

「一年以來，我總理更奮其全力，督勵同志，與帝國主義之強暴戰，與帝國主義所嗾使掩護之反革命的惡魔戰，且努力從事於革命主義之教育，屢次發表反帝國主義及軍閥之宣言，講述三民主義之理論，制定建國大綱，期吾黨同志於嚴格的教育及訓練之下，成為組織國民革命之人才。」

「國民革命之目的，在造成獨立自由之國家，以擁護國家及民眾之利益，此種目的，與帝國主義欲使中國永為其殖民地者，絕對不能相容。十三年來，軍閥自身有新陳之代謝，而其性質作用，則自袁世凱以至於曹錕、吳佩孚，如出一轍。故北伐之目的，不僅在覆滅曹、吳，尤在曹、吳覆滅之後，永無同樣繼起之人。換言之，北伐之目的，不僅在推翻軍閥，尤在軍閥所賴以生存之帝國主義。」

「凡持續反革命的行動，受帝國主義的列強之嗾使及掩護，以阻礙國民革命之進行者，皆為吾人之敵，吾人為國家之獨立自由與民族之福利，則不恤犧牲吾人之一切，而與之抗爭。」[19]

可惜，不到兩年，1927 年 3 月 24 日國民革命軍攻佔南京，並在南京成立國民政府，但隨即向武裝干涉的帝國主義 170 餘艘軍艦低頭，調轉槍頭，在上海進行清共，結束「聯俄容共」政策，放棄與英美法日帝國主義鬥爭。1925 年 5 月國民黨〈接受總理遺囑宣言〉，不談也罷！自此之後，孫中山反對帝國主義的主張和歷史自國民黨消失了！

---

18 孫中山：〈中國國民黨為九七國恥紀念宣言〉（1924 年 9 月 7 日），《國父全集》（2），第 163－167 頁

19 中國國民黨第三次中央執行委員會全體會議：〈中國國民黨接受總理遺囑宣言〉（1925 年 5 月 24 日），《國父全集》（1），第 183－187 頁

3. 孫中山反帝國主義的理論——三民主義

孫中山的三民主義多次強調反帝國主義，1924 年 1 月 31 日〈中國國民黨第一次全國代表大會宣言〉提出三民主義的主張：

(1) 民族主義

國民黨之民族主義有兩方面之意義：一則中國民族自求解放；二則中國境內各民族一律平等。

第一方面：辛亥以前，當時民族主義之運動，其作用在脱離滿洲之宰制政策，與列強之瓜分政策。辛亥以後，滿洲之宰制政策，已為國民運動所摧毀；而列強之帝國主義則包圍如故，瓜分之説，變為共管。易言之，武力的掠奪，變為經濟的壓迫而已，其結果，足使中國民族失其獨立與自由則一也。國內之軍閥既與帝國主義相勾結，而資產階級，亦眈眈然欲起而分其餕餘，故中國民族政治上經濟上皆日即於憔悴。

第二方面：

國民黨敢鄭重宣言，承認中國以內各民族之自決權，於反對帝國主義及軍閥之革命獲得勝利以後，要組織自由統一的（各民族自由聯合的）中華民國。

(2) 民權主義

凡真正反對帝國主義之個人及團體，均得享有一切自由及權利。而凡賣國罔民以效忠於帝國主義及軍閥者，無論其為團體或個人，皆不得享有此等自由及權利。

(3) 民生主義

中國以內，自北至南，自通商都會以至於窮鄉僻壤，貧乏之農夫，勞苦之工人，所在皆是。因其所處之地位，與所感之痛苦，類皆相同。其要求解放之情至為迫切，則其反抗帝國主義之意亦必至為強烈。⋯⋯國民黨現正從事於反抗帝國主義與軍閥，反抗不利於農夫工人之特殊階級，以謀農夫工人之解放。[20]

〈中國國民黨第一次全國代表大會宣言〉是國民黨神聖莊嚴的文獻，文獻記錄的三民主義條文，無論是民族主義、民權主義或民生主義，無一不提及反對帝國主義，證明三民主義的核心理論就是反對帝國主義。

1924 年 1 月 27 日起，孫中山開始系統地在廣東高等師範學校禮堂作三民主義的講述，至 3 月 2 日止，孫中山就民族主義演講了六次。[21]

1 月 27 日，孫中山第一次演講民族主義，高度評價俄國革命，讚揚俄國革命黨推翻本國的帝國主義，更援助弱小國家抵抗帝國主義。「俄國人自己推翻帝國主義，把帝國主義的國家變成新社會主義的國家。」以後，俄國人「主張抑強扶弱，壓富濟貧，是專為世界上伸張公道打不平的」。俄國幫助土耳其「趕走希臘，修改一切不平等的條約，到了現在，土耳其雖然不能成世界上的頭等強國，但是已經成了歐洲的二三等國。這是靠什麼力量呢？是全靠俄國人的幫助」。孫中山指出：「歐洲各國人是主張侵略，有強權，無公理。俄國的新主義（社會主義），是主張以公理撲滅強權的。因為這種主張和列強相反，所以列強至今還想消滅他。……一齊出兵去打俄國。」孫中山預言：「亞洲除日本以外，所有的弱小民族，都是被強暴的壓制，受種種痛苦。他們同病相憐，將來一定聯合起來，去抵抗強暴的國家。那些被壓迫的國家聯合，一定去和那些強暴的國家拚命一戰。」[22] 深受帝國主義壓迫的孫中山，在演講中公開表述他對俄國革命成功的羨慕，希望俄國援助中國趕走帝國主義。這就是孫中山聯俄的原因！

2 月 3 日，孫中山在民族主義第二講猛烈批評英法意美等國在歐戰之後，

20　孫中山：〈中國國民黨第一次全國代表大會宣言〉（1924 年 1 月 31 日），《國父全集》（1），第 131－140 頁

21　羅家倫：《國父年譜》（下）（台北：中國國民黨中央委員會黨史委員會，1994 年），第 1442 頁。

22　孫中山：〈民族主義〉（1924 年 1 月 27 日第一講），《國父全集》（1），第 1－12 頁。

繼續在中國進行帝國主義侵略，派遣軍艦駛進廣州威嚇革命政府。「英國、法國、意大利仍舊把帝國主義繼續進行。美國也拋棄門羅主義，去參加列強，一致行動。經過了歐戰以後，他們在歐洲或者把帝國主義一時停止進行，但是對於中國，像前幾日各國派二十多隻兵艦到廣州來示威，還是用帝國主義的力量，來進行他們經濟的力量。經濟力的壓迫，比較帝國主義——就是政治力的壓迫還要利害。」帝國主義用軍艦威嚇革命政府的同時，更全面對中國進行經濟侵略，孫中山說：「統共算起來：其一、洋貨之侵入，每年奪我利權的五萬萬元。其二、銀行之紙票侵入我市場，與匯兑之扣折，存款之轉借等事，奪我利權者，或至一萬萬元。其三、出入口貨物運費之增加，奪我利權者約數千萬至一萬萬元。其四、租界與割地之賦稅、地租、地價三樁，奪我利權者總在四五萬萬元。其五、特權營業一萬萬元。其六、投機事業及其他種種之剝奪者，當在數千萬元。這六項之經濟壓迫，令我們所受的損失，總共不下十二萬萬元。此每年十二萬萬元之大損失，如果無法挽救，以後只有年年加多，斷沒有自然減少之理。所以今日中國已經到了民窮財盡之地位了，若不挽救，必至受經濟之壓迫，至於國亡種滅而後已。」「因為有了這種經濟力的壓迫，每年要受這樣大的損失，故中國的社會事業都不能發達，普通人民的生機也沒有了。專就這一種壓迫講，比用幾百萬兵來殺我們還要利害。況且外國背後更拿帝國主義來實行他們經濟的壓迫，中國人民的生機自然日蹙，游民自然日多，國勢自然日衰了。」孫中山向國人提出警告：中國如果不能應付帝國主義的侵略，「一定是要亡國滅種的」。[23]

2 月 10 日，孫中山在民族主義第三講指斥帝國主義進行思想欺騙。他指出：英俄兩國利用一些有智識的學者提倡「世界主義」，說「民族主義是狹隘的，不是寬大的。」究竟世界主義是好是不好呢？「世界上的國家，拿帝國主義把人征服了，要想保存他的特殊地位，做全世界的主人翁，便是提倡世界主義，要全世界都服從。中國從前也想做全世界的主人翁，總想站在萬國

23　孫中山：〈民族主義〉（1924 年 2 月 3 日第二講），《國父全集》（1），第 12－22 頁。

之上，故主張世界主義。因為普通社會有了這種主義，故滿清入關便無人抵抗，以致亡國。」「現在世界上頂強盛的國家是英國、美國。世界上不只一個強國，有幾個強國，所謂列強。但是列強的思想性質至今還沒有改變，將來英國、美國或者能夠打破列強成為獨強。到那個時候中國或者被英國征服，中國的民族變成英國民族，我們是好是不好呢？如果中國人入英國籍或美國籍，幫助英國或美國來打破中國，便說我們是服從世界主義，試問我們自己的良心是安不安呢？如果我們的良心不安，便是因為有了民族主義，民族主義能夠令我們的良心不安。所以民族主義就是人類圖生存的寶貝。」「近來講新文化的學生也提倡世界主義，以為民族主義不合世界潮流。這個論調，如果是發自英國、美國，或發自我們的祖宗，那是很適當的；但是發自現在的中國人，這就不適當了。德國從前不受壓迫，他們不講民族主義，只講世界主義；我看今日的德國，恐怕不講世界主義，要來講一講民族主義罷。」「強權打破以後，世界上沒有野心家，到了那個時候，我們便可以講世界主義。」[24] 換言之，到中國強大起來的時候，中國便有條件講世界主義，參加和領導全球政治經濟一體化的活動！讓中國的政治和文化在世界上扮演一個重要的角色。但在當年中國還是國弱民貧的時候，怎能不講民族主義！

2 月 17 日，孫中山第四次演講民族主義，繼續分析帝國主義如何鼓吹世界主義來欺騙落後民族。他指出第一次世界大戰的時候，美國幫助英國抵抗德國，但「恐怕自己的力量單薄，遂竭全力去鼓動全世界的中立民族，共同參加去打敗德國。當戰爭時有一個大言論，最被人歡迎的，是美國威爾遜所主張的『民族自決』。因為德國用武力壓迫歐洲協商國的民族，威爾遜主張打滅德國的強權，令世界上各弱小民族以後都有自主的機會；於是這種主張，便被世界所歡迎。…… 當時威爾遜主張維持以後世界的和平，提出了十四條，其中最要緊的是讓各民族自決。當戰事未分勝負的時候，英國、法國都很贊成，到了戰勝之後開和議的時候，英國、法國和意大利覺得威爾遜所主

24　孫中山：〈民族主義〉（1924 年 2 月 10 日第三講），《國父全集》（1），第 22－29 頁。

張的民族開放，和帝國主義利益的衝突太大，所以到要和議的時候，便用種種方法騙去威爾遜的主張，弄到和議結局所定出的條件，最不公平。世界上的弱小民族不但不能自決，不但不能自由，並且以後所受的壓迫，比從前更要利害。由此可見強盛的國家和有力量的民族，已經雄佔全球，無論什麼國家和什麼民族的利益，都被他們壟斷。他們想永遠維持這種壟斷的地位，再不准弱小民族復興，所以天天鼓吹世界主義，謂民族主義的範圍太狹隘。其實他們主張的世界主義，就是變相的帝國主義與變相的侵略主義。」孫中山這番講話撕破了美國的偽善面具，對五四時期盲目崇拜美國威爾遜民族自決的中國知識份子和青年，起了當頭棒喝的驚醒效用。

在這次演講中，孫中山嚴肅地揭露美洲白人的偽善和凶殘行徑，「世界上的十五萬萬人之中，頂強盛的是歐洲和美洲的四萬萬白種人。白種人以此為本位，去吞滅別色人種，如美洲的紅番經已消滅，非洲的黑人不久就要消滅，印度的棕色人正在消滅之中，亞洲黃色人現在受白人的壓迫，不久或要消滅。」孫中山在他演説中最少有兩次指責美洲白人對紅番進行種族滅絕的屠殺暴行，迷信美國民主自由的那些中國人，應該認真仔細閱讀孫中山的著作！

接着，孫中山解釋聯俄的原因：俄國革命成功改變了這種危機。俄國「一萬萬五千萬人脱離了白種，不贊成白人的侵略行為，現在正想加入亞洲的弱小民族，去反抗強暴的民族。那麼強暴的民族只剩得二萬萬五千萬人，還是想用野蠻手段，拿武力去征服十二萬萬五千萬人。故此後世界人類，要分為兩方面去決鬥：一方面是十二萬萬五千萬人，一方面是二萬萬五千萬人。第二方面的人數雖然很少，但是他們佔了世界上頂強盛的地位，他們的政治力和經濟力都很大，總是用這兩種力量去侵略弱小的民族。如果政治的海陸軍力不夠，便用經濟力去壓迫；如果經濟力有時而窮，便用政治的海陸軍力去侵略。他們的政治力幫助經濟力，好比左手幫助右手一樣，把多數的十二萬萬五千萬人民壓迫得很利害。但是天不從人願，忽然生出了斯拉夫民族的一萬萬五千萬人，去反對帝國主義和資本主義，為世界人類打不平。所以我前次說，有一位俄國人說：『世界列強所以詆毀列寧的原因，是因為他敢說世界多數的民族十二萬萬五千萬人，為少數的民族二萬萬五千萬人所壓迫。』列寧不但是說出這種話，並且還提倡被壓迫的民族去自決，為世界上被壓迫的人打不平。列強之所以攻擊列寧，是要消滅人類中的先知先覺，為他們自己求安全。但是現在人類都覺悟了，知道列強所造的謠言都是假的，所以再不被他們欺騙。這就是世界民族的政治思想進步到光明地位的情況。」孫中山強調「我們今日要把中國失去了的民族主義恢復起來，用此四萬萬人的力量，為世界上的人打不平，這才算是我們四萬萬人的天職」。他勸喻中國青年不要受列強欺騙：「列強因為恐怕我們有了這種思想，所以便生出一種似是而非的道理，主張世界主義來煽惑我們，說世界的文明要進步，人類的眼光要遠大，民族主義過於狹隘，太不適宜，所以應該提倡世界主義。近日中國的新青年主張新文化，反對民族主義，就是被這種道理所誘惑。但是這種道理，不是受屈民族所應該講的；我們受屈民族，必先要把我們民族自由平等的地位恢復起來之後，才配得來講世界主義。」「我們中國的新青年，未曾過細考究中國的舊學說，便以為這些學說就是世界上頂新的了；殊不知道在歐洲是最新的，在中國就有了幾千年了。從前俄國所行的，其實不是純粹共產主義，是馬克斯主義。馬克斯主義不是真共產主義，蒲魯東、巴古寧所主張的才是真共產主義。共產主義在外國只有言論，還沒有完全實行，在中國，洪秀全時代便實行過了。洪秀全所行的經濟制度，是共產的事實，不是言論。」

孫中山最後總結說：民族主義是世界主義的基礎，「中國四萬萬人是亞洲世界主義的基礎，有了基礎，然後才能擴充。所以我們以後要講世界主義，一定要先講民族主義，所謂欲平天下者先治其國。把從前失去了的民族主義重新恢復起來，更要從而發揚光大之，然後再去談世界主義，乃有實際。」[25] 孫中山在第三和第四節演講，針鋒相對地揭露帝國主義鼓吹世界主義來欺騙受屈民族，勸喻中國青年不要被世界主義所誘惑。兩次演講解釋了孫中山同

25　孫中山：〈民族主義〉（1924 年 2 月 17 日第四講），《國父全集》（1），第 29－37 頁。

意容共的原因，是要將追隨世界主義的新青年，改變為服膺三民主義的革命青年。

2 月 24 日，孫中山繼續講民族主義，第五講一開始便提出警告：中國「如果不想方法來恢復民族主義，中國將來不但是要亡國，或者要亡種」。孫中山指出中國此時受帝國主義政治力的壓迫，隨時都可以亡。應用政治力去亡人的國家有兩種手段，一是兵力，一是外交。宋朝在崖門一戰便亡於元朝，明朝在揚州一戰便亡於清朝，法國拿破崙在滑鐵盧一戰其帝國便滅亡。故一戰便至亡國。中國海陸軍力量薄弱，沒有國防禦敵，日、美、英、法的軍隊隨時可以衝入，中國天天都可以亡國。有些人認為列強在中國勢力成為平衡狀態，故中國不會亡。孫中山駁斥這「癡心妄想」，指出「用妥協的方法，只要各國外交官坐在一處，各人簽一個字，⋯⋯ 只要一朝。一朝可以亡人國家，從前不是沒有先例的，譬如從前的波蘭，是俄國、德國、奧國瓜分了的。⋯⋯ 照這個先例，如果英、法、美、日幾個強國一朝妥協之後，中國也要滅亡。故就政治力亡人國家的情形講，中國現在所處的地位是很危險的」。最後，孫中山提出：「抵抗外國的方法有兩種：一是積極的，這種方法就是振起民族精神，求民權、民生之解決，以與外國奮鬥。二是消極的，這種方法就是不合作，不合作是消極的抵制，使外國的帝國主義減少作用，以維持民族的地位，免致滅亡。」[26]

3 月 2 日，孫中山在民族主義第六講呼籲國人要恢復民族精神，中國「要濟弱扶傾，才是盡我們民族的天職。我們對於弱小民族要扶持他，對於世界的列強要抵抗他，如果全國人民都立定這個志願，中國民族才可以發達。⋯⋯ 我們便要把那些帝國主義來消滅，那才算是治國、平天下。我們要將來能夠治國、平天下，便先要恢復民族主義和民族地位；用固有的道德和平做基礎，去統一世界，成一個大同之治，這便是我們四萬萬人的大責任」。[27]

---

26 孫中山：〈民族主義〉（1924 年 2 月 24 日第五講），《國父全集》（1），第 38－44 頁。
27 孫中山：〈民族主義〉（1924 年 3 月 2 日第六講），《國父全集》（1），第 45－54 頁。

孫中山共演講了六講民族主義，從第一講到第六講，都反覆論述為何要反對帝國主義，如何聯合世界所有被壓迫的民族一起反對帝國主義，孫中山的說話內容有沒有世界革命的內涵？反帝國主義在三民主義中既然佔據這麼重要的位置，若把反帝國主義的內容從三民主義刪掉，這「三民主義」只不過是「山寨版」的貨式，那是國民黨投靠帝國主義後的贋品，是完全背叛孫中山革命理想的！

孫中山向國人痛心疾首地列舉波蘭被列強瓜分和白人滅絕紅種人的殘酷事實，分析日、英、美、法等國的軍力足以輕易滅亡中國，經濟侵略令中國民窮財盡，又鼓吹世界主義來誘騙中國青年，瓦解其抵抗帝國主義的決心。中國局勢是這麼嚴峻，孫中山振臂高呼地警告國人：「中國若不能應付帝國主義的壓迫，便有亡國滅種的災難！」

那時候中國的局勢如此嚴峻，孫中山多次警告國人有亡國滅種的危機。國民黨史書仍然輕描淡寫地說：「孫中山以為他的國民革命事業向為各國所不樂聞！」這種言論是否恰當？

面對這種嚴峻局勢，作為一個肩負國家民族興亡的革命領袖，他應該如何制定對付帝國主義的策略？

4. 國民革命與世界革命

革命家與政治家的分野在於他們追求實踐其政治理想時，是超越國家民族的界限，為本國民族爭取利益時，也同時為世界各國人民爭取共同的利益。因此，若將國民革命的理想局限於孫中山的個人利益，或是國民黨的一黨私利，那便絲毫沒有什麼值得尊敬的地方。孫中山得到黨外人士，甚至是共產黨領袖如列寧、李大釗的推崇和敬重，就是因為他有偉大的革命理想和實際的貢獻。

1912 年 7 月 15 日，列寧在《涅瓦明星報》上發表了〈中國的民主主義和民粹主義〉，探索中國革命的主要問題，這篇文章成為共產國際和蘇聯對中國革命的真正基本政策。[28] 列寧的文章讚揚孫中山是「已經爭得了共和制度的、戰鬥的和勝利的中國民主派的人」、「先進的中國民主主義者」，他的綱領「充分認識到『種族』革命的不足，絲毫沒有忽視政治問題，或者說，絲毫沒有輕視政治自由或容許中國專制制度與中國『社會改革』、中國立憲改革等等並存的思想。這是帶有建立共和制度要求的完整的民主主義。它直接提出群眾生活狀況及群眾鬥爭問題，熱烈地同情被剝削勞動者，相信他們是正義的和有力量的」。列寧讚許：這是「真正偉大的人民的真正偉大思想」。[29]

接着列寧將孫中山和歐美的民選總統作一比較。「人們自然可以把亞洲這個野蠻的、死氣沉沉的中國的共和國臨時大總統與歐美各先進文明國家的共和國總統比較一下，那裏的共和國總統都是受資產階級操縱的生意人、是他們的代理人或傀儡，而那裏的資產階級則已經腐朽透頂，從頭到腳都沾滿了污垢和鮮血——不是國王和皇帝的鮮血，而是為了進步和文明在罷工中被槍殺的工人們的鮮血。那裏的總統是資產階級的代表，那裏的資產階級則早已拋棄了青年時代的一切理想，已經完全變得寡廉鮮恥了，已經完全把自己出賣給百萬富翁、億萬富翁和資產階級化了的封建主等等了。」

「這位亞洲的共和國臨時大總統是充滿着崇高精神和英雄氣概的革命的民主主義者，……沒有真誠的民主主義的高漲，中國人民就不可能擺脱歷來的奴隸地位而求得真正的解放，只有這種高漲才能激發勞動群眾，使他們創造奇跡。在孫中山的綱領的每一句話中都可以看出這種高漲。」[30]

這時，俄國革命尚未爆發，俄國共產黨尚未執政，國民黨和中國共產黨

28 拉狄克：〈列寧與中國革命〉（1927 年 1 月 21 日），安徽大學蘇聯問題研究所：《1919－1927 蘇聯〈真理報〉有關中國革命的文獻資料選編》（1）（成都：四川省社會科學院出版社，1985 年），第 262 頁。

29 列寧：〈中國的民主主義和民粹主義〉（1912 年 7 月 15 日），中共中央馬克斯恩格斯列寧斯大林著作編譯局：《列寧全集》（21），第 426－427 頁。

30 拉狄克：〈列寧與中國革命〉（1927 年 1 月 21 日），《1919－1927 蘇聯〈真理報〉有關中國革命的文獻資料選編》（1），第 262－263 頁；列寧：〈中國的民主主義和民粹主義〉（1912 年 7 月 15 日），《列寧全集》（21），第 426－429 頁。

亦未成立，不存在共產黨陰謀篡奪國民黨黨統的因素，列寧是客觀評價孫中山及其革命的貢獻！這是外國人從宏觀的角度評論中國革命對亞洲、歐洲，以至世界的影響。

鴉片戰爭爆發時，觸覺敏銳、觀察入微的思想家已經看到中國對世界的影響。馬克思分析了當時世界經濟形勢，指出由於中國市場的萎縮，將會引起英國的經濟危機，「可以大膽預言，中國革命（太平天國）將把火星拋到現代工業體系的即將爆炸的地雷上，使醞釀已久的普遍危機爆發，這個普遍危機一旦擴展到國外，直接隨之而來的將是歐洲大陸的政治革命。將來會有這樣一個奇怪的場面：中國在西方世界中引起動亂。」[31] 李大釗認同馬克思的分析，「中國革命將要影響於所謂文明的世界，歐洲民眾的下次暴動，為共和制、自由政府與經濟的下次運動，所靠中國現在的革命的經過，比其他任何政治的原因都多。」[32]

1926 年 3 月 12 日，李大釗在孫中山逝世一周年撰文推崇孫中山在中國民族革命史上之位置，引述馬克思和列寧的觀點說：「孫中山先生所指導的國民革命運動，在中國民族解放全部歷史中，實據有中心的位置，實為最重要的部分。他承接了太平天國民族革命的系統，而把那個時代農業經濟所反映出來的帝王思想，以及隨着帝國主義進來的宗教迷信，一一淘洗淨盡。他整理了許多明季清初流衍下來以反清復明為基礎的、後來因為受了帝國主義壓迫而漸次擴大着有仇洋彩色的下層結社，使他們漸漸的脱棄農業的宗法的社會的會黨的性質而入於國民革命的正軌。」

「他經過了長時期矯正盲目的排外仇洋運動，以後更指導着國民革命的力量，集中於很鮮明的反帝國主義的戰鬥。他接受了代表中國工農階級利益

31 馬克思：〈中國革命和歐洲革命〉（1853 年 5 月 20 日），中共中央馬克思恩格斯列寧斯大林著作編譯局譯：《馬克思恩格斯全集》（9）（北京：人民出版社，1971 年），第 114 頁。

32 李大釗：〈中山主義的國民革命與世界革命〉（1926 年），《中文馬克思主義文庫》，網址：https://www.marxists.org/chinese/lidazhao/marxist.org-chinese-lee-1926.htm。

的共產黨員，改組了中國國民黨，使國民黨注重工農的組織而成為普遍的群眾的黨，使中國國民運動很密切的與世界革命運動相聯結。他這樣指導革命的功績，是何等的偉大！他這樣的指導革命的全生涯，在中國民族解放運動中，是何等的重要！」

李大釗在文章結束的時候重申，孫中山於「1924 年又在廣州改組中國國民黨，容納中國共產黨的份子，使中國的國民革命運動與世界革命運動聯成一體；使民族主義的秘密結社，過渡而擴成現代的工農團體，一體加入國民革命黨；使少數革命的知識階級的革命黨，過渡而成為浩大的普遍的國民的群眾黨。這都是先生在中國民族革命史上繼往開來，鑄新淘舊，把革命的基礎，深植於本國工農民眾，廣結於世界革命民眾的偉大功績」。[33]

李大釗高度評價孫中山的貢獻，「中國的國民革命運動，自始即是世界的一部。中國革命的成功，將與偉大的影響於歐洲，乃至全世界。」「孫中山先生革命的奮鬥，已經喚起了沉睡的亞洲，中山主義所指導中國國民革命的成功，亦必要影響到英國。經過英國影響到歐洲，到全世界。馬克思和列寧的話，必能由中國民眾革命的努力經由中山主義的道路一一證實。」「孫中山先生正是亞洲的民主主義運動的代表者，他的一生的事業在指揮中國民眾向那掠奪中國，在中國援助民主主義和自由的仇敵進攻，他的軀殼雖然死去，他的主義尚在中國民眾革命的運動中生動着。」孫中山早已看清被壓迫民族的革命運動及全世界的革命者，均有互相聯合的必要。同盟會時代，有許多日本同志為中國革命而犧牲；孫中山亦曾援助菲律賓革命，認為菲律賓革命成功，他們必來援助中國的革命。[34]

列寧和孫中山兩位偉大的革命家，他們互相器重，也互相扶持。俄國革命最困難的時候，內有反革命軍隊武力反對蘇維埃政權，外有帝國主義國家

33 李大釗：〈孫中山先生在中國民族革命史上之位置〉（1926 年 3 月 12 日），《國民新報孫中山先生逝世周年紀念特刊》。

34 李大釗：〈中山主義的國民革命與世界革命〉（1926 年），《中文馬克思主義文庫》。

聯合入侵，軍事干涉俄國革命。這時全世界只有孫中山寫信給列寧，聲援俄國革命，讓列寧大為感動。因此當英帝國主義者支持陳炯明叛變，迫孫中山離開廣州，列寧的代表越飛迅速前往上海拜訪孫中山，表示支持中國革命。兩位偉大的革命家攜手合作，聯合對付共同的敵人——帝國主義者，是否理所當然，合乎常理？中俄兩國都是受帝國主義壓迫的國家，孫中山推行「聯俄容共」政策，接受俄國援助，讓國民革命與世界革命潮流完全匯合，聯合一起反抗帝國主義的侵略；讓國民革命與無產階級革命一起宣判歐洲帝國主義的死刑，這不是中俄革命黨人共同追求的目標嗎？

二、孫中山與帝國主義的鬥爭

香港常常有些資料說孫中山和香港關係密切，是孫中山革命的重要根據地。這都是誤導港人的宣傳，並不是歷史事實。孫中山領導反清革命時，便被香港政府拒絕入境。民國成立後，英國除了承認北洋政府，拒絕支持孫中山的革命政權之外，更因孫中山維護國家權益，與帝國主義抗爭，便不斷支持孫中山的敵人，圖借他們之手，消滅孫中山及其領導的革命黨。蘇聯中國問題專家拉狄克對此有很精闢的分析：

廣州政府為什麼成為英國帝國主義一再攻擊的目標？因為廣州成為中國各種最革命黨派的中心，而且廣州召開了第一屆太平洋地區海員代表會議，有中國、菲律賓、夏威夷群島、荷屬各殖民地和英屬各殖民地的代表參加，廣州還成為了太平洋所有島嶼上工人組織和工人運動的中心。廣州政府可能奪回香港這英國在太平洋上的主要堡壘。

香港又是英國同華南進行貿易的中心，如果香港不能通過廣州把貨物自由運往中國內地，在經濟上就會失去價值。上海出版的美國《密勒氏評論報》報道，廣州政府正在採取措施使廣州不再依賴香港。它準備在黃埔建造能停泊大船的港口，並為此引進美國資本。它還計劃從廣州修建通往汕頭的鐵路，以便繞過香港。廣州政府已經向德國訂購一座大型電台，使自己同中國各地以及世界其他地區的通訊聯繫能擺脱香港當局的控制。

因此，以匯豐銀行為首的香港英國資本家就開始了反對孫中山和廣州政府的行動。著名的英國學者伯特蘭 · 羅素從中國回國不久，就在 1924 年 9 月 19 日的《新領袖》雜誌上發表〈英國帝國主義在中國〉一文：「中國的督軍只不過是一些利欲薰心的匪徒。中國各類政府中唯一的例外是孫中山的廣州政府⋯⋯一些最傑出的漢學權威人士認為孫中山的政府是中國唯一合法的政府。⋯⋯香港的英國人對孫中山表現了瘋狂的仇恨，一方面大肆進行宣傳，一方面策劃暴亂。」因為英國資本家曾同原先的廣州政府簽訂了卡塞爾條約，使英國人壟斷了廣東全省的鐵路和礦場，但這條約尚有待批准。當孫中山取得廣東政權後，便拒絕批准這項條約，於是英國資本家從這時起就把孫中山看成是自己的敵人，試圖利用商團武裝推翻孫中山。伯特蘭 · 羅素説：「在英國人眼中，孫中山的主要罪行是他竟想把中國獨立主權的剩餘部分抓住不放。匯豐銀行想把盡可能多的鐵路和礦場掌握在自己手中。但孫中山受到中國所有愛國人士的支持。如果孫中山能夠把他的事業進行到底，中國有可能抵擋住外國人的進攻。」故此，英國人想盡辦法，「必須把孫中山這樣一類正直的人從領導崗位上排除掉。」[35]

這就是孫中山與英美帝國主義水火不容的原因。

35　拉狄克：〈廣州〉（1925 年 9 月 1 日），《1919－1927 蘇聯〈真理報〉有關中國革命的文獻資料選編》（1），第 126－128 頁。

1. 收回關餘的鬥爭

滿清政府腐敗無能，無法抵抗帝國主義的侵略，喪權辱國，國脈將斷。孫中山領導國人進行革命，推翻滿清政府，完成了革命的第一階段，接着就是要從帝國主義手中奪回中國的權益。歐洲帝國主義者固然不會放棄在華權益，更害怕中國革命一旦成功，則他們在亞洲的殖民地，必會效法中國革命脱離歐洲獨立，導致歐洲帝國主義與經濟侵略的失敗。中國革命無疑宣佈歐洲帝國主義的死刑。民國成立以來，孫中山試圖在中國推行英美政治制度的努力，不但得不到英美等國的認同，予以同情支持，反而不斷支持其敵對的腐化力量破壞和打壓，就是因為革命會傷害帝國主義在華權益。在孫中山尚未直接向帝國主義取回中國權益時，帝國主義只是站在軍閥的背後，借軍閥之手對付革命黨。當孫中山直接提出從帝國主義手中收回關餘、取消不平等條約時，英美法日等帝國主義便立即跳出來，在中國人民眼前拋掉其偽善面具，暴露其猙獰的面孔，開槍開炮屠殺中國人民，打壓孫中山領導的國民革命。

當時，英國是高度工業化的國家，中國相對來説是極之貧窮和落後的，以衡量一個國家力量的煤和鐵產量來計算，我們便可以看到兩者的差距。根據俄國的資料：

煤和鐵的人均產量[36]

	煤（普特：折合 16.38 千克）	鐵（俄磅）
中國（1919 年）	3.6	3.7
俄國（1912 年）	11.7	60.0
英國（1912 年）	342	460.0

36 馬伊斯基：〈中國和中國的鬥爭〉（1922 年 7 月 27 日－28 日），《1919－1927 蘇聯〈真理報〉有關中國革命的文獻資料選編》（1），第 3 頁。

中國雖然貧弱，但孫中山毫不畏懼，他英勇地領導國人與英國為首的帝國主義國家展開鬥爭。蘇聯檔案資料說：「孫中山是一位狂熱的反英者」。[37] 以下資料介紹孫中山與英國帝國主義的鬥爭。

1923 年 1 月 26 日，孫中山和越飛在上海發表聯合聲明，越飛向孫中山保證：「中國當得俄國國民最摯熱之同情，且可以俄國援助為依賴。」孫中山取得蘇聯援助的保證後，立即發動反帝國主義的鬥爭。同年 9 月 5 日孫中山軍政府照會北京公使團，要求立即將關餘交與總稅務司，由該司攤分與軍政府，且須撥還 1920 年 3 月以後西南應得的積存關餘。[38] 北京公使團置之不理，孫中山便宣佈截留關餘。12 月 3 日，外交團致電軍政府，聲言以「相當之強硬手段對付」。孫中山命外交部答覆北京外交團說：「中國海關始終為中國國家機關，本政府轄境內各海關，自應遵守本政府命令。且關稅之匯交北京，不啻資助其作戰經費，以肆其侵略政策。本政府今欲令稅關官吏，以後不得將此款交與北京，應截留為本地方之用。且聲明並無干涉稅關及迫脅收管海關行政之意。此乃完全中國內政問題，無與列強之事。」外交團不以為然，派出英艦四艘、日艦一艘、美法艦各兩艘，以及其他各艦進入黃埔示威，以圖制止廣州政府截用關餘。《字林西報》記者詢問孫中山是否將與各國對抗？孫中山坦率回答：「力不足與抗，然為四大強國壓倒，雖敗亦榮。果爾將另有辦法。」當記者再三請孫中山講清楚辦法時，孫中山只隱示擬與蘇俄聯盟，因當時蘇俄代表鮑羅廷正在廣州。《字林西報》記者說：由此證明孫中山「聯俄之主張，實受列強壓迫，不得已而有此對策與部署」。面對帝國主義巨艦大炮的威脅，孫中山奮勇直前，據理力爭。12 月 7 日，孫中山對《字林西報》記者說：「將令稅務司繳出粵省關稅之全數。如不從命，則將另易總稅司。」並說：將在後此數日內實行，而且不想預先照會外國領事，因這些關

37 〈波達波夫給契切林的報告〉（1920 年 12 月 12 日於莫斯科），中共中央黨史研究室第一研究部譯：《聯共（布）、共產國際與中國國民革命運動》（1920－1925）（北京：北京圖書館出版社，1997 年），第 47 頁。

38 《國父年譜》（下），第 1367 頁。

稅屬於廣東省，與他們並無關係。[39] 同日，孫中山發表宣言，強調關餘問題純為中國內政問題，總稅務司及廣州稅務司「均為中國政府之公僕，對於粵省，自在本政府節制下，並應服從其命令也。至列強對於此事，絕無干涉之權」。宣言指出：「中國對外條約中，從未有一約許列強全體的、單獨的有權干涉中國海關（完全為一中國政府機關），於中國並不拖欠關稅所抵外債之時。且列強固亦承認關稅餘款之處置及使用，乃純為中國內政問題也。」17 日，孫中山派交涉特派員傅秉常致函英國領事，質問英國為何派艦到廣州威脅軍政府：「現聞本口岸海面，泊有英國兵艦五艘，美國兵艦六艘，法國兵艦兩艘，日本兵艦兩艘，葡國兵艦一艘。查外國軍艦駛泊通商口岸，原為條約所許。惟現在粵垣地方安堵，秩序井然，洋商貿易如常，無特別加派艦隊保護之必要。現駛進口岸者不下十餘艘之多，為從來所未有。…… 現在各國軍艦駐泊廣州口是何理由，明以見告為荷。」[40] 孫中山同時致書美國國民，讓他們知道美國軍艦侵略他國的行徑。孫中山說中國革命是以美國為模範，「且深望得一美國剌花逸（Lafayette），協助吾等，使得成功。」現在力爭自由已經十二年了，但美國不但沒有協助中國爭取自由，反而派出較別國更多的戰艦來打壓革命黨，令中國民主滅亡。美國人民應該思考：華盛頓及林肯的國家，是否發誓拒絕其對自由的信仰，而轉為力爭自由的壓制者？[41] 孫中山毫不客氣地向美國國民質問其政府為何用軍艦恐嚇追求民主自由的革命政權，為美國人撕破了美帝國主義的偽善面具。

經過孫中山的奮勇抗爭，公使團承認他們只有權以關稅還付其外債本息，並無處分關餘之權；同意關餘是中國內政問題，軍政府僅須與總稅務司交涉。12 月 24 日，孫中山令外交部長伍朝樞、財政部長葉恭綽聯銜轉告總稅務司安格聯爵士（Sir Francis Anglen）：每月結算一次廣東省的海關稅收，

39 孫中山：〈1923 年 12 月 7 日在廣州大本營與字林西報記者談話——截留關稅之決心〉，《國父全集》(2)，第 586－587 頁；《國父年譜》（下），第 1413－1415 頁。

40 《國父年譜》（下），第 1419－1420 頁。

41 《國父年譜》（下），第 1423 頁。

並如數補還自民國九年（1920）3 月以後所有積存本政府應得的關餘，「總稅務司倘不遵命令，本政府當另委能忠於職務之人，為關稅官吏。」27 日，安格聯前往見外交部長伍朝樞，解釋無法接受廣州政府歸還關餘要求的理由。[42] 1924 年 1 月 2 日，美國駐華公使舒爾曼（Jacob Gould Schurman）到達廣州，調停關餘交涉的爭端，與廣州領事團商議辦法。美國領事詹金斯（Douglas Jenkins）與英領事哈密脫（Maxwell M. Hamilton）提議，應令總稅務司撥付關餘一部分款項，交廣東政府作治河之用。5 日，舒爾曼與外交部長伍朝樞商談後，獲得諒解。6 日，伍朝樞陪同舒爾曼、詹金斯拜訪孫中山，孫中山雖然對美國派艦威脅表示憤慨，但對舒爾曼調停關餘交涉的意見亦表示同意。孫中山並借此機會詢問舒爾曼：「美國是否誠意願為中國之至友？」「如果美國欲對中國表示真正之友誼，應先歸還上海之美租界，以為誠意之保證。」（雖然孫中山並無明言蘇聯已經宣佈歸還俄國租界，美國為何不能？）舒爾曼無言以對，到達北京後，依據在廣州所商談的協議，向公使團提出建議。[43]

同一日，孫中山呼籲世界弱小民族形成反帝聯合戰線，世界弱小民族聽者、兄弟、姊妹：帝國主義國家形成帝國主義聯合戰線，壓制中國、亞洲和世界弱小民族的自由運動及國民運動。帝國主義之英、美、法、日、意等國，用以前所以壓迫你們的方法去壓迫中國革命派。帝國主義口頭和平，實則暗裏挑戰。他們又將「親善」的假面具打得粉碎了，他們伸出野心之手，進行掠奪了。廣州政府現正與帝國主義國家相見。「美、英、日、法、意之戰艦已駐廣州省河，武裝示威，汝等為中國正義而奮鬥之時期已到矣！」「起！起！速起！形成反帝國主義聯合戰線。」[44]

這篇宣言反映當時孫中山面對帝國主義壓迫的形勢是多麼險惡和危急，坊間書籍刪掉帝國主義壓迫孫中山和革命政府的史實不談，那是想維持台灣

---

42 《國父年譜》（下），第 1420－1422 頁。

43 《國父年譜》（下），第 1427－1429 頁。

44 孫中山：〈呼籲世界弱小民族形成反帝聯合戰線〉（1924 年 1 月 6 日），《國父全集》（2），第 130－131 頁。

國民黨和美英帝國主義的友好關係，還是想竄改孫中山國民黨的革命歷史？「打倒帝國主義」這面大旗，在國民黨的歷史裏屬於領導國人奮鬥抗爭的輝煌旗幟，還是佈滿蛆蟲的腐肉，急欲與之切割拋棄？

2. 平定英國煽動的商團之亂

孫中山根據法理爭取關餘，提出革除不聽命令的總稅務司。這要求直接傷害英國的利益和挑戰英國的權威。英國遂聯同其他國家的戰艦闖入廣州省河示威，但苦無開戰藉口。英國表面上同意美國調停，但卻秘密採取更毒辣的手段來打倒孫中山。

英國支持吳佩孚對付孫中山，直奉第二次戰爭時，馮玉祥起義反擊吳佩孚，派一名英國軍官闖入馮玉祥軍營挑衅，企圖製造出兵干涉的藉口，但馮軍忍辱令英國無法得逞。吳佩孚「退到天津，本是窮途末路，國民軍本可以一網打盡，戰事本可以結束。但是有某國人對吳佩孚說：『長江是我們的勢力，如果你再退到那裏，我們幫助你，你還是很有希望。』所以吳佩孚才再退回長江」。[45] 孫中山對記者指斥英國的陰謀說：「中國內亂實受外力支配，吳佩孚退入長江，亦必由在長江有勢力範圍之英國招之使來。」[46] 除此以外，英國又在香港和廣州煽風點火，孫中山對記者說：「前幾個月某國人在香港的言論，大吹特吹，說陳廉伯是華盛頓，廣州不久便有『法西斯蒂』的政府發生。他們總是在新聞紙上挑戰，要商團打政府，說商團如果不打政府，政府便馬上實行共產。最近更助陳廉伯在香港發行兩百萬元的債票，由他們的銀行擔保。像這種種舉動，無非要延長中國內亂，他們才可從中取利。像這樣的帝國主義還不打倒，不但在北幫助吳佩孚，在南幫助陳廉伯，就是吳佩孚、陳

45　孫中山：〈國民會議為解決中國內亂之法〉（1924 年 11 月 19 日在上海莫利愛路 29 號招待上海新聞記者演講），《國父全集》（3），第 516－523 頁。

46　孫中山：〈國民宜一致反對帝國主義〉（1924 年 11 月 17 日在上海莫利愛路寓所與申報記者康通一的談話），《國父全集》（1），第 619－620 頁。

廉伯以外的人都可幫助，中國的禍亂便永遠沒有止境。」[47] 當記者向孫中山詢問吳佩孚背後有何力量支持？孫中山很清晰的回答說：吳佩孚背後有英國援助。[48]

1924 年 11 月 25 日孫中山在東京神戶東方飯店對中國國民黨人演講，公開譴責英國人在中國煽風點火，製造內亂，對黨人詳述香港英國人煽動廣州商團作亂的來龍去脉。

廣州商團會長陳廉伯，是廣東英商滙豐銀行買辦。英國人煽動陳廉伯說：「如果你能夠運動商團反對政府，我們英國便幫助你組織商人政府，你陳廉伯就是中國的華盛頓。」陳廉伯認為自己既可以得英國的幫助，又住在沙面，在英國人包庇下會安然無恙，於是便大膽起來，企圖推翻革命政府。當初他連所有死黨，不過是幾個人，運動商團軍士，也不過是三五十個人，要反抗廣州革命政府，還是力量薄弱。於是陳廉伯又聽英國人的話，借口商民自衛，向香港德商順全隆洋行訂購了九千餘枝槍械，準備組織軍隊。他租用丹麥船「哈佛號」把購得的軍火運進廣州，丹麥在廣州的領事，係英國人代理，因此等於英國人用丹麥名義幫陳廉伯運送軍火。

孫中山得到消息後，與有私交的英國領事交涉，英國領事對孫中山說：「你們還不知道陳廉伯的行動嗎？香港和上海的外國報紙，老早就說陳廉伯要運動商團，反對你們政府，你們還沒有留心那種新聞嗎？我老實告訴你罷，有幾個英國人許久便教陳廉伯買軍火，練軍隊，反對廣州政府，這不過是頭一批軍火，以後還有二批三批。至於這種主張，只是幾個英國人的事，我可以報告我們公使，懲辦他們。你們可以辦你們的商團，對付陳廉伯。」

孫中山立即採取嚴厲措置，一面飭令許崇智密查；一面函告蔣介石嚴密注意。1924 年 8 月 10 日晨，發現「哈佛」輪在白鵝潭。孫中山下令蔣介石，

47　孫中山：〈國民會議為解決中國內亂之法〉（1924 年 11 月 19 日在上海莫利愛路 29 號招待上海新聞記者演講），《國父全集》（3），第 516－523 頁。

48　孫中山：〈中國國民已有能力解決全國一切大事〉（1924 年 11 月 23 日在上海丸中對長崎日本新聞記者談話），《國父全集》（1），第 625－627 頁。

即派永豐、江固兩艦，將該輪監押至黃埔，停泊於軍校校門外，聽候處置。12 日，陳廉伯在沙面受英國人慫恿，煽動商團，要求政府發還扣留的軍火，否則便準備罷市，抵制政府。14 日商團一千多人，穿起軍服列隊到河南大本營請願，要求發還槍枝，若不發還，次日便罷市。正在大本營的孫中山親自出來接見那一千多名商團代表，把陳廉伯煽動商團反對政府的陰謀，詳細告訴商團代表。說了一個多小時，代表們明白中了陳廉伯詭計，便取消翌日的罷市行動。[49]

8 月 19 日，孫中山為陳廉伯謀叛，發佈曉諭商團勿附和叛逆書：「陳廉伯有極大陰謀，欲藉商團之力以傾覆政府，而步意國墨索里尼之後塵。⋯⋯沙面領事團亦有證明陳廉伯確有圖謀不軌之事。聞其中策劃者，有外國人，定期 8 月 14 日推翻政府，取而代之；以陳廉伯為廣東督軍，取銷獨立，投降北方。陳且派代表往洛陽勾結吳佩孚，乃用商團名義，事實彰彰具在。」為表示政府寬大為懷，不忍株連，若能知悔悟者，則政府不事深究；倘有執迷不悟，仍欲謀圖不軌者，則政府必會懲辦。[50]

8 月 23 日，商團將「聯防總部」移駐佛山，並在佛山、南海、順德等地發動罷市，拒用中央銀行鈔票，並向政府提出三項要求：(一）無條件全部發還扣留之槍械。(二）准商團成立聯防總部。(三）取消陳廉伯之通緝。但被軍政府拒絕。25 日，商團強迫廣州商店總罷市。同日，滇軍范石生、廖行超等以第三者調停名義，與商團方面簽約，以商團報效政府軍費五十萬為條件，擔保政府將槍械全部發還。孫中山覆函說：陳廉伯若有誠意表示悔悟，則可以通融辦理。[51] 29 日，孫中山兩度致函范石生和廖行超，請其「與政府一致對商團為最後之忠告，明日須悉將商團繳槍，勒令商戶開市」，並指出：「陳廉伯已助東江之敵以大款，不日當有大反攻，若吾人不先清內患，則前方危

49 《國父年譜》(下)，第 1512－1522 頁。

50 《國父年譜》(下)，第 1517－1518 頁。

51 《國父年譜》(下)，第 1521 頁。

矣。」[52] 但范廖兩人並無遵照孫中山指示行動。同日，廣州代理英總領事翟爾斯（Bertram Giles）通告傅秉常：「本總領事現接到駐粵英國海軍軍官來訊，謂經奉香港艦隊司令命令，如遇中國當道有向城市（商團）開火之時，英國海軍即以全力對待之。」帝國主義者英國這近似宣戰的最後通牒，赤裸裸地用武力支持商團作亂。[53]

孫中山沒有被英國武力干涉的威脅嚇倒。9 月 1 日，發表對外宣言，譴責英國帝國主義的通牒「無異宣戰。此實一種妄言，此項妄言之用意，與新加坡屠殺事件及阿立察（印度）、埃及、愛爾蘭等處殘殺行為，殊無二致，實為帝國主義熱狂之一種表現。試觀十二年來，帝國主義各強國，於外交上、精神上、經濟上，始終一致贊助反革命」。孫中山譴責英國想摧殘國民黨政府，原因是國民黨政府實今日中國唯一之革命團體，反抗反革命運動之中心勢力，所以英國用大砲指向他。孫中山號召國人：「吾人前此革命之口號曰排滿，至今日吾人之口號當改為推翻帝國主義者之干涉，以排除革命成功之最大障礙。」[54] 9 月 3 日，孫中山為駐粵英領事哀的美敦書致電英國麥唐納政府抗議：「此哀的美敦書之主旨，乃傾滅本政府，對於最近此種帝國主義干涉中國內政之舉，余特提出嚴重抗議。」[55] 英國首相麥唐納不予理會，於是孫中山向國際聯盟投訴英國的帝國主義干預行動，「支持反革命活動對抗以建立強大而獨立的中國為目的的國民運動。」[56] 英國政府只得立即電告駐香港的艦隊司

52 孫中山：〈致范石生廖行超囑對商團採堅定態度函〉（1924 年 8 月 29 日）及〈致范石生廖行超着與政府一致收繳商團槍枝勒令商戶開市函〉（1924 年 8 月 29 日），《國父全集》（5），第 524－525 頁。

53 《國父年譜》（下），第 1523 頁。

54 孫中山：〈反對帝國主義干涉吾國內政之宣言〉（1924 年 9 月），《國父全集》（1），第 160－162 頁。

55 孫中山：〈致英國麥唐納政府為駐粵英領事哀的美敦書抗議電〉（1924 年 9 月 3 日），《國父全集》（5），第 525－526 頁。

56 孫中山：〈致國際聯盟主席莫塔告英國首相麥唐納之矛盾行為電〉（1924 年 9 月 24 日），《國父全集》（5），第 533－534 頁。

令，不得恣意行動。停泊在廣州白鵝潭的英國兵艦，遂不敢明目張膽幫助商團。[57]

這時，孫中山正準備北伐，為集中全力打倒曹錕吳佩孚，曾考慮放棄廣州這根據地。9 月 9 日，他致函蔣介石指出廣州面對三種嚴重威脅：「其一、即英國之壓迫。此次罷市風潮，倘再多延一日，必有衝突之事發生。而英艦所注意者，必大本營、永豐、黃埔三處，數十分鐘便可粉碎，吾人對彼絕無抵抗之力。此次雖幸免，而此後隨時可以再行發生，此不得不避死就生一也。其二、即東江敵人之反攻，現在已躍躍欲動，如再有石牌之事發生，則鹿死誰手，殊難逆料。——商團給 150 萬予陳炯明，約定罷市、反攻同時並舉。其三、客軍貪橫，造出種種罪孽，亦必死之因。有此三死因，則此地不能一刻再居，所以宜速捨去一切，另謀生路。」[58] 10 月 9 日，孫中山再致函蔣介石：「我來韶之始，便有寧棄廣州為破釜沉舟之北伐；今兄已覺得廣州有如此危險，望即捨去黃埔一孤島，將所有槍彈並學生，一齊速來韶關，為北伐之孤注。此事電到即行，切勿留戀，蓋我心不回救廣州也。當機立斷，切勿遲疑。」但蔣介石立即函覆孫中山，表示決堅守黃埔。[59]

英帝國主義者、廣州商團、粵軍陳炯明、滇軍范石生、廖行超和吳佩孚等勢力內外遠近夾攻，孫中山處境萬分危急！不過，孫中山也不是毫無準備的。他早已和張作霖、段祺瑞結成粵皖奉三角同盟，和採取聯俄容共政策。於是孫中山一方面在 10 月 14 日致電張作霖，請求「接濟三十萬」，以便進行北伐，進攻吳佩孚，解決革命黨人最嚴重的威脅。[60] 又爭取蘇聯援助，建立黃

57 《國父年譜》（下），第 1523－1525 頁。

58 《國父年譜》（下），第 1529 頁；孫中山：〈復蔣中正告在粵有三死因亟宜北伐謀出路函〉（1924 年 9 月 9 日），《國父全集》（5），第 528；孫中山：〈致范石生廖行超指示處理謀叛商團辦法電〉（1924 年 10 月 10 日），《國父全集》（5），541－542 頁。

59 《國父年譜》（下），第 1540－1541 頁；孫中山：〈復蔣中正囑將所有槍彈及學生速運韶關為北伐之孤注電〉（1924 年 10 月 9 日），《國父全集》（5），第 541。

60 孫中山：〈復葉恭綽鄭洪年詢盧永祥去職原因等事並轉張作霖告北伐軍需款接濟電〉（1924 年 10 月 14 日），《國父全集》（5），第 545－546 頁。

埔軍校，培養為革命效忠的武裝力量。現在，與英帝國主義決戰在即，孫中山在 9 月 12 日致函加拉罕，請求蘇聯提供援助，以便與英國帝國主義鬥爭。「中國同世界帝國主義展開公開鬥爭的時刻現已到來。在這場鬥爭中，我向您的偉大國家尋求友誼和援助，這種友誼和援助將能幫助中國從帝國主義強大鷹爪下解放出來，能幫助恢復我國的政治和經濟獨立。」[61] 10 月 7 日，俄艦伏羅夫斯基號（Vorovsky）及時抵達黃埔，[62] 運來八千支帶刺刀的步槍、四百萬發子彈、和少數大炮及機關槍。這是蘇聯向孫中山提供的第一批武器，為平定商團之亂、粉碎英國帝國主義者顛覆革命政府的陰謀作出了重要貢獻。

陳廉伯作亂之初，孫中山認為係少數人行為，與多數商人無與。且北伐正在進行，故採寬大辦法。10 月初旬，政府與商團達成協議，由商團繳足二十萬元，並抽全市房租捐一個月，及各商店立即開市，然後政府發還槍械。10 月 10 日國慶日，政府發還槍四千枝，子彈十至二十萬發。陳廉伯以為軍政府可欺，鼓動商團在收回槍枝後，對政府武裝示威。午後 3 時，軍校學生暨廣州市工農各界，在市區舉行慶祝雙十節大遊行，途經商團西濠口時，商團突開槍擊斃擊傷工團軍數名、徒手群眾數十人。商團更在西關架天橋，築砲壘，以鐵柵門分鎖各街道，將廣州市分為兩部，西關與城內，成為對敵形勢。孫中山聞訊大怒，電胡漢民、蔣介石、許崇智、古應芬等：「商人罷市，與敵反攻，同時並舉，叛跡顯露，萬難再事姑息。生死關頭，惟有當機立斷。」11 日，孫中山組織革命委員會，自任會長。特派許崇智、廖仲愷、汪精衛、蔣介石、陳友仁、譚平山六人為革命委員會全權委員，准該會「用本會長名義，便宜行事，用種種方法打消商團罷市」，動用「幹部及其他學生，協同福軍忠勇之士」應付。與此同時，英國人在香港英文報紙上散佈謠言，說廣州的實權已經落入商團之手，革命政府沒有力量行使職權，政府人

61　孫中山：〈赴韶關督師前致加拉罕函〉（1924 年 9 月 12 日），《國父全集》（5），第 529－530 頁。

62　《國父年譜》（下），第 1540 頁。

員馬上便要逃亡。陳廉伯在西關等處遍貼打倒政府標語，公然反叛。又散佈謠言，説東江陳炯明即將進攻廣州，或稱白鵝潭英國兵船馬上要開砲，攻擊政府。

10 月 14 日，孫中山致電胡漢民在二十四小時內收繳商團槍枝。胡漢民立即下令警衛軍、工團軍、農民自衛軍、飛機隊、甲車隊、兵工廠衛隊、陸軍講武學校、滇軍幹部學校統歸蔣介石指揮。又令粵、滇、湘、桂各軍，分任各街防守。是晚 7 時，商團從大市街出動，蔣介石督率黃埔軍校學生及各軍迎擊。15 日晨 4 時，商團首先進攻。政府軍還擊，攻入西關，爆發巷戰。戰火導致西關大火，毀數百家，損失數百萬元，死傷數千人。商團軍在各軍包圍夾擊之下，迅速潰敗，繳械投降。陳廉伯逃返沙面，「商團之亂」至此解決。[63]

孫中山用商團作亂的例子教育國民黨人：廣州政府和商團，原來本是相安無事的，因為英國人從中挑撥，香港英文報紙吹捧陳廉伯是「中國的華盛頓」，散播廣州「商人政府」的論調。「商團之亂」阻礙了北伐的進行，擾亂了廣州市的貿易，弄到全省不太平。這都是英國人在廣東暗中搗亂。「我們要防止外國人的力量，再來中國搗亂；防止了外國人在中國搗亂的力量，中國才可以永久的和平；要防止外國人在中國搗亂，便先要外國人在中國沒有活動的力量；要外國人在中國沒有活動的力量，還是在廢除一切不平等的條約；廢除了一切不平等的條約，才可以收回租界、海關和領事裁判權，中國才可以脱離外國的束縛，才可以還我們原來的自由。」[64] 1926 年 1 月 6 日，蔣介石向國民黨全國代表大會報告軍事：「那個商團，本不是代表全體商人利益的機關。他們受了英帝國主義的嗾使，買辦階級陳廉伯的愚惑，密購大批軍

63 《國父年譜》（下），第 1541－1545 頁；《中華民國史事日誌》（1），第 832－833 頁。

64 孫中山：〈中國內亂之因〉（1924 年 11 月 25 日在神戶東方飯店對東京大阪神戶中國國民黨歡迎會演講），《國父全集》（3），第 527－535 頁。

械想推倒革命政府，而來組織商人政府。」[65]

國民黨這段與英帝國主義鬥爭的歷史，清楚顯示了英帝國主義對中國革命的打壓，解釋了孫中山為何強烈反對帝國主義和急切地推行「聯俄容共」政策。沒有蘇聯的援助，孫中山連廣州革命根據地也保不住！現在香港有些人還夢想美英會支持香港人爭取民主自由，那是中了帝國主義宣傳和教育的毒！孫中山在美國讀中小學，在香港的中學和大學畢業，由美英教育系統培養出來的，他領導西方式的民主政治革命，不但得不到西方國家的同情和支持，反而不斷受到打擊和傷害。原因很簡單，就是孫中山的國民革命傷害帝國主義在華利益，妨礙帝國主義侵略中國，侵略者怎會容許國民革命成功？

3. 堅決反對法國金法郎案

西方英法美帝國主義國家自稱民主自由是其核心價值，但這都是騙人的謊言！因為西方帝國主義國家從來沒有放棄對中國的欺凌和壓榨。

第一次世界大戰之後，法國經濟衰退，貨幣佛郎匯價大幅下跌。中國付給法國的庚子賠款，因佛郎貶值而減輕了負擔。法國為免損失，提出中國應用金佛郎付款。按當時幣值計算，支付法國部分庚子賠款餘額差別如下：

金佛郎：165,948,325.59 元（袁大頭）

紙佛郎：55,673,495.27 元（袁大頭）

差額：110,274,830.32 元（袁大頭）[66]

法國因自己國家貨幣貶值，卻將其經濟損失轉移由中國人民承擔，要求中國多付 1.1 億元的庚子賠款餘額，這完全是不合道理的。

1922 年 6 月 22 日，法國駐華公使傅樂猷（Fleuriau）致函北洋政府外交

---

65 毛思誠：《民國十五年以前之蔣介石先生》（8 編 1）（重慶：編者，1936 年石印本），第 8 頁。

66 劉本軍：〈論金佛郎案與北洋政府〉，《近代史研究》（1991 年第 1 期）（北京：中國社會科學院，1991 年），第 173 頁。

部，正式提出以後關於法國的庚子賠款各項帳目和各種應付款項用金佛郎支付。面對法國、比利時、義大利的一再催債，北洋政府在 12 月下旬召開國務會議，最後決定仍以紙佛朗交付。法國政府不斷迫逼，其東方匯理銀行扣留着鹽餘，英國人出任的海關總税務司扣留着關餘，令北洋政府財政陷入窘境。北洋政府被迫在 1923 年 1 月 30 日、2 月 3 日、2 月 6 日、2 月 8 日連續召開內閣會議，準備承認以金佛朗交付賠款。但根據憲法：有關國庫負擔之契約，必須經由議會議決。眾議院聞訊後，2 月 13 日立即召集緊急會議，會後咨文大總統，請將金佛朗一案重新提交議會議決。10 月 3 日，眾議院召開全院委員會，否決了金佛朗的承認案。12 月 27 日，北洋政府外交部照會法國、比利時、義大利等八國駐華公使，婉拒了法國的無理要求。[67]

但法國繼續堅持這無理要求，並推動西方帝國主義國家支持。1924 年 2 月 4 日北京外交團商議金佛郎問題，11 日外交團（荷、比、美、法、義、西、英、日）照會中國外交部，堅持主張用金佛郎償付庚子賠款。3 月 1 日法使傅樂猷催促外交部解決金佛郎案。北洋政府拖延不決，7 月 12 日法使傅樂猷回國，臨行時再催北洋政府解決金佛郎案。20 日國會議員電法國左派政黨，請拋棄金佛郎要求，善意退還庚子賠款。31 日中國國民黨發表宣言反對金佛郎案，指責法國政府為圖實利罔顧道義，要求中國政府以金佛郎償付賠款，將增加中國人民之負擔與痛苦。中國國民黨反對金佛郎案解決辦法，自法理、財政、政治三方面分析法國要求之不當及北京政府之失策，堅持反對立場。[68]

10 月 23 日首都革命爆發，曹錕總統被迫下野，段祺瑞籌組新政府。法國利用這機會，在 11 月 6 日向各國提議，暫不承認北京政府，以待其保證履行對各國之義務。25 日駐北京法代辦照會外交部，請解決金佛郎案，照約履

67　劉本軍：〈論金佛郎案與北洋政府〉，《近代史研究》（1991 年第 1 期），第 176－178 頁。

68　孫中山：〈中國國民黨對金佛郎案宣言〉（1924 年 7 月 31 日），《國父全集》（1），第 152－153 頁。

行。12 月 9 日美、比、英、法、義、日、荷七國照會中國外交部，承認臨時政府，但要求尊重條約，不得變更，並請盡早履行華盛頓會議有關中國之決議案，以對抗孫中山取消不平等條約主張。12 日法代辦再照會北京外交部，催解決金佛郎案。段祺瑞有意向法國屈服，故導致盟友孫中山不滿，18 日對段祺瑞派到天津歡迎他的代表葉恭綽、許世英說：我要廢除那些不平等條約，你們卻要尊重那些不平等條約，是何道理？29 日，孫中山再次對許世英說：不應在金佛朗問題屈服，交換其承認。

這時，孫中山肝癌病發，已經垂危，但仍然盡最後一口氣，反對段祺瑞政府犧牲本國之權利及國家主權，與帝國主義作最後的鬥爭。1925 年 2 月 16 日，發表中國國民黨對金佛郎案二次宣言，指出：一、庚子條約中對法國賠款的交付，並無紙佛郎與金佛郎的區別。其後佛郎價格跌落，係世界大戰的結果，非中國所能負責，故佛郎價格的跌落，中國亦不能連帶負責，萬無強令中國必償金佛郎之理。二、帝國主義者對條約所未載明，而足以增加其利益，及予中國國民以重大的擔負，任意為之，無所忌憚，勢必將中國現在及將來的財政命脈，悉被其所把持。[69]

這就是戴上民主自由面具的帝國主義法國的真面目！

4. 孫中山對美國偽善的斥責

民國初年，美帝國主義者的侵華罪行比不上日、英等國嚴重，其對華政策唯英國馬首是瞻。[70] 1921 年 4 月 22 日，外國駐華公使團聯名發表不承認廣州政府的聲明。[71] 5 月 5 日孫中山致函美國總統哈定（Warren G. Harding），

69 孫中山：〈中國國民黨對金佛郎案二次宣言〉（1925 年 2 月 16 日），《國父全集》（1），第 182－183 頁。

70 《國父年譜》（下），第 1430 頁。

71 李玉貞：《孫中山與共產國際》（台北：中央研究院近代史研究所，1996 年），第 71 頁。

稱讚美國是民主之母與自由正義的擁護者，盼望美國重申門戶開放宣言之精神，維護中國獨立自主的地位，予新政府承認及支持。孫中山派其駐華盛頓代表馬素在 6 月 16 日將此函親自面交美國國務院；同時又請美國駐廣州副總領事普萊斯代寄此函給美國國務院。美國國務院沒有轉達孫中山給哈定總統的信，不作任何反應。[72] 另一方斥責普萊斯把一個非正式政府的信送到國務院是失職，要他把這封信退還給孫中山。孫中山多番努力，結果得不到美國任何回音。[73]

英美等國只承認北洋軍閥政權，拒絕承認爭取民主政治的孫中山革命軍政府。原因在哪裏？就是當時北洋政府承認不平等條約繼續有效，英美等國要繼續享有其侵佔中國的特殊權益，便只有承認北洋政府，不能承認爭取廢除不平等條約的孫中山革命政府。不過，美國戴着偽善的面具，企圖扮演對華友好的角色，爭取中國人民的好感。明察秋毫的孫中山對美國毫不客氣，多次在公開演說時，批評和指斥美國的偽善：「美洲在二三百年前，完全為紅番之地，他們的人數很多，到處皆有。但從白人搬到美洲之後，紅番人口就逐漸減少，傳到現在，幾乎盡被消滅。」「我們四萬萬人的地位是不能萬古長存的；試看美洲的紅番，從前到處皆有，現在便要全數滅亡。」[74]「頂強盛的是歐洲和美洲的四萬萬白種人。白種人以此為本位，去吞滅別色人種，如美洲的紅番經已消滅，非洲的黑人不久就要消滅，印度的棕色人正在消滅之中，亞洲黃色人現在受白人的壓迫，不久或要消滅。」[75]

孫中山以美國對紅番的種族滅絕暴行告誡國人：中國正處於亡國滅種的嚴峻局勢！美國與其他英、法、日、意等帝國主義國家一樣，支持封建督軍、破產的官僚、投機的政客，讓他們出賣中國權益。當孫中山革命政府爭

72 《國父年譜》（下），第 1130 頁。

73 《孫中山與共產國際》，第 72 頁。

74 孫中山：〈民族主義第二講〉（1924 年 2 月 3 日），《國父全集》（1），第 12－22 頁。

75 孫中山：〈民族主義第四講〉（1924 年 2 月 17 日），《國父全集》（1），第 29－37 頁。

取關餘時，美國與英、日、法、意等國的戰艦進駐廣州省河，武裝示威。[76] 美國派來的戰艦甚至比其他國家還要多。[77]

所以當美國駐華公使舒爾曼（Jacob Gould Schurman）到達廣州，調停關餘時，孫中山便借機會撕破美國的偽善面具。俄國革命後，新政府對中國作友好的表示，主動放棄其在華的特殊權益。1918 年 7 月 4 日，蘇聯外交部長齊采林（G. V. Chicherin）在蘇維埃第五次會議提出報告，說蘇聯政府將對中國撤廢沙皇政府對東北的各種壓迫，及其在中國和蒙古的治外法權，放棄沙皇政府以各種口實對中國人民所加的負擔，撤回沙皇政府對於駐在國的領事館所設的武裝部隊，並將中國各種賠款中的俄國賠款交還中國。1919 年 7 月 15 日加拉罕（Leo Karakhan）發表宣言說：「蘇維埃政府不要求任何補償，而交還中東鐵路，以及一切採礦權、伐木、開採金礦、及其他為沙皇政府、俄國軍人、商人和資本家從中國取得的權利。」相比之下，美蘇兩國誰對中國友好，清楚不過！孫中山及其幕僚雖然不斷爭取美國援助，討好美國，但到孫中山逝世那天，都得不到任何美國的實質援助！

所以，蘇聯宣佈放棄其在華特殊權益的宣言，摧毀了英美法日帝國主義與華親善的虛偽，蔣介石指出這宣言「在東方國際政治史上，可以說是空前未有的一個偉大的宣言。他這一個宣言真使中國全體國民感覺俄國革命是一個侵略強權的舊帝制滅亡，和一個平等博愛的新政權成立。百年來中國所受不平等條約的束縛，蘇維埃俄國是首先自動撤廢了，故其對中國影響之大，而其所收獲之富，亦是史無前例的」。[78] 正在領導國民革命的孫中山「得到他這一消息，無異認為是中國革命的福音來臨，幾乎視為人類的救星。故對於他的援助，自是竭誠歡迎而並不有所致疑。國父聯俄政策的決定，當然這是

---

76 孫中山：〈呼籲世界弱小民族形成反帝聯合戰線〉（1924 年 1 月 6 日），《國父全集》（1），第 130－131 頁。

77 孫中山：〈致美國政府抗議美艦干預關餘電〉（1923 年 12 月 19 日），《國父全集》（5），第 500 頁。

78 蔣介石：《蘇俄在中國》（台北：中央文物供應社，1974 年），第 13－14 頁。

一個重要的關鍵」。[79]

張國燾說：「孫先生一直企圖獲得列強的諒解與支持，而外力卻總是支持他的敵對方面。他的親俄固由於他的革命思想作背景，也是為事勢所逼成的。」[80]

馬林說：孫中山「多次企圖利用其中的一個帝國主義去反對其他的帝國主義，但是在最近這些年代裏，他愈來愈明顯地發展成為一個毫不妥協的反帝主義者，這是他企圖與蘇維埃俄國密切接觸的自然結果」。[81]

孫中山為什麼採取聯俄容共政策？蔣介石、張國燾和馬林在此告訴了我們。

三、國民革命的爆發

1. 孫中山最後的革命路程

1908 年 1 月 23 日，孫中山領導同盟會進行革命，發佈〈軍政府宣言〉，首先提出「國民革命」，宣言解釋：「所謂國民革命者，一國之人，皆有自由、平等、博愛之精神，即皆負革命之責任，軍政府特為其樞機而已。」[82] 三年之後，辛亥起義，推翻滿清政府，建立中華民國。孫中山為避免內戰消耗國家元氣，讓出臨時大總統之位以爭取袁世凱反清。清朝雖因此覆亡，但舊勢力沒有徹底消滅、帝國主義國家的侵略並未停止，老百姓仍然生活在水深火熱

79　蔣介石：《蘇俄在中國》，第 25 頁。

80　張國燾：《我的回憶》（1）（香港：明報月刊出版社，1973 年），第 248 頁。

81　馬林：〈我對孫中山的印象〉（1925 年 3 月 20 日），中共中央黨史研究室第一研究部編：《共產國際、聯共（布）與中國革命文獻資料選輯》（1917－1925）（2）（北京：北京圖書館出版社，1997 年），第 246 頁。

82　《國父年譜》（上），第 310－313 頁；孫中山：〈同盟會革命方略：軍政府宣言〉，《國父全集》（1），第 233－235 頁。

之中。孫中山於是不斷革命，為國家的富強而奮鬥。

二十世紀一十年代，國內外形勢急劇轉變，孫中山不斷地調整其革命策略。孫越聯合聲明宣佈後，孫中山得到俄國援助的保證，於是進行新的國民革命策略，公開主張：打倒帝國主義，廢除不平等條約，收回租界，用召開國民會議的方法來解決一切國家問題。首先，孫中山在大本營軍政會議宣佈：「現在護法可算終了，護法名義已不宜援用。」因為數年來孫中山領導護法運動，反被曹錕、吳佩孚等人假護法之名恢復國會，然後收賣議員賄選總統，「今日不當擁護豬仔國會」。[83] 接着孫中山回應國人在五四運動高呼「外抗強權、內除國賊」的口號，提出「現時國民革命的口號是打倒軍閥，打倒帝國主義」，因為，「軍閥便是帝國主義的傀儡，帝國主義便是軍閥的牽線」。[84]

1924 年 10 月 23 日，首都革命爆發，馮玉祥電請孫中山入京主持政局。孫中山利用北上的機會，沿途發表演講和接見新聞記者，藉此宣傳推動國民革命。11 月 10 日，孫中山發表〈北上宣言〉，指出吳佩孚以為「可以力征經營天下，至不恤與民眾為敵，屠殺工人學生，以摧殘革命之進行，及人心已去，終至於一敗塗地而後已」。吳佩孚兵敗之後，仍然甘心為帝國主義的傀儡，致電北京公使團，請求援助。但帝國主義只能乘我國國民尚未覺悟而達到目的，軍閥亦只能乘我國國民尚未覺悟而暫時得意，但國人覺悟之後，最終必然失敗。[85] 同日，孫中山在工團歡送會演說：「如欲吾國實業發達，非先收回關稅不可。收回關稅之程序，當聯合全國一致，並廢一切不平等之條約，庶可以達安寧謀國家人民之幸福。」[86]

---

83 孫中山：〈共謀討賊辦法以紓國難〉（1924 年 1 月 4 日於大本營軍政會議之發言），《國父全集》（2），第 589－590 頁。

84 孫中山：〈中國國民黨為九七國恥紀念宣言〉（1924 年 9 月 7 日），《國父全集》（2），第 163－167 頁。

85 孫中山：〈北上宣言〉（1924 年 11 月 10 日），《國父全集》（2），第 173－176 頁。

86 孫中山：〈聯合全國一致努力廢除不平等條約〉（1924 年 11 月 10 日），《國父全集》（3），第 515 頁。

11 月 17 日，孫中山在上海莫利愛路 29 號寓所會見《申報》記者康通一，說：「中國內亂實受外力支配，吳佩孚退入長江，亦必由在長江有勢力範圍之英國招之使來。國民必宜一致反對帝國主義，使外國能自改變其政策。」[87] 同日，孫中山對東方通訊社記者批評《字林西報》主張拒絕他進入上海租界的言論：「以外人而發為是言，實太不自量。上海為中國之領土，吾人分明居主人之地位，彼輩不過為吾人之客。一般賓客，並無拒絕主人入門之權利。倘租界當局有意阻礙吾在租界之居住，則吾對之有出堅決手段之決心。今之時代，已遭逢撤銷一切外國在華租界之時機，吾人為貫徹此種目的起見，不惜極盡能力以赴之。」[88]

11 月 19 日，孫中山在上海寓所招待上海新聞記者演講，主張利用曹吳失敗的機會，讓全國人民講話，「開一個國民會議，用全國已成的團體做基礎，派出代表來公同組織會議，在會議席上公開的來解決全國大事。」因為那些議員不顧民利，只顧私利，只要有錢，便去賣身，造成曹錕的賄選，令全國國民對那些議員完全失望。「要解決國事，便不能靠那些議員，要靠我們國民自己。」「有了這次北方事變發生之後，究竟能不能夠收束？以後中國究竟是治，或者是亂？究竟是和平的開始，或者是大亂的開始？沒有別的辦法可以決定，只有開國民會議，用大家來解決之一法。」[89]

11 月 25 日，孫中山途經日本神戶，在東方飯店對東京大阪神戶中國國民黨歡迎會演講：「我們中國革命十三年，每每被反革命的力量所阻止，所以不能進行，做到澈底成功。這種反革命的力量，就是軍閥。為什麼軍閥有這個大力量呢？因為軍閥背後，有帝國主義的援助。這種力量，向來都沒有人

87 孫中山：〈國民宜一致反對帝國主義〉（1924 年 11 月 17 日），《國父全集》（2），第 620 頁。

88 孫中山：〈盡力撤銷一切在華租界〉（1924 年 11 月 17 日），《國父全集》（2），第 620 頁。

89 孫中山：〈國民會議為解決中國內亂之法 — 1924 年 11 月 19 日在上海莫利愛路 29 號招待上海新聞記者演講〉，《國父全集》（3），第 517－518 頁。

知道要打破，所以革命十三年，至今還不能成功。」「不過要以後真是和平統一，還是要軍閥絕種；要軍閥絕種，便要打破串通軍閥來作惡的帝國主義；要打破帝國主義，必須廢除中外一切不平等的條約。我這次到北京去的任務，就是要廢除中外不平等的條約。」[90]

孫中山是醫生，知道自己的病情沉重。但他沒有留在廣州好好靜養，反而長途跋涉，遠赴北京，並繞道上海、日本、天津等地。他不是順道消閒旅行，而是藉此機會接見了大量訪客和記者，作了多次演講。這些活動都加重了他的病情，雖然如此，孫中山仍然拚命進行革命宣傳活動，在他有生之日，把國民革命的聖火，燃遍整個神州大地！

2. 帝國主義的血腥鎮壓

1924 年 12 月 31 日，在天津病發的孫中山到達北京。火車抵北京前門車站時，各界列隊歡迎，人山人海，約有十萬之眾。國民黨同志立即安排數名外國醫生為孫中山診治。1925 年 1 月 26 日，孫中山入協和醫院接受手術，但無起色。2 月 4 日，孫中山已知病不治，約集同志有所指示。3 月 12 日，病逝北京。[91] 國民革命因為孫中山的逝世而終止嗎？沒有，不僅沒有，而且在中國全面爆發！因為各地舉辦孫中山紀念會，讓全國民眾更加明瞭國民革命的意義，革命運動的氣氛反而更加高漲。[92]

帝國主義者虛偽而凶殘，利用槍炮侵佔非洲、南北美洲、澳洲和亞洲等地，肆意屠殺當地原居民，霸佔他們的土地，搶奪他們的財產。英、美、

90　孫中山：〈中國內亂之因〉（1924 年 11 月 25 日），《國父全集》（3），第 527－535 頁；孫中山：〈在神戶歡迎會的演說〉（1924 年 11 月 25 日），《孫中山全集》（第 11 卷），第 377－389 頁。

91　《國父年譜》（下），第 1585－1614 頁。

92　劉少奇：〈一年來中國職工運動的發展〉，上海社會科學院歷史研究所編：《五卅運動史料》（1），第 67－83 頁。

法、德、荷蘭、西班牙、葡萄牙這些所謂民主自由的國家，都犯了相同的罪行。以美國為例，美國統治者進行種族滅絕政策，肆意屠殺印第安人，從十五到十九世紀，北美大陸的印第安人數量有過百萬之眾（有一百萬、三千萬到一億的說法），被趕盡殺絕，只餘二十多萬。[93] 南北美洲、澳洲等地的原居民都被白種人肆意屠殺。

帝國主義國家面對覺醒的中國人民爭取福利，革命黨爭取主權的時候，會甘心放棄在中國的特殊權益，讓中國老百姓改善生活嗎？不會，它只會哄騙中國人民，哄騙不了，便用屠殺手段，恐嚇所有與它為敵的中國人民和政權。孫中山爭取廢除不平等條約，要求收回關餘。英美帝國主義國家便武力恐嚇，英國五艘兵艦、美國六艘、法國兩艘、日本兩艘、葡國一艘，駛進廣州黃埔，用大炮瞄準革命政府。英國又同時煽動商團和陳炯明作亂，讓中國的反動力量直接顛覆革命政府。幸而孫中山採取外交行動，分別致電英國麥唐納政府和國際聯盟，投訴英國的帝國主義侵略行動，制止了港英政府明目張膽用武力支持商團作亂。國民黨自己的黃埔軍校及時訓練出捍衛革命的黨軍，和收到蘇聯趕運到的一船軍火，迅速撲滅商團之亂和平定陳炯明餘部，消除了革命政權的一次嚴重危機。中國的革命力量壯大了！中國人民也覺醒了！

第一次世界大戰，西方帝國主義陷入自相殺戮的戰爭，暫緩對中國的壓迫，為中國工業發展提供良好的機遇。紡織業、煙草業、採礦業等大為發展，城市工人共有五百多萬，其中二百四十萬在現代工廠企業中工作，並有約三十萬工人加入現代化的工會。中國的工人階級開始明顯地成為一種社會力量。

美、英、法、日等國資產階級雜誌和報紙，以及從中國歸來的無數訪客

93　王助民：《近現代西方殖民主義史》（1415－1990）（北京：中國檔案出版社，1995 年），第 158 頁；〈美國到底殺了多少印第安人？〉，《民初思韻網》，網址 http://cn.rocidea.com/roc-2069.aspx；〈印第安大屠殺〉，網址 https://zh.wikipedia.org/wiki/印第安大屠殺。

所寫的書籍中，都在談論「覺醒的中國」，尤其是「近兩三年來洶湧澎湃地衝擊着中國政治現實生活的年輕的、具有巨大潛力的工人運動」，這些書刊「驚恐不安地報道中國人民這個『巨人的覺醒』」。它們看到 1922 年 1 月的香港海員大罷工，直接參加者有二萬三千人，以後參加進來的同情者達二十餘萬人。1923 年 2 月京漢鐵路罷工有三萬名工人參加，他們都是有組織的、紀律嚴明的。「在從香港海員罷工到京漢鐵路罷工的過程中，中國無產階級作為一個與帝國主義和本國軍閥主義敵對的階級，極其令人信服地顯示了自己的力量。」「資產階級評論家、外交家和政治家們驚呼：『中國人民的覺醒』太快了。」「民族主義革命者將愈來愈深刻地認識到在反帝鬥爭中從工人階級，首先是有組織的工人階級那裏尋求援助的必要性。」[94]

面對覺醒的中國，使帝國主義者異常的驚懼；尤其是首都革命後，國民黨勢力向北部伸張，有根本上動搖帝國主義在華統治的趨勢。帝國主義知道中國群眾的覺醒是可怕的力量，決不能放任它盡量的發展，於是採用高壓政策，以為可以鎮壓住中國民眾的反抗。[95] 用機關槍射殺手無寸鐵的平民百姓，使香港、上海、青島、漢口和廣州等地的學生和工人群眾橫屍街頭，血流成河，這樣便可以嚇怕中國人。豈料帝國主義的槍聲反而驚醒了沉睡的中國，學生、工人、商人和軍隊紛紛投入國民革命，中國人民的熱血在全國匯聚成為國民革命的洪流。國民革命就在五卅的槍聲中爆發了！

帝國主義在中國犯下的血案，我們能夠忘記嗎？港英政府治下出版的香港歷史為何沒有介紹港英政府曾在沙田開槍打死四人、打傷數百名手無寸鐵工人的「沙田慘案」？香港人請想一想，你們讀的香港歷史為什麼沒有記載這段血案？回歸前香港的大中小學真的擁有學術自由嗎？

94　維金斯基：〈中國的民族革命運動和工人階級〉（《真理報》1923 年 5 月 20 日），《1919－1927 蘇聯〈真理報〉有關中國革命的文獻資料選編》（1），第 36－36 頁。

95　瞿秋白：〈帝國主義之五卅屠殺與中國的國民革命〉，《五卅運動史料》（1），第 100－109 頁。

（1）香港沙田慘案

中國海員飄洋過海，認識世界大勢，受到各國職工運動影響，很早就參加了孫中山的革命運動。1913 年，孫中山討袁失敗逃往日本，便在橫濱領導中國海員組織了「僑海聯義社」，1914 年又成立了一個「海員公益社」，後總社移設香港，改名為「海員慈善社」。1921 年 2 月 18 日，香港海員正式成立「中華海員工業聯合總會」，這名稱是孫中山代擬及親題招牌的。9 月，海員因物價騰貴，生活困難，工會遂向資方提出要求加薪，但三次都被拒絕，只好發動罷工爭取。1922 年 1 月 12 日起，香港海員開始罷工。[96] 香港五條太平洋航線和九條近海航線陷於癱瘓，250 多艘輪船滯留在香港港口，動彈不得。罷工發動當晚，香港政府立即派華民政務司夏理德（Edwin Richard Hallifax）到海員工會，勸說結束罷工，稍後再談工資的問題，被工會拒絕。一星期之內，罷工海員由 1,500 人激增到 6,500 人。16 日，香港政府宣佈戒嚴令以恐嚇罷工工人。1 月底，運輸工人全體罷工支持海員，罷工人數增至 30,000 人以上，香港運輸完全停頓。

2 月 1 日，香港政府下令封閉海員工會及運輸工會，逮捕罷工領袖和工人，並拆去孫中山親題的工會招牌。「拆招牌」是對工會和國民黨的極大侮辱！

香港政府又企圖用談判手段哄騙罷工工人，先後派出華工總會、基督教青年會和中國航業公司與海員工會調停，但都失敗。香港政府又派出東華三院出面調停，海員工會派了五個代表從廣州去香港與東華三院代表會談。海員工會代表提出恢復工會為先決條件。東華三院代表辯稱：因香港政府明令宣佈封禁，故工會不能使用原有名稱，要改招牌，添多或減少幾個字，以免損害政府威信。海員代表說：工會招牌——「中華海員工業聯合總會」一字也不能增，一字也不能減，而且要交還孫中山親題的原有招牌。東華三院調停失敗，海員代表繼續與香港華民政務司、西人商會、香港商人羅旭初等談判，全部都拒絕接受海員的兩項條件：第一送還工會招牌，第二承認加薪條件。

96　張國燾：《我的回憶》（1），第 220－221 頁。

結果談判破裂，香港政府遂改變策略，派人到上海、菲律賓、印度等處招募新工。海員工會電告上海中國勞動組合書記部，請書記部與長江各海員團體聯絡，阻止海員受僱來港破壞罷工。海員工會除通電各處工人團體請求制止招募新工外，並派「防護破壞罷工隊」暗殺招募新工者，在香港把負責招募新工的梁玉堂殺死。罷工海員的策略，是加緊封鎖和禁運糧食到港，令一根菜、一粒米都不能到達香港。

2 月中旬香港罷工的船隻總計 166 隻，182,404 噸，令各地輪船都視香港為疫區，不敢開來，因為船到香港，海員便自動離船上岸，船隻因而困在香港，故到港輪船只在港外稍停便走，或者繞道直駛不停。2 月底，海員在陳炯明捐款十萬元的經濟支持和國民黨的指導下，舉行總同盟罷工。為作長期鬥爭，海員工會在廣州設立「廣州罷工總辦事處」，委員蘇兆徵（1885－1929，初為國民黨人，後加入中國共產黨）為主任，在廣州聯興街預備二十間宿舍，購備兩個月糧食，準備安置返廣州的罷工工友。

2 月 27 日，香港政府知道全市總罷工就要到來，宣佈歐戰時一樣的戒嚴令，把中國各口岸所有的英國軍艦調集香港，禁止火車通行，加崗巡查街道，離港者要鋪保。3 月 4 日，香港罷工工人二千餘人，領得工錢後，因火車已停駛，於是列隊步行回廣州，以示拒絕為港英工作，他們從九龍經大埔道步行到沙田大圍城門河附近，副警司京氏（T. H. King）在英國軍官布洛森（H. H. Bloxham）協助下，率二十餘名印籍士兵持槍攔截，阻止罷工工人步行前進。在未發生衝突的情況下，京氏下令開槍，當場打死四人，打傷幾百人，後因傷致死者兩人，事為「沙田慘案」。香港政府不但沒有追究軍警肆意開槍濫殺手無寸鐵平民的罪行，死因庭裁判司活特（J. R. Smalley）更讚揚京氏盡忠職守，裁定其殺人無罪。[97] 港英帝國主義的血腥暴行，令罷工海員更為

97 梁寶龍：《海員大罷工》。網頁：《中文馬克思主義文庫：參考圖書．階級鬥爭文獻》，網址：https://www.marxists.org/chinese/reference-books/mia-chinese-hksailorstrike-1922.htm。

憤怒，誓死與帝國主義鬥爭到底，一面督促廣東政府向香港政府提出嚴重抗議，一面通電國內外請主持正義予以援助。[98]

勞動組合書記部邀請中華全國工界協進會、上海南市均安水手公所、上海焱盈南社、焱盈總社、黃勝和水手館、林廣、同慶、陳秉記等代表開會，成立上海「香港海員罷工後援會」，派主席李啟漢（中共黨人）攜帶捐款到香港、廣州慰問罷工海員，支援香港海員罷工。勞動組合書記部並發動全國各工會組織「香港海員後援會」，京漢、京奉、隴海、正太、京綏等鐵路工人，先後組織「香港海員罷工北方後援會」，多次舉行大會、募捐、發電報和文告聲援香港海員罷工，海外華僑和各國工會也有許多電報聲援及捐款援助。最後，香港政府屈服，3 月 5 日，與海員工會達成協議，簽字解決。船公司同意加薪 15% 至 30%，恢復原有工會，釋放被捕工人，沙田慘案死者每人優恤 1,000 元。

香港海員大罷工，令船公司損失約 500 萬銀元，港英政府耗費了最少 50 萬元。1922 全年度香港外洋輪船出入口減少了 9%，貨運減少了大約 15,000 萬元。其他工商行業的損失難以計算。這次海員大罷工不但大挫英帝國主義者的威風，更團結了中國工人，推動了全國工人運動，從 1922 年初至 1923 年 2 月，全國各地罷工共達 100 餘次以上，罷工人數共達 3 萬人。1922 年 5 月 1 日，勞動組合書記部在廣州召開「第一次全國勞動大會」，出席代表共 173 人，代表全國 12 個大城市的 110 個工會、34 萬有組織工人，廣州和香港的代表佔了 80%。[99]

(2) 二七屠殺

1922 年 5 月吳佩孚在第一次直奉戰爭取得勝利，想乘戰勝餘威，搶奪梁士貽、葉恭綽等交通系的鐵路控制權，以接管鐵路財務，增加軍餉，於是提

98 鄧中夏：《中國職工運動簡史》（1919－1926），第 44－59 頁；中共中央黨史研究室：《中國共產黨歷史》（第 1 卷上冊），第 64 頁。

99 梁寶龍：《海員大罷工》。

出「保護勞工」，企圖借用工人力量來對付交通系。李大釗看清吳佩孚的企圖，亦乘機利用吳佩孚來發展職工運動。李大釗通過交通部總長高恩洪和孫洪伊的關係，與吳佩孚協商確定：在京漢、京奉等六條鐵路都派一密查員，以調查交通系的勢力和行動，讓吳佩孚可以剷除交通系在鐵路上的勢力。中共黨人乘機用密查員身份，在各條鐵路通行無阻，深入工人群眾中活動，幫助工人組織俱樂部（工會），一舉兩得地清除工人和吳佩孚都痛恨的交通系職員。中共黨人借密查員職權的掩護，順利發展鐵路的工人運動，京漢鐵路沿線六條鐵路都成立了工人俱樂部，共計十六個之多。[100]

鐵路工人力量壯大之後，自然爭取自己的權益，要求增加工資和改善工作條件。8 月 24 日長辛店鐵路工人罷工，三千人參加，進行兩日，令南北交通斷絕。結果取得勝利，工人得到增加工資。於是自 1922 年 9 月至 1923 年 1 月期間，京奉鐵路山海關機器廠、粵漢鐵路武長段、京奉路唐山製造廠、京綏鐵路、正太鐵路石家莊機器廠、津浦鐵路浦鎮機器、粵漢路徐家棚等工人相繼罷工，並完全獲得勝利。[101]

京漢鐵路是吳佩孚軍餉的重要來源，故利用中共助他爭奪交通系手中的鐵路控制權，現在反讓鐵路工人勢力坐大。工人增加工資的結果，令吳佩孚每月多付 6 萬元工資，每年損失 78 萬元。且工人氣焰日高，隨時罷工癱瘓交通，成為管治的心腹大患！一連串的罷工，令北洋軍閥惶恐不安。曹錕警告吳佩孚：「近來書記部（中共領導的勞動組合書記部）工會聲勢日增，過激氣焰囂張，各路罷工影響鐵路秩序極巨。」「最近全路總工會代表借口開會，群集鄭州，據報有潛謀不軌情事，市面人心惶惶，一夕數驚。鄭州當南北要衝，設有疏虞，後患何堪設想？應該當機立斷，嚴令禁止。並查拿該部首要份子歸案究辦。以揭亂萌。」吳佩孚下屬趙繼賢亦指出工人動運的危機，密報：「未經地方官廳許可集會，竟敢明目張膽，聚眾招搖！不特影響所及，隱

100《中國職工運動簡史》（1919－1926），第 24－26 頁。

101《中國職工運動簡史》（1919－1926），第 27－29 頁。

患堪虞，即此目空一切，荒謬絕倫，將來群起效尤，愈演愈烈。」[102] 這時吳佩孚才發現事態嚴重，立即派員調查及調兵防備。

中共籌組京漢鐵路總工會，準備於 1923 年 2 月 1 日在鄭州召開成立大會。1 月 28 日鄭州警察局長黃殿宸通知工會說吳大帥禁止開會，工會群情激憤，決計不理吳佩孚干涉，照原定計劃進行。30 日吳佩孚電召工會代表到洛陽計議，31 日吳佩孚見楊德甫、凌楚藩、李震瀛、史文彬、李渙章等五位工人代表，解釋鄭州是軍事區域，不能開會，請改地方及日期進行，並說已經下令制止開會，不能收回成命。代表據理力爭失敗，返回鄭州向各站到會代表和各地工會來賓報告。2 月 1 日晨，工會在軍警包圍會場的情況下堅持成立。是日下午，軍警佔領總工會會所。各地工會來賓目睹軍人強暴行動，十分憤慨，他們離開鄭州時，致函京漢鐵路總工會，表示「誓必為實力的後盾」。當晚，總工會召集秘密會議，決議京漢路在本月 4 日全體總同盟大罷工。

2 月 4 日上午 9 時，京漢路全體總同盟大罷工開始，至中午 12 時，全路所有客車貨車一律停止運行。湖北督軍蕭耀南在江岸、北京京漢局長趙繼賢在長辛店、鄭州駐軍師長靳雲鶚在鄭州都要求工人復工，但全路各站罷工工人都非常一致地回答：「不得總工會命令，不開工。」軍閥拘禁工人，強迫開車，工人亦毫不畏懼，反而舉行集會遊行示威，高呼「京漢鐵路總工會萬歲」、「全世界無產階級聯合起來啊！」

一年之前，香港海員大罷工進行了兩個月，令香港海運全面癱瘓，經濟大受打擊。這次罷工令京漢路 1,200 公里鐵路停運，情況同樣嚴重，北京公使團召集緊急會議，議決向北京政府提出嚴重警告，迫使中國盡快結束罷工。6 日，漢口英國領事召集蕭耀南代表和洋商在領事署開會討論應付罷工之策。會議進行期間，罷工群眾示威遊行經過領事署門外，罷工威力震憾着軍閥和帝國主義者的心弦。北洋軍閥當然不會坐視不理，同日，曹錕親自致電王懷

102 《吳佩孚傳》（下），第 574－578 頁。

慶，令他「派步兵一營，就近前往妥為彈壓」。2 月 7 日，吳佩孚血腥鎮壓京漢鐵路南北各段罷工。

湖北督軍蕭耀南派參謀長張厚生率兵包圍總工會，開槍射殺會址之內的工會領袖和糾察隊員，當場擊斃三十二人，射傷二百餘人。軍隊同時包圍工人宿舍，拘捕了總工會江岸分會委員長林祥謙，張厚生持刀恐嚇林祥謙下令復工，被嚴拒後，發怒親手將之殺害。蕭耀南又拘捕了為職工運動服務的施洋律師，稍後將之押送到武昌殺害。

長辛店方面，軍隊早在 6 日晚上便大搜工人宿舍，捕去史文彬、吳汝銘等十一人。7 日晨，三千工人齊集軍營門口要求放人，軍隊開槍鎮壓，當場擊斃四人，三十多人中槍重傷，輕傷者不計其數。「二七屠殺」發生後，武漢工團聯合會當晚立即下令罷工，但工人極度害怕軍閥肆意殺戮，罷工失敗。

2 月 9 日，北洋政府國務院支持鎮壓罷工，密電曹錕：「此次罷工風潮擾害京漢全線，並影響及於他路，妨害治安，情節甚重。現經國務會議議決，該首要等十一名現經拿獲，應即就近發交軍法處從嚴審處，以彰法紀。」[103] 同日，罷工工人無力抵抗北洋軍閥全面鎮壓，京漢鐵路總工會與武漢工團聯合會聯名下復工令。吳佩孚等北洋軍閥殺害罷工領袖和工人共五十二人，打傷五百餘人，監禁百餘人，追捕千餘人，把罷工血腥鎮壓下來。[104]

吳佩孚用槍炮對付手無寸鐵的罷工群眾，當然輕而易舉。但他辛辛苦苦建立的「開明軍閥」、「愛國將領」的形象，亦隨之而毀於一旦。「二七屠殺」之後，蘇俄放棄爭取吳佩孚，轉而視之為鬥爭對象，[105] 全力支持吳佩孚的敵人

103《吳佩孚傳》（下），第 581－582 頁。

104《中國職工運動簡史》（1919－1926），第 85－103 頁；羅章龍：〈回憶「二七」大罷工〉，中國人民政治協商會議全國委員會文史資料研究委員會編：《文史資料選輯》第 66 輯，（北京，中國文史出版社，1986 年重印），第 4－19 頁。

105〈維經斯基給共產國際執委會東方部主任薩法羅夫的信〉（1923 年 3 月 8 日於海參威），《聯共（布）、共產國際與中國國民革命運動》（1920－1925）（1），第 227－229 頁。

——孫中山，議決通過給孫中山二百萬墨西哥元（與盧布等值）的資助。孫中山成功地展開聯俄容共政策，不但從此取得源源不絕的蘇聯援助，更鞏固了粵皖奉反直三角聯盟，消除了蘇俄與吳佩孚聯合對付張作霖的威脅，讓張作霖無後顧之憂，可以全師入關與吳佩孚作戰。再加上孫中山運動馮玉祥成功，馮在1924年9月15日爆發的第二次直奉戰爭時，突然發動首都革命，迫使曹錕下野，吳佩孚首尾不能兼顧而大敗。孫中山全面經營的反直策略到此完全成功，吳佩孚勢力嚴重受挫，在英國人庇護下逃回長江。

(3) 五卅慘案

英國工業革命之後，資本家普遍聘用女工和童工取代男工以賺取最大利潤，馬克思撰寫《資本論》時痛斥英國資本家喪盡天良地剝削女工和童工，讓她們在惡劣的環境下工作，過度勞動而死。[106] 帝國主義侵入中國後，在各口岸設立工廠，亦大量僱用女工和童工，其工作環境和待遇，當然不會好得過其祖國的無產階級。各帝國主義國家在華開辦的工廠中，「上海日人工廠尤為殘暴，打罵工人，調戲婦女，視為常事。工人因虐待而死亡，婦女因羞辱而自殺者已屢見不一。」[107] 1925年2月，上海日商內外棉株式會社第八廠，日籍管工用鐵棍毒打一名童工，令他因傷致死。工人憤而全體罷工。後經上海總商會調停，日商承諾不再打罵工人了事。4月19日，青島日商大康紗廠四千餘名工人為爭取工會權利、增加工資舉行大罷工，上海內外棉等日商工廠工人積極響應，形成全市日商紗廠爆發聯合大罷工。當時紡紗業不景，日商遂借口男工罷工，將之全部解僱，遂激起上海二十二家工廠大罷工。5月7日，上海日本紡織同業會開會，會上意見認為對罷工工人採取撫慰態度，最後必然承認工會，貽禍將來。乃決議不能承認此種工會，工會有唆使工人

106 馬克思：《資本論》（1）（北京：人民出版社，2004年），第532－533頁。

107 內外棉紗廠工會代表劉貫之、陶靜：〈為日人慘殺同胞顧正紅呈交涉使文——內外棉紗廠工會〉，上海社會科學院歷史研究所編：《五卅運動史料》（1）（上海：上海人民出版社，1981年），第552頁。

罷工之事，同業會堅決採取強硬態度，斷然處置，並與上海工部局及中國官憲交涉，取締煽動者及工會活動。[108] 5月10日，劉華、鄧中夏與罷工工人及滬西工友會幹部開會，認為現在原棉價高，製品甚廉，加薪要求不易達到，主張稍後再乘機要求，於是罷工無件條解決。[109] 但內外棉紗廠態度強硬，三日之內將煽動罷工者三十多人辭退。14日，工廠又開除工人代表多人，工人與廠方理論，被打傷五人。15日，日班工人要求進廠被拒，要求照發工錢亦不許，經捕房捕頭調解，始允發給工值。晚班工人照常上班時，日人又不讓工人入廠，且持鐵棍亂毆工人。內外棉工廠日籍副總大班元木、七廠大班川村開槍射擊工人，把顧正紅、王金福兩人當場擊斃。這時，各廠工人聞訊趕出勸解。日人聚集各廠職員三十多人及印捕數十人，持手槍射擊或用鐵棍毆打，再令四人重傷，數十人輕傷。[110] 16日，內外棉各廠工人立即罷工。楊樹浦裕豐紗廠工會、滬西內外紗廠工會、滬西工友俱樂部、文治大學學生會、滬北工商學會、滬南職工進德會、上海國民會議促成會、京漢鐵路總工會、漢冶萍總工會、湖北全省工職會、津浦鐵路總工會、膠濟鐵路總工會、鄭州豫豐紗廠工會等三十五個公團代表一百餘人，在西門林蔭路正興里開聯席會議，推舉郭景仁（中共黨員）為主席，議決：一、組織日人殘殺同胞雪恥會，以今日代表為發起人；二、以籌備會名義電執政府向日本領事嚴重抗議；三、電致中華全國總工會，請一致援助；四、警告日資本家，促其省悟，並撫恤受傷工人；五、推舉代表四人慰問受傷工人。[111] 雪恥會成立後，上海學生聯合會、上海大學學生會等團體踴躍加入。雪恥會成立的同一天，陳獨秀以

108〈日本廠主決議排斥工會，以高壓手段對付工人〉，《五卅運動史料》(1)，第547－548頁。

109〈申報〉(1925年5月13日)，《五卅運動史料》(1)，第550－551頁。

110 內外棉紗廠工會代表劉貫之、陶靜：〈為日人慘殺同胞顧正紅呈交涉使文——內外棉紗廠工會〉，《五卅運動史料》(1)，第552－553頁。

111〈三十五團體發起組織日人殘殺同胞雪恥會〉，《五卅運動史料》(1)，第601－602頁。引自《民國日報》，1925年5月17日。

中共中央總書記名義發出通告，號召工會、農會、學生會及各種社會團體一致援助內外棉廠罷工工人，及發動反日運動。[112] 19 日，陳獨秀再發通告，要求各地黨員執行兩事：一、各地中共組織下全體動員令，組織遊行演講隊，臚列日本最近壓迫中國人的事實，不必以上海紗廠工人事件為限；二、運動各地各公團開聯席會議發表宣言，指斥日本人歷來壓迫中國人之罪惡。[113]

顧正紅遇害後，上海內外棉工人向上海公共租界工部局求助，豈料工部局不但沒有依法追究，反而禁止工人集會遊行，並逮捕和審訊被日人槍傷的工人。[114] 事情為何會如此顛倒黑白、是非不分？因為日本帝國主義者向中國施加威嚇：一、向工部局調遣大隊巡捕到場彈壓，並捕去多名工人；二、日本駐上海總領事矢田立即通知中國官廳，要求充分取締工人行動，若中國官廳無力應付，將自行派兵來華鎮壓；三、遣人警告上海各中國報紙，不許登載有利於工人的消息或宣傳，倘不遵守，即將之封閉及逐出租界。[115]

內外棉紗廠罷工多日，無法解決。5 月 22 日，日領使矢田親到交涉署與陳世光交涉員及警廳行政科張科長交涉，請求取締工會。[116] 日本的威嚇無法令中國人畏縮。中國工人除以罷工回應外，更團結一起，加強領導班子。滬西日商紗廠各工會選出劉華、孫仲英、張佐臣為總工會主任，決定 24 日在閘北潭子灣三德里舉行顧正紅追悼大會，藉此向世界和全國各界宣傳日本的暴行。日人憑藉不平等條約的庇護，任意殺害顧正紅，嚴重地傷害了具有反日

112 內外棉紗廠工會代表劉貫之、陶靜：〈為日人慘殺同胞顧正紅呈交涉使文 — 內外棉紗廠工會〉，《五卅運動史料》（1），第 552－553 頁；〈中央通告第 32 號 — 援助上海日商內外棉罷工工人，發動反日運動〉（1925 年 5 月 16 日），中央檔案館：《中共中央文件選集》（1）（北京：中共中央黨校出版社，1989 年），第 415 頁。

113〈中央通告第 33 號 — 發動反對日本帝國主義的大運動〉（1925 年 5 月 19 日），《中共中央文件選集》（1），第 417－418 頁。

114〈工部局的鎮壓活動 — 逮捕和審訊被日人槍傷的工人〉、〈嚴禁工人為顧正紅出殯遊行〉，《五卅運動史料》（1），第 586、587 頁。引自《民國日報》，1925 年 5 月 17 日。

115 若飛：〈在槍殺中國工人中日本帝國主義者對於上海市民之威嚇〉，《五卅運動史料》（1），第 556 頁。引自《嚮導週報》第 116 期（1925 年 5 月 24 日）。

116《五卅運動史料》（1），第 581 頁。引自《民國日報》，1925 年 5 月 23 日。

傳統的學生感情。中國國民黨和共產黨共同領導的上海學生聯合會立即發動宣傳，組織學生進行街頭講演，募捐救濟遇害者，為顧正紅舉行追悼大會。各大學學生組織演講組，到各處宣傳民族主義，反對外國在華勢力。文治大學和上海大學有六名學生在租界因講演被捕，學生們要求租界釋放被捕學生受拒，激起學生更大的憤怒。[117]

與此同時，日本駐京公使芳澤通牒中國政府，要求取締工會。5 月 25 日警察廳長陳韜親率軍警解散青島工會。日本為加強壓力，從旅順電調兩艘軍艦到青島壓迫工人。28 日，兩艘日艦開到，要登岸屠殺工人。膠濟督辦溫樹德無法處理，致電張宗昌作最後取決，得覆電「用武力解決」。於是，青島軍閥在深夜調動大批海軍陸戰隊，協同原有武裝警察、保安隊和陸軍共約三千人，秘密馳赴工廠附近，29 日淩晨 3 時以武力將廠內工人驅逐出廠，中國士兵與廠內日本人同時開槍，當場打死工人八名、中槍重傷者十餘人，被捕者七十餘人。[118]

上海方面，上海工部局警務處總巡麥高雲（K. J. McEven）在 5 月 26 日頒發關於巡捕開槍的第 6 號警令：「飭令各級印捕注意遵行：當捕房官員認為情勢足夠嚴重，可以使用卡賓槍或左輪手槍。而決定開槍時，應對準暴民中最有威脅性的一部分人射擊。如係武裝盜劫，則應對準盜匪射擊，其目的總是在於殺死對方，或使對方喪失騷擾能力。不得朝天開槍。」[119]

當英帝國主義者準備大開殺戒時，熱血沸騰的愛國學生決定一致起來援助罷工工人，「一致起來反抗奮鬥，一致起來為中華民國爭國體，為中華民族

117《我的回憶》（2），第 421－423 頁。

118 實敷：〈青島日本帝國主義殘殺中國工人之慘劇 — 青島通訊，5 月 30 日〉及〈青島屠殺之經過——青島通訊〉，《五卅運動史料》（1），第 494－503 頁。引自《嚮導週報》，1925 年 6 月 6 日、7 月 2 日、16 日。

119 麥高雲：〈工部局捕頭下令，準備對示威群眾開槍〉，《五卅運動史料》（1），第 588 頁。譯自上海工部局警務處文件。

爭人格。」學生聲言憑「我們的勇氣，憑我們的熱血，我們情願做前驅！」[120] 5 月 27 日，上海學生聯合會開會，這時國共合作，上海學聯由中國國民黨上海執行部宣傳委員會領導，會議由執行部秘書中共黨員惲代英擔任主席，來自各校學生的學聯委員二十八人出席，會議議決：翌日全體委員向學校請假，每一委員帶一工人代表，赴各校報告日人虐待工人之經過。[121] 工部局巡捕房查探得學生醞釀上街演講的情報，探知惲代英與各校學生開會，通過下列決議：一、通過傳單和露天演講向公眾說明罷工的真實情況；二、募款援助因罷工而急需救濟的工人；三、設法營救現被拘押的學生。同日，六十多個團體舉行援救被捕學生聯合會議，決定擴大宣傳講演。[122]

當時，許多學校不能任意進入的，由於學聯委員都是本校學生，他們帶領工人到校內演講，當然比較方便。28 日，學生委員帶同工人到各校演講，學生聽了日人的暴行後，大為憤怒。於是在 30 日有三千多名學生上街，比一般人事前所揣測的三百人多了十倍。[123]

張宗昌在 29 日淩晨殘殺工人的慘案傳到上海，當日深夜，學聯二十八委員報告國民黨執行部，聲言各校決定在 30 日停課，出發演講。[124] 5 月 30 日清晨，數千名工人、學生、群眾到上海公共租界各條馬路組織大示威遊行，抗議日商內外棉紗廠資本家無理槍殺工人顧正紅，要求釋放因聲援工人罷工而被捕的學生，反對公共租界工部局的印刷附律、增加碼頭捐、交易所註冊等四項提案。下午，大量學生聚集到上海公共租界內最繁華的南京路，跟英國巡捕發生衝突，十多人受傷，一百多人被捕並關押在老閘捕房。學生和工人

120〈南洋大學學生會為日人慘殺華工第二次宣言〉（1925 年 5 月 29 日），《五卅運動史料》（1），第 629 頁。

121 蕭楚女：《民族革命運動史大綱》（漢口：長江書店，1927 年），第 56－57 頁。

122〈上海大學等校學生代表開會醞釀上街演講，惲代英到會指導〉、〈六十餘團體舉行援救被捕學生聯合會議，決定擴大宣傳〉，《五卅運動史料》（1），第 627－628 頁。

123 惲代英：〈五卅運動〉，《五卅運動史料》（1），第 5－15 頁。

124 蕭楚女：《民族革命運動史大綱》，第 56－57 頁。

繼續高喊口號，向街頭群眾宣傳，準備被捕。因人數太多，捕房的牢房拘留室已經擠滿了人，被捕學生又不斷高喊口號，巡捕根本沒法應付，只好將學生趕出去。被釋放的學生與門外聚集的群眾匯合在一起，聲勢更為浩大，他們決定前往浙江路、海寧路口的「新衙門」（即會審公堂）去營救其他被捕的人。當隊伍走到永安公司正門前，一方面被大隊華、印巡捕攔阻，遊行隊伍不能前進，又聽聞捕房又捕進了許多人，於是隊伍轉回捕房。人群到達巡捕房時，西捕愛活生（Inspector Everson）帶領着三排巡捕，二十四個山東籍華捕分兩排，和一排十二個印度巡捕，對人群作瞄準射擊。有人說：「這是嚇人的，不敢開槍的。」話剛說完，愛活生向人群開了一槍，華捕不欲射殺同胞，向天開槍；印捕則向人群平射。巡捕放了三排槍，共108發子彈，打死了最少四十多人，救護車隨即開來，拖走很多屍體，又開車進來，用水沖洗馬路血漬。[125] 上海洋人報紙如《字林西報》、《大陸報》、《密勒氏評論報》等均污衊學生高呼「殺死洋人」口號，意圖奪取槍械，猛撲向巡捕，以掩飾英國屠殺暴行。又以多報少，說只有四人當場被殺，重傷六人，其後傷重不治九人。[126]

五卅慘案發生後，當晚8時，中共陳獨秀、蔡和森、李立三、劉少奇、惲代英、王一飛、羅覺等在張國燾寓所舉行緊急會議，迅速決定首先發動反抗外力壓迫的罷市、罷工、罷課運動；立即組織上海總工會，並由上海總工會、全國學生總會和上海學生聯合會、上海總商會和各馬路商界聯合會共同組織一個工商學聯合會，作為這一運動的領導中心。31日，上海總工會宣佈總罷工，各工廠立即罷工，至6月5日，罷工人數增加到二十餘萬人，包括了紗廠、電氣、海員、碼頭工人，公共租界的華捕也相率罷崗。6月1日，上海總工會正式成立。同日，工商學三方面推舉代表組成的上海工商學聯合會也正式成立。8日，工商學聯合會提出了「17條要求」，作為解決五卅慘案的

125 陳寶聰：〈參加五卅反帝鬥爭的回憶〉（1965年10月），《五卅運動史料》（1），第672－680頁。

126 〈字林西報〉（1925年6月1日）、〈大陸報〉（1925年5月31日），〈密勒氏評論報〉（1925年7月25日），《五卅運動史料》（1），第707－719頁。

具體方案。[127]

學生和工人群眾繼續跑上街頭示威抗議。上海大學學生何秉彝被射殺，于達同學重傷，令上海大學同學異常憤激，一面通電全國，促全國民眾一致奮鬥，一面繼續在31日出發演講，請商界一致罷市。是日學生被捕六十餘人，內有女同學五人，隨即釋出。6月1日，同學繼續出發演講，有多人被捕。商界被學生捨身救國的壯舉感動，在學生苦苦請求下，亦同意罷市，於是罷工、罷課、罷市範圍擴大。[128] 是日，工人在工友俱樂部開會，研究對策。劉華通知工人說：工會將發動罷工，以支援被捕學生。陶靜軒說：學生已為工人犧牲，號召工人奮起報仇。[129] 工人遂不顧洋兵機關槍打壓掃射，上街阻止巡捕向演講的學生動武，阻止電車開行。早上10時，萬國商團和西捕印捕用自來水注射群眾。10時50分，開槍射擊群眾，當日上海各地打死打傷了二百人。[130] 因為上海工商學聯合會成立，6月2日以後，各校學生改變鬥爭策略，不再到租界作無謂的犧牲。不過，帝國主義者並未停止殺戮華人，日本人協同西捕槍殺四名罷工工人，將之沉屍河底。日本又陰險地採用借刀殺人的卑鄙手段，派兩名日本人喬裝中國學生，在上海新世界門口用手槍射殺二匹美兵坐騎，美兵立即用機關槍、步槍向新世界及寧波同鄉會瘋狂掃射，歷時長達二十分鐘，打死五十餘人，打傷不計其數。[131]

127《我的回憶》（2），第424－430頁。

128 馬凌山：〈（上海大學）本校同學三年來的奮鬥工作〉，《五卅運動史料》（1），第638頁。引自《上海大學三週年紀念特刊》（1925年10月23日）。

129〈工部局警務處5月31日情報〉，《五卅運動史料》（1），第729頁。

130 南洋大學學學生會：〈從殺工人到殺學生，從殺生到殺全國人〉，《五卅運動史料》（1），第643－644頁。引自南洋大學學學生會：《五卅血淚》第2期（1925年6月4日）。

131 陳復（復旦大學學生）：〈關於五卅慘殺案的一封信〉，《五卅運動史料》（1），第652頁。引自廣州《民國日報》，1925年6月18、19、20、22日；〈《熱血日報》的報道〉，《五卅運動史料》（1），第692頁。《熱血日報》創刊號，1925年6月4日；鄭超麟：〈帝國主義屠殺上海市民之經過〉（1925年5月30日至6月4日），《嚮導週報》第117期（1925年6月6日）。

6月3日起，各國軍艦陸續駛到上海，到8日止，共有二十六艘軍艦駛進上海，其中美國軍艦十三艘、日本五艘、英國四艘、法國三艘、意大利一艘。海軍陸戰隊登陸後，把守電氣、自來水等重要工廠。又控制交通要衝，隨意射殺學生和工人。陸戰隊更進入上海、大夏、同德、南洋等幾間大學，把學生驅逐出校，騰出校舍供陸戰隊駐紮。

帝國主義的暴行觸發全國怒潮，全國各地紛紛起來參加這一反帝國主義運動。北京、漢口、長沙、九江、南京、濟南、福州、青島、天津、開封、鄭州、重慶、鎮江、南昌、汕頭、杭州、廣州……等等城市都發生大大小小罷市罷課罷工和示威遊行，群眾高呼「打倒帝國主義」、「取消不平等條約」、「撤退外國駐華的海陸軍」、「經濟絕交」、「為死難同胞報仇」的口號。[132]

梁啟超、朱啟鈐、李士偉、顧維鈞、范源濂、張國淦、董顯光、丁文江等知識份子呼籲：「凡有知識的人，凡熱心國際諒解同好意的人（尤其在中國），應該盡他們的能力，和緩上海目前緊張的狀況，並且在一種平靜空氣中想法子，解決這種困難。……（1）希望北京有關係的外國使館，趕緊訓令上海領事團，通告工部局，對於徒手的市民，不再用武器，並且不靠武器的力量，處置目前嚴重的局面；（2）希望上海市民始終保持穩健同有秩序的態度，不拿他們的生命肢體再冒危險，而且不令將來有責任的機關用和平手段來解決時增加困難；（3）雙方當局應該立刻派公正的中外代表，共同組織委員會，會同自由調查殺傷人的實在情形，來決定責任究竟在誰身上。」這些知識份子沒有譴責英日帝國主義者殺傷中國工人和學生，更同意外人在華繼續享受特權，「我們也不願意中國人單因為在中國的外國人享受特別的權利就反對他們。總之，修改條約，和改良中國與外國的根本關係，任何方面不能靠威嚇仇視武力暴動就能得到圓滿結果的。在現狀之下此項大問題應該要用友誼的

132 鄧中夏：《中國職工運動簡史》（1919－1926），第186－192頁。

磋商，同情的諒解，同雙方的和衷來解決。」[133] 這些呼籲顯然脱離群眾！惲代英指斥「像梁啟超、張季直，申報主筆、時事新報主筆，這些學者，他們做的文章，總是說學生工人胡鬧。⋯⋯ 若是都像他們一樣，中國真要滅種亡國了！」[134] 洪筠痛罵梁啟超、丁文江等人為「高等華人」，從來沒有譴責帝國主義者侮辱國人，不當中國人是人。在上海黃浦灘上的公園門首掛了「華人與狗不得入內」的牌子數十年，視若無睹，半句批評的話都沒有。「帝國主義者在中國放手殺人，血跡遍滿了黃河、長江、珠江——中國的三大流域。這樣整千整百的死了這樣多的中國人，那些高等華人如丁文江、梁啟超之流還在懷疑中國人是不是應當殺，那些英國劊子手到底有罪沒有罪！」[135]

梁啟超等主張把血案交公正的中外代表調查，外人控制的會審公堂能公平調查英日帝國主義殺人的責任嗎？

在全世界的輿論注視下，上海工部局附屬的會審公堂企圖借開庭審訊來證明英國巡捕合法開槍殺人。6 月 10 日，正兇愛活生自辯說：「我所受訓令，係非至最後一步，不得開槍，如果開槍，開槍期於殺人。」又說：「如向空中開槍，易傷無辜之人。如向腳下開槍，易致碰射而傷無辜之人。」[136] 會審公堂的審訊玩弄虛偽把戲，令中國人更為憤怒！翌日（11 日），英國繼續屠殺手無寸鐵的示威群眾，在漢口用機關槍射殺華人八名，傷十一名。[137] 帝國主義的

133〈梁啟超等宣言〉，《東方雜誌——五卅事件臨時增刊》（22）（1925 年 7 月）（上海：商務印書館，1925 年），第 196－197 頁。

134 惲代英：〈五卅運動〉，《五卅運動史料》（1），第 21 頁。引自惲代英：《中國民族革命運動史》第七講（上海：泰東圖書局，1927 年）。

135 洪筠：〈再接再厲之省港罷工〉，廣東哲學社會科學研究所歷史研究室編：《省港大罷工資料》（廣州：廣東人民出版社，1980 年），第 586 頁。

136 陶希聖：〈五卅慘殺事件事實之分析與證明〉，《東方雜誌——五卅事件臨時增刊》（22）（1925 年 7 月），第 45 頁；〈會審公堂記錄摘要〉（1925 年 6 月 9 日），同前書，第 140 頁；鄭超麟：〈帝國主義鐵蹄下的中國〉（1925 年 6 月 22 日），《嚮導週報》第 118、119 期（1925 年 6 月 22 日）。

137〈執政府外交部關於漢口慘案致英代使照會〉（1925 年 6 月 13 日），中國第二歷史檔案館編：《五卅運動和省港罷工》（南京：江蘇古籍出版社，1985 年），第 46 頁。

軍事和經濟壓力，迫使上海商界很快在6月24日宣佈停止罷市，8月中旬，各地工人亦停止罷工。表面上，中國人屈服了。

不過，事實上並非如此。帝國主義的槍聲，驚醒了對帝國主義列強存有幻想的中國人；學生和工人的熱血，洗擦出帝國主義原來的猙獰面目。帝國主義的文明在五卅運動中完全破產了。新式機關槍任意掃射無抵抗的群眾，是歷史上前所未有的暴行。中國人民深深的認識到帝國主義的野蠻行徑，它在華的一切「文明」「和平」的宣傳，完全破產。同時，中國軍閥非但沒有幫助國人向帝國主義抗議，反而幫助帝國主義打壓人民，充分證明軍閥是帝國主義的走狗。[138] 幸好，中國還有很多愛國軍人，他們對帝國主義肆意屠殺工人和學生的暴行大為憤怒，紛紛表態，支持對外抗爭。

6月11日，四川鄧錫侯致電段祺瑞、各部院、臨時參政院、各省區軍民長官、各法團、各學校、各報館：「英捕遽用槍擊，設計被殺為數甚眾，草菅我民命，觸犯我國權。凡屬國民，莫不憤激，國蒙奇恥，不雪不休。除電覆各法團並曉諭軍民為正義之贊助外，應請鈞座飭外交部嚴重抗爭，用全國體而平眾憤。職謹激勵民氣，以盾外交之後。」[139]

6月15日，四川劉文輝致電參政院、各部院廳署、各省軍民長官、各機關、各法團：「英日國家，夙以文明自詡。事經旬日，不聞向我國家敬致歉意，懲辦凶犯，而猶大加淩轢，侮辱不堪。是直蔑棄邦交，無從容交涉之餘地，摧殘人道，惟強橫暴力之是憑。」要求段祺瑞「飭下外部暨查辦專員與英日國家提出嚴重抗議，請各國公使共為正義主持，毋使璀璨中華，為印奴所竊笑，神明華胄，直牛馬之不如，則鈞座之有造於國家，永永無既」。[140]

6月16日，西康劉成勳致電北京各部院、各省軍民長官、各報館：「學

138 張太雷：〈五卅運動之分析及紀念之意義〉，《五卅運動史料》（1），第61－65頁。

139〈鄧錫侯關於四川軍民願為滬案後盾電〉（1925年6月11日），《五卅運動和省港罷工》，第24頁。

140〈劉文輝關於滬案交涉不達目的不能中輟電〉（1925年6月15日），《五卅運動和省港罷工》，第66頁。

生為英俊少年之士，遊行講演，各國同然。英捕竟敢放槍，已屬有乖人道，尤復宣佈戒嚴，調集海陸軍隊，封佔學校多處，其意若將殲滅滬人者。似此辱視吾華，其何能忍。亟望政府嚴重交涉，勿稍讓步。凡我軍民，願為後盾。」[141]

6月18日，福建張毅致電北京各部總長：「毅身為軍人，職在衛國，自當枕戈待命，力效前驅。惟日下所急者，工人生計，首宜維持。毅撙節薪俸，先匯滬會大洋千元，後此按月補助，以盡國民義務。伏懇我執政飭部嚴重交涉，以重人道，而維國體。」[142]

7月9日，甘肅張兆鉀致電段祺瑞和各部總長：「滬案發生，漢口、九江繼遭慘毒，人道滅絕，聞者痛心。⋯⋯隴上民氣，素尚激昂，茲事之來，極為憤慨。⋯⋯兆鉀職膺軍旅，分屬國民，誓當率我隴上健兒，效力疆圉。」[143]

7月11日，國民第三軍何遂致電段祺瑞和各部院：「上海英捕槍殺學、工、商界多命之慘變。邇後漢口、廣州紛來噩耗，震驚遐邇，舉國騷然。⋯⋯我覺悟之優秀青年，赤手喋血，奮起抗爭，前仆後繼，無稍餒焉。我儕分屬軍人，惟有執干戈以致疆場，受民意之指麾，作外交之後盾。」[144]

7月13日，四川劉存厚致電段祺瑞、外交部和各部院：「上海紗廠發生英日慘殺我國學生、工人一案，風聲所至，悲憤同深。⋯⋯國勢不振，皆由紀綱廢弛，從事內爭，以致實力消磨，外人輕視，實由自侮，無可諱言。值茲外患方殷，望我執政，明令息爭，我袍澤諸公，及時猛省，早捐鬩牆之忿，

141〈劉成勳關於滬案從嚴交涉以保主權平民憤電〉（1925年6月16日），《五卅運動和省港罷工》，第70頁。

142〈張毅願捐薪支援罷工電〉（1925年6月18日），《五卅運動和省港罷工》，第74頁。

143〈張兆鉀為滬案談判久未解決願率軍效力電〉（1925年7月9日），《五卅運動和省港罷工》，第127頁。

144〈何遂等表示同仇敵愾擁護國家電〉（1925年7月11日），《五卅運動和省港罷工》，第128－129頁。

同籌御侮之謀。庶幾發奮為雄，得以協圖挽救。」[145]

7 月 15 日，建國豫軍李山林致電各部總長：「滬漢之血案，人所共憤，亡國之慘狀，神人共駭。日英跋扈，殺我同胞，辱我國體，殘無人道，專恃強力，切齒髮指，舉國皆然。…… 伏望我袍澤速息鬩牆之嫌，為救國之師。作強國之雄鬼，勿為亡國之遺奴。危亡之禍，已迫眉睫，誓死力為國雪恥。」[146]

7 月 23 日，四川楊森致電段祺瑞和各部院：「此次滬案發生，舉國莫不義憤填膺，一致起而表示反抗，以為政府外交後援。…… 尚望我中樞政府，仗民意以與英日嚴重交涉，並望我各省一致協力抗爭，以為政府外交後援，以保我人民，而固我國權。」[147]

7 月 29 日，貴州彭漢章致電段祺瑞和各部院：「日紗廠既膽敢槍斃工人，英捕復向赤手講演之學生開槍轟擊，一之不足，繼以二三，上海之不足，繼以漢口。此種暴行，匪惟蔑視正義，慘無人理，實屬侵害我主權，侮辱我國體，草菅我人命，謀奪我國家，若是奇恥大辱，雖盡西江之水，不足滌其萬一也。…… 漢章無知，只知愛國，謹率全省軍民，敬待解決。…… 務懇飭外交當局嚴重交涉，收回租界管轄，取消領事裁判權，不達目的，誓死不承。」[148]

眾多愛國軍人中以馮玉祥最為憤激，他指出：五卅慘案顯露了帝國主義赤裸裸的凶惡猙獰面目，這暴行引起了全國民眾不可遏制的憤怒，促使全國民眾一致的覺醒，全國各地到處普遍激起了反帝的高潮。[149] 深受孫中山影響的

145〈劉存厚請消除內爭一致對外電〉(1925 年 7 月 13 日)，《五卅運動和省港罷工》，第 129 頁。

146〈李山林請速息內爭一致對外電〉(1925 年 7 月 15 日)，《五卅運動和省港罷工》，第 140 頁。

147〈楊森關於成都聲援滬案一律罷工罷市電〉(1925 年 7 月 23 日)，《五卅運動和省港罷工》，第 147－148 頁。

148〈彭漢章請團結一致對外抗爭電〉(1925 年 7 月 29 日)，《五卅運動和省港罷工》，第 158－159 頁。

149 馮玉祥：《我的生活》(香港：波文書局，1974 年)，第 529 頁。

馮玉祥提出了孫中山臨終的主張——廢除不平等條約，並為對付帝國主義及其在華的走狗——軍閥，作好軍事準備，利用五卅慘案，對所屬官兵「說恥教戰」，讓官兵知道為何而戰。最後，馮玉祥在國民黨人和共產國際的運動之下，決定加入國民黨，參加國民革命。北赤和南赤聯合（張作霖、吳佩孚都說國民黨和馮玉祥赤化，南赤是蔣介石，北赤是馮玉祥。馮玉祥則自稱他是赤心赤膽，流赤血以救赤子）。[150] 馮玉祥嚴格訓練的二十五萬大軍突然加入北伐部隊，迅速令北伐武裝力量培增，吳佩孚固然腹背受敵，張作霖亦隨即陣腳大亂，兵敗如山倒。

6 月 8 日，馮玉祥對新疆代表錢瑞昇說：「上海學生、工人運動，出自愛國熱心，並不算過，乃帝國主義者用機槍、大炮，濫行掃射，直視華人牛馬之不如。我已將電擬就，請段執政竭力相爭，倘日、英天良未泯，認罪悔過，固屬幸事。否則，甘願身作前驅，力與彼獠周旋，雖粉身碎骨，亦所不辭。」同日，馮玉祥擬電慰勉上海學生，大意謂「外人殘殺學生，慘無人道，亡國之禍，即在目前，與其束手待斃，曷若與之死爭」。同日，與衛隊旅連長以上軍官講話：「此次上海學生，被外國人用亂槍打死，直視中國人牛馬之不如，我們應誓雪此恥。對於兵士，尤要將此事講清楚，說明白，則知恥近乎勇，誠為練兵之一絕好機會。」[151] 自此之後，馮玉祥多次以五卅慘案為例，對部下明恥教戰。6 月 12 日，對各廳道官員說：「此次慘案，吾輩正可藉以激勵士卒，發憤自強。」[152] 22 日，馮玉祥對軍事高級教練所學員說：「勾踐復仇，臥薪嘗膽，古人僅雪一人之恥，尤復如斯，況今強英肆虐，到處屠殺，亡國滅種，迫在旦夕。吾人對此四萬萬同胞之公仇，又將如何？吾深望諸君，每早高聲疾呼『某某，爾忘英人之殺爾同胞乎』三聲，以資警惕也。」[153] 25 日，

150《我的生活》，第 702 頁。

151 中國第二歷史檔案館：《馮玉祥日記》（2）（南京：江蘇古籍出版社，1992 年），第 75－76 頁。

152《馮玉祥日記》（2），第 78－79 頁。

153《馮玉祥日記》（2），第 85－86 頁。

高級教練所行開學禮，馮玉祥訓話說：「此次滬案發生，英人毫不以人道待華人，已無異自陷於禽獸之域。是而可忍，孰不可忍！望諸君發憤求學，誓雪國恥，隨時警惕，永矢弗諼。」[154]

6 月 27 日，馮玉祥致電北京執政、各部院、各省區督辦、省長、都統、護軍使、鎮守使、各總司令、各師旅長、各法團、各省學生聯合會、各工團、各報館：「今於最近之五卅血案，一旦暴露侵略主義之殘忍凶橫萬惡現象，我國於上海、漢口以及最近於廣州遭侵略主義代表者之慘殺，流無限之血，而結晶於此要求取消一切不平等條約之主張。政府鑒於全國民意及世界潮流不可遏抑，毅然提出此負責任順民心之照會，正如雄雞一聲，天下破曉，此要求若能達到，則我民從此脱離侵略主義之壓迫，而我民國始能適於世界之生存。…… 誓將竭全軍之力，為國民紓積憤，為政府作後盾。…… 因不平等條約一日存在，使我民國不能生存及發達，故非乘此時機廢止不平等條約不可。凡屬軍人務聯合全力為政府及國民外交之後援，深信政府亦必能指揮各省，一致反對從前不平等條約而與列強為根本之修正。全國國民亦必竭力擁護政府，並擁護全民眾之要求，庶幾國難早已，聯合可期。」[155]

馮玉祥除了自己身體力行的宣傳五卅慘案外，同樣要求他轄區的教師、學生宣傳英人暴行。6 月 8 日，馮玉祥鼓勵張家口各學校教員、學生說：「上海流血慘案，是全國之事，是四萬萬同胞之事，非學生一人一家之事。……吾甚望各位教習、學生，要將此事普遍宣傳，以喚起民眾，共同奮鬥，是為至要。現在中國所恃者，就是天良未喪之學生，諸君實為國家之最優秀主人翁，務望不要放棄責任也。」[156]

馮玉祥不單用五卅慘案鼓勵和教導部下努力學習戰鬥技能，準備和帝國主義及其支持的軍閥作戰，也借此慘案衡量誰是中國的朋友。7 月 1 日，馮

154《馮玉祥日記》（2），第 86－87 頁。

155〈馮玉祥呼籲軍人為取消不平等條約作後盾電〉（1925 年 6 月 27 日），《五卅運動和省港罷工》，第 91－92 頁。

156《馮玉祥日記》（2），第 77－78 頁。

玉祥準備了兩份電報，一致世界真正熱心之基督徒，一致世界被壓迫的基督徒，[157] 籲請他們主持正義予中國民眾以援助。馮玉祥以為大多數教會裏純正的英美朋友都是同情我們的，豈料他的呼籲如石沉大海，沒有引起什麼有力的反響。後來馮玉祥有一位認識多年的老朋友古約翰（John Goforth）來看他，兩人談起五卅慘案的事，馮問這位美國牧師說：「英國人在中國這種行為到底對是不對？」古約翰毫不遲疑地答：「那些亂黨胡鬧，怎麼不應該開槍打？」馮玉祥忍着激憤說：「你我都是上帝的兒，今天咱們說一句上帝兒子的話：英國巡捕拿着槍向中國徒手工人學生胡亂射擊，這種行為到底對是不對？」古約翰說：「他們都是亂黨，開槍是對的。」馮玉祥禁不着心中的怒火，斥責古約翰：「我和你相識了這些年，我可錯認了你！……我被你騙了，你是冒充教徒！你其實倒是帝國主義者最凶惡的走狗！」[158]

美國向來高傲自大，以救世者自居，但在五卅慘案中，助紂為虐，還偽善地問中國有何需要美國幫助？被馮玉祥當面訓斥。9 月 6 日，美國某大學教授巴克到訪，問馮玉祥：「你們中國希望我們美國幫助你們什麼？」馮玉祥回答：「美國向為主持公道之國家，現在英人殺我無辜之同胞，徒手之學生，而美國何以袖手旁觀，噤口不言？現在我望美國不必來資助中國，先去修自己之缺點可也。」[159] 同月 9 日，美國政策研究會秘書魯利濟到訪，對馮玉祥誇言美國對於外交政策，如何如何贊助中國。馮玉祥說：「深望美國自今以後，勿再言如何贊助中國，宜先言如何贊助美國。蓋一人苟思人格高尚，必須捨己救人，一國亦然。如專恃人物富庶，槍械精良，不惟不能立國，亦且不能謂文明，蓋非伸張人道，扶貧拯弱，斷難孚眾望也。中國人一向敬仰美國者，為其能主持公理、主持正義耳，此次則大失所望矣。蓋英國人以強盜之手段，慘殺我國無數徒手之學生，無辜之同胞，美國竟如隔岸觀火，噤若

157《馮玉祥日記》（2），第 90－91 頁。

158《我的生活》，第 529－534 頁；簡又文：《馮玉祥傳》上冊（台北：傳記文學出版社，1982 年），第 228 頁。

159《馮玉祥日記》（2），第 99 頁；《馮玉祥傳》（上），第 229－230 頁。

寒蟬，斯亦奇矣。美國在中國傳教者，共有 6,700 餘人，而說公道話者，僅有 170 人，美國國民一萬萬人中，只有此 170 人主持公道，主持正義，誠百思不得其解也。」[160]

帝國主義的暴虐和偽善，令馮玉祥感覺到國人非團結一致，不能把帝國主義驅逐出中國。馮玉祥下野遊俄期間，國民黨人于右任、徐謙，共產國際代表鮑羅廷等與馮玉祥保持緊密聯繫。1926 年 4 月 5 日，鮑羅廷、于右任與馮詳談國民軍、國民黨合作事。5 月 9 日，馮玉祥到達莫斯科，蘇聯政府代表及步、騎隊伍和中國留蘇中山、東方兩大學男女學生三四百人前來歡迎，高呼中國國民革命萬歲，令馮玉祥大受感動。10 日，馮玉祥有感於「中山先生雖死，而繼中山之志者，在國外則有如是眾多之學生。是中山先生所死者僅肉體身，其精神固猶充塞於人世也。⋯⋯決心加入國民黨，為國民黨一黨員，以努力致力於中國國民革命」。[161] 於是，馮玉祥由徐謙作介紹人，加入國民黨。[162]

舉國民氣沸騰，段祺瑞政府亦不敢拂逆民意，7 月 24 日照會華盛頓會議八國駐使提出修改不平等條約照會：「為對於中國公道計，為關係各方利益計，亟擬將中國條約重加修正，俾適合於中國現狀，暨國際公理平允之原則。⋯⋯中國政府深信，非常權利，一經消除，不特各國權利利益更得良好之保障，且中外友誼，必能日臻進步。為彼此利益計，甚望貴國政府，重念中國人民正當之願望，對於中國政府之公平主義，修正條約之提議，予以滿望之答覆。」[163]

中國向帝國主義國家提出修正不平等條約，要其主動放棄在華特權，自然是與虎謀皮，必然失敗！不過，這個孫中山臨終前提出的主張，至此已經得到全國人民和軍政界的認同，成為全國上下的共同願望。

160《馮玉祥日記》(2)，第 101 頁。

161《馮玉祥日記》(2)，第 178 頁。

162《我的生活》，第 566 頁。

163〈執政府外交部為滬案向華府會議八國駐使提出修改不平等條約照會致雲南特派交涉員電〉(1925 年 7 月 27 日)，《五卅運動和省港罷工》，第 149－150 頁。

帝國主義想用屠殺政策來鞏固他們對於中國人的統治，結果卻適得其反——引起了全國民眾反帝國主義的怒潮。上海市民立刻全體罷市罷工，沒有三天，反抗運動普及全國，各大城市的示威遊行及市民大會一致聲討帝國主義的屠殺政策。假使5月30日以前只有幾千幾萬人知道帝國主義的罪惡，知道國民革命的必要，那麼，5月30日以後，至少已經增加到幾百萬幾千萬人！上海街頭巷口無一處不貼上反對外人的招貼，無一處不唱反對外人侵略的歌謠。5月30日！這確是中國國民革命開始的一天！

反抗五卅屠殺案的各地各界的要求裏，普遍提出：

一、廢除一切不平等條約

二、收回一切租界及租借地

三、收回海關及鹽政管理權

四、收回領事裁判權

五、永久撤退駐華的一切外人的武裝勢力

六、中國人民之絕對的言論出版集會結社之自由

五卅後民眾運動波及窮鄉僻壤，革命運動衝破了思想上、政治上的萬里長城，深深的滲入工人群眾、農民、學生、小商人之中。從大城市到小農村，都起來響應。甚至十三四歲的兒童，都爭着寫貼「打倒帝國主義，廢除不平等條約」的標語，爭着唱五卅流血的時調山歌，證明革命運動普遍深入群眾，孫中山晚年提出的政治主張：要求廢除不平等條約、取消租界、收回治外法權等，從此已經為一般群眾所了解，從此國民革命便有了實際上的意義。全中國範圍的國民革命開始了！[164] 據統計，全國直接參加五卅運動的人數約1,200萬人，間接參加者，如鄉村僻壤的人數便難以統計了。[165]

蔡元培指出五卅運動的影響：「孫先生逝後78日，遂有公共租界工部局

---

164 瞿秋白：〈帝國主義之五卅屠殺與中國的國民革命〉及〈國民會議與五卅運動 — 中國革命史上的1925〉，《五卅運動史料》(1)，第100－109、115－129頁。

165 劉少奇：〈一年來中國職工運動的發展〉，《五卅運動史料》(1)，第67－83頁。

英捕屠殺中國愛國民眾之慘劇。…… 自此而後，英人在華之商業一蹶不振，中國被壓迫群眾與帝國主義者之肉搏，亦由此開始。本黨總理孫先生喚起民眾共同奮鬥之遺囑，乃見諸事實。中國民族在國際上之獨立運動，五卅烈士實開其端。」[166]

全國各界都積極參加五卅運動，為對抗帝國主義殺害手無寸鐵的同胞而鬥爭，作為革命政黨的中國國民黨和中國共產黨當然不會袖手旁觀，坐視不理。

5 月 30 日晚上，中共召開緊急會議，決定首先發動罷市、罷工、罷課運動。並立即組織上海總工會，與全國學生總會和商界團體共同組織一個工商學聯合會，作為這一運動的領導中心，翌日立即進行總罷工。中共除組織黨員直接參加領導工人、學生群眾進行罷工、罷課、罷市、示威遊行之外，又積極宣傳帝國主義的罪行，6 月 5 日向全國提出其政治主張：「年來全國被帝國主義壓迫的民眾之普遍的覺醒，早已促起了英美日法侵略家的殺機。尤其是反帝國主義的主力軍工農階級勢力之形成，更堅決了各強國的強盜階級對於中國的鐵血鎮壓政策。上海的大屠殺，便是帝國主義者重新表示他們獸性的志願——其准中國人做奴隸，不准中國人謀解放，只准中國人在『奴隸』與『鐵血』的兩種慘境中有個選擇！帝國主義的列強，對於侵略中國和鎮壓中國的民族運動是一致的，無論他是先進的帝國主義（如英國）或後起的帝國主義（如日本）。這次上海事變，起於日本帝國主義向上海以及青島紗廠工人積極的進攻，而成於英國帝國主義向學生工人市民狠毒的殘殺。美國帝國主義在這大殘殺中完全與英國一致。在公共租界耀武揚威的萬國商團，美國商團的凶暴與英國的沒有兩樣，美國海軍陸戰隊悉數上岸加入英兵的隊伍之日，即在楊樹浦一帶任意殘殺中國路人，尤其望見工人學生經過即開槍。…… 這次上海事變的性質既不是偶然的，更不是法律的，完全是政治的。…… 解決之道不在法律而在政治，所以應認定廢除一切不平等條約，推翻帝國主義在

---

166 蔡元培：〈五卅殉難烈士墓紀念碑碑文〉（1927 年 10 月 5 日），《五卅運動史料》（1），第 728 頁。

中國的一切特權為其主要目的。不平等條約一日不廢除，帝國主義在中國的一切特權一日不推翻，中國民族的生命與自由便一日沒有擔保，隨時隨地都有被橫暴殘酷野蠻無恥的帝國主義蹂躪屠殺之危險。」中國共產黨號召：「全國各種被壓迫階級的群眾來反抗帝國主義野蠻殘暴的大屠殺」、「全國各種被壓迫階級的群眾堅持到底的來維持並發展這個長期的民族鬥爭」。[167]

廣州政府及人民亦立即響應，為上海市民聲援。但當時廣州政府正與滇桂軍開戰，故除了發表幾篇宣言之外，並無實際行動。[168] 6 月 1 日，中國國民黨上海執行部發表宣言：「上海英租界捕房，竟蠛視中國國權，世界人道，對此無抵抗之群眾，開放排槍，殺傷人命至數十人之多，演古今中外所未有之慘劇。中國之國威，英國之人格，二十世紀人類之文明，皆隨此排槍之聲，而俱消滅，此不特為中華民國人民之奇恥大辱，亦自命文化先進之不列顛人之奇恥大辱。世界各國人民睹此帝國主義者慘無人道之行，不能起而為華人仗義，主張公道者，亦將蒙同一之恥辱。……5 月 30 日之慘劇，英捕房以對待盜匪敵軍之槍彈，對待我爭自由保主權，無抵抗之學生工人與市民，其殘酷蠻橫，視庚子年之拳匪行動尤甚，乃猶強以『排外』『赤化』名詞污辱華人，淆惑世界視聽，其言行應為崇奉耶教愛自由獨立之撒克遜人所羞為。……中華民國人民非亡國之民，上海英租界非英國殖民地。英捕房以對待牛馬所不忍用之手段，對待同是人類之華人，是曰無人道。以對待盜匪敵軍之槍彈，對待赤手無抵抗之學生工人，是曰無公理。以僑寓中國之外人，任意殺戮在中國之中國人民，是曰污辱中國國威，蹂躪中國人權。此可忍，孰不可忍。中國國民黨願助全中國之愛國愛平等自由之民眾，對此慘無人道之行為，及

167 〈中國共產黨為反抗帝國主義野蠻殘暴的大屠殺告全國民眾〉（1925 年 6 月 5 日），《中共中央文件選集》（1），第 419－421 頁。

168 愉之：〈五卅事件紀實〉（1925 年 6 月 30 日），《東方雜誌——五卅事件臨時增刊》（22）（1925 年 7 月），第 82－83 頁。

其所代表之武力侵略政策，以全力奮鬥，伸張人權，恢復國威。」[169]

6 月 4 日，中國國民黨上海執行部發表第二次宣言，指出：「此次上海之慘劇，乃英日帝國主義者，濫用強取威脅而得之不平等條約蹂躪壓迫我愛和平無抵抗之中華民國全國人民之縮小寫真。凡以平等自由獨立為生命之人類，應一致贊助我民族此次之奮鬥。⋯⋯我國民應根據公理，與外人對我要求賠償之前例，於懲凶賠款之外，應以取消中國與英日締結之一切不平等條約為賠償此次死傷污辱與損失之最低代價。在未達目的以前，舉國實行與英日經濟絕交，以示我國民主張之堅決。本執行部誓遵守我總理孫中山先生之遺囑，與全國民眾共同努力奮鬥，以恢復我民族之獨立平等自由。」[170]

6 月 5 日，中國國民黨中央執行委員會通電全國各公團各報館及全體黨員，號召：「中國全國人民，一致抗議，要求懲罰暴行巡捕，撫卹死傷，表示謝罪，保證此後永無此至無人道之行為。凡我黨員，應一致努力援助國民，以與英國帝國主義相搏。」[171]

6 月 7 日，胡漢民以代大元帥身份鄭重宣佈：「不當僅注意道歉、懲辦、撫恤等枝節問題，尤當從廢除不平等條約收回租界着手，以謀根本解決。同時並鄭重宣佈：帝國主義者敢於在中國境內指使所蓄養之鷹犬，為此白晝殺人於道之事，皆由前此北京政府闒茸媚外所造成。⋯⋯此等軍閥與帝國主義互相勾結之現象，本政府誓秉承大元帥之遺教，努力奮鬥，必使之消滅然後止。願我全體國民共起圖之。」[172]

6 月 28 日，國民黨發表對五卅事件宣言，內容與中國國民黨上海執行部

169〈中國國民黨上海執行部宣言〉(1)(1925 年 6 月 1 日)，《東方雜誌——五卅事件臨時增刊》(22)(1925 年 7 月)，第 185 頁。

170〈中國國民黨上海執行部宣言〉(2)(1925 年 6 月 4 日)，《東方雜誌——五卅事件臨時增刊》(22)(1925 年 7 月)，第 186 頁。

171〈中國國民黨通電〉(1925 年 6 月 5 日)，《東方雜誌——五卅事件臨時增刊》(22)(1925 年 7 月)，第 186－187 頁。

172 胡漢民：〈革命政府關於上海租界暴行宣言〉(1925 年 6 月 7 日)，《五卅運動和省港罷工》，第 17－18 頁。

發表第一次宣言大致相同。[173]

(4) 漢口慘案

五卅慘案發生後，全國人民均認為是奇恥大辱，民氣都非常激昂。在各商埠外人居住的區域，都有激烈的示威運動。外國遂紛紛派遣軍艦，徵調水兵，動武壓迫。如鎮江、九江、漢口、寧波、香港、廣州和廈門等處，都先後發生衝突。其中以漢口和廣州兩地衝突最為嚴重，國人被洋人槍炮屠殺，死傷至數十百人之多，情況比上海五卅慘案更為嚴重。

6 月 10 日上午，英商太古船公司的武昌輪到達漢口，有苦力因搬運貨物起岸時略有錯誤，被該公司僱員陳興存毆打致傷。眾苦力大憤，群起譁噪，幾釀暴動，經漢口鎮守使署及警廳派軍警前往彈壓，始將群眾解散。工人不服，在 11 日全體罷工，集合二千餘人遊行示威。湖北省長蕭耀南令漢口警察廳長周際芸迅速消弭工潮，周奉令後，立即邀約鎮守使署參謀與太古公司洋行大班及華買辦韋學周等交涉，結果，太古承認：

一、受傷工人送醫院診治，其醫藥費由太古公司負責；

二、兇手由官廳送法庭依法懲辦；

三、所打破玻璃等件一概不究；

四、從速照常工作，太古公司囑令行夥，以後不得無故打人。

此約由雙方簽字，准於 12 日上工。交涉結束，但未向外間公佈協議，一般工人不知道此案已經解決，仍在河街口聚集未散。下午 7 時，有一印捕揚棒毆打工人，被工人包圍追趕。沿一碼頭至大智門一帶，人群擁擠，情況混亂。漢口英領事即調義勇隊及各國海軍陸戰隊，分佈英租界各區，在要道架設機關槍，如臨大敵。蕭耀南接報，立派軍警前往租界附近維持秩序。群眾見軍警到來，紛紛向租界狂奔，秩序大亂，間有擲石擊破商舖玻璃。租界義勇隊及水兵不問情由，開機關槍掃射群眾，彈如雨下，歷時至半小時。當場

173〈中國國民黨對五卅事件宣言〉（1925 年 6 月 28 日），《五卅運動和省港罷工》，第 94－95 頁。

擊斃八人，傷數十人，內有六人送至醫院後即行斃命。同時有日人水田洋行行主水谷邦次在人群中被踐踏受傷，送醫院後斃命。

事發後，中國軍警入租界接防，義勇隊及外艦陸戰隊才相繼撤退。國人民氣憤激，各公團呈請蕭耀南嚴重交涉。11 日段祺瑞政府接得蕭耀南電告後，立即向英使館提出嚴重抗議。14 日英使署回覆，措辭非常強硬，說義勇隊開槍轟擊，係自衛。17 日，英使更邀集六國公使向外交部提出反擊性質的抗議書，列舉漢口、九江、鎮江方面的排外行動，「有蔓延全國之勢之不安狀態，既使外人生命財產瀕於危殆，特喚起中國政府慎重注意」。外交團態度頑強，當然非書面抗議所可解決。段政府為避免洋人藉口起見，只能通令告誡全國人民，愛國運動「應尊重秩序，勿越軌外」。[174]

(5) 省港大罷工和沙基慘案

五卅慘案爆發之後，國民黨上海和廣州中央黨部均先後就滬案發出宣言和通電，聲援上海市民。因正與滇桂軍開戰，未有實際行動。解決滇桂軍後，香港和廣州沙面方面才秘密預備罷工。早在 6 月 2 日，上海總工會已經致電全國總工會，宣佈上海各業工會一致罷工，希望全國工界一致奮起，並予以援助。至 6 月 13 日止，上海各行業共 118 處，156,000 人參加罷工。[175]

6 月上旬，中共派鄧中夏、楊殷等到香港組織工人舉行罷工。中華全國總工會同時向中國國民黨中央提議發動省港罷工以支援五卅運動，得到國民黨中央贊同。12 日，桂軍劉震寰和滇軍楊希閔部隊被殲滅。13 日，中華全國總工會宣佈已經和國民黨中央執行委員會工人部協商，組織「省港罷工委員會」，由此機構專責推動省港大罷工。[176] 15 日，中華全國總工會為「五卅慘案」

174 高爾松、高爾柏編：《漢口慘殺案》（台北：文海出版社，1986 年），第 1－8 頁；〈漢口事件〉，《東方雜誌——五卅事件臨時增刊》（22）（1925 年 7 月），第 79－82 頁。

175 中國社會科學院近代史研究所中華民國史組編：《中華民國史資料叢稿：大事記》（11）（北京：中華書局，1978 年），第 106 頁。

176 〈中華全國總工會組織省港罷工委員會啟事〉，廣州《現象報》（1925 年 6 月 25 日）。

致函香港各工團，「立即通令全體工友一致罷工，以制帝國主義者死命」，[177] 並派遣代表前往香港，與全港工團秘密開了兩次聯席會議，一次是議決臨時指揮機關與宣言條件；一次是議決發動時日與離港方法（鄧中夏在另一文說：全國總工會之代表在港召集各工會代表聯席會議，會議無異議通過罷工，還通過罷工宣言與罷工要求。過一日又開第二次聯席會議，組織罷工的統一指揮機關，定名為「全港工團聯合」，並選定職員）。[178]

6 月 16 日，陳炯明殘部退守潮州、梅縣，廣州局勢鞏固。17 日，廣東省工農商學兵各界一百二十餘個團體召開援助滬案代表會，汪精衛、廖仲愷等到會議決成立「廣東各界對外協會」，由二十五個團體各派出代表一人為執行委員，並議決援助滬案辦法十五條。同日，英國外長張伯倫在下議院答覆工黨議員質問上海事件說：「吾國僑民之生命財產，受亂黨之害。⋯⋯以槍擊散亂黨，乃是殺一儆百。」18 日，廣東省長胡漢民在省署召集總商會代表開會，說香港和沙面工人將為滬案發動罷工，呼籲「我粵商人對罷工回省者，應予經濟、糧食援助」。[179] 胡漢民解釋：罷工這件事，是國民黨中央政治委員會最重要的決議，比任何問題都重要，「應竭力使全體人民與政府協力以援助之，務其繼續努力，以達到最後的勝利。」「此次廣東各界之援助罷工工人，大家要明白不是為援助工人的本身，實是為爭國家民族的獨立與自由，是應盡的義務。」[180] 換言之，國民黨用罷工作為對付英帝國主義的武器，而省港大罷工就是自孫中山逝世之後中國國民黨與帝國主義的一次重要鬥爭。

177〈中華全國總工會為五卅慘案致香港各工團的信〉（1925 年 6 月 15 日），廣東哲學社會科學研究所歷史研究室編：《省港大罷工資料》，第 120 頁。

178 鄧中夏：〈一年來省港罷工的經過〉（1926 年 8 月），《鄧中夏文集》（北京：人民出版社，1983 年），第 267 頁；鄧中夏：《中國職工運動簡史》（1919－1926）（北京：人民出版社，1979 年），第 222－223 頁；〈省港大罷工大事記〉，《省港大罷工資料》，第 2 頁。

179《中華民國史資料叢稿：大事記》（11），第 110－111 頁。

180〈政治委員會主席胡漢民先生在罷工委員會招待各界時演講〉，《工人之路・特號》（第 53 期，1925 年 8 月 16 日）。

6 月 19 日，英商太古、渣甸輪船公司奉令解僱華籍船員，並拘捕船員百餘人，於是該公司行駛省港之佛山、龍山、金山等輪抵港後，船上海員宣佈一致罷工離船。省港大罷工於是爆發！香港各工團立即召開緊急會議，議決即日起總罷工回省，組織全港工團委員會統一指揮。同日，上海總工會議決，請工人堅持罷工，以反對外國屠殺。20 日，香港已有二千多名罷工工人返回廣州。

6 月 21 日，「全港工團委員會」發表罷工宣言：同情上海、青島、漢口的被難工人，非俟上海工商學聯合會提出的條件完全達到，決不停止。又說：香港居住之華人，歷來受英國香港政府最不平等之殘酷待遇，顯然有歧視民族之污點。全港華工並對香港政府提出下列諸條件，非達到完全目的不止：

一、華人應有集會、結社、言論、出版、罷工之絕對自由權。

二、香港居民不論中、西籍，應受同等法律之待遇，務須立時取消對待華人之驅逐出境條例，笞刑，私刑等之法律及行為。

三、華工佔香港全人口之五分之四以上，香港定例局應准華工有選舉代表參與之權，其定例局之選舉法，應本普通選舉之精神，以人數為比例。

四、應制定勞動法，規定八小時工作制，最低度工資，廢除包工制，女工童工生活之改善，勞動保險之強制施行等，制定此項勞動法時，應有工團代表出席。

五、政府公佈 7 月 1 日之新屋租例，應立時取消，並從 7 月 1 日起減租二成五。

六、華人應有居住自由之權，旗山頂應准華人居住，以消滅民族不平等之污點。

電車工人和印刷工人首先罷工，其餘各業在七日內相繼罷工。數日之內，香港全部工作幾乎全面停頓，食物供應出現困難。罷工工人紛紛撤離香港，返回廣州。他們得到廣州政府和工團安排食宿招待。香港政府宣佈戒嚴，嚴禁食糧及現金出口，[181] 拒絕接受罷工者的要求，企圖用種種陰謀和恐嚇手段來撲滅工潮。香港政府派軍警荷槍實彈在大馬路巡遊，向罷工工人示威。又在《華僑日報》刊登兩段新聞：〈香港工人解釋並非自願罷工〉和〈某君對於罷工罷課議論〉兩段新聞以欺騙社會。港英政府一方面對廣州實施經濟封鎖，同時用鐵血政策鎮壓香港，在海員大罷工時屠殺離港罷工工人，製造沙田血案，素以對「煽動者」建立刑訊拷打而聞於世的香港總督史塔士（港名司徒拔 Sir Reginald Edward Stubbs），毫無顧忌地採用了一切手段——拘捕了數十名罷工領袖、大規模驅逐出境、刑訊拷打、槍殺等等，但徒勞無功，無法阻止罷工。[182] 罷工工人見此情況，紛紛返粵。廣州沙面工人亦在 21 日發表罷工宣言：「我等今日須由英、日、法、美帝國主義者手上取回我等之自由，須將我等之縛束從我等手上解除。⋯⋯上海、漢口、青島市民及工人一日不勝利，我等一日不返工。為上海案而奮鬥，為解除我等自身痛苦而奮鬥。」總罷工開始，華人各業工人、侍者、看護婦陸續退出沙面。外人紛紛調集義勇隊及水兵守衛，廣州政府亦派軍隊保護工人，情況相當嚴峻。

6 月 22 日，駐廣州英國總領事傑彌遜（Jamieson）照會廣州政府外交部長伍朝樞：「凡穿行沙面英租界之任何舉動，定遭武力之拒抗，所有後果由廣州政府個人及全體政府負其責。」[183]

6 月 23 日，廣州農工商學軍各界對外協會在東校場開各界民眾大會，五六萬群眾到會。譚平山為大會主席，政府要人如胡漢民省長、廖仲愷、汪精衛到會演說。下午 1 時，大會群眾整隊遊行示威。工人、農民、學生、商民、粵軍、學生軍、警衛軍、湘軍等相繼列隊，從東校場出發，經惠愛路，永漢路，直出南堤至西濠口。下午 2 時，群眾巡行至西場沙基口，直過東橋

181〈沙基事件經過〉，《省港大罷工資料》，第 129 頁；《中華民國史資料叢稿：大事記》（11），第 112－114 頁。

182 格列爾：〈廣州和香港〉（1925 年 9 月 23 日），《1919－1927 蘇聯真理報有關中國革命的文獻資料選編》（1），第 138 頁。

183《中華民國史資料叢稿：大事記》（11），第 114 頁。

及沙基馬路一帶。下午2時40分，巡行前隊已轉入內街，後隊到達沙基西橋口時，在西橋內沙包之後的英兵，突然開機關槍射擊巡行群眾；白鵝潭及沙基口之英、法、葡國兵艦紛紛放機關槍大炮助擊，當場擊斃多人，屍骸遍地。沙面慘案，死傷人數比上海和漢口慘案兩次更多。[184]

根據中國資料，當時遊行兵士並未開槍還擊。外國路透社的報道卻說：「6月23日，廣州——下午成千上萬的學生、工人、市民和士兵在沙面邊界堤岸遊行。當他們到達英國租界維多利亞酒店對面時，開始開火。英法水兵以機關槍還擊，開火有二十分鐘之久，中國士兵是從西堤開槍的。」「法國商人柏斯喬爾被打死，稅務司亞瑟愛德華先生，一個英國水兵及兩個公民受傷。」「一致意見是對岸中國先開槍。」「從迄今得到的情報來看，廣州昨天下午舉行示威遊行。遊行一直是相當和平地進行的。直到下午2時30分，一部分遊行者突然向沙面開火，殺死一個法國人和打傷幾個英國人。」「英國水兵眼見總領事及英海軍武官已在炮火之下，於是用來福槍開火射擊，但英國海軍武官當時立刻命令停止開火。」[185] 路透社這則報道絕對是惡人先告狀，歪曲事實。因為遊行隊伍的死難者有兒童和女學生，中國軍警尚未無恥到利用兒童和女學生作人盾，向擁有機槍大炮的洋兵挑釁。當日在英兵機關槍正面射擊萬幸不死的蔣先雲駁斥帝國主義報紙的謊言：「當在東校場開會完畢時，主席宣佈按農工商學兵的次序出發巡行，並說打倒反革命派上火線時，軍人是為民眾的前鋒；巡行是文明的示威，軍人當為民眾的後盾。是足以證明當日是毫無與帝國主義挑釁的本意。不然，何致以手無寸鐵之同胞之於先，而置武裝之軍人於後？」蔣先雲說：行到沙基街時，發現商戶全體緊閉，於是詢問一店主。店主說他們早看見沙面已安置機關槍及沙包，知今日必有大事，故早將店門關閉。當蔣先雲率隊繼續前進時，對面之沙面機關槍及步槍皆向他

184〈沙基事件經過〉，《省港大罷工資料》，第131－135頁；〈香港罷工與沙面大慘殺〉，《東方雜誌——五卅事件臨時增刊》（22）（1925年7月），第84頁。

185〈中華年鑒〉有關省港大罷工資料摘譯：〈華南的動亂〉（1926－1927年），《省港大罷工資料》，第798－799頁。

開始射擊。蔣說：「他打東江及打楊劉之數次激戰中，其槍聲亦無若是之密，戰況亦無若是之慘。」蔣以事涉兩國衝突，未奉命令開戰，下令士兵不准開槍。百米外的英兵，非惟沒有停止射擊，反聞我發口令之處，或穿黃軍衣之軍官有移動時，加重火力射擊。排長義明道、陳綱因傳軍令，被沙面機關槍射殺。傳令班長許國良亦因傳令而受重傷，證明沙面帝國主義者有意屠戮。蔣先雲又指責英兵所用子彈皆有爆破性及毒性。他右方一兵，被擊中腦部而死，腦髓全部炸去；他自己兩腳被碎片所傷，次日兩足腫痛不能落地，消腫後足趾尚流黃水，證明子彈有毒。[186]

慘案發生當晚，廣東省長胡漢民立即向各國駐廣州領事官發出照會：「沙面外國兵警發槍，向巡行群眾射擊，繼以機關槍掃射，又繼以外國兵艦之大炮。起事倉猝，路狹人稠，以致死傷枕藉。現時所知巡行群眾死傷之數已百餘人，其中有幼童及女學生、路人為流彈所斃及被擠落水者尚不勝計。群情痛憤，已達極點。自 5 月 30 日，上海租界慘殺事件發生以來，漢口租界等處，對於上海被慘殺之同胞而表示同情者，莫不遭帝國主義者之同樣慘殺。廣州此次巡行，群眾所經行地與沙面尚隔一水，且閘門緊閉，絕無闖入之虞，乃沙面外國兵警竟向在內地巡行之中國民眾，肆行射擊，多所殺傷。較之上海、漢口租界事尤為暴戾。」胡漢民提出取消不平等條約，希望各國人民對此事件主持公道。「蓋凡自命為人類者，必不容此等慘殺事件繼續發現於世界也。」[187] 胡漢民又向英、法、葡駐廣州領事官提出嚴重抗議，「聲明此次事件，應由英、法、葡兵警軍艦及有關係之文武長官負完全責任。」[188] 胡漢民就沙基慘案發佈告說：「本日廣州民眾，因援助上海五卅案，聯合遊行，其宗旨在促帝國主義者之覺悟，為廢除不平等條約之運動。⋯⋯各民眾行經沙

186 蔣先雲：〈6 月 23 日沙基慘殺案報告〉，《省港大罷工資料》，第 138－141 頁。
187 胡漢民：〈革命政府對沙面慘案之第一次抗議〉（1925 年 6 月 23 日），《五卅運動和省港罷工》，第 247－248 頁。
188 胡漢民：〈廣東省長公署給英法葡領事嚴重抗議照會〉（1925 年 6 月 23 日），《五卅運動和省港罷工》，第 248 頁。

基，經英兵突由沙面發槍，向遊行群眾射擊，並以機關槍掃射，法兵繼之，葡艦復發大炮轟擊，致傷斃多人。顯係蓄謀殺害，磨牙吮血，實現其帝國主義之面目。⋯⋯對於此次事件，不依恃武力及其他狹隘之復仇手段，而惟以和平正當之方法，為取消不平等條約之進行。尚望全粵人民，一致努力協助政府，以期貫徹主張，不宜稍有越軌行動，別生枝節，而陷帝國主義者之陰謀，則必可得最後之勝利。」[189]

6 月 24 日，廣州外交部長伍朝樞致電北京公使團領袖加拉罕大使，就帝國主義開槍殘殺中國男女學生巡行群眾，向加拉罕提出最嚴重之抗議，請他轉知各國外交代表。[190]

6 月 23 日，法國領事呂爾庚（Leurquin）首先致函胡漢民，指責中國群眾武裝遊行，無故向法租界開槍，擊斃法國人巴斯基危（Pasquier），故法軍始行還槍。質問貴政府所定主義是否維持秩序，抑任令亂事繼續及發展，是否如外交部長所言保護外人生命財產，抑完全放棄條約及萬國公法之職責。警告廣州政府為保全人道計，宜設法消滅此種暴動之事，倘此等事仍繼續發生，於萬不得已時，惟有設法排除而已。[191]

6 月 24 日，英國總領事傑彌遜照會胡漢民，否認英方事先準備槍擊巡遊隊伍。他與英國上級海軍官站立橋邊監察情況，被華方向他先行開火，槍彈密如雨下，為自衛起先始行放槍還擊。又說華人軍隊或學生軍「決意藉端生事以博殉國之名」（the part of Chinese troops or military students, ⋯⋯had determined to create an incident with a view to posing as maratayrs

189 胡漢民：〈廣東省長公署為英法葡兵製造沙基慘案佈告〉（1925 年 6 月 23 日），《五卅運動和省港罷工》，第 248－249 頁。

190〈外交部長致北京公使團領袖電〉（1925 年 6 月 24 日），佚名輯：《廣州沙基慘案交涉文件首編》（台北：文海出版社，1986 年），第 18－19 頁。

191〈譯法領事致省長函〉（1925 年 6 月 23 日），《廣州沙基慘案交涉文件首編》，第 6－7 頁。附錄：法文原件第 4－6 頁。

afterwards.)；否認此事外人應負全責，反指此重大責任實應由華人負擔。[192]

6月26日，廣州外交部交涉員傅秉常奉外交部長和省長面諭，照會英、法領事，駁斥英、法照會誣衊華方先行開槍的指證。根據法警工農商學各界暨美、俄、德各國領事共同組織調查委員會常務委員第一次報告，沙面方面向巡行群眾首先開槍射擊，以致死傷多人，已得確實證明：

一、是日巡行秩序，首工人、次農民、次商民、次各大中小學男女學生，最後為軍官學生，除軍官學生外均不攜武器。當嶺南學生行至西橋口即被沙面射來槍彈當場擊斃教員區勵周及學生許耀章，重傷者三人，輕傷無數，嶺南學生之後尚有坤維女學、聖心書院、女子師範、市立師範、執信學校、第二高等小學等校學生亦均遭槍擊，最後始及軍官學生。以距離言之嶺南學生與軍官學生之間至少相隔有數十丈，當嶺南學生受槍傷斃之際，軍官學生尚未行至西橋口。證之事後驗屍報告，嶺南教員區勵周學生許耀章屍體均在西橋以西，而軍官學生屍體則皆在沙基口，距離西橋尚遠，是則沙面方面先向行經西橋口無武裝之學生群眾開槍射擊，肆行虐殺，東橋方面亦遂應聲夾擊，以致巡行群眾死傷枕藉，波及路人。

二、稠密之群眾向狹長之馬路徐徐行進，若如英法領事所言，軍官學生首先開槍，且若如英國海軍軍官史葛所言開槍至百響之多，沙面方還槍，則軍官學生開槍以前勢必揮散路傍站立之人眾，俾不虞波及，且亦必俟前行群眾度過沙基之後，始肯開槍。況開槍百響之多，則其時一切參觀人眾及巡行群眾必已避開，沙面還槍之際，死傷者應全為軍官學生。何以證之實際學生及路人死傷如此之多？據此以言，則英法領事所謂軍官學生首先開槍，實為虛誣。

三、是日沙面方面早已架設沙包及為種種軍事上之設備，而軍官學生則無絲毫戒備。故隨工農商學各界之後，四人一列整隊而行。若軍官學生有意

192〈譯駐廣州英總領事照會胡省長文〉（1925年6月24日），《廣州沙基慘案交涉文件首編》，第4–5頁。附錄：英文原件第2頁。

啟釁，斷無以密集隊伍向前巡行，自招重大損失之理。當嶺南學生行至西橋口，槍聲暴發之際，軍官學生在沙基口隊伍尚未散開，則其事前絕無啟釁之意，及聞前行群眾猝遭不測，始向前救援，尤屬顯而易見。

四、據各校學生報告皆謂沙面方面以機關槍向人叢射後，即見有外國兵士數人，手持武器欲啟橋上閘門，向人叢衝擊，幸軍官學生適於此時行至。外國兵士始仍閉閘門向後卻退。據此則當時若無軍官學生前來掩護，巡行群眾死傷之數必尚不止此，何得反誣軍官學生為首先開槍？傅秉常譴責：沙面所用係屬機關槍，猛烈射擊諸人，傷口洞成巨穴，槍彈迥異尋常，尤為慘無人道！……此次華人慘被殺害，實屬滅絕人道，為世界公理所不容！茲特提出要求條件如下：

1. 此案各有關係國應派大員向廣東政府謝罪；

2. 懲辦關係長官；

3. 除兩遣報艦外，所有駐粵各有關係國兵艦一律撤退；

4. 將沙面租界交回廣東政府接管；

5. 賠償此次被斃及受傷之華人。[193]

英法駐廣州總領事和領事收到照會後，轉呈其駐北京本國公使。7 月 6 日奉其本國公使命令覆函傅秉常：「對於此種性質之要求條件，不能加以考慮。」[194]

用機關槍射殺和平巡遊的工人、學生、群眾與及軍校官兵，再無恥地誣捏中國軍人「決意藉端生事以博殉國之名」，這些窮凶極惡、歪曲事實的英法帝國主義者，當然不會向中國人民謝罪、懲兇、賠償、交還租界和撤退軍艦。況且其射殺的重點是巡遊的黃埔軍校官兵，而非罷工的工人。據江西督辦方本仁致北京執政府軍務廳、陸軍部電：「肇事之際，蔣介石所部學生軍死

193〈交涉員署照會英法領事〉（1925 年 6 月 26 日），《廣州沙基慘案交涉文件首編》，第 25－29 頁。

194〈譯駐廣州法、英總領事覆傅交涉員函〉（1925 年 7 月 6 日），《廣州沙基慘案交涉文件首編》，第 30 頁。

傷至五十餘人，粵軍及偽政府（指國民政府）警衛軍死傷亦眾，學生、工人則僅死三人傷十餘人。」[195] 這報告證明英帝國主義者的槍口並非針對工人，報復他們發動的省港大罷工，而是借故屠殺黃埔軍校學生，向廣東革命政府挑釁。

英國支持吳佩孚、陳炯明武力對付孫中山，煽動滙豐銀行買辦陳廉伯策動商團作亂，甚至派軍艦闖入廣州白鵝潭直接恐嚇廣東革命政府，都是赤裸裸的暴力打壓。幸而孫中山應付得宜，爭取了一切能夠團結的力量，與段祺瑞、張作霖組成了反直聯盟，運動了馮玉祥投身革命，在第二次直奉戰爭中重挫吳佩孚；又成功地推行聯俄容共政策，取得了蘇聯大量經濟和軍事援助，創建了一支擁護革命的黨軍，先後擊潰了反叛的陳炯明軍隊和平定了商團之亂，鞏固了廣東革命根據地。孫中山更借北上與馮玉祥、段祺瑞和張作霖共商國是的機會，宣傳國民革命，號召驅除帝國主義、廢除不平等條約，喚醒了被帝國主義鐵蹄踐踏下的中國人民。英日帝國主義者驚懼中國人民的覺醒，以為用槍炮殺戮一千幾百個中國人，便可以堵截這革命洪流，相繼製造了五卅前後的一連串屠殺慘案，先是放射排槍擊殺手無寸鐵的工人學生，繼而用機關槍屠殺巡遊的革命軍人。沙面英軍機關槍重點射擊的對象不在罷工工人，而是瞄準消滅商團軍的黃埔學生軍，其目的就是要挑起與廣東革命政府的戰爭，給籌組國民政府的國民黨人一個下馬威。

1925 年 6 月 15 日，國民黨中央政治委員全體會議通過將原大元帥大本營改組為國民政府。7 月 1 日，國民政府在廣州宣告成立。6 日，英法兩國駐廣州領事送來一份公函，內容不是恭賀國民政府成立，而是拒絕就沙基慘案向中國賠償謝罪。在中國的土地上，英法帝國主義精心策劃殺戮我國平民百姓和衛國的將士，對我國家尊嚴百般侮辱。面對這奇恥大辱，國民政府如果不作任何回應，以後還有何顏面去領導國人進行驅除帝國主義、消滅軍閥的國民革命？

195〈軍務廳致外交部密函〉（1925 年 7 月 30 日），《五卅運動和省港罷工》，第 268 頁。

四、聯俄容共時期中國國民黨反帝國主義的鬥爭

國民政府與英法帝國主義者的軍事力量對比是強弱懸殊的，不能用脆弱的軍力草率一拚，但總得有辦法去狠狠教訓這凶殘的英法帝國主義者！

幸好，國民政府已經推行了「聯俄容共」政策，蘇聯有對付帝國主義的革命經驗，在軍事上打退了外國的干涉軍和全殲了反革命的白軍，在政治上瓦解了干涉軍的士氣和引起帝國主義國家的內部矛盾，不敢放手出兵侵略蘇俄。這些革命經驗對新成立的國民政府都是寶貴的。國內方面，國民黨在蘇聯顧問鮑羅廷策劃下進行改組，在組織上、紀律上，均比較以前大有進步。改組後的國民黨，特別注意革命宣傳工作，汪精衛、胡漢民等人在上海許多學校演講，宣傳打倒帝國主義，廢除不平等條約，實行國民革命的主義，學生很受感動。國民黨與共產黨合作後，在共產黨員努力工作下，各省市的組織和黨員人數大為增加。民眾漸漸組織起來，學生會、工會、農會和商會等，都有全國統一的組織，為全國性的反帝國主義運動奠下了鞏固的根基。[196]

1. 國共合作對付帝國主義

五卅運動爆發後，1925 年 6 月 22 日，俄共（布）中央政治局徵詢政治局委員的意見，決定：接受加拉罕的建議，立即派遣維經斯基去中國。25 日，俄共（布）中央政治局決定：

一、務必推動以抵制、局部罷工和總罷工，而特別是鐵路總罷工的形式進行的革命運動，不要害怕危機加劇；

二、一定要防止發生殺害和毆打外國人事件，防止出現諸如懸掛「英國

196 惲代英：〈五卅運動〉，上海社會科學院歷史研究所編：《五卅運動史料》（1）（上海：上海人民出版社，1981 年），第 5－15 頁。

人、日本人和狗不得進入中國公共場所」標語之類的粗野民族主義舉動。……不要給外國人中的挑釁份子提供說運動具有義和團性質的口實，以使帝國主義者不便進行尖銳的武裝干涉。

決定強調一定不要誇耀共產國際執委會、蘇聯和俄共在中國革命運動中的作用。[197] 因此，共產國際在中國革命運動的工作是秘密進行的，現時很少資料留下，只能從一些零碎的資料介紹國共如何合作對付帝國主義。

7 月 1 日，國民政府在廣州正式成立，聘鮑羅廷為中華民國國民政府高等顧問。[198] 鮑羅廷的辦公處暨住宅設在廣州大東路 31 號，他是斯大林派來中國具體貫徹執行共產國際決定的主要代表，因此他的辦公處成為蘇顧問人員的政治工作中心。他的辦公室在樓上，基本工作人員只有他的夫人和姪女，和華籍翻譯張太雷、鄭秀山等四人。張太雷並負責與中共及工農團體聯繫。廖仲愷介紹的鄭秀山，則負責與政府各機關聯繫。樓下設有蘇聯塔斯通訊社辦事處，工作人員約有四五十人，由一名丹麥人主管，餘為中國青年。這是塔斯社在東南亞以至整個遠東地區的工作中心，每天能發塔斯社電訊，以及採訪和編發東南亞地區新聞。其收發電訊、郵件，往來各方人員，十分頻繁，每月電訊、郵件及宣傳品的費用，高達十萬元港幣（有人說，鮑羅廷在廣州還負有第三國際在遠東的宣傳、聯絡任務）。[199]

孫中山逝世後，國共合作的工作實際上由鮑羅廷執行推動。一方面，他的辦公處成為中國國民黨中央政治委員會開會的地方，國民黨委員到此與鮑羅廷開會。廖仲愷、孫科、宋子文、鄧演達等國民黨人常到此商議事務。另

197 〈俄共（布）中央政治局會議第 68 號記錄〉（1925 年 6 月 25 日於莫斯科），中共中央黨史研究室第一研究部譯：《聯共（布）、共產國際與中國國民革命運動（1920－1925）》（1），第 636－637 頁。

198 張注洪、楊云若編：〈鮑羅廷在中國活動紀要〉（1923－1927 年），李玉貞：《鮑羅廷在中國的有關資料》（北京：中國社會科學出版社，1983 年），第 299 頁。

199 鄭秀山、鄧演存、尹時中、歐樹融、陳錦松：〈鮑羅廷等在廣東〉，《鮑羅廷在中國的有關資料》，第 256－257 頁。

一方面，鮑羅廷同時也是中共廣東地區臨時委員會委員，指導廣東地區一切實際工作。故中共廣東區委負責人陳延年，以及罷工委員會負責人鄧中夏、蘇兆徵和黃平等也經常到此匯報工作。[200]

鮑羅廷根據俄共中央政治局的決定，用總罷工的形式進行革命運動，但同時又避免讓帝國主義者有藉口進行尖銳的武裝干涉。他與國民黨中央委員會開會議決全力支持省港大罷工，省港工人在前線罷工，癱瘓香港航運和各種服務，封鎖香港糧食物資供應，阻止英貨經廣州進入內地；國民政府頒佈命令，指示有關機構配合罷工和截斷香港的糧食物資供應，經濟支援罷工工友，照顧他們在廣州的食宿。省港罷工已經不單純是爭取福利、改善待遇的經濟鬥爭，而是為上海、青島、漢口和廣州同胞報仇雪恥的鬥爭，為中國國格與帝國主義的鬥爭，為國民政府能否領導全國人民進行國民革命的鬥爭。

2. 國民政府領導的省港大罷工

有些資料說省港大罷工是由中共領導的，但事實上罷工爆發的時候，中共的人力物力都不足以發動及維持一個歷時十五個月（1925 年 6 月 19 日至 1926 年 10 月 10 日）的大罷工。組織罷工的鄧中夏說：當時香港的共產黨員還不滿十人，而且多為最下層的碼頭工人，共產主義青年團員雖比黨員多幾個，但多數為學生。以中共當時的力量估計起來，「罷工能否發動，確無把握。」其次是罷工需要大量經費支援，中共每年從共產國際得到的援助只有一萬二千金盧布，省港罷工委員會辦事處的經費每月便需一萬元，還有數萬名返回廣州工友的食宿費用，這都不是當時中共財力所能負擔的。因此，鄧

200 鄭秀山、鄧演存、尹時中、歐樹融、陳錦松：〈鮑羅廷等在廣東〉，《鮑羅廷在中國的有關資料》，第 256－257 頁；白瑜：〈我亦談談鮑羅廷〉，《傳記文學》總第 192 號（台北：傳記文學出版社，1978 年），第 22－25 頁；元邦建：〈鮑羅廷在廣東的幾個問題〉，中國社會科學院近代史研究所：《近代史研究》（1984 年第 4 期），第 130－147 頁。

中夏到香港發動罷工的時候，便被部分工會領袖詢問罷工之後，誰負責解決工人食宿的問題？鄧中夏雖然解釋罷工是得到國民政府支持的，不過那些工會領袖不相信鄧的保證，自行派代表前往廣州接洽，得到滿意的答覆，才參加罷工。[201] 這證明中共尚無能力發動省港大罷工。

這次大罷工是由國民政府策動的，蔣介石更是其中一名重要領導人。英國帝國主義者在沙面屠殺黃埔軍校學生五十餘人，這不單是對國民政府的嚴重挑釁，更是對蔣介石——黃埔軍校校長——的公開侮辱，他能甘心受辱嗎？

1925 年 6 月 23 日，沙基慘案發生的當日，蔣介石在他的日記寫下了這句話：「毋忘今日之恥辱」。接着記錄了沙基慘案的情況，「本校學生士兵為英賊兇暴，用機關機掃射遊行人員，以密集單道前進，無有掩護，故為其射擊，死傷者約 70 人，本校死 20 人，傷十餘人。⋯⋯ 自生以來，哀戚未有如今日之甚也。」[202] 由這天開始，到次年 9 月 5 日止，歷時近一年零三個月，蔣介石的日記差不多每天都以這樣的一句作開始：「如何可以滅此橫暴之陰番？」「忘此陰番慘殺之仇乎？」「忘英番之慘殺我部下及同胞之仇之恥乎！」「汝忘陰番殺你部屬乎？」「陰番不滅，非男兒。」「汝忘英番虐殺同胞乎？」「陰番不滅，何以立國？」「陰番不滅，何以對先烈？」「汝忘陰番之仇乎？」「陰番不滅，何能取消不平等條約？」[203] 可見蔣介石對英帝國主義者痛恨之深。

7 月 1 日，國民政府成立之日，蔣介石將其撰寫的〈軍政意見書〉提交軍事委員會，建議：「近見英人暴戾，更不能不準備實力，與之決一死戰。」「我軍應速決心準備三個月至六個月內，與之實行作戰。⋯⋯ 若吾黨再隱忍坐視、畏縮不前，徒以經濟絕交一語了事，則國亡無日矣！」[204] 7 日，蔣介石

201 鄧中夏：〈省港大罷工〉，《省港大罷工資料》，第 24 頁。

202 美國斯坦福大學胡佛研究所檔案館藏：《蔣介石日記》（手稿本）（1917－1936 年），第 95 頁。

203 《蔣介石日記》（手稿本）（1917－1936 年），第 95－142 頁。

204 毛思誠：《民國十五年以前之蔣介石先生》（7 編 6）（重慶：編者，1936 年石印本），第 7 頁。

建議軍事委員會革命六大計劃，蔣介石痛斥英國帝國主義以香港為反革命基地：「年來帝國主義與軍閥，在中國橫行之罪惡，最能使被壓迫民眾覺悟，致力團結反抗之必要。而吾黨改組後之民眾運動，亦實足以應之。於是各地反軍閥、抗列強之企團，乃無不惟吾黨革命之號召是從，影響所及，帝國主義之仇視吾人益甚，而鄰近廣東之香港，以廣東為其在中國第一殖民地之英國帝國主義者，乃為其尤。舉凡廣東政變，英政府無不暗助叛類，謀倒革命政府。往年6月16日之變（陳炯明兵圍總統府），必置我領袖於死地。去年商團之變，以及東江陳逆負嵎。最近楊劉叛亂，無不與香港政府息息相通，受其指使。及其既敗，港政府積其敗之經驗，不僅不稍停止其推倒革命政府之嘗試，且變本加厲，謀我益急。6月23日沙基之屠殺，是英政府於滬漢嘗試之結果。直接向我革命政府挑戰也！槍死遊行群眾，掃射我革命軍人，直視我生番野獸之不若。不假手軍閥，不借刀漢奴，肆行直接之殘殺，更見其捉襟見肘，迫不及待之形勢。我國民革命方張之氣，實非昔日不能越廣東一步之北伐所可比擬。我勢既張，敵謀將無已時。沙基屠殺，不過戰鬥中之初萌耳。徒齗齗於釁自誰開，固嫌示弱！即希望此案尚有和平解決之可能者，亦昧於常識。英帝國主義者與我實際上蓋已入於交戰狀態。今後必更千方百計以謀破壞我革命政府。我政府亦惟有認英帝國主義為當前之大敵。要知自6月23日以後，再無與英國妥協之餘地。我政府應當機立斷，表明態度，喚起全國民眾，堅持到底，始終誓與死戰而已！」

蔣介石建議國民黨成立「國際部」，聯合世界各國的革命黨，一起反抗世界帝國主義。國民政府今後革命目標：「認定帝國主義為當然大敵，誓與奮鬥。蓋必先杜絕帝國主義與軍閥勾結之途徑，則軍閥不攻而自倒。故今日革命，以對帝國主義者為主要目的，而對軍閥不過為一枝葉問題耳。」蔣介石分析帝國主義富有國際性，故國際帝國主義的敵人，全部都是良友。反抗帝國主義的工作，更為全世界弱小民族的共同目標。「故中國革命應視為世界革命之一，不應僅視為中國內部之事。」因此，國民黨應迅速聯合世界各國革命黨，成立「國際部」，「以擴大此國際運動之革命領域」。[205]

在台灣出版的書籍很難找到孫中山和蔣介石主張「世界革命」的資料，但若參考早年出版的蔣介石傳記（如重慶版的毛思誠《民國十五年以前之蔣介石先生》）和近年蘇聯的解密檔案，便可以看到蔣介石曾經革命的真面目。

蘇聯解密檔案詳細記錄了蔣介石在蘇聯每一天的活動和言論。1923 年 9 月 2 日至 11 月 29 日，蔣介石以孫中山全權代表身份，到莫斯科直接與蘇聯和共產國際領導人洽談援助中國革命的問題。在蔣介石的要求之下，9 月 17 日蘇聯安排了一次士兵大會，蔣介石透過翻譯對四百名蘇聯第 144 團步兵講演，他讚揚紅軍戰勝了國內的帝國主義和資本主義，聲稱「我們來這裏學習並與你們聯合起來」，我們將向你們「伸出我們友好的同盟者之手，以便共同戰鬥」。[206]

1923 年 10 月 18 日，蔣介石把親自撰寫的關於中國國民運動和黨內狀況的書面報告交給維經斯基，報告說：「我們的任務就是推翻世界資本主義。所以我們的國民革命將具有國際性質。」[207] 11 月 26 日，蔣介石與共產國際領導人會面時開門見山地說：「國民黨肩負着在中國進行革命工作的責任，這是進行世界革命工作的一部分。」接着推崇共產國際「有領導革命運動的責任，特別是領導那些遭受資本主義和帝國主義壓迫的國家的革命運動的責任」。接着，蔣提出了國民黨的「世界革命構想問題」：蘇聯、德國和中國組成三大國聯盟來同世界資本主義勢力作鬥爭。「我們將能輕而易舉地取得世界革命的成

205 毛思誠：《民國十五年以前之蔣介石先生》（7 編 6），第 7－30 頁；蔣介石：〈平定商團經過〉，廣東革命歷史博物館編：《黃埔軍校史》（1924－1927）（廣州：廣東人民出版社，1995 年），第 241 頁。

206 楊天石：《找尋真實的蔣介石——蔣介石日記解讀》，第 101 頁；〈杜霍夫斯基關於國民黨代表團情況的札記〉（1923 年 9 月 10 日）及〈關於國民黨代表團訪問第 144 步兵團情況的書面報告〉（1923 年 9 月 17 日），《聯共（布）、共產國際與中國國民革命運動》（1920－1925），第 291－292 頁。

207〈國民黨代表團關於中國國民運動和黨內狀況的書面報告〉（1923 年 10 月 18 日），《聯共（布）、共產國際與中國國民革命運動》（1920－1925），第 300－301 頁。

功，我們將能推翻全世界的資本主義制度。」[208] 1923 年到 1926 年一段時間，蔣介石聯合蘇聯與世界資本主義勢力作鬥爭的「世界革命」主張是一貫的。

省港大罷工進行時，蔣介石明白工人對革命的重要，認為「工人為革命中有力之一成分，其對於吾革命前途之難易與成敗，實有莫大之影響。我革命政府宜努力安置為國犧牲之失業工人，以解其困難，堅其志向。並設立兩廣工路局，以為解決之方。兼寓大元帥提倡工兵之至意」。蔣介石讚揚罷工工人為國犧牲，「此次香港工人為反抗英帝國主義者之屠戮同胞，一致罷工，棄職返省。其為國犧牲之精神，凡在國民，罔不致敬。紛起為其生計上之後援。我國民政府亦已決議徵收全市房租半月以為之助矣。」為取得罷工最後勝利，蔣認為要審慎考慮：罷工工人現每日每人僅發生活費 2 毫，以廣州市生計程度之高，其困苦可想。他們原本每日可得工資半圓或 1 圓以上，而且除本身外，亦必尚有家庭負擔。長期令工人作此鉅大犧牲，「於心既有未安，於事亦多可慮」，故建議「利用工人之精力於最有利益與最易舉辦之事業，給以相當之工資」，以解決工人之經濟困苦。蔣認為最好的辦法就是建築國道或省道，由國民政府特設工路處，收容全國罷業工人，以建築道路，並專任委員，規劃其事。目前應築之路甚多：

一、由韶關經連縣、連山、富川、平樂，以達桂林。

二、由桂林經陽朔、平樂、昭平，以達梧州。

三、由曲江經樂昌、以達坪石，東達始興、南雄。

四、由廣州經增城、龍門、河源、龍川、五華、興寧、梅縣，以達大埔。

五、由增城經博羅、平山、海豐，以達揭陽、潮州。

一方面令各地運輸便利，打破英國封鎖。同時，道路建成之後，人民皆知此路的建設原因，讓每一條道路都成為反抗帝國主義的不朽紀念，遠勝筆

208〈有國民黨代表團參加的共產國際執行委員會會議速記記錄〉（1923 年 11 月 26 日於莫斯科），《聯共（布）、共產國際與中國國民革命運動》（1920－1925），第 330－333 頁。

舌宣傳。在築路時對工人編制，施以軍事及政治的訓練，可以奠下工人軍的基礎。[209] 蔣介石的建議稍後得到落實推行。

1926 年 1 月 6 日，蔣介石向國民黨全國代表大會報告軍事，再次指出國民黨的外部敵人，「第一個要算香港，香港差不多是一切省內外敵人之巢穴。…… 香港是世界帝國主義壓迫中國的中心點，他們種種的勢力實在可制我們政府的死命。這兩年來廣東的敵人差不多都以香港為反動策源地。陳炯明當然做主腦，北洋及西南的軍閥亦參與勾結，一切的反動勢力都聚集在香港。他們的司令部、參謀部，幾乎都設在香港；買辦階級陳廉伯等受帝國主義者的嗾使，密購大批軍械，謀倒革命政府，也是在香港定謀的。」[210] 同年 1 月 1 日至 19 日，中國國民黨第二次全國代表大會在廣州召開，通過宣言，指責軍閥和港英帝國主義者，「十二年來，陳炯明等之得苟延殘喘於東江，以為禍於廣東，乃全恃帝國主義者為之後援。自去歲夏間以還，更公然以香港為其寇粵之大本營。運兵籌餉，皆以香港為策源地。北洋兵艦，集中於香港，以往來窺伺廣東之沿海岸。復由香港輸運軍械，以接濟南路諸賊。…… 十三年秋間廣州沙面匯豐銀行賣辦陳廉伯之作亂。陳廉伯始則藉英帝國主義之資，而得自由販運軍械，組織商團，以謀反抗廣州革命政府。繼則受英帝國主義之袒護，以類似哀的美敦之通牒，恐嚇廣州革命政府。…… 及乎作亂失敗，仍得安居香港。」[211] 由此可見國民政府和蔣介石等人視香港為死敵，因此設法懲罰港英帝國主義是理所當然的。但為什麼卻讓「罷工委員會」作為領導罷工的機構，讓其承擔封鎖禁運等任務？這決策是經過詳細考慮的。

因為清政府簽訂了不平等條約，廣州是通商口岸，若國民政府派軍隊封鎖口岸，阻止貨物起卸運輸和販賣，會被視為破壞條約，給予英國軍事干涉的藉口，停泊在廣州白鵝潭的英艦隨時可以毀滅革命政府的武裝力量。因

209 毛思誠：《民國十五年以前之蔣介石先生》（7 編 6），第 7－30 頁。

210 毛思誠：《民國十五年以前之蔣介石先生》（8 編 1），第 5 頁。

211 〈中國國民黨第二次全國代表大會宣言〉（1926 年 1 月），中國第二歷史檔案館編：《中華民國史檔案資料匯編》（4 上）（南京：江蘇古籍出版社，1994 年），第 343－357 頁。

此，不與英國直接武裝衝突，不給予英國軍事干涉藉口，是對付英國的首要考慮因素。全世界的罷工經驗，封鎖禁運、拒絕服務是罷工的常用手段，工人糾察隊執行罷工禁令亦是帝國主義國家容許的。中國工人拒絕為英船起卸貨物，拒絕為英人提供服務，令英國商船進入罷工禁令範圍內動彈不得，運來的英貨留在船艙，無人搬上陸地；購得的原料，也無人為之運上船；存在英國貨倉的貨物無人搬運，出入不得，商品無法流通，一切經濟活動便停滯了。那是民間罷工行動所導致的後果，與國民政府無關。英國的巨艦大炮和機關槍輕易射殺工人，但迫不了工人為其工作。這是以罷工作為革命運動的巧妙之處，國民政府出錢出力，讓罷工委員會領導工人在前線與英帝國主義正面對抗，國民政府退居幕後縱操大局。罷工何時開始，何時結束，規模有多大，時間有多長，該給予罷工委員會多大權力，英國挑釁時如何應對，全在籌算之中。

7 月 6 日，英法帝國主義者拒絕賠償謝罪後，翌日（7 日）國民政府常務委員開會，議決省港同時罷工來對付英國，頒佈訓令：

沙面英、法兵既殺我群眾於前，香港殖民政府復絕我交通於後。吾民為抵抗強權壓迫，推倒帝國主義及維持國家民族獨立自由，保障人民生命財產之故，不得已有省港同時罷工之舉。欲以平和正當之手段，抵禦帝國主義者之侵凌，不惜犧牲一切生活以赴之，其志氣彌厲，其用心良苦。政府為維持此種正義之行為，並企其進行迅速收效宏遠起見，經常務委員 7 月 7 日會議議決如下：

一、着廣東省政府令行廣州市政廳飭廣州市公安局，即飭廣州市公安局，飭區暫撥借東園為省港罷工委員會辦事處。

二、着廣東省政府令行廣州市政廳飭市公安局，將徵收半月租捐繳交中央銀行，專為援助省港罷工委員會之用。

三、着廣東省政府分別飭令三水、河口、九江、江門、容奇、香山、石岐、澳門、前山、灣仔、下柵墟、下新寧、廣海、陳村、虎門、太平、寶安、南頭、深圳、沙頭角、沙魚涌、澳頭、汕尾、坪山、淡水、大鵬、海口、北海、廣州灣等口岸，禁止糧食出口。

四、着廣東省政府令行廣東建設廳，籌築黃埔、石井兩公路，並與香港罷工委員會協商籌築辦法。

五、着廣東省政府令行廣東建設廳，計劃黃埔開築商港事宜。

六、着廣東省政府令行廣東商務廳，勸諭商民援助香港罷工委員會。

七、着廣東省政府令行廣東商務廳，責成各華商煙公司酌撥贏利捐助省港罷工委員會。

仰即遵照辦理。切切此令。[212]

訓令說明省港大罷工不是一般經濟性的罷工，而是國民政府對付帝國主義者的革命手段。罷工行動是得到國民政府及轄下廣州市政廳、廣州市公安局、廣東建設廳、廣東商務廳、中央銀行和二十九個口岸等政府單位支持的，所有措施都是經過國民政府常務委員開會議決，然後交有關機構執行，是於法有據的革命行動。

中央軍事政治學校擁護罷工宣言明白指出：「省港罷工，是五卅及沙基慘案後對於凶橫的大英帝國主義者的和平戰爭。七、八萬工友，忍飢耐暑，與香港政府相持經年，不獨繁華的香港殖民地——每年貿易額在十五萬萬元以上的商港成為荒島，——每月損失一萬萬二千萬元，並且鞏固了國民革命的大本營國民政府的基礎。可見省港罷工是革命勢力與帝國主義者的直接戰爭，並不是罷工工友『一己的問題』。⋯⋯五卅、沙基慘案一日未解決，罷工損失一日未賠償，則省港罷工一日不能停止。本黨及本校之使命在扶助工農利益，打倒帝國主義，實現國民革命。深願團結三千同學及全體國民革命軍，為工

212〈中華民國國民政府訓令第三號〉（1925 年 7 月 8 日），《五卅運動和省港罷工》，第 260－261 頁。

友後援，擁護省港罷工，再接再厲，繼續奮鬥以求最後的勝利。」[213]

當年在黃埔軍校任職的鄧中夏，在他《中國職工運動簡史》（1919—1926）一書及〈省港大罷工〉和〈一年來省港罷工的經過〉（1926年8月）兩篇文章都只強調「省港罷工委員會」在領導罷工所起的作用，沒有介紹國民政府和黃埔軍校在這次罷工所扮演的角色，更沒有分析罷工委員會為何得到國民政府那麼多權力人力和物力的原因。若非國民政府同意，罷工委員會有何權力封鎖口岸，禁止通商，扣押貨物，拘捕走私奸商船隻？其措施有何法理根據？鄧中夏的報道流於表面若干事實，欠缺深度。罷工的一切措施全部經過國民政府常務委員開會研究，議決批准後，再交有關機構執行，這樣才能平息民憤。如禁運實施之後，不少人貨被扣留。貨物方面有些是存在英國貨倉而非英國貨，有些是用香港貨船轉運到來的非英國貨。這些貨物是否屬於劣貨（英貨），「不經審訊，無從辨明。」同時，被捕拿的走私疑人眾多，罷工委員會有無地容納之患，且如何處理，是放是罰，有何準則，都是問題。省港罷工委員會無權處辦，案件堆積如山，商販叫苦連天，怨懟日增。罷工委員會於是函請國民政府迅速組織成立特別法庭，早日清理積案。[214] 封鎖禁運措施傷害很多人的利益，商人固然因貿易停滯，經濟受損而不滿；農民漁民亦因漁農產品不能運銷香港而反對。稍為處理不善，考慮不周，便頓失各界支持。10月24日，國民政府常務委員議決，有關案件交特別刑事審判所辦理。[215] 把破壞封鎖令的商犯交司法機構繩之於法，按律處分，才能取得各界支持。國民政府和罷工委員會在省港大罷工的主從關係應該分清楚。

213〈中央軍事政治學校擁護省港罷工宣言〉，《黃埔軍校史料》（1924－1927），第288－290頁。

214 省港罷工委員會：〈省港罷工委員會關於設立特別法庭處理奸商偷運案函件〉（1925年8月28日）及蘇兆徵：〈省港罷工委員會呈〉（9月7日），《五卅運動和省港罷工》，第294－295頁。

215〈國民政府秘書處公函第380號〉（1925年10月26日），《五卅運動和省港罷工》，第295頁。

(1) 組織及動員工人

國民政府為發動罷工，採取了一系列的周密部署。

國民政府決定用罷工作武器，給英帝國主義者狠狠一擊，於是組織和動員工人。1924 年 3 月 5 日，國民黨工人部部長廖仲愷在廣州太平戲院舉行「廣州工人代表會」籌備會議，有各工會千多名代表出席。5 月 1 日，「廣州工人代表會」在廣州西瓜園正式成立，一百六十多名代表出席會議，分別代表七十多個工會和十多萬工人。7 月，廖仲愷又派馮菊坡前往香港籌建國民黨臨時黨支部，以團結各行各業工人。馮菊坡聯絡持平工會、米行工會、沙藤工會、雜貨工會、茶居工會、貨箱工會、水貨工會、革履工會、車衣工會、木匠工會、海員工會和聯義社等工人組織。國民黨中央執行委員會批准了馮菊坡租賃會址的申請，撥了特別補助三百元，方便他在香港吸收黨員。馮菊坡挑選了十九人為國民黨臨時黨支部籌備委員會委員，他們稍後成為省港大罷工重要幹部，如大罷工委員會委員長蘇兆徵（原為國民黨員，後轉為共產黨員），工人糾察隊總隊長黃金源，罷工總指揮部成員梁子光、譚海山、胡蔭等。國民黨人已為日後發動大罷工做好了準備工作。[216] 與此同時，俄共（布）中央政治局就中國五卅慘案決定：以「總罷工的形式進行的革命運動，不要害怕危機加劇」。這決定更促使國共加強合作，以罷工作為對付英帝國主義的武器。

省港大罷工爆發後，中華全國總工會召集省港各工會代表大會，通過罷工委員會組織法。1925 年 7 月 6 日，「省港罷工委員會」成立，專責統籌罷工。通電宣稱：「中華全國總工會為統一戰線擴大能力起見，特行組織省港罷工委員會，以主持其事。由香港罷工工人選出代表七人，沙面罷工工人選出代表四人，中華全國總工會派出代表兩人，共同組織之。」[217] 罷工委員會之上為「省港罷工工人代表大會」，按人數比例，每五十人選舉一代表，為最高議

216 趙慶雲：〈工運先鋒馮菊坡〉，《環球人物》（2011 年第 18 期），第 51－53 頁。

217《中華民國史資料叢稿：大事記》（11），第 126 頁。

事機關。罷工委員會為最高執行機關。其下設幹事局，分置文書、宣傳、招待、庶務、交通、交際、遊藝七部。另設財政委員會、糾察隊、會審處、保管拍賣局、法制局、審計局、築路委員會、工人醫院、宣傳學校等機關。[218]

省港罷工委員會成立，成為專責統籌罷工的機構，於是各項罷工活動積極進行。國民政府下令廣東沿海，汕尾至北海等二十九個口岸，禁止糧食出口。罷工委員會隨即成立人數共約三千人的糾察隊，分派各海口駐防，其責任為：一、維持秩序，二、截留糧食，三、嚴拿走狗，四、拘捕工賊，五、查緝仇貨，六、封鎖香港、澳門及沙面之交通。為緝拿破壞封鎖令的奸商匪徒，糾察隊致函黃埔軍校校長蔣介石，請選派軍官學生勷辦糾察隊事宜。剛巧黃埔第二期學生畢業，蔣介石遂在 1925 年 9 月 14 日選派邢定漢、謝衛漢、韓鏗等十五人，往助糾察部辦事。該隊總隊長黃金源，訓育長鄧中夏，開會委定各軍官生的任務。[219] 糾察隊在東園訓育堂開歡迎大會後，立即授與實權，委任他們為支隊長，負責訓練和指揮。國民政府提供槍械和小艇，令糾察隊擁有基本的自衛能力。[220]

(2) 後勤支援

省港大罷工歷時十五個月，是一場與英國帝國主義的革命鬥爭，任何行動都需作長期鬥爭的考慮，持續的後勤支援便顯得十分重要了。中國國民黨工人部部長廖仲愷指示工人部封閉廣州各賭館、煙館、空屋，作為罷工工人飯堂、宿舍之用。全廣州劃分八區，每區設置登記處，接待返省工人，供應宿食。當時有二十餘萬工人自香港返回內地，除部分還鄉之外，仍有四萬人

218 鄧中夏：〈一年來省港罷工的經過〉（1926 年 8 月），鄧中夏：《鄧中夏文集》，第 268－269 頁。

219 〈蔣校長派軍官生勷組糾察隊〉，《黃埔軍校史料》（1924－1927），第 285－286 頁。引自《廣州民國日報》（1925 年 9 月 16 日）。

220 〈糾察隊歡迎軍官學校教練〉，《黃埔軍校史料》（1924－1927），第 286－287 頁。引自《工人之路》第 84 期（1925 年 9 月 16 日）；秋人：〈省港罷工的過去和現在〉，《省港大罷工資料》，第 93 頁。原刊於《政治周報》第 9 期，1926 年 4 月 26 日。

留省食宿，[221] 每日伙食開支達六千元。罷工委員會長蘇兆徵為此向國民政府秘書處函請飭令公安局撥款，經國民政府常務委員在 8 月 15 日議決交財政部辦理。[222] 解決罷工工人的食宿困難，是罷工能夠長期堅持的重要原因。

國民政府又向罷工委員會提供各項援助。一方面下令廣州市公安局撥借東園為省港罷工委員會辦事處，並下令廣東省政府：「此次省港罷工，純屬人民愛國運動，政府自宜酌予援助，俾得減少困難。如有省港罷工委員會一切通電，應准電報局免予收費，即為拍發。仰即令行廣東建設廳轉行廣東電政監督，飭屬一體遵照。」[223] 這決定讓罷工委員會方便與國內外團體聯繫，爭取支持。

後勤支援最關鍵的就是經費。為了籌集罷工經費，胡漢民親自向商界呼籲捐款支持罷工，指出這是一場「爭國家民族的獨立與自由」的革命行動。除了勸捐之外，國民政府徵收了半月租捐作為罷工經費。從罷工開始直到 1926 年 6 月，罷工委員會收入如下：

1. 國民政府撥款、租捐和各方捐款 280 萬元
2. 國內捐款 25 萬元
3. 海外華僑捐款 113 萬元
4. 殷實紳商捐 2 萬元
5. 拍賣英貨 40 萬元
6. 罰款 20 萬元
7. 其他 20 萬元

共計 500 萬元

221 蘇兆徵：〈省港罷工委員會請對偽冒罷工份子拘拿處罪呈〉（1925 年 11 月 24 日），《五卅運動和省港罷工》，第 331 頁。

222 〈國民政府議決發給罷工委員會糧錢公函稿〉（1925 年 8 月 17 日），《五卅運動和省港罷工》，第 290 頁。

223 〈國民政府對罷工委員會拍發通電予以免費訓令稿〉（1925 年 7 月 8 日），《五卅運動和省港罷工》，第 262 頁。

國民政府財政部每月津貼罷工委員會 1 萬元，每日伙食費 6,000 元。國民政府為發動和維持罷工，承擔了過半數的經費。[224]

(3) 封鎖和反封鎖

封鎖行動是雙重的，一方面是截斷香港的糧食供應，禁止糧食、蔬菜、副食品和日用品運送到香港，同時是禁止來自香港的英國船貨進入廣州。

1925 年 7 月 9 日，封鎖香港及新界口岸行動開始，省港罷工委員會首先通電宣佈封鎖香港：

> 國民政府最高委員會國民黨中央執行委員會、譚總司令、許總司令、朱總司令、蔣司令暨各要塞司令、海陸軍警、全體同胞、全國各報館、各商會、工會、學生會、農會、各公團公鑒：
>
> 敝會為貫徹奮鬥起見，議決實行封鎖香港及新界口岸。自本月 10 日起，所有輪船輪渡一律禁止往港及新界，務使絕其糧食制其死命。而中華民族之存亡，亦悉繫此一舉。想我國民革命政府，當必表示深切之同情，飭令各地海陸軍警、同胞，切實予吾人以贊助。[225]

罷工委員會同時電呈國民政府秘書處請求支持：「請飭海陸軍警切實贊助。」經國民政府常務委員在 7 月 14 日會議議決，交廣東省政府切實辦理。[226] 但利之所在，有反革命軍人和奸商走私貨物糧食，並武力反抗，令糾察隊員遇襲傷亡，故罷工委員會請求有關防軍協助糾察隊執行封鎖。國民政府常務委員會收到呈請後，9 月 29 日開會議決，為「切實封鎖，嚴密防止私運糧食

224 鄧中夏：〈省港大罷工〉，《省港大罷工資料》，第 39－40 頁。

225 中華全國總工會省港罷工委員會：〈省港罷工委員會實行封鎖香港的通電〉（1925 年 7 月 9 日），《省港大罷工資料》，第 281 頁。原刊於《工人之路》第 16 期，1925 年 7 月 10 日。

226〈國民政府關於封鎖香港及新界口岸公函稿〉（1925 年 7 月 13 日擬稿、15 日發稿），《五卅運動和省港罷工》，第 264 頁。

出口」，交軍事委員會辦理。[227] 國民政府雖然議決用武力作為後盾，但當時軍力薄弱，還沒有統一廣東，地方上的軍人和商團的勢力仍然龐大，距離廣州較遠的地方，便非國民政府所能控制，再加上港英政府從中煽風點火，於是糾察隊員遇襲傷亡的事故，時有發生：

一、7月30日，省港罷工委員會致電江門梁鴻楷，指責粵軍第1軍第1旅部隊暨江門警察，阻止糾察隊檢查，並將隊員毆打。[228]

二、8月15日，糾察隊一名在深圳河邊巡查，被印差越河到華界逮捕，解往英警幫辦審訊，搜身後一無所獲放還。同日下午，田心兩船圖私運糧食出口，糾察隊前往檢查，被兩艘英巡艦駛至開槍射擊，糾察隊急行退避，駐防之鐵甲車隊趕到救護，仍被英艦掃射至48分鐘始退去。27日，糾察隊員陳錫，在華界羅坊村被英界士兵開槍擊斃。[229]

三、鄧本殷受香港80萬元，專僱輪船8艘，載運糧食到香港。[230] 9月5日，糾察總隊在距香港40餘里海線內，執獲由鄧本殷從廣州灣私運糧食往港的「華山輪」，船內載有大小豬隻500頭、牛180頭、鮮蛋20籮、雞千餘隻、蒜頭100籮、糖120桶，及搭客、貨客等。事情因涉及軍人走私，故最後由廣東省政府省務會議處理：貨物經交由罷工委員會拍賣，搭客、貨客保釋，華山輪交撥海軍局遣用。[231]

四、9月18日，順德黃麻涌大窩沙，有大幫香港桅船載貨私運出口接濟

227〈國民政府軍事委員會關於加強封鎖前山灣仔等處公函〉（1925年10月5日），《五卅運動和省港罷工》，第314頁。

228〈省港罷工委員會為粵軍毆打、圍攻糾察隊事致江門梁鴻楷電〉（1925年7月30日），《省港大罷工資料》，第356頁。原刊於《工人之路》第38期，1925年8月1日。

229〈省港罷工委員會為抗議英帝國主義武裝襲擊糾察隊致廣東交涉署函〉（1925年9月11日），《省港大罷工資料》，第357－358頁。原刊於《工人之路》第80期，1925年9月12日。

230 鄧中夏：〈中國職工運動簡史〉（1919－1926），《鄧中夏文集》，第628頁。

231〈廣東省政府報告處理華山輪船案呈〉（1925年10月3日），《五卅運動和省港罷工》，第312頁。

敵人。糾察第一大隊第四支隊立即派十八名隊員，租艇三隻前往調查。豈料被香港十餘隻船一齊開火夾擊，隊員被迫跳海逃生。返上岸後，又被陸上聯沙自衛勇截擊，把隊員杜祥一人擊斃。[232]

五、10 月 13 日，虎門太平墟因查拘鹹魚，糾察隊員被當地鹹魚店伴和民團用長短槍圍攻，開槍逾千發。衝突長達三小時，當地駐軍未有立即增援。結果糾察隊被打死四人、六人重傷、輕傷三十二人。[233]

六、10 月 30 日，駐沙魚涌王母墟第 10 支隊，被粵軍第 2 師艦陸戰隊鄧文烈、羅坤等部包圍。31 日，第 3 大隊派第 2 小隊長魏鑒賢率隊員二十五人，會同鐵甲車隊長、黨代表率領官兵赴援。到達沙魚涌後，鄧羅兩部已自行撤退。11 月 4 日上午 4 時 50 分，鄧羅兩部，及沙魚涌、王母墟等地商團民團千餘人三面圍攻糾察隊，激戰至 6 時半，有二艘兵艦拖帶四隻民船到達，兵艦鳴笛二聲，三面敵人同時出擊。糾察隊與鐵甲車拚死守禦，擊退敵人。7 時半，兵艦派二百餘人登岸，此時有一架飛機來到在空中盤繞，香港方面又駛來大兵艦一隻，停於海面後鳴笛三聲，各路敵人同時進攻，各隊員堅守不退。8 時，大兵艦開機槍助攻，因敵人眾多，無法防守，遂在 9 時 40 分衝出重圍。是役鐵甲車隊十五人戰死，輕傷五人，重傷八人。糾察隊死傷人數尚未查明，第 10 支隊書記、隊員及鐵甲車隊隊員約二十人被俘。[234]

七、1926 年 2 月 3 日，駐防廣州白鵝潭海西英艦在糾察隊截緝仇貨之際，駛近糾察隊電船，以武裝指向電船示威，將其扣留，並派英水手兵多名過電船，將船上特派員李邦、何玉、余珠及司機陳珍一併捆綁，船上槍械繳

232〈國民政府關於香港桅船及聯沙自衛勇槍擊糾察隊着查明究辦令〉（1925 年 9 月 26 日），《五卅運動和省港罷工》，第 310 頁。

233〈省港罷工委員會等關於虎門太平商團民團鼓動罷市毆擊糾察隊情形文件〉（1925 年 10－11 月），《五卅運動和省港罷工》，第 318－322 頁。

234〈省港罷工委員會為抗議匪黨勾結英兵圍攻鐵甲車隊、糾察隊事呈國民政府暨政治委員會文〉，《省港大罷工資料》，第 364－368 頁。原刊於《工人之路》第 141 期，1925 年 11 月 14 日。

去，押返沙面，解往英工部局訊辦。[235]

封鎖禁運直接損害港英政府利益，英國尋釁是意料中事；地方上反革命力量龐大，圖私利棄大義，為虎作倀，甘為英國走狗，破壞禁運，亦非意外。禁運糧食絕對不能制香港於死命，罷工委員會通電稱「務使絕其糧食制其死命」，實屬妄顧現實的狂言。罷工委員會那幾條小艇，連封鎖廣東沿海的能力都沒有，何況香港是英國在亞洲的重要海港，部署足夠的海軍力量保護此海港及其運輸航線，確保得到海外源源不斷糧食物資的供應。事實上，廣州的糧食燃料在禁運前亦依靠香港供應，而非香港依賴廣州。所以，香港不會缺糧，所缺者只是新鮮蔬菜等副食品，尤其是居港華人所需的食品。如上述太平墟走私到香港的鹹魚，這是洋人的食品嗎？

封鎖禁運對香港最致命的傷害是貿易禁運，而非糧食禁運。港英政府支持陳炯明和陳廉伯在廣東作亂，主要原因是廣東政局穩定，使廣州發展成為與香港競爭的對手。「中國對外貿易的交易額有 25% 是通過香港進行的。如果在廣州建起一個深水輪船港口，並在汕頭與廣州之間修築一條鐵路，那麼廣州將成為英國殖民地香港的一個危險的競爭對手。」[236] 當國民政府正在考慮這兩個方案時，省港大罷工爆發。國民政府立即修築黃埔港，改善交通，提升廣州與香港的競爭力，用禁運的手段奪取英國的航運業務，將這兩項減低廣州對香港依賴的建設工程付諸實行：

一、開築黃埔商港，讓洋船可以不必在香港停泊，直駛黃埔起卸貨物。

二、興建黃埔、石井兩條公路，改善廣州至黃埔的陸路交通。此路全長七十五里，為紀念孫中山，定名為中山公路。

禁運實施不久，便發現禁運出口貨品範圍太廣，不利營商。況且廣東工商業尚未發展，貨品、米糧和燃料都仰賴外地供應；同時禁止所有商品進

235〈英艦扣留罷工糾察電船並拘捕船員收繳槍械〉，《省港大罷工資料》，第 325 頁。原刊於廣州《民國日報》，1926 年 2 月 4 日。

236〈真理報社論：英國帝國主義和中國的反革命〉（1925 年 9 月 23 日），《1919－1927 蘇聯真理報有關中國革命的文獻資料選編》（第 1 輯），第 130 頁。

口，亦導致廣州物資短缺；拒絕同一切外國貿易，等於驅使它們與英國聯合反華，不利於孤立英國。於是調整禁運辦法，由商務廳、公安局、外交部和省港罷工委員會共同發給出入口貨之特許證，訂定「凡不是英國貨、英國船及經過香港者，可准其直來廣州」。[237] 特許證制度實施不久，為方便營商和孤立英國，更予取消。省港罷工委員會和廣州總商會、廣東全省商會聯合會、廣州市商會、廣州商民協會聯合擬訂了抵制英貨條例六款：

> 一、從香港、澳門來的任何國貨物，都不准來廣東。從廣東去的，無論任何國貨物，都不准往香港及澳門。
>
> 二、凡是英國船及經過港澳之任何國船隻，均不准來往廣東內地起卸貨物。
>
> 三、凡是英國貨，不是英國船及不經過香港及澳門的，均可自由起卸。
>
> 四、廣東界內只要不是英國貨、英國船，均可自由貿易及來往。
>
> 五、凡存在廣州之貨，只要不是英貨，而且不是英國人的，均可開倉發賣。如關於政府專賣者及違禁品物，不在此例。
>
> 六、此條例由四商會聯同省港罷工委員會共同簽字公佈之。自公佈之日起，直接由省港罷工委員會行使封鎖職權，如有違背前條例者，即一律完全充公。[238]

9 月 8 日，廣東商務廳廳長宋子文將取消特許證條例呈交國民政府，9 月 12 日獲批准予備案。[239]

這時，英國人才認識到：「必須把封鎖認為是對香港及英國政府的一場戰

237 鄧中夏：〈中國職工運動簡史〉（1919－1926），鄧中夏：《鄧中夏文集》，第 621－622 頁。

238〈取消特許證後之善後條例〉，《五卅運動和省港罷工》，第 297－298 頁。

239〈國民政府批第 96 號〉，《五卅運動和省港罷工》，第 299 頁。

爭，而糾察隊就是戰爭中的士兵。」糾察隊嚴格執行禁令，成功地阻止英國商船和貨物進入廣州。東方新聞社報道：6 月 23 日事件後（沙基慘案），廣州加緊反英封鎖和抵制英貨，「封鎖是徹底的，我在廣州沒有見過英國貨，我在廣州許多商店裏尋找英國貨的商標，但並沒有看見過英國的貨物。」「6 月 1 日開始的總罷工和反英封鎖到 10 月（1926 年）方才解除，船隻被束縛於所有港口，影響到貿易停滯。在廣州，罷工及反英封鎖延續至 1926 年，廣州和香港之間，沒有英、美、法輪船來往。自去年 6 月以來，掛着英國旗的船已不能運載任何貨物。」[240]

當時國民政府的策略是高明的，認識到「香港、沙面係帝國主義之根據地，若能將此根據地鏟除，使帝國主義者失其憑借，即為吾輩戰勝之一端」。廖仲愷曾說：「若將香港、沙面市場移歸吾人掌握，使該一處變成荒島，吾人即可操勝算。」因此，封鎖規定「只要不是英國貨、英國船，均可自由貿易及來往」，把反帝國主義的鬥爭矛頭單獨指向英國，中立其他帝國主義國家，分化帝國主義集團，讓其為爭奪中國市場內鬨。因為近年來英、日、美在廣東的市場上競爭得很厲害，當時的情況是英貨逐年遞減，日、美卻逐年遞加。現在廣東排英，在日、美方面更認為是取英而代的絕好機會。美國是資本主義國家中實力最雄厚的國家，有意取代英國在華地位，不肯與英共落旋渦。故港英政府電請倫敦用武力干涉廣州時，美國提出異議，認為因廣州一隅局部之事而引起戰爭，似乎不是良好辦法。又說恐怕因此局部戰爭，會引起日俄參戰，甚至第二次世界大戰。所以罷工委員會特許證條例宣佈以後，美國大來公司和日本三井洋行兩間公司首先請求復業，並願將香港、沙面商店遷移廣州貿易。美商嘉利洋行亦申請移入廣州市營業，販賣美國及大陸貨物，並經營普通商業。罷工委員會大表歡迎，認為「此實吾人所希望而不可得者。若香港、沙面二處商人均紛紛效尤，移到本市，使經濟商業中樞之地忽成荒島，而轉受我政府政權支配之下，此正廖部長所謂可操勝算也」。美國大來

240〈1925 年《中華年鑒》有關省港罷工資料摘譯〉，《省港大罷工資料》，第 804，816－817 頁。

輪船公司在把辦公處從香港移到廣州長場嘉南堂。該公司有兩艘 12,000 噸和 11,000 噸貨船行走黃埔到美國，四艘 4,000 噸客貨輪來往廣州和上海。上海、泰國等處商船聞風而來，每日平均有四十餘艘商船直達黃埔。港英政府知道美國船公司開闢不經香港的新航線後，大為恐慌，竭力派人勸那些公司打消此議，但失敗。因此，港英政府覺得長此以往，香港必受重大打擊。香港對日美的乘機搶生意，只能嘆息：「為什麼我們帝國主義者不聯合起來啊！」[241]

禁運封鎖開始兩個月之後，香港經濟瀕臨崩潰。作為香港命脈的英國航運全部癱瘓，香港公司大量破產，資本雄厚的公司也感到經營困難，需要進行裁員減薪。港英政府無法阻止罷工和封鎖，對此驚慌失措。香港總督史塔士（司徒拔）急電倫敦請求立即對廣州採取軍事行動，「鎮壓在廣州奪取了政權的中國布爾什維克」、「莫斯科匪幫」。[242] 但英國政府擱下不覆。因為自從孫中山提出修改不平等條約之後，令帝國主義者的列強互相衝突。美國贊成召集關稅會議，要實行華盛頓會議的決議，日本也先自單獨解決紗廠問題，便逼着要解決上海會審公堂及工部局的問題。在此形勢之下，英帝國主義者已陷於孤立之地。因為對於英國而言，一切關稅、工部局、會審公堂等，都是英國單獨享有的特權，其他國家為何要讓英國獨享此特權？故美日等國不但不支持英國對華行動，更樂見英國陷於窘境，以乘機搶奪英國在華利益。8 月 25 日路透社電訊：

---

241 鄧中夏：〈一年來省港罷工的經過〉（1926 年 8 月），《鄧中夏文集》，第 294 頁；群眾：〈美輪直透黃埔之感想〉，《省港大罷工資料》，300－301 頁。引自《工人之路》第 81 期（1925 年 9 月 13 日）；〈嘉利洋行請求遷入市內營業致省港罷工委員會函〉，《省港大罷工資料》，第 303 頁。引自廣州《民國日報》，1925 年 9 月 8 日；〈省港罷工委員會為批准美商入市營業事致廣州洋務罷工委員會函〉，《省港大罷工資料》，第 303－304 頁。引自《工人之路》第 74 期（1925 年 9 月 6 日）；〈美商輪船陸續直抵黃埔〉，《省港大罷工資料》，第 301－302 頁。引自廣州《七十二行商報》（1925 年 10 月 14 日）。

242 格列爾：〈廣州和香港〉（1925 年 9 月 23 日），《1919－1927 蘇聯真理報有關中國革命的文獻資料選編》（1 輯），第 138－139 頁。

此間居港英僑在香港召集公民大會，通過決議案：

擬電致英首相要求英政府以哀的美敦書（最後通牒）致廣州當局，令彼等（1）開廣州為通商口岸，完全依照條約規定，許各訂約國經營商業；（2）驅逐廣州及廣東之布爾什維克黨；（3）解除黃埔軍官學校學生之武裝而遣散之，彼等實為布爾什維克黨訓練之軍隊，非粵籍者資送回里；（4）停止抵制英貨；（5）停止排英宣傳。如不照允，則英海軍當完全封鎖廣州及附近海面，並施行英政府所視為必要之其他行動。哀的美敦書中應聲明廣州必須施行中國行政制度，並完全遵守中國與外國所訂之各條約。[243]

不過，英國政府鑒於上海、沙基慘案已激起中國人民之絕大憤恨，若再使用武力，恐從此東方之利權一掃而空。國內工人已極力反對，各屬地如印度、愛爾蘭等亦發生革命，英國政府已經窮於應付，哪有餘力顧及香港，更有何法向廣州政府下最後通牒？於是覆電香港英商：「目前局面淒苦，當就權力內極力設法補救與列強及中國在條約上之義務及英國在香港之重要權利，本政府對於本國及香港之痛苦，嘆惜同深。」[244]

港英政府除明目張膽的派軍隊攻擊糾察隊來破壞封鎖外，更殺人放火，一切卑鄙的手段都用上了：

一、在東江以金錢槍械運動陳炯明殘部楊坤如、洪兆麟、林虎，在南路以八十萬元及大批槍械運動鄧本殷，以及廣州內的反革命軍閥，一齊來破壞

243 秋白：〈英國帝國主義對中國的進攻與廣州國民政府〉，《省港大罷工資料》，第339－340頁。引自《嚮導》第127期（1925年8月31日）。

244 〈香港西人大會及其決議案〉，《省港大罷工資料》，第319頁，引自《工人之路》第72期（1925年9月4日）；〈英政府覆香港英商電〉，前引書，第323頁，引自《工人之路》第88期（1925年9月20日）。

封鎖政策，一齊進攻廣州，消滅國民政府。[245]

二、廖仲愷是這次罷工運動的重要領袖，在8月20日被英帝國主義派人暗殺斃命。[246] 6月21日，香港派了三名兇手，用水瓶裝炸藥到廣州行刺蔣介石，但失敗。[247]

三、1926年11月6日，省港罷工委員會會址東園被反革命份子縱火焚毀。事發前數日已得消息説：香港帝國主義走狗何世光派人到廣州，收買壞人，每人港紙三十元，運動破壞罷工。火起之日，造謠説罷委會職員因財政不清，故自行縱火，以圖消滅數目。火起之處，為罷工財政機關，奸人在該處放火，可遂其宣傳計劃。[248] 不過，「無論是國民黨左翼領袖廖仲愷被卑劣地暗殺，還是在廣州策劃的險惡陰謀，都不能絲毫動搖工人的陣線」。1925年10月31日，香港總督司徒拔被撤換，調離香港遷往牙買加島。[249]

1925年7月28日，聯共（布）下令停止罷工，「保證有組織脱離罷工鬥爭，最大限度地鞏固業已取得的成果。要提出據以可能更有利地結束罷工的具體要求」。[250] 逐步結束罷工的具體計劃是由在華的維經斯基和加拉罕制定，

245 李森：〈帝國主義者之陰謀〉，《省港大罷工資料》，第315頁。引自《工人之路》第49期，（1925年8月12日）。

246 省港罷工委員會：〈省港罷工委員會為廖仲愷被刺告工友書〉（1925年8月20日），《省港大罷工資料》，第315頁。引自《工人之路》第58期（1925年8月21日）；秋白：〈英國帝國主義對中國的進攻與廣州國民政府〉，前引書，第341頁。引自《嚮導》第127期（1925年8月31日）；亦農：〈廖仲愷遇刺前後的廣州政局〉，前引書，第342－348頁。引自《嚮導》第130期（1925年9月18日）。

247《蔣介石日記》（手稿本）（1917－1936年），第132頁；毛思誠：《民國十五年以前之蔣介石先生》（8編2），第88頁。

248 曾子嚴、鄧伯明、陳慶培、施卜：〈調查起火委員會報告〉（1926年11月10日），《省港大罷工資料》，第419－423頁，引自罷委會宣傳部：《東園被焚記》（中華全國總工會省港罷工委員會宣傳部，1926年11月）。

249 格列爾：〈廣州和香港〉（1925年9月23日），《1919－1927蘇聯真理報有關中國革命的文獻資料選編》（第1輯），第138－139頁。

250〈俄共（布）中央政治局中國委員會會議第4號記錄（1925年7月28日於莫斯科）〉，《聯共（布）、共產國際與中國國民革命運動（1926－1927）》上，第643頁。

「工人繼續罷工，不用全國性口號，而用經濟性和地方民族性口號」。[251] 不久，發生廖仲愷被英帝國主義者暗殺事件，憤怒的群眾令罷工繼續進行下去。

9 月 28 日，香港華籍小商人組成的各邑商會聯合會謝樹棠等八人到廣州，試圖調解罷工。華商代表把罷工工人代表大會的〈香港罷工工人恢復工作條件〉十五條拿回香港，[252] 但不為香港新任總督金文泰接受。11 月 16 日，各邑商會聯合會代表到廣州，再次試圖調解罷工。21 日，廣州四商會應港商要求，選出代表赴港調解罷工，但未有結果。12 月 30 日，香港李右泉等八個華商代表抵達廣州談判罷工，但聲稱不是代表香港政府，只是代表華商，又只談經濟條件，不談政治條件，故無從談起。由於香港總督金文泰對解決罷工問題採取欺騙手段，香港小華商損失慘重，故決定在舊曆十二月初六，全港大小商店一律罷市。工界方面，贊同商界此舉。[253] 1926 年 2 月 1 日，香港工人實行第二次大罷工，全港機器十科工人三千餘人陸續罷工，並由九龍乘火車返深圳，預備返省。[254]

這時，國民政府準備北伐，故在 6 月 5 日照會香港總督，表示準備委派全權代表與香港會談罷工問題，希望香港政府委派具有同等權責的代表進行磋商。16 日，英國駐廣州代理總領事白利安致函國民政府外交部，轉達香港總督覆函，聲稱罷工已成為過去之事件，現在可就解決抵制英貨問題進行談判。21 日，國民政府外交部致函白利安，駁斥「罷工已成為過去之事件」的論調，並請英方派出有同等權責的代表。[255]

251〈維經斯基給拉斯科爾尼科夫的信（1925 年 8 月 4 日於北京）〉，《聯共（布）、共產國際與中國國民革命運動（1926－1927）》上，第 646 頁。

252〈香港罷工工人恢復工作條件〉，《省港大罷工資料》，第 561－562 頁。引自《工人之路》第 101 期（1925 年 10 月 3 日）。

253〈香港商店定期大罷市〉，《省港大罷工資料》，第 588 頁。引自《工人之路》第 200 期（1926 年 1 月 13 日）。

254〈香港二次大罷工已實現〉，《省港大罷工資料》，第 589 頁。引自廣州《民國日報》，1926 年 2 月 3 日。

255 藍裕業：〈省港罷工交涉之經過及其現狀〉，《省港大罷工資料》，第 541－548 頁。引自《廣州評論》第 2、3 期合刊（1926 年 10 月）。

7月15日，中英兩國代表在廣州舉行第一次會議，談判由於英方代表推卸「五卅」和「沙基慘案」屠殺罪責，對去年國民政府對沙基慘案提出的條件：謝罪、賠償、懲戒有關係長官、撤退外艦、收回沙面等事項，以及省港罷工工人所提條件，皆按下不提；又否認香港封鎖廣東，故談判了五次，至23日談判破裂。[256]

這時，國民革命軍北伐進軍順利，7月11日佔領長沙，8月22日佔岳陽，10月10日攻佔武昌。為適應新的形勢，國民政府決定改變罷工策略。中國國民黨中央執行委員會工人部解釋：「自從省港罷工，實際援助了國民政府肅清反動派，統一了廣東全省。」「廣東的政治已經進步，革命政府已經鞏固，則革命的軍事勢力，當非再四回旋於廣東一隅的時候。換言之，也就是革命勢力要向外發展，以從事於全部改造的時候。」「軍閥中最具頑抗性的吳佩孚已被我們打倒，孫傳芳亦不日塌台，張作霖當然也不能不終於孤立。由這情形看來，軍閥勢力的在中國，可謂不大十分成問題了。利用軍閥以為侵略走狗的帝國主義，又那得不寒心？」「彼帝國主義者方且虎視眈眈，日惟恐我們革命軍成功，減削其對華的侵略勢力。彼帝國主義者處此情形之下，又那得不顧一切，決定最刻毒對華的『炮艦政策』呢？」「現在我們的奮鬥已由廣東一隅進展到全國，和帝國主義的衝突，有『一觸即發』的危機。這是我們省港罷工一年來轉來到革命的新時期。」「北伐軍所佔領的地域，除廣東外，其餘政治尚未完全上了軌道。⋯⋯現在革命勢力所及到的地方，政府方將努力激進於政治民眾化的設施。」「我們革命軍現在到達武勝關，成了一條長蛇的陣勢。孫傳芳軍閥便欲從江西方面，利用側面襲擊，希圖截斷我革命聯絡。福建的周蔭人，⋯⋯進兵閩南，希圖抄我北伐後方。就是廣東內地，陳賊炯明亦勾結匪黨，四處竄擾。」「香港政府又復出其慣技，勾結陳賊炯明、鄧賊本殷、吳賊佩孚等圖襲廣東，並接濟廣東內地土匪，擾亂廣東治安，以期推翻國民政府，同時屈服省港罷工。可憐！帝國主義者的設計雖

256 鄧中夏：〈省港罷工中之中英談判〉，《省港大罷工資料》，第630頁。

然狡毒，卻是始終沒有效果。迄今陳、吳二賊狼狽失敗，鄧賊本般也逃遁死亡，英政府轉要實行十萬大兵狂言，又為美國及國內勞動階級所反對制止，終於垂頭喪氣。省港罷工如故，香港的哭泣哀號日甚。」「英帝國主義者很明白了這種情形，故能毅然決定炮艦政策的毒辣手段，沒有一星期，英國炮艦政策便汩汩而來。9 月 4 日有廣州西濠口之役，同日有汕頭之役，5 日有四川萬縣之役。到了不久，香港已密集了 18 艘炮艦之多。其為帝國主義怨恨我革命勢力，願拚你死我活的窮促拙計，顯然可見。」「英帝國主義者知其走狗軍閥不足當革命勢力的鞭撻，將親自出馬直接和我們拚命的環境而已。」「新策略的唯一意義，便是『準備大規模的對英杯葛（抵制）運動』。新策略的唯一原則，便是要『暫時避免對英武裝衝突』。」「這種新策略實行以後，革命軍北伐可減少帝國主義者擾亂革命根據地後顧之憂，安然前進，能於最短時間內完成統一中國的使命。」[257]

中共和省港罷工委員會亦先後發表文章和宣言。9 月 28 日，中共廣東區委發表文章，提出「改變罷工鬥爭策略及自動停止封鎖香港、結束罷工等重大問題」。30 日，省港罷工工人召開第 166 次代表大會，通過關於變更罷工政策、結束封鎖的決議。10 月 10 日，省港罷工委員會為停止封鎖發表宣言，並發佈命令，將各港口糾察隊一律撤回，暫行停止封鎖。[258]

10 月 1 日，中共廣東區委員會發表〈為省港罷工自動停止封鎖宣言〉。宣言指出：「革命的形勢已需要從廣東的單獨反帝鬥爭擴大為全國的反帝鬥爭。但是全國除廣東外，反帝運動還未能採取直接杯葛的形式，假使廣東孤

257 中國國民黨中央執行委員會工人部：〈反帝國主義的新策略〉（1926 年 10 月），《省港大罷工資料》，第 688－697 頁。

258〈我們的罷工政策與英國內部意見之衝突〉，《省港大罷工資料》，第 672－674 頁。引自《我們的生活》第 1 期（中共廣東區委會編印，1926 年 9 月）；〈省港罷工工人代表大會對罷工變更政策之決議〉，前引書，第 697－698 頁。引自《工人之路》第 452 期（1926 年 10 月 1 日）；〈中華全國總工會省港罷工委員會為停止封鎖宣言〉。前引書，第 703－705 頁。引自《工人之路》第 460 期（1926 年 10 月 10 日）。

軍前進太遠，後無援兵，恐有被敵截擊與消滅的危險，是以尚須準備全國一致行動，在這準備全國向帝國主義總攻擊時期中，廣東應對英退讓，從事鞏固內部，故特將這久經戰爭的革命先鋒隊——省港罷工工友從前線調回休養，暫時停止封鎖。你們立即依照了革命政府及革命黨所定的新策略，決定10月10日12時起一律撤退糾察隊，停止封鎖。」「準備大規模的運動與帝國主義決戰」，「省港罷工工友們已經在反帝國主義運動上做了一個很好的開始，已經幫助革命的廣東過了一重難關，他們為中國的革命已盡了很大的責任了。現在，中國革命的新局面已開始了，依照革命的新計劃，你們現在要大家起來共同分擔革命的責任！全國的工農及其他革命階級應組織起來或擴大他們的組織，以準備向帝主義總攻擊。」[259]

於是，廣東政府和香港政府雖然沒有達成任何協議，但省港大罷工在中國單方面宣佈下，變更罷工政策、結束封鎖。

五、國民革命的首仗勝利

孫中山病逝僅僅七十八日，英帝國主義者竟然在中國的土地上肆意屠殺和平示威的學生、工人和軍人，先後犯下五卅慘案、漢口慘案和沙基慘案。以「打倒軍閥」、「打倒帝國主義」作口號的國民革命還敢不敢進行下去，孫中山臨終前號召國人爭取廢除不平等條約，取消租界等政治主張，國民政府能夠完成嗎？國民政府成立的時候，英帝國主義者更在國民政府的大本營——廣州，給你殺掉了數十名平民百姓和革命軍人，這種恥辱，能夠視而不見嗎？幸好，這時國民政府推行聯俄容共政策，國共兩黨合作無間，用罷工作為革命手段，狠狠地教訓了英帝國主義者！雖然英帝國主義者還沒有接受中

259 中國共產黨廣東區委員會：〈為省港罷工自動停止封鎖宣言〉，《省港大罷工資料》，第699－702頁。引自《人民周刊》第26期（1926年10月1日）。

國要求，向死難者懲凶、賠償和謝罪，但已蒙受了相當重大的損失，再不敢輕視中國的革命力量。革命軍攻佔武漢三鎮時，群眾湧入及佔領英租界，英國透過外交談判，乖乖交還租界。

1. 重挫香港經濟

香港自罷工後，洋人當然要自己動手做飯和洗衣。且街上垃圾糞穢，堆積如山，樓居者以紙裹糞，拋擲街中，於是臭氣薰天，群呼香港為「臭港」。糧食被封鎖，缺乏新鮮肉食菜蔬供應，豬肉漲價至一元餘，雞蛋漲至五角多，牛肉幾乎絕跡，街市停業，故又稱香港為「餓港」。航運停滯，船塢停廢，商店歇業，銀行擠兌，社會秩序大亂，故香港變成「死港」。[260]

這次罷工和抵制行動是長期的，它的直接後果就是香港的財政經濟生活幾乎完全癱瘓。香港是中國南部重要海港，中國對外貿易四分之一商品假道香港輸出。禁運之後，航運因罷工而癱瘓，英船被困在香港動彈不得，掛着英國旗的船已不能運載任何貨物。[261] 禁運歷時十五個月之久。據香港總商會消息，自抵制發生以來，香港並無貨物運至廣州，所有英國商標痕跡皆完全剷除，再北運八百英里至上海，然後再南運回廣州。廣州與沙面之間，本來只有數百碼距離，但沙面的商品也要用相同辦法，運到香港。不過，這些長途繞運的貨物為數無多，已經無足掛齒。據香港總商會消息，1924 年 7 至 9 月出貨值 11,674,720 鎊，而 1925 年 3 月所出貨值僅 5,844,743 鎊。其下半年商船之抵港者，已降至不及六分之一。[262] 香港是世界航運其中一個最繁盛的商

---

260 鄧中夏：〈一年來省港罷工的經過〉（1926 年 8 月），《鄧中夏文集》，第 268－269 頁。引自省港罷工委員會宣傳部編：《省港罷工概觀》（1926 年 8 月）。

261 〈中華年鑒有關省港大罷工資料摘譯〉，《省港大罷工資料》，第 817 頁。

262 〈「五卅」運動一年以來列強帝國主義者的損失〉，《省港大罷工資料》，第 786 頁。引自《工人之路》第 391 期（1926 年 7 月 29 日）；〈中華年鑒有關省港大罷工資料摘譯〉，前引書，第 791 頁。

埠，香港海關貿易記錄，香港每年出入口貨價值 15,000 萬金鎊，約合華幣 252,000 萬元。罷工以後，航運停止，平均罷工一月，損失 21,000 萬元，罷工一日，損失 700 萬元。[263] 前年到港船數為 76,492 隻，共噸數 5,700 萬噸，平均每日有船 210 隻，共噸數 156,154 噸。禁運後，每日平均僅有船 34 隻，噸數 55,819 噸。1925 年香港總商會的報告：平常航運廣州佔 50%，汕頭 30%，香港 20%。但過去八個月（即自 1925 年 7 月至 1926 年 2 月）中，航運僅留下 20%。1924 年 8 月至 12 月，英國輪船入廣州港的每月有 160 艘至 240 艘，而 1925 年同期，每月只有 2 艘至 27 艘，實際上所有這些都是一家英國公司的輪船。1924 年 7 月至 12 月，有 861 艘英國輪船到汕頭港，而與 1925 年同期相比，則只有 78 艘。即使是這 78 艘，也被糾察隊阻止起卸貨物。不過，日、美、蘇、中和其他國家輪船卻繞過香港，直接駛入廣州和黃埔。日、美等國的公司更把辦事處從香港或沙面搬遷到廣州，搶奪英國的業務。其中以日本最為積極，利用英國的艱窘，圖自國之利。1925 年中國從日本輸入貨值較諸上年增長 11,300 萬元，1924 年中國輸入日貨超越中國輸出之數為 12,700 萬元，1925 年躍至 26,300 萬元。

封鎖以前，英國輪船公司控制了中國海岸各港口和廣州、汕頭等地的航運，但現在全部都不在英國手裏。中國航業公司乘機租貸挪威、瑞典、德國、荷蘭等國輪船行駛各處，獲利甚巨。每有廢置不用之中國船隻，至抵制開始時再行使用。令英人深恐中國沿岸及內河航業，將從此被中國公司奪回。[264] 香港將會失去了自己的商業聯繫、貿易陣地和賴以生存的基礎。

1925 年 8 月 7 日出版的英國《資本與貿易》雜誌承認，香港正處於「前所未有的商業蕭條和崩潰狀態」。這種「蕭條和崩潰狀態」當然影響到所有其

---

263 鄧中夏：〈省港罷工的勝利〉（1926 年 8 月），《省港大罷工資料》，第 729 頁。引自省港罷工委員會宣傳部編：《省港罷工概觀》（1926 年 8 月）。

264 〈「五卅」運動一年以來列強帝國主義者的損失〉，《省港大罷工資料》，第 788 頁。引自《工人之路》第 391 期（1926 年 7 月 29 日）；〈1925 年《中華年鑒》有關省港罷工資料摘譯〉，《省港大罷工資料》，第 790 頁。

他經濟生活，交易所中有價證券的行情災難性地猛跌，香港土地價格也大幅度下降。交易所的毀滅在 6 月底，也就是罷工開始一兩個星期後就已經表現出來了。證券交易所的成交額，1 月至 6 月每月為 1 億元（中國貨幣），7 月（開始罷工和實行抵制後第一個月）跌到 6,000 萬元，8 月為 3,000 萬元，而 9 月已下降到 1,000 萬元。匯豐銀行股票的價值，從 1925 年 6 月 22 日至 10 月 19 日，由 1,290 元，跌到 1,140 元。股票行情猛跌和銀行收回放款，使整個香港驚恐萬狀。工商企業和銀行破產的日子開始來到了，不得不關閉證券交易所，宣佈緩期付款。在這種情況下，香港破產商店達三千餘家。其中有一家名叫康允（譯音）的當地華資銀行，它的規模相當大，在華南各地擁有十個分行。僅這一家銀行無法償付的負債總額就達 540 萬元。地價跌了 50%，房租跌了 40%。1925 年香港政府預算赤字已結算出為 770 萬元，佔預算總數的 26%。1926 年預計把赤字縮減到 240 萬元，佔預算總數的 10.1%。但這是用大力壓縮預算，用大力削減公共工程和各種新建築的經費，從 3,000 萬元減到 2,670 萬元的辦法來減少赤字的。[265]

蘇聯《真理報》評論說：香港正一天天吃光自己的老本，不斷喪失自己在華南及其附近島嶼、甚至是太平洋重要航道上的經濟陣地。香港歷史反映出華南的整個民族革命鬥爭，從它可以看到大英帝國在東方的地位已經是岌岌可危了！[266]

265 鄧中夏：〈省港罷工的勝利〉（1926 年 8 月），《省港大罷工資料》，第 729－732 頁。引自省港罷工委員會宣傳部編：《省港罷工概觀》（1926 年 8 月）；阿利斯基：〈衰敗中的香港〉（1926 年 3 月 27 日），《1919－1927 蘇聯真理報有關中國革命的文獻資料選編》（1），第 193－196 頁。

266 阿利斯基：〈衰敗中的香港〉（1926 年 3 月 27 日），《1919－1927 蘇聯真理報有關中國革命的文獻資料選編》（1），第 193－196 頁。

2. 英國威風掃地

英國以為用血腥屠殺手段可以撲滅中國革命浪潮，豈料反而激起中國全民族的怒吼，工農商學兵各界團結一致，從大城市到小農村都參加了反帝國主義運動，孫中山臨終前提出的：廢除不平等條約、取消租界、打倒軍閥、打倒帝國主義等政治主張，自此深入民心。國民革命成為全民參加的革命運動，欺凌中國最嚴重的英帝國主義者便成為國民革命打擊的重點目標。

國民政府成功地用罷工作為革命手段，有效地狠狠打擊英國的經濟和威望。蘇聯《真理報》評論說：上海和省港大罷工，全中國抵制英國貨的行動歷久不息，使英國經濟蒙受重大損失，然而損失最大的還在於英國的威望一落千丈。[267]

英國《晨郵報》援引了一個在華英商意見：「英國商人對仿在同華南鬥爭中遭到慘敗的香港的發展前景深表疑慮。害怕這塊已成為英國貿易中心的殖民地將會喪失的心情正日益增長。1925 年對英國威望的打擊，不亞於十七世紀荷蘭大炮對倫敦的威脅。」在華英商聯合會主席利夫說：「抵制行動如不加以制止，英國的威信及其在華南的貿易均將毀於一旦。香港的貿易已經全部癱瘓。擁有商船隊的英倫三島卻不能同廣州和汕頭保持聯繫。……要在華南進行貿易，商人就不能是英國的臣民，能否想像比這更加屈辱的境況？英國外交軟弱無力。」[268]

倫敦《新聞報》說：香港已受大創，行將一蹶不可收拾。近各英商，咸恐香港將來喪失其殖民地及英國商業中心之價值。英國在中國之威名，震動已有兩世紀之久，今一旦被 1925 年喪盡無餘矣。倫敦中國會之主席里夫君，謂上文所云皆是實情。又謂苟此種抵制長此不已，則英國在華之威名必破壞

267《真理報》：〈英國帝國主義和中國的反革命〉（社論）（1925 年 9 月 23 日），《1919－1927 蘇聯〈真理報〉有關中國革命的文獻資料選編》（1），第 131 頁。

268 拉狄克：〈對中國最近事態的評價〉（1926 年 1 月 30 日），《1919－1927 蘇聯真理報有關中國革命的文獻資料選編》（1），第 165－166 頁。

淨盡云。鐸威公司之鐸威先生所見亦同，皆謂英國威望近來已大受挫頓，並承認香港局勢十分棘手。《新聞報》又評論説：英國對華外交，今已完全失敗，結果必致破壞英國在華商業及喪失大英帝國的威嚴。[269]

帝國主義——特別是英帝國主義——在遠東從沒有受過如五卅運動中國人民所給它的打擊。試想一想：英國的炮火多厲害！那又如何？把中國人殺到屍橫遍野，能把中國人嚇怕嗎？只要中國人團結一起，不為殘暴的英帝國主義者工作，便能夠癱瘓英國在華的航運和貿易。擁有世界上最龐大艦隊的英國，那又如何？只要懸掛着英國旗的商船，進入香港和廣州後，便無法起落貨，貨船只得滯留。岸上貨倉的英國貨，亦因罷工無人搬運，停止提存貨物，運輸癱瘓。英國商船在華南內河和沿海失去了蹤影，航運貿易完全被中國和其他國家侵蝕，港英政府亦無法可施。所有標籤英國商標的貨物不能進入華南市場，需要剷除有關標籤，再運往中國北方上海，繞道八百里才能南運回廣州。英國連自己的標籤都保不住，還有什麼威信可言？以英國勢力之大，不能使中國小小的廣東一省屈服，[270] 還需要平起平坐的與廣東國民政府談判。無論省港罷工的中英談判能否達成協議，國民政府能與英國派同等數目與同等權責之代表平等地開正式的會議，已經表示英國政府至少承認了廣州國民政府是一個有實力、能夠代表廣東人民的政府。[271] 換言之，大英帝國的地位只能與廣州國民政府平等了！

3. 軍閥政權土崩瓦解

帝國主義者在中國肆意屠殺平民百姓，各政治團體、軍事力量在此大是大非的形勢下，採取什麼立場，是譴責帝國主義的殘暴，聲援愛國運動，還是甘

269〈省港罷工之威力〉，《省港大罷工資料》，第 759 頁。引自《工人之路》第 218 期，（1926 年 1 月 31 日）。

270 張太雷：〈五卅運動之分析及紀念之意義〉，《五卅運動史料》（1），第 61－65 頁。

271 鄧中夏：〈省港罷工中之中英談判〉，《省港大罷工資料》，第 596 頁。

心作帝國主義的走狗，國人是瞭如指掌的。1925 年 9 月 21 日，段祺瑞政府派軍警禁止北京學生遊行示威。[272] 奉系軍閥李景林解散天津學生聯合會、天津各界聯合會等救國運動組織，更於 1925 年 8 月 11 日開始，多次派兵槍殺天津裕大等日本紗廠罷工工人。[273] 16 日，裕大、寶成、裕源、北洋等紗廠工人在鄭家莊開會，被奉軍三千餘人包圍射擊，當場打死三四十人，傷者無數。[274]

奉系軍閥張宗昌，甘心為日本帝國主義作走狗，其賣國及殘殺人民的罪行如下：

一、殘殺愛國志士：封閉膠濟路總工會、申青慘案後援會，逮捕工人領袖，槍斃工會職員王倫（李慰農）及同情工人的《公民報》記者胡信之，槍斃煙台愛國運動的學生六人及商會會長。

二、封閉愛國團體：封閉濟南市民雪恥會及各校教職員滬案後援會，並通令各縣嚴禁人民參加愛國運動，違者即以軍法從事。

三、禁止一切集會：通令禁止人民一切集會，即山東銀行公會亦宣佈解散，商會亦不敢公開集會，省議會亦無形解體，濟南麵粉工會、電燈工會、洋事工會等均遭禁止。

四、箝制輿論：將各報社及通信社記者傳至督署，下令只許説他好，不許説他壞，如有違犯者，軍法從事。[275]

濟南學生聯合會指責這幫軍閥已明白的向國人張牙舞爪，欲禦外侮，先除內奸，號召國人「起來打倒最反動的奉系軍閥」。[276]

---

272 〈「九・二一」遊行大示威遭軍閥破壞〉，《五卅運動史料》（3），第 55－56 頁。引自《申報》（1925 年 9 月 24 日）。

273 〈奉系軍閥李景林鎮壓反帝運動〉，《五卅運動史料》（3），第 71－74 頁。

274 〈奉軍包圍在鄭家莊集會之工人，釀成慘劇〉，《五卅運動史料》（3），第 75 頁。引自《民國日報》（1925 年 8 月 16 日）。

275 〈張宗昌治下的山東〉，《五卅運動史料》（3），第 155－157 頁。引自《嚮導》周報第 131 期（1925 年 9 月 25 日）。

276 〈濟南學生聯合會為張宗昌封閉該會發表宣言〉（1925 年 7 月 16 日），《五卅運動和省港罷工》，第 141－142 頁。

五卅慘案安徽後援會致電各報社聲討淞滬戒嚴司令部奉軍司令邢士廉，在 7 月 23 日封閉滬華界洋務工會、海員工會、工商學聯合會、上海學生會四大救國團體，聲討：「阿媚英、日，甘心賣國之張作霖，令其爪牙，妨害愛國運動於山東、天津等處，早有見端。近復決然不顧，以與國人宣戰，而報效帝國主義者。」號召國人討伐邢士廉，打倒他的主人張作霖，「因為他們是違反民意而賣國的蟊賊」。[277]

同樣，直系吳佩孚的部下蕭耀南，在武漢捕殺反英運動的蕭英、潘翼等多人，並誣以「暴動煽亂、私通土匪」等罪名，自造偽證，為虎作倀，授英人以口實。湖北旅京同鄉會漢案後援會公佈蕭耀南殘民賣國罪狀，說他「連日捕拿市民，箝制輿論，檢查郵電，驅逐學生，嚴禁講演募捐，違者格殺勿論」。[278] 張作霖和吳佩孚自甘墮落，成為日英帝國主義的走狗；另一方面，馮玉祥、鄧錫侯、劉文輝、劉成勳、張毅、張兆鉀、何遂、李山林、彭漢章等將領，卻通電表示反對帝國主義，站在捍衛國家民族利益的一方。

於是人民群眾支持愛國軍人與賣國軍閥對抗。1925 年 11 月 28 日，國共兩黨聯合在保定召開慰勞京漢及隴海鐵路工人助國民軍參戰大會，為了完成國民革命，京漢及隴海鐵路派出一百多工人參戰，其意義在繼續着「五卅」運動未竟之功，進攻帝國主義之挑撥軍閥間的混戰，及帝國主義者所扶植的奉系軍閥。戰爭中所當注意的：一、使國民軍不要妥協，而完成民眾的武力；二、監督舊直系的復活而呈其武力統一的迷夢，尤其是不能忘記「二．七」大屠殺。三、打倒與奉系軍閥勾結的媚外賣國的段政府，而建設真正的國民政府；四、促成國民會議，並實行無條件的收回關稅自主權。最後全場起立高呼：一、打倒奉系軍閥；二、打倒段政府；三、開國民會議；四、打倒一切帝國主義；五、取消一切不平等條約；六、無條件的收回關稅自主；

277〈五卅慘案安徽後援會聲討奉系軍閥封閉愛國團體電〉（1925 年 7 月），《五卅運動和省港罷工》，第 153－155 頁。

278〈湖北旅京同鄉漢案後援會宣佈蕭耀南罪狀傳單〉（1925 年 7 月 29 日），《五卅運動和省港罷工》，第 155－157 頁。

七、完成國民革命政府；八、國民革命萬歲；九、工友奮鬥萬歲！萬歲！萬歲！[279] 鐵路工人支持馮玉祥的國民軍，對其軍事行動提供很大的助力。北伐戰爭時，1927 年 5 月 21 日，國民軍包圍新安，奉軍新安守將企圖乘火車撤退，被鐵路工人欺騙，說敵人已拔去鐵路軌道，於是退回新安，結果連火車機車被俘。自此，馮軍可以利用鐵路運送彈藥糧食，令軍事行動速度大增。[280]

京漢及隴海鐵路工人參加反奉戰爭，以打擊奉軍；信陽鐵路工人拆毀鐵路，以阻截吳佩孚軍隊前進，均為工人群眾反對軍閥的例證。[281] 賣國軍閥盡失民心，焉能不敗。

4. 廣州成為國民革命的聖地

中國當時有北京和廣州兩個政治中心，北京政權得到帝國主義列國的承認，是中國的合法政權。故五卅慘案發生之後，國人紛紛致電段祺瑞政府，要求他捍衛國家尊嚴，為死難者洗雪沉冤，討回公道。段祺瑞政府雖然派員交涉，但軟弱無力，無法令帝國主義者賠償、謝罪、懲凶，最後更站在帝國主義一方鎮壓群眾，成為帝國主義的幫凶。

廣州革命政府雖然只有廣東一隅之地，甚至還沒有統一全廣東，但卻勇敢地領導國民革命，在英帝國主義血洗沙面的恐嚇下，振臂高呼，發動省港大罷工，領導省港澳同胞，用罷工作為革命手段，用經濟代替軍事鬥爭，使罷工持續十五個月，達到重創香港經濟，大滅英帝國主義威風的效果。同時，在蘇聯大力軍事援助和罷工工人支持下，打敗英帝國主義支持的東江陳炯明和平定高雷、瓊崖等地反革命軍閥，統一全廣東。

北京段祺瑞政府是管治中國全國的政權，卻沒有膽量領導國人與帝國主

279 〈共產黨、國民黨等地方組織召開慰勞京漢、隴海路工人助國民軍參戰會〉，《五卅運動史料》（3），第 83－87 頁。引自《京報》（1925 年 12 月 8－9 日）。

280 《馮玉祥傳》（下），第 274 頁。

281 劉少奇：〈一年來中國職工運動的發展〉，《五卅運動史料》（1），第 67－83 頁。

義對抗；國民政府只有廣州及鄰近地方，卻領導國民革命與國內軍閥和國外帝國主義鬥爭，如此英勇有為，遂令廣州成為國人嚮往的革命聖地，有志為國家民族作出貢獻者遂紛紛投奔廣州，參加國民革命。當年的報章廣泛報道上海工人和學生赴粵參軍：

一、總工會職員日來竭力連絡罷工失業之工人，介紹赴粵做工。一說此項工人係赴粵從軍。[282]

二、此次大罷工實行後，失業工人有六百名之多，現由總工會之伴護，已秘密乘船赴廣州，仍擁戴李立三（前總工會會長）為其領袖。[283]

三、《警務日報》報道三則：(1) 工商學聯合會秘書李瑞清，集合約五十個應募赴粵參軍的紗廠工人，同搭輪往廣州；(2) 前總工會第四分會報告已招募三十人赴粵參軍；(3) 前總工會第四分會項英號召志願赴粵參軍的工人五十名，聚集後，通知他們可能當晚搭輪赴粵。[284]

四、此次廣州政府，在滬招考學生軍，一時前往應考者頗多。本埠日暉橋南洋中學四年級生李君，與同級甲乙二同學亦往投試，均得錄取。但甲乙二君均為父母嬌妻所阻，無法如願，只有李君無人牽掣，得隨願以往。[285]

五、李逸民在上海參加五卅運動後，毅然放棄即將領大學畢業文憑的機會，考入了黃埔軍官學校第四期政治大隊，並在參加第二次東征中，由軍校政治部主任熊雄同志介紹加入中國共產黨。[286]

282〈罷工失業工人赴粵訊〉，《五卅運動史料》(2)，第 905 頁。引自《時事新報》(1925 年 9 月 28 日)。

283〈上海大批失業工人秘密赴廣州〉，《五卅運動史料》(2)，第 905 頁。引自《順天時報》(1925 年 9 月 30 日)。

284《五卅運動史料》(2)，第 905－906 頁。引自《警務日報》(1925 年 10 月 4、7、8 日)。

285〈學生踴躍報考廣東革命軍〉，《五卅運動史料》(2)，第 907－908 頁。引自《新聞報》(1925 年 12 月 19 日)。

286〈關於李逸民參加黃埔軍校的回憶〉，《五卅運動史料》(2)，第 908 頁。引自《人民日報》(1982 年 7 月 29 日)。

在這股澎湃洶湧的革命浪潮推動下，作為蘇聯援助主要項目的黃埔軍校校長蔣介石的表現更令人感動。

1926 年 5 月 2 日，蔣介石出席「第三次全國勞働大會」，他報告説：「我們看一看全國的工農運動，這兩年以來工農群眾，本已一天一天的覺悟團結起來，到去年五卅運動的時候，職工運動的發展幾達於中國有史以來的最高度。上海的總同盟罷工，人數二十餘萬，時間三個月。後來因帝國主義者勾結奉系軍閥來摧殘壓迫，竟致失敗。這是中國軍人壓迫農工的最大恥辱！我們革命軍必竭全力，誓死來為保護農工，且為農工復仇，也是為軍界來洗刷這個恥辱！……我們相信革命軍能努力為農工謀利益，而全國農工又真能參加國民革命，國民革命便可成功！」[287]

5 月 10 日，蔣介石在黃埔軍校歡迎第三次全國勞働大會暨廣東全省農民協會、教育大會各代表，講演「革命大聯合」。他說：「革命成功是在各界民眾身上，要大家都來指揮監督軍隊，軍隊才不至成為軍閥。軍隊如果自認是革命的軍隊，便要受工農學民眾的指揮。不受工農學指揮的，便不是革命軍，便是反革命軍。」蔣介石又請各界代表「一定要以全力督率指揮軍隊，使成為革命軍，革命軍不特要保護工人、農民，並且還要參加工人、農民運動」。[288]

6 月 23 日，蔣介石進行北伐動員，他在沙基慘案周年紀念致演詞：「去年今日有一百多個同胞為帝國主義所慘殺，於是省港工人堅決罷工，使得香港的經濟狀況到現在尚未恢復，所以我們對於『623』的紀念日子，是永不可忘的日子。此後我們的工作要注意數點：使省港罷工得最後勝利，使香港英夷屈服於我們，取消帝國主義束縛中國的一切不平等條約。要這樣，然後可以對得住我們的沙基死難諸烈士，使他們瞑目於地下。若果省港罷工得不到勝利，我們就不是革命黨，不是中國民族的一份子。」最後，蔣介石振臂高呼：

287《民國十五年以前之蔣介石先生》(第 8 編 2)，第 55－56 頁。

288《民國十五年以前之蔣介石先生》(第 8 編 2)，第 60－61 頁。

「我們高呼沙基死難烈士精神不死，省港罷工得到最後的勝利，擁護國民政府，擁護國民革命軍出師北伐，沙基死難烈士精神萬歲！各位同志，不可忘記帝國主義去年今日慘殺的紀念日。我們要收回香港，打倒英帝國主義！」[289]

根據這些慷慨激昂的演辭，當時蔣介石是屬於左派，還是右派？是革命，還是反革命？

國民政府領導國人進行國民革命，成功地重挫英帝國主義者威風，於是得到國人的信賴和擁護。省港罷工工人熱烈支持國民革命，他們組織運輸隊，運輸輜重，接濟前線，革命軍得到源源不絕的彈藥糧食補給，因而順利取得東征南征的勝利。北伐開始後，罷工工人繼續組織運輸隊，湘、粵交界為五嶺山脈，崇山峻嶺，道路險阻，當時正值炎夏，重擔渡嶺，其困苦可知。工人仍然不辭勞苦，將軍需品源源不絕運上前線，北伐運輸隊三千餘人，因而致疾者達四五百人。[290]

工人和學生相率參加國民革命，迅速擴大了革命力量，為北伐成功，消滅直奉軍閥，作出了巨大貢獻！

六、小結

孫中山講演民族主義的時候，多次斥責帝國主義者大規模屠殺弱小民族，美洲白種人更對紅種人進行滅絕種族的大屠殺；因此警告中國已面臨亡國滅種的危機，必須進行國民革命，號召國人打倒軍閥，打倒帝國主義者。可惜，中國人習慣了「誰做皇帝都要納糧」、「帝力於我何有哉？」，患上了嚴重政治冷感病，對孫中山的警告充耳不聞，不相信英美「民主國家」會犯下如此暴行！

289《民國十五年以前之蔣介石先生》（第 8 編 2），第 89－90 頁。

290 鄧中夏：〈一年來省港罷工的經過〉（1926 年 8 月），《鄧中夏文集》，第 268－269 頁。

直至「沙田慘案」、「上海慘案」、「青島慘案」、「漢口慘案」和「沙基慘案」連續發生，大批手無寸鐵的學生、工人和平民被軍閥和帝國主義肆意射殺，大街小巷屍橫遍地，血淋淋的事實，才讓國人驚覺，他們的生命和尊嚴是多麼脆弱，管治他們的政府是多麼無能！國人曾希望段祺瑞政府能領導他們捍衛國家民族尊嚴，為死難者討回公道。豈料段祺瑞政府給予他們的不單是失望，而且是助紂為虐，背叛國家民族去協助帝國主義殺戮自己的同胞。這樣的政權還值得人民愛戴和支持嗎？五卅運動時聲援滬案的團體普遍提出：要求廢除不平等條約、取消租界、收回治外法權等主張，最後更增加為打倒軍閥，打倒帝國主義和國民革命萬歲。五卅運動的烈士雖然壯烈犧牲，但是他們用寶貴的生命喚醒了全中華民族，推動了全中國範圍的國民革命，為打倒軍閥，打倒帝國主義者作出寶貴的奉獻！

這時，只有廣州國民政府英勇不屈，沉着應付英國帝國主義者的挑釁，胡漢民、汪精衛、廖仲愷和蔣介石等國民黨人，繼續執行孫中山定下的聯俄容共政策，國共合作領導省港大罷工，重挫香港經濟，大滅英帝國主義威風，為五卅各地慘案死難者雪恥復仇，國人因而大為振奮。廣州遂成為全國愛國者投奔的革命聖地，擁護國民政府進行國民革命！這時，堪稱是中國國民黨的黃金歲月！

第五章

孫中山晚年的革命策略：粵皖奉三角同盟

1 曹錕
2 張作霖
3 唐繼堯
4 許崇智

一、引言

孫中山為了「打倒軍閥，打倒帝國主義」，在晚年改變了他革命的策略。一般書籍只留意孫中山爭取蘇聯和中國共產黨的「聯俄容共」政策，而忽略了他還同時爭取解散國會、撕毀《臨時約法》的北洋軍閥——段祺瑞，以及日本走狗——張作霖，與他們建立「粵皖奉三角同盟」。用日本扶植的軍閥——段祺瑞和張作霖結盟，打倒對革命威脅最大、為禍國家最烈、英國支持的吳佩孚。孫中山策略的第一個階段是先對付軍閥，再對付其背後的帝國主義。孫中山明白不能同時打倒所有敵人，所以爭取日本及其支持的軍閥，打倒為禍最烈、對他威脅最嚴重的英國及其支持的吳佩孚。段祺瑞是孫中山護法運動要打倒的罪魁禍首，由日本支持。試想一想：孫中山連這樣的敵人都可以秘密合作，進行「聯俄容共」的時候，蘇聯和中共與國民黨尚未結下什麼仇怨，還有什麼理由拒絕與他們合作呢？英國的政治家曾說：沒有永遠的敵人，只有永遠的利益。許多國人認為英國人太功利主義，不以為然。不過，政治就是政治，孫中山是港英殖民地教育培養出來的，把英國政治手段用在中國政壇，有什麼稀奇？統一戰線，難道只有共產黨人才懂得運用嗎？孫中山是革命家，他的策略靈活多變、因時制宜，並不墨守成規。

二、粵皖奉三角同盟的建立

孫中山站在國家民族利益的立場思考國是，他領導護法軍進行北伐的目的是護法救國，採取軍事行動，不是唯一選擇，是「不得已而用兵」，「謀國之道，苟非變出非常，萬不獲已，不宜輕假兵戎，重為民困」。[1] 經過與北洋軍

1　孫中山：〈和平統一宣言〉（1923 年 1 月 26 日於上海），《國父全集》（2），第 114－116 頁。

閥長達六年的內戰後，孫中山建議用和平的方法，團結其他力量支持護法救國，避免用武力解決分歧。孫中山的立場是：「不問對手方為何人，亦不問其為皖系直系，凡願改正壞法賣國之事者，即可與言和者也。」[2]「無論南北，苟與護法救國主義相容者，友之；苟與護法救國主義相反者，仇之。」[3] 孫中山主張完全解決護法問題，以和平方法促成中國統一。[4] 1923 年 1 月 26 日，孫中山在上海發表《和平統一宣言》和裁兵主張，得到段祺瑞、張作霖、盧永祥、黎元洪、張紹曾等人先後覆電贊同。[5] 於是，踏出了孫中山建立粵皖奉三角同盟的第一步。

1. 爭取段祺瑞

孫中山為國民黨人分析局勢，解釋聯段的原因，[6] 指出段祺瑞改變態度，響應他的和平號召，故決定首先爭取與段合作。「我已將中國大局長為考慮，覺得與段合作不過比較上或善耳，仍不能徹底以行吾黨之主義。故對段之事只有十分水到渠成，毫無障礙方可允之。」[7] 又說：「西南內訌，根本搖動，北伐之説，目前徒託空談。且內部用兵，尤不能即與北戰，蓋背腹樹敵，智者所不為也。今日之計，勢不能不與北方周旋；然聯絡北方將帥者，不只一人，不曰聯皖排直，即曰聯直排皖，數年之間，其效可睹。文則以謂亂法

2 孫中山：〈南北和談立場通電〉（1919 年），《國父全集》（2），第 82－83 頁。

3 孫中山：〈與唐紹儀等聯名重申護法救國宣言〉（1920 年 7 月 28 日），《國父全集》（2），第 84－85 頁。

4 孫中山：〈和平統一宣言〉，（1923 年 1 月 26 日於上海），《國父全集》（2），第 114－116 頁。

5 孫中山：〈實行裁兵宣言〉，（1923 年 2 月 24 日），《國父全集》（2），第 117－119 頁。

6 孫中山：〈批姚畏青贊同與段祺瑞聯合函〉（1920 年 5 月 22 日），《國父全集》（6），第 187 頁。

7 孫中山：〈復某君「汪精衛」囑如段事不洽請速回粵當謀徹底之革命電〉（1923 年 6 月 29 日），《國父全集》（5），第 458 頁。

賣國，直為罪首，皖為付從，今迫於勢不得已，與之周旋，則當擇其較有信義而不巧滑者，而後可以計事，且亦年來主張聯某排某者之應行臨機變計者也。此無他，要以使吾人計劃暢行無阻而已。僕之與段芝泉（祺瑞）接洽，即本此意。」[8]

孫中山爭取段祺瑞轉變支持革命的策略和過程如下。

1917 年張勳復辟失敗，7 月 14 日段祺瑞復任國務總理，8 月 1 日馮國璋到北京代理大總統職。段祺瑞以「中華民國已為張勳復辟滅亡」為理由，拒絕恢復《中華民國臨時約法》和國會。9 月 29 日，馮國璋下令重組參議院。孫中山認為《臨時約法》和國會是中國民主共和制度的象徵，於是在 10 月 3 日通電反對北京政府重組參議院：「民國存亡，繫於約法，約法無效，民國即亡。查約法政府既無解散國會之權，更無國會成立後再發生參議院之理。」同日，孫中山通令宣佈北京政府亂國盜權罪狀：「我中華民國一厄於袁世凱，再厄於段祺瑞，…… 我國民迫於救亡，因國會議員之被妨阻，不得已踵他國之成規，開國會非常會議於廣州，組織軍政府。文不佞被舉為大元帥，自顧首建共和，忝從厥後，不忍視民國之夭亡，…… 以討滅偽政府，還我約法，還我國會，即還我人民主權為職志。」隨即頒佈命令，令各路司令一體緝拿亂國盜權之段祺瑞、倪嗣冲、梁啟超、湯化龍、朱深等五人。[9] 同日，孫中山以大元帥職銜通令宣佈北京偽政府亂國盜權罪狀，指責「段祺瑞陰賊險狠，又過於袁世凱，以為除稱帝外，無一不可師袁世凱之故智，而使主權潛移於一己者，故雖陽託反對帝制，而陰行反對約法。…… 約法國會為段祺瑞所棄絕而不得恢復。…… 計段祺瑞自為國務總理，以迄於免職之日，無往而非倒行逆施，終欲藉外交問題以壓倒國民，而行其武力專制之計劃」。[10] 自此，孫

8　孫中山：〈復王文華勗翦除桂系軍閥函〉（1920 年 3 月 27 日），《國父全集》（5），第 201－202 頁。

9　《國父年譜》（下），第 928－954 頁。

10　孫中山：〈通令宣佈北京偽政府亂國盜權罪狀〉（1917 年 10 月 3 日），《國父全集》（2），第 62－65 頁。

中山領導護法運動，誓要維護約法，恢復國會，指揮護法軍與段祺瑞的北洋軍多次激戰。第一次世界大戰爆發之後，協約國游説中國參戰，段祺瑞借參戰為名擴充軍力，欲以武力統一全國。1918 年 4 月 23 日，孫中山大元帥通告駐華各國公使書，指責段祺瑞「壞法亂紀」，利用參戰督辦名義「陽託對外參戰，實行對內用兵，不惜欺蒙協約各國，而自虧人格」，他與段祺瑞「絕無和議之可言」。[11]

7 月 24 日，孫中山公佈中華民國軍政府對內宣言書，指責：「段祺瑞思假外交政策，專制國事，遂倒行逆施而不恤也。」「嗾使黨徒，號召無賴，圍困國會，毆辱議員。……設非法之參議院，通過非法之國會組織及選舉法。現又賄賂公行，選舉非法之國會議員，是今之民國已名存而實亡矣。」「非法政府為段祺瑞攘據以來，借外債、賣物產，擅結條款，濫購軍械，假參加歐戰之名，行殘殺國民之實；且包買鴉片，破壞禁煙條約，縱容徐樹錚擅殺陸建章，跡其怙惡罔利之行，純為窮兵賊民之計。遂使北軍所至，城市為墟。湖南長沙、株州各屬，房屋遭焚燬，人民被屠戮，尤其明證。民心憤慨，誓掃凶逆。」[12] 同年 11 月 18 日，孫中山堅持護法到底通電：指責「段祺瑞主使叛黨，蹂躪約法，解散國會」，認為段祺瑞雖然被迫下野，有人「主張調和」，但孫中山仍然堅持「捨恢復約法及舊國會外，斷無磋商之餘地」。[13]

話雖如此，政治始終需要面對現實，敵人也可以變為朋友的。早一年（1917 年）底，馮國璋勸説西南軍閥放棄武力，和平解決。廣州護法政府的桂系陸榮廷、滇系唐繼堯背棄孫中山，與馮國璋單獨議和。1918 年 1 月 15 日，陸榮廷、唐繼堯、莫榮新等聯同唐紹儀在廣東督軍署召開「中華民國護法各省聯合會議」。28 日，以護法各省區將帥名義正式宣佈聯合會議條文，另組

11　孫中山：〈大元帥通告駐華各國公使書〉（1918 年 4 月 23 日），《國父全集》（2），第 71－73 頁。

12　孫中山：〈中華民國軍政府對內宣言書〉（1918 年 7 月 24 日），《國父全集》（2），第 77－78 頁。

13　孫中山：〈堅持護法到底通電〉（1917 年 11 月 18 日），《國父全集》（2），第 066 頁。

一個權力核心，與軍政府並立。這時，馮國璋命曹錕進攻湖南，陸榮廷、唐繼堯拒絕迎戰。4月，孫中山指揮的護法軍獨力迎擊曹錕，但在湖南大敗。4月10日，西南軍閥指使非常國會通過《中華民國軍政府組織大綱修正案》，改組軍政府，將大元帥制改為總裁合議制。換言之，將孫中山的權力削弱。次日，孫中山立即向國會指出擅行改組軍政府是非法的，堅決反對這一決定，並表示：「即於改組後有欲以為總裁者，亦決不就之。」5月4日，孫中山憤而向非常國會提出辭職，通電揭露西南軍閥破壞護法的真面目，向國民沉痛宣告：「吾國之大患，莫大於武人之爭雄，南與北如一丘之貉。」[14] 20日，非常國會改組軍政府，廢除大元帥制，選舉唐紹儀、唐繼堯、孫中山、伍廷芳、林葆懌、陸榮廷和岑春煊等七人為總裁。孫中山權力被削奪，於是辭去大元帥一職，在21日離開廣州前往上海。廣州軍政府以岑春煊為主席總裁，孫中山第一次護法運動失敗。[15]

1919年五四運動時期，孫中山在上海與謝某焦某談話：「我本不是當段祺瑞個人是仇敵，因為他做背叛民國的事，我所以反對他，如果他能夠自己把參戰軍全部廢了，把所有他經手的賣國條約都取消了，而且實實在在服從國會、服從法律，明明白白的把自己的罪惡都宣佈出來，向國民謝罪，那麼自然大家不會十分為難他的，有什麼聯絡不聯絡？」[16] 同年8月，又說：「余之主張惟『護法』二字。護法者余之友，壞法者余之敵。段祺瑞、徐樹錚而能護法，余願友之。」[17]

孫中山制定新的革命策略，計劃與段（祺瑞）和張（作霖）合作，組織「粵

14 孫中山：〈向非常國會辭大元帥職通電〉（1918年5月4日），《國父全集》（2），第73－74頁。

15 《國父年譜》（下），第999－1000頁。

16 孫中山：〈與謝某焦某的談話——段祺瑞如贊成護法當可聯絡〉（1919年5月），《國父全集》（2），第523－524頁。

17 孫中山：〈與張瑞萱等的談話——護法者友壞法者敵〉（1919年8月22日），《國父全集》（2），第526－527頁。

皖奉三角聯盟」。1919 年秋，派寧武到天津，專責做張作霖的工作。他把革命新方略告訴寧武説：「在國際上要聯俄，學列寧的革命方法；在國內，五四運動正蓬勃發展，中新青年起來了，這是中國革命的新血液、新生力量。我們要把握時機，取得政權，擒賊擒王，首先必須打倒北洋直系軍閥。因此，我打算即回廣東，重組政府，親率大軍北伐。另一方面，我們要分化北方軍閥，利用直系與皖系的利害衝突，聯絡段祺瑞，特別是關外實力派張作霖，三方合作聲討曹（錕）、吳（佩孚）。」[18]

自此之後，孫中山公開發言時，改變了對段祺瑞的評價，對段的行為表示諒解。同年 11 月 26 日對大陸報代表説：「南北戰事，係余發起。故余能操縱講和條件。余之惟一條件，為國會必須有全權行使職權。北京政府一經承受之條件，和平可以立成。段祺瑞已允余之條件，惟他派人不願國會重行召集。徐世昌不願舊國會恢復，因彼之自身係由非法國會選出。若非法國會解散，則彼將去職也。日本亦不願舊國會恢復，因舊國會將否認中日間一切密約也。現有此等阻力，故去和平尚遠。…… 段祺瑞則已知悔，思補其前失。現願與余提攜，惟阻力頗多，彼目下之勢力，不足以脱離其前此同伴之束縛。彼以前袒日，今雖自願排日，而有所不能。」[19]

1920 年 7 月 28 日，孫中山與唐紹儀等聯名重申護法救國宣言，「宣言書發表後，北方通電贊成者，只有段祺瑞及其部曲等」，令孫中山對段大為欣賞！[20] 1921 年 2 月 17 日，孫中山接見《字林西報》記者解爾般脱，解釋與段祺瑞聯合的原因是：「段氏向他保證，願取消二十一條要求及由此發生之各協

18 寧武：〈孫中山與張作霖聯合反直紀要〉，中國人民政治協商會議全國委員會文史資料研究委員會編：《文史資料選輯》（41）（北京：中國文史出版社，1986 年重印），第 115 頁。

19 孫中山：〈與大陸報代表談話〉（1919 年 11 月 26 日），《國父全集》（2），第 528－529 頁。

20 孫中山：〈與唐紹儀等聯名重申護法救國宣言〉（1920 年 7 月 28 日），《國父全集》（2），第 84－85 頁。

約。夫中國南北分裂，即為此問題而起。段既宣言願向日本提議此事，吾自願與段謀和而共同行動。今使北京願與吾人提攜，解決此問題及憲法問題，則吾人亦可與北方媾和也。」[21] 此後，孫中山不斷派人與段祺瑞接洽。1922 年 5 月，孫中山派吳忠信往訪段祺瑞。[22] 1923 年 1 月 26 日，孫中山派于右任往訪段祺瑞「商要事」。[23] 6 月 29 日，派汪精衛與段洽談合作，指示「如段事不洽，則對國會、對黎、曹皆主不問，並請速回為荷」。[24] 10 月 8 日，孫中山以大元帥名義下令討伐曹錕，派汪精衛與段祺瑞接洽聯合討伐直系，通知汪精衛：「本日下令討曹，通緝附逆國會議員，並電天津段芝泉先生、奉天張總司令、浙江盧督辦，約共討賊。」[25]。

1924 年 1 月 4 日，孫中山在大本營軍政會議發言：「現在護法可算終了，護法名義已不宜援用。」原因是數年來他護法的結果，只讓曹錕、吳佩孚假借護法之名恢復國會，然後賄賂議員，選出曹錕當總統，違反全國民意，醜態貽笑中外。所以不當擁護豬仔國會。[26]

同年 2 月，孫中山在廣東河南士敏土廠大元帥府與某日人談話，稱讚「段祺瑞為可尊敬之人物」，「段祺瑞在中國現在之人物中，為最可信賴之人物，遠勝於曹錕及黎元洪也」。因此，孫中山「謀與北方同志之段祺瑞同志一派提攜，徐徐再打開統一的局面。召開南北統一國民大會，議定約法、其他國

---

21 孫中山：〈接見字林西報記者解爾般脫的談話〉（1921 年 2 月 17 日），《國父全集》（2），第 537－538 頁。

22 孫中山：〈致段祺瑞告派吳忠信往晤函〉（1922 年 5 月），《國父全集》（5），第 333 頁。

23 孫中山：〈致段祺瑞派于右任商洽要事函〉（1923 年 1 月 26 日），《國父全集》（5），第 413 頁。

24 孫中山：〈復某君囑如段事不洽請速回粵當謀徹底之革命電〉（1923 年 6 月 29 日），《國父全集》（5），第 458 頁。

25 孫中山：〈致汪精衛告已下令討曹並電段張盧約共討賊電〉（1923 年 10 月 8 日），《國父全集》（5），第 480 頁；《國父年譜》（下），第 1379－1380 頁。

26 孫中山：〈共謀討賊辦法以紓國難—— 1924 年 1 月 4 日於大本營軍政會議之發言〉，《國父全集》（2），第 589－590 頁。

憲，裁減各省軍隊施行內外新政，俾實現三民主義」。[27]

11 月 8 日，孫中山在廣州對日本大阪每日新聞記者公開承認與段祺瑞和張作霖合作，「余與張、段間之意見現已大致相同，余當與段、張提攜解決國是」。[28] 12 月 1 日，應馮玉祥、段祺瑞邀請前往北京，途經日本，在門司與來訪者談話：「目下之北京政府，段祺瑞既出任政府，其資格良宜。予捨推崇之外，別無他見存也。」[29] 4 日，孫中山在天津曹家花園對張作霖讚揚段祺瑞可以收拾時局，「現在除合肥（指段祺瑞）外，實無第二者可當此任。今後可全委諸合肥辦理」。[30] 5 日，在天津與某人談話同樣推崇段祺瑞，「勿論現在及將來，此等時局難關之大事業，除段祺瑞氏而外，無適當之人物」。[31]

孫中山除公開推崇段祺瑞外，對段亦以禮相待。1924 年 3 月 14 日派郭泰祺到天津賀段祺瑞大壽。[32] 10 月 27 日，孫中山準備北上時，致電段祺瑞：「公老成襄國，定有遠謀。文擬即日北上，晤商一切。」[33] 孫中山到天津之後，肝病發作，也立即告之段祺瑞。12 月 5 日，致電段祺瑞：「本擬於 7 日晨入京，藉圖快晤。惟因途中受寒，肝胃疼痛，醫囑靜養三兩日。一俟病愈，即當首途。」[34] 28 日，孫中山收到段祺瑞的慰問電報後，覆電解釋他肝病發作，需要

27　孫中山：〈在廣東河南士敏土廠大元帥府：與某日人的談話〉（1924 年 2 月），《國父全集》（2），第 600－605 頁。

28　孫中山：〈在廣州與日本大阪每日新聞記者的談話〉（1924 年 11 月 8 日），《國父全集》（2），第 617－618 頁。

29　孫中山：〈在日本門司與來訪者的談話——中國現況與個人未來之出處〉（1924 年 12 月 1 日），《國父全集》（2），第 640 頁。

30　孫中山：〈在天津曹家花園與張作霖的談話——段祺瑞可當收拾時局之任〉（1924 年 12 月 4 日），《國父全集》（2），第 641 頁。

31　孫中山：〈在天津與某人談話〉（1924 年 12 月 5 日），《國父全集》（2），第 642 頁。

32　孫中山：〈致段祺瑞告特派郭泰祺賀其壽辰電〉（1924 年 3 月 14 日），《國父全集》（5），第 506 頁。

33　孫中山：〈致段祺瑞告即北上電〉（1924 年 10 月 27 日），《國父全集》（5），第 558 頁。

34　孫中山：〈致段祺瑞告以遵醫囑靜養數日病愈即當首途電〉（1924 年 12 月 5 日），《國父全集》（5），第 565 頁。

療養，不宜坐車。[35] 29 日，孫中山電告段祺瑞：「兩日以來，所患略減，與醫生商酌，決定於 31 日入京。惟養病期內，仍當暫屏一切，以期速愈。知關遠注，謹以奉聞。」[36] 可見孫中山雖在重病之中，對段仍然是不減禮數！

不過，偉大的政治家與一般小政客不同之處，是政治家有其偉大崇高的政治理想，會因應局勢，改變策略，化敵為友，但決不放棄自己的革命原則。孫中山到北京與段祺瑞、張作霖見面，商討國是。若然他人的政見是違反其一貫主張，他是堅決反對的。1924 年 12 月 18 日，孫中山在天津對段祺瑞所派的歡迎代表葉恭綽、許世英說：「我在外面要廢除那些不平等條約，你們在北京偏偏的要尊重那些不平等條約，這是什麼道理呢？你們要升官發財，怕那些外國人，要尊重他們，為什麼還來歡迎我呢？」[37] 當時美國、比利時、英國、法國、意大利、日本、荷蘭、葡萄牙八國要求段祺瑞執政政府繼續承認不平等條約，發出照會：承認執政府的前提是尊重條約。12 月 23 日，段祺瑞執政政府發出覆照，表示「對於中國與各國所締結之各種之條約、公約，以及其他正式之協定，咸欲照從前之態度繼續遵守」。29 日，孫中山在天津對許世英就此覆照發表意見說：「使中華民國已不存，即臨時執政當然有須各國承認之必要。今中華民國仍在，而執政又為中華民國之臨時執政，則尚何須乎外交團之承認，又何必以交換而求其承認？」[38] 孫中山應段祺瑞所請，北上共商國是，雖然已經病重，但腦筋仍然清醒，並不認同段祺瑞承認不平等條約，對外交團退讓的態度，繼續堅持捍衛國家民族的尊嚴和權益！

---

35 孫中山：〈復段祺瑞告以肝病偶發容俟告痊再圖承教電〉（1924 年 12 月 28 日），《國父全集》（5），第 567 頁。

36 孫中山：〈致段祺瑞告以決定入京日期電〉（1924 年 12 月 29 日），《國父全集》（5），第 568 頁。

37 孫中山：〈在天津對段祺瑞所派歡迎代表葉恭綽許世英的談話——堅主廢除不平等條約〉（1924 年 12 月 18 日），《國父全集》（2），第 644 頁。

38 孫中山：〈在天津與許世英的談話 — 執政為中華民國之臨時執政何須外交團之承認〉（1924 年 12 月 29 日），《國父全集》（2），第 645 頁。

2. 聯合張作霖

孫中山除爭取段祺瑞之外，也爭取其他北洋軍閥。孫中山初時對張作霖的評價十分低，指斥：張作霖盜弄兵柄，「割據地盤，擁兵自衛」。[39] 日俄戰爭的時候，他曾經助日攻俄。其時張尚係一鬍匪，戰後始借日人向中國之提議，歸降華軍，充當頭目。[40]「其能得今日地位者，純出於日本之提挈」，[41]「得了日本的幫助，所以能夠擴張他的勢力，現在已經有三十萬兵」，[42] 成為「滿洲軍隊的統帥和督軍，但實際上是北京政府所聽命的主子。而他本人卻又在一切重大的、與日本有關的事情上聽命於東京」。[43] 張作霖只是一隻「日本狗」，[44]「是聽命於日本人的反動君主派勢力的頭子……中國的一切黑暗勢力和敵人都麇集在他的周圍」。[45] 目下最為中國障礙者，北有張作霖，南有陸榮廷。推倒此兩人，則可達統一之目的。[46]

---

39 孫中山：〈在粵軍第一、二師懇親會演説〉（1921 年 4 月 23 日），《國父全集》（3），第 244－245 頁；孫中山：〈在桂林對滇贛粵軍演講〉（1921 年 12 月 10 日），《國父全集》（3），第 281－306 頁；孫中山：〈覆旅滬公民調和會責以公民調和之謬誤電〉（1918 年 3 月 23 日），《國父全集》（5），第 52 頁。

40 孫中山：〈與美國記者辛默的談話〉（1921 年 4 月上旬），《國父全集》（2），第 539－541 頁。

41 孫中山：〈致田中義一勸改變日本對華錯誤政策函〉（1920 年 6 月 29 日），《國父全集》（5），第 219－221 頁。

42 孫中山：〈上海美國議員團歡迎席上演講〉（1920 年 8 月 5 日），《國父全集》（3），第 211－215 頁。

43 孫中山：〈復蘇俄外交人民委員齊契林書〉（1921 年 8 月 28 日），《孫中山全集》（第 5 卷），第 591－592 頁。

44 孫中山：〈批朱和中函請代勸吳佩孚投誠革命黨〉（1920 年 7 月 30 日），《國父全集》（6），第 189 頁；孫中山：〈批朱（和中）函〉（1920 年 7 月 30 日），《孫中山全集》（第 5 卷），第 290 頁。

45 孫中山：〈與遠東共和國報界代表在廣州的談話〉（1921 年 4 月），《國父全集》（2），第 541－544 頁。

46 孫中山：〈與記者的談話〉（1920 年 11 月 23 日），《國父全集》（2），第 533 頁。

1920 年 7 月，段祺瑞通電支持孫中山護法宣言，孫中山決定與段合作，當時國民黨有不少人反對。但孫中山認為，段祺瑞反袁稱帝，不失為愛國軍人，可以和他聯合。如果他跟我們革命到底更好，否則等我們有力量時再解決他。國民黨同志遂無話可說，不再反對了。同年夏天，孫中山派寧武做張作霖的工作。寧武利用張作霖想找華僑投資開發葫蘆島海港的機會，以華僑投資者的身份接近張作霖。經過接觸和游說，張作霖派副官張亞東帶備問候信同寧武去見孫中山，開始了張作霖和孫中山的直接聯繫。孫中山高興地接見了張亞東，讚揚張作霖在東北治理得很好，諒解東北處境艱難，並回信張作霖。張作霖對孫中山看得起他，十分高興！[47] 1921 年 2 月 12 日派李少白（又名李夢庚，同盟會會員）旅長作為他的代表，與寧武帶了一本密電本到桂林，向孫中山請教。孫中山向李少白介紹了他建設新中國的計劃和開發北方港口的計劃，令李非常驚奇和敬佩到五體投地。寧武也陳述了張作霖對孫中山的敬仰，相信先生救國有辦法。孫中山覆函張作霖，提出聯合討直的問題，並致電上海伍朝樞代表他去東北報聘。1922 年第一次直奉戰爭前夕，孫中山先後派出程潛和吳忠信與張作霖商討軍事問題。[48] 5 月 29 日，孫中山接受西報訪問，公開表示與張作霖合作，「張預備與吳戰，因求同志援助。吾人互派代表交換意見，彼知吾人集中桂林之計劃。……張作霖彼時允許為吾後援」。[49] 8 月 29 日接受日本記者訪問，也說「為圖謀統一計，自與段曹吳等會商為佳，即與張作霖氏謀之亦無不可」。[50]

---

47 寧武：〈孫中山與張作霖聯合反直紀要〉，《文史資料選輯》第 41 輯，第 116 頁。

48 孫中山：〈致張作霖派吳忠信接洽軍事函〉（1922 年 5 月），《國父全集》（5），第 334 頁；孫中山：〈致張作霖告派程潛往商軍事函〉（1922 年），《國父全集》（5），第 395 頁。

49 孫中山：〈與西報記者的談話〉（1922 年 5 月 29 日），《國父全集》（2），第 550－553 頁。

50 孫中山：〈與日本大阪每日新聞駐滬特派員村田談話〉（1922 年 8 月 29 日），《國父全集》（2），第 562－564 頁。

孫中山因陳炯明背叛，在 8 月 14 日抵達上海。奉軍亦在第一次直奉戰爭中失敗，退返關外。張作霖請寧武代表他去探候孫中山，表示要在患難中交朋友，請他到東北來住。孫中山婉拒邀請，但託寧武向張作霖商借一筆錢，以便消滅陳炯明，收復廣東。張作霖知道孫中山經濟困難，立即派韓麟春送十萬元給孫中山作生活費用。另請他派代表來奉詳細面談。[51] 9 月 22 日，孫中山致函張作霖，請出兵北京並派汪精衛前來面洽，孫中山建議：「今後破敵之策，仍須西南先發，與敵相持。公之大任，在於迅取北京津保，使敵失所憑依，然後出重兵以躡其後，則敵將不戰而自潰，此為共同動作之必要樞紐，所望睿慮及之。」並提出幫助要求：「文新失策源地，諸軍所需維持補充等費，竭蹶應付，拮據殊甚，未審公能有以助之否？」[52] 張作霖慷慨資助孫中山，讓他擊敗陳炯明。1923 年 1 月 28 日，孫中山致函感謝張作霖說：「曩承惠助，至紉高誼。茲幸聯軍討賊已奏膚功，陳逆所部望風降靡，賴諸將努力，亦執事聲援之威有以振之。」不久，直系吳佩孚煽動桂軍沈鴻英作亂，孫中山經濟極度困難，再向張作霖申請援助：「特派路孝忱晉謁麾下，申請援助。如能照前所擬數，速與匯寄，則士飽馬騰，蕩平逆氛，可操左券。國步中興，義師復振，皆悉出閎賜。萬一時促不及遽集，亦請量助巨額，俾克有濟三軍，感激匪可言宣，文亦得大力為國勞罄。」[53]

張作霖對孫中山的要求，是慷慨支持的。孫中山得到張作霖援助後，許崇智率部回粵，擊潰陳炯明叛軍。11 月 25 日，孫中山函謝張作霖說：「一年以來，屢蒙我公資助，得以收拾餘燼，由閩回師；又得滇軍赴義，川民逐吳，遂將國賊在西南之勢力，陸續撲滅，而廣州根本之地，得以復還，此皆

51 寧武：〈孫中山與張作霖聯合反直紀要〉，《文史資料選輯》第 41 輯，第 120 頁。

52 孫中山：〈復張作霖請出兵北京並派汪兆銘面洽書〉（1922 年 9 月 22 日），《國父全集》（5），第 351 頁。

53 孫中山：〈致張作霖特派路孝忱申請援助函〉（1923 年 1 月 28 日），《國父全集》（5），第 414－415 頁。

公之大力所玉成也。」[54]

1924 年 1 月 16 日，滇桂聯軍進迫廣州，陳炯明敗走惠州，孫中山復任大元師職。[55] 3 月，孫中山決定北伐，請張作霖「同仇敵愾」一起打敗吳佩孚。[56] 5 月 3 日，孫中山再次致函向張作霖申請給李烈鈞（協和）五十萬元回粵軍費，和譚延闓（組安）二十萬元赴湖南軍費。汪精衛和路孝忱到東北幾度商議後，張作霖同意幫助粵軍回粵軍費五十萬元，由許崇智派其兄許功武到東北領取。稍後，張作霖又陸續補助了孫中山幾十萬元。[57]

8 月 26 日，直系吳佩孚在英人資助下，指使江蘇軍閥齊燮元聯合孫傳芳夾攻浙江。9 月 1 日，盧永祥派其子小嘉到奉天，向張作霖乞援。3 日，江（蘇）浙（江）戰爭在崑山安亭、黃渡爆發（雙方兵力各約六萬）。[58] 這時，孫中山與皖系段祺瑞、盧永祥，奉系張作霖已經成立協議，組成「粵皖奉三角同盟」，共抗直系。4 日，盧永祥致電孫中山，斥責直系軍閥曹錕禍國，請分道出師，兼籌並進，以伸正義。同日，張作霖通電支持盧永祥。5 日，孫中山召開軍事會議，決定督師北伐，分路入江西、湖南；命胡漢民留守廣州，代行大元帥權，兼廣東省長；廖仲愷為軍需總監兼財政部長；譚延闓為北伐軍總司令。[59] 7 日，張作霖向奉天各國領事宣告東三省動員。10 日，孫中山電覆盧永祥，答允合作討伐曹吳。[60]

---

54 孫中山：〈致張作霖告討賊軍情並派葉恭綽前往面洽函〉（1923 年 11 月 25 日），《國父全集》（5），第 495－496 頁。

55 《國父年譜》（下），第 1285 頁。

56 孫中山：〈覆張作霖望勿為偽和平所惑宜共襄北伐大計電〉（1923 年 3 月），《國父全集》（5），第 508 頁。

57 孫中山：〈致汪兆銘囑向張作霖商助軍費並告軍情電〉（1923 年 5 月 3 日），《國父全集》（5），第 447 頁；寧武：〈孫中山與張作霖聯合反直紀要〉，《文史資料選輯》第 41 輯，第 120 頁。

58 郭廷以：《中華民國史事日誌》（1）（台北：中央研究院近代史研究所，1979 年），第 818－819 頁。

59 《國父年譜》（下），第 1525－1526 頁。

60 《國父年譜》（下），第 1528－1530 頁。

9月13日，孫中山電告張作霖、段祺瑞、盧永祥：他已將大本營移駐韶關，開始北伐。同日，奉軍向山海關出動。[61] 15日，張作霖自任總司令，號鎮威軍，分六路出動：第1、3兩軍為主力，進攻山海關；第2、5、6軍進攻熱河，第4軍為預備隊，第二次直奉戰爭爆發。17日，曹錕下令討伐張作霖，以吳佩孚為討逆軍總司令。18日，孫中山在韶關對日本記者說：他已經和張作霖、段祺瑞、盧永祥協議妥當，「張、段兩氏亦已定期出兵」。[62] 次日，孫中山電催段祺瑞出兵，他「已移駐韶關，宣告邦人，出師入贛，期與浙奉義軍，一致討賊。公志存匡國，誼切同仇，推己飢己溺之仁，作同澤同胞之氣，驅共同之障礙，建民國之新元」。[63]

10月13日，盧永祥兵敗下野。14日，孫中山以財政困難，電請張作霖接濟北伐軍，說他「財政竟陷於絕地，其他部隊因此不能繼出。……倘公能即接濟30萬，則江西不足平，而長江可牽動，子嘉（盧永祥）雖敗，不足慮也」。[64] 同日，直奉軍在山海關石門寨大戰，雙方傷亡慘重。吳佩孚從北京調兵增援山海關前線，馮玉祥立即掌握這個戰機，在10月23日發動首都革命，迫使曹錕下野；再與奉軍聯合夾擊吳佩孚，直軍大敗。吳佩孚從塘沽乘船南下，逃返湖北岳州。

不知何故，很多現代史書籍對孫中山策劃的「粵皖奉三角同盟」都淡化處理，着墨不多。如果站在其他黨派的角度和觀點，當然可以借此批評孫中山勾結北洋軍閥、破壞約法的罪魁——段祺瑞，又伸手向日本走狗——張作霖——要錢。例如，1923年7月11日，陳獨秀便在中共刊物《嚮導》週報發表

61 孫中山：〈致盧永祥等告抵達韶關一俟各軍集中完竣後即分路出發電〉（1924年9月13日），《國父全集》（5），第530頁；《中華民國史事日誌》（1），第821頁。

62 孫中山：〈在韶關與日本記者的談話〉（1924年9月18日），《國父全集》（2），第615頁。

63 孫中山：〈覆段祺瑞告討伐曹吳電〉（1924年9月19日），《國父全集》（5），第531頁。

64 孫中山：〈復葉恭綽鄭洪年詢盧永祥去職原因等事並轉張作霖告北伐軍需款接濟電〉（1924年10月14日），《國父全集》（5），第545－546頁。

〈北京政變與國民黨〉一文，批評國民黨不應利用「昏庸奸猾的黎元洪，罪惡昭著的段系、奉系軍人與安福、政學等國蠹以及無恥的國會議員」，指出：「無論他們此時對國民黨說的如何好聽，⋯⋯就是他們能夠擁戴中山先生做總統，其結果能比傀儡總統黎元洪高明幾何！」在此重大時機，國民黨「應該起來統率國民做革命運動，便應該斷然拋棄以前徘徊軍閥之間，鼓吹什麼四派勢力的裁兵會議與和平統一政策」。[65] 在同一期的《嚮導》，陳獨秀另一篇文章又批評孫中山說：「曹錕之賊民亂國，全國皆欲起而誅之。⋯⋯在這反曹的怒潮汹湧全國之時，而說素以革命黨自負的國民黨首領孫中山肯與曹錕攜手，⋯⋯那真是自殺了！」「國民黨數年來重要的口號是『北伐』，北伐伐誰，不用說是伐北洋軍閥曹錕、吳佩孚等。為什麼討伐陳炯明，始終是因為他通北，阻撓北伐；為什麼討伐沈鴻英，也因為他受曹、吳的命令來攻取廣東；若孫中山可與曹錕攜手，那末，北伐伐誰？那末，豈不是孫中山和陳炯明、沈鴻英走到一條道路？那末，孫中山可以聯曹，何以陳炯明、沈鴻英聯曹便罪該萬死？」雖然陳獨秀在文章中指斥某些人鼓吹孫曹攜手，是與國民黨有仇怨，欲其「名譽掃地」，但誰都明白文章是在痛罵孫中山和國民黨聯曹是「名譽掃地」之舉。[66] 這些文章當然令孫中山大為憤怒！其他國民黨人亦群起反駁，為孫中山的政策辯護。1923 年 11 月 29 日，國民黨〈廣東支部彈劾共產黨文〉說：「我黨對於軍閥之攻擊，只限定於曹錕、吳佩孚，今陳獨秀派替我黨立言，則連及於張作霖、段祺瑞，務使國中實力派因此而與我黨決裂，使我黨陷於孤立無援之地，此陳獨秀共產黨對於我黨陰謀之綱領也。」[67] 可見當年國民黨人基本上是支持孫中山「粵皖奉三角同盟」的策略。事實上，孫中山利用奉系、皖系與直系的利害衝突，分化北方軍閥，達到了「打倒北洋直

65 陳獨秀：〈北京政變與國民黨〉，《陳獨秀著作選》（2）（上海：上海人民出版社，1993 年），第 519－520 頁。原載於《嚮導》周報第 31、32 期（1923 年 7 月 11 日）。

66 陳獨秀：〈北京政變與孫曹攜手說〉，《陳獨秀著作選》（2），第 526－527 頁。原載於《嚮導》周報第 31、32 期（1923 年 7 月 11 日）。

67 〈廣東支部彈劾共產黨文〉（1923 年 11 月 29 日），《國父全集》（6），第 482－485 頁。

系軍閥」的目的。同時，國民黨憑着奉系的經濟援助，才能收復廣東革命根據地。如果孫中山連廣東也失掉，怎能創辦黃埔軍校，怎能擁有一支效忠國民黨的黨軍。沒有軍事力量，國民革命只是一個泡影。孫中山並不是一個迂腐的理論家！

還值得注意的是，孫中山有廣闊的胸襟，包容政敵。他初時雖然看不起張作霖，但不斷派人和張聯繫，鼓勵張作霖為國家的和平統一努力。1924 年 12 月 4 日下午 3 時許，孫中山乘車往河北曹家花園拜訪張作霖，以答謝張歡迎之意。張作霖與孫中山第一次會見，暢談一個多小時。曾說：「作霖係一介武夫，關於國家大計，當敬聽孫先生的指示。」張又告訴汪精衛說：「我從前以為孫先生是個什麼難説話的人，今日才知道他是一個溫厚君子。只是北京各國公使，都不贊成孫先生，大概因為孫先生聯俄的緣故；你可否請孫先生放棄他聯俄的主張，我張作霖身上，包管叫各國公使，都要和孫先生要好的。」[68] 鹿鍾麟説張作霖在這次會晤時態度冷淡，沒有出門迎接，並讓孫中山在客廳久坐；又説張作霖反蘇反共，故對孫中山不滿。[69] 但鹿鍾麟沒有出席這次孫張會談，不知道其資料來源。目前欠缺資料介紹孫中山和張作霖在這一個多小時內暢談了什麼，台灣出版的《國父全集》和《國父年譜》都沒有這次會談的詳細記錄。另外，張作霖在天津曾去拜會過孫中山，事後據孫的副官馬湘説：當時他在房門外聽得孫、張晤談至為融洽，不過因孫病重，醫囑不能多談。[70] 此外，根據當年孫中山派到張作霖活動的寧武的回憶資料，張作霖對孫中山的看得起他，非常高興。同時，張作霖是一個懂得在患難交朋友的人，知道孫中山在上海的時候經濟困難，主動送了十萬元給孫先生作生活費。他的部下韓麟春竟然只送了三萬元給孫，張作霖知道後，痛罵韓麟春一

68 《國父年譜》（下），第 1576－1578 頁；寧武：〈孫中山與張作霖聯合反直紀要〉，《文史資料選輯》（41），第 115－121 頁。

69 鹿鍾麟：〈孫中山先生北上與馮玉祥〉，《文史資料選輯》（89），第 161－162 頁。

70 何柱國：〈孫、段、張聯合推倒曹、吳的經過〉，《文史選料選輯》（51），第 25 頁。

頓，說：「憑我張某人只送孫先生這點錢？不成話，趕快再補七萬！」[71] 孫中山多次向張作霖提出申請援助軍費，張都慷慨給予支持。實在無法相信結成三角同盟的孫張兩人，在首次會晤時，張作霖會冷待孫中山！張作霖雖然趕不上民主政治的潮流，但最終都拒絕賣國，因此，張在 1928 年 6 月 4 日被日軍在奉天皇姑屯埋下炸藥暗殺身亡。

另據近年解密的蘇聯檔案，孫中山進行聯俄容共政策時，蘇聯派越飛來華物色聯合對象，制定聯合吳佩孚和孫中山對付張作霖的策略，計劃以紅軍進攻東北，吳佩孚在關內斷其後路，內外夾擊。孫中山雖然希望得到蘇俄援助，但仍然致函越飛強烈反對其孫吳同盟策略，拒絕以出賣盟友作為代價；更嚴詞致函列寧，為張作霖辯護，指出若紅軍入侵中國東北，等同恢復沙俄時代帝國主義侵略政策。這令列寧大為憤怒，嚴斥那些損害共產國際威信的行為，消除了紅軍對張作霖的威脅。孫中山站在國家民族利益的立場，盡力維護張作霖，當然對他有相當影響，可惜當時孫已病重，未能繼續感化張作霖，導之向善，中國人民因此多受幾年苦難！

孫中山對張作霖的兒子張學良也循循善誘，1922 年 9 月 22 日致書讚揚張學良有見識和策略高明，「望力持定見，他日運籌決勝，可為預期也」。[72] 孫中山致力中國和平統一的理想，對張學良是有影響的。張學良面臨三次重要的政治考驗，都是站在國家和平統一的立場作出抉擇。第一次是宣佈東北易幟，歸順中央，使中國歸於統一；第二次是在中原大戰期間，發出擁護「中央」呼籲和平的巧電，因為他認為「東北地處邊陲，日本窺伺已久，如欲抵制外侮，必須國內統一」，所以他明知「蔣介石亦係一陰謀的野心家，⋯⋯不顧友誼和不擇手段。⋯⋯我們為整個大局計，必須從速實現全國統一，早停內戰！」[73] 第三次就是犧牲個人及東北軍的前途來換取國共合作、停止內戰的

71 寧武：〈孫中山與張作霖聯合反直紀要〉，《文史資料選輯》(41)，第 119－121 頁。

72 孫中山：〈覆張學良派汪兆銘就商討伐曹吳函〉(1922 年 9 月 22 日)，《國父全集》(5)，第 350－351 頁。

73 于學忠：〈東北軍第四次入關的經過〉，《文史資料選輯》(16)，第 88－89 頁。

「西安事變」了。根據這三件事，孫中山和平統一中國的主張，是不是已經深深地刻鐫入張學良的腦海裏？

當時孫中山外交孤立、財政困乏、軍力薄弱，但能運用策略，化敵為友，與奉皖兩系北洋軍閥結盟，打倒革命黨心腹之患的直系吳佩孚，最後迫使賄選的曹錕下野，孫中山的革命策略是否應該予以高度評價？

三、馮玉祥與首都革命

1. 馮玉祥的革命之路

當時北方軍閥主要有直系、皖系、奉系和馮玉祥等四股力量。為了團結所有力量反對吳佩孚和曹錕，孫中山設法與皖、奉兩系組成粵皖奉三角聯盟，自然也設法爭取餘下的馮玉祥加入反直陣營。孫中山早已注意到馮玉祥這人，發現他首先反對張勳復辟，只不過被段祺瑞搶奪了首義的大旗。[74] 國民黨員張繼向《大陸報》記者披露討伐張勳的真相：段祺瑞自知其時名譽不佳，且無兵權，故無動作。但其謀士梁啟超、湯化龍聞廊坊旅長馮玉祥反對復辟的態度，勸段乘機而起。段由張紹曾介紹認識馮玉祥，得他支持，又到馬廠取得李長泰贊助，共逐張勳。於是，三日之前尚無軍隊的段祺瑞，統率馮、李軍隊，自稱為討逆軍總司令，立下打倒復辟、匡復民國之大功。[75] 雖然段祺瑞繼續任用私人，沒有對馮玉祥論功行賞，馮玉祥仍然安之若素，繼續全力嚴格訓練其軍隊。馮玉祥是個充滿民族主義和愛國精神的軍人，他訓練出來的軍隊軍紀良好、戰鬥技巧高超，備受民眾歡迎。其部隊上下都自許為國家與國民的武力，絕未自覺是屬於哪一系。無論是直、皖、奉三派，都只是在

74 孫中山：〈致美國總統威爾遜告中國政情並請拯救中國之民主與和平電〉(1918 年 11 月 18 日)，《國父全集》(5)，第 92－93 頁。

75 《馮玉祥傳》(上)，第 84 頁。

有需要時拉攏馮軍，事後便排斥、壓迫他。[76]

1918 年至 1920 年馮玉祥治理湖南常德期間，掃除當地盜匪，禁止嫖賭惡習，提倡儉德，整頓當地金融；嚴禁吸毒，設「戒煙所」，請醫生主持，幫助了三四百人戒絕煙癮；又監督整頓學校，使當地教育氣象煥然一新；設女子和少年習藝所各一，俾無業男女學得謀生技能。他提倡衛生，派軍隊清掃街道，自推土車以身作則，令常德這污穢的城市，成為一個乾淨的樂土。馮軍不但沒有欺壓百姓的惡行，反而修橋築路，為百姓服務，因此深得民心。[77] 美國人湯姆斯・密勒（T. F. Millard）在上海創辦的《中國每周評論》（*The China Weekly Review*）舉辦「當代中國現存的十二個偉大人物」選舉，由中國人自己投票，結果馮玉祥名列第二，排名僅次於孫中山。[78] 英國使館武官斐瑞樂將軍（G. Pereia）也注意到當時任陝西督軍的馮玉祥，指他支持四川成為反列強運動的根據地。英國駐華公使歐士敦（Sir Bernard Alston）很欣賞馮的品格和才能，察覺他專心致力於河南政務，用嚴厲的道德規律訓練軍隊。繼任的英國代理大使柯萊佛（R. H. Clive）也被馮氏的嚴厲軍紀所感動，認為他由於信仰基督教的背景，在軍閥中顯得十分特殊，與其他軍閥不同。他自稱是為國家民族而戰，故柯萊佛推崇他是「中國的護國主」。[79] 上述兩則外文資料，都認同馮玉祥游移於直、皖、奉等大軍系之間，始終未為任何一方效力。[80]

1917 年 10 月 3 日，孫中山組織軍政府，高揭護法旗幟，起兵討伐段祺瑞。段祺瑞企圖用武力征服全國，馮玉祥奉命率部南下，因不願與護法軍作

76 《馮玉祥傳》（上），第 85－91 頁。

77 李泰棻：《國民軍史稿》（台北：文海出版社，1971 年影印版），第 90－91 頁；《馮玉祥傳》（上），第 94－95 頁。

78 唐遠華：〈中國軍閥──馮玉祥的一生事業評介〉，張玉法編：《中國現代史論集第五輯・軍閥政治》（台北：聯經出版社，1980 年），第 226－228 頁。

79 史特賴姆斯基（Richard Stremski）：〈馮玉祥與英國的關係〉，《中國現代史論集第五輯・軍閥政治》，第 234－235 頁。

80 唐遠華：〈中國軍閥──馮玉祥的一生事業評介〉，《中國現代史論集第五輯・軍閥政治》，第 227 頁。

戰，借故在浦口按兵不動。1918 年 1 月，段祺瑞以護法軍節節勝利，調馮軍進攻津市、澧縣。馮軍抵湖北武穴後，停兵不前，更在 2 月 14 日通電主和：「內部爭鬥，於今三年，而最無意識無情理者，莫過於此次之戰爭」，痛詆當局「蔽於感情，激於意氣，視同胞為仇讎，以國家為孤注，言念及此，可為痛心！民國主體，在於人民，民心向背，所宜審察。置民意於不顧，快少數之私忿，成敗得失不難立辨」。馮玉祥更借馮國璋掩護他的行為說：「總統為一國之元首，軍人以服從為天職，使元首而果主戰，敢不惟命是從。然元首（馮國璋）始終以和平為心，早為中外所共知。討伐之令，出自脅迫，有耳共聞，無可掩飾，此玉祥所以不敢冒昧服從，以誤元首而誤國家也。」末段更慷慨激昂地說：「如以國家為可憐也，則請迅速罷兵，以全和局；如以國家為不足惜也，則請先殺玉祥以謝天下。」18 日，又發一電給總統府和國務院：「此次之戰爭，人以護法為口實，我以北派為號召，名義之間，已不若人，況乎民意機關，已歸烏有。」「現岳州北軍，既已退出，所未解決者，只為國會一問題。玉祥迫於愛國之熱誠，實不敢冒昧言戰，以誤將來，惟望國會早開，民氣早申，罷兵修好，時局早定。如仍有不以國家為前提，而以破壞為能事者，竊欲為國前驅，萬死不辭。」馮氏電文贊成護法，主張復開國會，令段祺瑞怒懼並發，立即調集數萬大軍包圍馮軍，將馮玉祥免職，交曹錕查辦。[81]

2. 孫中山與馮玉祥的聯繫

孫中山閱報見馮玉祥 18 日電報後，3 月 4 日致函馮玉祥，讚揚他「為愛國軍人模範」，「熱誠護法，努力救國，不勝為民國幸」，鼓勵馮玉祥主持正義，扶持民國國脈，「內察國難之原因，外究世界之趨勢，以恢復舊國會之主張，明白宣示全國」。[82] 自此，孫中山十分器重馮玉祥，派人勸他參加革命。

---

81 《馮玉祥傳》（上），第 86－90 頁。

82 孫中山：〈致馮玉祥函〉（1918 年 3 月 4 日），《孫中山全集》（第 4 卷），第 372 頁。

1918 年 6 月 22 日，已經接觸基督教的馮玉祥，進駐常德後，經常參加劉芳牧師的查經班，接着在北京美以美會領洗。他認為基督教教義是軍隊精神教育的極好資料，規定做禮拜為軍中精神訓練的方法之一。每至禮拜日，即集合全體官兵，請一位牧師來宣講教義。[83] 中國基督徒如余日章、聶其杰、徐謙、王正廷等都到馮軍講道，與馮氏訂交。徐謙、王正廷二人是國民黨要員，後成為馮玉祥與孫中山的聯繫人。孫中山致函馮玉祥時，特別提及徐謙到廣東時詳細介紹其「救時苦心」，讓馮玉祥知道徐謙與孫中山的關係。此後，徐謙與馮玉祥成為深交好友，向馮介紹孫中山思想，傳遞孫中山的著作。馮閱讀孫中山的著作後，十分景仰，認為非此不足以救中國。馮玉祥曾致函孫中山：「中國已瀕於危境，真正救中國者只有先生一人，百折不回，再接再厲，無論如何失敗，而我行我素，始終如一。此種精神，凡謀國者當為之感奮。現下雖阨於環境，但精神上之結合固已有日矣。」[84] 馮在河南時曾派任右民前往拜訪孫中山，當時孫中山被非常國會選舉為大總統，在廣州粵秀樓接見任右民，詳述其革命計劃，特別指出陝西地勢重要，將來須在此建立革命基地，則革命大業可告成功，囑託馮玉祥進行北方革命。[85] 孫中山又親筆書贈《建國大綱》給馮，奠下馮氏其後發動首都革命的基礎。[86] 同盟會馬伯援是中華基督教青年會幹事，在 1919 年 11 月 20 至 27 日杭州幹事大會上聽講員沈文卿牧師盛讚馮玉祥的 16 混成旅如何求學求道、守規矩、刻苦耐勞，於是好奇，想前往看看。12 月 1 日下午 2 時，馬伯援往訪孫中山，談及馮玉祥的軍隊頗好，他想用宗教關係前往游說。孫中山說：「我也聽說他的軍隊很好，又聽說他不肯革命，究竟如何，不得而知，你能去看，那是最好的一件

83 《我的生活》，第 368 頁。

84 李泰棻：《國民軍史稿》，第 99 頁。

85 李泰棻：《國民軍史稿》，第 100－101 頁。

86 《馮玉祥傳》（上），第 99、103－105、188 頁。

事。」於是，馬伯援奉孫中山之命前往游說馮玉祥參加革命。[87] 1923 年 1 月 29 日，孫中山與馬伯援討論國民黨陝西黨務工作，着馬伯援「馮煥章（馮玉祥）的事，須當更進一步，勸其革命」。[88] 同年 10 月 25 日，孫中山在大元帥府與馬伯援談馮玉祥事，孫中山說：「馮煥章若真革命，必須加入國民黨。」馬伯援說：「入黨固可表明其決心，但因入黨一個問題，而妨害其革命進行，亦可不必。」孫中山說：「段祺瑞親口對吾人說過，馮玉祥為人過假，極靠不住，故吾同志中，均怕與彼往來。」馬伯援說：「一般人對於馮的觀察如此，不僅段祺瑞一人說他不可靠，就是張溥泉等，也極疑惑他。但我的意見，覺得中國革命，尤其是北方革命，非他不可，且他的行為與熱心，已感（動）到了陝軍胡景翼，馮胡必合作革命，請先生北上。」[89]

由於馮玉祥在武穴主和，差點被段祺瑞派軍包圍消滅，於是領悟雖有革命愛國的熱忱和主張，但圖大事，必先度德量力，若無計劃、無實力，而只圖一時之意氣，輕舉妄動，鮮有不枉作犧牲而無補於大局。自此以後馮玉祥的舉動和表示，愈為謹慎周密及穩健，務操必勝，不敢再露鋒芒，輕於一擲，「尤其不敢正式加入國民黨，庶免北洋軍閥之嫉視，而樹被敵攻擊之目標」。[90] 12 月 6 日上午 8 時半，馬伯援在北京南苑和馮玉祥談及廣東的情形，和孫中山對他的期望。14 日，馬伯援再到南苑與馮玉祥會晤，馮玉祥注目着馬，十二分誠懇的說：「政府的兵力，數倍吾人，冒險盲動，終必失敗，稍待

87 馬伯援：《我所知道的國民軍與國民黨合作史》（台北：文海出版社，1931 年版重印），第 7－9 頁；王正華：〈北伐前期的蔣馮關係（民國 15 至 16 年）——以《蔣中正總統檔案》為中心的考查〉，《國史館學術集刊》第 7 期（台北：國史館，1989 年），第 197 頁。

88 《國父年譜》（下），第 1297 頁。

89 《我所知道的國民軍與國民黨合作史》，第 29－31 頁；《國父年譜》（下），第 1387－1388 頁。

90 《馮玉祥傳》（上），第 91－92、151 頁；鹿鍾麟：〈孫中山先生北上與馮玉祥〉，《文史資料選輯》（89），第 151 頁。

則濟，不必急急，我終要革命的，請轉語中山先生，及季龍。」[91]

這時中國政局複雜，馮玉祥在北京掌握重兵，故各方都拉攏他。直系軍閥企圖驅逐總統黎元洪，曹吳欲利用他驅黎；而黎元洪對馮也極力拉攏，欲利用他制曹吳。但馮玉祥對於各方都不肯列為其私黨，自云無派，只屬於一派——愛國派，凡真心愛民救國者一律視為同志，只有禍國殃民者是其仇敵。結果馮玉祥對各方都不討好，被各方都疑忌。[92] 馮自稱：「從河南來時，在保定逗留幾日，或便謂吾將不利於吳佩孚。及至北京，黎派親我，曹又以為將不利於彼。及黎閱兵，而曹、吳益信。今徐季龍（謙）在此傳道，恐他人又將謂我接近孫中山矣。總之，吾等為國練兵，任何派系亦不勾結。為國除害，赴湯蹈火亦所不辭。從前由陝出關，純為國家，與直奉無涉。」[93]

當時，粵皖奉反直聯盟已組成，1923 年 6 月 11 日徐謙自廣州致電馮玉祥，游說他聯奉即有餉，「若助奉張，伊則給餉」。馮玉祥認為徐謙帶有政客氣，不以為然。所謂政客，就是「只知權利，只求富貴，實無道德與為國為民為黨的觀念，乃一般的普通人」。[94] 馮歎息說：「見小利而忘大義，可得謂之人乎？」[95] 20 日下午 7 時半，馮玉祥集合上校以上官長講話，當眾表白徐謙勸他「聯奉張，即助餉」，馮說：「見小利而忘大義，我不為也。」[96] 27 日下午 3 時半，馮與鄧潔民談話仍說：「徐季龍（謙）與我來電說，我果肯與張作霖聯合，張即助我餉銀。我答以吾能見小利而忘大義耶？」[97] 於此可見馮玉祥是「大義」和「小利」分明的人物，雖好友游說，亦不改其原則，反映了馮玉祥的性格和道德觀念。當時馮玉祥被黎元洪拖欠糧餉，但他寧願不斷向黎索

91 《我所知道的國民軍與國民黨合作史》，第 33 頁。
92 《馮玉祥傳》（上），第 137 頁。
93 《馮玉祥日記》（1），第 398 頁。
94 《我所知道的國民軍與國民黨合作史》，第 12、46－47 頁。
95 《馮玉祥日記》（1），第 389－390 頁。
96 《馮玉祥日記》（1），第 400 頁。
97 《馮玉祥日記》（1），第 404 頁。

餉，仍然拒絕接受張作霖的助餉。此外，馮玉祥自常德撤退時，湘軍領袖譚延闓、趙恒惕等饋贈開拔費十萬元，馮玉祥璧還婉謝。[98] 可見馮不是一個貪財的人。

1924 年秋，粵皖奉三角同盟成立，孫科、盧筱嘉、張學良等在奉天會議，時人稱為「三公子會議」，訂立「三角同盟」，商定同時討直。徐謙奉孫中山令勸馮玉祥革命，並由劉馨庭介紹奉方代表郭瀛洲與馮接洽，馮表示：「苟能利國福民，弭國內無意識之爭，祥雖不敏，願隨海內賢豪共圖之。」當時，段祺瑞聯絡山東督軍鄭士琦、山西督軍閻錫山倒直。馮派參議劉之龍前往接洽。[99] 與此同時，馮玉祥亦與老同盟會會員孫岳、胡景翼結交。9 月 10 日，馮玉祥與孫岳參觀昭忠祠，在草亭秘談。馮玉祥對孫岳吐露心聲：「現今曹、吳專政，國亂民愁，余本早下決心為國除害，只以勢孤力薄，迄未敢下手耳。」孫云：「胡笠僧（景翼）早不滿意於吳，可引為臂助，共圖大事。」[100] 三人均恨吳佩孚禍國殃民，排除異己，決定團結倒直。[101] 於是各方反直力量秘密集結。

3. 第二次直奉戰爭與首都革命

1924 年 9 月 3 日，江浙戰爭爆發，吳佩孚在洛陽召開直系部隊參謀長會議，決定對奉作戰方略為：「誘致奉軍主力部隊於山海關方面而抑留之，另以有力部隊由海軍掩護自海面迂迴，在綏中、葫蘆島一帶登陸夾擊奉軍而殲滅之。」吳佩孚這戰略不能說是不高明，若直軍主力能在奉軍後方登陸成功，確能對奉軍主力收聚殲之效。[102] 9 月 15 日，第二次直奉戰爭爆發。17 日，

98 《國民軍史稿》，第 98－99 頁。

99 《國民軍史稿》，第 152－153 頁。

100《馮玉祥日記》（1），第 614 頁。

101《馮玉祥傳》（上），第 150－153 頁。

102 李藻麟：〈二次直奉戰中山海關戰役親歷記〉，《文史資料選輯》（4），第 39－41 頁。

吳佩孚在北京國務院四照堂召開作戰會議，下令討伐張作霖，派三路迎敵，吳佩孚自己任第一路，沿京奉線前進；王懷慶任第二路，出喜峰口；馮玉祥任第三路，經由古北口趨熱河。吳派馮的原因，表面是這一路關係重大，非勁旅不克勝任。由於此路遙遠險阻，接濟困難，故馮玉祥接作戰命令後，立即找吳佩孚商議給養的問題，吳回答說：不用辦兵站，糧秣餉項，統由各本軍隨地籌辦。馮認為是擾害地方，吳則無動於衷。結果，馮玉祥完全得不到所需的軍餉、糧秣、子彈、服裝。其時，塞外已是嚴寒季節，奉軍每人皆穿數寸厚的老羊皮軍服，馮軍則全無冬衣。所以馮認為吳是借刀殺人，意欲陷他於絕地。吳還不放心，除派王承斌同行，監視馮軍，又再令胡景翼率部相隨，囑咐他如馮有何異動，即就近解決。可是吳佩孚萬萬想不到馮胡已經秘密結盟，胡景翼把吳佩孚的話全告訴給馮。馮認為吳用心陰毒，在要用他拚命的時候，仍然蓄意要消滅他，令他不得不發動首都革命。[103]

9 月 21 日下午 4 時半，馮派蔣鴻遇參謀長往總統府索開拔費。10 時，蔣鴻遇回報要錢失敗。馮玉祥說：「行軍千餘里外荒寒之地，一不給錢，二不給彈，一旦遇敵，不戰自潰。豈非故將我軍置之死地耶？仍非拚命要錢不可。」[104] 馮玉祥前惟死路，後有壓力，惟有藉此機會進行首都革命計劃。委派蔣鴻遇為留守司令，兼兵站總監，辦理後方一切事宜。明則全軍出發，暗則留下精兵一營歸蔣指揮以作內應。密令蔣派員往河南招新兵萬人，陸續運京，即編成三個補充旅，以孫良誠、張維璽、蔣鴻遇任旅長，分駐南北苑。故馮玉祥班師回京時，已佈置雄厚兵力。又分派劉治洲、鄧萃英、劉之龍、張樹聲等各負秘密使命，聯絡各方及偵察軍政情形。

9 月 22 日，奉軍攻佔朝陽；10 月 7 日，攻佔赤峰。9 月 24 日，馮軍總司令部往懷柔縣出發。29 日，馮玉祥到達密雲，段祺瑞派賈德耀（焜亭）送來

103《我的生活》，第 497－499 頁；《馮玉祥日記》（1），第 617 頁；《馮玉祥傳》（上），第 156－157 頁。

104《馮玉祥日記》（1），第 619 頁。

一封親筆函，表示不贊成內戰，對賄選政府尤希望馮有所自處。這封信既有試探的性質，也有鼓動的意思。[105] 接着張樹聲、劉砥泉又介紹張作霖的代表馬炳南來見。馬説奉方殊不願與馮為敵，只要推翻了曹吳，他們的目的便已達到，決不再向關內進兵。馮玉祥拿着孫中山的《建國大綱》説：「這是我們中國唯一革命領袖的辦法，你以為如何？將來我們事成，擬請中山先生北來主持大計。這一條你們是不是贊成？」馬炳南回答：「這完全不成問題。一切悉聽你的主張。」馮重複説：「一是請中山先生北來，二是你們隊伍不得進關，只此兩條就成，別的都不必細説了。希望你快回去轉達，切勿食言。」馮玉祥並寫了一個很大的「成」字，下署「玉祥」二字，給馬炳南託張樹聲、王國裕兩人穿過毅軍米振標部防線，帶回瀋陽，但此時首都革命已經爆發。[106] 由於賈德耀也代表段祺瑞支持馮的行動，並同意迎請孫中山北上，所以在馮提出邀請孫中山北上主持大計的意見，表面上得到了段與張的同意。[107] 至此，馮玉祥與張作霖、段祺瑞的聯合反直行動才具體落實。於是，粵皖奉三角反直同盟擴大成為粵皖奉馮四角同盟。[108] 10 月，孫中山派徐謙負責與馮聯絡，指出北京國會不合法，勸馮以革命手段救國。[109] 19 日特派徐謙為馮軍慰問使。[110]

馮軍缺乏彈藥糧餉，根本不想為吳佩孚賣命。奉軍察知情勢，遂集中兵力，猛攻山海關一線。10 月 7 日，奉軍孫旭昌旅突破九門口。8 日，直軍第 13 混成旅旅長馮玉榮自殺。14 日，奉軍攻佔石門寨，可以從南面切斷山海關直軍的近後方，也可以直取秦皇島，切斷山海關直軍的遠後方。吳佩孚

105 鹿鍾麟、劉驥、鄧哲熙：〈馮玉祥北京政變〉，《文史資料選輯》（4），第 11 頁。

106 馬炳南：〈二次直奉戰前張作霖與馮玉祥的拉攏〉，《文史資料選輯》（4），第 55－56 頁。

107 鹿鍾麟：〈孫中山先生北上與馮玉祥〉，《文史資料選輯》（89），第 153 頁。

108 馮玉祥：《我的生活》，第 502 頁；《馮玉祥日記》（1），第 623 頁；《馮玉祥傳》（上），第 158－159、162 頁。

109 孫中山：〈致徐謙請轉告馮玉祥當用革命手段以救國函〉（1924 年 10 月），《國父全集》（5），第 559－560 頁。

110《國父年譜》，（下），第 1546 頁。

原定的戰略是用大軍在山海關、九門口一線吸引奉軍主力，並由馮玉祥出熱河迂迴，威脅奉軍後方戰略要地錦州，吸引奉軍主力的另一部。自己親率其第 3 師第 6 旅和直軍精鋭的靳雲鶚第 14 師、張福來第 24 師作為奇兵，由海路載運至奉軍後方葫蘆島登陸，截斷奉軍歸路，使其在山海關、九門口前線全軍盡成甕中之鱉。當時奉軍主力的確被全部牽制，後方空虛，亦無海軍攔阻，如果直軍真的能夠在葫蘆島登陸，確是可以全殲奉軍。但當吳佩孚、溫樹德率海軍及徵集的輪船十三艘，企圖奔襲奉軍葫蘆島時，驚聞石門寨要地失陷。於是只好借口被奉軍空軍阻截，無法登陸，立即調其「奇兵」反攻九門口、石門寨，與奉軍大戰。[111] 直奉兩軍出動海空軍在葫蘆島和山海關地區激戰，奉軍郭松齡部以飛機大炮助陣，三次猛攻彭壽莘第 15 師山海關陣地，但無法突破直軍機關槍火網和地雷陣，傷亡萬餘人，雙方打成對峙之局。[112]

10 月 16 日，丁搏宵自北京到灤河游説馮玉祥反吳，説此次直奉戰爭，「全係吳佩孚一人挑撥者，當宣佈其罪狀，救此貧苦無告，終日吃樹皮草根而不飽之百姓。即不成功而致身死，亦轟轟烈烈，不愧作一場人。」馮回答：「此事吾已籌之熟矣，非此不足以救國也。」18 日，段祺瑞代表宋子揚到灤平，對馮説：「檢閱使同段督辦三造共和，現在乃最終一次之改造，若能真正辦到，即當一共和國民於願足矣。」馮玉祥回答：「若團結力量，可以為之。」[113] 同日，黃郛致電馮玉祥：「吾儕志志救國，端在此時。」馮覆電説：「來電遍示同人，眾意僉同，準 19 日晚起程。」[114]

這時，山海關戰況危急，吳佩孚參謀長張方嚴致電馮玉祥：「此間形勢緊

111 何柱國：〈孫、段、張聯合推倒曹、吳的經過〉，《文史資料選輯》（51），第 16－20 頁。

112 李藻麟：〈二次直奉戰中山海關戰役親歷記〉，《文史資料選輯》（4），第 41－49 頁；王維城：〈直系的分裂和二次直奉戰直系的失敗〉，《文史資料選輯》（51），第 44－45 頁。

113 《馮玉祥日記》（1），第 631－632 頁。

114 沈亦雲：《亦雲回憶》（上）（台北：傳記文學出版社，1968 年），第 190 頁。

急，不有意外勝利，恐難挽回頹勢。」催促馮部迅速前進，「大局轉危為安，在此一舉。」留守北京的蔣鴻遇亦密電馮玉祥：「前方戰事緊急，吳佩孚已將長辛店、豐台一帶所駐之第 3 師（吳的精鋭部隊，原用以防範馮軍）悉數調往前方增援。」馮根據這些情況，斷定時機已至，不容再緩，遂在 10 月 19 日召集各處代表前來灤平開會。從各處前來的馮玉祥部下劉郁芬、鹿鍾麟、李鳴鐘、張之江、劉驥、宋哲元等，與胡景翼代表鄧寶珊出席會議。會議決定起義，因為這次革命，是擁護孫中山先生主義，並歡迎中山先生北上。中山先生所領導的黨名叫國民黨，於是起義隊伍也就取名為「國民軍」。[115] 會議決定在 21 日班師，預計可以在 23 日回到北京。馮玉祥下令鹿鍾麟部兼程回京，會同張維璽、孫良誠兩旅先抵北苑，再與蔣鴻遇旅會合入城。李鳴鐘旅直趨長辛店，截斷京漢、京奉兩路交通。胡景翼部自喜峰口南下，佔灤州、軍糧城，截斷京漢線直軍聯絡，並防止吳率兵西向。已抵承德的張之江、宋哲元等旅亦即日回師。[116] 22 日，馮率軍到高麗營，黃郛在晚上 9 時來談，共商政府過渡時期的辦法，規定組織攝政內閣，又把如何迎請中山先生之事具體計劃一番。黃郛並為馮玉祥擬訂通電文告，談到深夜 12 時，黃郛冒寒風返回北京。當晚深夜 12 時，馮軍到達安定門，與馮密謀起義的北京警備副司令孫岳早已接到通知，即令守兵大開城門，迎接入城。城內預伏士兵，同時並起，按預頒命令行事。[117]

10 月 22 日晚，孫連仲宴請曹錕衛隊團團長張漢臣（與孫是第 16 混成旅舊友）和副團長邱瑞峰（與孫是小同鄉），飯後並打牌聯歡。一頓晚飯和雀局便把曹錕的衛隊指揮官留住。23 日晨 2 時許，馮軍控制北京各要地，包圍曹

115《我的生活》，第 503－504 頁；《馮玉祥日記》（1），第 633 頁；《馮玉祥傳》（上），第 160－163 頁；鹿鍾麟、劉驥、鄧哲熙：〈馮玉祥北京政變〉，《文史資料選輯》（4），第 13 頁。

116《馮玉祥傳》（上），第 161－163 頁。

117《我的生活》，第 504－505 頁；《馮玉祥日記》（1），第 635 頁；《馮玉祥傳》（上），第 162－167 頁；《亦雲回憶》（上），第 190－191 頁。

錕總統府，不發一槍就把總統府的警崗槍枝繳下，派兵接替警位，控制了總統府。[118]

馮玉祥、北京警備副司令孫岳、陝西第1師師長胡景翼（時任吳之援軍第2路司令）、熱河都統米振標及所屬各師旅長等聯名通電，主張停戰，黃郛撰寫的電文說：

國家建軍，原為禦侮，自相殘殺，中外同羞。……執政者苟稍有天良，應如何促進和平，與民休息！迺者東南釁起，延及東北，動全國之兵，枯萬民之骨，究之因何而戰？為誰而戰？主其事者，恐亦無從作答。……玉祥等午夜徬徨，欲哭無淚，受良心之驅使，為弭戰之主張，爰於10月23日決意回兵，並聯合所屬各軍，另組中華民國國民軍，誓將為國為民效用。如有弄兵好戰，殃吾民而禍吾國者，本軍為縮短戰期起見，亦不恤執戈以相週旋。……至一切政治善後問題，應請全國賢達，急起直追，會商補救之方，共開更新之局。所謂多難興邦，或即在是。

翌日（24日），曹錕被迫發佈四項命令：一、前敵停戰；二、撤銷討逆軍總司令等職；三、吳佩孚免去本兼各職；四、特派吳佩孚督辦青海屯墾事宜。[119] 25日，吳佩孚在秦皇島電稱奉曹錕密諭，號召全國回師討馮玉祥。當日，英軍官乘馬撞入北京豐台馮軍（孫連仲）營，意在尋釁，以阻馮軍東進。26日，吳佩孚派張福來指揮前線作戰，自己到天津準備應付國民軍。28日，奉軍張宗昌攻佔灤州，李景林部進入冷口，山海關直軍後路被切斷。30日，馮玉祥、胡景翼、孫岳發討吳佩孚電，隨即分向天津、保定進攻。奉軍第3軍郭松齡全線出擊，將直軍主力部隊包圍在山海關和秦皇島之間。31日，除

118 孫連仲：〈我在馮軍經過及對馮玉祥的認識〉，《馮玉祥傳》（下），第401－402頁。
119《國父年譜》（下），第1547－1548頁；《我的生活》，第504－505頁。

少數將領自秦皇島乘船逃回天津外，山海關唐山之間的直軍全部被俘，奉軍繳獲槍械器材無數。[120]

較早之時，山西督軍閻錫山在 10 月 25 日佔領石家莊，阻止吳佩孚由京漢路撤往河南。11 月 1 日，山東督軍鄭士琦宣佈武裝中立，派兵到滄州、馬廠一帶阻止吳軍通過山東由津浦路南撤，又炸毀韓莊鐵路，截斷蘇魯交界之津浦路，阻齊燮元、孫傳芳等增援吳佩孚的部隊北上。[121] 2 日，馮玉祥張之江旅、胡景翼軍敗吳佩孚軍於楊村，俘其旅長潘鴻鈞、團長蕭樹棠，大炮十尊、機關槍二十餘架、鐵裝甲車兩輛、步槍二千餘枝。下午，張之江乘勝向天津進攻，捕敵五百餘人。3 日，馮軍攻入天津，吳佩孚率六千名士兵從塘沽乘兵艦三艘及商船十餘艘逃走，經南京、漢口，返回河南洛陽。至此，吳佩孚和曹錕的直系政治和軍事勢力遭受重挫。直系盛時據有十餘省，戰後僅餘浙江、福建、湖北等三省。[122]

4. 首都革命的功敗垂成

10 月 25 日下午，馮玉祥、孫岳、胡景翼及主要將領和一些政客，在北苑旃檀寺馮玉祥司令部開會，會議決定電請孫中山入京，主持政局，[123] 並商議正式組軍之事，眾人決定推馮玉祥為中華民國國民軍總司令兼第 1 軍軍長，胡景翼和孫岳為副司令，分任第 2 和第 3 軍兩軍長。[124] 考慮到吳佩孚在北方的勢力雖然垮台，但在長江流域，尚有江蘇齊燮元、浙江孫傳芳、湖北蕭耀南等直系十幾萬部隊可供驅使，他必然會作最後掙扎。果然接到報告，吳佩孚

---

120 傅興沛遺稿：〈第二次直奉戰爭紀實〉，《文史選料選輯》（4），第 34－37 頁；李藻麟：〈二次直奉戰中山海關戰役親歷記〉，《文史資料選輯》（4），第 50－53 頁。

121 鹿鍾麟、劉驥、鄧哲熙：〈馮玉祥北京政變〉，《文史資料選輯》（4），第 19 頁。

122《馮玉祥日記》（1），第 639－644 頁；《中華民國史事日誌》（1），第 836－838 頁；《近代中國史綱》，第 544 頁。

123《國父年譜》（下），第 1549 頁。

124 何遂：〈關於國民軍的幾段回憶〉，《文史選料選輯》（51），第 69 頁。

已從前線撤回一部勁旅，正回攻楊村。由於山東督軍鄭士琦位置重要，若能與之聯絡，則吳佩孚前後受敵，立可使之潰亡。鄭士琦是段祺瑞皖系的人。為了應付當前軍事上嚴重的困難，孫岳便臨時提議，請段祺瑞出山，以示與皖派聯絡，使鄭士琦出而阻截直系援軍北上。[125] 大家以為一則目前困難非此不能打破；二則中山先生是否北上，尚不可知。全體遂一致贊成。26 日，馮玉祥、孫岳、胡景翼等致電天津段祺瑞，擁立他為國民軍大元帥，請即時到北京就職（按孫岳是段祺瑞學生，打下保定後，派何遂往天津見段祺瑞，獲贈正金銀行 10 萬元支票一張）。[126] 這決定最後斷送了首都革命的全功！會議又討論組織攝政內閣之事，一致決議推翻賄選總統曹錕，而成立「攝政內閣」，行使總統大權。孫岳提議請黃興先生總參謀長李書城為陸軍總長，孫中山先生總參謀長李烈鈞為參謀總長，以表明歡迎孫中山先生主持大計的誠意。[127] 30 日，張作霖、盧永祥聯名通電推舉段祺瑞為聯軍統帥。31 日，曹錕被馮玉祥移居到延慶樓，靜待國人處置。11 月 1 日，顏惠慶內閣總辭，改任黃郛代國務總理兼交通總長。2 日，王承斌勸曹錕自動辭職，曹即向國會提出辭職咨文，並令內閣攝行大總統職務，「攝政內閣」成立。[128] 全體名單如下：

國務總理黃郛

外交總長王正廷

財政總長王正廷（兼）

交通總長黃郛（兼）

海軍總長杜錫珪

陸軍總長李書城

---

125 鹿鍾麟：〈孫中山先生北上與馮玉祥〉，《文史選料選輯》（89），第 155 頁。

126 何遂：〈關於國民軍的幾段回憶〉，《文史資料選輯》（51），第 71 頁。

127 馮玉祥：《我的生活》，第 506－508 頁；鹿鍾麟、劉驥、鄧哲熙：〈馮玉祥北京政變〉，《文史資料選輯》（4），第 16－17 頁。

128 鹿鍾麟、劉驥、鄧哲熙：〈馮玉祥北京政變〉，《文史資料選輯》（4），第 17 頁；劉敬忠、田伯伏：《國民軍史綱》（北京：人民出版社，2004 年），第 33 頁。

司法總長張耀曾

內務總長王永江

農商總長王迺斌

教育總長易培基

參謀總長李烈鈞

內閣名單令人驚奇，都說曹吳倒了，陸軍、參謀、財政、交通等總長都是南方人，內閣成了南方人的天下了。馮玉祥雖然掌握兵權，但為避操縱把持之嫌，沒有干涉組閣人選，一任黃郛自決，沒有薦舉一人。[129]

馮玉祥雖然在政治上避嫌，但國民軍與皖奉兩系的利益衝突始終無法避免。11 月 3 日馮軍佔領天津，5 日進佔保定，基本上控制了北京、天津、保定和直隸等國家精華命脈之地。單在保定的直軍總兵站，便奪得二三十列火車的糧食，此外還有軍械、被服和汽油。打下保定之後，得到了直軍的總軍械庫，裏面有從李鴻章做北洋大臣時起就儲備的各種軍械，堆集了好幾間大庫房。孫岳國民軍第 3 軍能在短期中，迅速由三四千人擴充到號稱十萬，就是借助這批戰利品。[130] 這不但令張作霖對馮軍乘機搶奪直奉戰爭的勝利果實感到嫉妒，甚至連胡景翼和馮玉祥的部隊也因搶奪直軍槍械而產生矛盾。張作霖撕毀「奉軍不入關」的協議，大舉入關。5 日，到達天津。

這時，孫中山表態支持段祺瑞執政。10 月 27 日，孫中山分別電覆馮玉祥和段祺瑞，決定北上。[131] 11 月 4 日，孫中山電張作霖，支持段祺瑞為聯軍統帥：「芝老被推統帥，就近統率聯軍，遙祝指麾若定，迅奏全功。」[132] 段祺

129《我的生活》，第 508－509 頁；《馮玉祥傳》（上），第 172－173 頁；《亦雲回憶》上冊，第 202－203 頁。

130 何遂：〈關於國民軍的幾段回憶〉，《文史選料選輯》（51），第 70 頁。

131 孫中山：〈致段祺瑞告即北上電〉（1924 年 10 月 27 日），《國父全集》（5），第 558 頁。

132 孫中山：〈復張作霖告即北上電〉（1924 年 11 月 4 日），《國父全集》（5），第 560 頁；《國父年譜》（下），第 1554 頁。

瑞於是催促馮玉祥、張作霖到天津共商時局。馮玉祥除多次電請孫中山北上之外，11 月 7 日，派馬伯援持親筆函前往請孫中山即日北上，指導一切。函稱：「先生黨國偉人，革命先進。希即日北上，指導一切，除請馬君伯援，代表歡迎，晉謁面陳外，特備此緘，以表微忱，恭頌鈞安！」[133]

馮玉祥另有密函談及四事：

一、完全信任煥章、笠僧等，絕對不問軍事。

二、切勿輕信段派甘言，奉行建國大綱而贊成段為總統，致鑄大錯。

三、因應付時勢，萬不能不採用委員制，如先生贊成，即可實現，若反對，則無異間接助段為總統，危險萬分。馮胡及其部下各旅長，均贊成委員制，並主張廢止總統。

四、先生可坦率北上，勿受左右包圍。[134]

馮玉祥原擬待孫中山北上到天津後再前往，但段祺瑞速來數電邀請，並在 11 月 9 日派羅開榜等人到北京催促，馮遂當日起程赴津。[135] 10 日，段祺瑞、張作霖、馮玉祥在天津會議，段主和平，張主對長江用兵。這時連續發生了三件事，從政治和軍事方面對馮玉祥都有很大打擊。

第一、攝政內閣總理黃郛召開招待會，各國公使（除蘇聯外）拒不出席，招待會結果取消。這表示各國公使拒絕承認這個新政權，馮玉祥的首都革命效果頓成泡影。[136]

第二、長江流域各直系督軍齊燮元、蕭耀南、孫傳芳、杜錫珪、蔡成勳、劉鎮華、周蔭人、馬聯甲等聯名通電擁段祺瑞。他們不願中央政權被張作霖和馮玉祥操縱，寧願支持既無實力又無危險性的段祺瑞上台。三日之後（13 日），齊燮元在南京召集直系蘇、浙、閩、皖、贛、鄂、豫、陝八省及海軍聯防會議，聯名通電稱：「現因中央政府中斷，在正式政府未成立以前，北

133《國民軍史稿》，第 181－182 頁。

134《我所知道的國民軍與國民黨合作史》，第 36－37 頁。

135《我的生活》，第 514 頁。

136《中華民國史事日誌》（1），第 841 頁。

京所發命令，概不承受。」公開不承認黃郛攝政內閣。[137]

第三、奉軍與馮玉祥爭奪直隸地盤，阻止他取得出海的海口。10 日晚，奉軍吳光新突然在北倉將馮玉祥收繳直軍武器裝備而成的孫積孚部兩個混成旅繳械。11 日，奉軍李景林又在天津將國民軍王承斌收編直軍殘部而成立的第 23 師繳械，王承斌被迫逃入天津租界。王承斌是參與首都革命的人物之一，如今張作霖竟違背不進兵關內的諾言，把王用武力驅走，十足馬賊行為！馮玉祥面對「局面急轉直下，演變至此，糊糊塗塗混下去，豈不是為強盜馬賊當夥計？」一想到此，便令馮對新局面萬分消極。[138] 18 日，李景林就任直隸總督，奉軍直接從國民軍手上強奪了天津、直隸。[139] 面對奉軍的武力威脅，皖、直軍閥和帝國主義的壓力，馮玉祥不想內戰亦無力內戰，遂被迫與皖奉妥協，天津會議達成協議，推舉段祺瑞為「中華民國臨時執政」，到北京組織臨時政府，解散黃郛攝政內閣。11 月 15 日，馮玉祥、張作霖、盧永祥等人聯名通電推薦段祺瑞為「中華民國臨時執政」。21 日，段祺瑞通告定於 24 日就臨時執政職，一月內召各省區代表開善後會議，產生國民會議。22 日，段祺瑞入北京，馮即提出辭職，攝政內閣亦請辭。23 日，黃郛通電聲明，攝政內閣職責已盡，即於 24 日宣告辭職。24 日，段祺瑞就任臨時執政，攝政內閣解職。張作霖進入北京，奉軍第 1 軍進駐豐台。[140]

攝政內閣只是過渡時期的政治機構，歷時只有三週，但成立後，做了一

137〈公電：齊燮元等通電〉,《申報》(1924 年 11 月 15 日)。

138《我的生活》，第 516 頁；鹿鍾麟、劉驥、鄧哲熙：〈馮玉祥北京政變〉,《文史資料選輯》(4)，第 22 頁。

139 何柱國：〈孫、段、張聯合推倒曹、吳的經過〉,《文史選料選輯》(51)，第 28 頁；劉曼容：〈孫中山「中央革命」計劃與馮玉祥北京政變〉，中國社會科學院近代史研究所：《中華民國史研究三十年 (1972－2002)》(下)(北京：社會科學文獻出版社，2008 年)，第 1407 頁；王宗華、劉曼容：《國民軍史》(武昌：武漢大學出版社，1996 年)，第 41－42 頁。

140 劉曼容：〈孫中山「中央革命」計劃與馮玉祥北京政變〉,《中華民國史研究三十年 (1972－2002》(下)，第 1407－1408 頁；《國民軍史綱》，第 52－53 頁。

件很有意義的工作，就是完成另一項「首都革命」，即修改清室優待條件，驅逐清帝溥儀出宮。馮玉祥認為在中華民國的領土內，甚至在中華民國的首都所在地，竟然還存在着一個廢清皇帝的小朝廷，這不僅是中華民國的恥辱，而且是中外野心家時刻企圖利用的禍根，所以他極力主張掃除這個奇怪的現象，剷除這一禍根。黃郛贊同馮的主張。11 月 4 日，國務會議開會商討司法總長張耀曾起草的《清室優待條款五條》，經黃郛總理等討論修正，一致通過。新的優待條件全文如下：

第一條：大清宣統皇帝從即日起，永遠廢除皇帝尊號，與中華民國國民在法律上享有同等一切之權利。

第二條：自本條件修正後，民國政府每年補助清室家用 50 萬元，並特支出 200 萬元，開辦北京貧民工廠，盡先收容旗籍貧民。

第三條：清室應按照優待條件第三條，即日移出宮禁，以後得自由選擇住居，但民國政府仍負保護責任。

第四條：清室之宗廟陵寢，永遠奉祀，由民國酌設衛兵，妥為保護。

第五條：清室私產歸清室完全享有，民國政府當為特別保護。其一切公產，應歸民國政府所有。

次日將此決議由京師警衛司令鹿鍾麟、直隸籍老革命黨人李石曾（煜瀛）等通知清室，溥儀立即召開御前會議決定接受。下午 3 時，溥儀及妻妾、太監、宮女等移居其父載灃之醇王府。[141]

驅逐清帝溥儀出宮這事，時人有兩極的看法，有些人大為憤怒，如段祺瑞聞訊大怒，把身旁一個痰盂也踢翻了。馮玉祥與孫岳致電段祺瑞解釋：「清

141《我的生活》，第 509－511 頁；《亦雲回憶》（上），第 204－205 頁；張玉法：《中華民國史稿》修訂版（台北：聯經出版事業股份有限公司，2009 年），第 125 頁。

室為帝制封建餘孽，復辟之禍。貽羞中外，張勳未伏國法，廢帝仍存私號，均為民國之恥。留此孽根，於清室為無益，於民國為不祥。此次移入私邸，廢去無用之帝號，除去共和之障礙，人人視為當然。除清室少數人仍以帝號尊榮者外，莫不歡欣鼓舞。但尊重民國，正所以保全清室也。謹此奉稟，請勿過慮，伏維察鑒。」[142] 孫中山對馮玉祥此舉十分欣賞：「報載執事魚日令前清帝室全體退出舊皇城，自由擇居，並將溥儀帝號革除。此舉實大快人心，無任佩慰。復辟禍根既除，共和基礎自固，可為民國前途賀。」[143] 彭凌霄讚揚：「廢帝隱患深矣，公乃廢為庶民，永免復辟再生之患。⋯⋯功在國家，名垂後世。」[144]

5. 首都革命的爭議

首都革命隨着黃郛攝政內閣的辭職而宣告失敗。馮玉祥說：「首都革命最初的目的，原是要掃除軍閥勢力，打倒賄選政府，擁護中山先生主義，實現和平統一的主張。但因在軍事勝利之中，沒有能夠建立革命政府，結果僅是給予當時最凶惡的軍閥曹錕吳佩孚一個致命的打擊，或能減去異日革命上不少的阻力。除此而外，這次革命的意義已在奉系軍閥與皖系政客為私人勢利的合作之下斷送了！」[145]

不過，有些觀點並不同意馮玉祥所說首都革命是替孫中山達成的。「儘管有些國民黨份子涉嫌這次事變，但絕非是由孫先生策動。」更認為「首都革命是日本在華外交人員與軍隊提供經濟援助而造成」。英國官方利用間接證據，發覺日本與首都革命有所關連，其原因如下：

142《國父年譜》(下)，第 1556－1557 頁。

143 孫中山：〈致北京馮玉祥嘉慰令前清皇室退出皇城革除溥儀帝號電〉(1924 年 11 月 11 日)，《國父全集》(5)，第 561 頁。

144《亦雲回憶》，第 205 頁。

145《我的生活》，第 519 頁。

一、瀋陽早有馮玉祥將叛變的謠傳，到了 1924 年 10 月 17 日傳播到上海。

二、在政變發生前，日本與滿洲的新聞報道中，皆認為這將是一次完美的事變（見 1924 年 10 月 22 日《大連日報》）。

三、張作霖得以從容地由馮玉祥全力攻擊處，撤退所有部隊。

四、據英國公使館秘書透露，日本駐北京的武官是首都革命的策劃者，而且馮被允諾可由日本政府處獲得二十萬元，其中五萬已付，其餘俟打敗吳佩孚後另行再付。[146]

有些資料也說：日本住友會社諮議寺西秀武大佐策動馮玉祥反對吳佩孚，陸軍大臣宇垣一成、駐華公使及武官均參與其事，用一百萬日元，由三井銀行經天津日本駐軍司令交段祺瑞再轉付給馮玉祥。[147]

首都革命是否由日本幕後操縱的政變？

這不但是對馮玉祥，同時也對有份參加首都革命等國民黨人非常嚴重的指控和污衊，將一個偉大和有意義的首都革命污衊為日本特務擺佈的政變陰謀，這豈非陷孫中山和眾多國民黨人於不義？我們不能忽略孫中山接受馮玉祥的多次電請，應邀北上共商國是的事實。孫中山和一眾國民黨人沒有查清楚北京發生的事只是日本人策動政變的陰謀，而非首都革命，便北上為馮玉祥喝采，孫中山和一眾國民黨人是否真的老朽昏庸至此？非議馮玉祥之前，可有考慮對孫中山的影響？對其他追隨和佈置孫中山北上的國民黨人的影響？

黃郛早年加入同盟會，曾與陳英士、蔣介石結為拜把兄弟。他與馮玉祥發動首都革命，撰寫了 10 月 23 日的停戰通電，負責組織攝政內閣，延攬了很多國民黨人加入。孫中山北上後，1925 年 1 月 20 日蔣介石致函黃郛，請他

146 史特賴姆斯基（Richard Stremski）著，林貞惠譯：〈馮玉祥與英國的關係〉，《中國現代史論集第五輯．軍閥政治》，第 237－239 頁。

147《近代中國史綱》，第 543 頁；《中華民國史稿》修訂版，第 120 頁。

全力侍候患病的孫中山，「望兄在京，以全力事中帥，使弟在粵專心滅賊」。[148] 換言之，蔣介石與拜把兄弟黃郛仍然保持密切接觸，與北京眾人拉上了關係。這些「日本幕後操縱的北京政變」的陳述，連蔣介石也一併罵了！坊間書籍沒有澄清這段歷史疑團，草率引用英日資料，墮入英日歪曲竄改歷史的陷阱，醜化了孫中山和國民黨的革命歷史！

幸好，仍然有些頭腦清醒的國民黨史家站出來，駁斥日本人對這段歷史的歪曲竄改。曾在燕京大學任教的簡又文教授，因參加革命工作，被北洋軍閥通緝，南歸廣州參加國民革命運動，由中國國民黨中央黨部任命為西北軍「政治工作委員」，在馮玉祥麾下正式受職，於公務之餘，向各方蒐集馮氏本人生平事蹟及其所創建的西北軍（國民軍）史料，完成了《馮玉祥傳》一書，簡氏特別在〈首都革命——成功歟？失敗歟〉一章，附錄〈首都革命與日本關係之謎〉一文，根據資料嚴正地駁斥日本對首都革命的歪曲。有興趣的讀者可以參考！[149]

近年，張玉法也澄清自己早年曾說馮玉祥收受日本賄款的資料，改說 1924 年 3 月，「段祺瑞自奉方取回 200 萬元日本金票匯票，兑大洋 162 萬元，給馮玉祥 150 萬元，作為三個月的軍餉」。[150] 不過，張的資料引自王宗華、劉曼容的《國民軍史》，[151] 而《國民軍史》的資料源自于立言的回憶錄。于在其回憶錄自稱：他是段祺瑞族叔段永彬開設廣懋煤礦公司的經理，因與奉軍楊宇霆是舊交，被段永彬派去見段祺瑞，為段到奉天領取張作霖的款項，前後共三次。第三次是在 1924 年 3 月，「取回的是票面 200 萬元日本金票的匯票，在天津正金銀行取現大洋 162 萬元。段祺瑞接到後和我説：『這次的錢給

148《民國十五年以前之蔣介石先生》（9），第 11 頁。

149《馮玉祥傳》（上），第 191－211 頁。

150 張玉法：〈孫中山與 1924 年的北伐〉，中山學術文化基金會：《中山先生建國宏規與實踐》（台北：財團法人中華民國中山學術文化基金會，2011 年），第 78 頁。

151《國民軍史》，第 22 頁。

馮玉祥 150 萬元，是三個月軍餉用的。』」[152] 于立言的文章只能證明張作霖曾給錢段祺瑞，而段祺瑞對一個閒人隨便說出收買馮玉祥的重大機密，是否可信？最重要的，此資料沒有說段給馮玉祥 150 萬元的經過，馮玉祥是否真的收過段錢，這資料不能證實。曾奉張學良密令往北京持函見馮玉祥的傅興沛的資料比較清楚的說：「我回奉以後，又續有郭瀛洲、馬炳南等奉派入京與馮聯絡，並經安福系要人賈德耀之手，以 200 萬元日幣贈馮。」[153] 但，這也不是親身經歷，只是聽聞有 200 萬日幣給了賈德耀（可能就是段祺瑞那 200 萬元日本金票）。

此外，劉敬忠、田伯伏的《國民軍史綱》也說：「奉張接濟了馮玉祥一些軍火，還通過段祺瑞給其 150 萬元軍餉。」[154] 不過，翻查其引用的馬炳南〈二次直奉戰前張作霖與馮玉祥的拉攏〉一文，馬炳南只說「曾由奉軍秘密接濟馮軍一些軍事上的補給」，[155] 找不到「通過段祺瑞給其 150 萬元軍餉」這一句，同時，馬文說是「馮軍」，而非「馮玉祥」，兩者不應混為一談！前文已說徐謙曾說馮聯奉，可得助餉，但受馮拒絕，說明馮如要收張作霖的錢，早已可以直接收取，不必經段。所謂孤證不取，于立言的回憶錄，根本不能視為馮玉祥曾收張作霖 150 萬元的鐵證。尤其最重要的是：至今尚沒有馮玉祥收錢後給張作霖的收據或感謝函。在貪污舞弊、侵吞公款的年代，張作霖送給馮玉祥的賄款，真的由馮玉祥收取，還是給中介人吞掉？真的天知道！最明顯的例子：孫中山避難上海的時候，經濟困難，張作霖知道後，立即派韓麟春送十萬元給孫中山作生活費用。豈料韓麟春竟然只送了三萬元給孫，孫中山致函張作霖感謝他的三萬元贈款，張作霖才知道被韓麟春私吞了七萬元。[156] 此外，孫中山每得到張作霖的幫助，都覆函致謝。因此，馮玉祥如真

152 于立言：〈張作霖通過段祺瑞瓦解直系的內幕〉，《文史選料選輯》（51），第 50 頁。
153 傅興沛遺稿：〈第二次直奉戰爭紀實〉，《文史選料選輯》（4），第 30 頁。
154 劉敬忠、田伯伏：《國民軍史綱》（北京：人民出版社，2004 年），第 6 頁。
155 馬炳南：〈二次直奉戰前張作霖與馮玉祥的拉攏〉，《文史資料選輯》（4），第 55 頁。
156 寧武：〈孫中山與張作霖聯合反直紀要〉，《文史資料選輯》第 41 輯，第 119－121 頁。

的收過張作霖補助，應該有感謝信一類的證據！但至今日，張作霖、張學良的資料都欠缺相關證據，而馮玉祥的資料亦沒有說過他曾收到張作霖的好處。因此，只可以說張作霖曾付出過錢，但沒有證據證實馮玉祥曾經收取！

此外，看看馮玉祥發動首都革命時的情況。第二次直奉戰爭爆發後，9月29日，段祺瑞派賈德耀到達密雲送親筆函給馮玉祥，表示不贊成內戰，對賄選政府尤希望馮有所自處。證明到這一天，段仍不知馮已準備反吳，段馮之間仍未就反直達成協議。又根據奉軍傅興沛和馬炳南兩人的資料，他們根本不是張馮之間的重要聯絡人。雖然傅興沛在1923年春曾奉張學良密令往北京持函見馮玉祥，傅到南苑見到馮後，馮即說：「我都知道了。」並囑他不宜在京久留，即速回奉。[157] 傅沒有談過什麼，使命這樣便結束了。馬炳南說他和馮玉祥同屬20鎮，馮是步兵連長，張樹聲是騎兵連長，他是團書記官，兩人早已認識（但馮玉祥的日記卻只說他是奉方代表馬君，連名字也沒有）。馬說張樹聲向他透露，馮有與奉軍聯繫之意。於是馬返回瀋陽密報給張作霖，張學良遂借馮玉祥結婚，派馬炳南往賀。馮曾向馬笑着：「你在兩大之間，要好好負責。」自此，通過馬的往還，曾由奉軍秘密接濟馮軍一些軍事上的補給。1924年秋，曹吳密謀出兵東北，馬炳南往張樹聲探詢馮的意向，張告以吳擬馮率部古北口，經承德攻奉軍後路，囑馬見馮面談。但馮根本不見馬，只派劉驥代見。劉回答馮部行動，一切聽命中央。馬辭出後，往告張樹聲，始知劉所言非真。張轉達馮意，奉軍萬勿入關，囑馬立回瀋陽報告，在兩星期內回信，馮暫按兵不動。馬立即由北京赴天律，搭船轉大連到瀋陽，向張作霖、楊宇霆報告。楊將張作霖給張紹曾、靳雲鵬的信交馬帶回京面投。馬返到京時逾期三日，馮玉祥已到了古北口，於是馬找張樹聲乘車同往古北口見馮。馬轉達了張作霖同意奉軍不入關，及同意馮邀請孫中山北上商議國是的要求後，雙方達成協議。馬炳南由古北口回京，途中被米振標毅軍截住，不得前進，其後回到南苑潛伏兩天，馮軍已回師北京，發動首都革命。馮玉祥

157 傅興沛遺稿：〈第二次直奉戰爭紀實〉，《文史選料選輯》(4)，第30頁。

給張作霖的覆信，由張樹聲經熱河平泉送到達瀋陽，但這時首都革命已經爆發。[158] 作為一個重要的信使，電報電話已在中國應用的年代，不可能不用電報電話聯繫。如馮玉祥出發熱河之前，便留下一本「成密」電碼給黃郛，並指定其幕僚一人（劉之龍？）為雙方聯絡、互相通訊的中間人。故馮玉祥能與北京黃郛保持緊密聯絡。[159] 馬炳南連與張作霖或張學良聯絡的電報密碼都沒有，也沒有專人接收其電報和電話，這位信使的重要性可想而知！軍情緊急，馬在北京得到消息，竟需要從北京乘車到天津，再乘船到大連，然後上岸乘車到瀋陽，回程更要跑原路再加多北京到古北口一段路。最後，首都革命爆發了，協議還沒有送到張作霖手裏。還有，馮玉祥的回憶錄有「奉方殊不願與馮為敵」一句，馬炳南的回憶錄卻沒有。這一句話表示當時馮奉仍處於敵對狀態，並非朋友，因此才談判合作。若馮玉祥真的收了張的好處，怎會還有「不願為敵」的措辭？讀者可以自行評估：馬炳南沒有提供他與馮玉祥談及與張作霖合作的具體內容，也沒有奉軍給馮軍援助的詳細資料，次數、日期、金錢實物、接受人資料全部欠奉，可信程度存疑。此外，馮玉祥除結婚時接見過這位張學良的代表賀客外，沒有再見馬。馬炳南與馮的協議，在首都革命爆發後，仍未送交張作霖。所以，馮玉祥和張作霖的反直倒吳，只是各自的行動。段祺瑞和張作霖在馮玉祥採取行動之時，並無多少影響力。簡又文在 1982 年出版的《馮玉祥傳》早已指出：段祺瑞為張、馮間聯絡人，由張賄馮十五萬元，實無其事。[160]

馮玉祥撰述的《我的生活》和《馮玉祥日記》兩書，多次記述孫中山和國民黨人鼓勵他發動首都革命。馮玉祥在其《我的生活》一書說：「這多年以來，不斷的和國民黨朋友往還，中山先生把他手寫的《建國大綱》命孔庸之先生送給我。使我看了，對革命建國的憧憬，益加具體化，而信心益加堅

158 馬炳南：〈二次直奉戰前張作霖與馮玉祥的拉攏〉，《文史資料選輯》（4），第 54－56 頁。

159《馮玉祥傳》（上），第 166 頁。

160《馮玉祥傳》（上），第 155 頁。

強。其間徐季龍先生奉中山先生之命，常常住在我們軍中，教育總長黃膺白先生及其他國民黨友人亦過從至密，他們都多次和我商洽反直大計。」[161] 可是不少書籍，甚至是國民黨出版的書籍文章都妄顧這些事實，貶抑馮玉祥首都革命的貢獻，説馮玉祥是一位「倒戈將軍」，其行動只是對吳佩孚的背叛。[162] 首都革命後，馮玉祥並無推孫中山為新領袖、依照孫中山的《建國大綱》來建設新中國，又指斥馮玉祥避而不見孫中山，否認馮玉祥的首都革命與孫中山的策動有關。[163] 國民黨書刊貶抑馮玉祥，同時也否定了孫中山的貢獻，真令人莫明其妙！

「此次反直系戰爭，孫中山在軍事上一無所得。」[164]

「國民黨未能在此次反直戰爭結束後獲得權力」，「孫中山的軍事進展不大，對推倒直系沒有多少貢獻，所以對曹、吳推倒後的北京政府沒有很大的影響力。」[165]

孫中山和馮玉祥的革命關係如何？孫中山和國民黨在首都革命和反直戰爭是否毫無收穫？只要翻一翻《國父全集》和《國父年譜》，便可以找到事情的真相。

1918 年馮玉祥在武穴主和之後，孫中山即派徐謙、王正廷、馬伯援等國民黨人勸馮參加革命。首都革命發生後，曹錕下野，吳佩孚敗逃。孫中山多次表示「欣慰」，致電馮玉祥讚揚他，1924 年 10 月 27 日，孫中山致電馮玉祥，推崇馮煥章（玉祥）、王孝伯（承斌）、胡笠僧（景翼）、孫禹行（岳）諸先生：「義旗聿舉，大憝肅清，諸兄功在國家，同深慶幸。」[166]

161《我的生活》，第 486 頁。

162 張玉法：《中國現代史》（上），第 216 頁；沈雲龍：〈影印國民軍史稿説明〉（1971 年 6 月）（台北：文海出版社，1971 年），第 1—3 頁。

163 張玉法：〈孫中山與 1924 年的北伐〉，《中山先生建國宏規與實踐》，第 83 頁。

164《近代中國史綱》，第 544 頁。

165 張玉法：〈孫中山與 1924 年的北伐〉，《中山先生建國宏規與實踐》，第 82，86 頁。

166 孫中山：〈致馮玉祥等慶肅清曹吳之功並告即北上電〉（1924 年 10 月 27 日），《國父全集》（5），第 558 頁。

11 月 4 日，又致電馮玉祥、王承斌、胡景翼、孫岳，鼓勵他們：「此時所務，一在殲除元惡，肅清餘孽；一在勤求治本，建設有序。諸兄開始偉業，必能克底於成。」表示「承邀入都，義當就道」。[167] 7 日，孫中山致電馮玉祥，鼓勵他努力建設，為主義奮鬥：「前聞諸兄驅逐元惡，為革命進行，掃除障礙，已深慶幸。茲悉諸兄更努力建設，期貫徹十餘年來未能實現之主義，使革命不致徒勞無功，尤為欣慰。文決日內北上，與諸兄協力圖之。」[168]

孫中山除致電讚揚馮玉祥外，也同時公開稱讚馮的行動：「曹吳所憑藉之武力，摧殘殆盡，友軍義勇奮發，海內聞之，莫不欣慰。」[169]

在眾多資料中，最重要的當然是孫中山對首都革命的評價和分析。1924 年 11 月 4 日，孫中山在廣州各界歡送他北上時演說，詳述了首都革命的來龍去脈，孫中山說：有幾位同志在兩三年前認為要革命徹底成功，便要在北京進行中央革命。「這幾年以來，那幾位同志，苦心孤詣，總是在北京經營。於六個月以前，便來了一個報告，…… 中央革命馬上可以發動，…… 我還不大相信能夠有這件事。」「不相信他們能夠得這次的好結果」，「這次推倒曹吳的原動力，本來是革命黨首先籌劃的，其他各軍隊都是臨時響應的。」孫中山接着冷靜地指出，這次革命只是局部成功，「照北京這次的變動，以事論事，推倒曹吳，舉事雖然算是成功，但是還不能算是革命的成功。」「他們這次能夠發動中央革命，便可證明革命在北京已經有了力量，這次雖然沒有徹底成功，但可相信革命在北京有可以運動的餘地，北京可以作革命的好地盤。革命要在北京成功，是可能的，並不是不可能的。」孫中山認為首都革命有了個好開始，「這次北京的變動，不過是中央革命的頭一步，頭一步走通了，再

167 孫中山：〈覆馮玉祥等告即北上電〉（1924 年 11 月 4 日），《國父全集》（5），第 560 頁。

168 孫中山：〈覆馮玉祥等嘉慰為主義奮鬥電〉（1924 年 11 月 7 日），《國父全集》（5），第 561 頁。

169 孫中山：〈為啟節北上責成軍民長官肅清餘孽綏靖地方通令〉（1924 年 11 月 4 日），《國父全集》（7），第 430－431 頁。

走第二步第三步，中央革命一定是可以大告成功的。」最後，孫中山為各界分析了首都革命的影響，「大家從前信曹吳在北京很佔優勝的地位，以為北京政府比南方政府鞏固得多。今日北京發生了這次變化，大家從前迷信北京的心理就可以覺悟。現在革命的力量已經伸張到北方，以後在南方進行革命自然更加容易。譬如廣州商團向來通北反對革命，為革命的障礙，現在政府已經把商團打破，危險已過。陳炯明在東江本來也是要反攻的，但是陳軍在香港會議反攻的時候，聆到北京的事變發生，便滿座驚慌，會議便開不成，沒有一點結果。」孫中山更預言革命在兩年內可以成功，因為「從前革命的勢力只能夠到黃河，現在已經到了北京，再過幾個月，就是蒙古新疆青海一帶一定都可以充滿革命的力量。由此進行，革命力量佈滿到全國，我相信最多兩年便可以得徹底的成功」。[170] 孫中山對群眾公開演說，高度評價國民黨同志在首都革命的貢獻，冷靜客觀分析首都革命的成果，樂觀評估「中央革命」後的全國革命形勢。而事實上北洋軍閥在四年後便被國民革命軍打敗了，北洋軍閥政權亦自此結束！

坊間那些書籍評價首都革命時，拋棄了這份重要資料，有孫中山的演講稿不用，去採納那些英日偽證，真令人費解！當然，「董狐筆」是中國史官的傳統美德，國民黨史家有批評其創黨領袖的勇氣，是令人佩服得五體投地的！不過這支筆弧度大了一點。

以事論事，孫中山在這次反直戰爭中是否軍事、政治都「一無所得」？孫中山的軍事進展不大，因此「對推倒直系沒有多少貢獻」？單就軍事佔領幾個地方的角度來評價孫中山的得失，是不恰當的；再考慮政治等其他因素，更顯示其對孫中山認識的偏差！

組織粵皖奉三角同盟和策動馮玉祥參加革命，是孫中山晚年最重要的革命戰略之一。1919 年孫中山策劃組織三角同盟的目的，是擴大日英矛盾，分

170 孫中山：〈在廣州各界歡送大元帥北上時演說〉（1924 年 11 月 4 日），《國父全集》（3），第 512－514 頁。

化北方軍閥，利用直系與皖系的利害衝突，聯絡段祺瑞，特別是關外實力派張作霖，三方合作聲討曹、吳。1918 年孫中山閱報見馮玉祥武穴主和通電後，便致函馮玉祥，鼓勵他主持正義，扶持民國國脈，派人勸他參加革命。經過六年辛苦經營，最後擊破直系軍閥整個系統，毀滅吳佩孚武力統一全國的企圖和計劃，遏制了吳佩孚背後支持的廣東商團、陳炯明等反國民黨勢力，在軍事上消滅了最危險的敵人，威嚇了附逆，怎能說是「一無所得」？

孫中山畢生革命，但是缺乏一支效忠革命理想的黨軍，直至黃埔軍校成立，才開始擁有國民黨的黨軍。與此同時，孫中山策動馮玉祥成功，首都革命起義部隊改名為「國民軍」，意思就是國民黨的軍隊，數量高達十五萬人。1925 年 1 月，孫中山臥病北京協和醫院後，馮玉祥派他的夫人李德全前往探視。孫中山當即以六千冊《三民主義》、一千冊《建國大綱》和《建國方略》贈馮，馮便發給部隊作為官兵的必修課。這支有嚴格訓練的軍隊，在孫中山思想的教育薰陶下，成為擁護孫中山主義的軍隊，孫中山在北京逝世時，全體官兵持服七日，以示哀悼。[171] 孫中山逝世後，國民黨人徐謙、于右任等繼續在馮玉祥身邊活動，終於爭取了馮玉祥加入國民黨，並率全軍加入國民黨，成為國民黨在北方的黨軍，在北伐時發揮重要貢獻。孫中山感化號召馮玉祥十五萬大軍加入國民黨，令國民黨軍事力量突然倍增，如此豐功偉績，那些坊間書籍怎可批評孫中山在軍事上是「一無所得」？輕率否定孫中山在首都革命的軍事收穫？

馮玉祥說他「從敬仰中對他（孫中山）所生的一種敬愛之情，決不因此而稍有不同。我總覺得自己在精神上和他長在一起，從他跟前我得到啟示與鼓勵，使我循走大路，不致隕越。最使我感激的，是在當時淫佚驕奢、殃民禍國的北洋軍閥集團中，他竟能深刻的認識了堅強挺立的我。累次派人來，送信來，予我以種種的指導和鼓勵。尤其一次專派孔庸之（祥熙）先生送給

171《我的生活》，第 526－527 頁；鹿鍾麟、劉驥、鄧哲熙：〈馮玉祥北京政變〉，《文史資料選輯》（4），第 25 頁。

我他手寫的《建國大綱》，徵求我的同意。並叫我加以增減，這種知遇之感與特別瞧得起之情，是叫我沒法不深深感激，而永遠不能忘記的」。[172] 如果能夠不存偏見的閱讀馮玉祥這段自述，認同孫中山感化了馮玉祥，引導帶領他參加國民革命，鼓勵他拋棄曹吳「起義」，推翻專制暴虐的賄選政權，這不是孫中山革命歷史中值得高度評價和頌讚的一章嗎？國民黨其他領袖為何不能令這位「狡猾善變的武夫」深深感激？

有些人批評馮玉祥邀請孫中山北上後，沒有和孫見面是沒有誠意，是虛偽！馮玉祥部將鹿鍾麟説馮有難言之隱，北京政變剛開始時，真有一番革命新氣象，但是後來局勢逆轉，政變的革命意義逐漸消失，北京的情況一天不如一天。馮不得已乃急流勇退。當孫中山到北京時，馮之所以沒有與孫先生晤面，是因為當時北京已是段祺瑞的天下。段對孫中山用盡一切手段進行抵制，若馮如與孫中山過於接近，必會招致段的更加猜疑和不滿。「北京局勢已與政變初期發生了根本變化，即使見了孫先生，又將如何談起呢？」其後，馮對鹿談及此事，總是耿耿於懷，不勝愧對孫中山之感！[173]

中國國民黨嚴肅批評「曹錕跋扈，怙惡不悛」，[174] 誓言討伐。孫中山精心策劃組織粵皖奉三角聯盟和馮玉祥一起行動，團結了直系以外的所有力量，一舉打倒賄選的曹錕及其腐敗政府，令吳佩孚直系自此一蹶不振，消滅了廣東革命根據地的心腹大患，奠下北伐統一全中國的基礎。以當時國民黨的兵微將寡、財政枯竭的條件，有此豐功偉績，實不容易！所謂「上兵伐謀，其下攻城」，「不戰而屈人之兵，善之善者」。坊間書籍竟然完全看不透孫中山戰略的奧妙！

政治方面，攝政內閣召開國務會議，修改清室優待條件，驅逐清帝溥儀出宮。孫中山贊同革除溥儀帝號，認為此舉清除復辟禍根，鞏固共和基礎，

172《我的生活》，第 526－527 頁。

173 鹿鍾麟：〈孫中山先生北上與馮玉祥〉，《文史資料選輯》(89)，第 167－168 頁。

174 孫中山：〈中國國民黨為曹錕賄選竊位宣言〉(1923 年 10 月 7 日)，《國父全集》(2)，第 123－124 頁。

是大快人心的事。[175] 1924 年 12 月 4 日，孫中山到達天津後，清室善後委員會委員寶熙，致函孫中山請求恢復優待清室條件，陳訴國民軍驅逐溥儀出宮，是違反了與民元大總統所定的優待條件。孫中山大力支持攝政內閣的決定和行動，命秘書答覆：「條件須雙方遵守。自民元以後，清室帝號自娛，不遷居頤和園，屢違條件；至民六復辟，更有何條件之可言！」[176] 1925 年 1 月 9 日，孫中山覆函清室內務府：「自建國以來，清室既始終未踐移宮之約，而與公書契券仍沿用『宣統』年號，對於官吏之頒給榮典賜謚等亦復相仍不改，是於民國元年優待條件及民國三年優待條件善後辦法中清室應履行之各款，已悉行破棄。逮民國六年復辟之舉，乃實犯破壞國體之大眚，優待條件之效用至是乃完全毀棄無餘。清室已無再責民國政府踐履優待條件之理，雖清室於復辟失敗以後，自承斯舉為張勳迫脅而成。斯言若信，則張勳乃為清室之罪人。然張勳既死，清室又予以忠武之謚，是實為獎亂崇叛，明示國人以張勳之大有造於清室，而復辟之舉，實為清室所樂從。事實具在，俱可覆按。綜斯諸端，則民國政府對於優待條件勢難再繼續履行。吾所以認 11 月間攝政內閣之修改優待條件，及促清室移宮之舉，按之情理、法律皆無可議。」[177] 驅逐溥儀出宮，專制皇帝政體永遠在中國消失，辛亥革命未竟之功，至此徹底完成！

此外，1913 年 11 月 4 日，袁世凱藉口國民黨參與叛亂，下令解散國民黨。是日下午，北洋軍警立即查封國民黨本部。次日派兵包圍國會，收繳國民黨籍議員的證書、證章。此後，北洋軍閥對國民黨嚴厲打壓，國民黨人難以公開活動。首都革命之後，同盟會人黃郛負責組織攝政內閣，出任內閣總理，延聘李烈鈞、李書城等人加入內閣，令攝政內閣充滿國民黨色彩。馮玉

175 孫中山：〈致北京馮玉祥嘉慰令前清皇室退出皇城革除溥儀帝號電〉（1924 年 11 月 11 日），《國父全集》（5），第 561 頁。

176《國父年譜》（下），第 1578。

177 孫中山：〈復清室內務府認為優待條件不應恢復函〉（1925 年 1 月 9 日），《國父全集》（5），第 568－569 頁。

祥又致電請孫中山「早日蒞都，指示一切，共策進行」，[178] 令國民黨在北方聲勢大振，公開進行宣傳和活動，北洋軍閥統治下的北方政治氣氛頓時轉變。再加上孫中山利用北上的機會宣傳其革命理想，先後多次在上海、日本、天津等地召開記者招待會和接見群眾，發表他對時局的具體主張，令革命種籽遍佈全國，迅即發芽生長，奠下結束北洋軍閥時代，統一全國的基礎。[179]

孫中山檢討辛亥革命之後十三年，中國革命不能進行，原因是被反革命的軍閥力量所阻止，而軍閥力量之所以龐大，是背後有帝國主義的援助。於是改變了革命戰略，先分化北洋軍閥，聯合了直系軍閥以外的所有力量（皖、奉、馮），先打倒當時中國最龐大的軍閥集團，然後對付帝國主義。結果孫中山成功地推翻了直系控制的北京政權，重挫了直系的勢力。粵皖奉三角同盟和馮玉祥的參加革命，是孫中山反對北洋軍閥的第一步，也是成功的一步，孫中山的戰略目的完全達到。自此，國民黨的勢力由長江流域伸展至北京，黨人的革命氣勢和信心也大為增強。

孫中山的革命策略為打敗北洋軍閥，統一全國奠下了重要基石！

178《國父年譜》（下），第 1550－1552 頁。

179《馮玉祥傳》，第 189 頁。

第六章

孫中山晚年的革命策略：聯俄容共

1 吳佩孚
2 陳炯明
3 托洛茨基
4 季洛維夫

5 加拉罕
6 越飛
7 馬林
8 維經斯基

一、引言

秦滅六國之後，大一統是中國歷史的常態，歷代帝皇若未能一統宇內，容許有其他政權同時存在，其文治武功總覺有點遺憾。時至今日，海峽兩岸如何統一？採取和平協商，還是武力方式，讓中國走上大統一之路，這是海峽兩岸執政者的重要挑戰。因此，國共關係不但是中國現代史其中一個最重要的課題，也是當前執政者相當重視的工作重點！國共內戰導致國家元氣大傷，老百姓家破人亡，流離失所，至今仍是不少人的痛苦回憶。

展望國共能否第三次合作，當然應該吸收歷史教訓，參考第一、二次合作的經驗。不過，要解釋清楚國共第一次合作的原因和經過，十分困難，因為海峽兩岸的書籍對這段歷史的敘述，都受政治因素掣肘，有所局限！

國民黨兵敗大陸之後，自稱把台灣建立為「世界反共的橋頭堡」，「中華文化的淨土」。國民黨既然堅決反共，為什麼黨史又寫下了和共產黨合作的一章呢？國民黨領袖孫中山為什麼推行「聯俄容共」政策？他為什麼不找英美或者是法國這些民主國家結盟，卻與一個共產主義國家蘇聯結盟呢？孫中山和共產主義國家蘇聯結盟的目的是要對付竹哪些敵人？

國民黨官方歷史是這樣解釋孫中山推行「聯俄容共」政策的背景：

就國際情勢言，「列強對中國的態度，只是支持中國軍閥來破壞他的計劃，例如袁世凱在民國初年得到英國的支援，以及英、法、德、俄、日五國的大借款而擊敗國民黨；段祺瑞在民國六年至八年之間得日本之助而對內發動戰爭。民國十年五月，中山先生在廣州任非常大總統，成立中華民國正式政府，希求美國的承認，而美國政府的反應是輕蔑而冷淡的。因此孫中山以為他的國民革命事業向為各國所不樂聞，故常助其敵人以撲滅他的革命黨；而且西方資本主義的國家絕無同情於他的革命黨的。所望同情於中國革命的，只有蘇俄以及受壓迫的國家和人民。何況這次聯俄，亦出於蘇俄的自動。」就國內環境言，蘇俄與中共又在試探與吳佩孚及陳炯明相結合，如果拒絕他們的合作要求，必使他們與軍閥結合，打擊國民黨的勢力。故孫中山此時的聯俄容共，非僅是孤立敵方，也是絕其外援和內助。[1]

蔣介石在《蘇俄在中國》一書指出孫中山「所手創的三民主義完全符合美國林肯總統所稱『民有、民治、民享』的原則，以為建立其中華民國的惟一藍圖。故其政治思想，無疑的是受美國獨立及法國革命的理想之影響」。[2] 既然如此，為什麼美國對承認孫中山革命政府的要求是「輕蔑而冷淡」，為什麼不大力支持這個仿效美式民主政治制度的政權？國民黨的史書沒有解釋關鍵之處是：為什麼西方民主國家拒絕支持追求在中國實施民主政治制度的孫中山，反而常常幫助專制獨裁的軍閥，打擊仿效民主政治制度的革命黨？民主國家不是應該支持爭取民主的政治力量？為何支持專政獨裁的政權？真正的原因在哪裏？為什麼只有共產主義國家蘇聯同情中國革命？國民黨官史說蘇聯主動援助孫中山，好像不要蘇援便是笨蛋！但蘇聯若是邪惡國家，那麼孫中山和國民黨接受一個邪惡國家的援助，豈不是一群見利忘義的小人，這值得國人尊敬嗎？又說蘇聯尋求與吳佩孚合作，故孫中山與蘇聯合作是奪取吳佩孚的援助。這種講法豈不是把孫中山説成是搶生意、黑吃黑的卑鄙小人？這把國民革命當是什麼一回事？當時英國已經援助和支持吳佩孚，英式教育系統培養出來的孫中山為什麼無法爭取英國援助，以截斷吳佩孚的主要外援？

國民黨官史對這些問題都沒有解釋，原因是國民黨官史不敢説當時國民革命的對象是打倒軍閥及其背後的帝國主義，尤其是不敢明言帝國主義國家就是英美法日等國。因為孫中山病逝之後，國民黨終止其聯俄容共政策，進行清共，屠殺共產黨人，投靠帝國主義。自此，國民黨對帝國主義侵略中國的罪行和破壞國民革命的歷史噤若寒蟬，不敢批評譴責。其刊物從此不敢再叫「打倒帝國主義」一類的口號，或使用「帝國主義」這個名詞來形容美、英、法、日這些國家。蔣介石的《蘇俄在中國》一書便沒有使用「帝國主義」

1　蔣永敬：〈聯俄容共之由來與形成〉，教育部：《中華民國建國史：第三篇．統一與建設》（2）（台北：國立編譯館，1989 年），第 484 頁。

2　蔣介石：《蘇俄在中國》（台北：中央文物供應社，1974 年第 27 版），第 2 頁。

一詞，只用「西方殖民主義」來描述打壓孫中山的列強。[3] 時至今日，台灣所有政黨莫不看美帝國主義者的面色行事，倚靠美帝國主義者的庇護度日，講國民黨「打倒帝國主義」的歷史，那是自找麻煩，跟文化特務過不去，會被拘禁坐牢的！台灣學者曾告訴筆者一個令人欷歔的故事，他的研究單位某研究員搞「清代反美運動研究」，文化特務一看題目，便把他拘禁下獄，幸得研究單位主管力保疏通才能重獲自由。這説明不要説民國時期的「反美」不能搞，清代的都不行，這種玩笑開不得！可惜，把「打倒帝國主義」這六個字從國民黨的歷史中刪去，差不多是把孫中山革命的歷史和策略刪掉，把三民主義的精華也一起拋棄！把領導國人自帝國主義壓迫之下解放出來的偉大責任也徹底放棄！將孫中山等革命先烈的貢獻也糟蹋得一乾二淨！

上文的描述是否正確？是否流於共產黨對國民黨的誣衊？當然需要嚴肅地拿出鐵證來支持，否則怎能讓有雪亮眼睛的讀者信服？幸好，雖然部分國民黨人為了權力、地位和利益，背叛了孫中山的革命理想和主張，但國民黨內還有很多孫中山的忠實信徒，海峽兩岸還有很多敬佩孫中山的學者，他們費了很大的精力，克服許多困難，勇敢地編成了《國父全集》、《國父年譜》和《孫中山全集》三套巨著，還有很多記述孫中山革命奮鬥事蹟和策略的文章與書刊，讓我們可以完整地認識孫中山的革命歷程和謀略，孫中山如何領導同胞進行反抗帝國主義的鬥爭。以下章節就引用中國國民黨黨史委員會編成的《國父全集》、《國父年譜》，和廣州中山大學歷史系孫中山研究室、廣東省社會科學院歷史研究所、中國社會科學院近代史研究所中華民國史研究室合編的《孫中山全集》等書，以及近年解密的蘇聯檔案，向讀者介紹當年孫中山與帝國主義的鬥爭。孫中山著述的三民主義和領導的國民革命，是蘊藏了豐富的反帝國主義內涵。孫中山領導的中國國民黨在聯俄容共時期，是曾經擁有與英美法日帝國主義鬥爭的輝煌歷史！孫中山先生不愧是中國革命的先行者！

3　《蘇俄在中國》，第 24－25 頁。

二、聯俄容共的考慮

1. 俄國的革命經驗

我們都知道孫中山是英美教育系統培養成材的，為什麼他不號召國人「拜英美為師」，學習英美如何爭取自由民主的經驗，反而號召國人向英美輿論視為洪水猛獸的蘇俄學習，提出「以俄為師」，號召國人學習俄國的革命經驗？這是很值得我們思索的問題！

一個偉大革命家的行事，當然經過深思熟慮，不會草率行事，俄國革命經驗如非值得中國借鏡，孫中山怎會提出這個口號？這裏介紹俄國的革命歷史，看看是否值得中國效法。

俄國十月革命爆發，1918 年 1 月布爾什維克解散了俄國臨時政府，並宣佈蘇維埃（工人的代表會議）為俄國新政府。俄國對德戰爭慘敗，反戰主義情緒高漲，是導致俄國革命爆發的其中一個主要原因，故俄人大多數反對繼續作戰。但俄軍若撤出戰場，德國便可以把東戰場的軍隊和物資調往西線，增加對英法聯軍的壓力。因此，英法兩國迅速派人到俄國勸其繼續作戰，但徒勞無功。1917 年 12 月 16 日，布爾什維克和同盟國在布列斯特—立陶夫斯克開始停戰談判，同盟國要求俄國割讓大片土地作為和平條件，蘇俄代表團團長托洛茨基在 1918 年 1 月 28 日以蘇俄政府名義發表聲明：蘇維埃俄羅斯不會簽署和約，也不再進行戰爭。[4] 2 月 18 日，德軍恢復攻俄，因舊俄軍已解散，布爾什維克新組建的赤衛隊無力抵抗德軍。列寧遂同意接受和約以結束對德之戰，否則無法同時應付對蘇維埃威脅更嚴重的反革命勢力。3 月 6 日俄德簽訂《布列斯特—立陶夫斯克條約》，布爾什維克割讓了大片土地給德國。

沙俄時期的前君主主義者、保皇黨人、官僚、軍官、大地主、資產階

4　安東諾夫．奧夫申科：〈安東諾夫．奧夫申科致列寧、波德沃伊斯基的電報〉（1918 年 1 月底），沈志華主編：《蘇聯歷史檔案選編》（1）（北京：社會科學文獻出版社，2002 年），第 193 頁。

級、共和主義者、自由主義者和各種非布爾什維克社會主義者，在帝國主義的支持下，組成反革命集團，聯合起來反對蘇維埃政府。因為帝國主義者「害怕蘇維埃政權樹立了榜樣，害怕蘇維埃政權贏得全世界工人的同情和支持」，「國際資產階級瘋狂地仇恨和敵視蘇維埃俄國，時刻準備侵犯它，扼殺它」，[5] 用盡一切手段來推翻蘇維埃政權，提出軍事干涉俄國革命。早在 1917 年 12 月 23 日，英法兩國已經簽訂了武裝干涉和瓜分俄國的《英法關於在南俄行動對象的協定》。協定把俄國南部和西南部分別劃為英國和法國的勢力範圍。英國隨即根據協定，派出一個強大的軍事使團前往俄國南部，控制了俄國南高加索地區。1918 年 1 月 10 日，法國政府向美國政府發出第一次公開和正式的呼籲，要求對西伯利亞實行全面軍事干涉。[6] 3 月，德國結束對俄戰爭後，在西線對協約國軍隊發動大規模進攻，協約國最高軍事委員會於是重新提出武裝干涉蘇俄問題。3 月 15 日，協約國總理和外長在倫敦召開聯席會議，通過了關於《對俄國東部聯合進行干涉》的決議。英、美、法軍隊隨即在摩爾曼斯克登陸；4 月，日、美、英軍隊相繼在符拉迪沃斯托克登陸。5 月 1 日至 2 日最高軍事委員會通過第 25 號聯合照會，要求協約國集中支持符拉迪沃斯托克、摩爾曼斯克和阿爾漢格爾的捷克軍隊。[7] 6 月 1 日至 3 日，最高軍事委員會第二次會議，通過第 31 號聯合照會，要求協約國派軍隊奪取摩爾曼斯克和阿

---

5 列寧：〈共產國際第三次代表大會文獻 — 關於俄共策略的報告提綱〉（1921 年 6 月 13 日），中共中央馬克思恩格斯列寧斯大林著作編譯局編譯：《列寧全集》（42）（北京：人民出版社，1995 年），第 1 頁。

6 喬治・肯南：《蘇美關係 1917－1920 年：俄國退出戰爭》（Soviet-American Relations, 1917－1920 Russia Leaves the War）（新澤西，1956 年版），第 172－178，178－180，322－323 頁。

7 弗雷德里克・S・卡爾霍恩：《權力與原則，威爾遜外交政策中的武裝干涉》（Power and Principle: Armed Intervention in Wilsonian Foreign Policy）（肯特州立大學出版社，1986 年版），第 30 頁。

爾漢格爾。[8]

6 月 29 日，兵力六萬的捷克斯洛伐克軍團推翻符拉迪沃斯托克蘇維埃政權，宣佈與協約國合作，建立一條新的反對德國的東方戰線，控制了從貝加爾湖到烏拉山區的大部分西伯利亞鐵路。協約國最高軍事委員會在 7 月 2 日照會美國總統威爾遜，要求美國出兵西伯利亞。16 日，美國同意參加侵佔西伯利亞。與此同時，德國並無遵守和約，繼續進攻俄國，入侵波羅的海沿岸、白俄羅斯、烏克蘭以及頓河流域。這時，英、法軍隊佔領了俄國歐洲部分的北部，捷克斯洛伐克軍佔領了伏爾加河流域、烏拉爾和西伯利亞的一大部分；英國武裝侵入南高加索和中亞細亞。1918 年秋，協約國英、美、法軍擊敗德國後，調兵攻俄。1919 年 1 月，巴黎和會召開，英法兩國為了遏止共產主義的蔓延，借此場合討論軍事干涉俄國革命。2 月中旬，英國代表陸軍大臣邱吉爾建議出兵推翻俄國蘇維埃政權，把布爾什維克主義「扼殺在搖籃裏」。他在議院演説時揚言：已經組織了芬蘭、烏克蘭、波蘭、格魯吉亞、捷克斯洛伐克、拉脱維亞、愛沙尼亞、立陶宛、愛爾蘭、日本、法國、英國、德國和美國等十四個國家出兵進攻蘇維埃俄國。3 月，匈牙利無產階級成功取得政權，法國代表福煦元帥藉口無產階級革命危險加劇，提議協約國組織二百萬遠征軍進攻蘇俄，以便釜底抽薪，從源頭上消滅共產主義。[9]

列寧斥責：「全世界的資產階級在組織和進行反對革命無產階級的內戰，為此他們支持俄國的高爾察克和鄧尼金。」[10] 又指責協約國：「派遣外國軍隊在西伯利亞、阿爾漢格爾斯克、高加索、南方和彼得格勒附近登陸，用數億盧

8　尤金・P・特蘭尼：《伍德羅・威爾遜與干涉俄國的決定再考慮》（Woodrow Wilson and the Decison to Intervence in Russia Reconsideration），《現代史雜誌》1976 年 9 月，第 48 期，第 456 頁。

9　列寧：〈在全俄東部各民族共產黨組織第二次代表大會上的報告〉（1919 年 11 月 22 日），《列寧全集》（37），第 320 頁；弗雷德里克・S・卡爾霍恩：《權力與原則，威爾遜外交政策中的武裝干涉》，第 242，244 頁。

10　列寧：〈資產階級如何利用叛徒〉（1919 年 9 月 20 日），《列寧全集》（37），第 179 頁。

布資助高爾察克、鄧尼金、尤登尼奇等沙皇將軍。」[11] 這三股白軍，數量多達七十餘萬人，且裝備精良、訓練有素，控制了前沙俄的大部份地區，包括烏克蘭、伏爾加河流域一部、高加索、中亞、烏拉爾、西伯利亞和遠東等大片地區，幾乎等於前沙俄四分之三的國土，從東、南、北方三方面包圍了布爾什維克政權。

列寧於是任命托洛茨基為最高軍事委員會主席，改組赤衛隊為紅軍，對抗反革命的白軍。1918 年 4 月紅軍總兵力只有 19.6 萬人，與敵軍相比，處於劣勢。列寧提議，蘇維埃政府實行「戰時共產主義」政策，把一切工業國有化，嚴格集中管理國民經濟體系，糧食專賣和餘糧收集制。列寧乘德國和奧匈帝國投降，國內發生革命的機會，立即宣佈廢除《布列斯特—立陶夫斯克條約》，收復了被德國侵佔的領土。但協約國亦抽調兵力，加緊干涉俄國內戰，佔領黑海各港口、克里米亞和烏克蘭南部，並收編原來投靠德國的鄧尼金部隊，令南線成為反蘇維埃勢力的主要戰略基地。

1918 年 11 月 26 日，俄共採用新戰略：先殲滅白軍，再擊敗干涉軍。1919 年初，紅軍解放了烏克蘭及伏爾加河、頓河流域等糧食、燃料產區。由於英軍厭戰及若干法國水兵叛變，英法美等國在本國輿論質詢之下，無法對蘇維埃共和國不宣而戰，[12] 於是改變策略，放棄直接出兵干涉，改為支援俄國反革命勢力和策動俄國的鄰國向其進攻。

戰爭的第一階段從 1919 年 1 月到 6 月，南線鄧尼金、東線高爾察克、和北線尤登尼奇等，各線白軍共 150 萬人，作戰兵力 51 萬人，得到英法美等國大量補給物資，單是英國已經向鄧尼金運送了可供 25 萬軍隊作戰的裝備和武

---

11 列寧：〈蘇維埃政權成立兩周年〉（1919 年 11 月 7 日），《列寧全集》（37），第 284 頁。

12 列寧：〈俄共（布）第八次全國代表會議文獻 — 中央委員會的政治報告〉（1919 年 12 月 2 日），《列寧全集》（37），第 336 頁

器，與及數十輛坦克。[13] 白軍遂得以壓倒性的優勢，迫使紅軍三條戰線全部撤退。鄧尼金殲滅了北高加索的紅軍並進軍察里津。4 月底 5 月初，從聶伯河到窩瓦河發動全面進攻，贏得了多次戰役。6 月中旬紅軍被迫從克里米亞和敖德薩撤退，6 月 17 日白軍攻佔察里津。20 日，鄧尼金發出「進軍莫斯科令」，下令所有南俄軍隊準備進軍莫斯科。

6 月開始第二階段，托洛茨基改革紅軍，布爾什維克組織黨人參加軍隊，又動員工人、農民參軍，把兵力迅速擴充到 140 萬人，作戰兵力 38 萬餘人。紅軍決定先對付東線高爾察克，再解決南線和北線的威脅。東線紅軍在伏龍芝和紹林兩位將軍指揮下，打敗了高爾察克的西伯利亞集團軍。接着，7 月集中全力，在南線擊潰了鄧尼金的主力，從 1,100 公里寬的戰線上向前推進了 3,550 公里，解放了近 55 萬平方公里的地區。

10 月，北線尤登尼奇在英國六輛坦克支持下，以二萬兵力突襲彼得格勒，並迫近城郊。當時有些莫斯科高層想棄城而逃，托洛茨基堅決拒絕放棄這個人口七十萬的城市，親自組織反攻，並動員所有能拿起武器的男女工人，把他們武裝起來，並從莫斯科調兵增援。僅僅用了幾個星期時間，便擴充了比尤登尼奇多三倍的兵力，最後將之擊敗。

戰爭的第三階段，1920 年初，紅軍全面出擊。尤登尼奇軍隊缺乏物資補給，撤到愛沙尼亞的邊境。愛沙尼亞政府下令解除敗兵武裝及拘捕進入的外國軍隊，尤登尼奇部隊至此窮途末路，無力再戰。同時，西伯利亞高爾察克兵敗被殺，殘部撤到外貝加爾山脈，加入謝苗諾夫的軍隊，組成遠東軍。在日本支持下，暫時守住赤塔，日本撤軍後，謝苗諾夫無法堅持，1920 年 11 月被紅軍擊敗，逃入中國避難。

南俄鄧尼金棄守頓河渡口，1920 年 2 月底殘部約四萬人，經庫班向新羅西斯克撤退，再撤到克里米亞。部隊拋棄了所有馬匹和重武器，最後殘部二

13　列寧：〈關於目前形勢和蘇維埃政權的當前任務〉（1919 年 7 月 4 日），《列寧全集》（37），第 30 頁

萬人被紅軍俘虜。白軍選出弗蘭格爾為新總司令，他試圖反擊，但失敗。11月14日，弗蘭格爾及其殘部從克里米亞撤到君士坦丁堡，南俄戰鬥結束。

列寧和托洛茨基在孤立無援的嚴峻局勢下，迅速動員和組織五百萬人參加紅軍，經過三年內戰，打敗了高爾察克、鄧尼金和尤登尼奇等反革命武力，以及擊退帝國主義十四個國家組成的干涉軍，成功捍衛了蘇維埃政權，[14]鞏固了俄國革命成果。如何組織群眾、動員群眾，使之成為捍衛革命的隊伍，打敗反革命，驅逐侵略者，這就是俄國革命成功的經驗，就是孫中山「以俄為師」的目標。

2. 世界革命與共產國際的成立

兩顆相鄰的植物為了生存，會把枝葉伸展到另一顆植物還沒有生長到的空間，以爭取更多的陽光。野生動物為了爭取更多的食物，會發動戰爭驅趕同類，以保護自己的地盤。人類飼養的家貓家狗，除了會爭取食物和地盤之外，更會因為爭取主人的寵愛而攻擊新來的貓狗，寵物也懂爭風吃醋！人類自然比植物和動物更懂得爭，爭糧食、爭資源、爭土地、爭面子、爭權力、爭地位，甚至會爭做別人的主宰，控制其他人的思想和行動。古代和近代，人類便因宗教信仰和意識形態的分歧，而爆發了多次你死我活的鬥爭。其中最嚴重的就是資本主義陣營和共產主義陣營的鬥爭，近百年來已經賠上了過百萬士兵和平民的生命與數以億元計的金錢代價，但這兩大陣營的鬥爭，至今仍然是明爭暗鬥，漫天烽火，硝煙不息！

十九世紀中葉，歐洲資本主義飛躍發展，形成了世界市場，各國的資本

---

14 維基百科：《俄國內戰》，網址：zh.wikipedia.org/wiki/俄國內戰；《「十月革命」的勝利和蘇俄崛起的啟示》，網址：新華網 www.news.cn；張鎮強：〈美國總統威爾遜在武裝干涉蘇俄中的作用〉，《美國研究》（1988年第4期），第135－160頁；鄧蜀生、張秀平、楊慧玫編：〈蘇俄內戰和外國武裝干涉〉，《影響世界的100次戰爭》，網址：http://shuku.net/novels/wars/yxsjd100czz/100zz.html；

主義在國際範圍之下緊密聯繫，一齊控制生產成本，剝削勞動人民。而全世界勞動人民因不斷受壓迫和剝削，亦起而向資本家爭回權益，但往往因勢單力薄而失敗。最後，社會主義先覺者認識到各國工人運動要有國際的聯絡和組織的必要。1847 年，馬克思和恩格斯在他們起草的《共產黨宣言》中提出「無產階級無祖國」，「他們的目的只有用暴力推翻全部現存的社會制度才能達到。讓統治階級在共產主義革命面前發抖吧。」「全世界無產者聯合起來」。[15] 資產階級要鎮壓無產階級，無產階級要推翻資產階級的統治，於是爆發了兩者的鬥爭。

1864 年 10 月 5 日，英法德意四國工人代表在倫敦舉行國際工人協會（International Workingmen's Association）成立大會，大會第一次會議，選出代表各國的委員共五十人，及一個由九人組成的起草章程委員會。時人簡稱國際工人協會為「國際 International」，這個「國際」在工人運動歷史上被稱為「第一國際」。馬克思代表德國工人出席成立大會，被選入臨時委員會和起草章程委員會。馬克思為協會起草《國際工人協會成立宣言》和《協會臨時章程》，綱領闡明無產階級運動的目的：推翻資本主義，建立工人階級政權；宣佈工人運動的基本原則：「工人階級的解放應該由工人階級自己去爭取」。馬克思希望各國工人通過在對敵鬥爭中的一致行動和交換經驗，能夠逐步接受科學社會主義而拋棄各種宗派學說。

協會成立後，在馬克思的領導下，率領各國工人群眾向資產階級和壓迫者進行鬥爭。馬克思說：階級鬥爭無論在何處、以何種形式、在何種條件下表現出來，自然總是由我們協會的會員站在最前列。協會支持各國工人的罷工鬥爭，聲援各被壓迫民族的解放運動，保衛巴黎公社（1871 年 3 月至 5 月）和救援巴黎公社成員等等，表現了協會的無產階級性質和國際主義本質。不

15 馬克思、恩格斯：〈共產黨宣言〉，《馬克思恩格斯選集》（1）（北京：人民出版社，1995 年版），248－307 頁；鄭超麟：〈從第一國際到第四國際〉（1948 年），《中文馬克思主義文庫：鄭超麟》，網址：www.marxists.org/chinese/zhengchaolin/marxist.org-chinese-zhengchaolin-1948.htm。

過，巴黎公社失敗，協會力量消退，1876 年正式宣佈解散。

十九世紀八十年代末，歐美有十六個國家先後建立社會主義政黨，他們為了加強聯繫，1889 年 7 月 14 日，二十二個國家的 393 名代表在巴黎召開「國際社會主義者代表大會」，討論國際勞工立法和工人階級的政治、經濟鬥爭任務。此大會後稱「第二國際」，第二國際內部因對馬克思主義的認識有分歧，分為三派：右派，以伯恩施坦為代表的修正主義派；左派，以列寧和羅莎．盧森堡為代表，堅決反對修正主義的馬克思主義派；中派，以考茨基為代表，對修正主義採取調和折衷態度的中間派。第二國際由各國工人政黨組成，各自獨立，並無上下級從屬的關係。各國的工人政黨，在自己國家內廣泛傳播馬克思主義，用合法的方式——同盟罷工——作為鬥爭的武器，以此來維護工人切身利益。各國的工人黨相繼建立大批工會組織和合作社組織，到第一次世界大戰前夕，世界已有近 30 個工人黨，黨員總數達 340 萬人，工會會員達 1,000 萬人以上，合作社社員達 700 萬人以上。

第一次世界大戰爆發時，第二國際最強大和最有影響力的黨——德國社會民主黨的領袖投票贊成戰爭撥款。列寧指責這是直接「背叛社會主義的行為」，這是不能原諒的。「第二國際大多數領袖背叛社會主義，意味着這個國際在思想上、政治上的破產。」除德國外，各國社會黨亦大多數投票贊成本國的軍事撥款，參加內閣。列寧斥責這是「忽視或否定《共產黨宣言》中早已闡明的一條社會主義的基本真理，即工人沒有祖國」，「公然背叛社會主義」。[16] 不過，列寧認為「當今的歐洲國際的破產並不是社會主義的破產」，[17]「無產階級的國際沒有滅亡，也不會滅亡。工人群眾將衝破一切障礙創立一個

---

16 列寧：〈革命的社會民主黨在歐洲大戰中的任務〉（1914 年 8 月 23－24 日），《列寧全集》（26），第 1－7 頁；列寧：〈俄國社會民主黨國外支部代表會議〉（1915 年 3 月 16 日），《列寧全集》（26），第 167 頁。

17 列寧：〈歐洲大戰和國際社會主義〉（1914 年 8 月底至 9 月），《列寧全集》（26），第 9 頁。

新的國際。」[18]

列寧高呼：「第二國際死亡了！」「第三國際萬歲！」他指出：「第三國際面臨的任務是，組織無產階級的力量向各國資本主義政府發起革命進攻，進行反對各國資產階級的國內戰爭，以奪取政權，爭取社會主義的勝利！」[19]「俄國社會民主工黨應當支持無產階級的一切國際性的和群眾性的革命行動，竭力使國際的一切反沙文主義份子團結起來。」[20] 我們能夠而且應當做的，就是勇往直前，「發動無產階級『為政權而鬥爭』，為推翻資產階級而鬥爭的無產階級的革命組織。」[21]

列寧多次抨擊第一次世界大戰是帝國主義瓜分世界的戰爭，「世界資本主義現在已發展到帝國主義階段。帝國主義，或金融資本時代，是高度發展的資本主義經濟，……一些最富裕的國家已把全世界的領土瓜分完畢，國際托拉斯已開始從經濟上瓜分世界。」[22]「資本主義已成為極少數『先進』國對世界上絕大多數居民實行殖民壓迫和金融扼殺的世界體系。瓜分這種『贓物』的是兩三個世界上最強大的全身武裝的強盜（美、英、日），他們把全世界捲入他們為瓜分自己的贓物而進行的戰爭。」因此，「帝國主義是無產階級社會革命的前夜」。[23]「資本主義轉變為帝國主義，在客觀上就必然產生帝國主義戰爭。戰爭使全人類瀕臨深淵，使全部文化瀕於毀滅，並且不知還會使多少百

18 列寧：〈戰爭和俄國社會民主黨〉（1914 年 9 月 28 日），《列寧全集》（26），第 18 頁。

19 列寧：〈社會黨國際的狀況和任務〉（1914 年 10 月 7 日），《列寧全集》（26），第 45－46 頁。

20 列寧：〈俄國社會民主黨國外支部代表會議〉（1915 年 3 月 16 日），《列寧全集》（26），第 167 頁。

21 列寧：〈第二國際的破產〉（1915 年 5－6 月），《列寧全集》（26），第 267 頁。

22 列寧：〈修改黨綱的材料——關於修改黨綱的草案〉（1917 年 4－5 月），《列寧全集》（29），第 483－484 頁。

23 列寧：〈帝國主義是資本主義的最高階段〉（1916 年 1－6 月），《列寧全集》（27），第 323－439 頁。

萬人走向粗野和死亡。除無產階級革命外，沒有別的出路。」[24]「革命無產階級的代表的任務，就是準備世界無產階級革命，因為這是擺脱世界大厮殺慘禍的唯一出路。」[25]「只有無產階級社會主義革命才能把人類從帝國主義和帝國主義戰爭所造成的絕境中解救出來。」[26] 社會民主黨應該「提高工人的革命覺悟，使他們在國際的革命鬥爭中團結起來，支持和推進一切革命行動，力求把各國之間的這場帝國主義戰爭變為被壓迫階級反對他們的壓迫者的國內戰爭，變為剝奪資本家階級的戰爭，變為無產階級奪取政權、實現社會主義的戰爭」。[27]

列寧指責第二國際在思想上和政治上已經破產，故號召「重建國際」，「建立一個沒有機會主義者參加的、反對機會主義者的馬克思主義的國際」。列寧說如果條件已經成熟，俄國社會民主黨「一定會高興地參加這樣一個清除了機會主義和沙文主義的第三國際。如果沒有成熟，這就表明，為了完成這種清除工作，還需要一個稍長的發展過程，…… 直到在各個國家裏都具備一定的條件，使我們可以建立一個以革命的馬克思主義為基礎的國際工人協會為止」。[28] 不過，這時英、法、德、意、美等資本主義發達國家的無產階級在「保衛祖國」的號召下都加入戰爭，在戰場上與敵國的無產階級瘋狂自相殘殺，列寧的號召得不到響應，第三國際尚未具備成立的成熟條件。

1847 年，恩格斯早已指出：共產主義革命不能單獨在一個國家發生。「共產主義革命將不是僅僅一個國家的革命，而是將在一切文明國家裏，至少在

24 列寧：〈無產階級在我國革命中的任務〉（1917 年 4 月 10 日），《列寧全集》（29），第 180－181 頁。

25 列寧：〈無產階級革命和叛徒考茨基〉（1918 年 10－11 月），《列寧全集》（35），第 288－289 頁。

26 列寧：〈俄共（布）綱領草案〉（1919 年 2 月），《列寧全集》（36），第 80 頁。

27 列寧：〈左派社會民主黨人為國際社會黨第一次代表會議準備的決議草案〉（1915 年 7 月 9 日），《列寧全集》（26），第 296 頁。

28 列寧：〈社會主義與戰爭〉（俄國社會民主工黨對戰爭的態度）（1915 年 7－8 月），《列寧全集》（26），第 353－354 頁。

英國、美國、法國、德國同時發生的革命，在這些國家的每一個國家中，共產主義革命發展得較快或較慢，要看這個國家是否有較發達的工業，較多的財富和比較大量的生產力。因此，在德國實現共產主義革命最慢最困難，在英國最快最容易。共產主義革命也會大大影響世界上其他國家，會完全改變並大大加速它們原來的發展進程。它是世界性的革命，所以將有世界性的活動場所。」[29] 由於俄國的生產力十分落後，其他先進國家亦未爆發革命，故仍未具備進行共產主義革命的條件，第三國際未到成熟的時候，列寧只能等待。

1915 年 9 月，俄軍被德軍打敗，傷亡慘重，「沙皇君主政府的軍隊節節敗退，無產階級的罷工運動和革命運動日益增長。⋯⋯現在人人都看到，俄國的革命危機已經到來。」「帝國主義戰爭把俄國的革命危機，即在資產階級民主革命基礎上發生的危機，同西歐日益增長的無產階級社會主義革命的危機聯繫起來了。」「俄國資產階級民主革命現在已不單是西歐社會主義革命的序幕，而且是它的一個不可分割的組成部分了。⋯⋯無產階級的任務是把俄國的資產階級革命進行到底，以此點燃西歐的無產階級革命。」[30]「還要有步驟地推動現在受大俄羅斯人壓迫的一切民族、亞洲的一切殖民地和附屬國（印度、中國、波斯等）舉行起義，而且，首先要推動歐洲的社會主義無產階級，使他們違反本國社會沙文主義者的意志，舉行起義來反對本國政府。毫無疑問，俄國無產階級的勝利將會給亞洲和歐洲的革命的發展創造非常有利的條件。⋯⋯革命無產階級的國際團結卻已經成為事實。」[31] 列寧看到亞洲有十億人口被帝國主義壓迫，因此，主張幫助他們進行革命戰爭。「中國、波斯、土耳其等半殖民地國家和所有殖民地。這些地方的人口共達 10 億。⋯⋯社會黨

29　恩格斯：〈共產主義原理〉（1847 年 10 至 11 月），中共中央馬克思恩格斯列寧斯大林著作編譯局編譯：《馬克思恩格斯選集》（1）（北京：人民出版社，1995 年），第 241 頁。

30　列寧：〈俄國的戰敗和革命危機〉（1915 年 9 月 5 日），《列寧全集》（27），第 32 頁；列寧：〈幾個要點〉（1915 年 9 月 30 日），《列寧全集》（27），第 54 頁。

31　列寧：〈幾個要點〉（1915 年 9 月 30 日），《列寧全集》（27），第 55－56 頁。

人還應當最堅決地支持這些國家的資產階級民主的民族解放運動中最革命的份子，幫助他們的起義——如有機會，還要幫助他們的革命戰爭——反對壓迫他們的帝國主義列強。」[32] 因為「俄國是一個農民國家，是歐洲最落後的國家之一。在這個國家裏，社會主義不可能立刻直接取得勝利。但是，…… 能夠使俄國資產階級民主革命具有巨大的規模，並使俄國革命變成全世界社會主義革命的序幕，變成進到全世界社會主義革命的一級階梯」，「俄國無產階級單靠自己的力量是不能完成社會主義革命的。但它能使俄國革命具有浩大的聲勢，從而為社會主義革命創造極好的條件，這在某種意義上說就意味着社會主義革命的開始。這樣，俄國無產階級就會使自己主要的、最忠實的、最可靠的戰友——歐洲和美洲的社會主義無產階級易於進入決戰。」「帝國主義戰爭的客觀條件，保證了革命不會局限於俄國革命的第一階段，不會局限於俄國這一個國家。」[33] 列寧站在世界革命的角度思考俄國革命的策略，「真正的國際主義只有一種，就是進行忘我的工作來發展本國的革命運動和革命鬥爭，支持（用宣傳、聲援和物質來支持）無一例外的所有國家的同樣的鬥爭、同樣的路線。」[34]「這個策略是唯一國際主義的策略，因為它盡力做到在一個國家內所能做到的一切，以便發展、援助和激起世界各國的革命。」[35]「我們的想法，只有推翻整個資本主義制度才能完全實現。」[36] 列寧知道帝國主義國家力量強大，「各國政府和人民之間都有分歧，所以我們應當幫助各國人民干預戰

32　列寧：〈社會主義革命和民族自決權〉（提綱）（1916 年 1 至 2 月），《列寧全集》（27），第 263 頁。

33　列寧：〈給瑞士工人的告別信〉（1917 年 3 月中旬），《列寧全集》（29），第 90－92 頁。

34　列寧：〈無產階級在我國革命中的任務〉（1917 年 4 月 10 日），《列寧全集》（29），第 168 頁。

35　列寧：〈無產階級革命和叛徒考茨基〉（1918 年 10-11 月），《列寧全集》（35），第 294 頁。

36　列寧：〈關於和平問題的報告的總結發言〉（1917 年 10 月 26 日），《列寧全集》（33），第 15 頁。

爭與和平的問題。…… 各國政府和資產階級定會竭盡全力以圖聯合起來，把工農革命淹沒在血泊裏。」[37]

事實上，列寧的判斷十分正確，無論列寧是否進行世界革命，帝國主義國家都不會容忍這個社會主義政權存在。俄國十月革命成功，帝國主義便立刻進行武力干涉。因此，列寧説：「必須打倒英國資本家，我們堅信，從世界帝國主義戰爭中發展起來的世界工人革命一定會把他們打倒。」[38]「俄國無產階級的運動和革命僅僅是世界無產階級革命運動的一部分。」[39]「蘇維埃具有國際性質，這種鬥爭形式和組織形式已經擴展到全世界的工人運動，蘇維埃的歷史使命是充當資產階級議會制以及整個資產階級民主制的掘墓人、後繼人和接替人。」[40]「目前的世界政治形勢把無產階級專政提上了日程，世界政治中的一切事變都必然圍繞着一個中心點，就是圍繞世界資產階級反對俄羅斯蘇維埃共和國的鬥爭。而俄羅斯蘇維埃共和國必然是一方面團結各國先進工人的蘇維埃運動，另一方面團結殖民地和被壓迫民族的一切民族解放運動。這些民族根據自己的痛苦經驗深信，只有蘇維埃政權戰勝世界帝國主義，他們才能得救。」[41] 列寧很清楚：「要在世界範圍內取得徹底的最終的勝利，單靠俄國一國是不行的，這至少需要一切先進國家或者哪怕幾個先進大國的無產階級取得勝利。」那時候才能説無產階級的事業勝利。現在俄國的蘇維埃政權已經建立，資產階級已經被推翻。「那麼第二個任務就是在國際範圍內進行鬥

37 列寧：〈全俄工兵代表蘇維埃第二次代表大會文獻〉（1917 年 10 月下旬），《列寧全集》（33），第 12－13 頁。

38 列寧：〈俄國的政黨和無產階級的任務〉（1917 年 4－5 月），《列寧全集》（29），第 202 頁。

39 列寧：〈俄國社會民主工黨（布）第七次全國代表會議（四月代表會議）文獻〉（1917 年 4 月），《列寧全集》（29），第 339－340 頁。

40 列寧：〈共產主義運動中的「左派」幼稚病〉（1920 年 4-5 月），《列寧選集》（4），第 198 頁。

41 列寧：〈為共產國際第二次代表大會準備的文件〉（1920 年 6－7 月），《列寧選集》（4），第 217 頁。

爭，就是在另一層面上進行鬥爭，就是一個無產階級國家在周圍是資本主義國家的環境中進行鬥爭。」[42]

列寧積極推動組織共產國際，進行世界革命，推翻各國的資本主義政權。1919年3月2至6日，帝國主義積極軍事干涉俄國內戰的時候，列寧在莫斯科召開共產國際成立大會，有來自三十五個國家五十二名代表參加。這組織主張世界各國的共產黨聯合起來，進行世界革命，故稱為「共產國際」。共產國際的各國支部差不多都是從第二國際原有的支部分裂出來的，換言之是第二國際中的革命派，正式拋棄改良主義，發展為「第三國際」的。列寧在成立大會開幕詞說：「帝國主義戰爭以後的事變進程不可避免地促進了無產階級的革命運動，國際世界革命在全世界已經開始並正加緊進行。」[43]「全世界無產階級革命的勝利是有保證的，國際蘇維埃共和國的建立已經為期不遠了！」[44]「第三國際即共產國際的成立是國際蘇維埃共和國即將誕生的前兆，是共產主義即將在國際範圍內取得勝利的前兆。」[45]「國際共產黨以使無產階級能夠完成其偉大歷史使命為己任，把無產階級組織成一個同一切資產階級政黨相對立的獨立政黨，領導無產階級各種形式的階級鬥爭，向無產階級揭示剝削者的利益同被剝削者的利益之間的不可調和的對立，並向他們闡明行將到來的社會革命的歷史意義和必要條件。」[46]列寧認為1917－1918年俄國革命的經驗，「是唯一適合於從資本主義到社會主義的過渡時期，即無產階級專政時期的國家類型：全面地和充分地利用已在俄國燃起的世界社會主義革命的火炬，以便制止帝國主義資產階級國家企圖干涉俄國內政，或聯合起來公開

42　列寧：〈蘇維埃政權的成就和困難〉（1919年3－4月），《列寧全集》（36），第36頁。

43　列寧：〈共產國際第一次代表大會文獻——開幕詞〉（1919年3月2日），《列寧全集》（35），第483頁。

44　列寧：〈共產國際第一次代表大會文獻——閉幕詞〉（1919年3月6日），《列寧全集》（35），第503頁。

45　列寧：〈爭取到的和記載下來的東西〉（1919年3月5日），《列寧全集》（35），第506頁。

46　列寧：〈俄共（布）綱領草案〉（1919年2月），《列寧全集》（36），第78頁。

反對和進攻社會主義蘇維埃共和國，使革命蔓延到比較先進的國家以至所有的國家中去。」[47] 列寧豪言：「我們俄國決定着整個世界革命的命運！」[48]「蘇維埃俄國認為，能夠幫助全世界工人進行推翻資本主義的艱苦鬥爭是最大的驕傲。勝利一定屬於我們。」[49]

3 月 18 至 23 日俄共（布）第八次代表大會召開，季諾維也夫在會上說：「俄國共產黨第八次代表大會堅定不移地相信，共產主義即將取得勝利。共產國際將作為國際蘇維埃共和國聯盟而取得勝利。為了實現這個偉大的目標，全世界共產主義無產階級向資產階級宣佈進行革命戰爭。首先在本國奪取了政權的俄國無產階級，在本國社會主義紅軍的幫助下已經開始了這場戰爭。」[50]

列寧指出：「全世界行將爆發的社會主義革命，決不限於每一國無產階級戰勝本國資產階級。」「這個革命將是受帝國主義壓迫的一切殖民地和國家，一切附屬國反對國際帝國主義的鬥爭。」「各先進國家的勞動人民反對帝國主義者和剝削者的國內戰爭正開始同反對國際帝國主義的民族戰爭結合起來。」「東方的情形也會如此。⋯⋯ 東方的人民群眾將作為獨立的鬥爭參加者和新生活的創造者起來奮鬥。」「1905 年以後，土耳其、波斯、中國相繼發生了革命，印度也展開了革命運動。」「繼東方覺醒時期之後，在當代革命中，東方各民族不再僅僅充當別人發財的對象，而參與決定世界命運的時期到來了。東方各民族正在紛紛覺醒，採取實際行動，使每一個民族都參與決定全人類命運的問題。」「要把你們的鬥爭和我們反對國際帝國主義的鬥爭匯合起來，⋯⋯ 我們蘇維埃共和國要把覺醒的東部各族人民團結在自己周圍，共同

47 列寧：〈俄共（布）綱領草案〉（1919 年 2 月），《列寧全集》（36），第 82 頁。

48 列寧：〈關於共產國際的成立〉（1919 年 3 月 6 日），《列寧全集》（35），第 507 頁。

49 列寧：〈共產國際第四次代表大會文獻〉（1922 年 11 月 4 日），《列寧全集》（43），第 273 頁。

50 季諾維也夫：《論共產國際》（北京：人民出版社，1988 年），第 40 頁。

去進行反對國際帝國主義的鬥爭。」[51] 列寧宣稱：「我們是國際主義者。我們力求實現世界各民族工農的緊密團結，力求使它們完全合併成為一個統一的世界蘇維埃共和國。」[52] 共產國際在其第二次代表大會的文件很清楚列明：「共產國際是世界革命無產階級的意志的集中表現。它的使命是把全世界工人階級組織起來，推翻資本主義制度，建立共產主義制度。第三國際是以聯合全世界革命力量為己任的戰鬥組織。」[53]

為了捍衛被世界帝國主義列強所包圍的各蘇維埃共和國的生存，共產國際要求各蘇維埃共和國建立密切的聯邦制聯盟，在軍事和經濟上互相支持。「無產階級的國際主義：第一，要求一個國家的無產階級鬥爭的利益服從全世界範圍的無產階級鬥爭的利益；第二，要求正在戰勝資產階級的民族，有能力有決心為推翻國際資本主義而承擔最大的民族犧牲。」（這是新中國成立後，支持韓國和越南與美國戰爭的原因。）

列寧指出在比較落後的國家和民族，要特別注意以下各點：

「第一，各國共產黨必須幫助這些國家的資產階級民主解放運動；把落後國家淪為殖民地或在財政上加以控制的那個國家的工人，首先有義務給予最積極的幫助。」

「第四，必須特別援助落後國家中反對地主、反對大土地佔有制、反對各種封建主義現象或封建主義殘餘的農民運動，竭力使農民運動具有最大的革命性，使西歐共產主義無產階級與東方各殖民地以至一切落後國家的農民革命運動結成盡可能密切的聯盟；尤其必須盡一切努力，用建立『勞動者蘇維

51 列寧：〈在全俄東部各民族共產黨組織第二次代表大會上的報告〉（1919 年 11 月 22 日），《列寧全集》（37），第 321－323 頁。

52 列寧：〈為戰勝鄧尼金告烏克蘭工農書〉（1919 年 12 月 28 日），《列寧全集》（38），第 46 頁。

53 《共產國際第二次代表大會文件》（1920 年 7－8 月），《國際共產主義運動史文獻》編輯委員會：《共產國際第二次代表大會文件》（1920 年 7－8 月）（北京：中國人民大學出版社，1988 年），第 717 頁。

埃』等方法把蘇維埃制度的基本原則，應用到資本主義前的關係佔統治地位的國家中去。」

「第五，必須堅決反對把落後國家內的資產階級民主解放思潮塗上共產主義的色彩；共產國際援助殖民地和落後國家的資產階級民主民族運動，只能是有條件的，這個條件是各落後國家未來的無產階級政黨（不僅名義上是共產黨）的份子已在集結起來，並且通過教育認識到同本國資產階級民主運動作鬥爭是自己的特殊任務；共產國際應當同殖民地和落後國家的資產階級民主派結成臨時聯盟，但是不要同他們融合，要絕對保持無產階級運動的獨立性，即使這一運動還處在最初的萌芽狀態也應如此。」[54]（這就是國共合作的模式）

帝國主義既然發動國際聯軍武裝干涉俄國革命，企圖消滅蘇維埃政權，列寧亦推動共產國際成立，進行世界革命，支持和策動各國的共產主義革命，推翻其資本主義政權。於是，歐洲一些國家，如匈牙利、斯洛伐克、巴伐利亞、芬蘭、愛沙尼亞和波蘭相繼爆發了革命。不過，這些革命曇花一現，很快被鎮壓下去。1919 年 8 月 5 日托洛茨基致函俄共中央，建議把革命重點轉向亞洲：「現在這個時候西方不會很快爆發重大事件。但是總罷工示威的失敗、匈牙利共和國被扼殺以及繼續公開支持討伐俄國——所有這一切都顯示，西方革命的潛伏期和準備期還會持續相當長的時間。這就是說，法英軍國主義在一定程度上仍保存着生命力和實力，而我們紅軍在世界政治的歐洲舞台上無論就進攻還是防御來説，力量都還相當小。這種情況下，西部邊界的一些白衛小國暫時可能為我們提供『掩護』。」「毫無疑問，我們的紅軍在世界政治的亞洲舞台上是一支比在歐洲舞台上強大得多的力量。我們在這裏無疑不僅能長期等待歐洲事態的發展，而且能在亞洲方向採取積極行動。現在對我們來説通向印度之路要比通向蘇維埃匈牙利之路更暢通且路程更短。」

54　列寧：〈為共產國際第二次代表大會準備的文件：民族和殖民地問題提綱初稿〉（1920 年 6 月 5 日，《列寧全集》（39），第 159－165 頁。

「國際局勢形成了這樣的格局，就是去巴黎和倫敦之路要經過阿富汗、旁遮普和孟加拉的城市。」「目前形勢急劇變化，必須清醒地認識到這一點。德國的共產主義運動在經歷了第一個狂飈突進時期後收縮了，而且這種狀況也許會持續許多個月。一切跡象表明，蘇維埃匈牙利的失敗延緩了一些小國家（像保加利亞、波蘭、加里西亞、羅馬尼亞及巴爾幹國家）的革命。這個階段要持續多長時間呢？這顯然是難以預測的，也可能持續 1 年、2 年、5 年。當今殘酷剝削的資本主義多存在哪怕幾年，都意味着殖民地剝削的程度不可避免地要加深，另一方面起義也不可避免地要爆發。亞洲可能會成為近期爆發起義的舞台。我們的任務就是要及時把我國國際方針的重心作必要的轉移。」「總之，歐洲革命似乎推遲了。但毋庸置疑，我們由西向東推進了。……必須根據變化了的局勢改變方針。」[55]

1920 年 7 月至 8 月，共產國際第二次代表大會召開，不少領導都認同托洛茨基推動亞洲殖民地革命的觀點，羅易説：「英國現在是帝國主義列強中最強大的國家，這主要是因為它有廣大的殖民地。英國舉足輕重，實力很強，社會形勢穩定，這都是因為有殖民地。」「在印度的被壓迫群眾中間出現了一個新的運動，它迅速擴大，並已發展成為巨大的罷工浪潮。這場群眾性的運動不受革命民族主義者的領導，它在獨立自主地發展着，儘管民族主義者仍企圖利用這場運動為自己的目的服務。雖然不能説這場運動的參加者——工人和農民已經有了階級覺悟，但這一群眾性運動無疑是具有革命性的。無論如何，群眾是要求革命的，他們的行動説明了這一點，運動所採取的那些形式也表明了這一點。」「自然，這些群眾發動的革命在初期不會是共產主義的；自然，在初期，革命的民族主義將會發揮作用。但不管怎樣，就連革命的民族主義也會引起歐洲帝國主義的崩潰，這對於歐洲無產階級必定有重要意

55　托洛茨基：〈致俄共（布）中央〉（1919 年 8 月 5 日於盧布內），沈志華等：《蘇聯歷史檔案選編》（6）（北京：社會科學文獻出版社，2002 年），第 193－197 頁。

義。」[56]

「歐洲資本主義汲取主要力量的主要來源之一，就是殖民地和附屬國。歐洲資本主義大國不控制廣大的殖民地市場和廣闊的殖民地剝削場所，就無法繼續生存。英國這個帝國主義堡壘，一百多年來就一直遭受生產過剩的痛苦。沒有為銷售商品和供給本國不斷發展的工業所需原料而必不可少的廣大殖民地，英國的資本主義制度早就自行垮台了。」[57]

中國代表劉紹周在共產國際第二次代表大會第五次會議呼籲支持中國革命：「中國有從事革命宣傳的廣闊天地。第三國際的代表大會應當高度重視這一事實。支持中國革命不僅對中國本身，而且對全世界的革命運動都有重要意義，因為日本帝國主義已在亞洲站穩了腳跟，並且將把它的帝國主義魔爪伸向西伯利亞和太平洋的一些島嶼，甚至南美，而目前唯一能對抗貪婪的日本帝國主義的力量，就是中國勞苦大眾的強有力的和聲勢浩大的革命運動。」[58]

列寧分析帝國主義干涉俄國革命失敗的原因：「我們從侵犯俄國的戰爭中就看到了這一點。俄國這個又窮又弱、備受壓抑的國家，這樣一個最落後的國家，卻抗擊了所有的國家，抗擊了統治全世界的富強的聯盟，並且取得了勝利。雙方力量懸殊，可是我們打贏了。為什麼呢？因為它們之間毫不團結，因為大國之間互相作對。法國希望俄國還它的債，並成威懾德國的力量；英國則希望瓜分俄國，企圖奪取巴庫的石油，並同俄國邊境上的幾個國家締結條約。英國官方的一個文件，非誠實地列舉了大約半年前（1919 年 12 月）答應要攻佔莫斯科和彼得格勒的國家（一共十四個國家）。」「這次代表

56 〈羅易發言並提出補充提綱〉，《國際共產主義運動史文獻》編輯委員會：《共產國際第二次代表大會文件》（1920 年 7－8 月）（北京：中國人民大學出版社，1988 年），第 232 頁。

57 〈關於民族和殖民地問題的補充提綱〉，《共產國際第二次代表大會文件》（1920 年 7－8 月），第 716 頁。

58 〈第五次會議——繼續討論民族和殖民地問題〉（1920 年 7 月 28 日），《共產國際第二次代表大會文件》（1920 年 7－8 月），第 255 頁。

大會，已經把資本主義國家、先進國家的革命無產者，同那些沒有或者幾乎沒有無產階級的國家的革命群眾，同東方殖民地國家的被壓迫群眾團結起來了。」「所以我們現在最重要的任務之一，就是要考慮如何在各非資本主義國家內為組織蘇維埃運動奠定頭一塊基石。在這些國家裏組織蘇維埃是可能的，但這種蘇維埃將不是工人蘇維埃，而是農民蘇維埃，或勞動者蘇維埃。」[59]

1921 年 6 月，列寧在共產國際三大前夕對蔡特金說：「世界革命的第一個浪潮已經平息了。第二次浪潮還沒有興起，如果我們對它抱有任何幻想，那是危險的。」[60] 7 月共產國際第三次代表大會確定了新的策略方針，放棄對資本主義「直接進攻」的策略，列寧分析國際形勢：「佔世界人口大多數的殖民地和半殖民地國家的勞動群眾，從二十世紀初起，特別是在俄國、土耳其、波斯和中國爆發革命後，已經覺醒過來，開始參加政治生活。1914－1918 年的帝國主義戰爭和俄國的蘇維埃政權，最終使這些群眾成了世界政治的積極因素，成了用革命摧毀帝國主義的積極因素。」雖然歐洲有可能很快爆發革命，「但是，現在把共產國際的策略建立在這種可能性上是荒謬的；認為宣傳時期已經結束而行動時期已經到來的寫法和想法也是荒謬和有害的。」「如果代表大會對這些錯誤，對這些『左的』愚蠢行為不堅決進攻，那麼整個運動必定要垮台。這一點我是深信不疑的。」[61] 1922 年 2 月列寧說：「東方已經最終加入了革命運動，最終捲入了全世界革命運動的總漩渦。」「鬥爭的結局歸根到底取決於如下這一點：俄國、印度、中國等等構成世界人口的絕大多數。正是這個人口的大多數，最近幾年來非常迅速地捲入了爭取自身解放的鬥爭，所以在這個意義上說，世界鬥爭的最終解決將會如何，是不可能有絲毫懷疑的。在這個意義上說，社會主義的最終勝利是完全和絕對有保證的。」

---

59 列寧：〈共產國際第二次代表大會文獻——關於國際形勢和共產國際基本任務的報告〉（1920 年 7 月 19 日），《列寧全集》（39）（1920 年 5－11 月），第 215－221 頁。

60 《回憶列寧》（5），第 21 頁。

61 列寧：〈共產國際第三次代表大會文獻——關於俄共策略的報告提綱〉（1921 年 6 月 13 日），《列寧全集》（42），第 3、13、27 頁。

「為了保證我們能存在到反革命的帝國主義的西方同革命的和民族主義的東方，世界上最文明的國家同東方那樣落後的但是佔人口大多數的國家發生下一次軍事衝突的時候，這個大多數必須能趕得上建立文明。……我們應當努力建成這樣一個國家，在這個國家裏工人能夠保持他們對農民的領導，保持農民對他們的信任。」[62]

斯大林對中國留學生說：「中國是有幾億人口的民族密集的國家，是全世界極重要的銷售市場和資本輸出市場。……在中國，帝國主義必須在民族中國的活體上開刀，把它割成碎片，奪取它整個的省份，以保持自己的舊有陣地，或者至少維持住這些陣地的一部分。……在中國，反帝國主義的鬥爭一定會具有深刻的人民性和鮮明的民族性，一定會步步深入，直到同帝國主義作殊死的決鬥，震撼帝國主義在全世界的基礎。」[63]

英、法、德、美等國的資產階級力量強大，短期內無爆發革命的可能，故共產國際將革命重點轉向東方。1920 年 7 月共產國際第二次代表大會通過《民族和殖民地問題的補充提綱》，制定了扶助各國共產黨成立及用物質支持他們革命的策略。同年，蘇聯成立東方研究所，準備對東方民族活動。列寧早已注意孫中山領導的國民革命，正艱苦奮鬥、極力抵抗帝國主義的侵略。中國是歐洲列強最大的原料供應地及市場，故支持孫中山與帝國主義的戰爭，讓中國國民革命成功，把帝國主義者趕出中國，使它們失去原料供應地及市場，這樣便會令帝國主義國家因經濟的崩潰而誘發社會主義革命。

無論是追求民主自由的中國，或是建設社會主義的俄國，帝國主義都出兵干涉兩國的革命，支持其反革命勢力，以摧毀廣州國民革命政府和蘇維埃共和國，孫中山和列寧兩位革命家都同時面對帝國主義這個敵人，那麼聯合起來一起打倒共同的敵人，是不是理所當然？孫中山聯俄容共的政策就是在

62 列寧：〈寧肯少些，但要好些〉（1923 年 3 月 2 日），《列寧全集》（43），第 391 頁。

63 斯大林：〈和中山大學學生的談話〉（1927 年 5 月 13 日），中共中央馬克思恩格斯列寧斯大林著作編譯局：《斯大林全集》（9）（北京：人民出版社，1954 年），第 232 頁。

這樣的國際背景誕生的。

3. 新思潮的衝擊

二十世紀一十年代，國際和中國局勢產生了翻天覆地的變化。先是中國爆發了辛亥革命，推翻了滿清政府，結束了二千多年的君主專制政治。接着爆發了第一次世界大戰，歐洲沙俄皇朝、奧匈帝國相繼崩潰，英法德意等國亦因深受大戰蹂躪而實力大減。歷史的步伐以驚人的速度前進，新生事物發生得太快太多，一般人根本難以適應。國民黨理論家戴季陶對孫中山說：「此刻這個時代，思想的震盪已經到了極點，中國在這世界思潮的震盪的中間，也就免不了震盪起來。」對共產主義在中國流行表示憂慮。

孫中山回答說：「政治運動是政治運動，經濟運動是經濟運動，各有各的統系，都隨着人文進化的大潮流，自自然然的進步。⋯⋯這種不健全的思想，的確是危險。不過這也是過渡時代一種自然的事實，如果要去防止他，反而煽動人的好奇心，助成不合理的動亂。再冷靜一點想，無論在什麼地方，荒地開墾的時候，初生出來的，一定是許多的雜草毒草，決不會一起便天然生出五穀來的，也不會忽然便發生牡丹、芍藥來的。這種經過，差不多是思潮震盪時代的必然性，雖是有害，但也用不着十分憂慮的。」[64]

孫中山反而認為新文化運動的思想變化對革命有利，他指出：「自北京大學學生發生五四運動以來，一般愛國青年無不以革新思想，為將來革新事業之預備。⋯⋯此種新文化運動，在我國今日，誠思想界空前之大變動，⋯⋯學潮彌漫全國，人皆激發天良，誓死為愛國之運動。倘能繼長增高，其將來收效之偉大且久遠者，可無疑也。吾黨欲收革命之成功，必有賴於思想之變化，兵法攻心，語曰革心，皆此之故，故此種新文化運動，實為最有價值之

---

64 孫中山：〈與戴季陶關於社會問題之談話〉（1919 年 6 月 22 日），《國父全集》（2），第 524－526 頁。

事。」[65]

依靠會黨和新軍力量進行辛亥革命的孫中山，開始重視青年在革命擔當的角色，主張「革命的青年國民為中國唯一之希望，當在本黨旗幟之下，為中國之主權，為青年國民之利益，為全體國民之利益而奮鬥，當為本黨之前鋒，當幹青年之事業」。[66]

1924 年 1 月 21 日，孫中山在廣州中國國民黨第一次全國代表大會演講，公開解釋他容共的原因：「北京一班新青年，非常崇拜新思想。及聞俄國共產之主義，便以此為世界極新鮮之主義，遂派代表往俄，擬與之聯合，並代俄宣傳主義，認定『共產主義』與『民生主義』為不同之二種主義。」國民黨的老同志亦認定「民生」與「共產」為絕對不同之二種主義，於是群起排斥，產生暗潮。孫中山説雙方均屬誤解，因為新青年一方面的代表到達蘇聯後，俄人對他們極力稱讚國民黨所主張之三民主義，於是中共遂悉心研究三民主義，認定救國大計，非此不可，於是誠心悦服本黨三民主義，改共產黨員為國民黨員。所以國民黨與共產黨聯合，「將來必能得中俄互助之益，決無大害」。國民黨海外同志可以放心。[67] 孫中山對自己的三民主義充滿信心，認為馬克思主義並不適合中國，只有三民主義可以拯救中國。既然無法阻止馬克思主義在中國傳播，不如吸納這批崇拜新思想的愛國青年，國民黨容納他們，對革命更有好處，所以同意「容共」。

65　孫中山：〈為創設英文雜誌及印刷機關致海外同志書〉（1920 年 1 月 29 日），《國父全集》（5），第 190－193 頁。

66　孫中山：〈國民黨致各界書〉（1924 年 3 月 28 日），《國父全集》（2），第 145－146 頁。

67　孫中山：〈關於民生主義之説明〉（1924 年 1 月 21 日），《國父全集》（3），第 416－418 頁。

4. 爭取美援失敗

孫中山在英美接受教育，以為「民主國家」會做點有益於中國民眾的措施。1917 年 6 月 8 日，孫中山拍電報給美國總統威爾遜，希望他運用在協約國之間的影響力，阻止中國捲入第一次世界大戰。威爾遜看完電報後，以不符美國政策，沒有回應。孫中山在廣州建立軍政府之後，曾與胡漢民去訪問美國駐廣州總領事赫茲萊曼（P. S. Heintgleman），希望從美國方面獲得財力和軍火的支援、外交的承認，以及其他方面的協助。但威爾遜政府對孫的請求不予理會。

歐戰結束後，孫中山在 1918 年 11 月 18 日給威爾遜總統一封長電報，請他「拯救中國之民主與和平。⋯⋯閣下曾拯救歐洲之民主，今企盼閣下能同樣拯救中國之民主。請閣下正告北方軍閥，最初選舉產生的國會必須恢復，且予以尊重」。美國政府仍然拒絕與孫中山直接溝通，用非正式通知，表示致總統的電報已經收到。

1921 年中美兩國都產生了新政府，哈定當選為美國新一任總統。孫中山對哈定總統抱有極大的期望，不過美國新政府卻讓孫中山徹底失望。美國政府自哈定總統、國務卿以下國務院中主管遠東事務的美國官員，都以現實主義作為對華關係的基準，只承認北京政府是中華民國政府，孫中山的廣州政府未得美國政府承認，並無法理地位，甚至被視作一個叛亂政權。1921 年 3 月 4 日哈定總統就職時，孫中山的駐美代表馬素曾致電祝賀，並轉達孫中山「此後共和美國與共和中國彼此間應建立更密切關係」的希望。但美國國務院主管遠東事務的馬慕瑞（John V. A. MacMurray）拒絕承認這通賀電，並指示哈定總統秘書克里斯欽（George B. Christian）不要接見這位馬素先生，因為他自稱是孫中山的代表，孫自稱為中國總統反對北京政府，但北京政府卻是唯一獲得國際承認的中國政府。

1921 年 5 月 5 日，孫中山在廣州就任非常大總統，他希望能獲得美國承認，給哈定總統寫了封要求立即給予承認的信，託馬素在 6 月 16 日親自帶到美國國務院去面交。孫中山同時另有一封給哈定總統的信，託由美國駐廣州的副領事蒲萊士（Ernest B. Price）轉達。可是，這封信不僅未經開啟，立即被國務院退回駐廣州總領事館，要總領事柏哈茲（Lao Bergholz）退還給發信人，同時申斥蒲萊士「允許總領事館成為一個叛亂組織的官式通訊工具——這一組織正反對與美國有友好關係的北京政府」。

華盛頓會議召開時，孫中山再派其私人外交秘書陳友仁，在 1921 年 9 月 20 日寫信給美國國務卿許士，請求將一封密函親自轉交給哈定總統。但結果亦被國務院阻止。[68]

孫中山屢次爭取美國承認和援助失敗，當然會爭取其他國家承認和支持，以免陷於孤立。

三、孫中山與俄國的接觸

一般資料都説共產國際是透過陳獨秀的介紹才與孫中山接觸的，事實上並非如此。孫中山領導辛亥革命時，便已經與俄國革命者開始接觸。1896 年孫中山在倫敦被清廷誘捕，因而成為「新聞人物」，引起了俄國革命人士的極大關注。孫中山獲釋後，結識了《俄國財富》雜誌的主筆和一些俄國人，遂向他們介紹中國革命。《俄國財富》在 1897 年第 5 期譯載了孫中山的《倫敦蒙難記》，並發表了他的談話和文章。自此，孫中山的名字漸為俄國革命者認識。稍後，孫中山在長崎結識了俄國社會革命黨人魯塞爾，並兩次寫信給他，表示十分珍惜俄國革命家對中國人民革命鬥爭的同情。中俄革命家之間的友誼，為孫中山後來作出聯俄的決策提供了重要的條件。[69] 俄國革命黨十分

68 李雲漢：〈中山先生護法時期的對美交涉（1917－1923）〉，張玉法：《中國現代史論集七：護法與北伐》（台北：聯經出版事業公司，1985 年），第 215－277 頁。

69 王功安、毛磊主編：《國共兩黨關係通史》（武昌：武漢大學出版社，1991 年），第 17 頁。

關注中國的革命，布爾什維克的《星報》從 1911 年起就系統地報道了中國政情，開闢了「中國革命」專欄。1912 年元旦，孫中山就任中華民國臨時政府大總統。四日之後，俄國社會民主工黨在布拉格舉行第六次代表大會，通過了由列寧起草的〈關於中國革命的決議〉，指出中國革命的世界意義，認為孫中山領導的革命將使亞洲獲得解放，並正在破壞歐洲資產階級的統治。[70] 這決議是國際上最早對中國辛亥革命表示聲援的政治力量。1912 年 4 月 1 日孫中山辭任臨時大總統職後，在南京中國同盟會員舉行餞別會上發表演說，題為〈中國革命的社會意義〉。[71] 此文被譯成法文後，載於同年 7 月 11 日比利時工人黨機關報——布魯塞爾《人民報》(*Le Peuple*)；後再從法文轉譯成俄文，7 月 15 日載於俄國《涅瓦明星報》第十七期。列寧根據這篇材料，寫了〈中國的民主主義與民粹主義〉為題的評論，與孫中山的演講詞同時發表。列寧高度稱讚孫中山是「先進的中國民主主義者」。他的思想是「真正偉大的人民的真正偉大思想」。[72]

1917 年俄國爆發十月革命，1918 年帝國主義國家醞釀武裝干涉俄國革命。當蘇維埃政權正在孤立無援的時候，孫中山在該年夏天，以中華革命黨名義致電列寧和蘇俄政府：「中華革命黨對貴國革命黨所進行的艱苦鬥爭，表示十分欽佩，並願中俄兩黨團結共同鬥爭。」[73] 汪精衛說：其時世界上的交通機關都在帝國主義者的掌握，電報是不易打去的，「很曲折的才託美洲的華僑同志打給俄國」，「列寧此時正在帝國主義者四面的封鎖，忽然接到總理

70 〈代表會議的決議：關於中國革命〉，《列寧全集》（1911 年 12 月－1912 年 7 月）（21），第 163 頁。

71 孫中山：〈中國革命的社會意義〉（1912 年 4 月 1 日），《國父全集》（3），第 30－32 頁。

72 列寧：〈中國的民主主義和民粹主義〉（1912 年 7 月 15 日），《列寧全集》（21），第 426－427 頁。

73 孫中山：〈致列寧和蘇維埃政府電〉（1918 年夏），《孫中山全集》（4），第 500 頁。

這一封電，實在生出意外的感動，視為這是東方的光明來了。」[74] 鮑羅廷也說列寧接了這個電報，感激不已。[75] 於是委託蘇聯外交人民委員格奥爾基·契切林在 8 月 1 日（幾個月之後）致函孫中山表示敬意，並呼籲「俄國勞動階級籲請中國兄弟共同鬥爭。因為我們的成功，就是你們的成功，我們的滅亡也就是你們的滅亡。讓我們在爭取全世界無產階級共同利益的偉大鬥爭中更加緊密地團結起來」。[76] 自此，開始了中蘇兩國革命領導人直接的聯繫，列寧和蘇聯政府不斷派出使者拜訪孫中山。從 1919 年到 1920 年期間，孫中山在上海莫里愛路寓所接待過幾批蘇聯訪客。1919 年上海俄僑事務局工作的馬特維也夫·鮑德雷（Matriev Borid）曾先後兩次拜會孫中山。1920 年波波夫上校（Popoff）和波達波夫將軍（Potapoff）也分別拜會了孫中山，帶來了列寧的問候。波達波夫向契切林報告說：孫中山鑒於他即將返俄，故請他轉達彼對列寧的問候。孫中山解釋因為協約國代表對他的搜查，故未有發表對蘇維埃政府的書面呼籲書。孫中山同莫斯科的交往一旦暴露，就會給孫在外國租界的逗留和在中國進行的工作造成麻煩。不過，波達波夫說他已說服孫中山向莫斯科派駐兩名代理人。孫中山選擇了廖仲愷和朱執信，準備在 8 月取道歐洲前往。[77] 同年 7 月，遠東電訊社駐滬記者霍多羅夫向孫中山介紹了遠東共和國

74 汪精衛：〈對中國國民黨第二次全國代表大會政治報告〉（1926 年 1 月 6 日），中共中央黨史研究室第一研究部編：《共產國際、聯共（布）與中國革命文獻資料選輯》（1926－1927）（上）（北京：北京圖書館出版社，1998 年），第 4 頁。引自中國國民黨中央委員會黨史史料編纂委員會編：《革命文獻》第 20 輯（台北：中國國民黨中央委員會黨史委員會出版，1978 年）。

75 鮑羅廷：〈在國民黨中央執行委員會及廣州各界發起慶祝蘇俄十月革命八周年紀念會上的演說〉（1925 年 11 月 7 日），李玉貞：《鮑羅廷在中國的有關資料》（北京：中國社會科學出版社，1983 年），第 54 頁。

76 〈契切林致孫中山的信〉（1918 年 8 月 1 日），《共產國際、聯共（布）與中國革命文獻資料選輯》（1917－1925），第 48－49 頁。

77 〈波達波夫給契切林的報告〉（1920 年 12 月 12 日於莫斯科），中共中央黨史研究室第一研究部譯：《聯共（布）、共產國際與中國國民革命運動（1920－1925）》，（北京：北京圖書館出版社，1997 年），第 47－49 頁。

的情況。[78] 同月，俄國成立中國共產黨組織局，直接隸屬俄共（布），其俄文名稱是 Центральное Организационное Бюрокитайских коммунистовпри РКП，直譯成中文即俄國共產華員局。華員局派劉江（自稱中國共產黨代表，俄名：費奧多羅夫）回國到上海拜會了孫中山，兩人達成了下述協議：

一、立即把華南、俄國中部和遠東地區的中國革命力量聯合起來，以便能夠密切配合為反對北方現時的反動政府準備條件；

二、為此必須在遠東地區設立一個領導中心，擬把布拉戈維申斯克（即海蘭泡）作為這中心，將從這裏向南方和在蘇俄的組織下達指示；

三、擬把新疆省作為駐紮蘇俄軍隊和華南軍隊的集中地點，把軍隊集結在謝米巴拉金斯克州和謝米列欽斯克州的邊界線上，在中國土耳其斯坦附近，那裏現在正在部分地區徵召志願者。從戰略上考慮，這是可以自由地向北方調遣軍隊的一個最好的地方。駐紮在俄羅斯中部的中國軍隊已同南方首領孫中山舉行了軍隊合併的談判，前者表示完全同意同南方配合行動。為了同孫中山保持密切聯繫，孫將向莫斯科派駐兩名代表，他們不久就到這裏來。他們打算在布拉戈維申斯克呆一些時候，對這裏的勞工群眾和中國軍隊開展宣傳工作；

四、廣泛開展出版事業，為此必須在上海辦好印刷廠。[79]

孫中山立即行動，在 9 月派遣其大元帥府參軍李章達經黑龍江前往蘇聯。孫中山要求李章達務必到達莫斯科，代表他本人正式向蘇聯政府提議締結一項軍事合作的協定，請求蘇聯紅軍於次年，即 1921 年春季從蘇聯的土耳其斯坦進兵中國新疆，深入甘肅接應並援助四川的革命黨人，推動中國各地的革命武裝起義。10 月底李章達到達布拉戈維申斯克，由於蘇聯正處於內戰

78 王功安、毛磊主編：《國共兩黨關係通史》，第 20 頁。

79 〈劉江給俄共（布）阿穆爾州委的報告〉（1920 年 10 月 5 日於布拉戈維申斯克），《聯共（布）、共產國際與中國國民革命運動（1920－1925）》，第 44－45 頁。

的關鍵時刻，交通中斷，李章達延至次年春天才到達莫斯科。[80] 此時，蘇聯百廢待興，對孫中山的借兵計劃未有表態。

1920 年俄國內戰接近尾聲，10 月 31 日契切林再次致函孫中山，祝賀：「貴國正堅定不移地前進，貴國人民自覺地走上同帝國主義對世界的沉重壓迫進行鬥爭的道路。謹祝你們取得偉大成功。」最後契切林建議立即恢復中蘇之間的貿易關係，願中國堅定地走上與蘇聯友好的道路。[81] 孫中山直到 1921 年 6 月 14 日才收到這封信，因此，他建議派一個中間人與蘇聯在倫敦的使節聯繫，轉寄信件。[82]

1921 年底共產國際召開遠東勞苦人民大會，陳獨秀派張國燾代表共產黨出席，孫中山派張秋白代表國民黨出席。會議最初計劃在西伯利亞伊爾庫次克舉行，後來改在莫斯科和彼得堡召開，從 1922 年 1 月 21 日至 2 月 2 日，共舉行了十二次會議。共產國際主席季洛維夫（Zinoviev）宣佈開會後，大會旋即推舉列寧、托洛茨基、片山潛、季洛維夫和斯大林五人為名譽主席。共產國際東方部部長沙發洛夫（Safarov），美、印、匈等國的共產黨代表和遠東各國的主要代表等十六人被推為主席，中國共產黨代表張國燾是其中之一。大會議事日程：

一、季洛維夫報告國際形勢與華盛頓會議結果；

二、各國代表報告；

三、沙發洛夫報告共產主義者對民族和殖民地問題的立場以及共產主義

80 李頌儀：〈李章達生平年表〉，《南方日報》（1953 年 12 月 15 日）；〈李章達之履歷〉，《民國日報》（1926 年 4 月 24 日）；周穀：《孫中山早期與俄國革命黨人的來往》，《傳記文學》（第 58 卷，第 3 期）；楊奎松：〈孫中山的西北軍事計劃及其夭折〉，《歷史研究》（1996 年第 11 期）；沈志華主編：《中蘇關係史綱》（北京：社會科學文獻出版社，2011 年），第 22 頁。

81 〈契切林致孫中山的信〉（1920 年 10 月 31 日），《共產國際、聯共（布）與中國革命文獻資料選輯》（1917－1925），第 50 頁。

82 〈孫中山致俄羅斯蘇維埃社會主義共和國外交部信〉（1921 年 8 月 28 日），《共產國際、聯共（布）與中國革命文獻資料選輯》（1917－1925），第 53 頁。

與民族革命政黨合作問題；

四、宣言。

會議期間，列寧約見了張國燾、張秋白、鐵路工人代表鄧培及朝鮮代表金奎植，共產國際遠東局主任施瑪斯基安排各人到達克里姆林宮後，列寧便與各人輕鬆談話。列寧詢問張秋白：中國國民黨和中國共產黨是否可以合作。張秋白即作肯定表示：「國共兩黨一定可以很好的合作。」列寧旋即以同樣的問題問張國燾，張國燾回答說：「在中國民族和民主的革命中，國共兩黨應當密切合作，而且可以合作。」並指出：「在兩黨合作的進程中可能發生若干困難，不過這些困難相信是可以克服的。」張國燾認為列寧對他的回答，似乎很滿意。[83]

2月7日，契切林隨即函告孫中山：我們很高興收到了他的信，列寧也極感興趣地讀了。同時很高興能在遠東勞動者代表大會上與國民黨代表直接接觸。契切林與張秋白進行了長時間會談，並期望今後經常同他會晤。蘇聯希望不久會派人前去拜訪孫中山，並且會經常留在他身邊。契切林強調：「俄國政府和人民是中國人民最真摯的朋友，並熱切希望中國成為一個由人民政府領導的、徹底擺脱外來政治或經濟壓迫的統一、進步的國家。……我們政府不會干涉中國內政，也不想侵犯中國人民最充分、最完全的自決權，中國人民應當自己決定自己的命運。」蘇聯對中國人民進步的解放力量是完全同情的。契切林並解釋蘇聯的外交政策，北京政府終歸是中國的正式政府，所以蘇聯仍力圖同它建立正常關係。蘇聯將更明確地規定與孫中山聯繫的範圍，「我國政府絕不會放棄同中國人民的最忠實、最熱忱、最誠摯的友誼與合作」。[84]

國共合作之前，孫中山與蘇聯已有緊密的接觸和書信往來，並屢次派人

---

83 《我的回憶》(1)，第168－197頁。

84 〈契切林致孫中山的信〉(1922年2月7日)，《共產國際、聯共(布)與中國革命文獻資料選輯》(1917－1925)，第53－54頁。

到達莫斯科，與蘇聯甚至是列寧等領導人，直接商談聯俄和國共合作的事，說明聯俄容共的政策完全是孫中山親自策劃進行的，不見得受其他人擺佈影響。

既然孫中山和列寧已經建立直接溝通的渠道，國共代表亦在列寧面前表白合作的意願，為什麼孫中山的聯俄容共政策要延到 1923 年（一年之後）才能落實？其中有什麼曲折之處？

四、蘇俄在中國的經營

蘇俄對中國的經營是採取全面出擊、百花齊放的策略。在中國的活動是齊頭並進方式，有些用蘇俄外交部名義，有些用共產國際身份。如以外交部名義派特使與英、美、法、日等國承認的北京政府談判，要求中國承認俄羅斯共和國，與這個新政權建立正式的外交關係；另一方面又用共產國際身份協助中國共產黨成立，促進國共合作，進行共產主義革命；同時又與中國所有軍政領袖聯繫，爭取友誼，以瓦解帝國主義在華的影響力。

1. 與中國恢復邦交

蘇俄紅軍因無力抵抗入侵的日本，1920 年 2 月 18 日，俄共決定在遠東地區建立「緩衝國」，使日本等國失去武裝干涉蘇俄的口實。4 月 6 日，遠東共和國發佈了「獨立宣言」，宣告成立。遠東共和國要設法使日本從俄國遠東地區撤軍，因此它不僅要恢復中俄通商貿易，而且要解決各種懸案，爭取同中國政府正式建立外交關係。5 月，遠東共和國向北京政府發出照會，要求盡快建立互利關係，並建議召開蘇俄、遠東共和國和中國三方會議，以解決蘇俄對華宣言中提出的各項問題，並隨即派出國防部副部長優林為使華全權代表，組團來華。6 月 10 日，優林一行抵達中國邊境城市恰克圖，12 日以遠東共和國全權代表名義致電北京政府外交總長，要求發給入境簽證，前往北京「接洽一切」。

這時，中國加入了協約國對德作戰，故乘機接管了俄國在漢口、天津和哈爾濱三市的租界，並取消了俄國人的治外法權；接管了中東鐵路守備權和鐵路沿線屬地的行政管理權；廢除了《恰克圖協定》，派兵進駐庫倫，取消了外蒙古的自治地位（所以蘇聯兩次對華宣言表示放棄其在華特殊權益，只是放棄了已經失去之物）。這些行動都得到了協約國駐華公使團的支持或默認，故北京政府對協約國尚未公開承認的蘇俄政府和遠東共和國採取冷淡態度。6月22日，北京政府外交部指示西北籌邊使署，強調現時協約各國對俄正在接洽通商，尚未到與之發生政治關係地步，不便准其來京，唯可就近接洽商務等不關政治事宜。

7月17日，日本承認遠東共和國的地位，北京政府外交部遂在8月3日批准優林來華。26日優林到達北京，立即要求與中國商談廢除帝俄時代中俄間數十種不平等條約及協定，和雙方建立邦交、設立領事館、把逃華的俄國十三萬白衛軍全部遣送赤塔等問題，中國則要求優林承諾不在中國鼓吹任何政治宣傳、賠償華僑因俄國革命和遭受虐待所受損失等。但談判並無結果。

1921年7月12日，蘇軍趕走白軍和中國軍隊之後，幫助蒙古人民黨組建蒙古人民革命政府。11月5日，該政府宣佈成立蒙古獨立國。中國政府堅持對外蒙古擁有主權，故無法與遠東共和國繼續商談。

1922年6月29日，蘇俄外交人員委員部致函中國駐莫斯科總領事，派越飛（Adolf A. Joffe）為駐北京全權代表。8月12日，越飛抵達北京，三天後與中國外交總長顧維鈞正式談判。因蘇軍自蒙古撤退問題無法解決，談判無進展。1923年9月2日，蘇聯政府（1922年底蘇俄已改國名為蘇維埃社會主義共和國聯盟，簡稱蘇聯）新任全權代表加拉罕抵達北京，但仍無法改變談判僵局。1924年，北京政府派王正廷為全權代表與加拉罕談判。王正廷首先提出解決中俄懸案大綱協定草案和暫行管理中東鐵路協定草案，加拉罕對王案進行修改補充，提出了修正案。到3月1日，雙方意見已漸趨接近。14日，王正廷、加拉罕草簽《中俄解決懸案大綱協定》十五條、《暫行管理中東鐵路協定》十一條，及附件七種。次日，北京政府國務會議審議王正廷、加拉罕草簽之各項文檔時，遭到外交總長顧維鈞等人的反對。

顧維鈞認為協定草案沒有提到廢除蘇俄與外蒙古「獨立」政府所簽條約，等於「默認了蘇俄與外蒙古的條約」；草案規定一旦中國同意撤軍條件，蘇聯軍隊將立即從外蒙古撤軍，給人印象「似乎蘇俄在那裏駐軍是合法的，而且有權在撤軍之前提出種種條件」；草案規定廢除一切不平等條約，亦即包括廢除《辛丑條約》，卻又規定要由蘇聯來決定庚子賠款的用途，蘇聯等於沒有放棄庚子賠款。顧對草案規定在中國的東正教會產業必須交蘇聯政府，對有關中東路贖價等內容也持有異議。國務會議因此要求王正廷再促加拉罕修改，中國教授、學生，包括各省軍人，亦紛紛發出抗議。於是顧維鈞親自約見加拉罕，重啟中蘇談判。在十天之內，雙方談判二十次，最終取得了加拉罕在庚款使用和取消在華特權問題上的部分讓步。1924 年 5 月 31 日，中蘇兩國代表在外交部正式簽訂了《中俄解決懸案大綱協定》正文十五條、《暫行管理中東鐵路協定》十一條，及附件八種。《中俄解決懸案大綱協定》簽訂，中蘇兩國宣告正式相互承認和建交。7 月 31 日，蘇聯第一任駐華大使加拉罕向中華民國大總統呈遞國書。[85]

2. 越飛拉攏孫吳合作抗張

共產國際除協助中國共產黨成立，促進國共合作之外，又爭取與中國的實力派合作，其中一人就是號稱「開明軍閥」的吳佩孚。其後，共產國際終止與吳佩孚的關係，中共的資料解釋原因是吳佩孚血腥鎮壓京漢路工人罷工，殺害工運領袖及工人，乃使中、蘇共黨與吳佩孚關係中斷；國民黨的資料則說，孫中山採取聯俄容共政策，取得了俄國的援助，故共產國際終止與

85　沈志華主編：《中蘇關係史綱》（北京：社會科學文獻出版社，2011 年），第 29 頁。

吳的關係。這些資料與最近公開的蘇聯解密檔案有很大的差距。

直皖戰爭後，吳佩孚成為北京政府的主要領導人。他採取了一些親俄措施：一、同意遠東共和國代表優林使團到北京；二、驅逐沙俄在北京的代表庫達謝夫；三、表示支持中國工人運動。於是，蘇俄外交人民委員會、共產國際遠東局和遠東共和國都採取接近吳佩孚的政策。[86]

包惠僧《共產黨第一次全國代表大會前後回憶》說：維經斯基第一次來華期間，主張聯合吳佩孚以發動民主運動。馬林回憶遠東共和國認為：「為了中國的民族主義運動，可以合作的人物是吳佩孚。」1920 年 4 月維經斯基（G. Voitinsky）來華，認識李大釗，經過李大釗透過他的同學白堅武（時任吳佩孚政務處處長），介紹往見吳佩孚。10 月 9 日，蘇聯《消息報》刊登遠東問題專家維連斯基的文章，說吳佩孚影響的新中國內閣必採取有利於蘇俄之方針。[87] 10 月 25 日，俄外交人民委員長契切林（Chicherin）在《真理報》上說：「吳佩孚擊敗張作霖，增加中國維護政權力量，日本在華地位將更困難。」赤塔遠東共和國政府的俄國人堅信，為開展中國的民族主義運動可以合作的人是吳佩孚，而不是孫中山，他們認為孫中山是個不切實際的夢想家。他們同意支持吳佩孚。[88] 這時，中國共產黨亦和吳佩孚合作，借吳佩孚與梁士詒、葉恭綽等交通系領袖爭奪中國鐵路控制權的機會，協助其清除交通系的勢力，實際是乘機在京漢鐵路沿路成立了十六個工人俱樂部。[89] 1922 年至 1923 年間，中共領導的鐵路工會力量迅速擴張，與吳佩孚合作是其中一個因素。

不過，共產國際民族和殖民地委員會秘書馬林到華進行調查之後，認為

---

86 向青：〈李大釗與共產國際〉，《中國共產黨新聞網》，網址：cpc.people.com.cn/GB/69112/71148/71165/4972520.html。

87 向青：〈中國共產黨創建時期的共產國際和中國革命〉，《近代史研究》（1980 年 6 月第 4 期），第 103 頁。

88 伊羅生：〈與斯內夫利特（馬林）談話記錄——關於 1920－1923 年的中國問題〉，《共產國際、聯共（布）與中國革命文獻資料選輯》（1917－1925），第 251－252 頁。

89 《中國職工運動簡史》（1919－1926），第 24－26 頁。

「赤塔政府對待吳佩孚的方針是完全錯誤的」，主張支持國民黨：「這次強有力的海員罷工和國民黨的領導證明民族主義運動工人階級組織之間的聯繫已經建立。」[90] 1922 年 7 月（伊羅生與斯內夫利特一文誤作 9 月），馬林返回莫斯科，「向共產國際、特別是向被認為是中國問題專家的拉狄克報告」。馬林認為他的報告「成功地粉碎了赤塔依賴吳佩孚的方針，那種想法宣告徹底終結了」。不久，馬林被派為越飛的助手再次赴華，他與越飛交談，認為越飛也贊成和國民黨保持友好關係。[91]

不過，越飛並不認同馬林的觀點，在馬林返蘇向共產國際報告之前，越飛致函俄共中央政治局斯大林、列寧、托洛茨基、季諾維也夫、加米涅夫、契切林等領導提出了〈我們對華政策的總方針〉，其中與國共關係有關的條目如下：

一、對華政策如同整個國際政策一樣，首先要追求的是世界無產階級革命這個目標。

五、在對中國內部爭鬥及各政黨和集團的關係方面，要表現出最大的靈活性，調整好與所有各方的關係，但特別要注意支持孫中山的主張中華民族統一的政黨，並抓住最好的時機，發展對華、對其工商界的經濟關係。

六、然而，對中國共產黨的支持還要更大一些，不要顧慮它對我使館的公開親近。儘管這個黨現在還很弱，須知它一定會完全獨立。共產國際的某些委員想讓這個政黨從組織上與孫中山的黨合併的企圖是完全錯誤的。

七、應注意到，中國是世界帝國主義陰謀的交匯點，並且，無疑地將是未來世界帝國主義戰爭的起因所有（如果真發生這種戰爭的話），因而，須在

90　伊羅生：〈與斯內夫利特（馬林）談話記錄——關於 1920－1923 年的中國問題〉，《共產國際、聯共（布）與中國革命文獻資料選輯》（1917－1925），第 254 頁。

91　馬林：〈向共產國際執行委員會的報告〉（1922 年 7 月 11 日），《共產國際、聯共（布）與中國革命文獻資料選輯》（1917－1925），第 223 頁；伊羅生：〈與斯內夫利特（馬林）談話記錄——關於 1920－1923 年的中國問題〉，《共產國際、聯共（布）與中國革命文獻資料選輯》（1917－1925），第 255－259 頁。

此執行更有利於分化帝國主義、離間帝國主義國家的政策，不要使自己的政策與其中任何一個帝國主義國家的政策捆在一起，但要能在所有帝國主義國家間迂迴周旋，隨機應變。[92]

這份檔案清楚表明：讓中共與國民黨合併的企圖是完全錯誤的。因此，越飛與其助手馬林在 1922 年 8 月抵華後，越飛到北京，馬林返回上海，各自活動。8 月 12 日，越飛以俄羅斯聯邦駐華特命全權大使身份到達北京後，立即介入中國的政局，「利用吳佩孚、張作霖和孫中山之間的對抗」來謀求蘇聯的利益。[93] 越飛的策略是拉壟吳佩孚和孫中山聯合對付張作霖。越飛向孫中山派來的代表張繼解釋：「作為官方人士，我必須與中國的中央政府打交道。該政府反對俄國，履行帝國主義者的意志。為了對它施加影響，我必須利用那些出於某種緣故而對我們友好的力量。至今孫逸仙仍然實行抵制政策，不干預中國政府的事務，也不對它施加影響，那我就不得不訴諸於吳佩孚。因此我才接觸吳佩孚。」[94]

目前，一般對越飛拉壟孫吳合作的研究是比較忽略的，美國學者韋慕庭教授發表的〈孫中山的蘇聯顧問〉一文，便完全沒有描述越飛與孫中山交涉的主要內容，不知道越飛拉壟孫吳合作制張的策略。[95]

越飛積極活動拉壟吳佩孚和孫中山聯合，多次派人帶同他的信件給吳佩孚和孫中山，直接洽談孫吳兩人合作，組織聯合政府，以孫中山為總統，吳

---

92 〈越飛就對華政策總方針致中央政治局的信〉（1922 年 7 月 22 日於斯莫爾尼宮）（絕密），沈志華編：《蘇聯歷史檔案選編》（7）（北京：社會科學文獻出版社，2003 年），第 266－267 頁。

93 〈越飛給契切林的電報〉（絕密）（1922 年 11 月 1 日於北京），《聯共（布）共產國際與中國國民革命運動》（1920－1925），第 142 頁。

94 〈越飛給契切林的電報〉（摘錄）（絕密）（1922 年 11 月 10、13 日於北京），《聯共（布）共產國際與中國國民革命運動》（1920－1925），第 152－155 頁。

95 韋慕庭：〈孫中山的蘇聯顧問（1920－1925）〉，《中央研究院近代史研究所集刊》（第 16 期）（1987 年 6 月）（台灣：中央研究院近代史研究所，1987 年），第 283－285 頁。

佩孚為總理。

越飛到北京一週後（即 8 月 19 日）致函吳佩孚，說派他的軍事顧問格克爾（蘇聯駐華武官）[96] 去拜訪他，請他接見。[97] 格克爾會見吳佩孚之後作出報告：讚揚吳的軍隊秩序和紀律極其嚴整，操練和訓練非常好。吳佩孚表示自己親俄，並聲明：「孫逸仙是中國的思想領袖，吳佩孚是軍事領袖，兩人聯合後將建立一個統一的中國。現在他們在進行談判，希望他們達成協議。孫將任共和國總統，並親自兼任軍事部長和總司令。」[98]

越飛致函吳佩孚後三日（8 月 22 日）又致函孫中山，派他的信使馬林前往上海轉交給孫中山。信中詢問為什麼孫中山同張作霖達成反對吳佩孚的協議？又指出：孫中山同吳佩孚達成協議，他和國民黨的影響因此會更大。[99] 當時，孫中山因陳炯明叛變避居上海，但與張作霖組織反直（反吳佩孚）三角聯盟，故覆函越飛為張作霖辯護，「表示準備同接受他的條件的任何首領合作，包括吳佩孚在內」。但話題一轉，孫中山勸告越飛：「別把他（張作霖）推向日本，而要使他能更接受我的影響。…… 現在張正積極反對美英兩國，因為這兩個國家好像支持吳佩孚。貴方對他再採取敵視態度，可能會迫使他去尋求日本的外交支持。」[100]

9 月 15 日，越飛繼續游說孫中山：「你同吳佩孚聯合並一起建立中國中央

---

96 格克爾（1888－1938），1920 至 1922 年任蘇聯第 11 軍軍長和高加索獨立軍軍長，1922 年任工農紅軍軍事學院院長，1922 年至 1925 年任蘇聯駐華代表處武官。

97 〈越飛給吳佩孚將軍的信〉（1922 年 8 月 19 日於北京），《聯共（布）共產國際與中國國民革命運動》（1920－1925），第 99－102 頁。

98 〈越飛給加拉罕的電報〉（1922 年 8 月 25 日於北京），《聯共（布）共產國際與中國國民革命運動》（1920－1925），第 107－109 頁。

99 〈越飛給孫逸仙的信〉（1922 年 8 月 22 日於北京），《聯共（布）共產國際與中國國民革命運動》（1920－1925），第 103－106 頁。

100 〈孫逸仙給越飛的信〉（1922 年 8 月 27 日於上海莫利愛路寓所），《聯共（布）共產國際與中國國民革命運動》（1920－1925），第 109－112 頁。

政府，對中國來説，這是最好的聯合。」[101] 18 日，越飛再派格克爾帶信給吳佩孚説：「只有你與孫中山先生一起建立的政府，才是唯一能夠使中國擺脱嚴峻局面和建立統一而獨立的中國的政府。這個政府完全可以指望得到俄國的全面支持，在對待中國的問題上，俄國竭力促進它的民族統一和使它擺脱帝國主義的桎梏。」[102] 同日，越飛函告馬林派格克爾去見孫中山和吳佩孚，「讓孫和吳一起組建政府並與張作霖和解，至少要讓張作霖承認和支持孫中山－吳佩孚政府。……這樣的政府不僅可以指望得到俄國的支援，而且還可以指望得到整個共產國際的支持。」[103]

9 月 26 日，格克爾、馬林（別名西蒙）和翻譯古爾曼到上海莫利愛路孫中山寓所拜訪他，繼續拉壟孫吳合作。格克爾對孫中山説：俄國原則上準備幫助中國的統一事業，認為孫中山是能夠實現這種統一的人，但最好與吳佩孚聯合，並盡一切可能防止爆發新的內戰。孫中山説：防止吳佩孚和張作霖之間爆發新的戰爭是不可能的，並預料這場戰爭的勝者將是張作霖。格克爾並不同意，認為他本人見過吳佩孚的軍事組織，吳的軍隊要比張作霖的軍隊強大得多。又説吳佩孚對孫中山很有好感，並且同意成立在孫領導之下的政府，認為吳佩孚是為中國的統一和獨立而奮鬥的民族主義者。孫中山則認為吳佩孚不止一次地欺騙過中國人，所以特別懷疑吳佩孚對俄國作出的友好姿態。雖然吳具有反日情緒，但可能不自覺地充當了英美資本主義的工具。接着孫中山坦白地提出他想在西北邊境地帶或土耳其斯坦組建自己的軍事力量，並可以從俄國得到武器彈藥。俄國是否幫助他在西部（西北部）組建這

101〈越飛給孫逸仙的信〉（1922 年 9 月 15 日於長春），《聯共（布）共產國際與中國國民革命運動》（1920－1925），第 126－127 頁。

102〈越飛給吳佩孚將軍的信〉（不晚於 1922 年 9 月 18 日於長春），《聯共（布）共產國際與中國國民革命運動》（1920－1925），第 132 頁。

103〈越飛給馬林的信〉（1922 年 9 月 18 日於長春），《聯共（布）共產國際與中國國民革命運動》（1920－1925），第 130 頁。

樣的武裝力量呢？[104]

10 月 12 日吳佩孚接見越飛的代表格克爾後，函告越飛表示不可能與孫中山合作。[105] 這時，越飛並不認同孫中山聯張反吳的策略，認為「削弱吳佩孚，就是削弱正在進行民族鬥爭的中國」；「支持張，實際上就是支持我們的敵人，給俄中友誼增加困難。」越飛給契切林的電報說：「須利用中國的一派軍閥反對另一派軍閥，不讓他們當中的任何人特別強大。」[106]

孫中山雖然落難到上海，並坦率地要求蘇聯援助，但政治立場堅定，絕不出賣盟友和國家利益。11 月 2 日，孫中山致函越飛反對蘇聯支持吳佩孚對付張作霖。孫中山說：「這兩個人之間發生衝突，不僅對中國而且對俄國都是極為有害的。」「如果吳佩孚在他和張作霖發生衝突時得到俄國的幫助，那麼，張作霖很可能就會求助於日本。這還不算完，大不列顛、法國和美國肯定都會了解到這些情況，它們有可能受到真正的邀請來進行干預，因為這幾個大國對貴國政府及蘇維埃制度持明顯敵視的態度。其後果對中國來說是不堪設想的，並且完全有可能導致白衛份子在你最困難的情況下恢復反蘇維埃行動，如果日本得到其他列強的准許和邀請來援助這種進攻行動，那就更會是這樣。」孫中山嚴肅地指出：「這不是遊手好閑的投機生意，只要你停下來注意觀察一下資本主義國家對你們俄國制度敵視的廣度和深度，你就會發現這一點。」「你們如果站在吳佩孚一起對中國進行干預，日本軍國主義份子就可以把自己的政策偽裝起來，並與你們開戰。在這場戰爭中他們會得到列強在道義上和物質上的支持。而你們會作為侵略者出現在中國，以至我都無法否認這一點。」「我懷着某種恐懼的心情獲悉，貴國政府打算向北滿派駐軍

104〈馬林為格克爾同孫逸仙的談話所作的記錄〉（1922 年 9 月 26 日於上海孫中山寓所），《聯共（布）共產國際與中國國民革命運動》（1920－1925），第 134－138 頁。

105〈吳佩孚給越飛的信〉（1922 年 10 月 12 日於洛陽），《聯共（布）共產國際與中國國民革命運動》（1920－1925），第 138 頁。

106〈越飛給契切林的電報〉（摘錄）（1922 年 10 月 17 日於洛陽），《聯共（布）共產國際與中國國民革命運動》（1920－1925），第 140 頁。

隊，似乎是為了保持或維護俄國在中東鐵路上的利益，而實際上，正如我所推測的那樣，是為了在明年春天幫助吳佩孚向張作霖發動進攻。」「我應該指出，為了消滅張作霖，蘇聯向吳佩孚提供這種幫助，必然含有利用這種援助來反對我的可能性。我難以想像，貴國政府希望或有意把我看作是敵人，或者幫助任何一個能把我看作是敵人的人。」「我認為，你對張作霖持否定態度，是因為你懷疑他是日本代理人和他關照白衛份子，或者是他多少傾向於允許白衛份子在滿洲土地上搞反對貴國政府的陰謀活動。但是我能夠使他作出令人滿意的承諾，即今後他將基本上奉行我對貴國政府的政策。」「我絲毫不懷疑，貴國政府如果與我一起行動並通過我採用外交方式，而不是與吳佩孚一起行動並通過吳佩孚使用軍事援助和武裝力量手段，是能夠從張作霖那裏取得在理智的範圍內為保證蘇維埃俄國的安全所需要的一切的。」「至於吳佩孚，我很想與他合作。但是，以我同那些仍然忠於我的統一國家計劃的老朋友的決裂為條件的合作，我是不能同意的。吳佩孚想讓我拋棄張作霖作為對與他合作的一種酬謝。這樣的行動方針我是不能接受的，更何況張作霖準備同意進行有所有領導人參加的全國性協調活動。最後我應該提請你注意兩個事實：一、我發現與吳佩孚打交道是困難的，因為他認為，一旦與張作霖和爾後與我發生衝突時，似乎他可以指望得到蘇俄的幫助。二、只要與我一起行動或者通過我，貴國政府就能從張作霖那裏得到管理國家的高超藝術所需要的、符合非帝國主義俄國利益的東西。我請你把這封信轉給我們莫斯科的朋友們，特別是列寧、托洛茨基和契切林。」[107] 馬林指出孫中山對張作霖的看法：「孫中山批評赤塔政府把張作霖僅僅看成是日本帝國主義的工具。在赤塔俄國人認為純粹是日本的工具的張作霖，在孫中山看來實際上在想盡辦法反對日本人，他修鐵路、建港口等等，以與日本對抗。」[108]

107 〈孫逸仙給越飛的信〉（1922 年 11 月 2 日於上海莫利愛路），《聯共（布）共產國際與中國國民革命運動》（1920－1925），第 144－146 頁。

108 伊羅生：〈與斯內夫利特（馬林）談話記錄——關於 1920－1923 年的中國問題〉，《共產國際、聯共（布）與中國革命文獻資料選輯》（1917－1925），第 251－252 頁。

雖然孫中山嚴詞拒絕拋棄張作霖，但越飛仍然死心不息，11 月 9 日，給加拉罕電報說：據來自上海的報告，孫中山最終接受了他的建議，派代表（可能是馬林）與吳佩孚談判。故他們都認為，「可以組建孫中山—吳佩孚政府」。[109]

11 月 10 日、13 日，越飛分兩次給契切林電報說，孫中山的助手張繼在 9 日攜帶孫中山給列寧的信到北京交給越飛，主要內容是：「我們的軍隊進駐滿洲，即使以維持中東鐵路秩序為藉口，也會被人們認為是對吳佩孚即將發動的反對張作霖的戰爭的支持。⋯⋯這種行動會迫使張作霖求助於日本」。張繼在回答越飛的問題時說，孫中山很想與吳佩孚聯合，但「無論如何都不會允許消滅他一直可以用來反對吳佩孚的那個張作霖的」。[110]

18 日，越飛致函吳佩孚，重申「你與孫博士聯合才是正確的政策。⋯⋯現在比任何時候都更需要這樣的聯合」。[111] 20 日，吳佩孚覆函越飛，不着邊際地說：「你出於友情向我提出勸告，我敬佩你的淵博知識，我要竭盡全力遵循這一思想，即如何拯救國家，以不辜負我的朋友對我的期望。」[112]

由於蘇俄準備進軍東北，12 月 6 日，孫中山寫了一封措辭強硬的信給列寧：「我得知，蘇聯的武裝力量正在滿洲邊界集結並準備佔領北滿。我擔心，這種佔領將對今後的俄中關係造成嚴重後果。對中國人民來說過去俄國佔領北滿，是沙皇制度一個明顯的證明和證據。如果你佔領這個地區，那麼我相信，我國人民就會把這個步驟說成是舊俄帝國主義政策的繼續。我個人並不相信，莫斯科的這種舉動是出於帝國主義的動機。實際上，我確信，你要佔

109〈越飛給加拉罕的電報〉（摘錄）（絕密）（1922 年 11 月 9 日於北京），《聯共（布）共產國際與中國國民革命運動》（1920－1925），第 151 頁。

110〈越飛給契切林的電報〉（摘錄）（絕密）（1922 年 11 月 10、13 日於北京），《聯共（布）共產國際與中國國民革命運動》（1920－1925），第 152－155 頁。

111〈越飛給吳佩孚將軍的信〉（1922 年 11 月 18 日於北京），《聯共（布）共產國際與中國國民革命運動》（1920－1925），第 155－156 頁。

112〈吳佩孚將軍的信〉（1922 年 11 月 20 日於洛陽），《聯共（布）共產國際與中國國民革命運動》（1920－1925），第 159 頁。

領北滿是出於對張作霖的不信任。但是請允許我再一次強調指出，通過我並同我一起行動，你就能迫使張作霖在理智的範圍內做到為保證蘇維埃俄國的安全所需要的一切。⋯⋯ 你以前對中國所作的聲明，曾激起我國人民極大的希望，並促使他們把俄國看作是能保證中國擺脱帝國主義列強的奴役，而獲得民族解放的朋友。我請你不要採取任何不明智的行動，諸如佔領北滿。」[113]

12 月 20 日，孫中山仍然未獲列寧回覆，在上海致函越飛，直率的問：「我們希望得到武器、彈藥、技術、專家等方面的援助。貴國政府能否通過庫倫支援我？如果能，能支援到什麼程度？在哪些方面？」「我必須很坦率地説，我的真正敵人肯定將是吳佩孚。英國和其他國家肯定將支持他反對我。甚至現在英國就主張吳佩孚和陳炯明『和解』，在福建『消滅』我的軍隊。」「如果我的計劃能引起貴國政府的注意，那麼就請派一位權威人士來，從近日採取行動的角度對這個計劃作進一步的討論。」[114]

這時，列寧已經臥病在牀，很少出席公開活動，但他仍然在 12 月 31 日發表文章，譴責俄國共產黨用粗暴的態度對待盟友：「如果在東方登上歷史前台的前夜，在它開始覺醒的時候，我們由於對我們本國的異族人採取哪怕極小的粗暴態度和不公正態度，而損害了自己在東方的威信，那就是不可寬恕的機會主義。必須團結起來反對維護資本主義世界的西方帝國主義者。這是一回事，⋯⋯ 要是我們自己，即使在小事情上對被壓迫民族採取帝國主義態度，從而完全損害了自己反對帝國主義鬥爭的原則上的真誠性，和自己維護反對帝國主義鬥爭的原則態度，那又是一回事。而世界史的明天，將是這樣一個日子，那時已經被喚醒的、受帝國主義壓迫的各民族將徹底覺醒，並開

113〈孫逸仙給列寧的信〉（1922 年 12 月 6 日於上海），《聯共（布）共產國際與中國國民革命運動》（1920－1925），第 163－164 頁（按：這封信在中國國民黨黨史委員會出版的《國父全集》和《國父年譜》均沒有收錄和記載）。

114〈孫逸仙給越飛的信〉（1922 年 12 月 20 日於上海），《聯共（布）共產國際與中國國民革命運動》（1920－1925），第 165－166 頁。

始爭取自身解放的長期艱苦的決定性的戰鬥。」[115]

數日之後，1923 年 1 月 4 日，俄共（布）中央書記斯大林主持中央政治局會議，決定：

> 一、採納外交人民委員部關於贊同越飛同志的政策的建議，該政策旨在全力支持國民黨，並建議外交人民委員部和我們共產國際的代表加強這方面的工作。
>
> 二、責成外交人民委員部以列寧同志的名義起草給孫中山的答覆。（這信暫時在檔案找不到）
>
> 三、同意越飛同志休假，並按通常的程序通過中央委員會撥給治療所需費用。
>
> 四、資助國民黨的費用從共產國際的後備基金中支付，因為工作是按共產國際的管道進行的，並建議外交人民委員部同越飛同志協調後向政治局（提出）關於追加撥給必要經費（的建議）。[116]

與此同時，蘇聯亦公佈了一份文件：《關於我們在殖民地和半殖民地尤其是在中國的工作問題——越飛和斯內夫利特（馬林）的提綱》。

> 一、在殖民地和半殖民地國家裏，絕對不能單純進行共產國際的工作，……必須把它與支援民族解放運動結合起來。
>
> 二、俄國對這些國家的外交政策必須毫不含糊，在民族問題上友好，而且是反對帝國主義的，即使在外表上，也絕不允許與帝國主義國家有絲毫相似之處。

115 列寧：〈關於民族或「自治化」問題〉（1922 年 12 月 31 日），《列寧全集》（43），第 355 頁。

116 〈俄共（布）中央政治局會議第 42 號記錄〉（摘錄）（1923 年 1 月 4 日於莫斯科），《聯共（布）共產國際與中國國民革命運動》（1920－1925），第 186－187 頁。

三、世界大戰之後，民族精神具有十分偉大的作用，迫使帝國主義國家的政策也變得非常謹慎小心，它們遂正式宣稱支持各國人民的自決權思想，喬裝打扮為被壓迫民族的朋友粉墨登場。例如，華盛頓會議就在援助中國的幌子下，推行奴役中國的政策。美國的門戶開放政策外表上也是捍衛被壓迫民族，儘管這種政策實際上僅是為北美合眾國的資本主義利益效勞。

四、我們在自己的政策中，不僅要批判帝國主義者，揭露他們的欺騙行徑，而且絲毫不可做出任何不當的事，以免使人產生我們實行偽裝的帝國主義政策的印象。這樣做特別必要，因為俄國的敵人現在正指揮着他們的整個宣傳機器，妄圖證明俄國也像其他國家一樣，推行同樣的帝國主義政策。

五、倘若對這些國家進行資本主義剝削的現實可能性繼續存在，那麼上述帝國主義的兩面政策有可能進一步發展，乃至達到帝國主義也樂意賜與殖民地和半殖民地國家以獨立的假像的地步。

六、帝國主義娓娓動聽地對東方各國人民表示廣泛的讓步，在這種形勢下，革命思想的吸引力再也不能僅僅停在思想上，必須有事實作為證明。

七、最有說服力的事實就是那些足以表明革命的俄國和帝國主義者之間的區別，證明只有俄國的政策，才真正會使殖民地和半殖民地人民免遭剝削的事實。

八、因為這些被壓迫國家的革命運動在很長時間內必將是民族主義的運動，任何在內政方面的合作都會被理解為干涉內部事務，被理解為不正常的，這就增加了工作的困難。

九、因此，只有在國際主義精神比較強的工人運動問題上，才可以進行內政方面的合作。對其他一切問題，則只能在共同反對世界帝國主義的鬥爭中實行合作。

十、對於中國來說，最重要的政策是把互相鬥爭的各省聯合起來，並揭穿某些自稱中國之友的國家（美國）的虛偽友誼。

十一、為了證明誰是中國的朋友，俄國的政策甚至要比美國更進一步，必須指明門戶開放政策只為美國的資本主義利益效勞，而中國只不過是殖民開發的對象。俄國和中國具有民族主義思想的份子必須反對這種政策。

十二、為了幫助中國實現統一，必須立即着手把中國最大的、真正的政黨國民黨建設成為一個群眾性的政黨，不得給各派系那些專謀私利的領袖以任何援助。

十三、俄國必須答應給國民黨以援助。

十四、目前，反動份子（即中國的更接近帝國主義者的份子）的勢力大於革命份子（即國民黨人），因此，我們的政策必須使後者強大起來；利用目前時期，促進各派別聯合起來對付共同危險；通過明確的對華友好和反帝政策，壯大親俄份子的力量。[117]

這份蘇聯檔案雖然沒有日期，但內容重點是訓示俄共對華政策和工作時注意「革命的俄國和帝國主義者之間的區別」。這就是孫中山嚴肅向列寧提出指控的結果！列寧當然明白孫中山指控「紅軍像舊俄國的帝國主義一樣進侵中國」的嚴重性，這種帝國主義侵略行為會令它領導世界革命地位立即崩潰，在全世界無產階級和殖民地革命中威信盡失，所以嚴詞斥責那些機會主義者。共產國際遂立即改變對華政策，不援助「那些專謀私利的領袖」，大力援助國民黨，使他「強大起來」。共產國際停止與吳佩孚、陳炯明接觸，全力支持孫中山國民黨，這是孫中山與吳佩孚、陳炯明殘酷政治鬥爭獲勝的結果，不是國民黨官史所說的那麼輕鬆！

117〈關於我們在殖民地和半殖民地尤其是在中國的工作問題 — 越飛和斯內夫利特（馬林）的提綱〉（不晚於 1922 年 12 月），《共產國際、聯共（布）與中國革命文獻資料選輯》（1917－1925），第 404－406 頁。

3. 蘇聯與陳炯明的接觸

陳炯明的部隊在粵軍中戰鬥力最強，五四以後被稱為「民治主義者」和「社會主義者」。[118] 1920 年 4 月 29 日，蘇聯政府派波塔波夫將軍攜列寧親筆書到漳州訪問陳炯明。列寧對中國革命表示關切，向陳炯明傳達敬佩和鼓勵，並答應必要時給他軍火，把蘇俄儲存在符拉季沃斯托克（海參崴）的軍械供給粵軍使用。[119] 陳炯明隨即覆函列寧，讚揚俄國革命開創了世界歷史的新紀元，及其對華宣言令全中國人民充滿感激之情。陳炯明向列寧表示：「我堅信新俄向中國人民表示的深切同情，堅信新俄對我國未來各種形式的新的革命運動會給予援助。…… 我更堅信布爾什維主義定將造福於人類。我願盡全力將布爾什維主義原則傳播到全世界。我們的使命是，不僅要改造中國，而且要改造全東亞。」[120] 陳炯明對俄國革命的熱情，取得了共產國際駐華代表的高度評價。維經斯基認為：陳炯明擁護社會主義，創辦研究社會主義的學校，並且邀請革命的教師前來任教。馬林與陳炯明三次長談後，就斷定陳是「革命軍隊的將領，他完全站在俄國革命一邊」。陳又主張實行國家資本主義，很接近蘇俄的要求。維連斯基拜訪完陳炯明後，回國撰文稱讚陳炯明是「優秀的、受到人民歡迎、頗有聲望的組織者」，是一個「革命將軍」，於是共產國際和蘇俄的對華政策中，「國共合作」的最早對象是陳炯明，而非孫中山。[121]

1921 年 11 月，孫中山在陳炯明協助下收復廣州。12 月陳炯明以廣東省省長的身份邀請陳獨秀到廣東擔任教育委員會委員長。同年 8 月又聘社會主義青年團團員彭湃為海豐縣勸學所所長，准他在海豐試辦農會、試行減租運

118 孫鐸：〈吳佩孚和陳炯明〉，《共產國際、聯共（布）與中國革命文獻資料選輯》（1917－1925），第 335－336 頁。

119 李玉貞：《孫中山與共產國際》（台北：中央研究院近代史研究所，1996 年），第 131 頁。

120 〈陳炯明將軍致列寧書〉（1920 年 5 月），《共產國際、聯共（布）與中國革命文獻資料選輯》（1917－1925），第 88 頁。

121 《孫中山與共產國際》，第 129－139 頁。

動。[122] 不久，孫中山和陳炯明因為北伐的問題關係破裂。

孫中山是着眼全國的民族主義者，而陳炯明在他的軍隊佔據廣東後，則只關心本省的發展，一開始就反對北伐，拒絕指揮孫中山的軍隊。孫中山下決心公開反對陳炯明之前，長時期猶豫不定。到他搞清陳炯明試圖靠攏吳佩孚後，便從桂林回師廣州，把陳炯明撤職。陳炯明帶領部隊逃去，靜觀其變。等孫中山決定清洗政府機構，便進攻廣州，趕走孫中山，解散南方政府，公開支持吳佩孚。[123]

孫中山力圖統一和民主化中國，令帝國主義者不安。港英政府唆使陳炯明以種種藉口抵制孫中山統一中國的各種措施，如主張聯省自治，反對實行中央集權，即實際上保持中國的政治分裂狀態。陳炯明說：「我們應當把廣東省變成全中國的模範省。」認為國民黨暫時必須先治理廣東省，不應耗盡廣東財力北伐。陳炯明一面用自治和民主活動做掩飾，一面反對孫中山籌劃的北伐，反對把國會設在廣州，反對選孫中山為全國總統。他裝扮成比孫中山還「左」和「激進」的社會活動家，甚至在物質上支持當時暢銷的廣州共產黨報紙《社會主義者》，拉壟了當時由無政府主義者組成的廣州中共黨組織的領導人。最後，陳炯明決定公開反對孫中山，以便迎合英帝國主義，破壞北伐。[124] 1922 年 6 月 16 日，陳炯明派軍圍攻孫中山總統府。

這次叛變對孫中山有很大打擊，因為陳炯明不但把孫中山迫離廣州，而且獲得某些輿論的同情。吳佩孚和西南各省的聯省自治派，或明或暗的支持陳炯明。北方輿論同時高唱孫中山與徐世昌同時下野的調子，李石曾、蔡元培、吳敬恆、王寵惠等四十九名國民黨人聯名通電請他下野，國民黨人的叛

122 王健民：《中國共產黨史稿》（1）（香港：中文圖書供應社，1975 年），第 92－93 頁。

123 馬林：〈訪問中國南方的革命家——個人印象點滴〉（1922 年 9 月 7 日），《共產國際、聯共（布）與中國革命文獻資料選輯》（1917－1925），第 244 頁。

124 馬林：〈向共產國際執行委員會的報告〉（1922 年 7 月 11 日），《共產國際、聯共（布）與中國革命文獻資料選輯》（1917－1925），第 236 頁；達林著、侯均初等譯：《中國回憶錄》（1921－1927）（北京：中國社會科學出版社，1981 年），第 75－76 頁。

離嚴重打擊了孫中山。

6月18日，陳獨秀立即向上海國民黨人張繼等表示，曾和他一度合作的陳炯明現既已背叛革命，中共即與之斷絕關係並一致聲討。這時，孫中山的處境十分惡劣，幾乎只有中共向他雪中送炭，公開宣言要與孫先生合作，指斥陳炯明的反動；並採取行動，解散支持陳炯明的廣州中共黨組織，開除不聽勸告繼續支持陳炯明的譚平山、譚植棠和陳公博等少數中共黨員黨籍。[125] 這些行動令孫中山大受感動，認為中共確有誠意同他合作。

6月30日，陳獨秀致函維經斯基：「南方孫文與陳炯明分裂，孫恐不能制陳，陳為人言行不能一致，在南方也不能有所建設，他對於社會主義，我確實知道他毫無研究與信仰。」[126] 7月10日，英國駐廣州稅務司到永豐艦詢問孫中山是否到此避難，說白鵝潭是通商港口，接近沙面，若爆發戰事，恐牽涉外國兵艦，不如請孫中山離粵，以便通商自由，被孫中山嚴詞拒絕。[127] 但英國戰艦藉口「保護外國人的生命財產」，開進了白鵝潭，孫中山只有離開廣州前往上海。

陳炯明背叛了孫中山，共產國際決定放棄爭取陳炯明，支持孫中山。10月14日，馬林報告：「陳炯明對我們的態度越來越壞，他向香港的英國人乞求貸款。」[128] 中共的宣傳刊物展開對陳炯明攻擊：「從前是孫中山的好友而現在變為他的叛徒的，從前是『民治主義者』和『社會主義者』，而現在變為專制武人和英國資本家的走卒之陳炯明。⋯⋯現在他又派代表到洛陽去了，如果他能夠和吳佩孚結成一種關係，他至少又可延長他被廣東人民報仇而必須

125《中國回憶錄》，第93頁。

126〈陳獨秀致吳廷康的信〉（1922年6月30日上海），《共產國際、聯共（布）與中國革命文獻資料選輯》（1917－1925），第303－304頁。

127《國父年譜》（下），第1224頁。

128〈馬林關於杭州會議後活動的報告〉（1922年10月14日），《共產國際、聯共（布）與中國革命文獻資料選輯》（1917－1925），第328頁。

逃走的日期。倘若吳佩孚保護他，他定能暫時維持他個人的專政。」[129]「現在國賊陳炯明得着香港英國朋友物質的援助打走國民黨又是一次；或者英國報紙現在正出全力使陳炯明和吳佩孚聯合，藉此阻止孫中山與吳佩孚結合，因為孫吳結合，對於搶掠中國的外國搶掠者是危險的，又要是一次了。」[130]

至此，蘇聯和中共與陳炯明關係終止。

4. 加拉罕扶持馮玉祥反對張作霖

首都革命之後，吳佩孚勢力嚴重受挫，蘇聯視為敵人的張作霖成為北京政府的新主人。因孫中山視張作霖為盟友，曾措辭強硬的致函列寧，指責蘇軍意圖入侵中國東北是帝國主義行為，導致列寧大怒，禁止動武對付張作霖，只能在中國繼續用「支持一派軍閥打擊另一派軍閥」的策略對付張作霖。

1923 年 9 月 2 日，蘇聯全權代表加拉罕抵華，12 月與馮玉祥接觸，但未予重視。1924 年 10 月 23 日，馮玉祥發動首都革命，令中國政局發生巨大變化，國民黨恢復在北方公開活動，孫中山北上乘機廣泛開展民主和反帝的宣傳運動，震撼了中國輿論界，動搖了軍閥制度。不過，馮玉祥與張作霖合作打敗吳佩孚之後，張作霖背棄不入關的承諾，舉兵入關，與馮爭奪京津的控制權，馮玉祥力量不足與之爭，主動退讓，獲段祺瑞委任為西北邊防督辦，駐守張家口。這時，國民黨已採取聯俄容共政策，見馮玉祥受制於張作霖，孫科、徐謙於是向蘇聯推介，蘇聯代表鮑羅廷遂與馮玉祥接洽。1925 年馮到張家口，1 至 2 月鮑羅廷和加拉罕先後到達張家口與馮會談。4 月 21 日，鮑

129 孫鐸：〈吳佩孚和陳炯明〉（1922 年 11 月 8 日），《共產國際、聯共（布）與中國革命文獻資料選輯》（1917－1925），第 335 頁（錄自《嚮導》週報第 9 期）。

130 孫鐸：〈國民運動、革命軍和革命宣傳〉（1922 年 11 月 8 日），《共產國際、聯共（布）與中國革命文獻資料選輯》（1917－1925），第 337 頁（錄自《嚮導》週報第 9 期）。

羅廷再次訪問馮玉祥。[131] 馮自稱其思想和許多政治方面的見解因而漸起變化，稍後馮玉祥得鮑羅廷加拉罕二人協助，向蘇聯購入大量槍炮彈藥，並從蘇聯請來一名總顧問，中國名字叫做任江，率領三四十名步騎炮工等各項專門人材來華擔任顧問，分別任教馮的軍事訓練班。馮又在他的幹部中選派了數十個學生赴俄留學。[132]

孫中山雖然病逝，但其播下的國民革命種子遍地開花，是年夏天爆發了全民自發的反帝國主義運動——「五卅運動」。上海大罷工之後，英法帝國主義者企圖用屠殺手段恐嚇中國人，亂槍射殺示威群眾，導致香港爆發了持續一年多二十五萬人參加的省港大罷工。這一連串事件，不但進一步激發了國人反帝主義的浪潮，也嚴重衝擊了英國和蘇聯的外交關係，[133] 影響到蘇聯的對華政策。蘇聯分析中國局勢：中國國民革命的決定因素是軍事力量，而工人、農民、城市小資產階級和知識份子的群眾運動則起輔助作用。馮玉祥為代表的國民軍是中國北方軍政要素，推翻靠張作霖軍隊支撐的北京政府只能由國民軍來實現。1925 年 3 月 13 日，俄共（布）中央政治局研究了加拉罕關於給國民軍提供援助的建議。19 日，政治局決定成立權威的專門委員會「統管」援助國民黨和支持它的軍事集團的日常措施——俄共（布）中央政治局中國委員會。[134] 12 月 3 日，俄共（布）中央政治局通過了一項由斯大林提出的關於中國政治軍事形勢的指示：在對外政策方面採取了在日本與英美兩國之間「打入楔子」，盡量不損害同日本的關係，採取「容忍中國的現狀對日本有利」的方針同日本談判，避免張作霖加劇日本與蘇聯的關係。俄共中央政治局認為，北京新政府「應當是有馮玉祥、國民黨人及其他或多或少的溫和派

131 張注洪、楊云若編：〈鮑羅廷在中國活動紀要〉（1923－1927 年），李玉貞：《鮑羅廷在中國的有關資料》（北京：中國社會科學出版社，1983 年），第 298 頁。

132 《我的生活》，第 521－526 頁；《馮玉祥傳》（上），第 226－227 頁。

133 〔蘇〕N. A. 基里林：《國際關係和蘇聯對外政策史》（1917－1945）（保定：中國社會科學出版社，1990 年），第 154 頁。

134 《聯共（布）共產國際與中國國民革命運動》（1920－1925），第 551－552 頁。

參加的聯合政府」。[135]

斯大林認為張作霖是帝國主義者手中的主要工具，主張發動聲勢浩大的反張作霖宣傳攻勢，分化瓦解他的軍隊並使之革命化。若現時北京政府對反張運動不保持善意的中立態度，便分裂和癱瘓它，使帝國主義者無法用中國政府來掩蓋其反革命行徑。如這些措施不能成功，那就依靠馮玉祥軍隊和國民黨軍隊驅散現政府，成立有國民黨人參加的新政府。[136]

鑒於馮玉祥與張作霖的實力懸殊，馮部的軍隊質素和武器裝備都差過張作霖，斯大林於是決定大力支持馮玉祥，為馮玉祥和國民軍培養軍事幹部，協助提升馮軍的戰術訓練、人員和指揮人員的質素，使能與張作霖的部隊對抗。斯大林又決定提供大量槍炮彈藥，從庫倫運至張家口，令馮部在短期內擴兵到十萬人。1925 年 3 月 13 日，斯大林主持的俄共（布）中央政治局會議通過伏龍芝的建議：用蘇聯經費在中國洛陽和張家口建立兩所軍事學校；責成伏龍芝在最短時間內為此組織兩個軍事教官團，每團三四十人，在一年內撥出一百萬盧布用於建立學校和支付教官的生活費用。自此，開始了蘇聯對馮玉祥的軍事援助。根據馮玉祥日記，有數則資料記錄了他與蘇聯的軍事聯繫：

1925 年 5 月 6 日，午後 6 點，馮玉祥會某俄國人，詳詢鐵甲車之構造及其效用，並歐戰時俄、法、英騎兵之效用與其平日之訓練。[137]

5 月 26 日 9 點半，馮玉祥對來談的石敬亭、孫良誠兩旅長說：「射擊命中，為練兵之首要。所請俄國教習，在三百步之距離發槍，無不命中者。兵能如此，始為有兵，望努力督促進行。」[138]

6 月 19 日，馮玉祥令李西峰旅長移防長辛店，專查向陝、甘、新各省運

135《聯共（布）共產國際與中國國民革命運動》（1920－1925），第 552－553 頁。

136 斯大林：〈俄共（布）中央政治局會議第 68 號記錄〉（摘錄）（1925 年 6 月 25 日於莫斯科），《聯共（布）共產國際與中國國民革命運動》（1920－1925），第 636－637 頁。

137《馮玉祥日記》（2），第 61 頁。

138《馮玉祥日記》（2），第 67 頁。

送之子彈槍械。

6月20日，與蔣次長說他的軍隊正積極挖河開渠，修路造林，以利民眾，而數千年險阻難通之路，今則汽車已達五原矣。[139]

7月9日，鮑丙辰來報告檢查蘇聯飛機事。[140]

9月3日，與幹部學校張隊長講話：須時常與俄國教官接洽討論，學其長處。[141]

9月11日，與張都統、黃參謀長、李旅長、葛旅長談話：所請俄國教官，須予以機會，使得盡量發展其技能。[142]

9月19日，與俄使參議克禮竹閣，言擬於綏遠、包頭、蘭州、西安等處設置無線電台及購買戰鬥飛機事。[143]

馮玉祥對取得俄援保持高度機密，在其日記中只能找到一麟半爪。幸近年蘇聯檔案解密，可以獲悉馮玉祥得到蘇聯援助的具體資料。

9月23日和28日，俄共（布）中央政治局中國委員會擬定了支援馮玉祥國民軍的計劃：

（1）為了將軍隊擴充到10萬人，將騎兵擴充到3,000人，給馮玉祥的第一國民軍撥出總額為3,486,596盧布的炮兵器材。

（2）給岳維峻撥出總額為701,879盧布的武器裝備。

（3）根據張之江的訂貨，給他撥出總額為975,635盧布的武器裝備。

（5）調撥金額為741,000盧布的毒氣彈，根據需要在各軍之間分配。

（6）還認為必須擁有數額的3,082,795盧布的儲備以備支援第三國民軍和預料不到的補充調撥之需。

（7）為了加強空軍，根據所收到的訂單撥給：

139《馮玉祥日記》（2），第83頁。

140《馮玉祥日記》（2），第95頁。

141《馮玉祥日記》（2），第97頁。

142《馮玉祥日記》（2），第102頁。

143《馮玉祥日記》（2），第107頁。

（A）馮玉祥——飛機 10 架

（B）岳維峻——飛機 10 架

連撥給廣州的 15 架飛機，總額為 858,000 盧布。[144]

10 月 7 日，中國委員會會議通過了支援國民軍武器裝備的計劃內容：

一、預定給國民軍調撥的武器數量是：帶子彈的步槍 52,500 支、帶附件和子彈的機槍 270 挺、帶炮彈和附件的炮 78 門、飛機 20 架、毒氣彈 2 萬枚。雖然沒有完全滿足國民軍的需要，但這些武器足以加強國民軍的實力，讓它有能力擊敗張作霖。

二、計劃規定大力加強馮玉祥：使其部隊人數達到 10 萬，組成 15 個師團（每個師團 6,500 人），組建一支 3,000 人的騎兵部隊，加強其空軍和化學作戰手段。另組國際部隊，也為加強馮玉祥服務，提供下列數量的武器支援：3 萬支帶子彈的步槍、160 挺帶子彈和附件的機槍（每支步槍配子彈 1,000 發，每挺機槍配子彈 5 萬發）、帶炮彈（每門 1,000 發）和附件的炮 54 門、擲彈炮 54 門、毒氣彈 15,000 枚、飛機 10 架。

三、支援國民軍張之江 3,000 支帶子彈的步槍、50 挺帶子彈和附件的機槍、12 門帶炮彈的炮和 18 門擲彈炮。岳維峻步槍 4,500 支、機槍 10 挺、子彈 500 萬發、飛機 10 架。

四、為應付戰爭需要，儲備步槍 15,000 支、機槍 50 挺、子彈 1,750 萬發、帶炮彈的炮 12 門、帶炮彈的擲彈炮 50 門。[145]

馮玉祥對得到蘇聯的大量經濟和軍事援助是嚴守秘密的，他的日記和自傳都只說是向蘇聯購買武器和聘請蘇聯教習。在蘇聯的援助清單裏，雖然有協助他在洛陽和張家口成立了兩所黃埔軍校式軍官訓練學校的記錄，但馮玉

144《溫施利赫特和博爾特諾夫斯基給斯大林的書面報告》（絕密）（1925 年 9 月 30 日於莫斯科），《聯共（布）共產國際與中國國民革命運動》（1920－1925），第 696 頁。

145〈斯莫連采夫對向人民軍和廣州提供物質支援計劃的説明〉（絕密）（1925 年 10 月 7 日於莫斯科），《聯共（布）共產國際與中國國民革命運動》（1920－1925），第 707－709 頁。

祥秘而不宣，沒有公開這兩所學校，不像黃埔軍校一樣掛個招牌出來，只把蘇聯派來的軍事顧問和教官視作一般的洋教習。他軍力龐大，深藏不露。國民黨派到張家口的人員如簡又文固然不知內情，甚至張作霖搜查北京蘇聯使館時也找不到證據。[146] 直到北伐成功，國民革命軍進行編遣，馮玉祥與蔣介石爭吵，才讓蔣知道他已經擁軍數十萬，有數百門大炮，數千挺重機槍。他的部下孫連仲說：馮玉祥接受蘇聯武器，是 1925 年開始，蘇聯顧問亦至，當時他的手下有蘇聯軍官 70 多人，有騎兵，也有炮兵，士兵多由蘇聯軍官訓練。那時庫倫是一轉運站，開始有 500 輛汽車運軍械，後增了 1,000 輛，只汽油費用了 120 萬現大洋。當時接受蘇聯武器約值 4,000 萬元，計：步槍 12 萬枝，機槍 700 多挺，長炮一營和一連，與騎兵、輜重兵器材甚多。當時的武器以東北軍最好，西北軍第二，吳佩孚比前兩者都不如。[147]

蘇聯為了對付張作霖，援助馮玉祥的力度比給廣州國民黨的還要大，結果馮玉祥在國民革命軍北伐時發揮了打倒張作霖的作用。不過，最後馮玉祥亦擺脱了蘇聯，投到南京國民政府，成為國民黨的重要領袖。

5. 共產國際在中國的活動

1920 年 4 月，共產國際批准，俄共（布）遠東局海參崴（符拉迪沃斯托克）分局外國處派了維經斯基及兩名助手季托夫和謝列布里亞科夫等三名共產黨人到華，為蘇聯在遠東國家（中國、朝鮮、日本）開展有步驟的組織工作奠定了基礎。共產國際在中國的工作是由個別俄國僑民做的，如天津大學教授柏烈偉（共產黨員）、北京大學教授伊萬諾夫等。中國革命者也試圖同共產國際建立聯繫。1920 年 5 月，中華全國學生聯合會代表姚作賓從上海到達海參崴，與蘇聯討論了對中國革命運動的援助問題、通過創辦報紙加強蘇聯

146《馮玉祥傳》(上)，第 226－227 頁。

147 孫連仲：〈我在馮軍經過及對馮玉祥的認識〉，《馮玉祥傳》(下)，第 414－415 頁。

在中國的影響問題，以及為嚮往蘇俄的中國學生提供幫助的問題。

為了統一領導，1920 年 8 月，俄共（布）中央西伯利亞局在伊爾庫茨克成立東方民族處，其組成人員有：一、岡察洛夫（西伯利亞局負責東方工作的全權代表）；二、布爾特曼（處長）；三、加蓬（副處長）。東方民族處自成立初期就下設中國科、朝鮮科和蒙藏科。因缺乏懂日語人員，沒有設立日本科。中國科由俄國共產黨員阿布拉姆松領導，據上海在 8 月 17 日的報告：在上海成立了由五人組成的革命局，其成員是維經斯基和四名中國革命者（其中包括有影響的社會主義報紙出版者李同志）。上海革命局下設三個部：一、出版部；二、宣傳報道部；三、組織部。類似的革命局在中國各大工業城市都要建立。北京革命局由柏烈偉和斯托揚諾維奇領導。共計有十多名俄國負責的共產黨人在中國工作。[148]

與此同時，共產國際中央政治局又派出維連斯基以外交人民委員部遠東事務全權代表的身份到達中國，執行下述指示：

一、我們在遠東的總政策是立足於日美中三國利益發生衝突，要採取一切可能的手段來加劇這種衝突。

二、我們對待中國、蒙古和朝鮮人民的態度，應當是喚起廣大人民群眾爭取擺脫外國資本家壓迫的自覺行動。

三、我們應努力支援東亞各國人民的革命運動。還應同日本、中國和朝鮮的革命組織建立牢固的聯繫，並通過出版鉛印刊物、小冊子和傳單來加強鼓動工作。

四、必須積極幫助朝鮮人和中國人建立游擊隊組織。

1920 年 5 月，維連斯基在上海成立了臨時的集體中心機構，取名「第三國際東亞書記處」，全部工作通過書記處的中國科、朝鮮科和日本科來進行。

148 布龍斯泰因：〈關於俄共中央西伯利亞局東方民族處的機構和工作問題給共產國際執委會的報告〉（1920 年 12 月 21 日於伊爾庫茨克），《聯共（布）共產國際與中國國民革命運動》（1920－1925），第 49－53 頁。

中國科工作綱要如下：

一、通過在學生組織中以及在中國沿海工業地區的工人組織中成立共產主義基層組織，在中國進行黨的建設工作。

二、在中國軍隊中開展共產主義宣傳。

三、對中國工會建設施加影響。

四、在中國組織出版工作。

東亞書記處臨時執行局主席維連斯基向共產國際的報告說：中國科的工作進行得較順利。該科在北京、上海、天津、廣州、漢口、南京等地為共產主義組織打下了基礎。最近要為最終成立中國共產黨舉行代表大會。

中國科在掌握中國學生運動方面做了很多工作。學生運動是特別容易見成效的工作對象。整個中國被學生組織網覆蓋，共有學生組織 193 個。有高等學校和中等學校的學生。學生組織成員組成許多從事蘇維埃和黨的宣傳工作的訓練班和小組，培養出來的部分工作人員已經工作。

東亞書記處致力於報刊宣傳工作。出版中心有：海參崴、哈爾濱、北京和上海。

海參崴是俄文書報出版基地，出版《紅旗》、《農民真理報》等報紙，《創作》雜誌等。

哈爾濱是英文、中文和日文宣傳材料的出版基地，已出版 20 種材料。

北京主要依靠北京學生的力量，出版了《新潮》和《北京大學學生週刊》兩種刊物。

上海是中國共產主義出版事業的主要中心。東亞書記處擁有的報紙有《上海生活》、《周報》、《社會日報》，雜誌有《新青年》、《新中國》。[149]

為了在日本、朝鮮和中國開展運動的需要，1923 年 1 月 10 日，共產國際

149〈維連斯基——西比里亞科夫就國外東亞人民工作給共產國際執委會的報告〉（摘錄）（1920 年 9 月 1 日於莫斯科），《聯共（布）共產國際與中國國民革命運動》（1920－1925），第 38－42 頁。

決定建立由片山潛、馬林和維經斯基（吳廷康）三人組成的共產國際東方部遠東局。其任務如下：

一、向這三個國家的共產黨和工會提出建議；

二、向共產國際執行委員會提供關於這些國家的運動形勢和總的政治經濟形勢的情報；

三、針對這些國家發生的重要政治事件為共產國際執行委員會制定決議；

四、就出版工作和政治運動給予指示；

五、建立日本與中國的緊密聯繫；

六、把革命工會置於工會國際的旗幟之下；

七、監督這些國家的青年運動與婦女運動。[150]

一般資料只談及李大釗和陳獨秀如何組織中國共產黨，如何安排維經斯基會見哪些人，到過哪些地方，這都只看見冰山一角。共產國際在中國的活動是架設一個龐大而複雜的網絡組織，如一個現代化的集體運輸系統，李大釗和陳獨秀只是在這個運輸系統行走的車卡而已。

150〈共產國際執行委員會主席團關於建立共產國際東方部遠東局的決定〉（不晚於 1923 年 1 月 10 日），中國社會科學院近代史研究所翻譯室編譯：《共產國際有關中國革命的文獻資料》（1936－1943）（1921－1936 補編）（3）（北京：中國社會科學出版社，1990 年），第 78 頁。

五、共產國際與孫中山的交涉

1. 維經斯基

國民黨和共產黨的合作可以說完全在共產國際的悉心佈局下完成，其中最重要的構思和執行者則是馬林。國共合作採用了一種很特殊的形式。中國共產黨沒有和國民黨形成一個正規的聯盟（「從外部」），而是由共產黨員個人在不放棄黨籍的情況下成為國民黨員（「從內部」）。他們以嚴格集中的機構保持他們自己的組織。這個政策是基於列寧的民族和殖民地問題的理論，但它更是特別反映了 1916 年在荷屬東印度群島印尼社會民主聯盟和伊斯蘭教同盟合作的先例。正是在東印度群島實行這個戰略的創始人斯內夫利特（即馬林）於 1920 年 7 月在莫斯科和彼得格勒召開的共產國際第二次大會上維護和宣傳了這同一個戰略，並終於把它介紹到中國。[151] 包惠僧評價馬林說：國共聯合戰線是馬林一手搞成的，完成了國共聯合戰線工作。[152]

1920 年 4 月，維經斯基來華，在北京會見了李大釗。經李大釗介紹，到上海見了陳獨秀，促成了陳獨秀在上海成立了共產主義小組。同年秋，陳獨秀建議維經斯基結識孫中山。孫中山在其上海寓所書房接見了維經斯基等人，在兩個小時的會談中，談了辛亥革命，及如何「把中國南方的鬥爭與遠方俄國的鬥爭結合起來」。[153]

維經斯基奉優林之命，同柏烈偉一起到廣州，考察廣州國民黨的情況，1921 年 1 月 12 日返回上海，當晚被戴季陶安排與國民黨李烈鈞會談。李

151 道夫・賓：〈對《有關斯內夫利特戰略的中文資料》一文的答覆〉，《馬林在中國的有關資料》（北京：人民出版社，1984 年），第 77 頁。

152 包惠僧：〈回憶馬林〉，《共產國際、聯共（布）與中國革命文獻資料選輯》（1917－1925），第 266 頁。

153 維經斯基：〈我與孫中山的兩次會見〉，《共產國際、聯共（布）與中國革命文獻資料選輯》（1917－1925）（2），第 100 頁。

說：「國民黨和廣州政府的首要任務是在國內消滅封建制度。他們認為，只有通過國內戰爭才能實現這一目標，並確信戰爭的結局必定是摧毀北洋軍閥政府。他說，俄羅斯蘇維埃共和國的目標和任務與他們廣州人的目標和任務很相似，他們試圖同蘇俄建立親密關係，最好通過秘密派遣代表互通情報和簽訂必要的協議來實現這一點。廣州政府所處的客觀環境，使他們在政治行動上不得不特別謹慎。不過他們認為，為了革命的成功，他們可以採取一切手段。」維經斯基報告說：「孫逸仙博士想簽訂的軍事協議，是旨在使紅軍從俄國的土耳其斯坦方面向新疆發動春季攻勢，直逼中國西南四川省首府（成都）。據李章達說，四川省約有 4 萬名國民黨員，已做好策應這次行動的準備並會興高采烈地迎接紅軍。」「同廣州政府盡快建立聯繫，這是我們遠東政策中的最迫切任務。」[154]

2. 馬林

1920 年 8 月，馬林被列寧親自委任為共產國際代表派到中國。[155] 1921 年 6 月 3 日，馬林到達上海。[156] 馬林透過李大釗經由林伯渠表達欲拜訪孫中山的意思，那時孫中山在桂林設大本營準備北伐，遂派張繼到上海託陳獨秀通知馬林，可赴桂林見面。[157] 1921 年 12 月 10 日，馬林帶同譯員張太雷，自上海啟程去桂林拜訪孫中山，作客停留了九天。23 日到達桂林，他與孫中山進行了三次長談，談到承認俄國與聯俄的可能性，又提出三點建議：

154 斯特拉霍夫：〈關於廣州政府的報告〉（1921 年 4 月 21 日），《聯共（布）共產國際與中國國民革命運動》（1920－1925），第 61－63 頁。

155《國共兩黨關係通史》，第 63 頁。

156 姚維鬥、丁則勤：〈馬林在華活動紀要〉，《馬林在中國的有關資料》（增訂本），第 258 頁。

157《國父年譜》（下），第 1167－1170 頁；伊羅生：〈與斯內夫利特（馬林）談話記錄——關於 1920－1923 年的中國問題〉，《共產國際、聯共（布）與中國革命文獻資料選輯》（1917－1925），第 253 頁。

一、改組國民黨，與社會各階層，尤其與農民、勞工大眾聯合。

二、創辦軍官學校，建立革命軍的基礎。

三、謀求中國國民黨和中國共產黨合作。[158]

孫中山安排國民黨重要幹部胡漢民、許崇智、陳少白、鄧家彥、曹亞伯、林雲陔、朱卓文、李祿超、孫科等人，與馬林在獨秀峰山麓舊桂王府舉行談話會。馬林闡述共產國際觀點，力促國民黨與之聯盟。孫中山以英語發言，鄭重答覆馬林說：我們都是革命黨人，怎會不同情革命？但革命主義，各國不同；甲能行者，乙或扞格而不通，故共產主義能在蘇俄行之，而在中國則斷乎不能。何況我們部隊集中桂林，志在北伐，現在吳佩孚屯軍洞庭抵抗，我們奪取洞庭，進迫武漢，直取長江，實在是入侵英國勢力範圍，英如知我聯俄，必力圖阻遏我，以助直系。我們北伐便失敗了！為安全計，今僅能與蘇俄作道義上的聯絡。等待北伐勝利，再謀具體合作，為時未晚。孫中山婉拒聯俄，馬林請孫中山再加考慮。[159] 孫中山雖然希望得到蘇聯的援助，但對進行聯俄政策是十分謹慎的。因為半年之前（1921 年 6 月 21 日）俄共（布）決定清黨，把那些「反對」蘇維埃政權的人——資產階級、地主、部分知識份子開除出黨或者予以處決。這個運動從一開始就失控，並出現擴大化的現象，令許多無辜者受害。再加上這年發生了大饑荒，蘇俄各地民不聊生。因此不少地方掀起了反蘇俄和列寧的運動，這當然令孫中山慎重考慮聯俄策略。[160]

馬林向共產國際的報告內容則略有出入。報告說孫中山認為華盛頓會議給中國造成不利局面，他的北伐還未完成，聯俄實際上是不可能的。孫說，北伐後，他立即同俄國公開結盟。俄國和中國一起可以解放亞洲。過早地聯俄會立即引起列強的干預。如果他不聯俄，他就能夠在不受列強干涉的情況

158〈孫中山與馬林會談紀要〉，廣東革命歷史博物館：《黃埔軍校史料》（1924－1927）（廣州：廣東人民出版社，1995 年），第 11 頁。

159《國父年譜》（下冊），第 1167－1170 頁

160《孫中山與共產國際》，第 125－127 頁。

下把中國的事情辦好。孫中山「毫不含糊的表示了對新俄國的強烈同情」。孫中山令馬林「最後我們帶着這樣的信念離開了桂林：在反對世界帝國主義的鬥爭中，應當把國民黨看成一個盟友。」[161] 接着馬林轉往廣州，共停留了十天，每天都同國民黨的領袖聯繫，他們對俄國革命都持贊同態度。

1922 年 1 月，中國海員向香港輪船公司爭取改善待遇，被香港政府鎮壓，於是進行大罷工，罷工得到了國民黨的經濟支持和指導，國民黨人領導罷工工人示威遊行。馬林清楚地看到工人同國民黨之間的聯繫情況，並觀察到廣州的共產主義小組同罷工海員完全沒有聯繫，也沒有採取任何行動支持罷工，這次罷工完全由國民黨領導的。[162]

共產國際成立時，列寧制定統一戰線的策略。

1921 年底共產國際在召開遠東勞苦人民大會，列寧親自接見了國民黨代表張秋白和共產黨代表張國燾，詢問兩人國共兩黨是否可以合作？兩人均回答可以。[163] 這次會談表達了國共兩黨合作的意願，共產國際於是致電中共要求中國實行國民革命。李達回憶說：「1922 年 3 月，第三國際拍來一份英文電報，主張中國應幹國民革命（National Revolution），當時我們不懂國民革命是什麼。同年夏季張國燾和十多位青年團員從莫斯科回到了上海，帶來了國際指示，也帶回許多文件。國際的指示主張中國應當實行國民革命，反對帝國主義與封建軍閥，建立民主國家。」[164]

---

161 馬林：〈向共產國際執行委員會的報告〉（1922 年 7 月 11 日於莫斯科），《共產國際、聯共（布）與中國革命文獻資料選輯》（1917－1925），第 236－237 頁；馬林：〈我對孫中山的印象〉（1925 年 3 月 20 日），《共產國際、聯共（布）與中國革命文獻資料選輯》（1917－1925），第 247 頁。

162 馬林：〈向共產國際執行委員會的報告〉（1922 年 7 月 11 日於莫斯科），《共產國際、聯共（布）與中國革命文獻資料選輯》（1917－1925），第 233－235 頁。

163《我的回憶》（1），第 168－197 頁。

164 李達：〈中國共產黨的發起和第一次、第二次代表大會經過的回憶〉（1955 年 8 月 2 日），中國社會科學院現代史研究室、中國革命博物館黨史研究室選編：《「一大」前後——中國共黨第一次代表大前後資料選集》（2）（北京：人民出版社，1980 年），第 17 頁。

馬林在廣州考察國民黨的情況後，發現國民黨組織鬆懈，忽略群眾運動和民族主義運動相聯繫的重要性，有利中共促進群眾運動的思想。於是返回上海，1922 年 3 月 29 日中共在杭州西湖召開第一次西湖會議，參加這次會議的中共領導有陳獨秀、李大釗、張國燾、瞿秋白等。[165] 馬林以其爪哇的革命經驗向中共建議：改變其對國民黨的排斥態度並在國民黨內部開展工作，因為通過國民黨同南方的工人和士兵取得聯繫要容易得多。同時，共產主義小組必須不放棄自己的獨立性，中共必須共同商定在國民黨內應該遵循的策略。國民黨的領導人願意在國民黨內進行共產主義宣傳。中共的共產主義小組若不在組織上同國民黨結合，那他們的宣傳前景暗淡。⋯⋯馬林並建議中共的領導機關把駐地移往廣州，在那裏至少可以公開工作。[166] 但中共拒絕馬林的建議。馬林隨即返回莫斯科向共產國際報告中國情況，並建議國共合作的形式，共產國際接受了馬林的建議，發出指示：要求中共接受馬林建議，與國民黨實行黨內合作。

3. 達林

與此同時，另一名共產國際代表亦被派到中國進行活動。1922 年 3 月，少共國際代表達林（A. S. Dalin）到達上海，隨即接到北京蘇俄使團裴克斯（Paikes，另譯巴意開斯）通知他到北京接受命令。達林到北京後，裴克斯向他傳達了莫斯科的指示：同孫中山建立直接聯繫；弄清楚孫中山的國內外政策；他對蘇俄的態度；他近期內的計劃，以及作為積極因素的國民黨在廣州

165 道夫・賓：〈對《是否有一個斯內夫利特戰略？》一文的答覆〉，《馬林在中國的有關資料》（增訂本），第 63 頁；向青：〈中國共產黨創建時期的共產國際和中國革命〉，《近代史研究》1980 年 6 月第 4 期，第 107 頁。

166 馬林：〈向共產國際執行委員會的報告〉（1922 年 7 月 11 日於莫斯科），《共產國際、聯共（布）與中國革命文獻資料選輯》（1917－1925），第 239 頁；伊羅生：〈與斯內夫利特（馬林）談話記錄 — 關於 1920－1923 年的中國問題〉，《共產國際、聯共（布）與中國革命文獻資料選輯》（1917－1925），第 254 頁。

政府的政策中所起的作用。裴克斯發了代表蘇俄政府的證書，授權達林以正式全權代表的身份同孫中山談判。[167] 1922 年 4 月 26 日，達林到達廣州，發現慶祝「五一」節的口號「沒有支持孫中山政府的口號」，反而聽到對陳炯明讚揚備至的評語，他深受工人愛戴。[168] 次日，達林和張太雷、瞿秋白一起到總統府見孫中山，達林向孫中山遞交證明他全權代表身份的信件，並稱孫中山為總統，表示蘇俄承認他的總統職位。[169]

孫中山十分謹慎地與達林會談，他向達林提了一個建議：我給你一個山區，「你們就在這個縣組織蘇維埃政權，如果你們的經驗是成功的，那麼我一定在全國實行這個制度」。達林明白孫中山建議的含義，因為廣州的共產黨人反對他，故對達林有些懷疑。達林向孫中山闡明蘇聯關於現階段的中國革命、建立民族革命統一戰線的必要性及其可行的綱領等問題的觀點。這些問題令孫中山大感興趣地與達林交談。[170] 孫中山北伐，順利地攻佔江西省一半土地，然後凱旋返粵，再次與達林談國民黨對蘇俄態度的問題。孫中山輕聲回答達林說：「你認為國民黨所有黨員都贊同蘇俄？沒有的事，甚至在我的政府和議會裏都有蘇俄的敵人。」孫中山暗示，原中國駐美大使伍廷芳就屬於這一派，他現在是孫中山政府的外交部長兼廣東省省長。孫中山繼續說：「請你不要忘記了，香港就在旁邊，如果我現在承認蘇俄，英國人將採取行動反對我。」因此，孫中山與達林的會見是嚴格保密，只有他的親信才知道。[171] 達林向國民黨提出民主革命派聯合戰線政策，被孫中山嚴詞拒絕，他只許中共及青年團份子加入國民黨，服從國民黨，而不承認黨外聯合。[172]

這時，孫中山政府因感到財政困難，向美國求援。因為美國在推行其對

167《中國回憶錄》（1921－1927），第 65 頁。

168《中國回憶錄》（1921－1927），第 85 頁。

169《中國回憶錄》（1921－1927），第 103 頁。

170《中國回憶錄》（1921－1927），第 103－104 頁。

171《中國回憶錄》（1921－1927），第 113 頁。

172 陳獨秀：〈告全黨同志書〉（1929 年 12 月 10 日），《中國共產黨史稿》（1），第 94 頁。

華政策時，並不反對支持孫中山，以故意刺激日本和英國，使孫中山對美國的支持寄予很大的希望。不過，美國卻認定吳佩孚是比孫中山更有用，雖然沒有拒絕孫中山，但是千方百計地迴避提供貸款，並在其他問題上對孫中山施加壓力，一直拖延到孫中山的南方政府傾覆，孫中山仍然沒有得到美國的任何援助。所以有人對達林說：「美國人欺騙了總統。」這對極之相信美國民主政治的孫中山是一個極大的打擊。從那時起，孫中山的親美觀點開始了急劇的轉變，開始重新估價。這時，到莫斯科參加遠東各民族代表大會的張秋白回到廣州，獲得孫中山很快接見。張對蘇俄非常滿意，撰寫了關於莫斯科之行的報告，爭取中蘇結盟。張秋白的報告對孫中山起了很大的影響。[173]

1922 年 6 月 15 日深夜，陳炯明叛變，孫中山退守永豐艦繼續抵抗。孫中山派陳友仁轉告達林，孫中山把有關他們談話的全部文件，隨身帶到了軍艦上。陳友仁與達林多次接觸，一次轉告孫中山的話：「在這些日子裏，我對中國革命的命運想了很多，我對從前所信仰的一切幾乎都失望了。而現在我深信，中國革命的唯一實際的真誠的朋友是蘇俄。」由於孫中山沒有任何援助，無法長期堅守，準備撤退。最後，孫中山託陳友仁轉告達林：「我確信，蘇俄甚至在危難之中也是我唯一的朋友。我決定赴上海繼續鬥爭。倘若失敗，我則去蘇俄。」陳友仁向達林遞交了孫中山給外交人民委員契切林的信，講述了他現在的處境，說他不會停止鬥爭並請求代向列寧轉致友善之情。[174]

馬林說：「由於孫中山在廣州的失敗，迫使他不得不按照發展現代群眾運動的路線來考慮問題，其次，考慮從俄國取得援助。」[175] 達林說：「孫中山就這樣完成了世界觀的偉大轉變。」「中國新的革命動力成長起來了，這就是工人、農民和知識份子。僅僅借助僱傭軍隊和軍閥的聯合力量取得勝利的辦法，已經不適應於中國社會力量新的對比關係了。⋯⋯很明顯，不能把革命

173《中國回憶錄》（1921－1927），第 115－122 頁。

174《中國回憶錄》（1921－1927），第 125－126 頁。

175 伊羅生：〈與斯內夫利特（馬林）談話記錄——關於 1920－1923 年的中國問題〉，《共產國際、聯共（布）與中國革命文獻資料選》（1917－1925），第 256 頁。

僅僅看作是軍事鬥爭，而把深刻的社會改革推遲到徹底的軍事勝利之後。革命應該是軍隊依靠人民群眾運動進行的鬥爭。革命要取勝，就應該把社會改革與反對國內反動派和外國帝國主義的軍事鬥爭結合起來。孫中山的偉大之處就表現在，他在晚年看清了中國革命的新動力。他懂得了，現在沒有工人階級和農民的積極參加，資產階級民主革命就不能勝利。他在晚年改變了對事物的看法，孫中山開始與中國共產黨聯合，以便今後在鬥爭中依靠人民大眾。希冀得到某個外國帝國主義強國對中國革命的支持，已變成了幻想。他自己現在就是這種幻想的犧牲品。而蘇俄倒是唯一支持中國革命的國家。孫中山看到了，中國人民只有蘇俄這樣一個真正的朋友和同盟者。」[176] 陳炯明叛變事件令孫中山下定了聯俄容共的決心。不過，孫中山願意聯俄，蘇俄是否願意全力支持孫中山，給予經濟和軍事援助，又是另一個問題。

4. 越飛

1922 年 8 月 14 日，孫中山抵達上海。兩日前（12 日）新任俄羅斯聯邦駐華特命全權大使越飛攜同馬林到達北京，越飛立即介入中國的政局，「利用吳佩孚、張作霖和孫中山之間的對抗」來謀求蘇聯的利益，其策略是拉攏吳佩孚和孫中山聯合對付張作霖。越飛多次派馬林和格克爾奔走吳佩孚和孫中山之間，企圖組織孫吳聯盟。9 月 26 日，格克爾、馬林到上海拜訪孫中山。這次談話的主要內容是格克爾代表越飛，繼續游說孫中山與吳佩孚合作。孫中山則堅持其與張作霖的聯盟，表示不信任吳佩孚；其次是孫中山向蘇聯表示他需要一個支持他統一的朋友，這個朋友只能是俄國，他想在西北邊境地帶或土耳其斯坦組建自己的軍事力量，以便從俄國得到武器彈藥。如蘇聯願意援助他，他就派自己的一名軍事專家和格克爾去為莫斯科制定一個計劃。孫中山並問蘇俄能否援助飛機和幫助他組建武裝力量。

176《中國回憶錄》（1921－1927），第 126－127 頁。

11 月 2 日，孫中山致函越飛，拒絕拋棄張作霖作為與吳佩孚合作的代價，措辭嚴厲地指出：蘇聯企圖進軍北滿，幫助吳佩孚向張作霖發動進攻，含有反對他的可能性。由於蘇俄企圖進軍東北，破壞其三角同盟反直的策略，他寫信給列寧，要求蘇聯停止這些不明智的行動，結果令蘇聯重新檢討其對華政策。11 月 15 日，馬林參加了孫中山、廖仲愷、張繼、汪精衛和胡漢民等舉行的審查國民黨改進案會議。馬林認為國民黨必須改組，必須成為個群眾性的黨。雖然孫中山已變成一個徹底的反帝份子，但只把俄國視為盟友。[177] 根據馬林記錄，這次會議並無談及中共加入國民黨的問題。[178]

1923 年 1 月 4 日，蘇聯開會決定全力支持國民黨，制定《關於我們在殖民地和半殖民地尤其是在中國的工作問題——越飛和斯內夫利特（馬林）的提綱》：多次強調必須援助國民黨，幫它強大起來。

越飛藉口養病，1 月 16 日由北京南下，17 日晚到達上海，18 日到訪孫中山，並共進晚餐。兩人談話內容：一、迫使日本撤出東北；二、保證廢除在中國的治外法權；三、促使中國與蘇俄締結聯盟。20 日上午 11 時，孫中山赴匯中飯店拜訪越飛。[179] 22 日，越飛再次赴莫利愛路 29 號拜訪孫中山。[180]

24 日，孫中山與越飛繼續會談，越飛答應，如果孫中山及其同志同意：一、立即公開承認蘇維埃為俄國的合法政府；二、與蘇俄政府公開簽訂盟約；三、答認不禁止在中國進行布爾什維克宣傳，那麼蘇俄將給予國民黨以

177 馬林：〈我對孫中山的印象〉（1925 年 3 月 20 日），《共產國際、聯共（布）與中國革命文獻資料選輯》（1917－1925），第 249 頁。

178〈馬林為格克爾同孫逸仙的談話所作的記錄〉（1922 年 9 月 26 日於上海），《聯共（布）、共產國際與中國國民革命運動》（1920－1925）（1），第 134－138 頁。

179〈上海工部局關於孫文越飛會談的記錄——孫中山與蘇俄代表越飛會談〉（1923 年 1 月 22 日），《共產國際、聯共（布）與中國革命文獻資料選輯》（1917－1925），第 407－408 頁。

180《國父年譜》（下），第 1289 頁。

道義和財政援助。孫中山說擬考慮前兩個條件，但拒絕就第三條做出讓步。[181]

孫中山與越飛會面數次，對中俄間關係交換意見，達成諒解，在26日發表聯合聲明，全文如下：

越飛君此次在滬，曾與孫逸仙博士會談數次，關於中俄關係各重要事件，意見一致，而以下列數端尤著：

一、孫逸仙博士以為共產組織，甚至蘇維埃制度，事實上均不能引用於中國，因中國並無可使此項共產主義或蘇維埃制度實施成功之情形存在之故。此項見解，越飛君完全同感，且以為中國最重要最急迫之問題，乃在民國的統一之成功，與完全國家的獨立之獲得。關於此項大事業，越飛君並向孫博士保證，中國當得俄國國民最摯熱之同情，且可以俄國援助為依賴。

二、為明瞭此等地位起見，孫逸仙博士要求越飛君再度切實聲明1920年9月27日俄國對中國通牒中所列舉之原則。越飛君當即重行確認此等原則，並向孫博士切實宣稱：俄國政府準備且願意根據俄國拋棄帝制政府時代對華一切條約及強索權利之基礎，另行開始中俄交涉。上述各條約中，包括關於中東鐵路之各項條約及協定在內。（關於此路之管理，上述通牒中第七條曾特別敘述之。）

三、因承認全部中東鐵路問題，只能於適當之中俄會議始克滿意解決，故孫逸仙博士以為就目前的實際狀況，宜於該路之管理上覓一相當辦法，且與越飛君同意現行鐵路管理辦法，只能由中俄兩政府不加成見，協商暫時改組，但不得損害兩方之真實權利與特殊利益。同時孫逸仙博士以為此點應與張作霖將軍商洽。

181〈上海工部局關於孫文越飛會談的記錄——孫中山越飛繼續會談〉（不晚於1923年1月24日），《共產國際、聯共（布）與中國革命文獻資料選輯》（1917－1925），第408頁。

四、越飛君向孫博士切實宣稱（孫博士對於此層完全滿意）：俄國現政府決無亦從無欲在外蒙實施帝國主義政策，或使其脫離中國之意向與目的。孫博士因此以為俄國軍隊不必立時由外蒙撤退，緣為中國實際利害與必要計，中國北京現政府庸弱無能，無力防止因俄兵撤退後，白俄反對赤俄之陰謀與敵抗行為之發生，而釀成一種較目下尤為嚴重之局面。

1923 年 1 月 26 日，上海。孫逸仙、越飛簽字。[182]

同日，越飛寫信給蘇聯政府和共產國際領導人，報告中國情況，要求向孫中山提供 200 萬盧布的援助。

越飛報告說：孫中山和吳佩孚正醞釀衝突，一旦他們發生公開衝突，我們應該選擇誰。越飛說他對這個問題早就堅定不移地回答：「如果我們不得不作出選擇的，我們決不能支持吳佩孚去反對孫逸仙。」「他無疑是一位正直的革命家和誠摯的熱心者。」孫中山對付吳佩孚的計劃有兩套，一套是立即行動的計劃，另一套是在第一套計劃失敗後採取的。

孫中山的第一套計劃：

首先打算徹底消滅陳炯明。然後派兵分別從四川和湖南進攻吳佩孚的洛陽和漢口。與此同時，張作霖進攻北京並佔領它。張作霖應把北京交給孫中山，孫中山打垮吳佩孚之後就會作為統一中國的代表進駐北京。根據孫中山本人的意見，這套計劃的致命弱點是：第一，由於缺乏足夠的資金，孫中山不可能投入必要數量的軍隊去進攻吳佩孚，因此也就不可能將他徹底打敗。為了消除這種危險性，孫中山需要最多約 200 萬墨西哥元（相當於幾乎同樣數目的金盧布）的資助，而孫中山堅定不移地希望我們給他提供這筆款項。第二個危險是，張作霖佔領北京後，會改變主意，不願把北京交給孫。在這種情況，希望蘇聯佯攻滿洲以便把張作霖的力量從北京引向那裏。這時，也

182《國父年譜》（下），第 1290－1294 頁。

可能引發日本在那裏與蘇聯戰爭。

孫中山的第二套計劃：

第二套是長期的計劃，完全建築在我們的基礎上。孫中山說「堅決與他敵對的只有英國，美國支持他，日本對他與其說敵對，不如說同情，而法國則持中立態度」。以南方為基地則始終必須注意到，列強們可能隨時割斷沿海地區，迫使孫中山按照它們的笛聲跳舞。因此，如果把基地轉移到國內腹地，更靠近我們，那麼在同我們達成協議的情況下，列強在太平洋沿岸的各種破壞行為是絕對不可怕的。

孫中山希望他的十萬軍隊由我們來裝備，派遣軍事教官，一兩年準備，那麼進行最後的北伐，無疑是會成功的。這樣，列強的任何干涉都將不是危險的，它們決不會冒險從沿海地區向內地進軍。

一旦沒有我們的幫助和支持，孫中山就不得不同帝國主義者妥協，進而同受帝國主義者奴役的北京政府妥協，這樣中國的國民革命就將長久地拖延下去。

接着，越飛向蘇聯及共產國際領導們提出以下問題：

一、我們是否準備向孫中山立即提供二百萬金盧布或者另一種數額（多少？）

二、我們是否準備在必要時向張作霖發動進攻，把他從北京吸引過來？

三、我們是否準備在一兩年內給孫中山的十萬軍隊供應武器（也提供一定數量的教官）。當然，這畢竟不應是歐洲現代化武器裝備的軍團。如果不這樣做，那麼我們在何種規模上和在什麼時期內可以給孫中山提供武器幫助？

越飛提請領導人注意：不管歐洲發生什麼事件，遠東畢竟是帝國主義的致命弱點。不管現在在近東和歐洲發生什麼事件，將來解決世界歷史問題終究在這裏，在太平洋，在中國。目前，中國正處在歷史上最具有決定性意義的時期。中國的國家統一和民族解放運動還從來沒有這樣強烈，也從來沒有這樣臨近勝利。如果中國的國民革命現在只是由於我們的幫助而取得勝利，那麼這正意味着，是我們把世界帝國主義摔倒而使其雙肩着地的，我們在全世界將是民族解放鬥爭和民族殖民地革命的衞士。如中國國民革命的勝利只是因為我們拒絕幫助而不能取得，那麼這將意味着，帝國主義要比我們強大得多，是它戰勝我們，而不是我們戰勝它。因此民族殖民地革命將不能指望任何人。我不認為，這種情況會提高我們的世界威望，會減輕我們在近東和歐洲的鬥爭。

英國在近東和歐洲事務方面的行為迫使我們在遠東進行報復。

孫中山遠不是凱末爾，他在更大程度上是我們的人，是革命家，如果我們現在同他一起攜手並進，他決不會背叛我們。而中國在世界上的分量無論如何不亞於土耳其。難道所有這一切不值得我們花那 200 萬盧布嗎？[183]

1923 年 3 月 8 日，俄共（布）中央政治局召開會議，出席有：季諾維也夫、托洛茨基、斯大林、托姆斯基、莫洛托夫、索柯里尼柯夫、拉狄克、瞿魯巴、契切林、加拉罕、李維諾夫等。會議討論其中一項是越飛的建議，會議內容：

一、否決計劃中一切可能引起日本干涉危險的部分。

二、認為最好在中國西部以完整的軍事建立的形式建立革命軍隊的基礎。

三、認為可以給孫中山約二百萬墨西哥元的資助。

四、認為必須經孫中山同意後向孫中山派去政治和軍事顧問小組。[184]

俄共（布）中央政治局決定通過越飛的建議後，越飛立即在 5 月 1 日通知孫中山：

> 今收到我國政府對我們兩人當初就你的長遠計劃（而非應急計劃）建議的一些具體問題的答覆。

183 〈越飛給俄共（布）、蘇聯政府和共產國際領導人的信 — 第八封〉（絕密）（1923 年 1 月 26 日於上海），《聯共（布）共產國際與中國國民革命運動》（1920－1925），第 206－217 頁。

184 斯大林：〈俄共（布）中央政治局會議第 53 號記錄〉（摘錄）（1923 年 3 月 8 日於莫斯科），《聯共（布）共產國際與中國國民革命運動》（1920－1925），第 225－226 頁。

第一，我們認為廣泛的思想政治準備工作是不可以須臾離開的，你的革命軍事行動和在你領導下的盡可能集中的機構的建立都應以此為基礎。

第二，我們準備向你的組織提供達二百萬金盧布的款額作為籌備統一中國和爭取民族獨立的工作之用。這筆援款應使用一年，分幾次付，每次只付五萬金盧布。

第三，我們還準備協助你利用中國北方的或中國西部的省份組建一個大的作戰單位。但遺憾的是我們的物質援助數額很小，最多只能有 8,000 支日本步槍，15 挺機槍，4 門奧里薩卡（Opucaka）炮和兩輛裝甲車。……這就可以為在北部和西部的革命軍隊準備好舉辦政治和軍事訓練班的條件。

第四、懇請將我國的援助嚴守秘密，因為遇公開場合和官方場合，即令在今後，對國民黨謀求解放的意向，我們也只能表示積極同情而已。[185]

孫中山收信後，立即致電蘇聯外交人民委員部：「你們 5 月 1 日的電報給我們很大希望。一、我們感謝你們慷慨的許諾；二、我們接受你們的全部建議；三、我們將竭盡全力實現這些建議。我們將派代表前往莫斯科，以便討論細節。」[186]

共產國際經過詳細研究後，認為國民黨和俄國共產黨有必要合作。「中國人民的覺醒和國民黨的改組會促進中國國民運動的發展。這場運動的目標不僅是要同中國軍閥，而且是要同世界帝國主義列強進行鬥爭。帝國主義列強把中國看成是供自己剝削的最富饒的土地。它們盡一切可能防止中國國民革

185 〈蘇聯政府致孫中山電〉（1923 年 5 月 1 日），《共產國際、聯共（布）與中國革命文獻資料選輯》（1917－1925），第 414 頁。

186 孫中山：〈致蘇聯外交人民委員部電〉（1923 年 5 月 15 日），《共產國際、聯共（布）與中國革命文獻資料選輯》（1917－1925），第 415 頁。

命取得勝利。因此，中國的民族主義革命者很難靠自己的力量達到目的，他們必須在反帝運動中同蘇維埃俄國合作。在華盛頓會議期間，四個資本主義大國公開宣佈其共同的意圖是剝削中國和俄國的遠東。……因此，蘇維埃俄國即便是出於自身的利益，也應該同國民黨合作。這就是為什麼孫逸仙博士在最近幾年主張俄國和中國進行密切合作，他的意見得到了蘇維埃俄國的讚賞。這種合作會給中國的國民革命者提供重要援助，也會給未來的世界革命帶來巨大的好處。」[187]

孫中山為了取得國際的支持，結束帝國主義侵略和軍閥割據之局；又察覺到各地青年組織如學生聯合會等，已經成為一股新興力量；再加上陳炯明的叛變，使他深受刺激，故深切感受到國民黨必須改組整理，加入新血的必要。[188]「聯俄容共」政策是孫中山拋棄對美、日帝國主義國家援助的幻想，巧妙地瓦解共產國際對華拉一派軍閥打倒另一派軍閥（援助吳佩孚、陳炯明等）策略，堅定推行粵皖奉三角反直聯盟的勝利品，並且容許共產黨員以個人身份入黨，大大增加國民黨的活力，使國民黨人數迅速增加。自此，孫中山擺脫了孤立無援的窘境，獲得蘇聯大量經濟及軍事援助，建立了效忠國民黨的黨軍，並以此消滅陳炯明叛軍，平定英國人策劃的商團之亂，鞏固了廣東革命根據地，國民黨重返北方發展，奠定了北伐中原，統一全國的基礎。

187 〈關於中國國民運動和國民黨的報告——國民黨和俄國共產黨（布爾什維克）之間合作的必要性〉（不晚於 1923 年 10 月 18 日於莫斯科）（絕密），《共產國際、聯共（布）與中國革命文獻資料選輯》（1917－1925），第 302 頁。

188 左舜生：《近卅年見聞雜記》（台北：中國青年黨中央黨部，1984 年），第 20 頁。